한국 근대의 역사민족지

경북 상주의 식민지 경험

한국 근대의 역사민족지

경북 상주의 식민지 경험

이타가키 류타 저 ㅣ 홍종욱·이대화 역

혜안

목차

표와 그림 목차

일러두기

1. 참고한 문헌은 두 가지 방식으로 표기하였다. '사료'의 경우는 각주 혹은 본문에 서지 정보를 적었다. '논저'의 경우는 예를 들면 [宮嶋博史, 1994 : 20]이라고 표기했다. 책 말미의 참고문헌 가운데 宮嶋博史가 1994년에 지은 논저의 20쪽을 참조했다는 뜻이다.

2. 본문은 한글 전용을 원칙으로 하되 인명·지명 등 고유명사의 경우 한자를 병기하였다. 외국의 인명·지명의 경우도 한자 혹은 로마자를 병기하였다. 개념어 등 한글만으로 쉽게 뜻을 파악하기 어려운 경우도 한자 혹은 로마자를 병기하였다. 모두 두 번째 이후에는 병기를 생략한 경우가 많다. 각주와 표, 인용문 등에서는 한자나 로마자를 그대로 노출시키기도 했다.

3. 한국어 문헌이 인용된 경우는 가능한 한 원문을 확인하여 철자법, 한자 사용 여부 등을 원문 그대로 표기하고자 노력하였다.

4. 〔 〕은 저자가 붙인 설명이다. 주로 인용 부호 안에서 인용문과 구별하기 위해 사용되었다. 【 】은 역주 혹은 역자가 붙인 설명이다.

5. 지리적·역사적으로 한반도 혹은 한반도에 존재한 정치체나 사회를 가리키는 총칭으로서는 '한국'을 사용하였다. 1945년 이후 한반도의 남과 북에 들어선 국가를 가리킬 때는 각각 '한국', '북한'을 사용하였다. '조선'은 왕조의 이름으로 사용하였으나, 식민지기에 대해서는 당시의 용례와 학계의 관례를 존중하여 '식민지 조선', '조선인', '조선어' 등의 표현을 사용하였다.

\<지방사\>라는 물음

　이번에 나의 보잘것없는 책이 한국어로 번역 출판되게 된 것을 매우 기쁘게 생각한다. 상주에 계신 분들에게 보여드리기 위해서라도 내가 직접 한국어로 번역하는 것이 옳았겠지만, 도시샤대학 동료로서 역사학자인 홍종욱 선생님, 그리고 민속학자인 이대화 선생님이라는 더할 나위 없는 적임자들의 손을 거쳐 아주 훌륭한 번역본을 내놓을 수 있게 되었다. 두 사람은 그저 일본어를 한국어로 옮기는 것이 아니라 원자료까지 꼼꼼히 확인함으로써 일본어판보다 더 정확한 책을 만들어 주었다.

　또한 본서가 연세근대한국학총서의 하나로 도서출판 혜안에서 출판되는 것도 큰 영광이다. 이는 도시샤대학 고영진 선생님께서 소개해주시고 연세대학교의 김영민 선생님과 왕현종 선생님께서 관심을 가져주신 덕분이다.

　아래에 발표문 하나를 소개하는 것으로 한국어판 서문에 대신하고자 한다. 2011년 9월 19일에 열린 역사문제연구소 토론마당에서 발표한 「\<지방사\>라는 물음」이라는 글이다(일부 수정을 가했다). 조금 쑥스러운 고백도 포함되어 있지만 하나의 성찰의 기록으로서 읽어주었으면 한다. 후지이 다케시藤井たけし 씨는 이 토론마당을 준비하고 번역도 해주었다. 당일은 지수걸 선생님과 이용기 선생님을 비롯해 많은 분들이 자극적인 토론을 해주셨다.

　위의 여러분들께 이 자리를 빌어 깊은 감사의 말씀을 드린다.

들어가며

'토론마당'이라는 명칭은 감응적이다. 형식적인 업적중심주의가 확대되어가는 상황에서 급속히 후퇴하고 있는 것은 비평과 토론이라고 생각한다. 학술회의에도 비평이나 토론이 있지만, 회의에서 발표하는 것 자체가 '업적'이 되는 상황에서 그것은 부속품과 같은 위치에 놓여 제대로 논의할 시간이 확보되지 않는 경우가 많다. 그런 가운데 토론을 목적으로 한 자리(=마당)를 마련하는 것 자체에 큰 의미가 있다고 본다.

이번 발표에서는『조선 근대의 역사민족지 : 경북 상주의 식민지 경험朝鮮近代の歷史民族誌 : 慶北尙州の植民地経験』(본서)을 쓰게 된 배경 및 과정, 그리고 조사·집필을 통해서 생각한 것, 고민한 것 등을 성찰적으로 되돌아봄으로써 토론을 위한 소재로 삼고자 한다.

1. 문화인류학에서 식민지연구로

이 책은 도쿄대학 문화인류학 연구실에 제출한 박사학위논문을 토대로 한 것이다. 이 책에서는 1999년 12월부터 2001년 9월까지 진행된 현지조사와 그 뒤에 한 보충조사를 바탕으로 식민지기 상주의 사회변화를 조선후기부터 시작되는 지역사회의 동향 속에서 파악하였다. 인류학을 전공한 사람이 어떻게 이와 같은 식민지연구를 하게 되었는지 그 문제의식부터 풀어나가도록 하자.[1]

내가 인류학연구실에 발을 들여놓은 것은 1992년의 일이다(도쿄대학에서는 2학년 가을에 전공을 정한다). 원래 '상대성이론과 양자역학을 배워 우주물리학자가 되고 싶다'는 꿈을 안고 이과로 대학에 입학했지만, 상상했던 것 이상인

---

[1] 미국의 일본사연구자인 캐럴 글럭Carol Gluck은 일본으로 유학 왔을 때 연구자들에게서 종종 당신의 문제의식이 무엇이냐는 질문을 받는 것이 신선하게 느껴졌다고 쓰고 있는데(キャロル·グラック 著, 梅崎透 譯,『歷史で考える』, 東京 : 岩波書店, 2007), 문제의식을 중요시하는 것은 한국과 일본의 역사연구에 공통적인 귀중한 학문 문화(그것 자체가 역사적 산물인)인지도 모른다.

이과 학문의 집단주의와 숨이 막힐 듯한 업적주의를 엿보고서는 그것이 싫어
도망가듯이 '文轉'(문과로 전향? 전락?)²⁾을 했을 때 선택한 것이 문화인류학이었
다. 인류학의 보편주의적인 이미지와 먼 세상을 연구하는 낭만주의적인 이미지
에 끌린 선택이었는데 물론 그것은 큰 잘못이었다.

인류학에서는 1980년대부터 폭풍 같은 거센 비판이 몰아닥치고 있었다.³⁾
타자를 재현하는 것의 권력성, 인류학과 식민주의의 역사적 관계 등과 같은
관점에서 현지조사fieldwork에 바탕한 고전적인 민족지ethnography가 날카롭게 비
판받고 있었다. 나는 당시 연극에 푹 빠져 있어서 처음에는 인도네시아의
연극을 연구대상으로 생각하고 있었지만(프랑스의 연극가 앙토냉 아르토Antonin
Artaud가 발리 연극에 빠져 있었던 데서 영향을 받기도 했다), 몇 주 동안 여행을
가본 끝에 왜 내가 이런 것을 하는지 자아비판을 하기 시작했다. 그때 우연히
만난 것이 한국 마당극의 대본집과 평론집이었는데,⁴⁾ 그 형식과 내용이 보여준
재미와 '민중', '민주', '민족'이 이어지는 이미지의 신선함에 끌려 그것이
졸업논문 주제가 되었다.

대학원에 들어가서 먼저 한 것은 일본의 인류학과 한국 식민지배의 관계에
대한 조사였다. 그때 당시의 대학원생들에게는 인류학의 비판적 전환 이후
무엇을 하면 좋을지 고민하면서 자아비판·상호비판을 하는 분위기가 있었는데,
그 속에서 인류학에 대한 반성까지도 '최신' 이론으로 소비되면서 일본의
현실에 발을 딛은 논의가 나오지 않는 데 대한 불만에서 비롯된 주제 설정이었다.
동시에 내가 학부생·석사과정생이었던 1990년대는 냉전체제 붕괴, 일본군
'위안부' 문제의 확산, '전후 50년' 등 왠지 근대사를 되돌아보지 않을 수

---

2) 【이과에서 문과로 진로를 바꾸는 것을 일본에서는 흔히 '文轉'이라고 한다. 하지만
   '理轉'이라는 말이 흔하지 않은 것에서 알 수 있듯이 그것은 대체로 '좌절'의 결과로서
   생기는 일이다.】
3) 이러한 흐름을 대표하는 두 권의 저작이 같은 1986년에 나왔다. George Marcus and
   Michael Fischer, *Anthropology as Cultural Critique*, University of Chicago Press, 1986; James
   Clifford & George Marcus eds., *Writing Culture*, University of California Press, 1986.
4) 梁民基 編譯, 『綠豆の花』, 素人社, 1988; 久保覺·梁民基 編, 『仮面劇とマダン劇』, 晶文社,
   1981.

없는 분위기도 있었던 듯 하다.

그런데 인류학의 역사를 조사하다 보니 학문의 역사란 그것이 설사 비판적이라 하더라도 어딘가 내향적이고 폐쇄적인 내용이 되어버릴 것 같은 생각이 강해졌다. 이는 당시 유행하던 담론분석 일반에 대해서도 공통적으로 말할 수 있는 것이었다. 따라서 인류학사를 그리기보다는 당시 인류학자들이 직면했던 조선사회를 그들 인류학자가 그리지 못한 방식으로 즉 식민지권력 자체를 서술의 한 축으로 삼는 방식으로 다시 그리는 것을 목표로 삼았다. 석사논문은 '식민지기 조선의 관료제와 촌락'이라는 제목으로 식민지관료제가 어떻게 촌락 수준에까지 침투했는지를 1930년대 농촌진흥운동을 중심으로 다루었다.5) 석사논문에서는 막스 베버의 관료제론을 그 문서주의에 주목하여 참조하면서, 문서주의에서 파생되는 식자識字/literacy라는 요소를 집어넣어 문서 — 식자와 권력의 관계를 고찰하려고 했다. 문자/무문자의 문제, 식민지 문제는 근대인류학이 항상 안고 있던 지적 무의식이라고도 할 수 있으므로 그 부분을 다시 문제 삼고자 했던 것이다. 하지만 그 뒤 나는 인류학계를 잠시 떠나(문화인류학회에서도 석사논문 집필 이후 회비 체납으로 한동안 제명) 역사연구의 세계로 빠져들게 되었다.

2. 방법으로서의 〈지방〉

원래 베버는 근대 서구의 합리성이 관료제라는 지배양식을 만들어냈다는 전제 아래, 그에 앞선 중국을 중심으로 한 동아시아의 관료제는 합리적 지배로서의 관료제 범주에서 제외시켰다(소위 '가산제家産制'론). 하지만 동아시아에는 소위 '근대' 이전부터 관료기구가 존재했으며 그 바탕이 되는 문서주의 역시 널리 보급되어 있었음은 말할 것도 없다. 그러므로 '관료제의 침투'라고 해도

---

5) 그 일부는 졸고, 「農村振興運動における官僚制と村落」, 『朝鮮學報』 175, 2000 ; 「植民地期朝鮮における識字調査」, 『アジア·アフリカ言語文化研究』 58, 1999(한국어판 : 고영진 외 편, 『식민지 시기 전후의 언어문제』, 소명출판, 2012 수록)가 되었다.

단순히 백지 위에 새로운 것이 찾아온다는 도식은 너무나 단순하며, 적어도 근세 지배체제로부터의 연속과 단절이라는 관점이 불가결하다고 생각했다. 그렇지만 그런 연구를 한국이라는 규모에서 진행하자면 단위가 너무 커서 구체성이 결여되기 때문에 하나의 지역을 정점관측定點觀測하는 방법으로 실현해 보려고 했다. 그런 의미에서 '지방'은 목적이라기보다는 역사서술을 위한 방법 이었다. 물론 현지조사가 거의 의무처럼 요구되는 문화인류학과 절충을 꾀하기 위해 지방에 간 측면도 없지 않았다.

상주를 선택한 데 필연이라고 할 만한 이유는 없다. 사족士族 및 이족吏族에 관한 자료가 풍부하다는 것, 그럼에도 불구하고 근대 이후 존재감이 약해서 연구가 별로 많지 않다는 것, 김천 출신 선배의 권유가 있었던 것, 처음 갔을 때 문화원의 대응이 좋았다는 것, 한 집안의 종손이 문화인류학자였다는 것(다만 내가 현지조사에 들어갈 무렵에 별세), 등등이 복합적으로 작용했던 것 같다. 지역에서 살면서 근대사를 서술한 선례를 찾아볼 수 없었기 때문에 그런 것이 가능한지 솔직히 스스로도 반신반의하면서 있었다. 인류학자인데도 마을에 들어가 살지 않고 시내의 주공아파트에 방을 빌려 60만 원짜리 중고차를 타고 연구하는 스타일이 과연 맞는 것인가 하는 마음 역시 있었다. 실제로 상상했던 것 이상으로 지방에는 자료가 없었다. 어떤 집이나 마을에서 덩치가 큰 자료라도 나오면 그 곳을 중심으로 논문을 구성해보려고 초기에는 기대했지 만, 결국 그와 같은 행운은 따르지 않았다. 매일 반드시 어딘가 나가서 조사하는 것을 일과로 삼았지만, 그저 어르신들과 다방에서 수다만 떤 날이 있는가 하면, 자동차를 수리하느라 하루가 다 가 버린 날도 있었고, 폭염 속에서 시냇가에 있는 비석의 비문을 촬영하기 위해 빌려온 낫으로 풀을 베다가 더위를 먹은 날도 있었다. 효율성과는 너무나 거리가 먼 시지프스의 바위와 같은 시간을 보내면서, 아주 드물게 바구니에서 문서들이 쏟아져 나오기도 하고 또 귀한 경험을 듣는 기회를 얻기도 했다는 것이 실상이다. 가끔은 도쿄나 서울에서 '답사'랍시고 연구자가 짧은 기간 동안 스쳐지나가기도 했지만, 그 정도 가지고 뭘 알겠냐는 생각을 하기도 했었다.

연구대상은 조사를 하면서 계속 확대되어 갔다. 처음에는 교육사를 주축으로 생각했기 때문에 향교·서원·서당과 식민지기의 보통학교, 나아가 사족과 이족에 관련되는 사료들을 모으는 데 전념했다(본서 1장 및 4장이 된 내용). 그런데 학교를 세우거나 운영하고 또 아이들을 보내거나 하는 주체를 생각했을 때 아무래도 정치운동이나 지역엘리트에 대해 조사하지 않으면 안 되겠다는 것을 깨달아 나름대로 인물과 단체를 모은 일람표를 만드는 등 조사를 진행했다(본서 3장). 나아가 그 무대가 되는 읍내/농촌부의 구조와 면제面制의 전개, 농촌경제의 변화와 지역자본의 전개 등을 밝히지 않으면 이야기의 전제가 보이지 않을 것 같아 그런 부분도 살펴보았다(본서 2장). 그러던 중에 한 골동품 가게에서 상주의 농촌 청년의 일기를 한 묶음 얻게 되어, 1~4장에서 다룬 사회사를 개인은 어떻게 경험했는지를 보여주는 사례로서 그 내용을 검토하게 되었다(본서 5장).

그렇다고 해서 이론이나 틀이 앞선 것은 아니었다. 눈앞에 있는 수백 년어치의 방대하고도 단편적인 사료군은 내 눈에는 여기저기서 이어져 하나의 역사상을 제시하는 것처럼 보였다. 그렇지만 그것을 일관된 관점에서 논리적으로 가시화하기 위해서는 어떤 틀에서 어떤 순서로 논의해야 될지 알 수 없어 시행착오를 거듭했다. 그 중에서도 가장 큰 결단은 시대순으로 장을 구성하는 것을 포기한 것이었다. 조선시대를 주로 서술한 1장 외에 2·3·4장에도 각각 조선시대나 사족·이족에 관한 내용이 등장한다. 공시적 개념으로서의 근세/근대와, 사회문화적 특징을 보여주는 개념으로서의 <근세>/<근대>와 같은 개념 장치를 고육지책으로 도입해 근대 식민지 사회에서의 <근세>/<근대>를 여러 관점에서 그려내는 쪽을 선택한 결과였다. 하나의 대상에 대해 일관된 관점을 고집하면서도 여러 각도에서 집요하게 카메라를 들이대는 그런 방식이다. 전체적으로는 하부구조에서 상부구조로 논술하는 식의 순서, 즉 경제관계나 제도적 틀의 변화(2장), 정치적 주체 및 정치운동(3장), 교육 및 학교(4장), 개인의 의식(5장)으로 구성했다. 결과적으로 전체를 다시 보자니, 생태계로부터 시작해 반쯤 '전체론적holistic'으로 그려나가 개인의 실천에 이르는 구성은 고전적인 민족지를 닮아 버린 구석도 있다. 그래서 마지막 단계에서 비판적인 관점을 담아 '역사민족지'라고 명명하기로 한 것이다.

3. 〈지방사〉에 관한 단상

이상의 경험을 통해 생각한 것들, 고민한 것들을 생각나는 대로 몇 가지 적어보기로 한다.

관계성의 개념으로서의 〈지방〉

〈지방사〉란 단순히 '지방을 대상으로 한 역사'라는 뜻이 아니다. '지방을' 이라고 목적어로 설정하는 경우 어떤 실체로서의 '지방'이 늘 이미 존재한다는 것이 전제가 되어 있는 듯하다. 하지만 '지방'이라는 개념은 '중앙'(중심)이 있고 난 다음에 비로소 성립되는 어디까지나 관계적인 개념이다. 그러나 그것은 '지방'이 항상 '중앙'에 종속되어 있다는 식의 의미는 아니다. '지방'은 메트로폴리스 중심주의나 중앙엘리트 중심주의에 대한 비판개념이 될 수도 있다. 즉, 공문서나 신문·잡지의 필자인 서울이나 도쿄의 엘리트들이 지방을 논하는 것과 달리, 이 책은 지방에서 쓰는 역사를 지향한다. 이는 일찍이 아이누의 경험을 통해 근대를 다시 그려낸 테사 모리스 스즈키가 '변경에서 바라보기'라고 표현한 것과 일맥상통한다.[6]

6) "식민지 시대의 탐험가들이 한 여행은 메트로폴리스의 중심에서 출발해서 밖으로 나아가 '오지'까지 도달하는 것이었다. 그들은 식민지를 지배하는 사회의 물리적 무기뿐 아니라 지적인 무기로도 무장한 채 길 하나하나를 개척했고 그 뒤를 상인, 식민자, 전염병이 따랐다. 여행에서 가져온 것은 대량의 원재료였다. 광물 샘플, 민족지 학적 '골동품', 지도, 미지의 사람들에 관한 이야기 등은 마침내 식민지 지배 권력이 가진 확장하는 지식체계 속으로 편입되어갔다. / 이 책에서 내가 하려는 작업은 바로 이 과정을 뒤집는 것이다. '오지'의 심장부에서 출발하여 밖으로 나가서 국가/국민적이 고 전지구적인 메트로폴리스까지 도달한 뒤에 메트로폴리스형 사유양식에 대해 질문을 던지는 새로운 방법을 갖고서 돌아오는, 그런 여로를 출발하려는 것이다."(테사 모리스

그런 의미에서 <지방사>란 '한국사'의 한 하위범주가 아니다. 좀 더 구체적으로 말하자면 <지방사>란 한국사, 일본사, 동아시아사, 세계사와 같은 '일반'에 대한 '특수'의 관계에 있는 것이 아니다. 단순히 더 구체적인 사례연구case study, 즉 그 구체적 사례들을 모아놓으면 '일반'으로 이르게 되는 것도 아니다. 그렇다고 해서 완결된 독자적 소우주를 이루고 있는 것도 아니다. 아무리 작은 단위에서 일어난 일도 한국 규모에서, 제국 규모에서, 또는 세계사적 규모에서 일어나는 일들과 다양한 형태로 동시대적으로 접속되어 연동하고 있다. 바꿔 말하자면 어떠한 역사서술도 부분사이기에 그 부분사라는 시야를 통해 어떻게 열린 역사를 바라볼 수 있느냐가 중요하다고 생각한다.

혼자서 한 권 쓰기

최근 들어 공동연구에 의한 지방사를 많이 볼 수 있게 되었다. 그 자체는 환영할 만한 일일 것이다. 그러나 그러한 공동연구와 혼자서 한 지역을 다면적으로 그려내려는 시도는 질적으로 꽤 다르다. 전문적인 틀을 갖고 대상을 취사선택하지 않고 가능한 한 무모하게도 여러 측면을 살펴보려고 했다는 점에서 어쩌면 나는 인류학자 브로니슬라브 말리노프스키Bronisław Malinowski 이래의 고전적인 현지조사와 민족지의 틀에서 벗어나지 못하고 있는지도 모른다. 다만 확실한 것은 어떤 사람이든 정치적 존재이면서 경제적 존재이고 또한 문화적 존재이기도 하므로 '정치사'나 '경제사'와 같은 틀로 이루어진 역사서술은 인간 존재의 지극히 일부를 잘라낸 것에 지나지 않는다는 것이다. 더욱이 그처럼 잘라내는 방식 자체가 세계체제론의 이매뉴얼 월러슈타인Immanuel Wallerstein이 갈파했듯이 19세기 유럽의 세계관이 반영된 학문 분화의 귀결이기도 했다.7) 앞서 말한

스즈키 지음, 임성모 옮김, 『변경에서 바라본 근대』, 산처럼, 2006, 46~47쪽)

7) 이매뉴얼 월러스틴 외 지음, 이수훈 옮김, 『사회과학의 개방』, 당대, 1996. 말할 것도 없이 월러스틴의 야망은 19세기적인 학문 분화를 세계체제론으로 통합하는 데 있었다. 물론 그러한 시도에 대해서도 조금 의문이 남기는 한다.

것과 겹치지만 그런 의미에서 설사 아무리 큰 단위로 경제사를 그려낸다 하더라도 그 역시 부분사인 것이다(최근에 나타난 '지구사global history'를 자처하는 연구가 다루는 내용도 지구 규모로 움직이는 특정한 대상으로 특화되어 있다). 2장에서 지역자본가로 등장한 인물이 3장의 정치운동사에도 나타나고, 4장의 학교설립운동이 3장의 청년운동이나 '유지'와 같은 인물들과 겹치며, 5장의 S씨는 가계부를 꼼꼼하게 적으면서 민족문제에 대해서도 고민하는 등등. 이와 같은 느슨한 관계망을 일관된 관점에서 그려냄으로써 <지방사>라는 부분사를 통해 자의적으로 파편화되어 있던 것들을 다시 잇는 측면도 있지 않았는가 생각해 본다.

사료의 단편성

하지만 '말은 쉬워도 하기는 어려운 법'이다. <지방사> 사료는 극히 부족하며 대부분의 경우 단편적이어서 계통성이 별로 없다. 실증사학의 상투어로 '사료를 꼼꼼하게 읽어낸 연구'라는 것이 있어서 마치 그것이 '견실'하고 '확실'한 방법인 것처럼 생각하는 경향이 있다. 그것 자체는 맞지만 그것은 이미 사료가 있는 것을 전제로 해서 비로소 이루어지는 진술이다. 그렇지만 루트비히 비트겐슈타인Ludwig Wittgenstein의 '말할 수 없는 것에 대해서는 침묵해야 한다'를 따라 '사료가 없는 것에 대해서는 침묵해야 한다'는 식으로 생각할 필요는 없으며, 자크 데리다Jacques Derrida를 그대로 받아들여 '텍스트에 외부란 없다'는 식으로 말할 것도 없다. 자기에게 사료가 없다고 해서 논의할 수 없다고 한다면 그것은 너무나 거만한 자세이다.

과거의 무수한 흔적들 속에서 우리가 볼 수 있는 것은 극히 일부이며 더구나 그것들은 편재偏在되어 있다. 말할 것도 없이 도서관, 자료관, 박물관에서 수집한 것들에는 늘 편향bias이 존재한다. 대부분의 자료material는 수집되지도 관심을 받지도 못한 채 사라지거나 버려지고, 그도 아니면 창고나 장롱 구석에 아무도 모르게 처 박혀 있다(상주의 한 전통찻집의 벽지에 어느 종가의 문서를 장식으로 아무렇게나 붙여놓은 것을 보고 놀란 일도 있다). 이 광대한 사료의 공백에 대한 감각 없이 역사서술은 있을 수 없다.

구술사가 그러한 사료의 공백을 메우는 역할을 할 수 있는 것은 확실하다. 실제로 본서에서도 4장을 중심으로 인터뷰를 활용했다. 사료가 없다고 투덜댈 시간이 있으면 당시 살았던 사람을 찾아내서 이야기를 듣는 것이 훨씬 나을 것이며 또한 그것은 바로 지금이기에 가능한 일이다. 내가 상주를 떠난 뒤 10년이 지난 사이에 많은 식민지 경험자들이 세상을 떠나고 말았다. 과거 이상으로 상황은 어렵다. 게다가 내가 이야기를 들을 수 있었던 분들도 해방 당시에 아직 젊었던 분들이 많았기에 '젊음'이라는 편향이 있었던 것 같다. 더욱이 구술사는 원래가 인간관계의 산물이며 언제 어디서 누가 어떻게 들었느냐에 따라 꽤나 다른 이야기가 나올 수 있다. 이야기에 있어서도 항상 '말할 수 없는 것'의 광대한 공백이 있으며 '말할 수 있었던 것' 역시 항상 이미 '치우쳐 있는' 것이다. 그렇기에 이야기에 과잉 대표성도 역으로 과소 개인성도 부여하지 않고 역사화하면서 서술 가운데 녹여낼 필요가 있다.

이러한 사료의 단편성과 편향성을 앞에 두고 결국 힘을 발휘할 수밖에 없는 것이 역사적 상상력이다. 그것은 공백을 상상으로 메운다는 의미가 아니다. 역사적 상상력이란 공백 위에 멋대로 점을 찍는 것이 아니라 점과 점의 관계성을 보여줄 수 있는 개연적인 선을 그어본다는 것이다. 본서에서는 앞서 말한 근세/근대라는 시간축의 보조선과 읍내/농촌부라는 공간축의 보조선을 전체적으로 그으면서 서술했다.

지방을 단위로 하는 것의 맹점

지방에서 정점관측을 함으로써 많은 것을 볼 수 있다. 그러나 무언가가 보인다는 것에 의해 역으로 안 보이게 되는 것도 있다. 본서에서는 상주라는 군(과거에는 목牧, 현재는 시)을 단위로 살펴보았다. 다양한 관계가 '상주'라는 지역을 단위로 하여 집적되고 교차되었다고 생각했기 때문이다. 실제로 본서에서 주목한 재지사족과 이족, 근대 이후의 지역엘리트에게 '상주'라는 단위는 아주 중요한 의미를 지녔다. 그렇지만 상주에서 살았던 많은 이들에게 '상주'라는 단위는 일상적으로 그다지 큰 의미를 지니지 않았던 것도 같다. 5장에서 분석한 일기의 주인공인 S씨의 궤적도 대부분은 마을과 면소재지(시장도 거기에 있었다)라는 범위에서 벗어나지 않아, 그에게 '상주'라는 단위가 얼마나 의미가 있었는지는 알 수 없다. 면, 마을, 혹은 가정, 개인과 같은 보다 작은 단위에서 교차되는 관계들도 고찰하고 또 그것을 중층적으로 짜맞춰 보면 보다 다양한 주체와 사건들이 나타나게 될 것이다. 나아가 지방이라는 틀을 설정함으로써 거기서 빠져나간 대량의 인구(디아스포라)는 때때로 이야기에 등장하는 그림자와 같은 존재밖에 되지 못한다. 애시당초 '전체'를 그려낼 수는 없다고 하더라도, 그러한 그림자와 같은 존재나 틀 바깥에 있는 존재에 대해 〈지방사〉는 보다 열린 서술을 지향해야 할 것이다.

나오며

초기에는 20세기 후반의 상주까지 조사연구를 진행하려고 했지만, 자료도 부족했으며 다시 현지조사를 할 정도의 시간을 들이지 않고서는 곤란했기에 일단은 단념했다. 현재 진행하고 있는 연구 프로젝트는 몇 가지가 있는데 지금은 한반도 북부 혹은 북한 연구 쪽에 중심을 두고 있다. 그 중에서도 본서와 같이 대상을 좁힌 뒤 약간 장기적인 시점에서 연구를 시도하고 있다. 한반도 북부의 지방사를 사료나 인터뷰에 바탕해서 서술하고자 하는 외에 특정한 인물에 주목한 연구도 구상하고 있다. 현지조사가 곤란한 현재의 상황에서 과연 가능할지, 또 어느 정도 시간이 걸릴지도 분명치 않지만, 여전히 도착지를 모르는 채 연구를 진행하고 있다.

서론 근대 한국의 지역사회를 보는 관점

상주 전경(1932년)
출전 : 상주농잠학교 졸업앨범, 상주대학교 소장

1. 동아시아의 근세와 근대

본서는 한국의 지역사회의 식민지 경험을 경상북도慶尙北道 상주尙州 지방의 사례를 중심으로 구체적으로 밝히는 것을 목적으로 한다. 대상으로 삼은 시대는 1920~1930년대가 중심이지만, 후술하는 이유로 16세기에서 20세기 초에 이르기까지의 사회적 동태도 시야에 넣었다.

본서의 중심적인 관심사는 한국의 지역사회에서 식민지화란 어떠한 경험이었는가라는 점이다. 19세기 후반에서 제1차 세계대전에 이르는, 흔히 '제국의 시대Age of Empire'라고 불리는 이 시대에는 한 줌의 제국주의 열강이 지구상의 광대한 토지와 방대한 인구를 지배해 나갔다. 이들 여러 제국은 모두 그 식민지를 대상으로 하여, 강력한 무기를 갖춘 군대를 파견하고, 사람과 물자를 수송하기 위한 교통망을 확충하고, 화폐제도·금융·재정기구를 정비하고, 영토를 지배에 편리한 크기의 지역이나 집단으로 재편하고, 관료제를 갖추고, 식민지배에 대한 협력자를 조달·육성하면서 통치하였다. 이 제국의 시대에 타이완 영유(1895)에 이어 한국을 보호국화(1905)한 후 병합(1910)함으로써, 서양에 속하지 않은 나라로는 유일하게 '제국 열강'으로서 세계사에 이름을 올린 '대일본제국'도 그 점에서는 예외가 아니었다.

왕조 국가로서의 오랜 역사를 갖고 있던 한국은 제국주의의 압력 속에 새로운 국가 체제로 전환하던 도중 일본에 의해 국가의 권능을 빼앗겼다. 막스 베버Max Weber[ウェーバー, 1980]가 말하듯이 '정당한 물리적 폭력 행사의 독점을 요구'하는 점에 국가의 본질이 있다고 한다면[cf. 萱野, 2005], 식민지화란 무엇보다도 물리적 폭력을 둘러싼 관계들의 재편 과정이었다. 이는 일본이 교전권을 포함한 외교권을 빼앗고, 일본군을 주둔시키는 한편 한국군을 해산시키고, 경찰기구를 장악하고, 의병투쟁을 무력으로 진압하는 등, 일련의 '위'로부터의 폭력의 재편 과정과 다름없었다.

그러나 식민지화에 의한 국가 권력의 재편이 곧바로 한국의 지역사회에서 지배적인 계층, 지배적인 문화의 전환을 가져온 것은 아니며, 더욱이 식민지화에 의해 비로소 사회 변화가 촉발된 것도 물론 아니었다. 또한 자본주의가 사회관계를 재편하였다고 해도 그것이 한꺼번에 한국 사회 전역에 관철된 것은 아니었다. 오히려 대부분의 주민은 농촌부에 살면서 생산수단으로부터 자유롭지 않고 노동력 판매의 면에서도 반드시 자유롭다고는 할 수 없는 소농peasant으로서의 생활양식을 이어갔다. 보통학교를 비롯한 근대적인 규율권력이 작용하는 장 역시 식민지 사회에서 전면적으로 전개된 것은 아니었다. 맑스의 말을 빌리자면 '이미 존재하는, 주어진, 물려받은 환경'을 무시하고 역사가 전개되는 것은 아니다.1)

이러한 상황을 총체적으로 파악하기 위해서는 '한국'이라는 공간적 스케일을 갖고 시간 축에 따라 발전단계론적으로 분석하는 수법은 적절하지 않다. 그보다는 공시적共時的으로 단면을 잘라내어, '이질'적인 즉 얼핏 보면 '시대'를 달리하는 것처럼 보이는 요소가 동시대적으로 병존하고 있는 상황을 그려낼 필요가 있다. 좀 더 구체적으로 말하자면 '도시화'라고 할 때 서울과 같이 명백하게 도시화된 공간만이 아니라 '시가지'라고 불리는 보다 어중간한 도시적 취락이나 '농촌'도 존재한 것, 또한 새로운 지역엘리트의 출현이라고 할 때 그들이 종래의 지역엘리트와 병존한 것, 신식학교가 등장했을 때 학교 밖에서는 한문 교육의 장이 전개되고 있었고 아예 교육을 받지 않은 이들 또한 동시에 존재한 것, '새로운' 문물에 매력을 느끼는 한 개인이 동시에 '낡은' 것도 깊게 내면화하고 있는 것, '평화'적으로 보이는 장이 폭력과 잇닿아 있는 것 등 중층적으로 얽혀 있는 구조를 해명하는 것이다.

물론 이러한 시점 자체가 새로운 것은 아니다. 종속이론이나 세계체제론은 '제3세계'에서 '후진적', '반半봉건적' 등으로 칭해져 온 것들이 실은 근대

---

1) 맑스[マルクス, 1996]는 「루이 보나빠르뜨의 브뤼메르 18일」의 서두 부분에서 다음과 같이 표현하고 있다. "인간은 자신의 역사를 만들어 가지만, 그들이 바라는 꼭 그대로 만드는 것은 아니다. 인간은 스스로 선택한 환경 속에서가 아니라 이미 존재하는, 주어진, 물려받은 환경 속에서 역사를 만들어 가는 것이다."【한국어역은 칼 마르크스 지음, 임지현·이종훈 옮김, 『개정판 프랑스 혁명사 3부작』, 소나무, 1991, 162쪽을 따랐다.】

자본주의와 불가분의 밀접한 관계 하에서 형성된 것이라고 규정한 바 있다. 나아가 미스Mies나 벨호프Werlhof 등은 '주부', '농민' 등 임금도 이윤도 획득하지 않는 생산자가 자본주의 세계체제 안에 방대하게 존재하는 이유에 대해, 본원적 축적을 자본주의적 축적에 '선행'하는 것으로 파악한 고전 맑스주의적 이해와 달리, '계속적 본원적 축적'이라는 개념을 사용하여 이것이 자본주의적 축적과 한 몸이 되어 '주부화主婦化', '농민화', '식민지화'를 가져오고 있다고 이론화하였 다[ミース et al, 1995]. 또한 마쓰모토 다케노리松本武祝[2005]는 일본 자본주의 논쟁에까지 거슬러 올라가 이를 '동시대성'과 '단계성'의 관계를 어떻게 정리할 것인가의 문제로 정리했다. 요컨대 한 사회가 좋든 싫든 이미 자본주의 세계체제 에 편입되었다는 '동시대성'이, 자본주의 이전의 사회관계 즉 용어상으로는 '봉건적', '반半봉건제' 등으로 종종 표현되어 온 '단계성'을, 그 사회의 현상으로 서 초래한다고 설명하였다. 자본주의적인 사회 구성과 전前자본주의적인 그것 이 병존, 충돌, 결합하는 상황은 주변부자본주의론이나 세계체제론 등에서 '절합節合/articulation'이라는 개념을 갖고 논해져 왔는데, 본서에서는 그러한 동시 대적인 관계의 양상을 보다 구체적인 차원에서 실태에 맞도록 해명하게 될 것이다.2)

그러나 위와 같은 틀에는 또다른 하나의 시점을 도입할 필요가 있다. 즉 이러한 틀은 자칫하면 외부로부터 도래한 '근대'에 의해 현지 사회가 근본적으로 재편되어 '근대' 이외의 부문은 부정적인 '비非-근대'적인 것으로서 편입된다는 사회 상像을 상정하기 쉽다. 미국의 중국 연구를 비판적으로 검토한 코헨Cohen [1988]이 말했듯이, '근대'의 '충격'과 '반응'이라는 틀로써 근대의 사회 변화를 파악하는 것은 그 자체가 서양 중심주의적인 시각이어서 1960년대 이후 서서히 비판의 대상이 되어 왔다. 또한 세계체제론적인 시점이 '주변부'가 된 사회의

---

2) 인류학에서도 예컨대 코마로프Jean Comaroff[1985]는 남아프리카와 보츠와나의 국경지대 에 사는 Tsidi의 사회문화적 구조변동을 논하면서, 역시 articulation이라는 개념을 원용하 여 구체적인 분석을 하였다. 또한 타우시그Taussig[1980]도 상품 페티시즘론이나 사용가 치/교환가치론 등을 사용하여 콜롬비아 농민 및 볼리비아 광산 노동자의 절합의 양상을 기술하였다. 본서도 이러한 시도에서 많은 자극을 받았다.

내재적인 움직임을 무시해 버리는 경향이 있는 것 또한 종종 지적된 바 있다.[3] 블라우트가 '확산주의diffusionism'를 '식민자의 세계 모델'로서 비판한 바와 같이, 서양→일본→아시아라는 일방적인 흐름을 상정한 후 '근대'의 '수용', '영향', '유입', '연쇄'만을 분석한다면, 이는 '식민자의 세계 모델'[Blaut, 1993]을 재생산하는 데에 그치기 쉽다. '비非-근대'처럼 부정형으로, 혹은 '전前-근대'처럼 시간적인 선행성을 가리킬 뿐인 소극적인 형태로만 사회관계를 파악할 것이 아니라, 식민지화 이전의 역사적인 동태를 중시하면서 새로이 더해진 변화는 무엇이었는가를 지역에 내재적인 시점에서 살필 필요가 있을 것이다. 다시 말해 근세의 사회 동태의 연장선상에 근대를 위치 짓는 시점을 취해야 한다고 생각한다.

이즈음에서 근세 및 근대를 정의해 둘 필요가 있을 것이다. 본서에서는 근세와 근대를 이중적인 의미에서 사용한다. 하나는 글로벌하게 퍼져가는 '관계들의 집합체'[4][Wolf, 1982 : 3]에 의해 이어진 동시대성을 가리키는 용어로 사용하는 경우이다. 그 경우 근세 및 근대란 지역사회나 한국만이 아니라 동아시아, 유라시아, 나아가 지구 규모의 공시적·횡단적인 관계성을 거스를 수 없다는 뜻의 역사성을 지닌 개념으로서 일종의 시대 구분을 가리킨다. 이러한 의미에서 사용하는 경우는 괄호를 씌우지 않고 근세, 근대라고 표기하겠

---

3) 실제로 월러슈타인Wallerstein에게 동아시아는 자본주의 세계체제 '밖'의 존재로서, 19세기에 이르러 '편입'의 대상이 되는 것으로 상정되는 데 그친다. 예전의 이론적 동료였던 프랑크A. G. Frank[フランク, 2000]는, 월러슈타인의 이론 나아가 예전에 스스로 제시한 종속이론은 유럽 중심주의를 전제로 한다고 비판한 바 있다.

4) 울프Wolf는『유럽과 역사 없는 사람들』을 통해서, '미개'하다고 여겨진 이들이나 소농 peasant 등 유럽으로부터 보자면 '역사 없는 사람들'로 여겨져 온 '주변'의 역사로부터 세계사의 재구성을 시도했는데, 그 글머리에서 다음과 같이 말하고 있다. '이 책의 핵심 주장은 인간의 세계는 하나의 다양체, 곧 상호연관된 흐름들로 구성된 하나의 총체이며, 이 총체를 작은 조각들로 해체는 해놓고 재조립은 하지 못하는 연구들은 실재를 왜곡한다는 것이다. '국가'며 '사회', '문화' 같은 개념들은 파편일 뿐인 것들에 이름을 붙여서는 이름들을 실체들로 만들어버린다. 이 이름들을 관계들의 집합체로 이해해야만, 또 이 이름들을 이것들이 추출돼 나온 장 안으로 다시 가져다 놓아야만, 우리가 잘못된 추론들을 피하고 그리하여 우리가 이해하는 몫을 늘리기를 바랄 수 있다.'【한국어역은 에릭 R. 울프 지음, 박광식 옮김, 『유럽과 역사 없는 사람들』, 뿌리와이파리, 2015, 47쪽을 따랐다.】

다. 근대 세계체제론의 관점에서는 '발전'된 지역과 '저개발'의 지역을 동시대적인 관계 속에서 파악하는데, 그 경우의 '근대'는 여기서의 근세·근대를 포함하는 개념이 된다. 이를 공시적 개념으로서의 근세·근대라고 한다면, 본서에서는 사회 문화적인 특징을 가리키는 개념으로서 괄호를 붙인 <근세>·<근대>라는 용어를 사용하고자 한다. 요컨대 근세에 형성된 사회관계나 문화적인 여러 특징을 <근세>, 근대에 있어서의 그것을 <근대>라고 표기하겠다. <근세>·<근대>는 역사적·사회적인 위치에 따라 다양한 형태를 취할 수 있는데 복수형으로 나타나는 'modernities'와 같은 개념이 여기에 속한다.[5] 이렇게 개념을 정리함으로써 근대에 있어서도 <근세>의 요소들이 지속된 것을 논할 수 있다.

다음으로 근세와 근대의 구별에 대해 생각해 보자. 먼저 공시적 개념으로서의 근세는 시기적으로는 16세기부터 19세기에 걸쳐 있다. 그런 의미에서는 일본사에서 사용하는 '근세', 유럽사에서 사용하는 '초기 근대early modern'와 일치한다고 할 수 있지만, 유럽사나 일본사의 '발전단계'의 틀을 적용하기 위해서 이 용어를 사용하는 것은 아니다. 오히려 이는 종속이론이나 세계체제론, 최근의 동아시아사론의 임팩트를 수용하여, 발전단계론이나 서양 중심주의적인 틀을 비판하면서 구축構築해야 할 개념이다. 따옴표를 붙여 의미를 한정하면서도 근세라는 용어를 동아시아사의 서술에서 적극적으로 사용하고 있는 기시모토 미오岸本美緖[1998a, b, c]는 발전단계론에 바탕한 동아시아사 시대구분론의 한계를 지적하면서 단순히 유럽적인 기준에서 말하는 '근세'와 같기 때문이라는 점이 아니라 다양한 개성을 가진 여러 지역이 상호 영향을 끼치면서 16세기부터 18세기에 걸쳐 격동의 리듬을 공유해 왔다는 점을 중시한다. 즉 근세란 16세기의 상품경제

---

5) 공부가 부족한 탓에 본서 탈고 후에 『歷史學硏究』 2006년 11월호(821호)와 12월호(822호)에 특집 「'근세화'를 생각한다」가 실려 있는 것을 알게 되었다. 이 특집에서는 16~18세기를 중심으로 하는 시대를 '근세'라고 규정하고, '근대화'와 쌍이 되는 '근세화', '근대성'과 쌍이 되는 '근세성'이라는 개념을 제시하였다. '근대성'과 '근세성'은 본서에서 말하는 <근대>와 <근세>에 어느 정도 겹쳐진다고 할 수 있는데, 개념을 대조하면서 재검토하는 작업은 다음으로 미룰 수밖에 없었다. 다만 본서는 근세사에 깊이 들어가기보다는 그로부터 드러나는 근대의 사회상을 재구성하는 데에 주안을 두었다.

의 활성화, 사회의 유동화 속에 기존의 질서가 무너지고, 17세기에서 18세기에 걸쳐 새로운 질서가 만들어져 가는 시대로 규정된다. 본서에서 근세를 파악하는 방식은 이러한 시점을 계승하는 것이다.

한편 근대는 19세기 특히 보다 전형적으로는 '제국의 시대'로 간주되는 19세기 말 이후의 시대 및 그 시대의 관계성과 관련되어 있다. 근세와 근대를 통해 식민주의는 모습을 바꿔가면서 계속하여 그 관계성의 양상을 규정하는 요소였다. 16세기에서 18세기에 걸쳐 동아시아가 유럽의 전면적인 식민 지배를 받은 것은 아니지만, 16세기에 아메리카 대륙에서 산출된 은이 유입되어 사회 변화를 불러일으킨 것처럼, 동아시아 역시 식민주의를 내포한 세계사적 관계성 속에 놓여 있었다. 그리고 그에 맞서 해금海禁이나 기독교의 제한·금지 등 공통된 대응을 보인 것이 동아시아의 근세였다고 할 수 있다. 한편 19세기에 들어 주권국가 체제의 전지구화가 진행되었고, 이는 최종적으로 제국주의라는 형태를 띤 세계의 '분할'과 '일체화'를 초래하였다. 그리고 이와 같은 식민주의의 재편 과정에서 일본은 식민지제국이, 한국은 식민지가 되었다. 본서에서는 이처럼 근대가 식민주의를 본질적 요소로서 내포하고 있었다는 점을 특히 강조하고자 하는 경우에는 뒤에서 다룰 '식민지근대'라는 표현을 사용하기도 했다.

다음으로 사회 문화적 특징을 가리키는 개념으로서의 <근세>는 지역이나 집단이 놓인 상황에 따라 다양하고 개성적인 형태를 취할 수 있다. 발전단계론에 입각한 특징의 추출 또한 그 가운데 하나인 유럽적 특수 형태에 지나지 않는다. 미야지마 히로시宮嶋博史[1994, 2004]는 중국·조선·일본에서의 소농 사회의 형성과 주자학의 보급에 주목하여 그로부터 동아시아의 '초기 근대'라는 개념을 설정하였다. 비非독립농민이 적은 것을 비롯해 재지在地 지배층[중국의 사대부士大夫, 조선의 양반兩班(사족士族), 일본의 무사武士]의 영역적 지배권의 독립성 결여, 주자학을 토대로 한 지식 계급이라는 지배층의 공통 특성, 경영체로서의 '가家'의 중요성, 촌락의 성립, 부계 혈연관계의 강화 등 훗날 '전통'이라고 불리게 되는 여러 특징들이 형성된 시대로서 '초기 근대'를 규정하고 있다. 미야지마는 이에 그치지 않고 근대에 들어 '전통'이라고 여겨지는 여러 특징들이 도리어 강화되는 측면마저 있다고 말한다. 여기서 따옴표를 붙여 '전통'이라고 부르고 있는 것이 다름 아닌 본서에서 말하는 〈근세〉의 개념에 속한다. 본서에서 말하는 〈근세〉 또한 이러한 문제의식을 받아들여 경제적으로는 소농 경영의 보급과 지방 시장망의 발달, 지역사회의 지배계층이라는 점에서는 재지사족在地士族의 정착, 문화사적으로는 서원이나 서당의 광범위한 전개 등의 요소에 주목한다. 이러한 의미에서 〈근세〉는 근대에도 지속될 수 있는 것이다. 요시다 미쓰오吉田光男[1988]는 '근현대 한국 사회의 기반이 된 사회구조·의식구조'가 성립된 시대로서 '근세'라는 용어의 사용을 제기한 바 있는데, 20세기까지도 강한 영향을 끼치는 〈근세〉의 동태성을 상정하고 있다는 점에서 본서의 문제의 식과 상통한다고 할 수 있다.

또한 〈근대〉의 경우 한국의 지역사회에서 '새롭다'는 의미에서 '신식'이라고 표현되기도 한다. 그 특징은 다양하겠지만 지역사회의 변화에 주목하는 본서에 서는 특히 일본인 및 식민지 행정의 침투, 지주─소작 관계를 기초로 한 종속적인 상업적 농업의 진전과 지역 산업의 발흥, '신식' 학교의 도입, '유지有志', '청년靑年', '중견인물中堅人物' 등 새로운 타입의 엘리트의 등장, 독립운동이나 실력양성 론적인 사회사업의 전개 등을 살폈다. 한편 근대화론은 서구 등에서 나타난 특수한 〈근대〉의 양상을 보편화하고 그것을 척도로 삼아 다른 사회를 분석하려 는 틀이라고 할 수 있는데, 본서는 그러한 시점과는 분명히 선을 긋고자 한다.

이상에서 밝힌 의미에서, 본서의 기본 과제는 근대에 들어 지역사회가 재편되어 가는 가운데 근세 이래의 역학dynamics이 지속되면서 〈근세〉와 〈근대〉가 절합節合되는 모습을 구체적으로 논하는 데에 있다고 할 수 있겠다.

다만 본서에서 지역사회의 모든 요소에 대해 논하기는 어렵다. 여기서 중심적 으로 논할 것은 굳이 한 마디로 표현하자면 지역사회의 지배 문화라고 일컬을 만한 것의 변용에 대해서이다. 보다 구체적으로 질문하자면 다음과 같다. 즉 경제적 및 정치 제도적인 영역에서 지역사회의 근세로부터 근대로의 전환이란 무엇이었는가(2장). 근세의 지역엘리트였던 사족士族 및 이족吏族은 근대에 들어 어떻게 변화되고 또 지속되었는가. 한편 어떠한 새로운 지역엘리트가 등장하였

는가(이상 3장). 또한 근세 지역엘리트의 지식적 기반이었던 한문 식자識字/literacy
는 근대에 들어 어떻게 지속되고 또 변화되었는가. 동시에 '신식' 학교는 지역사
회에서 어떠한 존재였는가(이상 4장). 이러한 가운데 농촌에 살던 개인은 어떠한
경험을 하고 또 어떻게 사회를 인식하였는가(5장). 이상이 본서를 통해 묻고자
하는 구체적인 내용이다.

　본 연구의 지역적인 스케일은 <읍邑>이다. <읍> 사회가 어떠한 것인가에
대해서는 1장에서 자세히 논하겠지만, 기본적으로는 조선 시대의 '군郡', '현縣',
현재의 '시市'라는 행정구역에 상당하는 범위이다. <읍>은 예컨대 현재도 상대
방에게 출신지를 밝힐 때의 기본 정보이며, 일족一族의 시조의 출신지라고
여겨지는 '본관本貫'도 거의 전부 <읍>의 이름으로 나타내는 등 오늘날까지도
중요한 지역 단위로서 기능하고 있다. 뿐만 아니라 다양한 사회 조직이나
네트워크에 있어서도 기초적인 범위다. <읍>보다 상위의 행정 단위인 '도道'
혹은 한국 전역이라는 스케일에서는 이러한 사회적 현상들의 유기적 연결을
찾아내기가 어렵다. 한편 촌락인 '마을'은 필드워크에 의한 조사 연구의 기본
단위였고, 실제 농촌부에 사는 사람들의 중심적인 생활의 장이었다. 그러나
마을에 한정된 연구는 자료적 제약이 있을 뿐만 아니라, 중국 사회 연구에서
지적되어 온 문제처럼[6] 예컨대 촌락을 넘어 이어지는 사족士族 네트워크나
문중門中 조직, 시장市場 네트워크, 수리水利 조직 등의 존재, 혹은 <읍> 중심부의
취락인 '읍내'(현재는 '시내'라고 불린다)의 특수한 지위 등이 잘 보이지 않는다.
나아가 <읍>과 마을의 중간적인 행정 단위로서 '면面'이 있지만, 이는 '위'로부터
행정적으로 설정된 색채가 짙어 일정한 자율성을 가진 단위라고 보기는 힘들다.
이러한 점에서 본 연구의 주제를 전개하기 위해서는 <읍>을 기본적인 무대로
삼는 것이 적당하다고 생각한다.

---

　6) 중국 사회의 인류학적 연구에서는 1920년대부터 중화인민공화국 성립 무렵까지 '커뮤
　니티 스터디의 황금기'라고 불릴 정도로 커뮤니티에서의 필드워크를 바탕으로 한
　연구가 다수 발표되었다. 그 후 필드워크가 곤란해진 것도 원인이 되어, 프리드먼Maurice
　Freedman의 宗族 연구나 스키너G. W. Skinner의 市場圈 연구 등 커뮤니티 연구만으로는
　파악하기 어려운 스케일에서의 연구가 전개되었다.[瀨川, 2004 ; 瀨川&西澤, 2006]

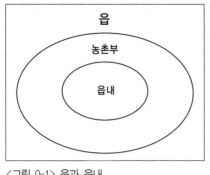

<그림 0-1> 읍과 읍내

다만 <읍>을 하나의 균질적인 공간으로 간주하려는 것은 아니다. 본서에서는 2장에서 <읍>의 중심적인 취락인 '읍내'와 그 밖의 농촌부와의 상대적인 차이를 밝힌 것을 비롯하여(그림 0-1), 지리적인 불균등성을 늘 염두에 두었다. 각 장에서 GIS(지리정보 시스템) 등을 이용하여 지리적 분포를 나타낸 것도 그러한 관심에서이다. 즉 식민지 경험을 둘러싼 공간적인 역학dynamics7)이라고 부를 만한 내용을 밝히는 것도 본서의 과제의 하나라고 할 수 있다.

2. 식민지기 한국 사회를 어떻게 볼 것인가

이상에서 본서의 기본적인 시점을 살펴보았다. 아래에서는 본론에 들어가기 전에 두 가지 관점에서 본 연구를 위치 짓고자 한다. 하나는 문화인류학을 중심으로 한 학문의 배치 관계 속에서의 자리매김이고, 또 하나는 한국의 식민주의와 근대를 둘러싼 연구들 사이에서의 자리매김이다.

1) 한국 연구와 인류학

본서는 한국의 지역사회에서의 식민지 경험을 그려내는 역사민족지歷史民族誌/historical ethnography라고 일단 자리매김할 수 있다.8) 본 연구의 출발점에는 인류학

---

7) 이러한 점에서는 맑스주의 지리학이나 최근의 이른바 포스트모던 지리학의 문제 관심과도 상통하는 부분이 있다. 그러한 동향에 대해서는 소자Soja[ソジャ, 2003]를 참조.

8) '민족-지民族-誌/ethno-graphy'라는 용어에서 '민족ethno-'이라는 부분은 본서와는 어울리지 않는 것이 사실이다. 오해를 피하기 위해 말해 둔다면 본서는 적어도 '한국 민족'이라는 '민족적ethnic'인 단위에서의 서술을 시도한 것은 아니다. '상주'라는 지역 단위를 대상으

과 식민주의에 관한 문제의식이 있다. 1960년대 후반 이후 인류학이라는 분야에서는 식민주의와의 관계가 날카롭게 비판되기 시작했다[Asad, 1973 ; ルクレール, 1976 외]. 그러한 긴장 관계의 연장선상에서 클리포드Clifford와 마커스Marcus[クリフォード, 1996]의 『문화를 쓴다Writing Culture』[1986]와 마커스와 피셔Fischer[マーカス, 1989]의 『인류학과 문화비평Anthropology as Cultural Critique』[1986] 등으로 대표되듯이 인류학에서의 민족지 서술 양상을 반성적으로 되묻는 움직임이 나오는 한편, 인류학이 대상으로 삼아 온 사회에서의 식민지 경험 그 자체를 역사적으로 거슬러 올라가면서 그려내는 작업도 다수 발표되었다.9) 인류학자와 역사학자가 공동작업을 통해 식민지 경험을 그려내고자 하는 연구도 여럿 발표되었다.10)

이는 유럽과 구舊식민지의 관계에서만 보이는 동향은 아니다. 한국 또한 일본의 식민 지배로부터 해방된 지 상당한 세월이 흘렀지만, 최근에 들어서야 비로소 전전戰前의 인류학에 관한 상세하고 비판적인 연구가 잇달아 발표되는 상황이다.11) 또한 인류학의 분야에서도 한국의 식민지 경험을 논하는 연구가

로 삼아 여러 방면에서 기술하였다는 의미에서는 오히려 모노그래프mono-graph라고 하는 편이 정확할지 모르며 또 사례 연구case-study라고 부를 수 있을지도 모르겠다. 다만 '사례 연구'라는 용어에는 왠지 전체 속의 샘플, 일반 가운데 특수라는 의미가 담겨 있어서, 세계사적인 관계성에 의해 규정되는 구체적인 경험의 서술을 목표로 하는 본서의 지향성에서 본다면 조금 부족한 면이 있다. 또한 모노그래프가 아니라 굳이 '민족지民族誌'라는 용어를 선택한 것은 인류학에 의한 이민족 연구가 내포한 문제와 관계성의 역사를 상기시키기 위한 것이다.

9) 그러한 일련의 흐름을 간결하게 정리한 글로서 淸水[1996] 및 栗本&井野瀬[1999]의 서론 등을 참조.

10) 대표적인 연구로서 식민 지배에서의 문화의 역할에 대해 논한 Dirks[1992], 종주국과 식민지의 긴장 관계에 있어 지배/피지배, 포섭/배제의 담론과 실천이 형성되어 가는 프로세스를 밝힌 Cooper&Stoler[1997], 식민지 경험을 놓고 인류학자·역사학자가 어프로치한 栗本&井野瀬[1999]를 들 수 있다.

11) 한국과 관련해서는 개항(1876)으로부터 식민지기에 걸친 일본인에 의한 사회 조사를 종합적으로 검토한 朴賢洙[1993], 무속론을 중심으로 식민지기 인류학의 담론을 검토한 최석영[1999], 한국 인류학사를 19세기 말부터 거슬러 내려오며 정리한 全京秀[2004] 등이 발표되었다. 일본이 식민 지배를 행한 각 지역의 인류학과 관련해서는 中生勝美[2000], 坂野徹[2005] 등의 발표 외에, 2002년에는 서울대학교에서 한국·타이완의 인류학자·역사학자가 모여 「일본 식민주의와 동아시아 인류학」을 개최하는 등 활발히 연구가 진행되고 있다.

발표되고 있다.[12] 그러나 이러한 시도에 무언가 부족한 점이 있다고 느껴지는 이유는 아마도 일본의 한국 지배에 있어서 인류학의 위상이 유럽의 식민지제국에 있어서의 그것과 같다고 할 수 없는 점에 있다고 생각한다. 이 점은 본서의 문제 설정이 출발한 지점의 하나이므로, 조금 돌아서 가는 느낌이 있지만 한국 연구가 서 있는 지점에 대해서부터 설명하고자 한다.

월러슈타인[wallerstein[ウォーラーステイン, 1996] 등에 따르자면 19세기 유럽의 학문 분화 과정에서 정치학·경제학·사회학 등의 법칙정립적nomothetic인 사회과학과 역사학·동양학·인류학 등의 개성기술적ideographic인 인문과학이 성립되었다. 사회과학은 주로 서구의 시민 사회를 대상으로 디시플린discipline이 형성되었다. 역사학이 유럽이라는 '문명'의 역사를 대상으로 삼았다면, 동양학은 '유럽'은 아니지만 '고도의 문명'을 갖고 있다고 여겨진 지역, 특히 아랍-이슬람 세계, 인도, 중국 등 중근동中近東으로부터 동쪽의 유라시아 대륙을 주된 대상으로 성립되었다. 이에 반해 인류학은 '문자'를 가지지 않는 '미개'하다고 여겨진 지역, 즉 유럽이 식민지로서 마주친 지역을 주된 대상으로 하여 형성되어 왔다. Orientalism 혹은 Oriental studies라고 불리는 동양학은 당대의 사회 문화를 기술하기보다는 주로 '고전' 텍스트를 연구 대상으로 하여 성립되었다. 미야지마宮嶋[2004]에 따르면, 그 중에서도 중국은 유럽의 직접적인 식민 지배를 받지 않았고, 또한 한자라는 독특한 표어문자表語文字/logogram[13]와 방대한 문헌이 존재했기 때문에, '이슬람·인도 지역에 비하면 중국 연구는 질적으로 상당히 떨어질 수밖에 없었다.' 코헨[コーエン, 1988]도 제2차 대전까지 중국에 관한 미국인의 저작은 '아마추어'에 의해 쓰여졌다고 평가한 바 있다.

---

12) 문화인류학에서 식민지 조선 사회 연구로는 崔吉城[1994] 등을 들 수 있지만, 인류학사의 재검토 작업이 주목되고 있는 데에 비하면 그다지 활발하다고는 말할 수 없다. 이에 반해 한국의 사회학 쪽에서는 한국사회사학회를 중심으로 식민지기 조선에 관한 사회사적인 연구가 활발히 진행되고 있다.

13) 【하나 하나의 문자가 단어 혹은 형태소를 이루며 동시에 발음도 나타내는 문자. 한자를 表意文字로 부르기도 했으나 각 문자가 의미뿐 아니라 발음도 나타낸다는 점에서 표의문자보다는 표어문자로 분류하는 것이 일반적이다.】

이처럼 서구의 '동양학'에 있어서 동아시아의 존재는 희미했는데, '은자의 왕국Hermit Kingdom'이라고까지 표현되던 한국의 경우는 그 정도가 더 심했다. 그러한 가운데 그 자신도 '동양'이라는 시선 안에 있던 일본에서, 한국이나 중국에 대한 연구가 두텁게 축적되기에 이르렀다. 1890년대 무렵부터 일본의 사학·언어학·법제사·지리학 등의 여러 분야에서 한국 연구가 활발해졌지만, 예컨대 사학 가운데서도 '국사', '동양사'의 양쪽에서 한국을 연구 대상으로 삼는 등[旗田, 1969] 그 자리매김이 분명하지 않고, '외국사 연구로서의 의식이 극히 희박'[宮嶋, 2004 : 176]하였다. 또한 일본이 한국을 식민지화함으로써 양적으로 보자면 한국 연구의 대부분은 일본인이 행하게 된다.

이러한 일본의 학지學知 속에서 '인류학'은 한반도를 어떻게 보고 있었을까. 하나의 예로서 구舊경성제국대학의 사회인류학자 아키바 다카시秋葉隆의 기술을 검토해 보자. 다음의 인용은 한국을 연구 대상으로 삼은 문화인류학이나 민속학 분야에 일정한 영향을 끼쳤다고 여겨지는 '이중구조'론을 정식화한 부분이다.

> 현대 조선에서 새로운 문화의 물결인 자본주의·과학적 기술·기독교·맑시즘 등의 다채로운 서양 문명의 영향을 무시할 수는 없는데, 전통적인 조선의 사회 및 문화는 크게 보아 여성을 중심으로 하는 무격적巫覡的 문화의 운재자運載者와 남성 본위의 유교적 문화의 지지자의 이중조직으로 이해된다.14)

위 글에는 한국 사회를 파악하는 데 오늘날까지도 통용될 수 있는 문제가 어느 정도 포함되어 있다. 그가 인류학이라는 디시플린을 갖고 접근했음에도 불구하고 논할 수 없었던 측면을 확실히 드러내고, 또 그것을 정면에서 다루는 것은 현재적인 과제이기도 하다. 아래에서는 그와 같은 문제를 두 가지 제시함으

---

14) 秋葉[1954 : 155]. 여기서는 해방 후에 나온 서적을 인용하였는데, 1934년 처음 쓰여졌을 때의 서술은 다음과 같다. "자본주의, 과학적 문화, 기독교, 맑시즘 등의 다채로운 서양 문명에 의해 침식되지 않은 모습에서의 조선 사회는 대체로 여성을 중심으로 하는 巫覡的 문화의 運載者와 남성 본위의 유교적 문화의 지지자의 이중조직으로 이해된다."[秋葉, 1934 : 5] 미묘한 차이는 있지만 큰 뜻은 다르지 않다.

로써 본서의 과제를 자리매김하고자 한다.

먼저 주목되는 것은 일반적으로 무속적 문화와 유교적 문화의 '이중구조'론으로 알려져 있는 이 문장이, 실은 그에 '서양 문명'을 더한 삼중성에 대해 말하고 있다는 점이다. 다른 글에서는 '무속 즉 샤머니즘', '중국 전래의 민속', '서양풍의 사고 행동의 양식' 등의 '세 가지 민속'이라는 표현을 사용하고 있다[秋葉, 1954 : 25]. 실제로 아키바가 조사한 것은 다름 아닌 일본의 식민 지배 하에서 변화하고 있던 한국 사회였다. 그럼에도 불구하고 아키바는 '무시할 수는 없'던 '서양 문명' 즉 조사지로 향한 아키바 자신도 한 쪽 다리를 딛고 있던 '서양 문명'을 억지로 '무시'한 채 '전통적인 조선 사회 및 문화'를 찾아내어 '이해'하고 있다. 파비앙이 말하는 바의 '동시대성의 부정denial of coevalness'[Fabian, 1983 : 31]의 전형이다. 이러한 점을 들어 아키바에 의한 '전통의 창조'를 이야기하는 것은 오히려 쉬운 일이겠지만, 그보다는 아키바의 논의에서 다루어지지 않은 문제를 동시대 속에 다시 집어넣어 생각해 보는 과제가 남아 있다. 요컨대 여기서 물어야 할 것은 아키바가 '서양 문명'이라고 말한 것이 어떻게 한국 사회에 '무시할 수는 없는' 정도로 존재하고 있었는가라는 점이다. 부연하자면 어떻게 '서양 문명'과 '전통'이 '세 가지 민속'이라고 표현될 정도로 동시대적으로 병존하며 아키바를 포함한 식민지 시스템을 형성하고 있었는지를 질문할 필요가 있을 것이다.

물론 여기서 아키바가 말하는 '서양 문명'이란 이미 담론이다. 지리적인 의미에서 '서양'에 해당하는 지역으로부터 조선의 지역사회가 직접적인 영향을 받고 있었던 것은 아니다. 즉 여기서 '서양'은 바로 사이드Said[サイード, 1986]의 오리엔탈리즘론이 말하는 심상지리心象地理나 다름없다. 그렇다고 해서 단순히 그것을 '일본'으로 바꿔 놓는다거나 혹은 '일본 경유'의 '서양 문명'이 한국 사회에 영향을 미쳤다는 식으로 단계를 하나 더 설정한다고 해서 지역사회의 경험이 밝혀지는 것은 아니다. '서양'이나 '일본'의 '문명' 내지 '문화'가 '조선'의 '문명', '문화'와 '접촉'했다는 식의 고전적인 문화상대론 내지 문화변용론의 구도로서는 식민지 상황 하의 지역사회는 파악될 수 없다.[15] 오히려 여기서

'서양 문명'이란 한국 사회에 성립되어 있던 불균등하고도 비대칭적인 뭇 관계성에 대해 부여된 명사라고 생각할 필요가 있으며 중요한 것은 그 관계성의 양상을 밝히는 것이다.

두 번째로 아키바는 <유교－남성－문자>와 <무격－여성－구전>이라는 계열을 추려내어 이와 같은 이중성을 중심으로 '전통'을 이해하였다. 이는 전후 인류학의 소농 연구peasant studies에서 이야기되어 온 대전통great tradition/소전통little tradition론[Redfield, 1956]과도 상통하는 시각이다. 그러나 아키바는 이 이중성을 동태적으로 파악하기보다는 점차 <무격>의 영역 쪽으로 관심을 옮겨갔다. 그 이유는 확실치 않지만 한문·유교적인 '잡물雜物'을 제거한 다음 '고유성'을 찾아내는 작업에 대해 이야기하는 것으로 보아,16) 그 안에서 한국 문화의 '본질'을 찾아내고자 하는 본질주의적인 사고가 개재되어 있던 것은 틀림없어 보인다. 또한 방법론적인 요인도 있다고 생각된다. 아키바秋葉[1950]는

---

15) '文化變容acculturation'을 둘러싼 문화인류학의 연구 성과는 1930~1950년대를 중심으로 다수 발표되었다. 그러나 '실제로는 서구의 문화와 다른 문화들의 접촉을 연구'[ルクレール, 1976 : 890]하고 있음에도 불구하고 통틀어서 하나의 '문화'라는 용어로 묶임으로써 그 양자 간의 비대칭적인 권력 관계나 기계·무기·문자 등의 기술 격차가 보이지 않게 되어, 기본적으로 문화상대주의의 틀 안에서 문제가 설정된다는 한계가 있다. 한국에 관해서는 식민지기 全羅南道 巨文島의 '문화변용'에 관한 공동연구가 최근 발표되었지만, 그 결론부에서 편자인 崔吉城[1994 : 102~103]은 "식민지 정책에 의한 문화 이식은 어렵다"고 말하면서 "결국 식민지 정책에 의해 변한 것은 생계 방법, 교육, 위생 시설 등 인간의 기본적인 욕망Basic Human Needs을 채우기 위한 것 요컨대 근대화 정책에 의한 것들이 남았고 그 중 다수는 지금까지 살아남아 있다는 사실을 알 수 있었다"고 결론짓고 있어, 처음에 설정한 문화변용의 개념이 어디론가 사라졌을 뿐만 아니라 마치 '생계 방법, 교육, 위생 시설' 등의 '근대화 정책'은 '문화'와는 관련이 없는 것처럼 서술하고 있다.【acculturation의 한국어 역으로는 '문화접변'이라는 용어가 사용되기도 한다. 예를 들어, 천정환의 연구와 그 일본어 역인 千政煥(高榮蘭 譯),「玄海灘を横断する『讀書』－植民地主義を超えた「文化接変」の可能性へ－」,『文學』 9(6), 2008년 11월 참조.】

16) 『心田開發に關する講演集』(朝鮮總督府中樞院, 1936) 및 『內鮮一體精義』(國民精神總動員朝鮮聯盟, 1940) 등에 보이는 아키바의 발언에 따랐다. 나아가 아키바는 조선 '민속'의 '고유성'과 일본 '민속'과의 비교를 통해 '내선일체'론을 도출하고 있다. 이는 단순히 시국적이고 예외적인 발언이라기보다는 아키바의 논리 구성의 한계로부터 나온 것이라고 생각한다.

말리노프스키Malinowski의 현지 조사를 바탕으로 한 '심화적 사회학적 방법'의 '가능성과 정당성'을 음미하기 위해 조선에서 현지 연구를 행한다고 선언했지만, 실제로 조사를 개시해 보니 이 방법은 '조선과 같이 상당히 규모가 크고 문화 발전의 역사를 갖고 있는 또 근대 사회화를 향한 도정에 있는 사회의 연구에는 그대로 채용할 수 없음'을 깨닫고, 농촌 사회학 등의 방법을 참작하기에 이르렀다고 말하였다. 참여 관찰과 같은 방법만으로는 도저히 한국의 '전통'으로 여겨지는 것 전체를 볼 수 없었다는 것을 말해 준다. 이토 아비토伊藤亞人[1988]는 전후 한반도를 대상으로 하는 인류학·민속학이, 사회·문화의 유교적·사족적士族的인 측면을 문헌자료 등을 이용하면서 탐구하는 연구와 무속이나 민간신앙 등을 구두 전승을 중심으로 조사하는 연구로 양극화되어 있는 문제를 지적하였는데, 이 '이중'성은 한국 사회를 바라보는 학문의 구조적인 문제라고 할 수 있을 것이다.

여하튼 아키바에게는 '전통'이라고 불리는 것이 역사적으로 형성되어 온 동태적인 것이라는 시점이 결락되어 있다. 유교 그 중에서도 주자학朱子學이 한국의 지역사회까지 침투한 것은 조선시대, 본서의 용어로 말하자면 근세의 일이다. 이는 지역의 지배계층인 재지 사족士族 및 이족吏族의 역사적 형성 과정과 불가분의 관계를 맺고 있다(본서 1장). 문자라는 측면에서도 서당을 비롯한 한문 식자識字 습득의 장 역시 근세에 증가했고, 서당 통계를 보면 일본에 의한 한국병합 후 1920년 무렵까지 학교 수·학생 수가 증가하고 있다. 또한 근세에 있어 한문 식자 계층도 일률적인 것은 아니어서, 1장에서 보듯이 적어도 사족과 이족 사이에는 커다란 구조적인 차이 및 모순이 있었다.[17] 본서에서는 문자 문화 및 지역사회의 지배적인 계층의 내부에까지 들어가 '전통'을 동태적인 것으로서 파악하고자 한다.

---

17) 岡田浩樹[2001]도 '이중구조'론을 동태적인 시각으로부터 극복하기 위해 '門中的 영역'과 '집의 영역'('집'은 말하자면 '이에家'인데, 오카다는 '家內的 집단의 단위'로 정의하고 있다)이라는 분석 개념으로 대체하여 '兩班化'라는 현상을 분석하려 했다. 그 지향하는 바는 이해가 되지만 '양반'적인 것과 '상민'적인 것의 두 범주를 축으로 삼는 시점 자체는 오히려 강하게 계승되어 있다.

이상에서 아키바 다카시秋葉隆의 틀을 중심으로 한국을 대상으로 삼은 인류학의 시점이 어떠한 한계를 가졌나를 살펴보았다. 단지 한계를 지적하는 데 그치지 않고 그 한계로부터 문제를 다시 설정하여 새로운 한국 사회 상像을 그려 내는 것이 오늘날의 과제일 것이다. 본서의 작업도 바로 그 점에 자리매김할 수 있을 것이다.

2) 식민주의와 근대

다음으로 본서를 한국의 식민주의와 근대를 둘러싼 여러 연구 속에 자리매김하고자 한다.

최근 특히 한국의 학계를 중심으로 '식민지근대(성)colonial modernity'을 키워드로 하는 연구가 다수 발표되었다.[18] 이러한 연구 동향에 대해서는 이미 일본어로 읽을 수 있는 리뷰 논문이 몇 편 나와 있다[松本, 2002 ; 並木, 2003 ; 李鍾旼, 2003 ; 趙亨根, 2004]. 상세한 내용은 이들 논문을 참조하기로 하고, 아래에서는 본서의 관점을 설정하는 데 관련이 되는 범위에서만 언급하겠다.[19]

먼저 논의의 전제에 대해 언급해 두고자 한다. 최근 '식민지근대'를 키워드로 하는 연구는 일본 통치하의 한국에서 근대화가 진전된 것을 강조하는 '식민지근대화modernization in colony'와는 상당히 다른 시각에 서 있다. 1990년대 후반 한국의 역사학계를 중심으로 식민지 근대화론을 둘러싼 논쟁이 달아올랐는데,[20] 그 같은 논쟁을 전제로 하면서도, 근대화나 개발을 긍정적 내지 일원적으로

---

18) 발로[Barlow, 1997]에 따르면, 적어도 동아시아 연구에서 'colonial modernity'라는 용어는 1993년에 발간된 *positions : east asia cultures critique*의 제1권 제1호의 특집 타이틀로서 먼저 사용되었다고 한다. 실제로 『동아시아 식민지근대의 편제』라고 이름 붙여진 이 책은 *positions*에 실린 논문으로 구성되어 있다.

19) 이하 '식민지근대'를 둘러싼 서술은 이미 발표된 졸고[板垣, 2004]에 바탕하고 있다. 다만 본서에서는 상세한 부분까지는 다루지 않는다. 보다 자세한 내용은 이 논문을 참조하기 바란다.

20) 식민지 근대화론 자체는 일본의 식민지 통치 시대부터 연속되어 온 셈이지만, 연구사적으로는 1980년대 아시아 NIEs의 융성 등에 자극을 받아 미국과 일본의 정치경제학자를

파악하고 이를 평가하는 듯한 문제 축의 설정 자체에 대한 회의로부터 제기된 것이 '식민지근대'라는 개념이라고 할 수 있을 것이다. 양자의 차이는 아마도 이하의 점에 있다고 생각된다. 식민지 근대화론이 공업화 내지 자본주의화나 교육·교통·의료 시설 등의 보급을 기준으로 계측되는 '근대화'를 척도로 하여 그것이 진전되었는가 아닌가라는 관점에서 평가하는 데에 반해, 식민지근대론은 식민주의와 근대성을 표리일체의 것, 혹은 근대 세계체제에서의 위치의 문제로 파악하여 그러한 비대칭적인 관계성 속에서 여러 현상을 파악하려 한다. 또한 이는 경향성의 문제이겠지만, 식민지 근대화론이 매크로적인 통계수치나 제도적 측면, 기업의 동향 등을 주된 대상으로 삼는 정치경제사 연구에 편중되어 있는 데 반해, 식민지근대론은 문학·사상 연구 등 문화 연구의 분야, 교육사·도시사·젠더사·사회사 등 '주류적'이라고는 할 수 없는 분야에 걸쳐 있다. 또한 이를 통해 식민지근대론은 식민지 상황을 살았던 사람들의 말을 중시하거나, 이항대립으로는 쉽게 범주화할 수 없는 현상을 다루거나, 이제까지의 역사학에서 적극적으로 기술해 왔다고 할 수 없는 사람이나 사건에 초점을 맞추고자 한다.

이러한 특징을 갖는 연구는 1990년대 후반 이후에 본격적으로 등장했다. 한국의 민주화와 연구의 활성화·다양화, '포스트모던'이나 '포스트 콜로니얼' 등으로 불려온 사상·운동 및 내셔널리즘론의 영향 등 여러 요인을 꼽을 수 있다. 하지만 이러한 연구는 처음부터 명확한 지향성을 갖고 출발한 것도 혹은 하나의 '학파'를 형성한 것도 아니며, 오히려 복수의 장場에서 다양한 지향성을 갖고 제출되었다고 보는 쪽이 타당할 것이다. 사회학자를 중심으로 한 규율권력론의 전개[김진균&정근식, 1997 등], 미국의 연구자를 중심으로 한 시도[Shin&Robinson, 1999 등], 문화사·문학사[김진송, 1999 등], 여성사,

_____

중심으로 제기된 이래 새로운 전개를 나타냈다. 한국의 학계에서는 그러한 논의를 둘러싸고 특히 1997년을 전후하여 『창작과 비평』이나 『역사비평』 등의 매체를 중심으로 활발히 논의가 진행되었다. 정연태[1999]와 배성준[2000] 등이 그간의 논의를 잘 정리하고 있다.

교육사 등 여러 분야로부터 동시다발적으로 문제 제기가 이루어졌다.

이러한 연구가 잇달아 발표됨으로써, 식민지 조선에 관한 연구 영역은 급속하게 다양해지고 내용 또한 풍부해졌다. 특히 근대화되었는가 아닌가를 다투기보다는 그것이 어떠한 근대였는가, 이른바 '근대적'인 요소들로부터 소외된 경우까지 포함하여 어떠한 위치 관계 속에서 어떠한 경험을 했는가, 그리고 그러한 경험에 식민주의는 어떠한 흔적을 남겼는가라는 점에서 문제의식의 확산과 심화를 가져왔다.

다만 이러한 연구가 종래의 연구들이 제기한 문제를 해결하고 뛰어넘었는가를 생각해 보면 단순히 그렇다고 말할 수도 없다. ①'근대적'인 것이 사회의 온갖 영역에 관철되었는가, 또한 해방 후에 식민지근대의 유산이 어떻게 이어졌는가라는 점에서 아직 논의의 여지가 있는 점, ②중층적 아이덴티티론에서 그저 '중층적'이라고 말하는데 그치지 말고 민족·계급·젠더 등의 요소가 한 곳으로 모아지는 양상을 파악할 필요가 있지 않은가라는 점, ③'식민지근대'라고 할 때 '식민지(的)colonial'의 내용을 어떻게 볼 것인가라는 점, ④책임의 영역을 어떻게 재정의해 갈 것인가라는 점 등에서 그러하다. 여기서는 ①~③을 중심으로 이러한 과제에 대해 어떻게 대처해 나갈 것인가를 서술함으로써 본서가 지향하는 바를 밝히고자 한다.21)

식민지근대론이 기본적으로 근대성 비판이라는 시각을 갖고 있다는 것은 앞에서 말한 대로이지만, 그러한 관점에서 식민지 사회를 논하고자 할 때 흔히 취하게 되는 시각은 사회나 문화 가운데 보다 '근대적'인 섹터-본서의 표기법에 따르자면 〈근대〉-를 분석의 대상으로 삼는 것이다. 즉 비판할 대상을 찾아서 농촌보다 도시에, 재래의 문화보다 새로운 상품에, 학교 바깥보다는 안에, '일본'으로부터 먼 사람보다도 가까운 사람에, 배제보다 포섭에, 저항이

---

21) ④의 과제에 관해서는 본서에서는 직접 다루지 않지만, 졸고, 「植民地支配責任を定立するために」(中野敏男他編, 『継續する植民地主義』, 靑弓社, 2005) 및 그 속편인 「脫冷戰と植民地支配責任の追及」(中野敏男·金富子編, 『歷史と責任-「慰安婦」問題と1990年代』, 靑弓社, 2008)【한국어 역은 나가노 도시오(이애숙 역), 『역사와 책임』, 선인, 2008 참조】에서 試論을 제시했다.

나 일탈보다는 협력에 눈을 돌려 식민지 사회를 분석하기 십상이다. 이러한 경향은 근대성 비판이라는 관점에도 불구하고 오히려 식민지 사회에서 '근대적' 인 측면을 강조해 버리는 역설을 낳는다.

예컨대 식민지근대론은 미셸 푸코Michel Foucault[フーコー, 1977]의 규율권력론을 주목해 왔는데, 이제까지의 연구에서는 그 분석 대상이 학교, 공장, 병원, 감옥 등 근대적 권력이 매우 강하게 작용되는 장에 집중되어 왔다[김진균&정근식, 1997 ; 연세대학교 국학연구원, 2004]. 그러나 이러한 장에서 행사되는 규율권력이 식민지하의 조선 사회에서 어느 정도의 위치를 점하고 있었는가에 대해서는 고려의 여지가 있다. 예를 들어 마쓰모토 다케노리松本武祝[1999]는 의료·위생 사업에 대해, 농촌은 근대적 의료기관으로부터는 오히려 소외되었으며 그만큼 규율권력의 장치로부터 상대적으로 자유로웠다고 논하였다.22) 또한 김부자金富子[2005]가 설득력 있게 논했듯이 식민지 조선에서는 불취학자不就學者가 인구적으로는 압도적인 다수였으므로, 학교에서의 근대적 규율권력의 양상을 분석하더라도 그 권력이 행사될 수 있는 영역은 어떻게 존재했는가라는 문제를 빠뜨린다면, 이론이 '적용'될 수 있는 영역을 발견했다는 것 이상의 의미를 갖지 못할 것이다.

이러한 문제점에 대해 최근 강하게 비판하고 있는 이가 조경달이다. 조경달趙景達[2004 : 291]은 '규율·훈련화되는 것에 쉽게 적응하지 못하고 그것을 폭력적인 것으로 여기는 민중 또한 다수 존재'한 사실을 민중사의 관점에서 중시한다. 이 관점으로부터 식민지근대론을 '식민지권력의 조선 사회에 대한 포섭성을 중시'하는 '포섭론'으로 규정하고, 그러한 연구에서는 '식민지권력에 완전히 회수될 수 없는 사람들이나 사회의 여러 모습이 보이지 않는다'고 논한다[趙景達, 2005 : 9]. 이 지적은 최근의 연구 동향에 대한 견제로서 유효하다고 생각한다.

---

22) 다만 松本[1999]는 장치로서의 의료는 희박해도 '계몽' 사업 등을 통해 지식으로서는 보급되어 '규율화'를 향한 동기는 부여되었다는 독특한 견해를 전개하였다. 지식으로서 보급된 점은 어느 정도 이해할 수 있지만, 그것이 동기 부여가 되었는지에 대해서는 아직 논의의 여지가 있다.

포섭과 배제 내지 일탈은 표리일체의 관계에 있으므로, 포섭만을 강조하다 보면 극히 일면적인 논의가 될 수밖에 없다.[23] <근대> 찾기가 아니라 식민주의를 그 본질로서 내포한 근대의 복잡한 관계성에 다가설 필요가 있다.

즉 <근대>로의 포섭이나 관여의 측면만이 아니라, 배제나 자율성 혹은 '비근대적'인 요소의 광범위한 존재, 토착적·일상적인 저항 등의 양상까지를 동시대적인 구조로서 바라볼 필요가 있다고 생각한다. 학교나 병원 등에서 전형적으로 확인되듯이 <근대>는 불균등하게 배분되며 거기에는 민족, 계급, 젠더, 도시/농촌, 근세의 신분 등의 권력 관계가 복잡하게 얽혀 있다. 이러한 공시적共時的인 관계성의 해명이라는 과제는 본서를 통해서 검토될 것이다. 그와 동시에 설령 학교 교육 등의 규율권력에 노출되었다고 하더라도 그것을 100% 신체화해서 살아간다는 것이 현실적으로 불가능하다고 할 때, 그렇다면 실제로는 어땠느냐는 물음이 제기될 수 있다. 이에 대해서는 특히 개인의 경험을 중심으로 5장에서 검토하게 될 것이다.

또한 김진균과 정근식[1997]의 '부정적 연속설'이 대표적이듯이 근대성이나 식민주의에서 현대의 여러 문제의 '기원'을 찾고자 하는 시점 자체는 중요하지만, 그것을 지나치게 강조하다 보면 근세 이래의 역사적 동태라는 측면이

---

23) 趙景達[2005]은 필자를 '식민지근대론의 입장에 서는 이타가키'(25쪽)라고 규정한 뒤, 본서 5장의 일부가 된 논문에 대해, '이타가키 류타는 한 중견인물의 일기를 바탕으로 그 일상을 그려 「회색지대」=「식민지 공공성」의 소재를 규명하고자 했다. 그러나 그 의도와는 상반되게 이 인물은 농촌에서 우울증에 시달리면서 고립된 형태로 京城에서 온 잡지·서적을 읽거나 농촌이 싫어 도시로의 탈출을 염원하고 있는 것 등이 밝혀졌을 뿐이다. 자기 자신의 문화적 공공권을 전제로 활동하고 있다고는 도저히 말할 수 없다'(15쪽, 강조 필자)고 논하였다. 알기 쉽게 설명하기 위해서인지는 모르겠으나, 식민지근대론=포섭론=식민지 공공성론이라는 이해의 도식은 지나치게 단순화된 것이다. 식민지근대를 키워드로 한 논의에는 상당한 스펙트럼이 있어, 그 안에는 포섭의 측면을 특히 강조하는 논의나 윤해동이 말하는 '식민지 공공성'론도 포함되는 것이 사실이고, 거기에 비판해야 할 논의가 있는 것도 알겠지만, 전부를 뭉뚱그려 하나로 논의할 수는 없다. '식민지 인식의 회색지대'가 '식민지 공공성'과 동일하다고는 생각되지 않는다. 또한 어쩌면 필자의 글쓰기에 오해의 여지가 있었을지도 모르지만, 일기의 작자에게 '자기 자신의 문화적 공공권'이 있었다고 주장하려는 '의도'는 전혀 없었기 때문에, '상반'되는 사실이 논증되었다고는 생각하지 않는다. 자세한 내용은 본서 5장을 참조하기 바란다.

보이지 않게 되어, 마치 20세기에 들어서 사회가 전부 새롭게 바뀐 듯한 인상을 주기 쉽다. 특히 한반도의 경우 19세기 이전 사료의 대부분이 한문으로 적혀 있고 20세기에도 지역사회에서는 한문 사료가 다수 작성되었던 것을 고려하면, 일본어·한국어 독해력만으로 연구를 진행할 경우 이러한 경향은 더욱 두드러질 수밖에 없다. 이러한 문제점을 극복하기 위해 본서에서는 오히려 <근세>와 <근대>의 절합節合에 주목하여 가능한 한 한문 사료도 적극적으로 활용하였다.

그럼에도 아직 문제는 남는다. 식민지근대라고 할 때 '근대' 앞에 형용사로서 붙어 있는 '식민지(적)colonial'이란 도대체 무슨 의미인가라는 점이다. 프레드릭 쿠퍼Frederick Cooper가 비판적으로 지적하고 있듯이, 최근 20년 정도 식민지 연구의 '폭발'과 더불어 '식민주의colonialism'라는 개념이 평면적이고 일반적인 것이 되어, 때로는 유럽의 '근대성'이나 '계몽적 이성' 등과 거의 동일시되는 경우도 있다. 서구 중심주의적인 지知에 대한 반성은 중요하지만, '근대성'이나 '계몽적 이성'을 비판한다고 해서 식민주의까지 자동적으로 비판되는 것은 아니다.[24]

한국 연구에서는 특히 미국에서 나온 『한국의 식민지 근대Colonial Modernity in Korea』[Shin&Robinson, 1999]에 대해 이러한 문제가 제기되었다. 도면회[2001]는 「식민주의가 누락된 '식민지 근대성'」이라는 제하의 서평에서, 민족주의적인 역사관의 문제점을 효과적으로 비판하고 식민지 근대화론과는 다른 식민지 근대라는 시점을 제시한 점은 평가하면서도, 폭력·차별·억압 등의 문제들이 누락되어 있는 것, 따라서 무단통치기라고 불리는 1910년대가 고찰 대상이 되지 않은 점, 헤게모니 개념을 오용하고 있는 점 등을 지적하고 비판했다. 또한 박명규[2001]는 신기욱Gi-Wook Shin에 대한 토론문에서, 이른바 식민지 국가론이 일반적인 국가 유형으로서밖에 제시되지 않아 '식민지성'이 명확하지 않다면서, 예컨대 농촌진흥운동을 분석하며 사용한 식민지 협동주의colonial corporatism라는 개념의 경우 colonial이라는 형용사를 떼어도 거의 내용에 변함이

---

24) 쿠퍼의 논의의 소개를 비롯하여 식민주의와 근대성의 관계에 대한 논점 정리로는 水谷[2007]를 참조.

없지 않은가라고 비판했다. 또한 신창우愼蒼宇[2005]는 식민지근대론 일반이 식민 지배를 받은 지역에서의 '민족'과 '폭력'에 대한 상상력을 종종 잃고 있다고 비판했다.

유럽의 〈근대〉와 구별되는 일본의 〈근대〉를 전제한다고 해서 문제가 해결되는 것도 아니다. 김진균과 정근식[1997]은 천황제가 봉건적 유기체성을 갖기 때문에 그 주체가 되는 '황국신민'을 형성하는 규율권력도 서구적인 근대적 개인을 만들어 내는 근대적 규율권력과 동일시될 수 없는 점, 학교 교육에서 노동자형 및 병사형 인간형이 만들어진 점 등을 식민지권력의 중요한 특징으로 들었다. 그러나 이러한 관점에서는 조선의 주체가 '내지內地'와 어떻게 다른지가 여전히 명확하지 않다.

식민주의를 단순한 기호로서가 아니라 역사적으로 파악하기 위해서는, 국제법상으로 '식민지'인가 아닌가와 상관없이, 인적으로는 인종주의racism로서 물적으로는 불균형한 착취 내지 종속 관계 혹은 경우에 따라 폭력을 수반하는 본원적 축적으로서 나타나는 것으로 바라볼 필요가 있다고 생각한다. 그럴 때 식민주의란 시간적으로 1945년 이전으로 한정되지도, 공간적으로 '식민지'에 한정되지도 않는, 어디까지나 구체적인 역사 과정을 동반하는 관계성의 개념이다. 본서에서는 2장에서 상주 지역에서의 식민지화는 무엇이었는가에 대해 군대·경찰 등의 폭력장치도 분석 대상으로 삼으면서 논하겠다. 3·4장에서는 식민주의를 조선인 지역엘리트에 의한 정치운동 및 학교 건설 운동에 개입하는 행정 권력의 문제 그리고 민족모순의 문제로서 논하겠다. 5장은 식민주의가 직접 발동되는 장면을 중심적으로 다루지는 않지만 그러한 장면을 늘 염두에 두면서, 식민지 상황을 살아간 사람의 경험은 어떤 것이었는가를 구체적으로 논하고자 한다.

나아가 본서에서는 근세의 사회 변화가 근대까지 이어지는 것으로 파악하는데, 이것이 이른바 내재적 발전론으로 불려온 틀과는 어떤 점에서 같고 또 어떤 점에서 다른지에 대해서도 여기서 말해 둘 필요가 있을 것이다. 필자는 두 가지 의미에서 내재성이라는 관점이 중요하다고 생각한다. 하나는 조선 사회 내지는 동아시아의 근세 사회가 유럽적 모델과는 다른 독자적인 논리에서 동태성을 갖고 있었다는 의미에서다. 예컨대 본서에서는 근세 지역사회에서 시장망이 발달된 것을 중요시한다. 하지만 그것이 자본주의의 맹아라는 의미에서 내재적 발전을 말하는 것이 아니라, <근대>의 양상에도 영향을 미칠 정도로 지역사회에서 두텁게 전개되어 왔다는 차원에서 중시하는 것이다. 이러한 점은 발전단계론에 의거한 내재적 발전론과는 차이가 있다. 또 하나의 내재성은 되도록 지역사회에 살던 이들의 시점에서 변화를 그려내고자 시도했다는 의미에서다. 예컨대 학교를 다룰 때도 행정관이나 교사의 시점보다는 학교 설립에 관계한 지역의 사람들이나 학교에 다닌(혹은 다니지 않은) 이들의 시점에서 다가서고자 했다. 자료적인 한계는 물론 있겠지만, 본서는 이상의 두 가지 의미에서 지역사회에 내재하면서 거기서부터 식민지 경험을 그려내는 시점을 취하고자 한다.

3. 본서의 목적

본서는 경상북도 상주 지역의 사례를 중심으로 구성되었다. 상주라는 지역을 고른 데는 필연적인 이유가 있었던 것은 아니다. 하지만, 사족이나 이족 등의 근세 지역엘리트에 관한 연구·사료가 비교적 충실한 점, 그러면서도 안동安東처럼 사족이 밀집하여 연구가 집중된 특수한 지역도 아닌 점, 한편으로 근대의 사회 변화에 대해서는 거의 알려지지 않은 점, 이 지역 출신의 인류학자가 있었던 점 등의 조건은 들 수 있겠다.

조선의 <읍> 사회를 중심적인 대상으로 삼아 근대의 사회 변화를 다각도에서 추적한 연구는 의외로 많지 않다.25) 3장의 머리말에서 논한 연구들 외에는

---

25) 그러한 가운데 예컨대 全羅南道 和順郡 同福面의 지주가를 중심으로 한말에서 해방 후까지의 변화를 상세히 기술한 洪性讚[1992], 忠淸北道 公州의 '有志'의 동향을 중심으로 식민지기의 지역사회를 그린 池秀傑[1999]은 귀중한 업적이다. 최근 들어 조선시대 후기에서 식민지기에 걸친 '근대이행기'의 忠淸南道 內浦 지역의 '지역엘리트'에 초점을 맞춘 충남대학교 내포지역연구단[2006], 식민지기 萬景江 유역의 공동연구로서 홍성찬 외[2006]가 나왔는데 앞으로 이러한 연구는 늘어갈 것으로 예상된다.

산발적으로 연구가 나오는 정도다. 이른바 '향토사'에서도 해당 지역의 독립운동에 초점을 맞춘 글을 제외하면 근대 사회 연구는 저조하다. 상주에는 상주문화원, 상주대학교【현 경북대학교】상주문화연구소, 상주 얼찾기회 등 향토사와 관련된 조직이나 단체가 있지만, 그곳에서 다루는 대상은 조선시대 혹은 그 이전이 압도적이다. 이러한 상황에서 본서 또한 연구 방법에서 시행착오를 거듭하지 않을 수 없었다.

필자는 1999년 12월부터 2001년 9월까지 상주에 거주하면서 조사를 행했다. 마을 한 곳에 들어가 살지 않고 읍내에 거주하면서 상주 각지를 중고차를 타고 돌아다니는 방법을 취했다. 조사 개시 당시는 '식지識字/literacy의 사회사'라는 틀을 생각했기 때문에(본서의 내용으로 말하자면 4장과 1장에 해당한다), 그와 관련된 다양한 사료를 섭렵하고 또 구술조사를 거듭했다. 즉 지역의 향토사에 관심을 가진 이들과 교제하면서 조선시대에 한문을 구사했던 지역엘리트인 사족이나 이족의 후손을 찾아 돌아다니고, 오늘날까지 이어지는 사족 네트워크를 따라 제사祭祀나 향사享祀에 참석하면서 향교·서당·서원·사당 등 사족의 결절점을 방문하고, 나아가 20세기 들어 생겨난 학교를 돌아보고, 족보나 문집 등을 널리 모으는 방법도 취하였다. 옥동서원玉洞書院·흥암서원興巖書院·도곡서당道谷書堂·봉암서당鳳巖書堂에서는 소장 문서를 디지털 카메라로 촬영하여 정리한 뒤에 CD-ROM으로 만들어 원 소장처에 제공하기도 했다.26) 주제가 넓어짐에 따라 조사 범위도 확대되었다. 각종 도서관, 정부기록보존소(현 국가기록원), 국사편찬위원회, 한국정신문화연구원(현 한국학중앙연구원) 등에서도 사료를 수집했다. 나아가 서당 교육 경험자에 대한 구술조사나 초등학교 소장 자료의 데이터베이스화 등도 행했다. 지역 사료, 간행물, 정부 기록 등의 광범위한 사료조사와 구술조사를 병행하여 두텁게 기술했다는 점에서는 거의 유례가

---

26) 본서의 주된 대상이 식자층, 지역엘리트, 남성에게 맞춰져 있는 것도 부분적으로는 이러한 경위 때문이다. 다만 본서에서는 이를 마치 사회 전체를 대표하는 주체인 것처럼 그리기보다는 권력 관계나 불균형한 관계를 늘 염두에 두고 공백은 공백으로 남기면서 서술하고자 한다.

없는 연구로 평가될 수 있을 것이다.

본서는 다섯 개의 장으로 구성되어 있다. 크게 보아 1장이 근세의 시공간, 2~5장이 근대의 시공간을 다룬다. 하지만 1장이 단순히 뒤에 서술하는 내용의 '전사前史'는 아니다. <근세>와 <근대>는 얽혀 있으므로 모든 장에서 <근세>에 대해 언급하게 될 것이다.

1장에서는 선행 연구에 많은 부분을 기대면서 상주의 <근세>를 구성하는 조건들을 읍지邑誌, 서원·서당 사료, 문중門中 사료 등을 바탕으로 개관하겠다. 먼저 <읍> 사회의 기본적인 조건에 대해 살펴본 다음, 근세의 지역엘리트인 사족 및 이족의 위치를 동태적으로 파악하겠다. 나아가 서원·서당 등 한문 교육 시설과 혼인·계契 등을 통한 사족 네트워크의 형성에 대해 검토하겠다. 그리고 근세에 형성된 그러한 사회관계가 19세기 후반에 들어 어떻게 변용되었는가를 살펴보고자 한다. 즉 대원군大院君 시대의 서원 철폐, 상주에서의 임술민란壬戌民亂이나 갑오甲午농민전쟁의 전개 등 근세의 사회 문화적 요소가 동요하게 되는 상황에 대해서도 검토하겠다.

다음으로 2장에서는 근대 지역사회에서의 정치적 제도나 경제면에서의 변화 양상을 검토하여 이어지는 장의 기본적인 배경을 제시하겠다. 먼저 식민지 행정이 지역사회를 어떻게 재편했는가를 살핀 뒤, 일본인 식민자가 상주에 들어오는 양상을 밝히겠다. 이어 '읍내'라는 지역이 왕조 시대의 행정적 취락에서 '시가지'로 변모해 가는 양상을 검토하겠다. 나아가 농촌부에서의 상업적 농업의 전개에 대해 양잠업이 일본 섬유자본에 종속되어 가는 상황을 중심으로 살펴보겠다. 상주의 양잠업은 식민지기 이전부터 농촌부에 퍼져 있었으므로 <근세>와 <근대>가 어떻게 얽혀 있었는가를 살피기에 적절한 대상이다. 또한 '읍내'와 농촌부 양쪽 모두에 깊이 관련된 주조업의 전개에 대해서도 여기서 검토하겠다. 에도江戶 시대(1603~1867)로부터 이어지는 사카구라酒藏(술도가)가 있던 일본과 달리, 식민지 조선의 주조업자는 새롭게 도입된 주세령酒稅令과 더불어 등장한 경우가 대부분이며 이들은 지역사회에서 '부자'의 이미지를 형성해 갔다. 그러나 주조 자체는 왕조 시대부터 농촌부에서 광범위하게 행해져

왔으며, 주세령 체제가 이들 행위를 '밀조密造'로서 단속했을 뿐이다. 이러한 의미에서 주조 또한 〈근세〉와 〈근대〉의 관계를 생각하는 데 극히 흥미로운 대상이다.

이상을 전제로 하여 3장에서는 식민지기 지역엘리트의 전환에 대해서 논하겠다. 1919년 3·1운동 후 지역사회에서는 실로 다양한 단체의 활동이 눈에 띈다. 이 장에서는 상주에서 조직된 단체들의 동향을 좇아 새로운 지역엘리트의 존재 양상을 밝히겠다. 여기서 주목하는 것은 '유지有志', '청년靑年' 등으로 불렸던 사람들이다. 현재 한국에서 '유지'라고 하면 지역의 유력자이고 굳이 말하자면 정부에 가까운 인물을 가리킨다. '유지'의 개념이 이와 같은 의미로 고정된 것은 1930년대의 일로 보이며 1920년대에는 보다 다양한 의미를 갖고 있었다. 그와 마찬가지로 1920년대 '청년'에게는 새로운 사회사업을 주도할 역할이 주어져 그 중에는 독립운동이나 공산주의에 관계하는 이도 나타났다. 그렇기 때문에 지방 당국도 '청년'에 대한 개입을 강화해 갔고, 1930년대가 되면 혁신적인 운동은 잠잠해졌다. 즉 1920년대에는 지역사회의 정치 공간이라고 불릴만한 장에서 다양한 운동체가 활동하고 있었지만, 20년대 후반부터 30년대에 걸쳐 그러한 공간이 통제를 받으면서 그 안에서 생겨난 정치 주체들도 변용될 수밖에 없었는데 바로 그러한 움직임을 살펴보려 한다. 한편 이렇게 새로운 지역엘리트들이 등장했다고 해서 〈근세〉의 지역엘리트인 사족이나 이족의 활동이 없어진 것은 물론 아니다. 사족이나 이족의 네트워크는 새로운 상황에서도 오히려 두텁게 지속되어, 새로운 지역엘리트와 복잡하게 얽히면서 서로 관계를 맺었다. 이러한 지역엘리트의 존재 양상을 밝히는 것이 3장의 목적이다.

4장에서 검토할 것은 지역사회에서의 초등교육의 전환이다. 여기서도 시점은 일관된다. 조선총독부가 도입한 새로운 학교 가운데 공립의 초등학교에 해당하는 것이 공립보통학교이다. 상주에서 모든 '면面'에 하나 이상의 공립보통학교를 두는 1면 1교 체제가 완성된 것은 1935년의 일이다. 조선에서는 의무교육제도가 실시되지 않았으므로 공립보통학교에 다닐 수 있는 이는 지역, 젠더, 계급

등에 따른 편차가 있었다. 그와 같은 상황에서 지역사회에서 중요한 역할을 수행하던 것이 서당을 비롯한 <근세>의 한문 교육 시설이었고, 또한 당시 '사설학술강습회'라고 불리던 강습회였다. 강습회를 기반으로 하여 공립보통학교가 세워진 경우도 있고, 서당에서 글자를 배운 아동이 보통학교에 들어가기도 하는 등 이들 교육의 장은 때로는 경합하면서도 병존하였다. 그러한 가운데 서서히 공립보통학교가 헤게모니를 획득해 가게 되는데, 이와 같은 상황을 지역사회의 시점에서 즉 학교를 세운 이들, 다닌 이들, 퇴학하여 다닐 수 없게 된 이들, 아예 다니지도 않은 이들의 시점에서 살펴보는 것이 4장의 과제이다.

5장은 1~4장에서 기술한 바와 같은 사회를 살아가는 일상의 경험이란 어떠한 것이었는가에 대해, 1930년대의 한 농촌 청년―본서에서는 'S씨'라고 부른다―의 일기 기술을 따라가며 검토하겠다. 여기서 일기의 서술로부터 끌어내고자 하는 것은 먼저 S씨의 소비 행동이다. 책을 사서 읽거나 의료 행위를 받거나 하는 모습을 따라 가면서 '새로움'과 '낡음' 사이에서 흔들리는 S씨의 모습을 살피겠다. 그리고 S씨가 도시와 농촌을 어떻게 생각하고 있었는가, 그리고 '민족'이나 '일본'을 어떻게 받아들이고 있었는가를 읽어냄으로써, 본서의 각 장과 상통하는 문제를 개인의 경험 속에서 살펴보는 것이 5장의 과제이다.

이렇듯 본서의 서술은 1920~1930년대를 중심으로 삼고 있지만, 각 장은 시대 순으로 편성되지 않고 동일한 지역사회를 대상으로 하여 서로 다른 각도에서 식민지 경험을 묘사하는 방법을 취하였다. 때문에 서술 또한 각 장이 서로를 참조하는 형태가 되지 않을 수 없었다. 예컨대 1장에서 서술한 사족·이족의 문중이나 서당·서원 등이 3·4장에서도 검토의 대상이 되고, 2장에서 등장한 주조업자가 3장에도 얼굴을 비추고, 3장에서 나온 지역엘리트가 4장에서 교육 사업을 행하는 주체로서 등장하고, 2장에서 설정한 읍내/농촌부라는 무대 위를 5장의 주인공인 S씨가 걷게 되는 것처럼 말이다. 교육사/경제사/정치사/미시사 등의 형태로 세분화된 연구에서는 종종 따로 떼어내어 논해지곤 하는 내용을 유기적인 연결을 갖고 논할 수 있는 것 역시 이렇게 지역사회를 대상으로 하는 집약적인intensive 연구가 가질 수 있는 장점의 하나일 것이다.

다만 이는 역으로 지역사회의 구체적인 사례에만 갇혀 버릴 위험성도 안고 있다. 구체적으로 서술한다는 것이 서로 대화를 불가능하게 하는 닫힌 기술에 빠져서는 안 될 것이다. '신은 세밀한 부분에 깃든다God is in the details'는 말에 빗대자면 '세계사는 세밀한 부분에 깃든다'는 것이 본서의 시점이다.27) 지역사회의 경험을 열린 것으로 제시하고 늘 다른 지역의 경험과의 공유 가능성을 의식하면서 식민지 경험을 풀어가고자 한다.

---

27) 최근 한국에서는 중앙 중심의 '한국사'의 일부로서의 '지방사'에서 탈피하고자 하는 시도가 활발하게 이루어지고 있다. '지방화된 국사(national history localized)'가 아니라 '그 자체로서의 지방사(local history per se)'를 지향하는 고석규[1998b], 타자화되어 중앙에 종속된 '지방' 개념으로부터 전환하여 비판 담론으로서의 '지역사'를 구축할 것을 주장하는 李勛相[2000], '지역사 연구의 이론과 실제'를 특집으로 꾸민 『韓國史論』 32집(국사편찬위원회, 2001년)에 실린 각 논문, 마을 한 곳을 대상으로 삼아 '전체사로서의 지방사'를 제기한 윤택림[2003] 등을 그 예로 들 수 있다.

제1장

근세 상주의 사회 동태

『輿地圖』에 실린 尙州牧(18세기)
서울대 규장각 소장, 古4709-68

머리말

이 장의 목적은 2장 이하에서 종종 언급하게 될 <근세>를 구성하는 요소 및 그 동태를 근세 상주의 사례에 비추어 제시하는 것이다.

1절에서는 본서의 무대에 해당하는 지역인 '상주'에 대해 개관하겠다. 먼저 그 지리적 조건들을 개관하고, 아울러 <읍>이라는 지역 단위의 형성에 대해서 살펴보겠다.

2절에서는 근세의 지역엘리트라고 할 사족士族 및 이족吏族이 지역사회에서 어떻게 지배적 지위를 확립하고 또 정착해 갔는가를 검토하겠다. 구체적으로는 사족 간의 횡적 연계가 어떻게 형성되었는가, 근세에 있어 한문 식자識字 학습의 장이자 사족 네트워크의 결절점이기도 했던 향교·서당·서원 등의 교육 시설이 어떻게 설립되고 운영되었는가를 동태적으로 살펴보겠다.

3절에서는 사족·이족을 중심으로 하는 지역사회의 질서가 19세기에 들어 동요하는 모습을 검토하겠다.

다만 상주의 <근세>에 대한 포괄적인 기술을 목표로 하지는 않는다. 20세기까지 다양한 형태로 지속되어 근대 사회 형성에 크게 영향을 미친 부분에 초점을 맞춰 그 개요를 제시하는 것이 이 장의 목적이다. 또한 선행 연구의 성과를 바탕으로 하면서 지역 사료를 보충하는 형태로 논지를 전개해 가고자 한다.

1. 상주의 〈읍〉 사회

1) 상주의 지리적 조건

본서의 주된 대상 지역은 현재의 행정구역으로 말하자면 경상북도 상주시이다. 조선시대 상주의 행정구역 명칭은 '상주목尙州牧'이었으며, 1895년에 '상주군尙州郡'으로 바뀐 뒤, 1914년에는 함창군咸昌郡(구 함창현咸昌縣)이 통합되는 등의 커다란 구역 개편이 있었고, 1995년 시군 통합으로 '상주시尙州市'가 되어 현재에

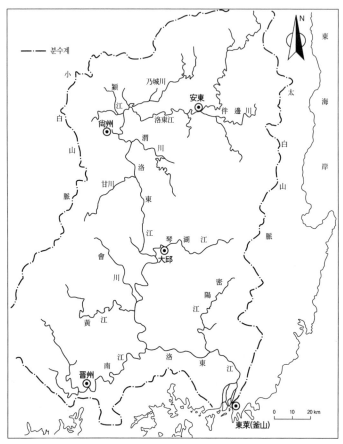

<그림 1-1> 경상도의 주요한 산하

이르고 있다. 현재의 총면적은 1,255km²로 서울특별시 면적의 약 두 배에 달하는 넓은 시이다.

경상도('영남嶺南'이라고도 불리며 1895년 이후 남북 양도로 나뉘었다)는 한반도 남동부에 위치한다. 한반도의 동부를 남북으로 지나는 태백산맥은 동해안을 따라 내려와 경상도의 남부까지 뻗쳐 있다. 태백산맥의 최고봉인 태백산(강원도)으로부터 갈린 소백산맥은 서남쪽으로 활 모양으로 휘면서 남하하여 한반도 남부의 기후를 동서로 나누고 있다. 일반적으로 '삼남三南'이라고 불리는 한반도 남부의 3도, 즉 경상도·전라도·충청도 가운데 경상도를 나머지

지역과 구분 짓는 것이 소백산맥이다. 동쪽의 태백산맥과 서쪽의 소백산맥 사이에 수많은 지류를 갖는 낙동강洛東江이 평야를 전개하면서 흐르다 부산 서쪽에서 바다로 들어간다(그림 1-1).

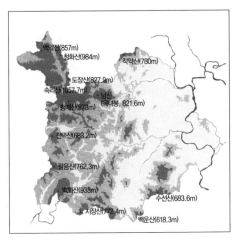

<그림 1-2> 상주의 지세

출전 : 國立大邱博物館, 『嶺南 文物의 결절지−尙州』(통천문화사, 2003), 16쪽

상주는 경상도 서북부의 내륙 지방에 위치하며 경상도와 충청도의 경계에 있다. 상주의 서쪽에는 소백산맥이 종단하고 동쪽으로는 낙동강이 흐른다. 지세는 소백산맥을 기준으로 크게 서북부 산지, 서남부 분지, 동부 저지로 나뉘어 전체적으로 볼 때 '서고동저'의 지형이다[孫明遠, 2002, 그림 1-2]. 1936년 시점에서 상주의 총면적(1260.0km^2) 가운데, 임야가 68.4%(862.7km^2), 경지가 23.1%

(291.6km^2, 그 중 논이 64.4%)를 점하였다.[1] 하천은 소백산맥 동쪽의 낙동강 수계가 대부분이지만 서남쪽에는 금강錦江 수계가 있고 북쪽에는 적으나마 남한강南漢江 수계도 흐르고 있다.

동부 저지의 상주 평야에는 낙동강이 가져다준 비옥한 토지가 펼쳐져 있다. '삼남' 지역은 조선시대에 농업이 성했던 지역으로 알려져 있지만, 경상도는 광대한 호남평야를 가진 전라도에 비하면 일반적으로 산간 지역이 많다. 그러한 가운데 상주는 비교적 넓은 평야부를 가져서 적어도 식민지기의 멥쌀 생산량은 경상북도에서 거의 수위를 지켰다.[2] 현재 한국에서는 보기 드물게 자전거가

---

1) 尙州郡, 『郡勢一班』, 1937. 총면적 81,759方里, 임야 면적 86,990町, 田 31,358,432坪, 畓 56,841,113坪을 각각 km^{2}로 환산했다.

2) 예컨대 1934년의 통계를 보면 상주의 연간 멥쌀 생산고는 172,729石으로 2위인 경주의 122,568石의 1.4배에 달한다(慶尙北道, 『道勢一班』, 1936).

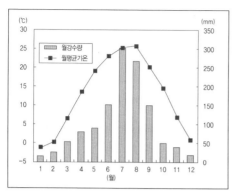

<그림 1-3> 상주의 기후(1979~1988년)
출전 : 『尙州誌』(尙州市·郡, 1989년)

널리 보급되어 있는 것도 그와 같은 평탄한 평야부이기 때문일 것이다.

상주는 경상도 안에서도 조선시대의 비교적 이른 시기부터 수전水田 개발이 진전되었다고 한다. 예컨대 상주 북부의 근암촌近嵓村(현 문경시聞慶市 점촌읍店村邑)에서 태어난 고상안高尙顏(1553~1623, 호 태촌泰村)이 지은 『농가월령農家月令』(1619)은, 상주를 포함한 경상북도 북부 지역에서 16세기 후반부터 17세기 초에 걸쳐 행해진 농법을 전하는 농서로 오늘날 알려져 있다.3) 이 책에는 그때까지 조선에 나와 있던 『농사직설農事直說』(1430)과 같은 농서에서 리스크가 높은 것으로 설명되던 이앙법移秧法(모를 옮겨 심는 농법[모내기])을 수경법水耕法(논에 씨를 직파하고 흙으로 덮은 뒤 물을 뿌리는 농법)과 대등한 비중으로 기술하고 있다. <그림 1-3>은 상주의 기후인데 모내기철과 장마철이 일치하는 일본이나 중국 남부에 비해, 한국에서는 장마 전선의 북상이 양력 7월까지 늦어지기도 하기 때문에 관개시설이 갖춰지지 않는 한 이앙법은 위험한 것으로 여겨졌다. 상주에서는 조선시대 전기에 제언堤堰이라고 불리는 관개시설이 다수 만들어져 관개가 상당히 널리 행해진 영향도 있어[宮嶋, 1983], 『농가월령農

---

3) 『農家月令』의 刊本은 현재 전하지 않는다. 현존하는 것은 高尙顏 일족의 집안에 전하는 필사본뿐으로 이는 1968년에 洪在烋에 의해 활자로서 公刊되었다. 高尙顏은 29세에 咸昌의 縣監으로 任官한 이래, 임진왜란 중에 醴泉의 郡守를, 전란 후에는 三嘉·知禮·咸陽·薛山·豊基 등에서 守令을 역임한 뒤 57세에 관계를 은퇴했다. 咸昌縣監 때에는 사재를 털어 관개 저수를 위한 '洑'를 쌓아 주민이 '永世不忘碑'를 세운 바 있으며, 知禮 등에서는 전란 후의 부흥을 위해 '勸農桑'을 행하기도 하는 등 농법에 대한 지식과 경험이 풍부하였다. 한편 「農家月令歌」라는 노래도 전하는데 이를 高尙顏이 지었다는 설도 있었지만 현재는 부정되었다. 『農家月令』에 대한 자세한 내용은, 洪在烋 [1968], 閔成基[1988], 金容燮[1988]을 참조할 것.

家月令』과 같은 농법이 일찍 침투한 것으로 생각된다.

조선 각지를 방랑했던 이중환李重煥이 살기에 적합한 땅을 고르는 데 쓸 목적으로 기술하여 18세기 이후 사본이 널리 유포된『택리지擇里誌』에서는 상주를 다음과 같이 평하고 있다.[4]

상주의 다른 명칭은 낙양洛陽이며 조령鳥嶺 밑에 있는 하나의 큰 도회지로서 산이 웅장하고 들이 넓다. 북쪽으로 조령과 가까워 충청도, 경기도와 통하고, 동쪽으로는 낙동강에 임하여 김해, 동래와 통한다. 운반하는 말과 짐 실은 배가 남북의 물길과 육로로 모여드는데 이것이 무역하기에 편리한 까닭이다. 지역에는 부유한 자가 많으며 이름난 유자儒者와 두드러진 관리 또한 많다.

이는 주로 상주 읍성邑城(뒤에서 설명)을 포함한 동부 저지에 관한 기술로 생각된다. 실제 상주는 수륙 양로가 교차하는 교통의 요충에 위치하고 있다. 육로에 있어 상주는 조선 시대 9대로九大路 가운데 제4로인 서울—동래東萊(부산) 및 서울—통영統營의 통과점이었다.[5]

한반도 남단의 동래(부산)에서 안동安東까지 완만하게 이어지는 낙동강을 따라 갈수기에도 상주 동부의 낙동진洛東津까지는 화물선이 오를 수가 있었다.[6] 선착장은 100척의 작은 배를 맬 수 있을 정도의 규모를 갖고 있었다고 한다.[7] 허나 100석石 이상의 배는 힘들어서 낙동진까지 들어간 것은 작은 배뿐이었다. 낙동강 부근의 진두리津頭里에는 20세기 초 500호 이상의 취락이 형성되어 선운업船運業에 종사했다고 한다. 소금의 경우는 객주客主(중개업자)가 소금 창고

---

4) 여기서는 崔南善이 編集·校閱한 閔濟鎬 소장본(朝鮮光文會, 1912, 18쪽)을 저본으로 삼았다.

5) 韓國道路公社[1981], 124쪽. 출전은『增補文獻備考』卷24, 輿地考20 道里條.

6) 물이 많을 때는 洛東津에서 다시 상류로 10리를 거슬러 올라갈 수 있었다고 하나, 평소에는 洛東津이 상한이었다(「朝鮮國慶尙道巡回報告」,『通商彙纂』第19號, 1895년 6월 15일, 23쪽).

7) 松田行藏,『朝鮮國慶尙忠淸江原道旅行記事』, 釜山浦商法會議所, 1888, 217쪽. 같은 기사에는 洛東市場 주변의 가옥이 대체로 壯大하고 美麗하며, 시장의 활기가 尙州市場보다 못하지 않다고 기록되어 있다.

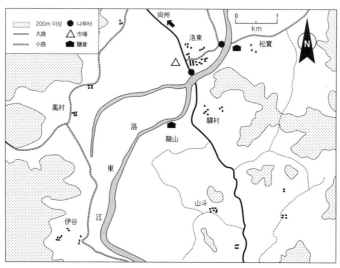

<그림 1-4> 洛東津의 복원도(1900년경) 출전 : 金在完, 1999

鹽倉에서 소금 상인鹽商에게 도매로 넘기면, 이를 상주만이 아니라 문경·함창·예천醴泉·비안比安·보은報恩 등 각지의 시장을 돌며 판매했다[金在完, 1999, 그림 1-4]. 낙동진은 1905년에 서울과 부산을 잇는 경부선이 개통되고 1913년에 김천金泉－상주 간의 도로가 개수된 것 등을 계기로 교통의 요충으로서의 지위가 몰락하기 시작할 때까지는[新納, 1992], 소금 상인을 비롯해 많은 상인들이 모여드는 곳이었다. 그런 의미에서 19세기까지는 '새로운' 문화도 들어오기 쉬운 위치에 있었다. 예를 들어 1894년에 청일전쟁이 일어났을 때에는 이 낙동진에 일본군의 병참부가 자리 잡았고,[8] 또한 1903년 상주에서는 처음으로 가톨릭의 공소公所가 설치된 곳도 낙동진 북쪽의 퇴강진退江津 옆에 있는 물미(사벌면沙伐面 퇴강리退江里)라는 마을이었다.[9]

물론 낙동강만이 유통의 중심은 아니었으며 상주의 각지를 잇는 시장망

---

8) "江岸에는 끊임없이 수십 척의 선박이 정박하여, 文祿의 役【임진왜란】에서 이곳은 糧道의 起點의 하나였고, 日淸의 役【청일전쟁】에서 또한 병참 근거지의 하나를 이뤄, 군사상 중요한 지점이다."(遠捨藏, 『慶北沿線發達誌』, 1931, 210쪽).

9) 咸昌天主敎會退江公所, 『天主敎奉道傳敎百年史』, 1999.

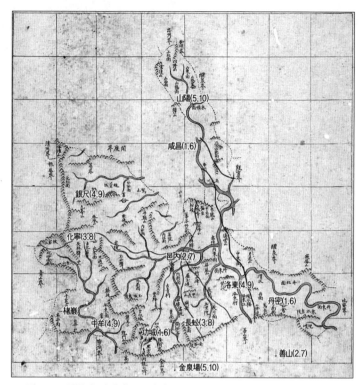

<그림 1-5> 상주의 시장망(1830년경)

비고 : 숫자는 장날. 지도는 서울대 규장각 소장(古4709-32) 「朝鮮地圖」(1750~1768년경 제작)
의 「尙州」에서 취했다. 시장에 대해서는 『林園經濟志』(1830년) 倪圭志 卷4, 「貨殖」의 「八域場市」
를 참조했다.

또한 근세에 형성되어 갔다. 16세기 전반부터 경상도에서도 각지에 생겨난
지방의 시장은 서서히 5일 간격으로 연결되는 정기시定期市를 형성하였다. <그림
1-5>는 1830년경 상주에 존재했던 시장의 장소와 장날을 지도에 나타낸 것이다.
함창·김천·선산善山 등 상주 주변의 시장과도 이어지면서 상주 읍내장을 중심으
로 하는 5일장의 체계가 형성되었음을 알 수 있다. 여기서 보이는 것과 같은
5일장 체계는 변동을 겪으면서 서서히 형성된 것이다. <표 1-1>은 18~19세기에
걸쳐 상주에서의 시장의 성쇠를 정리한 것이다. 시장망은 요컨대 행상인들이
장날에 맞춰 이동함으로써 형성된 것이므로, 어떤 장소에서 장을 열 이점이

감소하면 장이 없어질 수도 있고, 거꾸로 필요에 따라 새로 생길 수도 있는 것이었다. 18세기 말부터 19세기 초에 걸쳐 상주에서는 4개의 시장이 없어졌는데, 이에 대해서는 한상권韓相權[1981]의 추정을 바탕으로 하여 각각의 소멸 사유를 밝혔다. 대시장이었던 상주 읍내장의 바로 북쪽에 있던 북천장, 마찬가지로 대시장으로서 발달했던 김천장과 같은 날 열리던 낙원장은 각각 주변의 대시장에 흡수 통합되었고, 삼탄장 또한 낙동강 반대편에서 같은 규모로 같은 날 열리던 사천장에 통합된 것으로 생각된다. 이와 같이 성쇠를 거듭하면서 시장망이 형성되어 갔다.

<표 1-1> 상주의 시장의 변천(18~19세기)

史料	史料年代	市場에 관한 기술													
		邑內	北川	洛東	丹密	功城	長蚔	中牟	鐵谷	楮巖	化寧	銀尺	洛原	三灘	山陽
①	1770	2	4	4,10	3	1	1	4	2	-	3	4	5	3	5
②	1830	2,7	大市場인邑內場에흡수	4,9	1,6	1,6	3,8	4,9	소멸	-	3,8	4,9	大市場인金泉場에흡수	같은規模인醴泉·沙川場에통합	5,10
③	1832	在衙軒前		在外東距官門四十里	在丹西距官門六十里	在功東距官門四十里	在靑東距官門二十里	在牟東距官門五十里		在牟西距官門八十里	在北西距官門五十里	在銀尺距官門四十里			在山陽距官門六十里
④	1832	在官門外		〃	〃	〃	〃	〃		〃	〃	〃			〃
⑤	1895	2,7		4,10	존재	1,6	3,8	4,9		존재	3,8	존재			5,10

史料 : ①『增補文獻備考』②『林園經濟志』③『商山誌(新增本)』④『慶尙道邑誌』⑤『嶺南邑誌』
비고 : 숫자는 定期市가 열리는 날을 가리킨다.

한편 상주 서부의 산지·분지는 고대로부터 현대에 이르기까지 격동하는 역사의 무대였다. 상주의 산에는 고대의 산성山城들이 다수 눈에 띄는데 특히 신라와 백제의 경계에 있던 소백산맥은 892년에 병사를 일으켜 후백제를 건국한 견훤甄萱이 축성한 것으로 알려진 견훤산성과 성산城山산성, 7세기 백제와 신라의 접전지로서 『삼국사기三國史記』에도 등장하는 금돌성今突城을 비롯하여, 화령化寧 산성, 노고老姑산성, 포성捕城산성 등의 산성 터가 남아 있다. 19세기 말에는 동학東學의 근거지가 점재點在하여 1894년부터 95년에 걸쳐 농민군과 사족·이족

주도의 소모영召募營이 전투를 벌인 것도 서부 산간 지대이다. 한국전쟁 때는 1950년 9월 인민군이 후퇴한 이후 이 곳 산맥지대에 남은 빨치산에 대한 토벌 작전이 전개되었다.

상주가 충청도와의 경계에 위치하고 있다는 점도 다양한 차원에서 영향을 미쳤다. 조선시대에 학파 간 당파 대립이 일어났을 때 영남 지역은 일반적으로 남인南人계 일색이었지만, 상주의 경우에는 경기도·충청도를 중심 거점으로 삼고 있던 노론老論(서인西人)계도 일정한 세력을 갖고 있었다. 서남부 분지에 속하는 중모中牟 지역(현재의 모동면牟東面·모서면牟西面을 중심으로 하는 지역) 등은 소금을 상주의 낙동강을 통하지 않고 충청도를 흐르는 금강의 강경江景에서 얻었다고 한다[金在完, 1999 : 128].

2) 〈읍〉 사회의 성립

이러한 지리적인 조건을 무대로 삼아 〈읍〉 사회가 전개되었다. 여기서는 상주를 중심으로 하여 조선시대의 기본적인 지역 단위를 개관하고자 한다.

서론에서도 언급한 바와 같이 〈읍〉은 적어도 근세 이래 지역사회의 기본 단위였다. 현재의 한국에서도 출신지가 어디인지를 물으면 〈읍〉(현재의 행정 단위로 하자면 '시'나 '군')의 이름으로 답하는 것이 보통이고, 각 성의 시조의 출신 지역을 가리키는 본관 또한 〈읍〉 이름을 사용하는 것이 일반적이다. 조선시대에 중앙에서 지방으로 행정관이 파견되는 것도 〈읍〉 단위였고, 관립 학교인 향교鄕校 또한 1읍 1교가 원칙이었다. 17세기 이후 각지에서 지방지地方誌 가 편찬되었는데, '읍지邑誌'라고도 불리는 데서 알 수 있듯이 이 또한 〈읍〉을 단위로 편집되었다. 뒤에서 살피겠지만 사족 간에 결성된 조직의 다수가 〈읍〉 안에서 완결되었고, 이족이라고 불리는 집단은 〈읍〉의 중심부인 읍성 부근에 거주하였다. 아래에서는 '상주'라는 단위가 형성된 과정에 대해 개관해 보자.

상주 <읍> 사회의 형성

상주는 예로부터 영남 지역의 교통·군사·행정상의 요지였다. 『삼국사기』에 의하면 신라의 첨해왕沾解王 시대에 사벌국沙伐國을 취하여 주州로 삼았고(284년), 법흥왕法興王 때에는 '상주上州'로 개칭하여 군주軍主를 두었으며(525년), 진흥왕眞興王 때에 일단 주州를 폐했지만(557년), 통일신라의 신문왕神文王 때에 다시 '사벌주沙伐州'로 돌려 성城을 지었고(687년), 나아가 경덕왕景德王 때에 '상주尙州'로 개명하면서 1주州·10군郡·30현縣을 거느리는 큰 읍이 되었다고 한다(757년).[10] 신라 말기에는 호족豪族이 할거하여 고려의 땅이 된 뒤에도(918년) 한동안 상주 주변은 고려와 후백제 사이의 전쟁터로 남았다. 『고려사高麗史』 지리지地理志에 따르면 한 때 안동도호부安東都護府에 속했지만, 성종成宗 때에 전국 12목牧 중의 하나인 '상주목尙州牧'이 되었고(983년), 나아가 상주목에 절도사節度使를 파견하여 전국 10도道의 하나인 영남도嶺南道를 관할하게 하였고(995년), 현종顯宗 때에는 5도양계제五道兩界制를 시행하면서 상주를 4도호부 8목 중 하나의 목으로 삼아(1020년) 2부府·7군郡·17현縣을 속하게 했다.[11] 경상도慶尙道라는 명칭은 고려시대에 성립되었는데 '경'이 경주慶州, '상'이 상주尙州인 것을 보더라도 상주의 지리적 중요성을 알 수 있다.[12]

한국에서는 삼국시대 이후 조선시대 말기까지 군현제郡縣制가 시행되었다. 이는 중국의 군현제를 모델로 하면서도 한국의 사회 구조에 맞게 변용된 것이었다. 하타다 다카시旗田巍[1972]에 따르면 '고려시대 군현제도의 실체는 호족 혹은 족단族團의 계층적 편성'으로서 국가가 재지在地 세력의 힘을 인정하고

---

10) 『三國史記』新羅本紀의 각 王條와 雜志 第3(地理1)을 참조할 것.

11) 『高麗史』卷57, 志11(地理2).

12) 慶尙道라는 이름의 성립에 대해서는, 『世宗實錄』地理志에서는 '언제인지 알 수 없다'고 하면서, 고려 睿宗 때에 '慶尙晉州道'가 있고(1106), 明宗 때에 慶尙州道와 晉陜州道로 나뉘었지만(1171) '慶尙州道按察使'라는 관직명이 있고(1186), 神宗 때에 '慶尙晉安道'가 있으며(1204), 忠肅王 때에 다시 '慶尙道'로 돌려졌다(1314)고 기록하고 있다. 한편 尙州에는 1078년부터 1886년까지 역대 慶尙道 장관의 성명 등을 기록한 『道先生案』이 남아 있는데, 이는 경상도의 다른 지역에는 전하지 않는다(1997년 상주문화원에서 영인본이 나왔다).

그들을 통해 민중을 지배하기 위해 주州·부府·군郡·현縣 등의 칭호를 부여하여 군현제의 형태로 운영한 것인데, 이후 왕조의 중앙집권적인 지배 체제가 정비됨에 따라 점차 행정구역화해 갔다고 한다. 군현(읍)은 중앙에서 지방관이 파견되는 주읍主邑과 관리가 파견되지 않고 주읍에 소속된 속읍屬邑(속군屬郡과 속현屬縣 혹은 그보다 더 아래에 위치하는 향鄕·소所·부곡部曲 등. '임내任內'라고도 한다.)의 두 가지로 크게 나눌 수 있다. 그러던 것이 고려 말기부터 조선시대에 걸쳐 점차 중앙집권화가 진행되면서 모든 읍에 지방관이 파견되기에 이르렀다. 이수건은 이를 '임내任內의 직촌화直村化'라고 불렀다[李樹健, 1984, 1989].

<표 1-2> 상주목 속군·속현의 변천

사료	高麗史 地理志						慶尙道地理志 (1425年)		世宗實錄地理志 (1454年)		新增東國輿地勝覽 (1530年)	
속읍	屬郡7, 屬縣17						屬縣7, 所2, 部曲12		屬縣7, 部曲3		屬縣4, 部曲1	
지명과 속현의 변천	名稱	古地名	尙州來屬年	設置 年	設置 職	備考	領屬	名稱	領屬	名稱	領屬	名稱
	聞慶郡	新羅冠文縣	1018	1390	監務		所領	聞慶縣	所領	聞慶縣	→聞慶縣	
	龍宮郡	新羅竺山	1012	1172	監務		所領	龍宮縣	所領	龍宮縣	→龍宮縣	
	開寧郡	甘文小國	1018	1172	監務		所領	開寧縣	所領	開寧縣	→開寧縣	
	報令郡	新羅三年山郡	1018	1172	監務		→忠淸道		—		—	
	咸昌郡	古寧伽耶國	1018	1172	監務		所領	咸昌縣	所領	咸昌縣	→咸昌縣	
	永同郡	新羅吉同郡	1018	1172	監務		→忠淸道		—		—	
	海平郡		1018			→一善 (1143年)	—		—		—	
	靑山縣	新羅屈山縣	高麗初	1390	監務		→忠淸道		—		—	
	山陽縣	新羅近品縣	1018	?~1180	監務		屬縣	山陽縣	屬縣	山陽縣	屬縣	山陽縣
	化寧縣	新羅荅達匕郡	高麗初				屬縣	化寧縣	屬縣	化寧縣	屬縣	化寧縣
	功城縣	新羅大幷部曲	1018				屬縣	功城縣	屬縣	功城縣	(直村化)	
	單密縣	新羅武冬彌知縣	1018				屬縣	丹密縣	屬縣	丹密縣	屬縣	丹密縣
	比屋縣	新羅阿火屋縣	1018	1390	監務		→安東大護府		—		—	
	安定縣	新羅阿尸兮縣	1018	1390	監務		→安東大護府		—		—	
	中牟縣	新羅刀良縣	1018				屬縣	中牟縣	屬縣	中牟縣	屬縣	中牟縣

虎溪縣	新羅虎側縣	1018			→聞慶縣(1416)	—	—	—
禦侮縣	新羅今勿縣	1018			→金山郡	—	—	—
多仁縣	新羅達己縣	高麗	→甫州		→醴泉郡	—	—	
靑里縣	新羅音里火縣	1018			屬縣 靑里縣	屬縣 靑里縣	(直村化)	
加恩縣	新羅加害縣	1018		→聞慶(1390年)	—	—	—	
一善縣	新羅一善郡	1018	1143	縣令	所領 善山都護府	所領 善山都護府	→善山都護府	
軍威縣	新羅奴同覓縣	1018	1390	監務	→一善(1143年)	所領 軍威縣	所領 軍威縣	→軍威縣
孝寧縣	新羅芼兮縣	1018		→一善(1143年)	→軍威縣	—	—	
缶溪縣		1018		→一善	—	—	—	
					屬縣 永順縣	屬縣 永順縣	(直村化)	

비고 : ①회색 부분은 상주의 屬縣, 이중 괘선은 상주의 直村을 가리킨다. ②'→'는 尙州牧 所屬에서 독립했거나 혹은 다른 읍으로 관할이 移屬된 것을 가리킨다. ③『高麗史』地理志에는 部曲 등 縣 이하에 관한 기재는 없다.

이러한 과정을 상주의 예를 통해 정리한 것이 <표 1-2>이다. 고려시대 상주는 거대한 읍으로서 다수의 속군·속현을 거느리고 있었는데, 15세기까지 상주의 속현은 모두 8개로 정리되었고 다시 16세기까지 적어도 그 중 셋이 직촌화되었다. 상세한 내용은 확실치 않지만 조선시대 후기까지 나머지 속현도 모두 직촌화되었고, 그 대신 16세기 이후가 되면 <읍> 아래에 '면面'이라는 행정 구역이 등장하게 된다.[13] 이 장 표지의 지도는 18세기 중엽에 제작된 채색 지도 『여지도輿地圖』[14]인데 여기에는 각 면이 명기되어 있다. 속현이 직촌화되면서 모두 <읍> 아래의 행정 단위인 면으로 구분되어 간 것은, <읍>을 단위로

---

13) 功城縣은 功東面·功西面으로, 靑里縣은 靑東面·靑南面으로, 永順縣은 永順面으로, 化寧縣은 化東面·化西面·化北面으로, 中牟縣은 牟東面·牟西面으로, 丹密縣은 丹北面·丹東面·丹西面·丹南面으로, 山陽縣은 山北面·山東面·山西面·山南面으로 대략 분할된 것으로 보인다. 상주에서 '面'이 언제쯤 형성되었는지는 확실치 않다. 다만 1617년에 편찬된 『商山誌』蒼石本에는 書堂이 '各面'에 있다는 기술이 보이는데, 뒤에서 살펴보겠지만 서당이 16세기에 세워진 것을 생각할 때, 16세기경부터 '面'이라는 지역 구분이 실체화되었다고 생각된다.

14) 서울대학교 규장각 소장(古4790-58) 第4冊.

하는 중앙집권화가 진행되었음을 의미한다.

이러한 변동 속에서 재지 세력의 양상 또한 변해 갔다. 조선왕조는 관료제를 골격으로 하는 독자적인 지배 체제를 구축하고 있었는데, <읍>의 지배 계층의 동향은 <관官>·<이吏>·<사士> 사이의 역학으로 정리될 수 있다(표 1-3).

<표 1-3> 지방 지배의 기본 구조

	官	吏	士
명칭	守令(牧使, 府尹, 郡守, 縣鑑), 判官, 敎授 등	鄕吏·吏族·胥吏·衙前	士族·兩班·儒林
거주지	읍성 안	읍성 안 및 그 부근	농촌부
거점	官衙	人吏廳	鄕廳, 書院
경제 기반	왕조로부터의 봉급	행정 사무에서의 중간이익, 토지, 노비	토지, 노비
이동성	빈번하게 교체	읍내에 고정	정착하고 있지만 관직 등에 따른 이동

<관官>은 말 그대로 중앙에서 파견되는 관료로서 일반적으로 '수령守令'이라고 불렸다. 상주목의 문관文官으로는 수령에 해당하는 '목사牧使'를 으뜸으로 하여 그를 보좌하는 '판관判官', 향교의 교직敎職인 '교수敎授' 등이 있었다.[15] 이들은 국가의 봉급을 받으면서 읍성을 근거지로 하여 왕조의 권위를 배경으로 권력을 행사했다.

그러나 <관官>은 중앙의 명에 의해 빈번하게 교체되었다. 상주의 '목사'는 현존하는 명부를 토대로 산출하면 평균 약 1년 9개월마다 교체되어[16] 매우 유동성이 높았다. 때문에 재지 지배자였던 <이吏> 및 <사士>가 민중 지배의

---

15) 상주에 파견된 지방관에 대해서는 『尙州 咸昌 牧民官』(尙州市 & 尙州産業大學校 尙州文化硏究所, 1997)이라는 향토사 연구자에 의한 종합적인 보고서가 있다. 중앙의 문헌뿐만 아니라 지방의 문서와 금석문도 자료로 사용하고 있어, 이로써 연구는 거의 완성되었다고 봐도 좋을 것이다. 다만 鎭營을 중심으로 파견되었던 무관에 대해서는 그 실태가 아직 밝혀지지 않은 점이 많지만, 여기에서는 그에 대한 검토는 생략하기로 한다.

16) 『尙州牧先生案』(상주시청 소장)에 따르면, 1549년부터 병합이 이루어진 1910년까지 상주에 부임한 牧使 및 그 보좌역으로서 일시적으로 파견된 判官의 수는 합계 233명이다. 그 중 判官 26명을 빼면 牧使는 206명이다.

실질적인 매개자가 되었다.

<이吏>는 일반적으로 '향리鄕吏', '아전衙前', '서리胥吏'라고 불렸던 지방 행정 사무의 실질적인 담당자였다. 다만 고려시대의 향리와 조선시대의 향리는 그 성격이 다르다. 고려시대의 향리는 지방 호족으로부터 나온 것으로 특히 14세기 후반에는 관계에 진출하는 이도 나타났던 데 반해, 조선시대의 향리는 역무役務로서는 지역의 행정 실무('향역鄕役'이라고 함)를 담당하며 관계 진출의 길은 막혀 있었다. 향리는 세습으로 향역을 담당하는 부계출자出自 집단을 형성하였는데 그러한 집단을 가리키는 의미로 본서에서는 '이족吏族'이라는 용어를 사용한다. 향역은 말 그대로 '역무'였기 때문에 국가로부터 봉급이 나오지는 않았고, 생활 기반은 토지나 노비 그리고 행정 실무로부터 얻는 중간 이익에 의지하였다. 민중의 입장에서는 지배 계층이었지만 <사士>의 입장에서는 한 계단 아래로 여겨지는 존재였다.

한편 고려 후기부터 그러한 이족 가운데서 성리학을 수용하여 과거科擧 등을 통해 중앙 관계에 진출한 뒤 다시 지역사회에 정착한 부계출자 집단이 나타났다. 이것이 <사士>인데 일반적으로 '사족士族' 혹은 '양반兩班'이라 불린다. 사족은 일반적으로 유학, 그 중에서도 주자학을 익히고 있었으므로 '유림儒林'이라고 불리기도 한다. 사족은 중앙 관계에 진출한 경력을 가졌다는 점에서 이족과는 권력 관계만이 아니라 혼인 관계 등에서도 구분되었다. 사족은 농촌을 근거지로 삼아 토지와 노비를 기본 재산으로 소유함으로써 점차 스스로의 존재 기반을 굳혀 갔다. 이러한 과정에 대해서는 다음 절에서 검토하겠다.

이와 같은 <읍> 사회의 중심에 위치하였던 것이 관아官衙나 병영兵營이 소재한 취락인 읍치邑治였다. 읍치는 종종 성벽을 갖춘 성곽을 이루고 있는데 특히 그러한 경우에는 읍성邑城이라고 불린다. 상주에 읍성이 지어진 것은 1385년의 일로 기록되어 있다.[17] 한기문韓基汶[2002]에 따르면 읍성이 세워진 것은 왜구를

---

17) 『慶尙道續撰地理誌』에는 "邑城은 洪武乙丑年(=1385년)에 돌로 쌓아졌다. 주위 3,458尺 높이 9尺 7寸으로 軍倉을 가지고 小池가 2곳 우물이 21개 있어 겨울 여름으로 마르지 않는다"고 적혀 있다.

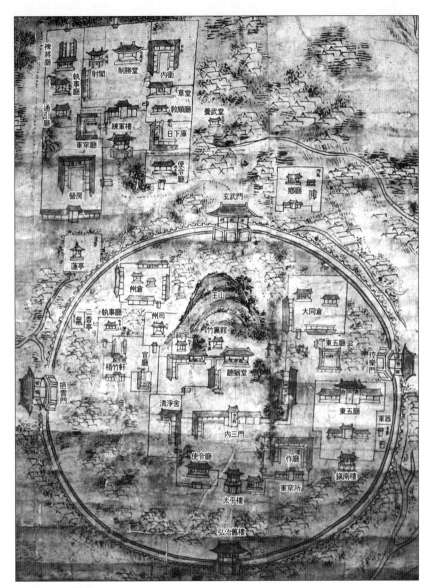

〈그림 1-6〉 상주읍성도

비고 : 「尙州城圖」로 알려져 있는 이 읍성도는 역사가인 故 姜周鎭 씨가 소장하고 있던 것으로 전해지는데 현재 원본의 소재는 분명치 않다. 여기에 실은 읍성도는 尙州城圖의 복제를 사진 촬영하여 다시 관아 부근만을 추출한 것이다. 글자가 선명하지 않기 때문에 판독 가능한 한에서 설명을 붙였다. 제작 연대는 명확치 않지만 洪世周가 牧使로 부임했을 때(1825~1827년) 동헌을 중건하고 '聽猶堂'이라는 간판을 걸었다고 하는 점에 비추어(『商山誌』), 19세기에 그려진 것으로 추정된다.

막기 위해서였다. 즉 1380년에 왜구가 이 지역 일대에 몰려 들어와 관아와 민가가 불에 탄 뒤, 그 이듬해부터 관 주도로 축성이 시작된 것이다. 그 후 읍성은 일본 통치하인 1912년 전후에 헐릴 때까지(이 점에 대해서는 2장에서 서술), 실로 500년 이상 보수를 거듭하면서 존속되었다.

이 장 표지의 지도에도 읍성이 그려져 있지만, 보다 상세하게 상주의 읍성이 나온 것이 <그림 1-6>이다. 동서남북의 문을 갖는 성벽에 둘러싸여 원형으로 나타나 있는 것이 읍성이다. 성곽의 둘레는 구舊지적도地籍圖 등을 통해 볼 때 1,525m로 추정된다[韓基汶, 2002]. 관아는 왕산王山 남쪽에 청유당聽猶堂(동헌東軒이라고도 한다)을 중심으로 형성되었고, 관청 이외에도 읍성 내에 민가가 다수 존재하였음을 알 수 있다. 또한 읍성의 서북쪽에는 무관의 근거지인 진영鎭營도 그려져 있다. 읍성 바로 위에는 사족이 자치적으로 세운 향청鄕廳(뒤에서 설명)도 표시되어 있다.

사족·이족에게 있어 기본적인 '사회 결합의 장場'은 <읍>이었다[吉田, 1998, 2000]. 다만 사족과 이족은 지리적으로 나뉘어 살았다. 읍성 부근에는 북쪽의 향청이나 남쪽의 향교와 같은 사족의 거점이 있었지만, 사족은 기본적으로 읍성 부근에 살지 않았다. 일본의 사족이 성城과 밀접한 관계에 있었던 것과는 달리, 조선의 사족은 읍성 부근을 피해 오히려 농촌부에 살았다. 이에 반해 이족은 읍성 안이나 그 주변에 사는 것이 일반적이었고 읍치 내의 작청作廳['질청'이라고도 읽음] 등에서 행정 실무를 처리하였다. 그렇기 때문에 '아전衙前'(=관청 앞)이라고도 불렸다.

이상에서와 같이 역사적으로 형성된 <읍> 사회는 이하 본서 서술의 기본적인 무대가 된다.

2. 근세 지역엘리트의 형성과 전개

1) 사족 네트워크의 형성

사족의 입향入鄕

고려시대 지방 지배 집단의 일족은 조선시대에 편찬된『세종실록』지리지 등에서 '토성土姓'으로 불렸다. 상주의 토성은 김金·박朴·황黃·주周였다. 고려시대 말기 상주의 토성 가운데서 관계에 진출하는 일족이 등장하게 되었다. 황씨와 주씨는 상주 이외의 지역에 진출했기 때문에 상주 안에서는 특히 김씨와 박씨가 유력했다. 양자 모두 본관이 상주이기 때문에 상산商山 김씨, 상산 박씨(상산商山은 상주尙州의 다른 이름)라고 부른다. 그러나 상산 김씨와 상산 박씨는 조선시대에 들어 서로 다른 길을 걷게 되었다. 상산 김씨는 14세기 후반 고려왕조에서 활약한 김득배金得培·김득제金得齊·김선치金先致 3형제를 비롯하여 고려시대 말기 에서 조선시대 초기에 걸쳐 중앙 관계에 진출함으로써 이족으로부터 분화되어 사족이 되었지만, 상산 박씨는 다음 항에서 논하듯이 왕조가 교체된 후 이족으로 서 그 신분이 고정되기에 이른 것이다.

따라서 15세기경 상주에서 토성이면서 사족인 일족은 상산 김씨뿐이었다. 요컨대 상주의 사족 대부분은 이러저러한 과정을 거쳐 상주로 들어온 일족이라 고 할 수 있다.

한 씨족의 일파가 한 읍이나 마을에 정착할 때 처음으로 그 지역에 들어가는 것을 입향入鄕이라고 하며, 입향한 선조를 입향조入鄕祖, 대대로 그 땅에 뿌리를 내리는 것을 세거世居라고 한다. 상주 사족의 입향 과정을 전반적으로 파악할 수 있는 자료로서, 우선 사찬私撰 읍지인『상산지商山誌』의 인물조나 성씨조에 보이는 입향에 관한 기술이 있다. 또한 고장의 유교 단체의 하나인 박약회博約會 상주 지회가 각 문중에 시조始祖·입향조入鄕祖·현조顯祖(중요한 업적을 남기거나 하여 일족의 기억에 남아 있는 선조)·유적遺跡 등에 대한 원고를 의뢰하여, 75씨족의 유래를 적은『웅주전고雄州典故』라는 1,200쪽 이상 되는 책을 1998년에 간행한 바 있다. 이러한 자료나 문집 등을 바탕으로 37개 사족의 입향조에 대해 개관한 것이 <표 1-4>이다(현재는 상주시에 속하지만 구 함창현咸昌縣에 세거한 사족은 제외했다).

<표 1-4> 상주 사족의 입향

姓	本貫	派	入鄉祖					형태
			名	號	時期	初居地	事由	
金	商山		需		-		尙州 土姓.	
李	興陽		垠		14c	靑里面 西川	韓哲冲의 사위. 官職 후 吉地를 택해 이주.	A, C
盧	光山		尙仁		14c 말	化寧縣	高遠의 사위가 되어 墓所를 化寧에. 世居는 아들 處和로부터.	A
鄭	晉陽	御使公派	澤	御使公	14c 말	功城面 草田	高麗 말에 金德齋(商山人)와 사돈 관계를 맺어 정착.	A
韓	淸州		哲冲	夢溪	14c 말	洛東面 花山	고려 말의 政變과 함께 관직을 그만두고 은거.	C
金	淸道		九鼎		14c 말		왕조 교체기에 은거.	C
趙	豐壤	護軍公派	崇	商議公	약 1400			
洪	南陽	中郎將派	汝剛		15c 초	內西面 北長	汝剛이 早卒하고 3명의 아들이 外家(商山 金氏)로 이주.	B
黃	長水	小尹公派	保身		1441	中牟縣	身病으로 落鄕. 洪汝剛의 사위.	A
金	永山		守和		15c		金鑼(商山人)의 사위로서 이주.	A
金	咸昌	柳亭公季派	漢碩		15c	中東面 竹岩·梧上	祖父가 端宗復位 사건에 관련되어 滅門, 피난.	D
金	昌原		公輔		15c 말	外南面 素隱	父親 金季昌의 墓所에 世居.	E
申	平山	進士公派	珀		15c 말	洛東面 內谷里	外家인 朴允宗(順天人)의 땅에 이주.	B
曺	昌寧		珣		15c	咸昌	官職 후 이주. 曾孫이 尙州 沙伐梅湖에 이주.	C
朴	文義		彦誠	樂志亭	약 1500	功城面 孝谷里		
卞	草溪		李欽	至樂軒	약 1500	山陽縣		
姜	晉州		永叔		1504	咸昌縣 立石里	父親의 士禍로 인해 母의 親家로 피난하는 도중에 僑居.	D
金	盆城		末孫		16c 초	外南面 德嶺村	스승인 愚齋·孫仲暾이 尙州 牧使가 됐을 때 同伴, 始居.	E
宋	礪山	正嘉公派	洗輝	會庵	16c 초	功城面 素谷里	官職 후 은거.	C

姓	본관	派	名	號	연대	거주지	비고	형태
徐	利川		誼		1530	化東	母家(開城 金氏)에 이주.	B
全	沃川		汝霖	沙西	16c 중반		沃川에서 이주.	E
孫	慶州	栗里派	糖	鼎翁	1587	靑里面 栗里	復齋·鄭國成(晋州人)의 사위로서 이주.	A
成	昌寧		聽	聽竹	1589	大旨洞	王朝의 党爭에 절망하여 妻家가 있는 尙州에 은거.	A
金	淸風		事一	直長公	1592	恭儉面 曳舟	임진왜란으로 피난.	D
裵	星山	金山派	時獒	巢菴	1592	化東面 隱巢洞	임진왜란으로 피난.	D
崔	全州		興尙 興連 興道		1592	外南面 松支里	임진왜란으로 3형제가 漢陽에서 피난.	D
金	義城	西溪公派	喇瓖	西溪	1598	中東面 竹岩	官職 後 은거.	C
康	載寧		侭		16c	垈村	樂志亭·朴彦誠(文義人)의 사위로서 妻家로 落鄕.	A
郭	玄風		德賀	判官公	16c	沙伐	金先致(商山人)의 사위. 官職 後 은거.	A
琴	奉化	東萊公派	嘲跣	參奉公	16c 말	中東面 回上里	임진왜란으로 피난.	D
金	義城	開巖公派	宇宏	開巖公	16c 말	中東面 回上里		
琴	奉化	訓導公派	處謙		17c 초	中東面 柴里·鼎谷	修巖·柳䋺(豐山人)의 사위로서 이주.	A
柳	豐山		袗	修巖	1618	中東面 于勿里	河回에서 이주.	E
權	安東	副正公派	垢	溝齋	17c	近巖村		
金	安東	判官公系	政文		17c	恭儉面 華洞		
文	甘泉		德謙		17c		龍宮縣에서 移住.	E
李	延安	北伯公派			17c			

비고 : 형태의 분류는 다음과 같다 A.사위로서 妻家에 이주, B.母家에 이주, C.退官 후에 은거, D.피난처에 이주, E.기타

　입향 연대로 보면 먼저 14세기 후반에서 15세기 전반까지의 왕조 전환기인 이른바 여말선초麗末鮮初에 진양晉陽 정鄭씨, 풍양豐壤 조趙씨, 광산光山 노盧씨, 흥양興陽 이李씨, 장수長水 황黃씨, 청주淸州 한韓씨, 남양南陽 홍洪씨, 청도淸道 김金씨 등 근세 상주의 다양한 장에서 활약하게 되는 사족이 입향하였다. 16세기,

좀 더 구체적으로는 1592년 임진왜란이 일어날 무렵까지 주요한 일족은 거의 입향하였고, 나머지도 늦어도 17세기까지는 입향한 것을 알 수 있다.

입향 사유가 확인되는 경우 이를 A부터 E까지 다섯 가지로 분류했다. A는 상주의 사족과 혼인하여 사위로서 처가로 이주한 경우, B는 외가 즉 어머니 쪽 집안이 상주에 있어 이주한 경우로서, A·B 모두 혼인을 매개로 한 이주라고 할 수 있다. 초기에 입향한 A·B의 경우 진양 정씨, 남양 홍씨, 영산永山 김씨에서 보이듯이 토성인 상산 김씨와 혼인 관계를 맺은 예가 눈에 띈다. 표에 나타나지는 않지만 광산 노씨인 노상인盧尙仁의 아버지 노숭盧崇은 상산 김씨인 낙성군洛城君의 사위다. 요컨대 A·B의 경우 토성이나 기존에 정착한 사족과의 혼인 관계를 매개로 하여 이주하게 되었다고 할 수 있다. C는 관직에서 물러난 후에 상주에 입향한 경우이다. 흥양 이씨와 같이 A와 겹쳐지는데다가 '길지吉地'를 택했다는 기술이 있어 상주를 고른 이유를 잘 알 수 있는 예도 있지만, 그 이외에는 자세한 사정까지는 알 수 없다. D는 조금 특수하여 피난 도중에 정주定住하게 된 경우이다. 대부분은 임진왜란 때의 피난 사례이지만 진주晋州 강姜씨처럼 중앙 정계의 '사화士禍' 등을 계기로 이른바 '낙향落鄕'한 사례도 보인다. E는 그 밖의 경우이다.

이러한 사족의 입향은 앞서 살핀 '임내의 직촌화' 과정과도 나란히 진행되었다. 이수건李樹健[1995 : 44~82]은 사족이 입향하여 세거한 지역이 원래 속현이나 부곡과 같은 임내 혹은 읍치로부터 떨어진 지역이었던 것에 주목하여, 사족이 새로운 농법을 바탕으로 그러한 지역의 토지를 개척하면서 정착해 갔다고 분석하였다. 실제 상주의 사족들의 경우도 풍양 조씨의 세거지인 장천長川 일대(현 낙동면洛東面)는 장천 부곡, 광산 노씨의 화서化西 일대는 화령化寧 속현, 흥양 이씨의 청리靑里 일대는 청리 속현, 장수 황씨의 모동牟東 일대는 중모中牟 속현, 풍산豐山 류柳씨의 우천리愚川里(우물리于勿里)는 단밀丹密 속현, 안동安東 권權씨의 산북山北 일대는 산양山陽 속현 등과 같이 주로 속현 내지 부곡 지역에 정주하였다. 조선 전기에는 2년에 한 번 토지를 쉬게 하지 않으면 안 되는 휴한법休閑法이 극복되어 벼의 연작이 일반화되고 황무지의 개간이 진척되는 등 '개발의 시대'라고 불릴 정도로 농업 개발이 진전된 시기였는데, 이를 주도한 것이 재지사족이었다[宮嶋, 1995, 4장]. 앞 절에서 언급한 17세기 전반을 대표하는 농서인『농가월령農家月令』을 지은 고상안高尙顔 역시 상주 북부 출신의 사족이었다. 사족은 신유학 및 신농법과 더불어 지역사회에 기반을 형성해 간 것이다.

16세기 사족 네트워크의 형성

16세기에 이르러 사족의 네트워크는 급속하게 형성되기 시작했다. 상주에서는 이 시기 ①사족의 명부인 향안鄕案의 작성, ②결절점이 되는 유향소留鄕所·사마소司馬所의 설치, ③동계洞契 등을 통한 지역의 조직화, ④서당書堂을 매개로 한 유학 교육의 개시 등 지배 체제의 구축이 시작되었다.

①향안의 작성

향안은 사족 사이에서 서로 인정하는 사람만이 기재되는 재지사족의 명부이다. 따라서 사족 사이의 횡적 연계가 있어야만 비로소 작성될 수 있다는 점에서, 사족 네트워크가 형성된 사실을 보여주는 중요한 지표이다. 상주의 향안인『상산향언록商山鄕彦錄』이 언제쯤 작성되기 시작했는지는 분명치 않지만 대략 16세기 중반이었던 것으로 추정된다[鄭震英, 1998 : 152]. 그러나 이 향안은 임진왜란 때 소실되어 현재는 원래의 형태로는 남아 있지 않고, 대신 1595년에 김련金鍊·김각金覺 등이 보수補修한「구록舊錄」308명분만이 전해진다.

②유향소·사마소의 설치

유향소는 '향사당鄕射堂', '향청鄕廳'이라고도 하며 재지사족이 읍성 부근에 설치한 자치적인 기관으로서 사족 네트워크의 중요한 결절점이었다. 상주에서는 청주 한씨의 한순韓順이 창건했다고 전해지므로,[18] 15세기 후반에는 이미 설치되어 있었다고 생각된다. 마침 그 무렵 유향소는 주자학을 익힌 신진 관료인 이른바 사림파士林派와 중앙의 훈구파勳舊派 사이의 정치적인 격동의

---

18) 「鄕射堂重修記」(李埈 撰,『商山誌』卷7)에 '예전에 邑人인 韓順이 創建했다'고 적혀 있다.

장이었다[李泰鎭, 1986]. 유향소는 1468년에 일단 전면적으로 폐지되는데, 사족은 향사례鄕射禮·향음주례鄕飮酒禮 등의 의례를 행하는 장으로서 유향소 복립復立 운동을 벌였다. 1488년에 유향소가 복설되지만 그것은 이미 중앙의 훈구파의 지배하에 놓여 있었기 때문에, 이에 반발한 사족은 유향소에 대항하여 사마소를 설치하기도 했다. 상주에서도 16세기에 유향소와 사마소가 병존했으며[鄭震英, 1998 : 150], 상주의 사족도 이러한 역학 속에서 향촌 지배를 확립해 갔다.

③동계의 조직화

또한 16세기 후반에는 사족이 거주하는 마을을 중심으로 각지에 '동계', '동약洞約' 등으로 불리는 조직이 만들어졌다[鄭震英, 1998 : 155~156]. 1566년에 송량宋亮 등이 조직한 '낙사계洛社契'[19]가 그 대표적인 것으로, 사족 간의 상호부조를 규정하고 있다.

④교육 기관의 설치

<표 1-5> 향교·서원·서당의 차이

학교	향교	서원	서당
경영	官	士	士族 중심이지만 그렇지 않은 경우도 있다
位牌·享祀	유	유	무
장소	읍성 부근	농촌부	농촌부
수	1읍 1교	1읍 복수	1읍 복수

사족의 지방 지배의 확대는 사학私學의 확산과도 병행되었다. 관학官學으로서 1읍에 1교씩 설치되어 있던 향교에 더해, 16·17세기에 이르면 사족이 주도하는 서당이나 서원과 같은 사학이 확산되었다. 서당과 서원의 차이는 일반적으로 후자에는 선현의 위패를 모시는 사당이 딸려 있어 정기적으로 '향사享祀'라고 불리는 유교 의례를 행한다는 점이다.[20] 향교·서원·서당의 차이에 대해서는 <표 1-5>에서 정리하였다.

서당은 초등 한문 교육기관으로서 그 주요한 커리큘럼은 『소학小學』을 비롯하여 주자학의 체계를 따르고 있었다. <표 1-6>은 몇몇 문헌으로부터 상주의

---

19) 宋亮, 「洛社稧條約序」(『嶺南鄕約資料集成』, 248쪽).
20) 祠堂이 없고 講堂만 있는 것이 書堂인 데 반해, 講堂이 없고 祠堂만 있는 시설은 일반적으로 祠宇라고 불렸다. 상주에서는 忠烈祠(1698~), 龜湖祠(1794~1870), 道安祠(1783~1870), 東華祠(1824~1870), 道川祠(1818~1870) 등이 있었다. 양자를 겸비한 것이 書院이 된다.

서당에 대한 기술을 정리하여, 현재 행정구역에서의 위치를 비정比定한 것이다. 상주의 서당은 1551년부터 1554년까지 목사로 부임한 신잠申潛(호 영천靈川)이 창건했다고 전해진다. 그러나 그 실상은 잘 알 수 없는 부분도 있다. 1617년경에 쓰여진 『상산지』 창석본蒼石本에는 '서당은 가숙家塾의 제制에 따르며 각 면面은 모두 이것을 갖고 있다. 과반過半은 영천靈川 신공申公이 시작한 바의 것'이라고 되어 있다. 한편 1749년경에 쓰여진 『상산지』 청대본淸臺本에서는 <표 1-6> 중 1번부터 20번까지의 스무 개 서당의 연혁이 적혀 있고, 그 중 하곡서당霞谷書堂에서 죽림서당竹林書堂까지의 '열여섯 서당은 모두 영천靈川 신공申公이 목사를 할 때 세워진 바'라고 나와 있지만, 하곡에서 죽림까지의 서당은 모두 열일곱 개이다(신증본新增本에서는 열일곱으로 정정되었다). 확실한 것은 16세기 중반에 열일곱 개 정도의 서당이 세워진 점, 그리고 그것은 '각 면' 등으로 표현되어 있듯이 한 곳에 집중되지 않고 상주 각지에 고루 세워진 점, 또한 그 중 다수는 16세기 중반에 신잠이 목사로 부임한 때에 일제히 생겨난 점 등이다.

<표 1-6> 상주의 서당

	서당명	地誌 기록	현 행정구역
1	霞谷書堂	①州西7里에 있음. 처음에는 興國寺의 舊基에 세워지고 뒤에 長白寺의 舊基로 옮겨져 乙卯(1615년?)에 翠鳳山西麓에 移建되었다. ③內西面安養里	尙州市蓮院洞
2	魯東書堂	①州東5里, 外魯谷村에 있음. 처음에는 寒山東麓에 있었는데 임진란 때 소실되어 1629년에 新坊洞에 중건. 1726년에 지금의 위치에 세워졌다. 李萬敷의 記文 있음. ③內東面魯谷里	尙州市外圭洞
3	道谷書堂	①州南5里에 있음. ③內南面敎道里	◎尙州市書谷洞
4	石門書堂	①州東10里에 있음. 처음에는 沙伐洞西에 세워졌는데 임진란 때 소실. 1596년에 柄峙南에 重建. ③中北面石門里	沙伐面衾欣里
5	首陽書堂	①州南25里 首陽山下, 老隱洞西, 兩溪가 합류하는 위치에 있음. 川石이 幽玄한 名勝地이다. 예전에는 西山北 玉峯下에 있어 玉城이라는 이름이었는데, 書院으로 승격했기 때문에 1648년에 지금의 위치에 移建하였다. ③外南面首陽里	外南面新村里
6	修善書堂	①州南30里, 修善山下의 靑里洞에 있음. 1542년에 靈川·申潛이 來遊하여 그 山水를 기뻐하여 父老와 함께 書堂을 營建하고 '修善書堂'이라는 4大字를 손으로 써 揭額했다. 후에 溪西에 移建되었	◎靑里面靑上里

		지만 임진란 때 소실. 1603년에 鐵巖下에 세워졌다. 李埈의 記文 있음. ③靑東面靑里	
7	龍門書堂	①州南35里, 功城의 熊耳山下에 있음. 임진란 때 舊堂은 소실. 그 후 雩里嶺 및 廣洞의 兩所에 改建되었다. 또한 1707년에 熊山舊址西百步의 위치에 移建되었는데 다음 해 講堂이 失火하여 所藏書籍이 燒盡되어 버렸다. 1719년에 중창되었다. ③功城面巨夜里	功城面巨倉里
8	瀨濱書堂	①州北50里, 潁水上에 있음. 처음에는 縣村川邊에 세워졌다. 1574년에 柏潭·具鳳齡이 쓴 詩가 있어, 尊性堂으로 불린다. 1593년에 왜군에 의해 소실. 1603년에 樹介村에 중건되는데 書院으로 승격됨으로써 修契所의 부속이 됨. 1687년 지금의 위치로 移建됨. 金楷의 記文이 있음. 1730년에 중건됨. 右에 存省, 左에 進修의 兩室이 감싸는 형태임. 孤山, 舍人亭에서 數百步 정도의 거리에 있음. ③永順面盤岩里	
9	梅嶺書堂	①州北30里, 梅岳山西麓의 墨溪上에 있음. 작은 堤가 있고 上下에 폭포가 있다. 泉石은 幽敻하다. 以前은 佩月村에 있었는데 黃龍村에 옮겨 1648년에 지금의 장소로 移建되었다. ③外北面墨谷里	沙伐面墨上里
10	梧山書堂	①州東25里 飛鷺村에 있음. 처음에는 寶灘上에 세워졌는데 임진왜란 때 소실된 후, 梧洞里에 중건되어 梧山이라 불렸다. 1719년에 소실되어 지금의 장소로 이건했다. 中東面西에 있었는데 지금은 없다. ③中東面大飛里	中東面梧上里
11	孤峰書堂	①州東20里, 甲長山 東麓, 孤峰下의 長川村에 있음. ③長川面書堂里	洛東面上村里
12	鳳城書堂	①州東60里, 渭水上에 있음. 以前은 丹密縣 西北1里에 있었는데 서원으로 승격되었기 때문에 龍巖으로 이건했다. 1706년에 소실되어 1712년 이전의 장소에 개축했다. 1743년 이전 장소의 남쪽에 이축했다. ③丹南面壯水里	義城郡丹密面
13	白華書堂	①州45里, 中牟의 西歸洞下에 있음. 이전에는 新德里中에 세워졌는데 無З里 및 西歸洞의 兩所에 옮겼다. 1701년 지금의 장소로 이건했다. ③牟東面□川里	◎牟東面琴川里
14	鳳巖書堂	①州西45里, 化率圓通峰下에 있음. 舊名은 鳳山. 서원으로 승격되었기 때문에 1730년에 지금의 장소에 개축했다. ③化東面浦頭里	◎化東面仙橋里
15	松巖書堂	①州西17里, 兜率山의 西麓에 있음. 靈川·申潛이 창건했는데 그 후 몇 번이나 부서졌다. 處士인 蘭時·鄭竭誠이 수습하여 건물을 세우고 士를 양성하는 장소로 만들었다. ③外西面開谷里	外西面開谷里
16	智川書堂	①州南15里, 智川上에 있음. 舊名은 淵嚴이었는데 書院으로 승격되었기 때문에 이름을 고쳐 지금의 장소에 세웠다. ③內南面鼎岳里	尙州市智川洞
17	竹林書堂	①州西40里, 銀城의 竹林村에 있음. 임진왜란 때 소실되었는데 1694년에 중건했다. 洪道達의 記文 있음. ③銀尺面林里	◎銀尺面武陵里
18	關翼書堂	①外東面無量洞에 있음. 1700년에 螺賣山의 廢庵을 취해 창건되었다. ③外東面無量洞	洛東面物良里
19	潘溪書堂	①州北90里, 磻溪里에 있음. 1726년에 창건. 그 후 화재를 만나 1742년에 다시 세워짐.(…)1755년 義太公의 畵像을 봉안한 작은 龕을 세웠다.	聞慶市山北面

20	芝山書堂	①中牟乾池村에 있음. ③牟西面乾旨里	牟西面芝山里
21	雲樹書堂	①州西, 內西面에 있었다. 지금은 없음.	
22	三峰書堂	①州東, 長川面에 있음.	洛東面花山里
23	薇山書堂	①州西, 化西面에 있었다. 지금은 없음.	
24	東岡書堂	①州西 內西面에 있음.	
25	箕山書堂	②州西, 化東面에 있음. ③化東面甫味里	化東面甫尾里
26	靑林書堂	①州北, 外北面에 있음.	
27	盤巖書堂	①州北, 山南面에 있음. ③山南面盤岩里	聞慶市山陽面盤谷里
28	舞鳳書堂	①州西, 化西面에 있음. ③化西面殆峯里	化西面上縣里
29	西嶽書堂	②州南40里, 芝然山下에 있음.	
30	盆巖書堂	②聽澗亭에서 1里 떨어진 곳에 있음.	○洛東面雲坪里
31	黔浦書堂	②永順西에 있음.	
32	松竹書堂	②山南松谷里에 있음.	聞慶市山陽面松竹里
33	伊湖書堂	②外西面伊川里에 있음.	外西面伊川里

資料 : ①『商山誌』淸臺本(1749년) ; ②『商山誌』新增本(1832년) ; ③『商山邑例』(1854년)
비고 : ◎는 건물이 현존하는 곳, ○는 간판만 남아 있는 곳을 가리킨다.

조선의 서원은 1534년 주세붕周世鵬이 세운 백운동서원白雲洞書院을 효시로 하여 사족들이 각지에 세워갔다. 뒤에서 살피겠지만 상주에서는 임진왜란 후인 17세기 초에 세워진 도남서원道南書院이 형식을 갖춘 서원으로서는 최초의 것이다. 그러나 16세기 중반 상주에서 일제히 서당이 세워진 것은 각지의 서원 건립의 흐름과 궤를 같이 하는 것이었다. 16세기 서원 건립 운동에서는 무엇보다 교육 기능에 중심을 두었기 때문에, 반드시 향사享祀를 동반할 필요는 없었다는 견해도 있다[鄭萬祚, 1997 : 88~97]. 실제로 수선서당修善書堂 앞에 서 있는 '유애비遺愛碑'에는 '서원書院을 세워 이로써 권학범소勸學凡所로 삼는다'며 '서원'이라는 용어가 쓰였다. 상주에서의 서당 건립은 다른 지역의 서원 건립과 마찬가지로 사족의 향촌 지배의 확대와 병행되었다고 할 수 있을 것이다.

임진왜란 당시의 의병과 전란 후의 지배 체제 확립

이상과 같이 16세기에 이르러 상주의 재지사족은 활발하게 네트워크를 형성하면서 지역사회에서 지배적인 지위를 획득해 갔다.

그러한 가운데 1592년 4월 갑자기 나타난 것이 '왜적'이었다. 임진왜란은 조선의 지역사회에 커다란 영향을 미쳤는데, 격전지의 하나인 상주의 경우도 사족의 지역 지배라는 차원에서 중요한 전환점이 되었다. 상주의 임진왜란에 대해서는 수많은 연구가 나와 있기 때문에[甘成海, 1982 ; 鄭震英, 1998 ; 상주얼 찾기회, 1999], 여기서는 사족 네트워크와 관련된 내용만 간단히 정리해 보겠다.

왜군이 북상하자 상주의 목사 등은 이를 막고자 대구大邱로 향했지만 도중에 뿔뿔이 흩어져 버렸고 순변사巡邊使 이일李鎰이 이끄는 군사도 대패하여, 결국 고니시 유키나가小西行長가 이끄는 부대는 상주성을 점령하였다. 고니시 군은 일부를 남기고 북상하여, 상주성에는 100명이 진을 쳤으며 왜승倭僧도 70~80명 있었다고 기록되어 있다.[21]

이에 대항하여 5~6월에 산발적으로 의병이 일어났지만 본격적인 저항은 7월 이후에 시작되었다. 7월에 사족 40여 명과 궁수弓手 50여 명이 합동으로 '창의군昌義軍'을 일으켰고, 8월에는 궁수 10여 명과 각지의 '유신儒紳' 70여 명 그리고 사족의 지원자 60여 명이 '충보군忠報軍'을, 9월에는 상주 서남부의 사족을 중심으로 한 '상의군尚義軍'이 조직되었다. 그 참가자들을 정리한 것이 <표 1-7>이다.[22] 이 가운데 향안인 『상산향언록商山鄕彦錄』에 기재되어 있는 인물에 대해서는 *표를 붙였다. 여기서도 알 수 있듯이 의병 상층부에 참가한 자의 다수는 사족이다.

의병은 왜군을 상대로 게릴라 공격을 수차례 감행하였다. 같은 해 11월 도망간 목사를 대신하여 가판관假判官 정기룡鄭起龍이 관군과 함께 부임하자, 의병은 관군과 함께 왜군과 싸워 12월 초에 상주성을 탈환했다. 그리고 명군明軍이 남하함에 따라 의병은 자연스레 해산되었다.

---

21) 『黔澗趙靖先生 壬亂日記』(1592년 5월 6일). 이 가운데는 '倭服'을 입은 '本國之人'도 섞여 있었다고 한다(同 壬辰 5월 20일).

22) 昌義軍의 구성은 『黔澗趙靖先生 壬亂日記』(1592년 7월 30일), 忠報軍의 구성은 趙翊의 『辰巳日記』(1592년 8월 16일), 尚義軍의 구성은 「倡義錄」(『尚州史料集』, 尚州文化院, 1998년 영인)에 나와 있다.

<표 1-7> 임진왜란 때의 상주 의병

昌義軍
主將：李逢 中衛將：李天斗 佐幕：全湜*, 宋光國*, 趙光綬*, 趙靖* 掌書：蔡天瑞, 洪慶業, 趙靖*
忠報軍
大將：金弘敏* 中衛將：李悌慶 佐幕：張天賓, 盧大河*, 趙翊* 掌書：金弘微*, 趙翊*
尙義軍
義兵大將：金覺*(進士) 召募官：鄭經世*(前翰林), 李塡*(幼學), 李埈*(前正字), 宋亮*(幼學)
掌書：李埈*(前正字) 領兵：金嗣宗(司僕), 盧涵(幼學), 金光輵*(忠順衛)
佐幕：金弘慶(幼學), 韓瑞(前直長), 金敬德(幼學), 金應德(幼學), 金命賢(前都事), 柳復春(進士), 陸公瑞(幼學), 南振輝*, 金鍊*, 金喬, 金趍, 趙光璧*, 金之衎*, 黃夢祥, 黃偉, 宋以誨, 徐尙男, 李應吉, 陸公著, 鄭鳴世*(忠順衛), 金憲*, 鄭而弘*, 陸公達(生員), 金喜得*(幼學), 朴而淳*, 李膺*, 權益, 金知白 (參奉)

　임진왜란은 상주 사회를 황폐화시켰다. 전란 전에는 전 7,378결, 답 6,676결의 생산성을 보이던 농지가 전란 후인 1603년의 양전量田에서는 전 1,470결, 답 230결로 감소했다.[23] 사족 지배도 동요했다. 전화로 인해 향청, 서당 등의 거점과 향안이 소실되었을 뿐만 아니라 민중 가운데는 왜적에 가담하거나 '토적'화하는 자도 다수 나타났다[鄭震英, 1998 : 183]. 한편 의병에 참가한 사족은 그 공을 사서 관직이 부여되거나 공신록功臣錄에 기재되는 등, 왕조 차원에서의 위신이 높아졌다.[24]

　전란 후 상주의 사족은 서둘러 네트워크를 재조직하면서 지역사회에 대한 지배를 재구축해 갔다. 아래에서는 앞서 설명한 ①향안, ②유향소, ③동계·동약, ④서당의 재건 과정을 순서대로 살핀 뒤, 새로운 움직임인 ⑤서원의 건립, ⑥사족에 의한 사찬 읍지인 『상산지』의 편찬에 대해 개관하겠다.

　①향안의 재작성

　명부인 향안은 전란 직후인 1595년에 김련金鍊·김체신金體信·김각金覺 등이 다시 만들었고, 1617년에 이전李塡 주도하에 정경세鄭經世, 강응철康應哲, 정언황丁

---

23) 『商山誌』 蒼石本, 田賦條.
24) 功臣錄에 대해서는 尙州 얼찾기회[1997, 1999]에서 상당히 포괄적으로 정리하였다. 또한 사족이 지역 지배를 강화해 가는 과정에서 정통성을 두는 근거의 하나로서 임진왜란의 기억이 계승된 점에 대해서는 板垣[2005]를 참조할 것.

彦璜, 이대규李大圭 등이 정서했다.25)

②유향소(향촌당鄕村堂)의 재건

임진왜란 발발로부터 19년 후인 1610년에 창건자 한순韓順의 후손인 진사進士 한진韓璡이 중심이 되어 원래 있던 곳에 재건하였다고 전해진다.26) 또한 이 무렵 '향촌당'이라는 이름이 사족 사이에서 널리 사용되는데 상주도 예외가 아니었다.

③동약 조직

전란 전의 계契를 새로이 합병하여 결성한 '낙사합계洛社合契'(1599), 전란 전의 조직의 부흥을 꾀한 동약洞約(1618) 등,27) 지역사회 차원의 재조직화가 추진되었다. 이들 동약은 임진왜란 후 주로 보이는 '상하합계上下合契'라는 형식을 취했다[鄭震英, 1998 : 190~191]. 즉 사족(=상) 간의 상호부조를 추구할 뿐만 아니라, 일반 민중(=하)까지도 주자학을 바탕으로 하는 사회 질서 속으로 편입시켜 간 것이다.

④서당의 재건

17개 있었다고 일컬어지는 서당도 임진왜란의 와중에서 상당한 피해를 입었다. 『상산지』에서 '임진란'으로 소실되었다고 전해지는 서당 가운데 그 후 재건된 것은 석문서당石門書堂(1596), 수선서당修善書堂(1603), 영빈서당潁濱書堂(1603), 노동서당魯東書堂(1629), 죽림서당竹林書堂(1694), 오산서당梧山書堂(복건년 불명), 용문서당龍門書堂(복건년 불명) 등이다.28) 또한 『상산지』에는 실려 있지 않지만 도곡서당道谷書堂 또한 임진왜란으로 소실된 것을 부근의 구도곡求道谷·오대五臺·교촌校村의 사족이 주도하여 1701년에 중건하였다.29) 사족이 주도하는

---

25) 鄭經世,「尙州鄕案錄序 丁巳」(『嶺南鄕約資料集成』所收).

26) 『商山誌』清臺本, 公署條.

27) 각각 鄭經世,「洛社合稧序」와 金憲,「洞約序」(모두 『嶺南鄕約資料集成』所收) 등의 서문이 전한다.

28) 『商山誌』清臺本, 學校條.

29) 1697년부터 1701년까지의 중건 과정을 기록한 일지인 「教事錄」이 道谷書堂에 전한다. 이 문헌에 대해서는 金子相[1996]에 그 개요가 소개되어 있다.

서당에서는 향안과 마찬가지로 '당안堂案', '청금록靑衿錄' 등의 명부가 작성되었으며,[30] 또한 지역사회의 질서화를 꾀하는 향약의 모체가 된 서당도 있었다.[31] 이러한 서당은 몇 개의 사족 문중이 공동으로 경영하는 것이 일반적이었다.

⑤서원의 건립

서당의 부흥과 함께 주목되는 것은 서원의 신설이다. <표 1-8>은 상주에 설치된 열일곱 개 서원에 대해 그 위치, 그 전신前身, 건립 시기, 사액賜額된 경우에는 그 시기, 그리고 서원의 사당에 모셔져 있는 인물의 호號·성명姓名 및 모셔진 해를 정리한 것이다. 중요한 점을 몇 개 지적하자면 다음과 같다.

<표 1-8> 상주의 서원

名稱	現位置	前身	建立	賜額	毀撤	配享人物								
道南書院 (南)	尙州市 道南洞	-	1606	1797	1871	號 姓名 配享年	圃隱 迎日鄭 夢周 1606	寒暄堂 金 宏弼 1606	一蠹 河東鄭 汝昌 1606	晦齋 李 彦迪 1606	退溪 眞城李 滉 1606	蘇齋 光山盧 守愼 1617	西厓 豐山柳 成龍 1617	愚伏 晉陽鄭 經世 1631
玉城書院 (南)	外南面 新上里	書堂	1631	-	1870	號 姓名 配享年	蘭溪 商山金 德培 1631	靈川 高靈申 潢 1631	后溪 商山金 範 追	蒼石 興陽李 埈 追	月澗 興陽李 墺 追			
近巖書院 (南)	聞慶市 山北面 書中里	書堂	1665	-	1870	號 姓名 配享年	寓庵 缶林洪 彦忠 1665	漢陰 慶州李 德馨 1669	沙潭 商山金 弘敏 1702	木齋 缶林洪 汝河 1702	息山 延安李 萬敷 追	淸臺 安東權 相一 追		
孝谷書院 (南)	外南面 龍新里	書堂	1685	-	1870	號 姓名 配享年	愚谷 礪山宋 亮 1685	西臺 商山金 冲 1724	月峯 開城高 仁繼 1724	一默齋 商山金 光斗 1786				

---

30) 현재까지 전하는 19세기 이전의 堂案으로는 다음과 같은 것이 있다. 道谷書堂:「道谷書堂案」(1846년 11월~1893년 11월). 霞谷書堂:「霞谷書堂堂案」(1606~1617년). 修善書堂:「修善書堂里社錄」(17세기). 鳳巖書堂:上書堂「靑衿錄」(①1701년, ②1730~1860년, ③1872년), 下書堂 「講堂靑衿錄」(1827년).

31) 道谷書堂에는 1803년에 정서된 「鄕約座目」이 전하는데, 道谷書堂 주변 마을을 대상으로 鄕約에 가입한 자의 이름이 게재되어 있다. 이름이 3단으로 나뉘어져 있는 것이 주목되는데, 상단은 사족, 하단은 일반 민중이며, 중단은 읍치 부근의 마을뿐으로 그 姓을 보면 향리가 아닐까 생각된다.

書院名	位置	書堂			存續	區分							
鳳山書院(南)	化西面沙山里	-	1688	-	1870	號	蘇齋	一松	板谷	東園	省克堂	頤齋	白華齋
						姓名	光山盧守愼	青松沈喜壽	昌寧成允諧	羅州丁好善	商山金弘微	昌寧曺友仁	長水黃翼再
						配享年	1688	1688	1688	1794	追	追	追
花巖書院(西)	洛東面花山里	-	1692	-	1870	號	洛涯	共默堂	聽竹	百源			
						姓名	商山金安節	商山金濤	昌寧成聽	平山申碩蕃			
						配享年	1692	1692	追	追			
臨湖書院(西)	恭儉面力谷里	書堂	1693	-	1868	號	蘭溪	虛白堂	懶齋	桐溪	休巖		
						姓名	新昌表沿沫	洪貴達	仁川蔡壽	安東權達手	仁川蔡無逸		
						配享年	1693	1693	1693	1693	追		
興巖書院(西)	尙州市蓮院洞	-	1702	1716	存續	號	同春堂						
						姓名	宋浚吉						
						配享年	1702						
涑水書院(南)	義城郡丹密面丹岩洞	祠宇	1702	-	1870	號	愚齋	退齋	開巖	黔澗	可畦		
						姓名	慶州孫仲暾	鵝州申祐	義城金宇宏	豐壤趙靖	豐壤趙翊		
						配享年	1702	1702	1730	1730	1826		
淵嶽書院(南)	尙州市陽山洞	書堂	1702	-	1870	號	樂志亭	芸亭	南溪	石川	北溪	臥雲	
						姓名	文義朴彥誠	永山金彥健	載寧康應哲	永山金覺	豐壤趙光璧	載寧康用良	
						配享年	1702	1702	1702	1726	1726	1726	
西山書院(西)	尙州市蓮院洞	-	1708	-	1870	號	仙源	淸陰	楓皐				
						姓名	安東金尙容	安東金尙憲	安東金祖淳				
						配享年	1708	1708	1855				
雲溪書院(西)	化西面達川里	-	1711	-	1870	號	聽竹	百源	損菴	稼亭	西岡	雙修堂	
						姓名	昌寧成聽	平山申碩蕃	咸安趙根	平山申碩亨	昌寧成汝忮	淸道金三樂	
						配享年							
玉洞書院(南)	牟東面壽峰里	書堂	1714	1789	存續	號	厖村	沙西	畜翁	槃澗			
						姓名	長水黃喜	沃川全湜	長水黃孝獻	長水黃紐			
						配享年	1714	1714	1789	1789			
洛岳書院(南)	中東面竹岩里	-	1745	-	1870	號	西溪	月潭	菊園				
						姓名	義城金聘壽	義城金廷龍	義城金廷堅				
						配享年							
芝岡書院(南)	沙伐面墨上里	-	1745	-	1870	號	復齋	墨溪	白潭	湖翁			
						姓名	晉陽鄭國成	昌寧曺希仁	漢陽趙又新	昌寧曺挺融			
						配享年							

書院名	위치	구분		-		號/姓名/配享年	配享			
熊淵書院(西)	聞慶市山北面書中里	祠宇	1798	-	1870	號 姓名 配享年	多義堂 仁川蔡 貴河	懶齋 仁川蔡 壽	拙齋 仁川蔡 紹權	雩潭 仁川蔡 得沂
愚山書院(南)	外西面愚山里	修契所·講會所	1834	-	1868	號 姓名 配享年	愚伏 晉陽鄭 經世 1834	立齋 晉陽鄭 宗魯 1836		

出典：『商山誌』學校條, 『雄州典故』(1998)에서 작성

먼저 똑같이 서원이라는 명칭이 붙어 있더라도 각각의 지위는 상당히 달랐다. 상주 최초의 서원인 도남서원은 정경세鄭經世, 이전李坤, 이준李埈, 송량宋亮, 김각金覺 등 의병에 참여하고 향안 재작성이나 향촌당 재건, 동약 조직화 등에서 활약한 사족이 주도하여 세운 것이다. 처음 배향配享된 다섯 명의 인물이 상주의 유림이 아니라 영남학파의 대표적인 유학자라는 점에서도 도남서원은 다른 서원과 성격을 달리하였는데, 이 서원은 상주만이 아니라 영남 지역 전체에서 각별한 존재였다. 그 밖에 상주 이외 지역의 유학자를 모신 서원은 송준길宋浚吉(호 동춘당同春堂)을 모신 흥암서원興巖書院과 황희黃喜(호 방촌厖村)를 모신 옥동서원玉洞書院뿐이다. 실제로 이 도남·흥암·옥동 등 세 서원만이 사액서원賜額書院으로서 이른바 격이 다른 서원이었다고 할 수 있다.

그 밖의 서원 사이에도 차이가 있었다. 대부분의 서원이 여러 가문 출신의 대표적 인물을 모시고 있던 데 반해, 18세기에 이르면 배향되는 이가 한 문중뿐인 이른바 문중서원이 등장한다. 안동 김씨의 서산서원西山書院, 의성義城 김씨의 낙악서원洛岳書院, 인천仁川 채蔡씨의 웅연서원熊淵書院, 진양 정씨의 우산서원愚山書院 등이 그것이다. 즉 같은 서원 사이에도 조선-지역사회-문중이라는 형태로 사족 세계 안에서 공공성의 스케일에 차이가 있었다고 할 수 있다.

17세기 후반 이후 상주에도 중앙의 정치적 대립인 이른바 '당쟁黨爭'의 영향으로 남인南人과 서인西人(노론老論)의 대립이 생겨나게 되는데, 그 결과 서원 또한 남인계의 서원과 서인계의 서원으로 나뉘어졌다. <표 1-8>에서는 이를 (南), (西)라는 기호로 표시했다. 전체적으로는 남인계가 열한 곳으로 많았지만 서인계

도 여섯 곳 있었다. 서인계가 적지 않은 세력을 갖고 있었던 점은 남인계가 지배적인 영남 지역 안에서 상주가 가지는 두드러진 특징이었다.

서원은 소속된 사족의 명부를 갖고[32] 봄이나 가을에 정기적으로 향사를 개최하는 등,[33] 사학私學으로서의 역할 이외에도 사족 네트워크의 중요한 거점으로 기능하였다. 이러한 배경도 있어 뒤에서 살피듯이 1870년 전후 왕조에 의해 서원의 일제 철폐가 행해지게 된 것이다.

⑥읍지의 편찬

임진왜란 이후 사족의 동향 가운데 또 하나 중요한 것은 <읍>에 얽힌 기록인 『읍지邑誌』의 편찬이다. <읍>을 단위로 한 지지地誌 자체는 그 이전에도 16세기 전반에 편찬된『동국여지승람東國輿地勝覽』을 비롯해 몇몇 있었지만 모두 관찬이었다. 이윽고 재지사족들이 사찬읍지를 편찬하기 시작했는데, 상주에서는『상산지』가 이에 해당한다.『상산지』에는 (a)이준李埈(호 창석蒼石)이 편찬한 창석본蒼石本(1617년), (b)권상일權相一(호 청대淸臺)이 주관한 청대본淸臺本(1749년), (c)조술립趙述立(호 구당舊堂)이 주관한 구당본舊堂本(미상, 불에 타 전하지 않음), (d)1832년에 보수補修한 신증본新增本, (e)식민지기에 유림이 활자로 출판한 증보본增補本(1929년) 등 다섯 개의 판본이 있다고 알려져 있다. 형식은 모두 관찬읍지를 토대로 하고 있지만, 서원·서당이나 인물조 부분 등 사족의 활동과 관련된 부분의 기술이 많은 점이 특색이다.

처음 지어진 (a)창석본은 목사의 명을 받들어 이준이『동국여지승람』이나 '잡지雜誌'(다양한 자료)를 바탕으로 하여 손으로 적은 것인데,[34] 이후 사족들이 협력하여 증보한 흔적이 확인된다. 먼저 1690년경 상주 내의 '부로父老'가 도남서

---

32) 書院의 명부 가운데 현존하여 직접 확인할 수 있었던 것은 다음과 같다. 道南書院 :「靑衿錄」(『道南書院誌』所收). 興巖書院 :「院錄」(1704∼1732년), 無題(1704∼1709년), 「院錄」(1770∼1811년), 「靑衿錄」(1759∼1822년), 「興巖書院鄕案續錄」(1879년?). 玉洞書院 :「院錄」(①1715년, ②1724∼1767년, ③1772∼1786년, ④1816∼1822년, ⑤1825∼1831년).

33) 享祀에서는 향을 피우므로 이를 행할 때마다 적는 기록을「焚香錄」이라고 한다. 玉洞書院에는 역대「焚香錄」이 21책, 興巖書院에는 8책이 전한다.

34) 李埈,「書商山誌後」(『商山誌』, 1617).

90

원에 모여 속록續錄의 초고를 한 질 만들어 임원까지 정했지만 무슨 이유에서인지 작업이 중단되었다. 1749년 목사의 명으로 향회鄉會에서 '도감都監'을 세 명 선출하고 각 면의 '서숙書塾'에 통문을 보내 각 면의 기록을 보수補修시켰다. 권상일이 이를 각 문중의 「보첩譜牒」이나 문적文籍과 맞춰가면서 창석본을 증보했는데, 이리하여 (b)청대본이 완성되었다.35) (d)는 좀 더 복잡하다.36) 1832년에 정부로부터 각 읍의 지지地誌를 수정修整하여 제출하라는 명이 내려옴에 따라, 향교는 각 서숙書塾에 통문을 보내 향사당에서 편집 작업을 개시하였다. 그러나 화재로 구판이 소실되었고 다행히 백화서당白華書堂에 청대본의 등본謄本이 보관되어 있었지만 홍수 때문에 참조하지 못했으며 더욱이 각 면의 기록도 모이지 않았다. 이러한 상황에서 서둘러 완성시켰으나 관에서도 인정해 주지 않아 결국 다시 만들게 되었다. 도감都監은 성재규成在奎·황찬희黃贊熙가, 유사有司는 김우곤金遇坤·채주욱蔡周郁·조술립趙述立·김석金鉐이 맡아, 향사당을 중심으로 다시 한 번 각 면의 서숙에 조회하여 구지舊誌의 잘못도 정정하면서 편찬하였다.

요컨대 『상산지』는 사족의 거점인 향사당 및 향교를 중심으로 하여 각 면에 존재하는 '서숙' 즉 서원·서당의 네트워크를 이용하면서 편찬된 것이다. 사족이 일종의 향토지인 읍지 편찬에 관계하여, 인물조 등에서 일족이나 그 선조의 업적을 기록하는 등의 작업에 나선 것은, 사족이 <읍>을 단위로 삼아 지배 계층으로서의 정체성을 구축해 간 것을 시사한다.37)

이상을 정리하면 다음과 같다. 고려 말 무렵부터 상주에 입향하기 시작한 사족은 16세기에 지배 네트워크를 형성하였다. 16세기 말 임진왜란을 맞아 사족은 이러한 네트워크를 기반으로 의병을 일으켰다. 그리고 사족은 전란 후의 부흥 과정을 통해 급속하게 지역사회에서 지배적인 지위를 굳히게 되었다.

---

35) 權相一, 「跋」(『商山誌』, 1749).

36) 蔡周郁, 「跋」(『商山誌』, 1832) ; 趙述立, 「商山誌顚末」(『商山誌』, 1832).

37) 1929년에 增補되었을 때의 일은 3장에서 다루겠다. 또한 오늘날 상주에서 향토사를 저술하고 있는 이들 중 다수가 사족의 후손이라는 점은 『商山誌』의 편찬 과정에 비추어 볼 때 흥미로운 사실이라고 할 수 있겠다.

사족 가문의 정착 : 풍양 조씨를 사례로

위에서 살핀 사족 정착의 과정은 구체적으로 어떻게 진행되었을까. 여기서는 상주의 저명한 사족의 하나인 풍양豊穰 조趙씨의 사례를 살펴보기로 하자.

본관인 '풍양'이라는 지명은 현재 남아 있지 않지만 지금의 경기도 양주시楊州市에 속하는 지역으로 예전에는 풍양현豊穰縣이었다. 시조는 고려 개국공신으로 전해지는 조맹趙孟이다.

상주에 입향한 것은 조숭趙崇(상의공商議公)이라고 전해진다.[38] 조숭은 조선왕조 초기인 1396년에 의주義州 목사로 부임한 것이 확인되는데, 그 후인 14세기 말에서 15세기 초 사이에 상주로 이주하였다. 왜 상주에 살게 되었는지는 분명치 않지만, 조숭의 할아버지인 조운흘趙云仡이 상산 김씨인 난계蘭溪 김득배金得培의 딸과 혼인한 사실과 어떠한 관계가 있을 것으로 생각된다. 족보상으로는 조숭의 아버지인 조사충趙思忠(호군공護軍公)으로부터 파가 나뉘는데, 이에 상주를 중심으로 정착한 일파는 호군공파護軍公派라고 불린다. 한편 풍양 조씨는 조선 후기에 세력을 키워 19세기에는 세도정치勢道政治의 일익을 담당한 것으로 유명하지만, 이는 경기와 충청을 중심으로 거주한 회양공파淮陽公派의 일이다.

풍양 조씨 호군공파 가운데 상주에서 가장 세력을 떨친 것은 조정趙靖(1555~1636, 호 검간黔澗)을 파조派祖로 하는 검간파이다. 이하에서는 검간파를 중심으로 논의를 풀어나가겠다. 조숭의 손자인 조서정趙瑞廷이 문과에 급제하여 다시 관직에 나아가면서, 그 손자인 조윤녕趙允寧은 서울에 살았다. 그러나 그 아들인 조희趙喜는 다시 상주에 정주定住하게 되는데 그가 조정의 할아버지에 해당한다. 이 때 정주지는 운곡雲谷('갈가실'이라고도 불린다)이라는 마을이었다고 전해진다. 조희의 아들이자 조정의 아버지에 해당하는 조광헌趙光憲(1535~1589)은 평생 관직에 나아가지 않고 상주에서 사림으로서 생활하였다.[39]

앞서 설명한 바와 같이 16세기에는 상주에서 사족 네트워크가 형성되었는데

---

38) 趙崇의 「行錄」(『豊壤趙氏世錄』1, 1981, 82~83쪽). 義州 牧使로 부임했을 때의 「王旨」가 후손의 집에 전한다.

39) 이상은 趙允寧, 「行錄」 및 趙光憲, 「墓碣銘」(위의 『豊壤趙氏世錄』1, 100~106쪽)에 따랐다.

풍양 조씨도 그 일원이었다. 임진왜란 전의 향안에는 조윤녕이나 조광헌 등의 이름이 올라 있다. 안타깝게도 상주의 향안에는 본관이 기재되어 있지 않기 때문에 어느 일족에 해당하는지를 전부 특정할 수는 없지만, 16~18세기에 시기별로 향안에 기재된 사족 3,265명을 집계한 것이 <표 1-9>이다. 이 중 조씨의 상당 부분이 풍양 조씨로 생각되므로, 유력한 일족이었다고 할 수 있다.

<표 1-9> 『商山鄕彦錄』에 기재된 성씨

姓	本貫	16世紀	17世紀 前半	17世紀 後半	18世紀 前半	18世紀 後半	合計
金	商山, 義城, 淸道, 永山, 光山, 咸昌, 淸風, 安東, 金海, 金寧, 善山, 盆城	93	74	143	191	119	620
李	興陽, 固城, 延安, 全州, 星山	31	36	68	145	104	384
趙	豊壤, 白川, 漢陽, 咸安	21	28	58	126	119	352
黃	長水, 平海	27	28	41	69	49	214
洪	南陽, 缶溪	19	10	20	56	39	144
姜	晋州	13	10	24	46	37	130
鄭	晋陽, 晋州, 東萊	25	11	20	38	34	128
申	平山, 鵝洲	14	7	13	49	33	116
蔡	仁川	2	6	13	45	47	113
高	開城	1	5	23	55	28	112
柳	豊山, 晋州	7	5	19	22	37	90
盧	光山	12	11	13	27	21	84
宋	礪州	7	9	23	25	14	78
康	載寧	9	8	19	24	10	70
成	昌寧	3	11	30	19	2	65
河	晋州	9	4	1	30	16	60
全	沃川, 龍宮	5	9	10	16	10	50
孫	慶州	0	1	4	18	25	48
權	安東, 醴泉	1	0	5	16	23	45
曺	昌寧	0	3	11	15	14	43
朴	文義, 咸陽, 密陽	18	4	1	0	9	32
韓	淸州	6	6	4	6	6	28
郭	淸州, 玄風	8	0	3	9	6	26
南	英陽, 宜寧	4	0	1	6	15	26
徐	利川, 達城	3	6	4	5	6	24
王		3	1	9	8	3	24

呂		1	0	1	9	11	22
崔	全州	1	6	9	4	1	21
丁	羅州	5	4	2	1	3	15
邊		0	1	2	6	4	13
卞	草溪	10	2	0	0	0	12
尹	坡平, 海平	6	3	2	0	0	11
吳	海州	1	0	0	5	4	10
丘		4	2	0	0	1	7
辛	靈山	5	2	0	0	0	7
許	陽川	5	0	0	0	0	5
琴	奉化	0	0	0	3	2	5
文	甘川	3	1	0	0	0	4
張	仁同	0	0	0	3	1	4
廉		3	0	0	0	0	3
閔	驪州	1	0	1	0	0	2
羅		0	0	0	1	2	3
安	順興	0	0	0	0	3	3
禹	丹陽	1	1	0	0	0	2
陸	沃川	2	0	0	0	0	2
睦		0	0	2	0	0	2
周	尙州	1	0	0	0	0	1
表	新昌	1	0	0	0	0	1
梁		1	0	0	0	0	1
陳		1	0	0	0	0	1
沈	靑松	0	1	0	0	0	1
魚		0	0	0	0	1	1
計		393	316	599	1,098	859	3,265

앞서 살핀 바와 같이 이러한 사족 네트워크를 기초로 하여 임진왜란 때에 의병이 조직되었는데 그 가운데서 조정은 상당히 활약하였다. 그 공이 인정되어 1599년에 천거를 받아 희릉禧陵 참봉參奉에 임명되었고, 1600년에는 광흥고廣興庫 부봉사副奉事, 나아가 1603년에 과거 사마시司馬試에 합격한 뒤 1605년에는 문과에 급제했다. 그 후로는 고향과 관직을 오가면서 상주 사회에서 사대부로서 활약했다. 주요한 것으로 1606년에 상주 도남서원 건립에 참가하고, 장천長川에 서당을 중건하고, 근린 지역(장천·성동城東·노곡魯谷·단구丹丘)에 향약을 조직했으며, 1615년에 서당을 고봉孤峰 아래로 이설하는 등의 활동을 벌였다.40)

그러한 공적 덕분에 조정은 일족에게 있어 '현조顯祖'로 여겨지게 되었다.

통상적으로 기일忌日에 올리는 제사인 기제사忌祭祀는 4대조까지 행하고, 그 이상의 선조는 위패를 묻어 묘사墓祀 때에 모아서 제사를 행하는 것으로 되어 있다(이러한 원칙을 '4대 봉사奉祀'라고 한다). 그러나 조정의 경우는 위패를 묻지 않고 지금까지도 검간파 문중이 매년 제사를 지내고 있다. 이러한 경우를 '불천위不遷位'라고 하는데 원칙적으로 왕명을 통해 인정을 받아야 하므로 흔히 있는 일은 아니다. 때문에 일족에게는 이 자체가 매우 영예로운 일이 아닐 수 없다.

이와 같은 검간파 문중이 형성된 것은 언제쯤일까. 먼저 조정의 글을 모은 문집의 편찬을 보면, 허목許穆(1595~1682, 호 미수眉叟)에게 서문과 행장行狀을 의뢰하였는데 그가 사망해 버렸고, 게다가 불행히도 허목의 집에 불이 나 조정의 글 대부분이 타 버렸다는 기록이 있다.[41] 이를 통해 조정의 사망 직후인 17세기 후반에 문집 편찬이 시작될 정도의 조직력을 갖고 있었음을 알 수 있다. 다만 본격적인 문중의 형성은 18세기 전반으로 생각된다. 4대 봉사의 선조 제사를 같이 모시는 친족의 범위를 일반적으로 '당내堂內'라고 하는데 '문중門中' 조직이 형성되려면 당내를 넘어 혈연적인 유대가 확대되는 것이 중요하다. 그러한 의미에서는 조정趙靖 – 조기원趙基遠 – 조예趙秋 – 조원윤趙元胤에 이어 그 장남인 조언광趙彦光이 사망한 1718년경이 하나의 전환점이 된다. 실제로 1703년에 단밀면丹密面(현재는 의성군義城郡에 속한다)에 창건된 속수서원涑水書院에 조정의 위패가 합사된 것은 1730년의 일이다. 또한 그 무렵에 문중 회의가 열려, 종가 뒤편에 조정의 위패를 봉납할 '검간공별묘黔澗公別廟'가 세워졌고, 이어 묘지 가까이에 나중에 '추원당追遠堂'이라고 불리게 되는 '재사齋舍'('재실齋室'이라고도 한다)가 건립되었다.[42] 조정을 현조顯祖로 하는 검간파 문중이

---

40) 「年譜」(『黔澗先生文集』 卷4).

41) 李光庭, 「序」(『黔澗先生文集』) 및 李光庭이 작성한 「行狀」(『豊壤趙氏世錄』1, 106~122 쪽)에 따랐다.

42) 趙錫喆, 「追遠堂記」(『豊壤趙氏世錄』1, 127~130쪽)에 따르면, 黔澗公 齋舍인 '追遠堂'의 봉안 행사를 개최한 것은 1759년의 일이다. 그에 앞서 문중 회의를 거쳐 세 칸의 別廟가 세워졌고, 그 후 10여 칸의 '齋室'을 '十載經紀' 즉 10년간에 걸쳐서 오늘날과

형성된 것이다. 또한 검간파를 다시 네 파로 나누기도 한다. 조정에게는 아들이 다섯 있었는데, 이 중 아들이 없던 3남을 제외하고 그 자손을 각각 종파宗派·이파二派·삼파三派·사파四派라고 부른다.

이렇게 해서 검간파는 지금까지도 이어지는 상주의 유력한 문중이 되어 갔다. 하지만 조정 이후 검간파에서 과거 문과(대과)에 급제한 것은 조석우趙錫愚(1754년, 이파), 조석목趙錫穆(1756년, 이파), 조석호趙錫虎(1783년, 이파), 조전趙㥝(1801년, 종파), 조억趙嶷(1816년, 이파), 조용구趙龍九(1865년, 종파), 조술대趙述大(1867년, 종파), 조남식趙南軾(1873년, 사파) 등 모두 8명에 불과하다.[43] 문과 바로 아래의 사마시司馬試(생원生員·진사進士) 급제자는 이보다 많아 1388~1792년의 약 400년간 적어도 10명은 배출하였지만,[44] 여하튼 검간파와 중앙 관직과의 관계가 그다지 깊은 것은 아니었다. 이는 영남 지방의 남인계에 속하는 사족의 특징이기도 한데, 때문에 지역에 정착하여 선조의 권위와 사족 네트워크에 의지해 재지사족의 신분을 유지하게 된 것이다. 아래에서는 지역에서 이와 같은 지배적인 지위를 유지하기 위해 어떤 물질적 기반을 갖고 있었는지를 검토해 보기로 하자.

먼저 경제적인 기반부터 살펴보자. 조광헌의 직계 종손은 조정-조기원-조예-조원윤으로 이어지는데 이 시기에 검간파는 상당한 재산을 모았다. 여기서 재산이란 농지, 노비, 가옥·택지이다. 농지는 논 즉 '답畓'과 밭 즉 '전田'으로 크게 나뉜다. 노비는 남성인 '노奴'와 여성인 '비婢'를 합친 용어이다. 조선 초기에는 사족의 상속은 일반적으로 균분상속均分相續이 원칙이었다. 『경국대전

같은 모습으로 했다고 적혀 있다.

43) 『豐壤趙氏世錄』3(附錄, 49~55쪽) 所收의 「國朝榜目」.

44) 상주향교 소장 문서 가운데 『司馬錄』이라는 책자가 있다. 이것은 李埈이 처음으로 작성한 1634년부터 1792년에 이르기까지의 기록이다. 작성 시점에서 소급하여 1388년까지도 적혀 있으므로, 약 400년간 상주에서 사마시(생원·진사)에 합격한 279명의 성명·생년월일·합격년이 정리되어 있다. 이를 咸昌의 司馬錄과 함께 분석한 柳潤基[1994]의 집계에 따르면, 이 시기에 상주에서 합격자를 다수 배출한 가문은 다음과 같다. 興陽 李氏 16명, 昌寧 成氏 15명, 長水 黃氏 14명, 商山 金氏 13명, 豐壤 趙氏 10명.

『經國大典』(1485년)에 보이듯이 남녀 혹은 출생 순서에 상관없이 재산인 토지와 노비를 원칙적으로 균등하게 분할한 뒤 제사 계승자에게만 1/5을 가산하는 것이 규범이었다. 따라서 상속에 따라 재산이 세분화되기도 하고, 처가나 외가로부터의 상속에 따라 재산이 확대되는 경우도 있었다. 검간파에 전하는 상속 문서(일반적으로「분재기分財記」라고 한다) 중 종가와 관련된 주요한 것은 다음과 같다.[45)

① 허여문기許與文記(16세기 전반) : 조광헌이 장인인 홍윤최洪胤崔로부터 상속 (생전 증여)
② 별급문기別給文記(1554년) : 조정이 외조모인 남양 홍씨로부터 상속(생전 증여)
③ 허여문기許與文記(1593년) : 조정이 장모인 이씨로부터 상속(생전 증여)
④ 화회문기和會文記(1621년) : 조광헌의 자녀 6명이 아버지의 유산을 분할 상속 (사후 분할, 재작성분)
⑤ 화회문기和會文記(1640년) : 조정의 자녀 8명이 아버지의 유산을 분할 상속(사후 분할)
⑥ 화회문기和會文記(1670년) : 조예(조원윤이 대리)가 장인인 홍씨로부터 상속 (사후 분할)
⑦ 화회문기和會文記(1676년) : 조예의 자녀 9명이 아버지의 유산을 분할 상속(사후 분할)

이 중 ①~③은 정진영鄭震英[1998 : 157~158]이 집계하였다. ①에 의하면 조광헌은 장인인 홍씨로부터 노비 46명, 기와집 한 채, 대전代田【텃밭垈田】 25부負, 전 255부 5속束, 답 394부 7속을 상속했다. ②에서는 조정이 외조모인 홍씨로부터 노비 3명, 답 22부(1석石 8두斗)를, ③에서는 역시 조정이 외가로부터 전 219부 9속, 답 119부 5속을 상속하였다. ⑥의 경우는 홍씨의 아들에게는 토지와 노비가 분배되었지만 사위에 대해서는 노비만이 상속되어 조예를 대신하여

45) 모두 嶺南大學校 民族文化硏究所 編,『嶺南古文書集成』I(嶺南大學校出版部, 1992, 244~295쪽) 所收.

그 장남인 조원윤이 노비 23명을 상속하였다. 이상에서 16~17세기에 걸쳐 처가·외가로부터의 상속을 통해 재산을 축적해 간 모습을 살필 수 있다.[46]

<표 1-10> 풍양 조씨 종가의 재산 상속

分財記 年代	財主	宗孫	區分	奴 (名)	婢 (名)	畓	田	家
1621	趙光憲	趙靖	主祀條	1	1	20斗落	23斗落	代田20負, 畓6斗落
			分財	4	8	55斗落	49斗落	
1640	趙靖	趙基遠	主祀條	5	7	1結41負8束	1結30負2束	宗家, 代田19斗落
						44.5斗落	70斗落	
			分財	6	7	1結52負7束	3結5負1束	家田11斗落
						90.4斗落	144.8斗落	
1676	趙秋	趙元胤	主祀條	1	2	1結4束	33負4束	
						31斗落	17斗落	
			分財	1	2	81負9束	33負4束	
						25斗落	17斗落	

한편 ④, ⑤, ⑦은 종가의 유산 분할 문서(화회문기)로서 적어도 이 시점까지는 일단 모두 균분상속의 형식을 따르고 있다. 그 안에서 종가의 장남인 종손의 몫을 집계한 것이 <표 1-10>인데,[47] 이로부터 몇 가지 중요한 사실을 알 수 있다.

먼저 1640년의 상속에서는 1621년에 비해 재산 규모가 급속히 확대되어 임진왜란 후 부흥된 모습이 엿보인다. 실제 1626년에는 99칸이라는 거대한 종택 '양진당養眞堂'이 지어지기도 했다. 또한 1640년의 토지는 거주지인 장천면長川面뿐만 아니라 내동內東·내남內南·외동外東·외북外北·중동中東·단밀丹密 등 각 면,

---

46) 다만 黔澗의 집에서는 임진왜란으로 다수의 노비를 잃었고 토지의 소재를 파악하는 것도 곤란하게 되었다. 토지와 노비를 원래대로 회복한 후 다시 상속한 것이 ④이다.

47) 田畓의 면적을 나타내는 단위로는 結負와 斗落의 두 가지 계통이 있다. 결부는 조세 과세를 위한 토지 파악 방식으로 10束이 1負, 100負가 1結이다. 1결의 면적은 전답의 등급에 따라 다른데 이 시기로 말하자면 1등전이 약 1ha, 6등전이 약 4ha가 된다. 한편 두락은 '마지기'라고도 하는데, 씨 1斗를 뿌릴 넓이의 토지를 가리키는 재래의 면적 단위다. 20斗落이 1石落이며 1斗落의 10분의 1이 1升落이다. 豐壤 趙氏의 分財記에 서는 結負制와 斗落이 혼용되었는데, 예컨대 '十一卜九束六斗落'('卜'은 '負')이나 '五卜 六束幷七斗落' 등의 표기가 보인다.

그리고 안동에까지 퍼져 있었다. 그러나 1676년의 분재分財에서는 1인당 상속분이 적어져 균분상속이 어려웠던 듯 하다. 앞서 말한 바와 같이 제사를 계승하는 종손에게는 균분상속을 받은 재산에 더해 '주사조主祀條(봉사조奉祀條)'라는 재산이 추가로 상속되었는데, 세 번의 분재를 통해 이 주사조의 비율이 서서히 높아지고 있다. 답畓의 면적(두락斗落)으로 비교하면 종손의 재산 상속분에서 주사조가 차지하는 비율이 1621년 26.7%에서 1640년 33.0%로 높아졌고, 1676년에는 55.4%로 균분상속분을 초과하고 있다. 이는 결부제結負制로 계산해도 또 전田의 경우에도 마찬가지로, 17세기를 통해 균분상속이 점차 곤란해지면서 장남을 우선시한 것으로 볼 수 있다. 실제로 1676년 이후 검간파 종가에서 화회문기가 작성된 흔적은 없다. 이리하여 균분상속 체제가 붕괴되고 장남 우위의 체제가 형성되어 갔다고 할 수 있을 것이다. 각 가문의 분재기를 분석한 최재석崔在錫[1983 : 551]이 '1600년대 중엽은 조선의 재산 내지 제사 상속상 획기적인 시기'라고 말했듯이, 이는 조선 각지의 사족에게 공통된 경향이었다.

토지와 노비만이 사족으로서의 지위를 유지하는 기반은 아니었다. 사족이 '선비士'이기 위한 조건으로서 가장 중요시된 것은 지식이었다. '독서하면 사士, 정치에 종사하면 대부大夫【讀書曰士, 從政爲大夫】'란 18세기 후반 박지원朴趾源의 『양반전兩班傳』에 나오는 말이다[cf. 吉田, 1998]. 주자학을 배운 지식인이면서 언젠가는 과거를 치른다는 것을 명분으로 삼고 있었기 때문에, 호적상에도 '유학幼學' 등으로 기재되어 국가의 역무를 면제 받았다. 이와 같은 '사士'에 '족族'으로 불리는 부계 혈연 출자出自에 바탕한 정통성의 원리가 더해짐으로써 사족이 존립할 수 있었다. 그러나 사족은 지식 신분으로서의 지위를 재생산하고 또 그 부계출자의 정통성을 보장하기 위해서라도 일정한 물질적 기반이 필요했다. 아래에서는 그 점을 살펴보자.

사족은 어릴 때부터 집에서 한문을 배웠다. 고인故人의 연보를 보면 종종 몇 세부터 배우기 시작했다는 등의 내용이 적혀 있다. 예컨대 조정의 경우 읽고 쓰기를 배우기 시작한 것이 다섯 살부터라고 적혀 있는데, 열다섯 살 무렵까지는 집안에서 공부를 하였던 것을 알 수 있다. 이러한 '가학家學'이

가능했던 것은 나름의 물질적 기반이 존재했기 때문이다. <표 1-11>은『가장서책家藏書冊』이라고 이름 붙여진 종가 소장의 장서 목록을 정리한 것이다. 이는 1646년에 작성된 장서 목록으로 추정되는데[48] 전부 873책 분의 한적漢籍이 올라 있다. 먼저 사서오경四書五經은 몇 가지 버전이 소장되어 있고 또 목록의 첫머리에 놓여 있는데 이를 통해 주자학이 갖는 중요성을 헤아릴 수 있다. 경서經書(및 의서醫書)에 대해서는 '언해諺解' 즉 한글 번역본도 나름대로 갖추고 있어, 한문과 함께 한글도 보조적이나마 일정한 역할을 수행하고 있었던 사실을 엿볼 수 있다. 그 외의 장서는 중국과 조선의 문집, 역사서, 의학서, 법률서, 운서韻書 등으로 구성되어 있었다. 이러한 서적들은 근세 지역엘리트의 지적 인프라라고 할 만한 내용이었다. 다만 사족이라고 해서 반드시 이 정도 규모의 장서를 갖추고 있었던 것은 아니며, 오히려 이는 상당히 특수한 예라고 생각된다.

<표 1-11> 풍양 조씨 종가『家藏書冊』

書名	冊數	書名	冊數	書名	冊數	書名	冊數	書名	冊數
書傳	9	大學(唐版)	1	五經類語	4	古文後集	4	程氏外書分類	1
書傳	10	大學(諺解)	2	杜詩諺解	17	古文後集	4	李相國集	1
書傳	10	大學(新件)	1	杜詩諺解	17	古文前集	3	筆苑雜記	1
書傳(唐版)	11	大學(或問)	5	唐音無註	4	古文前集	1	性理大全	4
書(大文)	2	大學(衍義)	10	晦齋集世系圖年譜別集	7	五禮儀	8	癸卯司馬榜目	1
書(新件)	2	家語	2	求仁錄	2	興地勝覽	25	乙巳文科榜目	1
書(寫小冊)	1	□□□□	1	惕若齋集	1	東史纂要	7	丙午司馬榜目	2
書(諺解)	5	家禮	1	大谷集	1	禮說	7	尊德性帖	1

48)『家藏書冊』에는 '丙戌三月'이라는 작성년의 기재가 있으므로, 1646, 1706, 1766년 중의 하나다. 목록 가운데『豐壤趙氏族譜』가 있는데 大同譜가 처음으로 출판된 것이 1731년이므로, 목록을 1766년의 것으로 추정하기 쉽다. 하지만 뒤에서 살피듯이 거의 보급되지는 않았다고 해도 1678년에도 大同譜가 편찬된 일이 있고, 또『豐壤趙氏族譜』가 大同譜가 아니라 派譜일 가능성도 있다. 목록에는 經書처럼 중복본이 많은 경우 '可谷', '秋', '秞' 등으로 표시된 것도 있는데, 아마도 분산되어 소장되었던 것으로 생각된다. 여기서 '可谷'은 雲谷의 '갈가실'을, '秋', '秞'은 각각 趙秋(1608~1661)와 趙秞(1610~1663)을 가리킨다. '秋'와 '秞'이라는 이름을 메모로서 적을 수 있었다는 것은 그 아버지인 趙基遠(1574~1652)이 살아 있을 때의 일로 생각되며 따라서 목록은 1646년의 것으로 추정할 수 있다. 실제로 이 목록 가운데 내용이 분명치 않은 것도 많지만 1646년 이후에 간행된 것은 보이지 않는다.

詩傳	10	家禮(分)	2	月逢集	2	南華經	2	周易(唐版小冊)	1
詩傳(無小註)	8	喪禮修要	2	靈川集	3	晉書抄	2	海南斗米詳定冊	1
詩傳(諺解)	7	陶門喪祭答問	2	藥峯遺稿	3	聯珠詩格抄	1	鄕會程表	2
詩傳	7	陶門喪祭答問(寫本)	1	荷谷集	1	攷事撮要	2	豊壤趙氏族譜	1
詩傳(大文)	2	禮部韻	1	西厓集	10	三綱行實	1	聞韶金氏族譜	1
周易	14	禮部韻	2	西厓集	10	二倫行實	1	赴京日記	2
周易	14	陸宣公奏議	6	松溪詩(寫)	1	孝行錄	1	壬寅錄	1
周易(啓蒙)	2	陸宣公奏議	6	松溪漫錄(寫)	1	經書類抄	2	家庭集	1
周易(講件抄印)	3	漢史抄印	2	儒先錄	4	事類賦	1	曆年通考	1
周易(諺解)	5	漢史抄印	2	己卯錄	2	文選	4	古賦精書	1
春秋(胡傳)	8	漢史抄印	2	海東野言	3	東文選	15	楚辭抄書	1
春秋(胡傳)	7	昌黎碑誌	2	東覽圖帖	1	靑丘風雅	2	東表箋	1
春秋(集解)	11	昌黎碑誌	2	梁琴新譜	1	孟子(大文)	2	東策	1
禮記	15	昌黎碑誌	2	洪武正韻	1	大學	1	殿策	1
論語	7	韓文抄印	2	兵衛森	1	漢書	1	東論	1
論語	7	理學類編	2	宣廟筆蹟	1	春秋	1	東賦	1
論語	7	子彙集	1	篆千字	2	詩傳	1	東詩	1
論語(唐版)	7	文章軌範	1	地理大全	1	直韻	1	表類抄	1
論語(無小註)	4	大明律	4	雪心賦傳書	2	高麗史	1	乙丑疏章	1
論語(無小註)	5	大典前後續籙錄幷	5	挾竹梅花纂錄書	1	崇古文	2	官案內外幷書	1
論語(諺解)	4	決訟指南(寫本)	1	銅人圖	1	選詩	1	畦翁遺稿	1
孟子	7	玉樞經	1	北京八景圖詩	1	昌黎集	4	史略通考	1
孟子	7	玉樞經(大文)	1	宇宙文昌傳書	1	大明通紀書	1	三經釋疑	2
孟子	7	東醫寶鑑	25	截江網傳書	2	田筭成法	2	馬史	3
孟子(唐版)	6	醫學入門	19	壁水群英傳書	4	田制詳定	1	玉壺氷	1
孟子(大文)	3	鄕藥集成方	30	策學提綱抄書	1	草千字	1	詩人玉屑	1
孟子	2	鄕藥集成方	10	天中記傳書	1	萬竹山房帖	1	諸子撮芳	1
孟子(諺解)	7	壽養叢書	2	古今名喩傳書	1	篆八分書	1	朴通事	1
孟子(新件)	7	萬病回春抄書	1	文選傳書	1	醉琴帖	1	東萊博議	1
中庸(舊件)	1	萬病回春抄書(印本)	8	選文掇英	4	浣花帖	1	龍蛇事蹟	1
中庸(新件)	1	眞珠裏抄書	1	四六全書	8	幸州大捷碑文帖	1	黃山谷	2
中庸(大分)	2	救急方諺解	2	韻學大成	4	唐世係紀年	1	昌黎集	20
中庸(唐版)	2	救急方諺解(抄書)	3	韻學全書	1	辛亥疏箚	2	黃山谷	18
中庸(無小註)	1	辟瘟方	1	詩學大成	6	聞見錄	1	詩(大文)	2
中庸(寫無小註)	1	辟瘟方(寫本)	1	隨州集	1	玉山書院雜記	1	希按書	1
中庸(諺解)	1	辟瘟方(諺解)	1	商隱集	2	親庭壬癸日記	2	註東坡	20
中庸(諺解新件)	2	鍼經要訣	1	后山集	2	西行日記	1	無註東坡	7
中庸(唐版或問)	2	初學記	12	古文後集	4	正俗編	2	俗用雜方	1
大學	6	韻府群玉	10	古文後集	4	正俗編(寫本)	1	合計	873

비고 : 배열은 목록대로이다. 목록에서는 單卷本은 '單', 複數卷本은 '共~(全)'의 형식으로 표기되고, 같은 책이 몇 세트 있는 경우는 '~件'이라고 표시되어 있다. 표 안의 冊數는 합계 책수를 가리킨다. 요컨대 예를 들어 '單5件'도 '共5全'도 모두 5로 표기했다.

지식인인 사족은 책을 읽을 뿐만 아니라 스스로 글을 썼다. 사족의 생활에서는 기회가 있을 때마다 시를 짓고 서한을 주고받으며, 각종 서적의 서문序文·발문跋文

이나 묘비 등의 석비, 건물의 현판을 의뢰받아 쓰는 등, 다양한 기회에 한문으로 글을 썼다. 고인이 생전에 지은 그러한 글을 모은 책자를 '문집文集'이라고 한다. 문집은 자손이나 제자들이 편집하였고 그 중 다수는 필사본으로서만 남겨졌다. 풍양 조씨 검간파의 경우 1921년경에 그와 같은 미간행 문집이 2백여 권에 달했다는 기록도 있다.[49] 그 중에서 자금을 모아 목판 등으로 출판된 것도 있다. <표 1-12>는 검간파의 문집 중 20세기 전반까지 간행이 확인되는 것의 목록이다. 조정의 문집은 화재로 소실되지 않은 문헌을 중심으로

<표 1-12> 풍양 조씨 검간파의 문집 출판

文集名	著者				版種	形態	出版情報	派·世
	姓名	號	生年	沒年				
黔澗集	趙靖	黔澗	1555	1636	木版本	4卷	1771년경 간행?	黔澗·15
慕庵遺稿	趙稜	慕庵	1607	1683	木版本	4卷2冊	1935년	黔澗2·16
易安堂集	趙天經	易安堂	1695	1776	木版本	4卷2冊	1852년의 跋文	黔澗4·20
靜窩集	趙錫喆	靜窩	1724	1799	木版本	8卷4冊	尙州 : 臥淵堂(趙珪衍), 1926년	黔澗2·21
舊堂集	趙沐洙	舊堂	1736	1807	木版本	10卷5冊	尙州 : 趙南鳳, 1921년	黔澗2·22
危齋集	趙相悳	危齋	1808	1870	木版本	6卷3冊	尙州 : 臥淵堂(趙珪衍), 1926년	黔澗1·24
叢桂集	趙東佐	叢桂	1809	1888	木活字本	6卷3冊	尙州 : 飛鳳菴(趙誠能), 1934년	黔澗1·24
豊城世稿	34명의 文集 合本				木活字本	20卷10冊	1921년의 序文	

비고 : 『黔澗集』을 제외하고는 모두 국립중앙도서관에 원본이 소장되어 있다.

18세기 후반에 목판으로 출판되었다. 다만 많은 경우 출판은 20세기에 와서야 이루어졌는데, 이러한 사실은 <근세>의 지속이라는 본서의 주제와 관련하여 주목된다.

또한 부계 혈통을 기록한 책자가 족보族譜다. 족보는 가家를 단위로 그 계보를 적은 '가승家乘'('가보家譜'라고도 한다), 다양한 차원의 문중을 단위로 편찬되는 '파보派譜', 동성동본同姓同本 전부의 계보를 망라하고자 한 '대동보大同譜'로 크게 나뉜다. 가승은 <그림 1-7>처럼 시조로부터 본인에 이르기까지 성명 등의

---

49) 柳必永, 「豊城世稿序」(1921, 『豊城世稿』 所收).

<그림 1-7> 家譜의 예

비고 : 道谷里 趙誠慶 씨 댁의 家譜. 접으면 손바닥만 한 크기가 된다. 始祖로부터
趙恒衍까지의 계보가 적혀 있다.

기본적인 개인 정보를 세대 순으로 나열하고 있다. 가승이나 파보가 언제쯤부터
편찬되었는지는 분명치 않지만, 앞서 언급한『가장서책家藏書冊』에 있는「풍양조
씨족보」는 호군공파의 파보라고 추정된다. 대동보에 대해서는 그 연혁이 명확
하다. 일족의 역사에 대한 고증 작업은 17세기에 급속하게 진전되었다. 여기에는
서울에 기반을 두고 있던 회양공파 趙涑(1595~1664, 호 창강滄江)과 그
조카인 조종운趙從耘(1607~1683) 등에 의한 '보학譜學'의 진전이 배경으로 작용
했다. 그들은 540개의 씨족에 전하는 족보를 정리한『씨족원류氏族源流』(전7책)
를 찬하였다. 그리고 그에 바탕하여『고려사高麗史』열전列傳에 조운흘이 시조인
조맹의 '삼십대' 손이라고 적혀 있는 것에 대해, 이를 '십삼대'를 거꾸로 적은
것이라는 설을 내어 그 후 일족의 통설이 되었다.[50] 그러한 작업과 더불어
조속은 대동보의 초본을 편집하였다. 또한 조시정趙始鼎이 구본에 수정을 가한
것이 1678년에 편찬되었다.[51] 그러나 둘 다 출판되지는 않았다고 한다.

　본격적인 족보 편찬은 1715년에 개시되었다. 조상우趙相愚가 각지의 문중에
연락을 취한 것을 시작으로 그 뒤 조경명趙景命이 주간主幹이 되어 십여 년에
걸쳐 편찬이 추진되었다. 그 사이 조상우·조경명이 사망하여 결국 조카인
조재건趙載健의 주도 하에 교정과 정서가 행해졌다. 인쇄(간역刊役)는 일족인

---

50)「世譜釐正時通文」(1759,『豐壤趙氏世錄』3, 附錄, 22~23쪽).

51) 崔錫鼎,「豐壤趙氏族譜序」(1678,『豐壤趙氏世錄』3, 附錄, 18~19쪽).

조현명趙顯命이 관찰사로 있던 경상도 감영의 공인工人을 모아 진행하여 1731년에 간행되었다. 그 후 1900년에 이르기까지 도합 세 차례의 증보가 행해졌다(표 1-13). 중간보도 삼중간보도 친족이 경상감영에 부임했을 때 인쇄를 행했는데, 족보 편찬과 일족의 지방관 부임이 연동하고 있는 모습을 엿볼 수 있다. 삼중간보와 사중간보는 각각 편찬 시의 통문이 전해지는데, 두 차례 모두 각 집안으로부터 개인 정보를 모을 때('수단收單'이라고 한다) 한 사람 당 일정액의 '명하전名下錢'을 걷는 외에 지방 장관으로 나가 있는 일족(외임外任)으로부터 '예목전禮木錢'이라는 찬조금을 모아 간행 예산을 변통하였음이 확인된다.52)

<표 1-13> 풍양 조씨의 대동보 편찬

版	刊年	冊數	版種	備考
創刊譜	1731	3冊	木版	尙州 淸溪寺에 藏板, 譜閣 및 守護畓 설치
重刊譜	1760	10冊(本譜 9冊, 附錄 1冊)	木版	尙州 南長寺 譜閣에 藏版
三重刊譜	1826	16冊(本譜 15冊, 附錄 1冊)	木版	尙州 南長寺 譜閣에 藏板
四重刊譜	1900	29冊(本譜 28冊, 附錄 1冊)	石版	
五重刊譜	1978	7冊	活版	
六重刊譜	2000년부터 편찬 개시			

창간보로부터 삼중간보까지는 목판으로 인쇄되었는데 그 목판은 모두 상주의 '보각譜閣'에 보관되었다(그림 1-8). 창간보는 청계사淸溪寺에 보관했는데 건물이 낡아지자 중간보를 출판한 1760년에 새로 남장사南長寺에 보각을 세워 그곳에 보관하였다.53) 보각의 유지를 위해 '보각답譜閣畓'이라는 토지를 재산으로 삼았으며, 경상도 관찰사나 상주 목사가 된 일족이 재정을 보전하게 되어 있었다. 또한 단순히 판목을 보관할 뿐만 아니라 멀리 사는 일족으로부터 요청이 있으면 보각 유사有司의 허가와 감독 하에 인쇄 또한 행하도록 되어 있었다.

대동보는 풍양 조씨의 대종회大宗會가 일족의 범위를 정한 서적인 만큼 그

---

52) 趙祉命, 「豐壤趙氏世譜重刊序」(1760), 趙晉和, 「三重刊通文」(1820), 趙經鎭, 「豐壤趙氏 世譜三重序」(1826), 趙秉弼 외, 「四重刊通文」(1898), 趙秉弼, 「豐壤趙氏世譜四重序」 (1900)[모두 『豐壤趙氏世錄』 3, 附錄에 수록].

53) 이하의 기술은 「譜閣節目」(1760, 『豐壤趙氏世錄』 3, 附錄, 44~46쪽)에 따랐다.

〈그림 1-8〉 풍양 조씨의 '譜閣' 저자 촬영

내용의 정통성에 크게 신경을 썼다. 보각의 운영 규칙(「보각절목譜閣節目」, 1760)에도 다음과 같은 기술이 있다.

> 최근 부정한 자들로 천역賤役을 면하려고 사대부가의 족보에 들어오려고 하는 자가 있다. 혹은 서자庶子가 판본에서 '서庶'라는 글자를 지우려고 하는 폐해가 있다. 이러한 것은 엄중하게 금한다. 발각된 경우는 관에 일러 무겁게 징계하며, 만일 종인宗人 가운데 체면이나 정 때문에 그러한 부정한 일에 관여한 자가 있으면 종중宗中에서 엄하게 벌할 것.

즉 상민常民과 더불어 같은 일족 중의 서자庶子가 경계의 대상이었다. 이를 통해 사족으로부터 배제되어 온 사족 출신의 서자 및 상민이 사족 중심의 지배 질서에 들어가려고 했다는 것, 그리고 그것을 사족 측이 보다 엄밀한 혈통의 논리로써 막고자 했다는 것을 읽어 낼 수 있다.

이상에서 상주의 풍양 조씨 검간파의 사례를 중심으로 살펴 본 바와 같이, 사족은 문중의 조직화와 친족 의례의 수행, 토지와 노비라는 경제적 기반의 확보, 주자학을 중심으로 하는 지식 기반의 형성, 족보 등을 바탕으로 한 혈통 관계의 증명 등을 통하여, 지역사회에서 지배적인 지위를 유지해 갔다. 이러한 지배 질서는 다음 절에서 보듯이 19세기 이후 도전을 받게 되지만, 많은 면에서 20세기에 이르기까지 지속되었다.

2) 이족의 존재 양상

이족吏族 가문의 형성

이상에서 재지사족의 형성 과정을 살펴보았지만, 이족의 경우는 이와는 다른 궤적을 그리게 된다. 아래에서는 상주에서의 이족의 존재 양상에 대해 개관하겠다.

조선시대 상주의 이족으로는 상산商山 박朴씨, 월성月城 이李씨, 연안延安 차車씨, 김해金海 김金씨, 진양晉陽 강姜씨, 밀양密陽 손孫씨, 달성達城 서徐씨, 안동安東 권權씨의 여덟 문중이 있었다[李勛相, 1986 : 4~5]. 이 가운데 진양 강씨나 안동 권씨처럼 상주에 사족의 일파가 세거하고 있는 경우도 있었지만, 이족은 그와는 별도의 부계출자 집단을 형성하고 있었다. 그리고 상산 박씨와 월성 이씨가 이족으로서의 가세가 강했다.

앞서 살핀 바와 같이 상주의 상산 박씨는 고려시대에는 관직에 진출하기도 한 이족이었다. 그러나 조선왕조 건국 초기에 박자완朴自完이 조정의 분노를 사는 바람에 그 후손은 조선 말기까지 상주에서 향리 신분으로 고정되어 버렸다고 전해진다. 이에 대해서는 『연조귀감掾曹龜鑑』에 실린 「불복신벌정록不服臣罰定錄」[54]이 자세하다. 그 내용에 주변 자료를 추가하여 재구성하면 다음과 같다.

박자완은 고려 말기에 판전농사사判典農寺事라는 관직에 종사한 박안의朴安義의 증손이었다. 박안의는 고려왕조 멸망 후에 관직을 그만두었지만,[55] 그 아들 박윤의朴允義는 생원에 급제한 기록이 있고[56] 또 『상산지』 등에 따르면 보문각寶文閣 직제학直提學이라는 관직에 나아가고 유학자인 김득재金得齋의 사위가 되었다는 것으로 보아, 이 시점에서는 상주의 사족 엘리트의 일원이었던 것으로 생각된다. 그러나 윤의의 손자인 자완은 태종太宗 때(1400~1418)에 '선전관宣傳

---

54) 이하 『掾曹龜鑑』은 서강대학교 인문과학연구소에서 1982년에 영인 출판한 『掾曹龜鑑』 가운데 '底本'으로 되어 있는 서울시립종로도서관 소장본을 이용했다. 朴自完의 기록은 卷1「不服臣罰定錄」(11b)에 들어 있다.

55) 『尙州牧邑誌』 등에 따랐다.

56) 상주향교 보관 『司馬錄』에 이름이 보인다.

官’으로 부름을 받고도 자신은 고려왕조의 신하라는 이유로 이를 받아들이지 않고 ‘벽壁’이라는 제목의 시를 지었다고 한다. 그 시의 내용은 ‘도옹陶翁〔중국의 동진東晉 말에 현지사縣知事를 사직하고 전원시인이 된 도잠陶潛을 가리키지만, 자신 및 자신의 증조부를 에둘러서 가리키고 있다고 생각된다.〕이 귀향한 후 상산商山의 노인은 그 시비是非를 물었지만, 청산靑山 입구에서 문을 세워두고 숨어 지내며 옷깃을 여미고 자신을 완성한다’57)는 것이었다. 이것이 조정을 비방하는 내용이라고 하여 벌로서 ‘읍호장邑戶長’에 봉해졌는데, ‘자완自完’이라는 이름도 바로 이 때 시의 마지막 두 자를 따서 고쳐 지은 것이라고 한다. 그 후 상산 박씨는 관직에의 길이 막히고 상주의 이직吏職을 세습으로 수행하게 되었다. 상산 박씨는 박만장朴萬長을 파조로 하는 북파北派 외에 서파西派 및 화산파花山派의 모두 세 파로 나뉘는데, 이 가운데 주로 북파가 호장戶長·이방吏房 등 상주에서 향리로서의 우두머리의 지위를 독점하였다.

다음으로 월성 이씨에 대해 살펴보자. 월성 이씨는 상산 박씨와 달리 조선왕조 전기에는 향리 신분이 아니었다. 이 일족이 이족吏族이 된 계기는 임진왜란이었다. 역시 『연조귀감』에 따르면58) 이경남李景南이 임진왜란 때에 의병으로 활동했지만 무고誣告의 죄를 저질러 호장戶長으로 ‘강속降屬’되었다고 한다. 그 이후로 이 일파는 향역을 지게 되었다.

이상에서 두 가문의 예를 통해 본 바와 같이, 사족이 된 가문에게는 신분 상승 및 지배 유지의 기회로서 기능한 왕조 교체 및 임진왜란이, 이족화한 가문에게는 오히려 신분이 격하되는 계기로서 작용했음을 알 수 있다.

상주에서 이족의 위상

이족이 맡는 향역은 다양했다. 호장戶長은 고려시대 이래 지역의 〈이吏〉의 중심적인 지위였다. 조선시대 후기에는 육방六房을 통솔하는 이방吏房 중심의

---

57) ‘陶翁歸去後, 商老是非問, 門掩靑山口, 眞襟正自完’(『掾曹龜鑑』 所收).
58) 앞의 『掾曹龜鑑』 卷3, 觀感錄, 26a.

작청作廳 체제가 만들어져, 호장·이방에 또 하나의 직임職任(부이방副吏房이나 장교將校 등)을 더한 '삼공형三公兄'이 지역사회의 행정 실무를 이끌게 되었다.

향역의 규모나 그 내용은 시대에 따라 다르다. 향역을 맡은 자로는 세습을 행하는 향리鄕吏와 세습이 아닌 가리假吏가 존재했는데, 1749년경에는 향리 22명에 가리 30명, 1854년경에는 향리 46명에 가리 22명, 1888년경에는 '이액吏額'(이속吏屬의 정원)이 180명, 1895년에는 '인리人吏'가 167명이었다.[59] 이러한 향리와 가리에 모두 향역이 주어진 것은 아니었고, 뒤에서 살피겠지만 1888년에는 180명의 이吏에 대해 50개 남짓의 역役밖에 없었는데 그 내용 또한 확실치 않다. 다만 1895년에 대해서는 호장·이방·부호장·부이방을 비롯하여 향역의 내용이 상세하게 실려 있다. 이러한 향역을 조정하는 것이 이방 등의 역할이었다.[60]

그러나 상주의 경우 향역 담당자에 대한 체계적인 명부는 일본의 한국병합 전후에 땅에 파묻어져 현재 남아 있지 않고(2장 참조), 다만 역대 목사의 명부인 『상주목선생안尙州牧先生案』의 아래쪽에 호장·이방의 성명이 1652년부터 1910년 경에 이르기까지 메모처럼 적혀 있는 것이 전할 뿐이다. <표 1-14>는 그 명부로부터 호장·이방을 역임한 자의 성姓을 시대별로 집계한 것이다. 같은 사람이 몇 번씩 명부에 나오는 경우도 있는데, 이러한 경우도 연인원으로서 계산에 넣었다. 상산 박씨가 전 시대를 통해서 압도적으로 호장·이방을 점하고 있음을 알

<표 1-14> 호장·이방의 성씨별 역임자

	17c	18c	19c	20c	合計
商山 朴氏	10	86	118	11	225
月城 李氏	1	10	18	1	30
金海 金氏	0	2	27	2	31
晉州 姜氏	0	1	10	4	15
密城 孫氏	0	6	5	2	13
達城 徐氏	0	0	8	1	9
延安 車氏	0	4	0	0	4
不明	0	0	4	0	4
合計	11	109	190	21	331

출전: 『尙州牧先生案』(상주시청 소장). 여기서는 李勛相 [1992]의 해독에 따랐다.

---

59) 각각 『商山誌』 淸臺本(1749), 「商山邑例」(1854, 『韓國地方史資料叢書9 事例篇2』, 驪江 出版社, 1987년 所收), 「尙州事例」(1888, 같은 책 所收), 「尙州牧邑事例」(1894, 『嶺南邑 誌』 所收)에 따랐다.

60) 李勛相[1998 : 77~83]에 吏房인 李明耆가 발행한 것으로 보이는 각종 임명장이 실려 있다.

수 있다. 월성 이씨의 경우는 19세기가 되면 김해 김씨보다도 호장·이방을 맡는 이가 적어지는데, 이는 뒤에서 살피겠지만 이 가문의 일부가 강하게 사족 지향을 띠게 되는 사실과 관련이 있는 듯하다.

이족은 많은 경우 신분내혼을 했다. 월성 이씨에 전하는 호구단자戶口單子를 바탕으로,『연조귀감掾曹龜鑑』을 편찬한 이명구李明九 본인과 그 생부生父·양부養父·증조부曾祖父·제弟 및 각각의 배우자, 외조부, 배우자의 외조부에 대해, 그 본관·성·신분·거주지를 조사한 이훈상李勛相[1992]에 따르면, 월성 이씨는 상주의 상산 박씨나 연안 차씨와 혼인한 외에 인접 군인 선산善山의 밀양密陽 박朴씨·진주晉州 강姜씨, 의성義城의 경주慶州 이李씨·의성義城 김金씨·해주海州 오吳씨 등의 이족과 혼인 관계를 맺었다. 요컨대 '각 지역에서 읍권邑權을 장악·안배해 온 이족 내의 주도 가계 간에 배타적인 통혼권이 형성'된 것이다.

이족은 단지 향역만을 수행하는 것이 아니라 독자적인 활동도 벌였다. 여기서는 상주의 이족 활동과 관련하여 세 가지 측면을 살펴보고자 한다.

①안일반安逸班의 조직

조선시대 많은 <읍>에서 이족은 '안일방安逸房(안일반安逸班)'이라는 조직을 갖고 있었다. 안일방은 원래 호장의 양로養老 및 송사送死를 위한 조직이었는데, 지역에 따라서는 18세기 이후 이족의 직임을 통제하거나 처벌을 행하는 기능을 띠게 되었다[李勛相, 1998, 2장]. 상주의 경우 안일방이 이와 같은 변화를 겪었는지는 확실치 않지만, 적어도 양로 및 송사라는 원래의 목적을 가진 '안일반安逸班'이라는 조직이 존재했고 또 그 명부가 작성되었던 것은 확인된다.[61]

②읍치제의邑治祭儀의 주재

조선왕조의 중앙집권화가 진전됨에 따라 성황당城隍堂, 여단厲壇, 사직단社稷壇 등에서 행해지는 읍치의 제의는 수령을 중심으로 행해졌지만, 실제로 이를 주도한 것은 이족이었다. 상주에서는 여단, 사직단의 경우는 자세한 내용을

---

61) 李慶蕃,「商山安逸班題名錄序」(앞의『掾曹龜鑑』卷2, 附錄, 6a-6b에 所收). 또한 月城 李氏의 장서 목록 가운데에는「安逸班節目」한 권이 포함되어 있다[李勛相, 1992 : 120 ~127].

<그림 1-9> 성황당   저자 촬영
城隍堂(좌상) 靈巖閣(우상) 남녀상(좌하) '靈巖'에 새겨진 吏族의 이름(우하)

알기 어렵지만, 성황당에 대해서는 나름대로 그 변화를 살펴볼 수가 있다.

성황당은 현재 상주 읍내에서 북쪽으로 1km 정도 떨어진 천봉산天峰山 기슭, 마을 이름으로 말하자면 만산리蔓山里에 위치하고 있다(그림 1-9). 현재 성황당 안에는 부부라고도, 남매라고도 일컬어지는 남녀 한 쌍의 상像이 놓여 있어 지금도 1년에 한 차례 성황제가 이어지고 있다. 현재 이 성황제에는 연혁을 적은 기문記文이 세 종류 전한다. (a)1788년(건륭乾隆 53년 무신戊申)에 '호방 강이환姜履煥'이 적은 것, (b)1900년(대한광무大韓光武 4년) 5월에 '이방 박만식朴晩植'이 적은 「성황당중수기城隍堂重修記」, (c)1935년(소화昭和【원문 그대로】 10년) 10월에 '의당산인義堂山人 정동철鄭東轍'이 적은 「성황사중수기城隍祠重修記」 등이다.62)

---

62) 현재는 蔓山里의 마을회관에 보관되어 있다. 李勛相[1992]에 영인된 내용과 번역문이 모두 수록되어 있다. 또한 金基卓[2004]에는 현대 한국어역이 실려 있다. 사료(c)에 대해서는 3장에서 검토하겠다.

(a)에 따르면, 언제부터 이 성황당이 있었는지는 명확하지 않지만 1714년에 소실된 후 1737년에 천봉산 아래로 옮겨져 재건되었다고 한다. 그로부터 약 50년이 지나 노후화되었는데, 1788년 읍성에서 절충折衝으로 일하고 있던 박시번朴時蕃(상산 박씨)이 이상한 꿈을 꾸어 신령의 계시를 받았다. 이를 상주 목사에게 고하고 또한 당시 호장인 차유상車有尙, 이방인 박상무朴尙茂 등에게도 전하여, 재력을 모아 중수했다고 하는 경위가 적혀 있다. 적어도 18세기에는 성황당에서 성황제를 주최하는 제의祭儀 집단이 읍내의 이족 직역자인 '공형公兄'을 중심으로 형성되어 있었음을 알 수 있다. (b)는 그 후의 경위를 기록하고 있다. 1855년(을묘)에 역시 성황당이 낡아지자 당시 이방이던 박래소朴來紹가 중수하였다. 그 후 1900년에 다시 건물이 기울었기 때문에 이방인 박만식朴晩植이 호장인 손인권孫寅權 그리고 김세환金世煥, 박정률朴正律 등과 함께 재물을 모아 중수했다. 이 때 남은 자금을 가지고 계契를 조직하였는데 매년 4월 8일에 모이기로 하고 이를 '등촉燈燭'이라고 불렀다. 이렇듯 성황당은 읍내의 이족을 중심으로 유지되어 온 것이다.

③관개 사업의 주도

현재 낙양동의 천변에 '낙양수문洛陽水門'이라고 적힌 비碑가 있다(그림 1-10). 이는 '서보西洑'라고 불리는 관개시설을 1927년에 수복修復한 것을 계기로 세워진 것인데, 이와 관련해서도 읍내의 이족이 커다란 역할을 수행하였다.

이 비는 1928년경에 세워진 것으로 보인다.[63] 뒷면에 '서보연혁西洑沿革'이 한문으로 적혀 있다. 그에 따르면 서보는 '개국開國 312년' 즉 1703년에 '이공세필李公世弼'이 창설하였다고 한다(연호가 19세기 말 갑오개혁기에 쓰인 조선왕조의 개국 기원으로 되어 있는 것이 흥미롭다). '이세필李世弼'이라는 수령이 1701~1702년에 상주에 부임한 바 있는데 아마도 그 무렵이 아닐까 생각된다. 그

---

63) 碑에는 언제 세워졌는가에 대해서 '歲黃龍三月'이라고만 적혀 있다. '黃龍'이란 十干으로 말하자면 戊과 己, 十二支로 보자면 辰·未·戌·丑이다. 한편 석비에는 '戊辰' 즉 1928년 2월의 날짜까지가 적혀 있다. 그러한 점에서 이 비는 戊辰年 즉 1928년 음력 3월에 세워졌다고 추측할 수 있다. 1928년의 改修에 대해서는 3장에서 검토하겠다.

<그림 1-10> 洛陽水門碑　저자 촬영

후 1783년에 '서공필수徐公必壽'가 개축했다고 적혀 있다. 같은 이름의 수령은 없지만 그 대신에 1833~1837년경에 이방을 맡았던 서필수徐必壽라는 이족이 있다. 그 후 몇 차례 김석鈺, 박래설朴來說, 이기운李機運이 보수補修하였다고 적혀 있는데, 박래설은 1842~1847년경에, 이기운은 1895~1896년경에 각각 호장을 맡았던 인물이다. 따라서 서보가 이족에 의해 유지 관리되어 온 것은 분명하다. 또한 처음에 수령이 주도한 것에서 볼 때 읍성 부근의 농민에 대한 공공사업으로서의 측면이 있었다고 생각되는 동시에,

읍성 부근에 농지를 가지고 있던 이족에게도 필요한 사업이었다고 생각된다 (1927년의 수복에 대해서는 3장에서 논하겠다).

이상에서와 같이 상주의 이족은 향역의 수행을 기본으로 하면서도 읍치를 거점으로 조직을 만들어 독자적인 사업을 행하였음을 알 수 있다.

3. 19세기 상주 사회의 변동

앞 절에서는 근세 지역사회의 사족 및 이족 등 지역엘리트의 전개를 동태적으로 파악하였다. 이러한 사족 및 이족을 중심으로 한 지역사회의 지배 체제는 19세기에 들어 커다란 변동을 겪게 된다. 아래에서는 먼저 ①사족을 지향하는 이족 가문의 등장, ②사족 지배의 동요, ③관에 의한 수탈 체제의 강화라는 상황을 검토한 다음, ④이러한 지배 체제에 대한 도전으로서 나타난 민란에 대해 살펴보고자 한다.

①이족의 사족 지향

18세기 후반에서 19세기에 걸쳐 상주의 이족 가운데서 사족과의 사이에

그어진 차별로부터 벗어나려는 움직임이 나타났다. 특히 이족의 역사서인
『연조귀감掾曹龜鑑』을 편찬 간행하고 또 그 속편의 편집도 추진한 월성 이씨
이경번李慶蕃에서 이명구李明九까지의 5대에 걸친 일족은 그러한 지향성이 분명하
였다. 이에 대해서는 앞서 언급한 바와 같이 이훈상의 독보적인 연구가 있으므로
여기서는 그 일부를 제시하는 정도로 그치겠다.

먼저 1776~1777년경에 이경번이 쓴 뒤 1848년경에 그 증손이 증정增訂하여
간행한『연조귀감』이라는 역사서가 그러한 지향성을 단적으로 보여준다. 이
책은 상주만이 아니라 각지의 이족의 사적事蹟 등을 정리한 역사서이다. 앞에서
상산 박씨의 예에서 살핀「불복신벌정록不服臣罰定錄」이나「사족강리록士族降吏錄」
등의 항목에서 보이듯이, 원래 사족과 이족은 같은 뿌리라는 내용이 풍부한
사례와 함께 제시되어 있다. 또한 이명구는 간행을 맡아 남인·노론·소론少論
등 각 학파의 저명한 유학자로부터 서문·발문을 얻는 등 사족과 적극적으로
교유하고 있었다.

<그림 1-11> 충효각 현판의 일부   저자 촬영

더욱이 사족의 지식 기
반인 주자학에 대해서도
이 일족은 사족 이상으로
열심히 흡수하고자 했다.
이 가문에서 소장하고 있
던 1,000권 이상의 도서를
정리한 목록에는[64] 조선
유학자의 문집이나 예서禮

書가 상당히 많이 포함되어 있다. 실제로 이진흥李震興에서 이명구에 이르는
4대는 향역에 나아가지 않고 스스로를 '향공鄕貢'이라 칭하면서 유학儒學에
전념했다. 또한 이명구는『연조귀감』의 속편을 편집하면서「효열녀별전孝烈女別
傳」을 두거나 일족의 충효를 기술한 현판을 모은 '충효각忠孝閣'(정려각旌閭閣,

---

64) 李勛相[1998 : 120~127]에 수록.

그림 1-11)을 세우는 등[65] 충효의 미덕을 강조했다. 나아가 이명구는 「유불양삼교설儒佛洋三教說」(1869)이라는 논설을 통해 '유儒'를 견지하는 입장에서 '양洋' 즉 천주교를 비판하기도 했다.

요컨대 이족은 사족으로부터 받는 차별적 대우에 대해, 원래 사족과 계통이 같다는 역사성과 아울러 유교적 도덕성에 의거해 이의를 제기하기 시작했다고 볼 수 있다. 식민지기 상주의 이족계 가문이 사족계 가문과 공동으로 사회사업을 행한 사실을 생각한다면(3장) 이와 같은 움직임은 주목할 만한 것이다.

②사족 지배의 동요

상주의 18세기의 호적과 양안量案을 이용하여 신분제의 동요를 논증한 논문으로는 1969년에 발표된 김용섭金容燮[1995, Ⅳ장]의 고전적인 연구와 최호崔虎[1991]의 연구가 있지만, 여기서는 이와 조금 다른 측면에서 살펴보고자 한다.[66]

일반적으로 사족에게는 호적상에 '유학幼學'이나 각종 직역명이 명기되고 '반호班戶'로 간주되어 역을 감면 받는 특권이 있었다. 그 때문에 일반 민중 가운데서도 '유학幼學'을 '모칭冒稱'하는 이가 늘어났다. 「상산사례商山事例」[67]의 「군정軍政」에 따르면 1880년부터 수 년 동안 '반호班戶'는 약 4,000여 호에서 6,180여 호로 늘어난 반면, '상호常戶'는 8,700여 호에서 6,000여 호로까지 줄었다. 관은 이 가운데 1,580여 호를 '모칭冒稱'으로 간주하여 벌칙을 가했다. 물론 이는 호적상의 현상으로 일반 상호常戶가 지역사회 속에서 갑자기 사족으로 인정받는 일은 없었지만, 면역 특권이 더 이상 사족만의 독점물은 아니었다고 할 수 있을 것이다.

또한 사족 가운데서 민중을 가혹하게 수탈했기 때문에 '토호土豪'로서

---

65) 「孝烈女別傳」은 『豫曹龜鑑續編』(필사본) 卷3에 수록되어 있다. 忠孝閣과 관련해서는 李勛相[1998 : 247~308]에 다수의 고문서가 실려 있다.

66) 金容燮이 1960년대에 발표한 量案을 기초 사료로 한 연구들(金容燮[1995]에 수록되어 있다)은 양안에 '起主', '陳主'로 기재되어 있는 자를 토지 소유자로 파악하는 것을 전제로 하여 그 위에서 신분제의 동요를 논하고 있는데, 이 전제에 대해서는 李榮薰[1984] 이 사료를 바탕으로 의문을 제기한 바 있다.

67) 앞의 「尙州事例」(1888).

악명을 날린 집안도 나왔다. 1860년대에는 암행어사들이 그와 같은 지방 토호에 대한 실태 조사를 추진하였다[郭東璨, 1975]. 상주의 경우, 창녕昌寧 성成씨로 '원임院任' 즉 아마도 흥암서원興巖書院의 임원을 오랫동안 맡은 성숙원成肅源(유학幼學), '호무豪武'로서 이름을 떨치면서 지역의 '부민富民'을 잡아들여 재물을 징수한 강복姜福(유학幼學, 진주 강씨), 친족으로부터도 토지를 빼앗고 '요민饒民'을 위협하여 재물을 가로채고 마을 사람들에게 부역을 시킨 정상경鄭象庚(유학幼學, 진양 정씨) 외에 노론계로 중앙의 이조참의吏曹參議까지 역임한 김석金鉐(연안延安 김金씨) 등이 '토호'로 간주되었다.

보다 중요한 사건은 사족의 중요한 결절점이었던 서원이나 사우祠宇(주20 참조)가 대원군 치하의 1870년경에 일제히 폐지된 일이었다. 이는 일반적으로 '원사훼철院祠毀撤'이라고 불렸는데, 서원 등의 남설濫設에 의한 면세전免稅田의 확대와 대민對民 지배의 격화 등의 폐해를 막기 위해 행해진 조치였다. 철폐는 네 차례에 걸쳐 행해졌는데 상주는 3차까지의 단계에서 거의 모든 원사院祠가 대상이 되었다.[68] 철폐를 피해 존속된 곳은 남인계의 옥동서원과 노론(서인)계의 흥암서원뿐이었다. 영남 지역 안에서도 커다란 세력을 이루고 있던 도남서원의 경우 특히 훼철에 대한 반발이 극심했다. 1871년 진양 정씨인 정민병鄭民秉을 소수疏首(상소의 대표자)로 삼아 1만 2천 명에 달하는 서명을 모아, 소수가 중심이 되어 '동고同苦' 113명이 함께 서울로 향했다. 그러나 대원군이 강력한 의지를 표명하여 무력까지 동원함으로써 이 상소 운동은 실패에 그쳤고 일행은 귀향하였다.[69] 훼철된 서원은 많은 경우 원래 서원이 있던 장소임을 알려주는 '단소壇所' 혹은 현판이 남아 있고 또 계契 조직이 존속되기도 했지만, 여하튼 사족으로서의 중요한 거점이 없어진 것은 사실이었다. 다만 향교나 서당 혹은

---

68) 『各邑書院毀撤査括成冊草』에 따르면, 1차로 훼철된 곳이 龜湖書院, 芝岡書院, 竹林書院, 東華祠, 道川祠, 熊淵書院, 洛巖書院, 花嚴書院, 雲溪書院, 孝谷書院, 淵嶽書院, 玉成書院, 束水書院, 2차로는 忠烈祠, 雪嶽祠, 愚山書院, 그리고 3차에서는 屏山書院, 近嵒書院, 鳳山書院, 玉淵祠, 圓山祠가 대상이 되었다.

69) 『疏行日記 附同苦錄詩序』(계명대학교 도서관 소장). 大院君의 서원 훼철과 사족들의 '嶺南儒疏'에 대해서는 李樹煥[2001, 9장]이 자세히 분석하고 있다.

향사당 등의 거점은 존속되었으므로 사족 네트워크는 지속되었다고 볼 수 있다.

한편 한문을 교육하는 장도 사족 문중 주도의 서당과는 별도로 확산되었다. 직접적인 증거는 찾기 어렵지만, 조선시대 상주에서는 '사숙私塾'과 같은 형태가 다양한 영역에 존재하여 천자문·동몽선습童蒙先習·소학小學 등을 텍스트로 삼은 교육이 확대되었다(4장에서 자세히 살피겠다). 이족의 경우도 월성 이씨인 이명구가 서당을 연 것이 확인된다[李勛相, 1998]. 이러한 사실만을 가지고 바로 사족 지배의 동요를 말할 수는 없겠지만, 적어도 한문 식자識字, 주자학의 사상 체계가 더 이상 사족의 독점물은 아니었음을 의미한다. 또한 상주가 아닌 대구의 사례이지만, 17세기 말부터 18세기 전반까지 비非사족 층의 가족 형태에서 막내가 부모와 동거하는 패턴이 광범위하게 존재했던 것과 달리, 18세기 말 이후에는 장남이 집에 남아 부모와 동거하는 패턴이 뚜렷해진 것은[宮嶋, 1992], 일반 민중 사이에도 장남 중시라는 사족의 가족 이데올로기가 침투해 갔음을 말해 준다.

③관에 의한 가렴주구

농사와 관련된 전정田政, 환곡과 관련된 환정還政, 군역과 관련된 군정軍政을 합쳐 '삼정三政'이라 부르는데, 19세기에는 각지에서 이 삼정이 어지러워지는 이른바 '삼정문란三政紊亂'이 발생했다. 1885년부터 5년간 상주에 부임한 민종렬閔鍾烈 목사는 읍의 상황을 바로잡기 위해 22개의 개선점을 지적한 바 있는데[70] 구체적인 내용은 다음과 같다. 전정에 대해서는 '호수배戶首輩'가 '부비浮費' 등을 전세田稅에 얹어 거둬들이고 있는 점과 면임面任·읍리邑吏·면주인面主人 등에 의한 중간 착취 등의 폐해가 지적되었다. 환정에 대해서는 비축된 환곡이 증가하고 있으므로 이를 농민에게 환원해야 한다고 주장하였다. 군정에 대해서는 앞서 살핀 '모칭유학冒稱幼學'의 폐해가 기술되었다. 그밖에 '이폐吏弊'로서, 이吏가 180명이나 있음에도 임무는 50여 개밖에 없으며 그것마저 권력 있는

---

70) 이 때의 기록이 앞의 「尙州事例」이다.

자가 부자·형제끼리 독점하기도 하여 10년에 한 번 겨우 차례가 돌아오는 자도 있다고 지적하였다.

이 밖에도 군역 대신에 납입하던 군포軍布를 1862년에 매호 6냥兩 8전錢으로 정함으로써 부담이 증대하였고, 또 통영統營에서 거둬들이던 삼랑미三浪米도 농민의 불평을 샀다[金鍾煥, 1994 : 33].

한편 1801년부터 1865년 사이에 부임한 30명의 목사 가운데 좌천左遷된 자가 5명, 파출罷黜(파면)된 자가 4명으로 대략 3분의 1이 무슨 이유에선가 해임되었다[金鍾煥, 1994 : 14~18]. 이를 통해 보더라도 고석규[1998a] 등이 말하는 수령守令 ― 이吏, 향鄕(면임面任 등), 토호土豪 등에 의한 수탈의 구조가 상주에서도 형성되어 있었다고 할 수 있을 것이다.

④민란

이러한 배경 하에 19세기 상주에서는 적어도 두 차례의 커다란 민란이 일어났다. 하나는 1862년의 이른바 '임술壬戌민란'이고, 다른 하나는 1894년의 '갑오甲午농민전쟁'이다.

임술민란의 전개 과정은 대략 다음과 같다[金鍾煥, 1994 : 34~40]. 앞서 언급한 바와 같이 1862년에 군포를 호 단위로 분담시키는 것이 정해지자, 농민은 3월 장날에 관아로 몰려들었다. 4월 27일 선무사宣撫使 이삼현李參鉉이 상주에 도착하여 '대소민인大小民人'을 객사客舍 앞에 모은 뒤 조정朝廷의 입장을 밝혔다. 나아가 동대청東大廳에서 '대민大民'과 '소민小民'이 모여 삼정三政에 대해 토론을 시작했다. 환곡의 이자 4000석에 대해 '대민'은 호별로 나누자고(호할戶割) 한 것에 반해, '소민'은 이吏가 착복한 이자를 왜 민이 부담하느냐며 결(즉 토지)에 따라 나눌 것을(결할結割) 주장했다. '대민'과 '소민'이 정반대의 의견을 내놓았기 때문에 이삼현은 해결을 뒤로 미룬 채, 전세를 1결 10냥으로 정하고 군포를 동洞 단위로 거두는 동포洞布로 할 것만을 발표한 뒤 그 자리를 떴다.[71] 그러나 부세賦稅를 경감해 달라는 요구는 계속되었다. 5월 14일 수천 명의

---

71) 이상에 대해서는 「鍾山集抄」(國史編纂委員會, 『壬戌錄 全』, 204~205쪽)에 나와 있다.

농민이 집회를 열었는데 이 가운데 두 명이 붙잡혔다는 소문이 퍼지자 여섯 면에서 모인 민중이 읍성내로 몰려들었다. 한편 농민들은 소장訴狀의 필두에 이름을 올려 줄 사족을 구했지만 찾을 수 없었고, 이것이 계기가 되어 사족의 집 13여 호에 불을 질렀다. 나아가 '이호吏戶'에도 잇달아 불을 놓았다. 다음 날 민란은 민가와 관청에까지 미치어 수탈과 관련된 군안軍案이나 환곡과 관련된 대장臺帳 등을 태워 버리고 해산하였다.72) 이처럼 농민 가운데서도 부농富農(대민大民)이 아닌 소농민小農民(소민小民)이 중심이 되어 가렴주구에 대한 저항이 일어나게 된 것이다.

다음으로 신영우申榮祐[1991]의 기술에 바탕하여 갑오농민전쟁의 개요를 살펴보자. 다름 아닌 임술민란이 일어난 1862년경부터 상주에도 '인내천人乃天' 사상을 내건 동학이 확산되기 시작했다. 그 다음해에 벌써 우산서원愚山書院을 중심으로 동학 배척의 통문이 띄워진 것을 보더라도 동학은 급속하게 퍼져나간 것으로 생각된다. 동학은 중모中牟·화령化寧 지역 즉 상주 서부의 산지·분지 일대에서 강한 세력을 보였다. 1894년 상주에서의 농민군 봉기는 이른바 제2차 갑오농민전쟁의 일환으로서 일어났다. 같은 해 봄 제1차 농민전쟁이 주로 관의 가렴주구에 대한 봉기였던 것에 반해, 가을 이후의 제2차 갑오농민전쟁에서는 청일전쟁을 계기로 조선에 들어와 있던 일본군 또한 공격의 대상이었다. 1894년 9월 22일 동학 농민군은 상주 읍성을 점령하고 객관客館을 거점으로 삼아 관고官庫의 무기를 탈취하여 무장을 강화하였다. 그러나 9월 28일 낙동洛東에 병참부를 둔 일본군이 읍성을 공격해 오자, 훈련이 되어 있지 않은 농민군은 백여 명의 희생자를 내고 퇴각하였다.

이러한 농민군의 움직임에 대해 사족과 이족이 하나가 되어 철저한 탄압을 가하게 된다. 먼저 읍성으로 돌아온 상산 박씨·연안 차씨·달성 서씨 등의 이족이 중심이 되어 '집강소執綱所'라는 이름의 민병 조직을 만들어 농민군 지도자를 체포하기 시작했다. 나아가 10월에는 우산리愚山里의 정의묵鄭宜默이

---

72) 여기까지의 기술은 『日省錄』(哲宗 13년 6월 14일)에 따랐다.

조정의 명으로 상주 소모사召募使로 임명되어 11월에 소모영召募營을 결성하였다. 소모영은 진주 강씨·창녕 성씨·진양 정씨를 비롯한 스물여섯 집안의 사족 48명과 상산 박씨·진양 강씨·연안 차씨 등 여덟 집안의 이족 23명으로 구성되었다. 소모영이 중심이 된 농민군 소탕 작업은 다음해인 1895년 1월까지 이어졌다.

이렇듯 상주의 갑오농민전쟁은 동학을 수용한 소농민의 봉기에서 시작되어 일본군의 개입을 거쳐 사족·이족 합동의 소모영에 의한 철저한 탄압으로 귀결되었다. 이와 같은 과정을 통해 볼 때 상주의 갑오농민전쟁은 19세기의 신분질서의 동요상을 분명하게 드러낸 사건이자, 일본군이라는 요소가 들어왔다는 점에서 20세기의 상주의 동향을 미리 보여준 사건이었다고 할 수 있다.

소결

이상에서 근세 상주의 사회 구조 및 그 동태에 관하여 개관하였다. 1장에서 살핀 내용을 정리하면 다음과 같다.

서쪽으로 소백산맥과 동쪽으로 낙동강 사이에 자리 잡은 상주는 조선시대 초기부터 수전 개발이 활발하였고, 교통의 요충에 위치했기 때문에 낙동강 서안의 소금 상인鹽商 등을 비롯하여 상업 또한 활발하게 행해져 왔다.

그리고 그러한 조건을 무대로 하여 읍 사회가 형성되었다. '상주목'은 고려시대 다수의 속군과 속현, 그리고 부곡 등의 '임내'를 거느리고 있었지만, 중앙집권화가 진전됨에 따라 조선시대 전기까지 임내 중 상당 부분이 정리되어 상주목의 직접 지배하에 놓이게 되었다. 그와 더불어 16세기경부터는 '면'이라는 행정구역이 서서히 기능을 갖추게 되었다.

이에 지역사회의 엘리트로서 정착한 것이 사족이다. 고려시대부터의 이른바 '토성'으로서 상주의 사족이 된 이들은 상산 김씨뿐으로, 나머지는 14~17세기에 걸쳐 상주에 '입향'한 일족이었다. 사족은 읍치(읍성) 부근보다는 그로부터 떨어진 지역에 들어가 정착했다. 16세기경이 되자 사족들은 향안·향사당·동약·

서당 등을 매개로 하여 상호 결속을 다지는 동시에 지역 지배를 강화해 갔다. 그러한 가운데 일어난 것이 임진왜란(1592년)이었다. 전란을 맞아 많은 사족들이 의병을 일으켜 맞섰다. 전란 후 그러한 사족들과 그 가문이 중심이 되어 향안·향사당·동약·서당 등의 부흥을 추진함과 동시에, 서원을 세우고 읍지를 편찬하는 등 지역엘리트로서의 네트워크를 한층 더 강화하여 지역사회의 지배 질서를 창출하였다.

한편 이족은 세습의 직역으로 지방 행정 실무를 담당하는 지역엘리트로서 사족보다는 한 단계 낮게 자리매김 되었다. 이족은 향역을 분담하여 지방 행정을 담당하는 동시에, 안일반安逸班의 조직, 성황당의 유지 및 관리, 관개 사업의 관장 등 읍치 지역을 중심으로 다양한 활동을 전개하였다.

19세기가 되자 이와 같은 지역엘리트의 지배 질서는 변동을 보이기 시작했다. 먼저 이족 가운데서 사족을 지향하는 가문이 등장하였다. 또한 '유학幼學'을 사칭하는 민중이 나타나거나 사족 가운데서 악명 높은 '토호'가 등장하는 등 사족의 권위가 흔들리기 시작했다. 게다가 1870년경에 서원·사우가 일제히 철폐됨으로써 사족은 중요한 결절점을 잃게 되었다. 한편 사족이 주도하던 서당 이외에 한문 교육의 장이 확대됨으로써, 주자학적인 지식이나 도덕은 일반 사회에 보다 널리 퍼지게 되었다. 또한 관官, 이吏, 향鄕, 토호들의 민중에 대한 수탈이 격해짐으로써 소농민 사이에는 불만이 커졌다.

이윽고 1862년에 농민이 사족과 이족의 집이나 관청의 문서를 불사르는 임술민란이 일어났다. 또한 그 무렵부터 '인내천'을 중요한 사상으로 삼는 동학이 확산되면서 1894년에는 농민군이 봉기하여 상주 읍성을 점거하기에 이르렀다. 이를 낙동洛東에 병참을 두고 있던 일본군이 진압하였고, 그 후 사족과 이족이 합동으로 결성한 소모영召募營은 농민군을 철저히 탄압했다.

이상과 같이 근세 상주 사회는 독자적인 역학을 갖고 변동해 왔다. 19세기에 사족과 이족의 지배 질서가 도전을 받게 되지만, 그렇다고 해서 <근세>의 사회적 요소가 곧바로 일소된 것은 아니었다. 자세한 내용은 다음 장에서 살피겠지만, 사족의 거점이었던 향청, 향교, 서당은 적어도 20세기 초까지는

지속되었고, 읍지인『상산지商山誌』 또한 1920년대에 다시 증보되었다. 호장과
이방 등의 향역도 적어도 병합 직전까지는 존속하였고, 1920년대에는 안일반安逸
班과 유사한 양로당養老堂이 같은 가문에 의해 만들어지기도 했다. 19세기에
들어 뚜렷해진 변화 또한 20세기로 이어졌다. 이족의 이름이『상산지』에 반영되
거나 사족계 출신자와 이족계 출신자가 합동으로 지역 사업을 행하는 상황이
눈에 띈다. 사족 문중의 서당은 서서히 쇠퇴해 간 반면, 보다 규모가 작은
'사숙私塾' 수준의 서당은 지속되었다. 1920년대에는 사족이나 이족 등 <근세>의
지역엘리트와 '청년', '유지' 등 새롭게 등장한 지역엘리트 사이에 갈등이
일어나게 된다. 이러한 점에서 이상에서 논한 역학 관계는 단순한 '전사前史'에
그치지 않고 다음 장 이하의 서술과도 밀접하게 관련된다.

제2장 식민지화와 상주 사회의 근대

상주 시가지(1930년경)
출전 : 尙州文化院, 『사진으로 보는 반백년전 상주』, 2003. (사진제공 : 이창희)

머리말

이 장에서는 근대 상주 사회의 변화를 논하고자 하는데, 이는 근세에 대해 논했던 1장과 뒤의 3장 이하의 분석을 이어주는 의미를 갖는다. 여기서는 우선 두 가지 관점에서 20세기 전반 상주 사회의 변화를 검토하고자 한다. 한 가지는 '식민지화植民地化'라는 관점이고, 다른 한 가지는 '도시화都市化'라는 관점이다. 두 점 모두 조금 어폐가 있을 수 있기 때문에 설명을 필요로 한다.

식민지화는 극히 거대하고 복잡한 프로세스이다. 이 장의 주안점은 지역사회로부터 바라본 식민지화란 도대체 어떠한 것이었는가에 대해 그 일단을 제시하는 데 있지만, 이 과제 자체는 뒤에 이어지는 장에서도 계속 검토하려고 한다. 3장에서는 지역엘리트를 통해, 4장에서는 교육 체제의 전환을 통해, 그리고 5장에서는 개인 경험의 영역을 통해, 줄곧 공통된 주제로서 논해질 것이다. 여기서는 그 첫 단계로서 지방지배체제의 전환과 일본인 사회의 형성이라는 측면을 살피겠다(1절).

다음으로 도시화인데 미리 강조해 두자면 여기서 대상으로 삼는 시기의 지역사회의 변화는, 같은 시기의 서울이라든가 아니면 '부府' 정도의 다른 지방의 대도시에 비하면, '도시화' 따위의 표현은 전혀 어울리지 않을 만큼 빈약하다고 하지 않을 수 없다. 기껏해야 자그마한 시가지town가 형성된 정도이다. 게다가 <읍> 사회 전체가 그렇게 된 것도 아니어서, 그곳에는 명백한 불균등성이 있었다. 다른 지역도 거의 마찬가지였듯이, 상주에서 간신히 도시적 취락으로서의 면모를 나타낸 곳은 '읍내邑內'뿐으로 나머지는 광대한 농산촌 지대였다. 조선시대의 지방 성곽도시인 읍치邑治를 중심으로 형성된 읍내는 20세기에는 상공업이 나름대로 자리를 잡았고, 1920~1930년대가 되면 그럭저럭 '도시적'인 풍모를 갖추게 되었다. 당시 이러한 지역은 '시가지'로 총칭되었다 (2절). 이 장에서 살피겠지만 지역자본에 의한 중소회사가 몇 곳 세워지고 대구大邱와 같은 지방도시나 식민지의 중심도시인 서울에 본사를 둔 회사가 설립되기도 했다. 3장에서 검토하겠지만, 1920년대가 되면 읍내를 중심으로 한 정치 공간이 형성되어 서울의 정치운동과도 밀접한 연계를 취하기 시작한다. 또한 농촌부에 거점을 둔 사족의 일부가 읍내에서도 활동하기 시작하면서, 이족과 함께 사업을 벌이는 일도 나타났다.

이를 배경으로 양잠업養蠶業과 주조업酒造業이라는 두 가지 산업에 주목하여 상주의 근세부터 근대로의 변화를 추적하겠다(3절). 상주는 근세 이래 한반도의 대표적인 양잠 지대의 하나이다. 누에고치 및 명주는 그 대부분이 판매를 목적으로 소농이 생산한 것이다. 근세 이래의 상업적 농업이 전개되는 연장선상에서 식민지기의 불균등한 사회 변화 속의 변용과 지속을 살필 수 있다는 점에서 양잠업은 중요한 연구대상이다. 그 다음으로 이 시기 상주의 중요한 지역공업인 주조업의 전개를 검토하겠다. 조선주세령朝鮮酒稅令(1916년)이 계기가 된 주조업의 '합동집약合同集約' 과정에서, 주조업자는 지역사회에서 '부자'의 상징으로 떠오르게 되었다. 동시에 그것은 지역 주민에게도 영향을 미쳤다. 술의 원료는 쌀이나 밀로서 조선시대 농가는 기본적으로 자가自家 양조釀造를 하고 있었는데, 그것이 주세령 체제 아래에서 '밀조密造'로 간주되면서 단속의 대상이 되었다. 모두 근세의 움직임의 연장선상에서 근대의 변화를 추적하는 데 중요한 사례이므로 가능한 한 구체적으로 검토하고자 한다.

1. 상주의 식민지화

먼저 상주에서의 '식민지화'의 구체적인 양상과 관련하여 지방지배체제의 전환과 일본인 이민이라는 두 가지 측면을 검토하겠다. 어느 쪽도 식민지화가 지역사회에서 어떻게 진행되었는가를 밝히는 데 빠트릴 수 없는 주제이다.

먼저 지방지배체제의 재편성에 대해서는 두 가지 측면에서 바라보려 한다. 하나는 식민지권력의 물리적인 폭력장치인 군대 및 경찰이 지역사회에서 어떠한 위치에 있었는가라는 점이다. 이들은 특히 보호국기(1905~1910년) 및 무단통치기(1910~1919년)의 지역사회에서 새롭게 들어온 폭력장치로서 큰 존재감을 나타내었다. 또 한 가지 측면은 반드시 물리적인 폭력을 수반한다고는 할 수 없는 관료제의 영역이다. 1장에서도 서술한 바와 같이 조선왕조는 관료제를 포함하는 독자적인 지방지배체제를 구축하고 있었다. 그 속으로 비집고 들어온 일본의 식민 지배는 기존의 시스템을 완전히 밀어내듯이 쇄신했다기보다는 그것을 서서히 개편하면서 만들어졌다. 그 과정은 이미 지적되었듯이[宮嶋, 1990], 조선왕조가 구축해 놓은 중앙집권적인 지방지배체제를 계승하면서도 식민 지배의 편의에 따라 지방행정기구를 세우는 동시에 보다 말단에까지 행정기구를 갖추어 나간 데에 특징이 있었다.

이상이 '식민지화'의 물적인 측면이라면, 그렇게 차려진 틀 위에서 일본인이 지역사회로 들어왔다. 식민지^{colony}라는 말이 나타내듯이, 식민지화의 과정에서는 많든 적든 지배계층인 식민자植民者의 이민移民=식민植民이라는 행위가 반드시 따른다. 조선·타이완에서 일본인 식민자는 동남아시아 등의 유럽 식민자에 비해서 상대적으로 수가 많고 또한 지방에까지 널리 분포하고 있었다[橋谷, 2004]. 그렇다 하더라도 일본인 식민자는 수적으로 소수자에 속했다. 그럼에도 불구하고 정치·경제·문화 등의 면에서 지배적인 지위를 차지하고 '풀뿌리 식민 지배'[高崎, 2002]를 형성하였다. 지역사회에서 이것이 어떠한 사건이었는가에 대해서는 오늘날 한국의 이른바 '향토사鄕土史'에서는 거의 지워졌다. 또한 지금의 일본에서도 '외지外地'에 식민했던 사람들의 존재는 '향토鄕土'라는 틀 밖에 있는 이들로서 '향토사'에서 배제되었다. 마치 식민자와 '향토'는 양립할 수 없는 개념인 것 같다. 결과적으로 식민자의 경험은 이야기될 장場을 갖지 못하거나 기껏해야 '개인적'인 회상록回想錄으로 남게 되었다. 그러나 식민자인 일본인의 존재는 지역사회에서 무시할 수 없는 영향을 미쳤고, 따라서 그것을 빼고 이 시기의 지역사회의 변용을 이야기한다는 것은 불가능하다. 물론 그것은 식민지 근대화론자가 종종 서술하듯이, 한국 사회의 '근대화'가 일본인을 빼고는 있을 수 없었다는 의미가 결코 아니다. 여기에서 필요한 것은 그와 같은 '근대화'의 주체로서의 일본인을 그려내는 것이 아니라, 근대 한국의 지역사회에서 일본인이 어떠한 위치를 차지하고 있었던가를 명확히 하는 것이다. 이미 발랑디에Balandier[1983]는 '문화 접촉文化接觸', '문화변용文化變容' 등의 애매한 용어를 대신하여 식민자 및 식민지 사회의 비대칭적이고 역동적인 관계를 포착하기 위해서 '식민지 상황'이라는 개념을 도입했다. 지역 사회의 식민지 상황을 해명하기 위해서라도 식민자에 대한 이해가 필수적이다. 상주의 일본인에 대한 사료는 결코 많지 않으므로 이하에서는 알 수 있는 범위에서 개괄해 두겠다.

1) 지방지배체제의 재편성

식민지권력의 폭력장치 : 수비대, 헌병대, 경찰

우선 물리적인 폭력수단을 가진 국가 장치인 한국 주차군駐箚軍 수비대守備隊(이하 '수비대'), 한국 헌병대憲兵隊(이하 '헌병대'), 그리고 경찰警察의 존재 양상을 살펴보자. 특히 보호국 시기부터 1910년대에 걸쳐, 이러한 장치가 지역사회에 끼친 영향은 매우 크다. 이들 폭력장치의 존재를 빼고 식민지화나 식민지 사회를 말할 수는 없다. 오에 시노부大江志乃夫[1992]가 서술한 바와 같이, 일본의 한국병합은 단지 조약체결에 의하여 형식적으로 완결된 것이 아니라, 조선 전역에 걸쳐서 전개된 '식민지 전쟁'의 결과로서 이루어졌다. 그것은 지역사회 를 평정해 가는 프로세스이기도 했다. 여기에서는 이러한 여러 장치가 어떻게 상주 사회에 들어갔는가를 살펴보겠다.

먼저 각각의 위상을 정리해 두고자 한다. 수비대 및 헌병대는 모두 일본군의 조직이다. 수비대는 순수한 군대로서, 1882년의 임오군란壬午軍亂 후에 조일朝日 간에 맺어진 제물포조약濟物浦條約에 따라 일본 공사관公使館의 호위를 위해서 파견된 수비대를 그 전사前史로 한다. 헌병대라고 하면 본래 군대의 규율 유지를 목적으로 하는 군사경찰을 중심으로 군대에 관한 사법司法·행정경찰을 주된 임무로 하는 조직이다. 그러나 한국에서는 러일전쟁 무렵부터 한국 측의 경찰권 警察權을 침해하면서 보통경찰의 영역으로도 확대되었고, 1907년 이후 항일

의병 투쟁이 고조됨에 따라 규모가 팽창되면서 사실상 '치안 유지治安維持'의 주체가 되어, 병합과 함께 헌병이 주도하는 헌병경찰憲兵警察 제도가 만들어졌다. 경찰권은 종래 관찰사觀察使-수령守令이 장악하고 있었는데, 1894년의 갑오개혁으로 내부內部 아래에 경무청警務廳이 설치된 것을 시작으로 이윽고 독립된 경무서警務署가 맡게 되었다. 1905년에는 일본인 경시警視를 경무고문警務顧問으로 맞아들이고, 일본에서 경시·경부警部를 증빙增聘함으로써 1907년에는 사실상 한국 경찰의 전권을 일본이 장악하였다.

이와 같이 수비대-헌병대-경찰은 모두 일본이 주도하는 폭력장치였는데, 특히 1900년대 후반부터 1910년대에 걸쳐 지방으로도 깊이 침투해 갔다.

\<표 2-1\> 상주지역 한국주차군 수비대의 편제

	聯隊	尙州	洛東	玉山	化寧場	咸昌
1907년 12월	보병 제47연대	제1대대	보병 분대	–	보병 소대	보병 소대
1908년 5월	보병 제47연대	상주 수비구 대대	보병 분대	보병 분대	대전수비구 보병 소대	보병 중대
1908년 11월	보병 제47연대	제1대대	–	보병 분대	–	보병 중대
1909년 8월	임시한국파견 보병 제1연대	보병 중대	–	–	–	–

출전:『朝鮮駐箚軍歷史』(『日韓外交資料集成』, 金正明 編, 巖南堂, 1967)를 바탕으로 작성

상주에 수비대가 들어온 것은 1907년의 일이었다. 이 해 여름에 한국 군대의 해산 등을 계기로 의병운동이 다시 불타올라, 가을에는 의병부대의 투쟁이 강원도·충청도에서 경상도 북부로 전개되었다. 이에 대응하여 한국 주차군은 수비대를 광범위하게 배치했다. 1907년 12월 단계에서는 대전大田에 주력을 둔 보병 제47연대 산하 제1대대 본부를 상주에 두었다. 상주·함창咸昌 지역에서는 화령장化寧場과 함창에 보병 소대가, 낙동洛東에 보병 1개 분대가 배치되었다. 이듬해 봄 이후 의병운동이 다시 고양되자, 일본군은 재차 증파되었다. 1908년 5월 시점에서 상주에는 상주 수비구守備區 대대가 설치되어서 함창에는 보병 중대, 옥산玉山·낙동에는 보병 분대가 배치되었으며, 화령장에는 대전 수비구 관할의 보병 소대가 배치되었다(표 2-1).

이러한 움직임을 환영한 것은 아직 작기는 했으나 서서히 형성되고 있던 상주의 일본인 사회였다. 상주 지역에서는 거의 전투가 벌어지지 않았지만, 그 북부의 문경閗慶 등에서는 상당한 규모의 전투가 전개되었다. 쓰지 스테조辻捨藏의 『경북연선발전지慶北沿線發展誌』(1931, 다소 증보된 내용을 포함한 1936년 辻捨藏의 『경북대감慶北大鑑』도 합하여 이하 『발전지發展誌』로 약칭)에 의하면, 문경이나 예천醴泉의 일본인 일부는 의병에게서 도망쳐 상주로 피난해 왔다. 그들은 상주의 일본인과 함께 무장한 18~40세의 남성으로 이루어진 '자위단自衛團'을 조직하고, 우편국郵便局을 중심으로 상주 성내城內에 결집했다. 그러던 중 대전 수비대로부터 중대가 파견되어 왔다. 이에 '어두운 밤에 불빛을 찾은 듯한 안도감에 가슴을 쓸어내렸다'고 한다. 결과적으로 상주 읍내에서의 전투는 없었지만, 입식入植 초기 상주의 일본인 사회가 최초로 결속한 이야기로서 이상의 내용이 『발전지』에 기재되어 있는 것은 의미가 크다. 즉 의병의 활동으로 상주에 정착하고 있던 일본인 사이에 공포와 멸시가 혼합된 공동체의 형성이 촉진됨과 동시에, '어두운 밤의 불빛'처럼 수호해 준 '일본'이라는 존재가 강하게 각인되었음을 의미하기 때문이다.

한편 1908년에 들어서면서 의병대와 일본군 사이의 대규모 전투는 감소했고, 그에 따라 <표 2-1>에 있는 바와 같이 수비대의 역할은 줄어들었다. 1909년 겨울에는 이미 수비대는 철수했다. 그러나 소규모의 게릴라적인 전투는 증가하였다. 그러한 가운데 수비대를 대신해 조선 전역에 급속하게 배치된 것이 헌병대였다. <표 2-2>는 병합 전후 상주 지역의 헌병대 편제를 정리한 것이다.[1]

이렇게 헌병대가 널리 전개된 데 비하면 이 시기 상주에서 경찰의 역할은 그다지 크지 않았다(이하, 경찰에 관해서는 『발전지』에 근거한다). 상주의 경찰서는 1906년 12월 경무분서警務分署 및 고문분견소顧問分遣所의 설치로 시작된다. 설치 당시는 상주군내만이 아니라 함창·예천·용궁龍宮·문경·선산·해령海寧까지 관할하였고, 이노우에井上 고문보좌관顧問輔佐官 이하 25명의 보조원이 배치

---

1) 『朝鮮憲兵隊歷史』(復刻版, 全6卷, 不二出版, 2000)를 바탕으로 재구성했다.

되었다. 1907년에 한국 정부가 경찰 사무를 일본인에게 위임하자 경무분서는 경찰분서로 개칭되었으며, 나아가 1908년 분서는 경찰서로 개칭되었다. 1910년 6월, 한국의 경찰권은 일본 정부가 완전하게 장악하게 되는데, 그 때 상주 경찰서는 이웃한 선산으로 옮겨가고 상주의 경찰사무는 1919년까지 헌병분견소가 담당하였다.

〈표 2-2〉 상주지역 헌병대 시기별 편제

	계	그중 보조 원수	分遣所 소재지별 내역											
			尙州	洛東	玉山 (功城)	功東	芝山 (牟西)	壯岩 (化北)	佳谷 (外西)	化東	化寧場	咸昌	胎封	柹岩
1908년 7월 18일	73	48	大25	大12	大12						大12	大12		
1909년 7월 1일	87	50	金10	金10	金10	金10					咸10	咸27	咸10	
1911년 1월 1일	89	50	金12	金10	金10		金10				咸10	咸27	咸10	
1911년 10월 20일	80	45	金15	金7	金9		金7	金6			金7	咸24	咸5	
1912년 7월 30일	81	45	金16	金7	金9		金7	金6			金7	咸24	咸5	
1913년 4월 1일	82	45	金17	金7	金6		金7	金6			金6	咸23		咸10
1913년 9월 12일	85	48	金20	金7	金6		金7	金6			金6	咸23		咸10
1914년 3월 1일	83	47	尙26	尙8	尙7		尙7	尙6	尙7		尙7	尙9		尙6
1915년 6월 1일	81	46	尙24	尙8	尙7		尙7	尙5	尙6	尙3	尙7	尙9		尙5

출전 : 『朝鮮憲兵隊歷史』(復刻板, 전6권, 不二出版, 2000)를 바탕으로 작성
비고 : 표 안의 수는 헌병대원의 수를 나타낸다. 분견소별 내역란은 大邱分隊에 속한 경우는 '大', 金泉分隊는 '金', 咸昌分隊는 '咸', 尙州分隊는 '尙'의 기호를 붙였다. 밑줄은 士官 이상이 파견된 분견소를 가리킨다.

이상에서 보자면 한말부터 1919년까지의 이른바 헌병경찰 제도는 상주의 경우 거의 헌병대만에 의해 지탱되었다. 위의 〈표 2-2〉에서 알 수 있듯이 의병투쟁이 격심했던 1908~1909년은 행정구역과 그다지 관계없이 헌병대가 편제되어 있었는데, 서서히 행정구역과 겹쳐지면서 1914년에는 행정구역과 일치하게 되었다. 헌병대는 경찰 업무만이 아니라 행정면에도 광범위하게 관여하고 있었다. 후술하는 산견山繭 공동판매共同販賣에서도 헌병이 입회관立會官을 맡는 등 널리 상주 사회에 침투해 있었다.

1919년 8월, 조선 전역에서 헌병경찰 제도가 폐지되었다. 상주에서는 상주경찰서警察署가 설립되어 헌병 분대로부터 일체의 사무를 이어받았다. 헌병대의 파견소派遣所·출장소出張所도 모두 경찰관 주재소駐在所가 되었다. 이제까지의

연구에서 밝혀진 것처럼[松田, 1991] 이는 경찰 권력의 후퇴를 의미하는 게 아니라 오히려 말단 경찰력의 확장을 도모한 것이었다. 그 때까지 헌병대의 파견소·출장소가 없던 면에도 잇달아 출장소를 설치했다. 1920년 3월에 사벌면 沙伐面, 4월에 중동면中東面, 5월에 공검면恭儉面과 외남면外南面, 6월에 은척면銀尺面 이라는 식으로 신설되어, 벌써 이 시점에서 1면 1주재소의 원칙이 달성되었다. 또한 이듬해인 1921년 6월에는 16,900원의 거액을 들인 상주경찰서 청사廳舍가 준공되었다.

그 후의 경찰 관리 수의 변천은 <표 2-3>과 같은데, 경부警部나 경부보警部補만 이 아니라 순사巡査에도 일본인이 반 이상 포함되어 면 수준의 주재소에까지 일본인이 파고들어갔음을 엿볼 수 있다. 관료 조직의 말단인 면사무소의 관공리 官公吏가 거의 모두 조선인이었던 것과 비교하면, 치안 조직에서는 명백하게 식민지통치기구로서의 성격을 확인할 수 있다.

<표 2-3> 상주의 경찰관리 및 주재소 수

		경찰					
		警部	警部補	巡査部長	巡査	計	駐在所 수
1924년	일본인	1	2	9	40	52	
	조선인	1	0	1	42	44	17
	계	2	2	10	82	96	
1928년	일본인	1	2	0	40	43	
	조선인	0	1	0	36	37	16
	계	1	3	0	76	80	
1937년	계	1	3	17	62	83	16

출전 : 『慶尙北道尙州郡勢一斑』(1924) ; 『慶尙北道統計年報』(1930) ; 『郡勢一斑』(尙州郡, 1937)

관료기구의 재편성

다음으로 관료기구의 재편성 과정을 검토하겠다. 다른 글[板垣, 1998]에서 검토했듯이 식민지기 지방행정의 개편을 조선시대부터의 흐름에서 정리하면 대략 <그림 2-1>과 같다. 이하에서는 이 그림에 따라 상주에서의 관료기구의 재편성을 검토해보자.

<그림 2-1> 조선의 지방행정 개편 과정

조선 초기	<王朝>	－ <道*>	－ <主邑*> ··		(村)
				－ … 任內(屬邑, 鄕所部曲) …	(村)
조선 후기	<王朝>	－ <道*>	－ <邑*>	－ … 面 …	洞里
1910~20년대	<朝鮮總督府>	－ <道*>	－ <府郡*>	－ <面*> － … 洞里 …	(部落)
1930~40년대	<朝鮮總督府>	－ <道*>	－ <府郡*>	－ <面*> － … 洞里 － …	<部落>

비고 : < >는 관청, *는 국가에서 官位를 준 行政官, —은 文書 전달, …은 口頭 전달.

러일전쟁 종결 후인 1905년 11월, 소위 제2차 한일협약韓日協約으로 조선이 일본의 보호국이 되자 일본의 내정간섭이 본격적으로 개시되었다. 지방행정기구는 보호국기(1905~1910)에 징세徵稅 제도 개혁의 일환으로 크게 개편되었다[田中, 1974 ; 이상찬, 1986 ; 宮嶋, 1991]. 그 주요한 목적은 종래의 수령守令－향리鄕吏에 의한 징세체제를 일신一新하여 징세 기구機構 전체를 일원적으로 일본이 장악하는 데 있었다. 1907년에는 제3차 한일협약의 결과로 재무감독국財務監督局 관제官制 및 재무서財務署 관제가 공포되어 일본인 관리가 한국 정부의 지방 징세기구로 진출할 수 있게 되었다. 『대한제국직원록大韓帝國職員錄』에 의하면 1908년 당시 상주재무서에는 다음의 세 사람의 일본인 관리가 이미 소속되어 있었다.

서장 白樂晉[正三品]
주사 淺井誠一, 宋文朝[九品], 趙兢顯[九品], 上田文三, 松田文雄

재무서가 설치됨에 따라 군수郡守 및 향리층은 징세기구에서 형식적으로는 배제되었다. 그러나 실제로는 군수 아래에 있는 면장 등을 활용하지 않을 수 없었던 점 등에서 군수의 경우에는 행정에서 완전히 분리할 수는 없었다[宮嶋, 1991].

그러한 가운데 병합 직전의 지방행정 재편성의 영향을 가장 강하게 받은 지역엘리트는 이족吏族이었다. 『상주목선생안尙州牧先生案』에 호장戶長·이방吏房이라는 향리직이 기록된 것은 1908년 6월에 부임한 이인용李寅用 군수 때가 마지막으로 그 이후에는 기재가 없다. 또한 상주의 이족 가문에 전해지는 이야기에 따르면, 한국병합 때에『호장선생안戶長先生案』과 같은 향리의 명부名簿 문서를 장절당莊節堂 옆에 묻고, 그 자리에 「연사선생봉안매안비㙞史先生奉案埋安碑」 라는 비석을 세운 뒤 '봉안매안단奉案埋安壇'이라는 단소壇所를 만들었다고 한다 [이훈상, 1991 : 70 ; 황경순, 2001 : 187]. 이직吏職에 관한 기록을 문자 그대로 '은폐'한 것인데, 이훈상에 따르면 이러한 사례는 같은 시기 다른 지역에서도 상당히 보인다고 한다. 징세기구는 병합 후에 군수를 정점으로 하는 군청郡廳이 다시 관장하게 되었지만, 그 과정에서 향리는 행정에서 배제되었음을 말해준다.

그 한편에서 '면'이 말단 행정단위로서 급속히 역할을 키워갔다. 제도적으로 보면 1910년 9월에 '면에 관한 규정' 발포發布, 1914년에 면의 통폐합統廢合, 1917년 10월부터 '면제面制'의 시행 등 총독부는 정책적으로 거의 일관되게 면을 말단 행정기구로 삼는 면제의 확립을 서둘렀다. 이하에서 1910년대 면의 기능 확충 과정을 상주의 사례에 비추어 ①면의 통폐합, ②사업의 통합, ③식민지 관청으로서의 면사무소面事務所의 설치라는 세 가지 측면에서 개관하겠다.

①면의 통폐합

조선총독부가 면적 및 인구 표준을 정하고 1914년 3월 1일에 군 그리고 4월 1일에 면 통폐합을 각 도에서 일제히 실시한 결과, 군은 317개에서 220개로 면은 4,337개에서 2,522개로 정리되었다. 상주군의 경우 종래의 함창현이 합병 됨으로써, <표 2-4>와 같이 합병 직전 상주 22면, 함창 7면이었던 것이 합쳐서 18면이 되었다. 한편 조선시대의 동리洞里가 최하위 행정구역으로서 그 지리적 경계를 확정한 것은 토지조사사업土地調査事業에 의해서였다. 측량에 근거한 토지 소유권 확정 작업의 진전과 병행하여 동리를 '지형地形, 교통交通, 민정民情, 취락聚 落 등'2)을 고려하면서 통폐합함으로써, 지도상에 명확한 경계를 가진 속지적屬地 的인 행정동리가 만들어졌다. 상주에서는 1913년 현재 상주 745동리, 함창 106동리로 도합 851동리가 존재하고 있었지만,3) 새로운 행정동리는 237개로

---

2)『朝鮮地方行政例規』, 帝國地方行政學會, 1927, 448쪽.

3)『勸業統計書』, 慶尙北道, 1913.

<표 2-4> 상주군 신구 행정구역 대조표

	舊面	新面	行政洞里 數
尙州牧	內東面 內南面 內北面 *內西面*	尙州面	33
	外北面 大坪面 中北面	沙伐面	15
	長川面 外東面	洛東面	17
	靑南面 靑東面	靑里面	12
	功東面 功西面 *靑南面*	功城面	19
	中東面	中東面	7
	外南面	外南面	8
	內西面	內西面	11
	外西面	外西面	13
	銀尺面	銀尺面	9
	化東面	化東面	9
	化西面	化西面	11
	化北面	化北面	11
	牟東面	牟東面	10
	牟西面	牟西面	12
	丹東面 丹南面 丹北面 丹西面	→ 比安郡(1895) → 義城郡(1914)	
	山北面 山東面 山西面 山南面 永順面	→ 聞慶郡(1895)	
咸昌縣	水昌面 南面	恭儉面	12
	縣內面 東面 北面	咸昌面	15
	水下面 上西面	利安面	13

출전 : 越智唯七 編, 『新舊對照朝鮮全道府郡面里洞名稱一覽』(中央市場, 1917)을 바탕으로 작성
비고 : 이탤릭체는 그 일부가 편입되었음을 나타낸다.

되었다. 즉 평균 3.6개의 구 동리가 새로운 행정동리로 통폐합된 셈이다.

그렇지만 새로운 행정동리 단위로는 구장區長이라고 불리는 무급無給의 공리公吏가 임명되었을 뿐이어서 위상이 애매했다. 또한 구래의 동리의 경계가 사라져버린 것이 아니라 오히려 다양한 형태로 존속되었다. 때문에 1920년대 후반 이후가 되면 구 동리가 '부락部落'이라는 명칭으로 서서히 주목되었다. 그리고 후술하는 바와 같이 1930년대의 농촌진흥운동農村振興運動 이후에는 정책의 기초 단위로서 '부락'이 중요시되기에 이른다.

②사업의 통합

종래 지방에 따라 일정하지 않았던 면의 사무는 1917년의 「면제시행규칙面制施行規則」에 따라 '1. 도로道路·교량橋梁·도선渡船, 하천河川·제방堤防, 관개灌漑·배수排水

/ 2. 시장, 조림造林, 농사·양잠·축산 기타 산업의 개량 보급, 해조충害鳥蟲 구제驅除
/ 3. 묘지, 화장장, 도장屠場【도살장】, 상수, 하수, 전염병 예방, 오물의 처리
/ 4. 소방消防, 수방水防'이라고 일률적으로 정해졌다. 면은 그러한 업무를 수행하기 위해서 재산을 보유할 것, 각종의 수수료·사용료를 징수할 것, 부과금賦課金을 징수할 것, 또한 주민에게 부역을 부담시키거나 미곡과 목재 등의 현물을 징수할 것 등의 권한을 갖게 되었다.

이러한 사업 가운데 상당수는 종래 동계洞契를 비롯한 촌락내의 여러 조직이 맡았던 것이다. 면제 제정의 요지가 당면은 '종래 지방에서 여러 종류의 조합, 계 등을 설치하여 베풀던 사업을 면에서 통일 정리하여 그 질서 있는 발달을 꾀하'[4]는 데 있다고 되어 있던 바와 같이, 이러한 촌락내의 사업이나 공유재산은 점차 면에 통합되었다.

사업 통합을 앞두고 관습조사를 담당한 총독부 중추원中樞院은 각 지방의 계契를 조사하였다.[5] 상주에서는 1911년에 (a)내북면 화전동花田洞의 동계, (b)내남면 거물리巨勿里의 이중계里中契, (c)수선산修善山의 송계松契, (d)내동면의 성동사약城東社約에 대해 조사했다. 그 개요는 아래와 같다.

(a) 1881년에 결성된 동계. '동민 일반이 공동으로 돈과 곡식을 갹출醵出 저축하여 동리의 일반 공공비公共費에 보충'하는 것을 목적으로 한다. 주목되는 것은 이 동계가 조선시대 말기에 다양한 '사업'에 동원되었다는 점이다. 우선 1894년 '동학당 창궐 시, 수성군守城軍 고립비雇立費로서 소비'되었다. 1906년에 본래의 상태로 재건하였으나, 1908년 '수비대 토벌 때, 인부人夫 고립비로 소비'하고 말았다. 다시 1910년에 징수하여 회복했다고 한다.

(b) 수백 년 전부터 전해진 계라고 하지만, 1898년에 새 규약을 만들어서 유지된 계. '남천南川 교량의 재료, 동민의 연료, 동사비洞祀費로 충당하기 위해, 동산에 양목養木하고 그것을 관리하는 것을 목적으로 한다.

---

4) 「面制施行上ニ關スル件」, 1917, 各道長官宛政務總監通牒(앞의 『朝鮮地方行政例規』, 459쪽).

5) 「慶尙南道, 慶尙北道管內 契, 親族關係, 財産相續ノ槪況報告」, 調査委員：金漢睦, 1911 年付, 寫本, 국사편찬위원회 소장.

(c) 연원은 300년 이상 소급되지만 조사 시점에서 계속되고 있던 것은 '지금부터 24년 전' 즉 1887년경에 재결성된 것. '청동면靑東面 내산內山 아래 여섯 마을 사람들에게 연료를 공급하고 해당 산록山麓의 사태沙汰를 방지하고 풍치風致를 향상시키는 것'을 목적으로 한다.

(d) 1900년경 결성. '동사洞舍 제사祭祀 비용 등의 공비'에 충당하는 것을 목적으로 하였다. 그러나 1910년에 '이자의 수봉收棒 곤란' 및 채권 회수 곤란이 뒤따르자 해산하였다.

이상의 네 사례는 모두 동洞 내지 그것보다 큰 단위에서 결성되었던 계이다. (a)의 경우는 막연하게 '공공비'에 충당한다고 되어 있고 또 읍내와 비교적 가까웠기 때문인지, 갑오농민전쟁에서는 정부군에게, 의병투쟁에서는 일본군에게 그 재산을 착취당했다. 아마도 면제 실시를 전후로 하여 소멸된 것으로 생각된다. (b)와 (c)는 산림의 공동 관리를 위한 것으로 면의 사무와 중복되었다. (d)는 이미 1910년에 재정파탄으로 해산하였다. 따라서 여기에서 조사된 바와 같은 계는 아마도 면제 실시를 전후로 하여 사업이 변질·소멸·흡수·통합되었다고 생각된다.

③면사무소의 설치

종래 면에는 사무소가 설치되지 않고 오로지 면장 집에서 모든 사무가 행해졌는데, 1910년 12월의 통첩6)에 따라 면내의 독립된 건물 혹은 그것이 불가능하다면 면장 집 안에 '어느 정도 그 방을 구별'하여 '면사무소'로 삼도록 규정되었다.

상주에서도 1910년대에 면사무소가 생겼다고 생각되지만 상세한 것은 알 수 없다. 다만 1913년에 경상북도가 작성한 『면리원선장사적面吏員選獎事蹟』에 외남면外南面의 사례가 게재되어 있다. 당시의 외남면장은 박인수朴寅洙로 이족계인 상산 박씨이다. 당시의 면사무소의 상황은 아래와 같이 기록되어 있다.

---

6) 「面長ノ任免, 面事務所, 附屬員ノ設置 其ノ他經費ノ支出負擔ノ方法等に關スル件」, 明治四十三年十二月各道長官宛內務部長官通牒(帝國地方行政學會, 앞의 책, 472~474쪽).

사무실은 주택이 협애狹隘하고 집무상 불편했기 때문에 메이지明治 45년 【1912】 사재를 들여서 조선식 가옥 1동을 건축하여 온돌 두 칸을 거실로, 마루방板間 1칸·온돌 2칸을 사무실로 충당하고, 탁자 2개, 의자 5개 및 서상書箱 등을 구비해 조금 체재體裁를 갖추었다. 사무는 분담을 하지 않고 주로 면장이 처리하며 면서기·고원을 지휘하여 서무에 종사토록 했다. 문서의 수수收受·발송·기안起案·결재決裁·편찬 및 보존은 메이지 45년 및 다이쇼大正 원년【1912】에는 군郡 훈령에 근거하여, 다이쇼 2년【1913】에는 서무규정庶務規程에 근거해 적당하게 취급하였다. 면 경비經費는 호수戶數 별, 결수結數 별로 조정된 금액을 완납하게 하고 규정의 장부를 두어 수지收支를 정리했다.

중요한 것은 임시 게시하고 아울러 등사하여 동리장에게 교부하며 동리장으로 하여금 중요한 것은 동리회를 열어 그것을 알리는 등의 방법을 강구했다.

이것은 말하자면 '모범적'인 사례이므로 이 시점의 상주에서는 이와 같은 체재로 면사무소를 운영하는 것은 아직 드물었다는 뜻이기도 하다. 그러나 다른 지역의 상황에서 보더라도,[7] 1910년대를 거치며 상주에서도 면사무소가 급속하게 '관청'으로서의 체재를 갖춰갔다고 할 수 있을 것이다.

또한 면사무소는 식민지관료제의 최말단 관청이었지만, 여기서 일하는 면장 및 그 아래의 면서기는 3장 3절에서 논한 1928년 이후의 상주면장(1931년 이후는 상주읍장)을 제외하면 거의 모두 조선인이었다. 다른 지역의 평균적 추세에서 보면[cf. 板垣, 1998], 상주에서도 1920년대 이후는 신교육을 받은 사람이 많아졌다고 생각된다. 그 위의 군청을 보면 먼저 군수는 식민지기를 통하여 조선인이었다. 군속郡屬이나 기수技手 등의 군직원의 경우 시기에 따라 다르지만 일본인 직원의 비율은 대략 40~50%대를 오르내렸다.[8]

---

7) 졸고[1998]에서 면사무소의 설치시기를 알 수 있는 전라북도 남원의 사례를 검토한 바 있다.
8) 이상은 『朝鮮總督府及所屬官署職員錄』 각년판(국사편찬위원회·한국사데이터베이스 수록분)을 바탕으로 집계했다. 1910~1939년간 군청 직원의 일본인 비율을 보면, 가장 적은 해는 1921년의 31%(조선인 11명, 일본인 5명), 가장 많은 해는 1911년의 67%(조선인 2, 일본인 4)를 제외하면 1934~1935년의 63%(조선인 7, 일본인 12)이다.

농촌진흥운동 및 총력전체제하의 조직화

이상과 같이 1910년대에 '면' 수준에서 정비되었던 식민지관료제는 1930년대의 농촌진흥운동農村振興運動을 계기로 하여 다시금 마을, 당시의 행정용어로 하면 '부락'의 수준까지 확대되기 시작했다.

농촌진흥운동은 1931년에 기본정책이 제시되고 1933년부터 시작된 관제 농촌 캠페인이다. 농촌진흥운동의 중심이 된 '갱생지도계획更生指導計劃'에서는 매년 각 면마다 '지도부락'을 선정하고 관청·경찰·학교·금융조합金融組合의 공직자나 '지방유식자地方有識者'가 군 농촌진흥위원회 및 각 읍면 농촌진흥위원회를 통해 '지도'의 제일선에 나섰다. <표 2-5>는 상주에서의 운동 개시 시점의 '지도자' 구성이다. 이것을 보면 각 면 평균 50명 정도의 '지도자'가 이미 존재하였다. 그 가운데 수가 많은 것은 구장區長 306명(34%), '지방유식자' 227명(25%), 면협의회원 184명(21%)으로 이런 사람들이 조직 사이의 벽을 넘어서 '지도자'로서 일제히 동원되었던 것이다.

<표 2-5> 상주의 농촌진흥위원회 구성(1932년 말 현재)

상주군 농촌 진흥 위원회	군청 산업기술원		경찰 서장	공립초등 학교장·실 업학교장	금융조합 이사	도평의회 원	각종 산업단체 의 부회장	지방 유식자	계	
	21		1	4	2	1	3	30	62	
각읍면 농촌진 흥실행 위원회	읍면리원		주재소 주석	면내 초등 학교장	면내 금융조합 이사	면협의 회원	면내 산업· 수리조합 이사	지방 유식자	계	1읍 면당 평균
	면장· 서기	구장								
	133	306	18	16	11	184	1	227	896	49.8

출전 : 慶尙北道, 『農村振興施設要項』(1933)을 바탕으로 작성

게다가 이러한 '지도자'만이 아니라 마을에 사는 사람 가운데 솔선하여 사업을 행하는 인물을 '중견인물中堅人物'이라고 부르며 적극적으로 양성하는 정책을 취했다[板垣, 2000]. 4장 3절에서 상세하게 검토하겠지만 농촌진흥운동을 통해 공립보통학교는 '지도부락'의 조직화 및 지도를 비롯하여 면내의 유력자를 통합하는 기능을 수행했다. 또한 학교만이 아니라 면사무소, 주재소,

금융조합 등의 관공서가 중심이 되어 이러한 캠페인을 전개하였다.

1937년 7월에 노구교盧溝橋 사건이 발발하자, 조선에서는 총동원체제의 구축이 추진되었다. 농촌진흥운동도 조금씩 변용되어 관제官製 조직화가 더욱 진전되었다[板垣, 2000]. 이는 상주와 같은 지방에서도 급속하게 진행되었다.

상 〈그림 2-2〉 상주신사 참배(1938)
하 〈그림 2-3〉 출정군인 배웅(1938)

비고 : 사진은 모두 상주대학교【현 경북대학교 상주캠퍼스】도서관 향토자료실에 보관된 1938년도판 상주농잠학교 졸업앨범에서 뽑았다.

상주에서도 '시국'과 관련하여 다양한 행사가 개최되기 시작했다. 〈표 2-6〉은 1937년에 개최된 행사를『동아일보』기사에서 정리한 것이다. 정보가 읍내로 편중돼 있지만 실제로는 농촌부를 포함해 보다 빈번하게 개최되었을 것으로 생각된다.

농촌진흥운동 및 총동원체제 구축의 진전과 함께 관제 조직화가 진행되었다. 〈표 2-7〉은 1938년 시점에서 상주의 조직화 상황이다. 각종 조합, 금융조합에 소속된 식산계殖産契, 부인회 등의 관제 조직화가 이 시기에 단숨에 진행되었다. 이들은 모두 기본적으로 '부락'을 단위로 전개되었다는 데에 특징이 있었다.

이상과 같은 과정을 거쳐, 식민지관료제는 서서히 상주 사회의 마을 수준에까지 손길을 뻗쳐갔던 것이다. 다만 이러한 관료제의 침투를 과대평가하여 마을 주민이 이러지도 저러지도 못할 정도로 통제 당했다고 생각해서는 안 된다. 예를 들면 3절에서 전시기戰時期 '밀조주密造酒'의 확대에 대해 서술하겠지만, 강력한 통제 아래서도 '관'의 입장에서 보면 '암闇'의 영역이 널리 퍼져 있었다. 어디까지나 제도적으로 큰 틀을 제시하는 차원이었다고 생각된다.

<표 2-6> 1937년의 '시국' 관련 행사

개최일	장소	내용
1937.7.23	상주읍사무소	상주읍장이 주도하여 상주국방부인회를 조직.
1937.7.25	상주읍불교포교소	상주불교청년회, 불교부인회 주최로 국위선양기원제를 개최.
1937.8.8	상주공립보통학교	총독부 사회과 주최의 전선순회강연록을 개최. 관민유지와 각 농촌부녀단체 등 5백 명이 참여.
1937.8.14	상주군청	군수가 사회가 되어 군사후원연맹 상주분회를 개최.
	상주군청	군 농촌진흥위원회를 개최. 각 면에서 '국체관념명징'이나 '시국'에 관한 강연의 개최를 결정.
1937.8.15	상주향교	군수 주최로 상주유림 30명의 참가에 의한 황군위문선양기원제를 거행.
1937.8.24	상주경찰서	제국재향군인회 상주분회 임시총회를 개최. 회원과 관민유지가 참가.
1937.8.28	상주공립보통학교	재향군인회 상주분회의 주최로 대구 80연대의 南소좌의 강연회를 개최.
1937.9.1	상주공립보통학교	상주읍장 사회로 국위선양무운장구기원제를 개최. 관공서원, 일반유지가 참가.
1937.10.28	상주신사	상해전승축하제를 개최. 상주읍장을 비롯한 각 관공서원, 일반 사회단체원이 참가.
1937.10.29	상주군청	농촌진흥위원회를 개최. 11.7~11.13에 행해진 국민정신작흥행사를 결정.
1937.11.3	상주경찰서	재향군인회 상주분회가 무기고 낙성식을 개최.
1937.11.11	상주읍사무소	상주경찰서장의 시국강연회.
	상주좌	경북도의원의 시국강연회.
1937.12.13	상주신사	남경함락 봉고제를 개최. 상주읍장을 중심으로 관공서원·일반 읍민이 참가.

출전 : 『東亞日報』 기사를 바탕으로 작성

<표 2-7> 상주의 관제 조직화(1938년 현재)

	更生共勵組合	農家共勵組合	농촌진흥조합	식산계		부인회(1937년)		총수	
조합수	34	257	279	계수	43	회수	340	부락 총수	457
호수	1,849	7,147		계원수	2,091	회원수	12,352	농업세대수	27,670

출전 : 『農山漁村振興運動施設 ノ 槪要』, 慶尙北道, 1940 ; 尙州郡, 『郡勢一班』, 1937.

2) 상주의 일본인 사회

상주 사회에 일본인이 거주하기 시작한 것은 『발전지發展誌』의 '개척시대'라는 기사에 따르면, 1905년[9]에 상주 우편국郵便局이 설치되고 국장으로 부임한

다나베 요시지로田邊良次郎가 '개척의 제일인자'라고 한다. 이미 수많은 조선인이 살고 있었기 때문에 '개척'이라는 표현 자체에 일본인 측의 시점이 그대로 드러나 있지만, 좀 더 이러한 자료나 주변 자료에 기대어 계통별로 일본인의 동향을 정리해 보겠다.

상주의 초기 일본인 인구는 단편적으로 자료에 나온다. 1906년경에는 15~16호 40명 전후, 1907년경에는 24~25호 70~80명 정도였다고 『발전지』는 기술하고 있다. 1909년 말의 보고에서는 상주 읍내에는 일본인이 65호 184명이고, "일본 거류민은 근래 증감은 없으나 김천 사이의 도로 개통에 이르러 다소의 증가를 보는 데 이르려고" 한다고 되어 있다.10) 이로부터 약 3년 후인 1912년 아직 상주와 함창이 합병되기 전의 숫자가 있는데, 이에 따르면 상주에 202세대 633명(남성비율 56.2%), 함창에 42세대 104명(남성비율 61.5%)이었다고 한다.11)

상주 읍내에 일본인 학교인 상주 공립심상소학교公立尋常小學校가 생긴 것은 상당히 이른 시기인 1907년 7월 11일의 일이다. 설립자금이나 재정은 일본인회에 의한 학교조합學校組合을 통해 조달되었다. 통학하는 아동은 1907년 당시 10명 남짓(『발전지』), 1910년 3월말에도 남자 9명 여자 7명이 교사 한 사람 밑에서 배우는 상황이었다.12) 1918년 시점에서 상주학교조합 관할지구의 일본인 학령學齡 아동 취학률은 실로 100%였고 얼마 안 되던 아이들이지만 6년제의 교육이 시행되었다.13) 1910년대까지 조선인 대상의 공립보통학교가 4년제인 상주공립보통학교와 함창공립보통학교의 2교밖에 없었던 것에 비하면, 일본인 아이들은 교육면에서 압도적으로 우대되었다고 할 수 있다.

그 후의 상주 일본인 인구에 대해서 몇 개의 자료를 모으면 연차年次 통계에 가까운 것을 얻을 수 있다. <표 2-8>에 읍내와 그 이외 지역으로 나누어 민족별 인구통계를 나타냈다.

---

9) 이 자료에서는 '明治 37년'이지만, 이것은 '38년'의 오기라고 생각한다.
10) 『韓國各道著名地一覽表』, 韓國駐箚憲兵隊本部, 1910.
11) 앞의 『勸業統計書』, 慶尙北道, 5쪽.
12) 『學事統計(明治43年度)』, 朝鮮總督府, 8·17쪽.
13) 『朝鮮總督府慶尙北道統計年譜』, 慶尙北道, 1918.

<표 2-8> 상주의 민족별 인구

	상주 읍내					기타				
	계	조선인	일본인	일본인 비율	외국인	계	조선인	일본인	일본인 비율	외국인
1911	5,924	5,530	380	6.4%	14					
1912	5,854	5,330	508	8.7%	16					
1913	5,395	4,829	549	10.2%	17					
1914	6,189	5,360	806	13.0%	23					
1915	6,618	5,816	774	11.7%	28					
1916	6,978	6,174	771	11.0%	33					
1917	7,260	6,485	734	10.1%	41	135,538	135,103	428	0.3%	7
1922	8,663	7,675	922	10.6%	66	147,308	146,611	672	0.5%	25
1924	8,658	7,442	1,144	13.2%	72	150,299	149,803	462	0.3%	34
1925	9,639	8,466	1,086	11.3%	87	154,978	154,383	551	0.4%	44
1933	11,911	10,611	1,242	10.4%	58	151,174	150,563	588	0.4%	23
1934	12,328	11,108	1,171	9.5%	49	152,616	152,004	592	0.4%	20
1935	13,260	12,011	1,181	8.9%	68	163,794	163,096	676	0.4%	22
1936	13,570	12,314	1,187	8.7%	69	164,620	163,833	763	0.5%	24
1938	14,144	12,960	1,183	8.4%	1	167,656	166,995	661	0.4%	0

출전 : ①『朝鮮總督府慶尙北道統計年報』1918 ; ②慶尙北道 『道勢一斑』 각년판.
비고 : ①은 「主要市街地人口累年比較」, ②는 「著名地ノ戶口」에 따름.
    ②는 「郡島廳所在地ノ集團部落」의 호구로 기재되어 있다.

우선 읍내와 그 이외 지역에서 일본인의 인구 밀도가 완전히 다른 것에 주목하고 싶다. 읍내에서는 시기에 따라 다르지만 일본인이 인구의 약 8~13% 정도를 차지하고 있던 데 비해, 그 이외의 농촌부에서는 0.3~0.5% 정도에 지나지 않았다. 읍내에서는 일본인의 존재가 두드러졌던 것이다. <그림 2-4>는 1936년의 면별 일본인 인구를 지도화한 것인데 읍내를 포함하는 상주읍의 돌출상을 포착할 수 있다. 때문에 읍내에서 일본인과 조선인 사이의 갈등이 보다 두드러졌다(3장 참조). 다만 상주 읍내의 경우, 당시의 경성과 같이 일본인의 집중 거주지역이 조선인 집중 거주지역과 명확히 나뉘어 있지는 않았던 듯하다.

다음으로 읍내의 일본인 인구는 병합 전부터 늘어나기 시작하여 1920년대에 1,000명을 넘은 이후로는 그다지 큰 증가는 보이지 않는다. 농촌부도 1917년 이후 큰 증감은 없다. 1910년대까지 한꺼번에 유입되어 그 후로는 나고 들기를 반복했다고 생각된다.

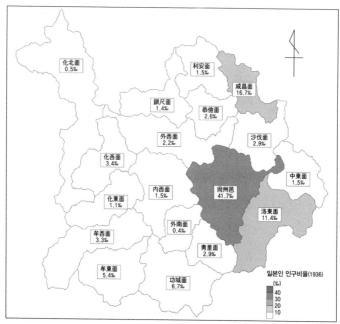

<그림 2-4> 상주의 면별 일본인 인구비율(1936, 千分率)

출전:『郡勢一斑』(尙州郡, 1937)을 바탕으로 작성

    이러한 상주 거주 일본인의 직업별 통계로는 <표 2-9>에 든 1917년 말의 숫자가 가장 자세한데 그 이외의 통계는 거의 발견되지 않는다.

<표 2-9> 상주의 일본인 직업별·남녀별 통계(1917년 말)

			농업	공업	상업/교통업	공무/자유업	기타 유업자	무직/미신고	합계
호수			90	69	99	81	11	5	355
			25.4%	19.4%	27.9%	22.8%	3.1%	1.4%	
인구	계		302	183	411	221	35	10	1,162
			26.0%	15.7%	35.4%	19.0%	3.0%	0.9%	
	주업자	남	94	66	131	74	15	0	
		녀	52	11	59	16	20	0	
	기타 업무를 가진 자	남	21	5	24	7	0	0	
		녀	11	2	27	6	0	0	
	무업자	남	53	37	55	28	0	5	
		녀	71	62	115	90	0	5	

자료:『朝鮮總督府慶尙北道統計年報』(慶尙北道, 1918)를 바탕으로 작성

같은 시기 상주의 조선인 농업인구가 세대수로 보아 93.0%에 달했던 것에 비하면, 일본인의 농업인구 비율은 25.4%로 압도적으로 낮다. 그 대신에 상업·교통업, 공무公務·자유업, 공업이 많은 것이 눈에 띤다. 이 경향은 상주만이 아니라 재조일본인在朝日本人 전체의 통계에서도 마찬가지였다.[14] 또한 여성의 63%가 부양되는 '무업자'였던 것에 비해 남성의 경우는 29%의 비율이었다.

출신지는 대체로 일본 전역에 흩어져 어느 한 곳에 집중되지는 않았다. 가장 많은 곳이 가가와현香川縣 35호 132인 및 후쿠오카현福岡縣 38호 123인이고, 아이치愛知, 나가사키長崎, 사가佐賀, 에히메愛媛, 야마구치山口가 그 뒤를 이었다(표 2-10과 동일한 자료). 그들 사이에 얼마만큼 동향인의 네트워크가 있었는지는 확실치 않다. 다만 후술할 사누키讚岐주조酒造주식회사가 '가가와현 가모군加茂郡 방면의 유지有志 출자에 의한 주식회사'로서 '실로 동향 유지 백여 명의 조직에 의해 남선南鮮 일각에서 사업을 이루어 개업한 지 5년 오늘날 융창隆昌을 보았다'[15]고 한 점에서 보더라도 동향인 네트워크는 적지 않이 존재했다고 생각된다.

직업별로 일본인 식민자의 특징을 살펴보자. 우선 샘플로 『발전지』에 게재된 '상주군에서 활약하는 사람들'에 보이는 일본인 유력자의 이력을 <표 2-10>에 정리하였다. 이를 참조하면서 식민자의 상황을 살피겠다.

상공업자

인구 면에서도 지역사회에서의 지위라는 점에서도 가장 존재감을 나타냈던 것이 상공업자이다. 병합 전부터 本鄕直商店(석유), 原田茂商店(잡화), 秋山元藏商店(도자기), 白石商店(과자), 井上賢吉商店(약), 加賀屋(요리집) 등이 읍내에 늘어서 있었다(『발전지』). <표 2-10>에서도 알 수 있듯이 그들 대부분은 복수의 사업에 손을 댔고 상주상공회商工會를 비롯한 몇몇 지역 조직에 관여하였다. 상공업의 내용에 대해서는 다음 절에서 다루기로 하고 여기서는 생략하겠다.

---

14) 예를 들면, 『朝鮮に於ける內地人』(朝鮮總督府, 調査資料 第2輯, 1924)에서도 같은 직업별 통계의 경향이 보인다.

15) 『朝鮮滿洲南支 四國人發展史』, 四國人發展史編纂社, 1924, 259～260쪽.

<표 2-10> 상주의 일본인 유력자

이 름	출신현	상주에 온 시기	직업 및 경력
豊田忠吉	愛知	1906년	미곡·비료·잡화상. 미곡상조합장, 학교조합 관리자, 면협의원.
大岸廣	石川	1908년	加賀屋(여관 겸 요리집). 일본인회 서기, 학교조합 출납담당·평의원, 消防組頭.
工藤與惣吉	靑森	1908년	농업, 잡화상.
廣津友助	山口	1908년	흑연광산→미곡상. 학교조합 관리자, 소방조두.
稻垣德三郎	三重	1909년	이나가키 藥店, ㈜상주상사 사장, ㈜상주주조사장, ㈜조선자동차 감사역, 김천무진회사 중역, 상주면협의원, 학교조합 의원, 상주상공회장.
蒲生嘉藤治	香川	1911년	醬油釀造業→㈜讚岐주조 사장. 소방조두. 학교조합 의원.
岡崎光儀	香川	1913년	양품잡화상, ㈜상주주조 중역. 상주상공회 부회장, 학교조합 의원, 면협의원.
山田房太郎	靜岡	1914년	전당포업. 상주금융조합장, 면협의원, 학교조합 평의원.
大久保正雄	鹿兒島	1915년	재목점. 학교조합 의원, 상공회 평의원.
吉野尙太郎	長崎	1915년	금융업, 비료업. 재향군인분회장, 도평의원.
高瀨吉雄	和歌山	1916년	농업. 학교관리자, 소방조두, 면협의원, 농회 의원, 번영회장.
山口賢三	滋賀	1919년	미곡비료상, 정미업.
袋常三郎	宮城	1922년	농업, 금융업. 상주청년단장, 재향군인분회장, 면협의원.
福岡九八	鳥取	1924년	미곡비료상. 면협의원, 금융조합 평의원, ㈜경북운송 감사, ㈜상주주조 중역.
和田泰一	山口	1924년	대구高田상회 상주지점.
御原正平	兵庫	1928년	면장. 학교조합 관리자.
久枝賴三	山口	1929년	경찰서.
佐藤久成	秋田	1930년	조선식산은행 상주지점장.

출전 : 遠摿藏, 『慶北大鑑』(1936)을 바탕으로 작성

광업자

상주에서는 광산 경영에 관여한 일본인도 눈에 띈다. 병합 직후에 발간된 『경북요람慶北要覽』에 게재된 「경북광업일람慶北鑛業一覽」에는 1906년 이후의 경북의 광산이 소유자별로 55곳 소개되어 있다. 그 가운데 상주군이 19곳, 나중에 상주에 통합된 함창군이 3곳이나 포함되어 있다. 그 중 상주군의 것을 지역별로 정리한 것이 <표 2-11>이다.

<표 2-11> 상주의 광산과 광산소유자(1906~1910)

內北面	금광 (平澤岩太郎)
內南面	금광 (出口仁助 외 2명)
內東面	사금 (神野玉五郎 ; 菰口熊太郎)
內西面	금광 (本鄕直 ; 金斗寅)
外南面	흑연 (千竈助二)
外東面	사금 (神野玉五郎), 금광 (渡邊榮太郎)
外西面	금광 (本鄕直)
中北面	금광 (平澤岩太郎 ; 本鄕直)
長川面	금광 (井上田鶴之助 ; 渡邊榮太郎), 금은 (鄭永斗·李貞烈)
化東面	흑연 (小宮萬次郎 외 1명 ; 한국식산주식회사 ; 矢島寬一郎 ; 古谷賢一·土井仲 ; 稻垣梅二郎 외 3명)
牟東面	흑연 (千竈助二), 砂鑛 (長谷川竹吉 외 3명)
牟西面	흑연 (小宮萬次郎 외 2명 ; 한국식산주식회사)

출전 : 「慶北要覽」(『大邱新聞』 1381호 부록, 1910년 10월, 9~10쪽)을 바탕으로 작성.

금광에 대해서는 '메이지明治 말엽에는 골드러시가 일어난 적도 있다. (…) 이조 말기부터 메이지 말기에 걸쳐서 사금砂金의 채취 또는 광석 분쇄에 의해서 다량의 금이 군 밖으로 반출되었다'(『발전지』)고 되어 있어, 병합 전후에는 다수의 광산업자들이 들어와서 채굴했음을 알 수 있다. 이 가운데에는 조선인도 소수 포함되어 있었지만, 표에서도 보이듯이 일본인이 상당한 비율을 차지했다. 1914년에는 총독부가 상주광무소尙州鑛務所를 설치하고, 광구鑛區 4개소를 두어 조사를 개시했다. 1924년에는 총독부에 의한 보류구역保留區域을 상주광업사尙州鑛業社(사장 松方乙彦)에 불하했는데, 그 후 1929년에는 사가佐賀탄광주식회사에, 1932년에는 도쿄에 본사를 둔 주가이中外광업주식회사에 매각되었다. 한편 흑연광은 고미야小宮흑연광업회사(모서면 유방리柳坊里, 111.1만 평), 야마시타山下흑연광업회사(이안면, 59.7만 평), 미야타에이지로宮田榮二郎흑연광산(공검면, 52.8만 평) 등이 큰 회사였다.

이러한 광업과 관련된 일본인은 상주 지역의 유력자로서는 별로 이름이 등장하지 않는다. 발견한 광물자원을 광부를 고용하여 채굴한 뒤 지역 밖으로 반출해서 돈을 버는 사업의 형태로 보더라도, 광업에 관여한 일본인은 지역사회에서 상당히 외부자적인 성격을 가졌다고 할 수 있을 것이다. 물론 이것은

<그림 2-5> 雲坪의 金鑛製鍊所(1945년경)
출전 : 『사진으로 보는 반백년전 상주』(상주문화원, 2003년) 사진제공 : 조성완

일본인에 의한 광업이 지역사회의 외부에 있었다는 것을 의미하지는 않는다. 조선총독부의 조사에 따르면 비교적 규모가 큰 광산이라면 '갱부가 70명 있고 여름철에는 200명에 달했다'(중동면 회상리回上里 방면의 사광砂鑛), '다이쇼大正 2년【1913년】 가장 성하여 갱부 100명, 선광부選鑛夫 100명이 있어'(모서면 유방리 방면의 흑연 광상鑛床)라는 정도로 광산 노동자를 모으고 있었으므로,16) 지역사회의 노동력 수탈이라는 점에서 영향을 미쳤다고 생각된다. 또한 1924년에 개통된 경북선을 신청할 때 광물자원을 군 밖으로 반송搬送한다는 목적도 크게 내세웠다는 점에서 간접적으로도 영향을 미쳤다고 할 수 있다.

농업자

상주의 일본인 농업자 수에 대해서는 <표 2-12> 정도가 파악된다. 초기의 통계가 얼마나 정확한지는 불확실하지만, 1910년대에 농업이민이 증가한 후에

---

16) 『朝鮮鑛床調査報告 第10卷 卷之三(慶尙北道)』, 朝鮮總督府 地質調査所, 1924.

<표 2-12> 상주의 일본인 농민

	호수	겸업 내역	인수
1912	32*	-	
1917	88	-	359
1925	57	-	224
1927	69	-	313
1928	77	-	334
1929	77	-	336
1930	78	-	352
1933	71	14	-
1934	64	9	-
1935	57	9	-
1936	56	8	-
1937	54	7	-
1938	54	1	-

비고 : 1912년의 숫자는 『勸業統計書』(慶尙北道, 1913)에 실린 상주와 함창의 '내지인' 농업경영자수를 더한 것이다.

줄곧 낮은 수준에서 맴돌았고, 특히 1930년대가 되면 도리어 서서히 감소했음을 알 수 있다. 민족별로 토지소유형태를 조사한 통계가 없기 때문에, 이 일본인 농업자들이 어떠한 지위에 있었는지는 잘 알 수 없다. 1912년에 상주(함창을 제외)의 일본인 농업경영자 24명이 23,500원을 투자하여 38.1정보町步의 논과 7.6정보의 밭을 소유하고 있던 것을 알 수 있을 뿐이다.[17] 이 숫자를 그대로 믿는다면 한 경영자당 논 1.6정보, 밭 0.3정보의 토지를 소유하고 있었다는 계산이 된다. 같은 시기에 상주의 '모범농리模範農里'로 불렸던 외남면에서조차 농가 1호당 경지면적이 전답 합쳐서 0.8정보였음을 감안한다면, 조선인 농민보다 평균적으로 우위에 있었다고

할 수 있다. 애초에 1912년 시점에서 1인당 약 천 원에 달하는 농업 투자가 가능했던 것은 농업자로서의 초기 조건이 달랐기 때문이라고 할 수 있다. 다만 경상북도 지역에서는 전라도·경기도 등에서 나타났던 바와 같은 대지주가 거의 없었는데, 상주 역시 그러해서 1920년대가 되어도 30정보 이상의 토지를 가진 일본인의 명단[18]에 상주 거주자는 눈에 띄지 않는다.

이런 농업이민이 어떠한 경로로 상주에 왔는가는 정확치 않다. 다만 국책회사인 동양척식주식회사東洋拓植株式會社(이하, '동척東拓')를 통한 이민이 포함되어 있던 것은 확실하다.[19] 동척의 '식민' 사업은 1910년의 제1차 모집(수용은

---

17) 앞의 『勸業統計書』, 63쪽.

18) 「內地人農事經營者調」(앞의 『朝鮮に於ける內地人』 所收)에 1922년 말 현재, 30정보 이상의 경영자 일람이 있다. 거기에는 경기도 20, 충청북도 2, 충청남도 25, 전라북도 30, 전라남도 24, 경상북도 4, 경상남도 11, 황해도 14, 평안남도 7, 평안북도 3, 강원도 6, 함경남북도 각 1인의 경영자가 기재되어 있다.

19) 이하 水田直昌 監修, 『資料選集 東洋拓殖會社』(友邦シリーズ21, 財團法人友邦協會, 1976)에 실린 『東拓の殖民事業』(朝鮮支社 農業課, 1935)을 바탕으로 서술.

1911년부터)부터 시작되어 매년 농업이민을 조선 각지로 보냈고, 1917년 이후는 일본인 농업자의 3~4할을 동척 이민이 차지하였다. 상주에 몇 사람이 보내졌는지 정확한 숫자는 확실치 않지만, 1932년까지 상주, 화서, 함창, 공성, 사벌, 모동 등 각 면에 동척을 통한 이주자가 있었다(「移住地所在面名表」, 주19)의 자료 참조). 동척 농업이민은 비교적 저리低利로 회사 소유 토지를 양도 받을 수 있었기 때문에 '대체로 내지內地 재주在住 당시와 비슷한 정도 이상의 생활'을 했다고 하지만, 반드시 모두 잘 되었던 것은 아니어서 '무단 이주지 퇴거', '자산결핍', '성향 불량 기타 가정 사정', '질병' 등의 이유로 이주 호수의 3분의 1 정도는 탈락하였다. 상주에서의 일본인 농가의 감소에도 아마도 같은 이유가 있지 않았을까 생각한다.

관공리

앞에서 다룬 바와 같이 경찰과 같은 치안조직의 경우 면 수준에서도 반수 이상이 일본인이었다. 한편 면사무소는 조선인 관리가 대부분이었으며, 일본인 관리는 읍내에 있는 군청에 기수나 군속 등의 직위로 소속되어 있었다.

경찰, 면사무소와 함께 면 수준에서 관공리가 배치되었던 곳은 보통학교와 금융조합이다. 보통학교가 어떻게 확충되었는지에 대해서는 4장에서 상술하겠지만, 조선 전체적으로는 1919~1921년의 3면 1교 계획, 1929~1936년의 1면 1교 계획에 따라 서서히 증설되었다. 일본인 교원의 분포를 우선 1930년의 사례를 통해 보면, 먼저 일본인이 다니는 것을 상정한 심상소학교尋常小學校가 읍내·함창·화서에 하나씩 있었는데, 그곳에서 교편을 잡았던 10명의 교유教諭 전원이 일본인이었다. 조선인 대상의 공립보통학교의 경우, 먼저 읍내에 있었던 상주 및 상주여자의 경우는 합계 22명의 교유 가운데 일본인 교유가 8명이다. 그 이외의 10개 학교는 거의 농촌부에 있었는데, 51명의 교유 가운데 일본인은 고작 11명이어서 중모면이나 은척면 등에는 일본인 교유가 없었다.[20] 금융조합

---

20) 앞의 『朝鮮總督府及所屬官署職員錄』, 1930년판에 의한다.

은 보통학교만큼 많지는 않아 1936년에 7개 조합(그 중 두 개는 읍내)이 있었으므로 3~4면에 하나 정도였다. 직원 구성을 알 수 있는 자료를 구하지 못해 일본인의 분포는 알 수 없으나 그리 많지는 않았을 것으로 생각된다.

이상을 통해 일본인 관리는 치안조직 및 일본인의 교육을 담당하는 자리에 중점적으로 배치되었고 전반적으로는 읍내에 편중되었음을 알 수 있다.

2. 읍내의 '시가지'화

1) 읍치의 환골탈태

이제까지 살펴본 행정기구의 변혁이나 일본인의 유입에 따라 그 모습이 특히 크게 변한 것이 읍내이다. 읍내는 왕조 시대의 지방성곽행정촌락＝'읍치'로서의 특색이 점차 파괴되면서, 식민지 행정관청과 상업적인 시설이 어우러진 '시가지'로서 <읍> 가운데에서도 유달리 돋보이는 양상을 나타냈다. 그럼 상주 읍내의 모습이 어떻게 변해갔는지를 개관해 보자.

먼저 한국병합에 앞서서 새로운 차림새를 갖춘 관청이 상주 읍내에 등장하기 시작했다. 1909년의 시점에서 이미 군아郡衙 외에 헌병분견소·수비대·경찰서·재판소·우편국·재무서·금융조합·농상공은행農商工銀行·소학교·공립보통학교가 설치되었다.[21] 지금 확인된 범위에서 병합 전까지 새롭게 설치된 관청 및 공적公的 시설을 보면 <표 2-13>과 같다.

읍치邑治로서의 성격을 나타내고 있던 읍성

<표 2-13> 병합 전 상주 읍내의 관공서

설치시설	설치일	설치시 명칭
우편국	1905년 6월 9일	釜山郵便局 尙州出張所
경찰서	1906년 12월	尙州警務分署及顧問分遣所
보통학교	1907년 6월 1일	尙州公立普通學校
소학교	1907년 7월 11일	尙州公立尋常小學校
금융조합	1907년 10월	尙州金融組合
수비대	1907년 12월	尙州守備隊
헌병분견소	1908년 7월	憲兵隊 大邱分帶 尙州分遣所
재판소	1909년 1월 20일	大邱地方裁判所 尙州郡裁判所

21) 『韓國各道著名地一覽表』, 韓國駐箚憲兵隊本部, 1910.

邑城의 성벽을 허문 것은 병합 후인 1912년경의 일이었다. 1929년에 증보된 『상산지尙山誌』 권3에는 아래와 같이 기술되어 있다.

　　　임자년壬子年[1912년]에 이르러서 그 성을 부수고 그 누각을 허물어 이번에는 시가市街 통로通路를 만들었다. 호지壕池나 성도 아울러 폐허가 되어 덧없이 미나리꽝이나 왕골밭이던 것이 이제는 전부 흙을 돋우어 가옥을 짓고 말았다. 예전의 성이나 연못이 있던 곳을 이제 다시 기억할 수 없다.

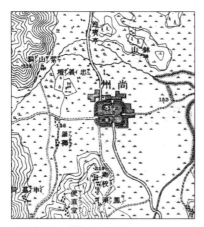

<그림 2-6> 상주 읍내 지도

비고 : 1911년, 陸地測量部, 원 축척은 5만분의 1.

　　1911년에 육군陸軍 측량부測量部가 임시로 인쇄·발행한 「약측도·목산측도 등의 집성略測圖目算測圖等 /輯成」에 실려 있는 약식略式 5만분의 1 지도(그림 2-6)를 보면, 읍성 비슷한 것이 그려져 있다. 남으로는 문경에 북으로는 김천에 이르는 도로와, 서로는 보은으로 동으로는 낙동강에 이르는 도로가 상주성의 동서남북 네 개 문에 연결되어 성내城內는 작은 길이 통하고 있는 듯이 보인다. 이 성벽이 허물어짐에 따라 구래의 상주성 한가운데 큰 십자로가 생겼고 읍성이 시가지로 변모해 갔다. 위에 인용된 글의 시점에서 성벽의 자취가 더 이상 알 수 없다고 기술되어 있지만, 1930년대에 작성된 상주시가지도를 보면 구래의 성벽이 있었던 부분이 골목길처럼 나타나 있다(그림 2-7). 그러나 읍성을 특징 지웠던 것들은 '덧없이' 사라져 갔다.[22]

---

22) 마침 읍성의 성벽이 허물어진 전후 시기인 1912년 12월 10~11일에, 조선총독부의 고적보존위원이던 關野貞, 谷井濟一, 栗山俊一의 일행이 상주에도 들러 조사를 행하고, 고적으로서의 가치를 갑을병정으로 등급을 매겼다(『大正元年朝鮮古蹟調査略報告』). 상주의 읍치에 대해서는 商山館, 鎭南樓樓, 中門, 南門弘治門, 西門鎭商門을 조사하여 각각 병·병·정·병·정으로 평가했다. 참고로 상주의 경우 갑은 없고 을은 達川里 三重石塔과 上丙里 多層石塔 두 개인데 모두 신라시대의 것이다. 이러한 평가가 곧바로 보존할

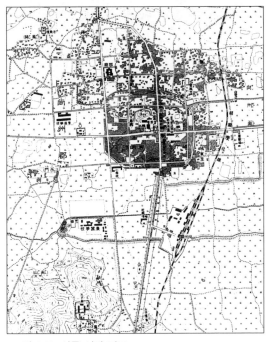

<그림 2-7> 상주 시가 지도

비고 : 1933년, 陸地測量部, 원래 축척은 1만분의 1.

<그림 2-8> 상주의 향청

비고 : 저자 촬영. 향청은 군수의 관사로서 사용되었지만 최근에 향청으로 복원이 진행되고 있다.

그와 더불어 몇몇 지명에 일본식 '정町'의 명칭이 붙게 되었다. 서성내리西城內里와 북문외리北門外里는 '서정동西町洞'(현 서성동西城洞)이 되고, 남성내리南城內里·남문외리南門外里·상남문리上南門里·낙중리洛中里·내서면 창내리倉內里는 '남정리南町里'(현 남성동南城洞)가 되었다. 또한 길의 명칭도 남북을 종단하는 2등 도로가 '본정통本町通', 동서를 횡단하는 1등 도로가 '태평정통太平町通'이 되었다.

이를 전후하여 사족의 중요한 거점이었던 향청鄕廳(향사당鄕射堂, 그림 2-8)이 관에 접수되어 버렸다. 『상산지』에는 다음과 같이 경위가 기술되어 있다.

변혁 후 군대가 주류駐留하게 되자 공가물公家物로 것인가 말 것인가의 기준이 되었다고는 할 수 없겠지만, 당시 일본인의 가치관의 한 면을 드러낸다고 할 수 있다.

간주하였다. 사론士論은 심했지만 애석하게도 되돌릴 수 없었다. 금장錦粧은 향교로 옮겼다.

향청은 사족이 읍성 북측에 자치적으로 세웠던 것으로 소위 관아는 아니기 때문에 그것을 '공가물'이라고 하는 것은 무리가 있다. 접수될 때 '사론'이 일어난 것은 당연했다. 이 '변혁'이라는 것이 정확하게 언제 일인지는 확실치 않다. 전술한 바와 같이 의병 탄압을 위해 상주에 수비대가 파견된 것이 1907년 가을 무렵의 일이고, 또한 대대 규모의 상주수비대가 설치된 것은 다음 해인 1908년의 일이었다. 인접 지구에 있는 무학당武學堂이 '공가公家'로 들어간 것이 1907년이라는 기록도 있으므로(3장 참조), 아마도 그 무렵의 일이었다고 추정된다. 향청이 위치한 인봉리仁鳳里 90번지의 구 토지대장(상주시청 소장)을 보면, 1913년 3월 31일의 사정査定에서 이미 소유자가 '국國'이라고 기록되어 있으므로 토지조사사업 당시 관유官有가 기정사실화되었음을 알 수 있다. 금장錦粧이란 향청에서 기록·보관해 온 향안이 아닐까 생각된다.[23]

또한 이것과 관련하여, 1942년 상주에서 짧은 답사를 행한 농촌사회학자 스즈키 에이타로鈴木榮太郎는 다음과 같은 흥미 깊은 조사 내용을 기록하고 있다.[24]

상주의 향청은 군청 밖에 건물을 갖고 있었다. 신제도新制度로 되었을 때, 향청의 건물은 일체 관에 거둬들여졌다. 군내의 유림은 향청은 본래 군내의 유림의 것으로 생각하고 있었기 때문에 대구의 재판소에 진정陳情을 냈지만, 결국 반환을 받는 데 이르지 못했다.

위는 군청의 소개로 만난 靑山景明이라는 인물[25]로부터 통역을 중간에 두고

---

23) 『商山誌』의 같은 부분에 '鄕의 선배 및 이전에 邑先生을 거친 사람은 책에 써서, 이것을 錦粧案으로 삼는다'고 기록되어 있다. 역대 수령을 기록한 『尙州牧先生案』이라는 기록도 전하지만, 그것을 향청에서 관리하였다고는 생각하지 않는다. 아마도 1장에서 살펴본 鄕案이라고 판단된다.
24) 鈴木榮太郎, 『朝鮮農村社會踏査記』, 大阪屋號書店, 1944, 239쪽.

들은 이야기라고 되어 있는데,『상산지』의 기술과도 정합성이 있고 아울러 '사론이 심했'다고 표현된 부분이 재판소에 대한 진정으로 보다 구체적으로 기록되어 있다. 만약 대구재판소까지 진정하러 갔다는 증언을 글자 그대로 받아들인다면 향청의 접수는 1909년 이전의 일이 될 테지만,[26] 이 시기의 재판소 기록에서는 그러한 기술을 찾을 수 없었다. 어떻든 중요한 것은 일본군의 주둔과 함께 사족의 중요한 거점이 관에 접수되어버렸다는 점이고, 또한 그것에 사족 층이 분기奮起했다는 점이다.[27] 3장에서도 서술한 바와 같이, 의병운동의 주체에는 사족 층이 광범위하게 포함되었으므로 '토벌'하는 측도 '양반·유생'을 '요주의'로 여기고 있었다. 향청을 접수한 것은 읍성의 바로 옆에 건물이 있었다는 이유도 있었을 테지만, 군경의 그러한 사족관士族觀에서 보면 그 행위는 대단히 상징적이다. 그와 같은 의미에서 향청은 군경에 '점령'되었다고 해도 과언이 아닐 것이다.

이러한 흐름 가운데 옛 관아는 다른 용도로 쓰이거나 헐렸다.『상산지』의 「공서公署」조에는 <표 2-14>와 같이 기록되어 있다.

<표 2-14> 관공서의 전환

客館(商山館)	1907년, 상주공립보통학교의 교사로서 사용되었다. 1910년에 殿牌를 도청에 봉납했다.
聽猶堂	1901년에 화재가 났다. 그 자리에 경찰서.
製錦堂	청유당 화재 후에는 군수가 여기에서 집무. 그 후 수비대가 주재했다.
戶長廳	창고·검사실·법정을 증축하여 재판소가 되었다.
作廳(吏房廳)	1909~1925년까지 군청사무소가 설치되었다.
刑吏廳	1920년까지 경찰서로서 사용되었다.

25) 본명은 확실치 않다. 사족 문화를 잘 알고 있고 이족 가문을 유림이 아니라고 확실히 말하는 것에서 사족 가문의 인물임에 틀림없다.

26) 대구지방재판소 상주군 재판소가 설치되었던 것이 1909년 1월 20일, 통감부 재판소를 거쳐서 대구지방법원 상주지청이 되는 것이 1912년 4월 1일의 일이다(『尙州誌』, 1989).

27) 그 후 계속하여 건물은 관유官有가 되어 군수 관사 등으로서 사용되었다. 접수로부터 대략 90년 후인 2001년에 이전 향청의 모습을 복원하는 사업이 실시되었다. 그 때 천정 속에서 상량문이 발견되었다. 그 동안 상당히 개축되었을 터이지만 기본적으로 이전 향청 건물의 골조를 그대로 사용했음이 밝혀졌다.

教房廳	1926년, 우편국이 세워졌다.
鎭營	1925년, 옛터에 군청을 세웠다.
制勝堂	진영 폐지 후 헐었다.
太平樓	1920년, 향교의 東山으로 이축되었다.
南門(弘治舊樓)	1924년, 상주면소 구내로 이전되어 회의실이 되다.
二香亭	시가지 정리 때 군이 공매, 군내 유지가 사서 紫陽山 아래로 이축.
武學堂	병합 후 새로이 養老所로 삼았다.
迎賓館	병합 후 헐려 機業所가 되었다.

출전 : 『商山誌』 1929년판, 卷之三 公署條.

흥미로운 것은 읍내에 관공서를 설치할 때에 처음부터 새로 관사官舍를 건설하지 않고 구래의 관아에 들어가서 간판을 바꿔다는 형태를 다수 취했다는 점이다. 건축 비용 등의 점에서 보면 당연한 것일지도 모르지만, 결과적으로 조선시대의 관아가 식민지 행정의 관청으로 서서히 환골탈태되어 간 셈이다.

읍내의 환골탈태라는 점에서, 가장 상징적인 의미가 강했다고 생각되는 것은 읍내의 중심부에 있는 나지막한 '왕산'이다. 경위는 확실치 않지만 '왕산王山'은 식민지기에는 '앙산央山'이라고 표기가 변했다. 일본어로는 모두 같은 '오-산おうさん'이라는 발음이 되는데, 역사적으로 식민지기 이전에 '앙산'으로 표기된 문헌은 없으므로 일본인의 유입과 함께 변했을 가능성이 높다. 이 '앙산' 위에는 아마테라스 오미가미天照大神를 모시는 사당으로서 '상주신사尙州神社'가 세워졌다. 앞서 서술한 바와 같이 전시체제기에는 뭔가 일이 있을 때마다 참배가 강요되었던 장소이다(앞의 표 2-6, 그림 2-2). 언덕 남쪽에는 큰 광장을 가진 경찰서가, 서쪽에는 법원이 만들어져, 결과적으로 왕산의 주변에 신(신사) - 법(법원) - 폭력(경찰)의 장치가 집결되어 '왕王'에서 '앙央'으로 변화를 연출하고 있었다. 한편 경내에는 벚나무가 심어져서 1920년대에는 '조망이 절경인 시민 유일의 오락원娛樂園'

〈그림 2-9〉 王山(央山)의 벚나무

출전 : 逵捨藏, 『慶北大鑑』(1936)

으로도 평가되었다(『발전지』, 그림 2-9). 애당초 이 산은 일본인에 대해 원한이 많던 산이었다. 『상산지』는 일찍이 왕산이 '장원봉壯元峰'이라고도 불려 장원(= 과거 시험에서 1등으로 합격한 사람)을 수많이 배출하는 산으로 여겨졌는데, 임진왜란 때에 왜병이 키가 큰 나무를 벌채하고 정상에 높은 누각을 세운 이래로 40년 이상이나 장원이 나오지 않았다는 일화를 전하고 있다. 해방 후 바로 신사는 허물어졌지만, 지금도 왕산의 재정비를 요구하는 목소리가 있는 데는 이러한 유래가 있다.

2) '시가지'로서의 읍내

이와 같이 하여 서서히 '시가지市街地'로 변화해 간 읍내는 상주 사회 속에서 어떠한 존재였을까. 이하 몇 개의 관점에서 검토해 보자.

〈표 2-15〉 상주의 회사(1936)

본점	명칭	위치	창립연월	영업종류	공칭자본금(원)	사장
尚州	讚岐酒造株式會社	尚州邑西町里	1918년 8월	주류 제조업	78,000	蒲生嘉藤治
	尚州酒造株式會社	尚州邑仁鳳里	1928년 4월	주류 제조업	120,000	稻垣德三郎
	梁村合名酒造會社	尚州邑梁村里	1929년 10월	주류 제조업	23,000	朴淳
	尚州運送株式會社	尚州邑城東里	1933년 1월	운송업	10,000	和田泰一
	尚州麴子株式會社	尚州邑西町里	1934년 6월	주류 제조업	200,000	朴寅洙
	合名會社尚善酒造場	尚州邑西町里	1934년 9월	주류 제조업	24,000	崔尚善
	尚州藥酒株式會社	尚州邑南町里	1935년 5월	주류 제조업	120,000	朴淳
	咸昌酒造株式會社	咸昌面舊鄕里	1934년 10월	주류 제조업	50,000	金元漢
	咸昌物産株式會社	咸昌面舊鄕里	1935년 10월	운송업	50,000	廣津友助
京城	殖産銀行尚州支店	尚州邑西町里	1918년 10월	은행업	30,000,000	倉品銕夫
大邱	大興電氣株式會社 尚州支店	尚州邑伏龍里	1924년 6월	전기업	500,000,000	畑山莊司
門司	山下黑鉛株式會社	利安面雅川里	1920년 3월	광물가공판매	450,000	宗三郎
東京	中外鑛業株式會社	洛東面城洞里	1932년 5월	금은동철	7,800,000	原安三郎

출전 : 『郡勢一班』(상주군, 1937)

<그림 2-10> 상주의 시가지(1936)
출전 : 상주농잠학교 1936년도 졸업앨범(상주대학교 도서관 향토자료실 소장)

<그림 2-11> 상주의 시가지(1941)
출전 : 상주농잠학교 1941년도 졸업앨범(상주대학교 도서관 향토자료실 소장)

상주 읍내는 1920년대 이후 경공업과 상업이 지역 산업으로서 두드러졌다. 1936년 시점에서의 회사를 보면 <표 2-15>와 같다. 한 눈에 알 수 있듯이 공칭자본금액 상위 4개 사가 대구·경성·도쿄東京·모지門司【일본 규슈九州 최북단의 항구도시】에 본점을 둔 회사였고, 상주의 지역자본은 모두 상주 읍내 및 함창에서 설립되었다. 특히 1930년대가 되면 조선인 소자본가도 형성되었는데, 지주이기도 했던 그들은 모두 농업의 잉여생산물을 이용한 주조업 등의 경영을 통해 자본을 축적해 갔다. 박인수朴寅洙와 최상선崔尙善 등 이들 회사의 출자자들 가운데 일부는 읍내를 주된 생활거점으로 삼고 있던 이족계 가문 출신인데 근세로부터의 지속과 변용을 엿볼 수 있다. 후술하는 바와 같이 이러한 자산가가 각종 사업에 출자하기도 한다.

사진 자료를 통해 읍내의 모습을 보자. <그림 2-10>(1936년)과 <그림 2-11>(1941년)은 모두 당시의 본정통本町通과 태평정통太平町의 교차점(현 스탠다드차타드은행 앞 네거리)으로 상주 시가지의 중심에 해당한다. 우선 전신주와 전선이 눈에 띄는데 3장에서도 서술하겠지만 1920년대부터 서서히 읍내에 전기가 들어 왔다. 또한 '日光堂時計店', '金河堂時計店', '金河電氣商店'과 같은 상점이 눈에 띈다. 1936년의 상황을 보면 읍내에서는 서정리·인봉리를 중심으로 하여 서적·문구점, 약방, 철물점, 간장 가게, 여관, 운송점, 인쇄소, 의원, 철공소, 석유 가게, 미곡상, 요리집, 구두방 등의 상점이나 극장 등이 줄지어 들어서 있었다. 상주 안의 다른 지역에는 이만큼 다양한 업종이 모여 있지 않았으므로,

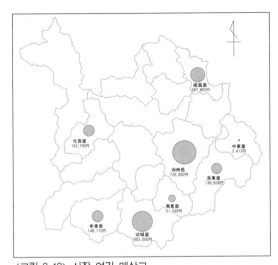

<그림 2-12> 시장 연간 매상고

출전 : 『郡勢一斑』(상주군, 1937)을 바탕으로 작성

그러한 점에서도 읍내는 다른 농촌부에 비하면 상당히 이질적인 존재였다고 할 수 있다.

다만 읍내 상설점의 존재를 과대평가해서는 안 된다. 유통면에서 보면 상설점에 의한 거래 규모는 이전부터 있던 시장에 비하면 비중이 작았다고 생각되기 때문이다. 1936년 당시 정기시장의 연간매상고를 나타낸 것이 <그림 2-12>이다. 역시 읍내의 '상주장'이 가장 높은 매상을 올리고 있는데 그 이외의 지역에서도 일정한 매상이 있으므로, 근세 이래의 지방 시장 네트워크가 지속되고 있었다고 할 수 있다.

직업구성에서도 '읍내'의 특징이 나타났다. 1930년 국세조사의 직업통계를 <표 2-16> 및 <그림 2-13>으로 집계했다. 상업인구가 상주면(읍내를 포함한 면)에서 12.0%, 기타 면에서 2.6%, 농업인구가 상주면에서 70.7%, 기타 지역에서 90.2%라는 비율로 읍내의 상황이 조금 이질적이었음을 드러내고 있다.

1924년 10월에 김천-상주 간 경북선이 개통되었다.[28] 상주군내에는 다섯

---

28) 이 철도 부설과정에 대해서는 김천에 거주하는 일본인 유력자 遠舍藏이 『慶北沿線發展誌』에서 비교적 상세히 기술하고 있다. 경북선의 부설계획은 1916년 12월까지 거슬러 올라간다. 김천의 일본인 유력자 12명, 상주의 일본인 유지 12명이 連署하여, 朝鮮輕便鐵道株式會社 사장 앞으로 김천-상주 간 輕便鐵道【기관차와 차량이 작고 궤도가 좁은 규모가 작고 간단한 철도】의 부설을 요구하는 청원서를 제출했다. 청원서에 의하면 김천-상주간의 교통기관으로서 몇 대의 자동차가 하루에 수 차례 왕복하고 열 몇 대의 客馬가 보조하고 있지만, '도저히 수용하지 못하고', 화물 운송을 위해 70~80대의 짐마차가 있지만 늘 '밀린 화물이 산더미'를 이루는 상황이라고 하였다. 이미 이 시점에서 김천의 집산력과 상주의 농산물·광산물을 연결하는 노선을 열망할 정도로 일본인 유력자에 의한 상업 활동이 활발했던 것이다.

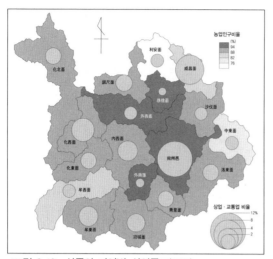

<그림 2-13> 상주의 지역별 산업구조(1930)

출전 : 『昭和五年朝鮮國勢調査報告 道編 第六卷 慶尙北道』, 朝鮮總督府, 1933.

개의 역이 있었다. 1936년 시점에서 상주역과 다른 4개 역의 인원 및 화물의 이용 상황을 비교한 것이 <표 2-17>이다. 이것을 보면 연간 탄 사람수·내린 사람수·도착화물의 톤수 모두 상주역이 다른 네 역의 합계를 웃돌고 있어서 읍내에서 많이 이용했음을 말해준다.

<표 2-16> 상주의 산업구조(1930)

	유업자 인구	농업	광공업	상업	교통업	공무 자유업	가사 사용인	기타 유업자	무직
상주면	10,197	7,207 70.7%	454 4.5%	1,220 12.0%	95 0.9%	297 2.9%	285 2.8%	639 6.3%	17,158
그 외	69,682	62,845 90.2%	3,402 4.9%	1,796 2.6%	118 0.2%	444 0.6%	393 0.6%	684 1.0%	75,234

출전 : <그림 2-13>과 같음.

이 계획은 좌절되었지만 1918년이 되면 김천의 일본인 유지가 주도하여 도쿄상업회의소의 지원까지 얻어 김천부터 상주를 거쳐 영주까지 이르는 광궤【지금의 표준궤】 철도를 부설·경영하기 위한 자본금 2천 원의 朝鮮産業鐵道株式會社 설립 계획이 입안되었다. 이듬해에는 총독부의 인가가 나고 실측에 착수했지만, 1920년 7월 '경제계의 대공황과 조우'했기 때문에 계획은 일시 중지되고 도쿄상업회의소에서는 회사 해산 결의마저 내놓았다. 그러나 김천과 상주의 일본인 유지 각각 두 사람이 조선산업철도 해산반대유지회를 결성하고 『釜山日報』 등의 미디어를 통한 선전, 정무총감이나 철도국장 등에 대한 로비 활동, 조선 전역의 유력자에 대한 격문 발송 등의 운동을 전개한 결과 全鮮商業會議所聯合會가 해산반대를 결의했다. 이것을 받아들인 총독부도 해산을 인가하지 않아서 1922년 4월에 선로부설에 착공했다. 김천-상주 간 25.4km(1924년 10월), 상주-점촌 간 23.8km(1924년 12월), 점촌-예천 간 25.4km(1928년 11월)를 차례차례 개통하고 1931년 10월에 김천-영주 간 115km 전선이 개통되었다.

<표 2-17> 경북철도의 이용현황(1936)

경북철도	인원		화물	
	탄 사람 (명)	내린 사람 (명)	발송 (t)	도착 (t)
상주	88,625	74,224	15,685	16,346
그 이외의 4역 합계	70,768	67,058	16,202	6,580

출전 : 『郡勢一班』(상주군, 1937)

통신 면에서도 상주군내 다섯 개 우편국 가운데, 우편물의 경우 상주우편국이 다른 네 개 우편국의 합계보다도 1.3배 정도의 양을 취급하고, 전화의 발착 수는 8.1배, 전보는 2.8배의 양을 취급하여, 인구비율을 고려하더라도 읍내의 존재가 나름대로 두드러졌던 것을 알 수 있다(표 2-18).

<표 2-18> 지역별 우편 이용 상황(1936)

통신	통상		소포		전화		전보	
	인수	발송	인수	발송	발	착	발	착
尙州郵便局	860,661	813,882	3,656	8,548	29,930	28,287	16,021	14,358
咸昌郵便局	250,496	355,743	1,020	3,121	4,743	467	3,230	3,480
그 이외의 3국 합계	205,989	458,264	728	3,571	1,851	88	2,063	2,188

출전 : 『郡勢一班』(상주군, 1937)

이상과 같이 읍내는 농촌부에 비하면 이질적인 존재로서 <근대>를 둘러싼 지리적 불균등성을 나타내고 있었다. 그렇다고 해도 읍내의 이질성은 농촌부에 비하여 상대적으로 그렇다는 것이지, '도시'라고 할 정도의 존재가 되었다고는 할 수 없다. 시가지가 서서히 형성되어 갔다는 정도이다. 그래도 3장의 지역엘리트의 구조, 4장의 교육을 둘러싼 구조, 5장의 개인의 행동을 논하는 데 있어서, 읍내/농촌부의 차이는 중요한 의미를 갖는다.

3. 지역산업의 변용과 지속

지금까지 지역사회의 지배구조의 변화 및 읍내의 시가지화 과정을 따라가면서 근세부터 근대에 걸친 사회 변화의 일단을 살펴보았다. 이 장의 후반부에서는 누에와 술 두 가지에 초점을 맞추어 그러한 변화를 보다 구체적으로 논하고자 한다.

양잠업養蠶業과 주조업酒造業은 근세의 연장선상에서 근대 지역사회의 변화를 검토할 수 있다는 점에서 중요한 연구대상이다. 누에고치는 자가용自家用도 포함되어 있지만 대부분은 지방 시장에서 상품으로 판매할 것을 상정하고 생산해 왔다. 따라서 양잠업에 대해서는 조선시대 상품경제 전개의 연장선상에서 식민지기의 신흥섬유자본과의 관계를 논하겠다. 한편 주조업의 경우는 조선시대에는 각 농가가 자가용으로 생산하든가 아니면 각지에 산재하는 주막과 같은 소규모 술집에서의 생산·판매가 대부분이어서 전적으로 주류의 생산에 종사하는 주조업자라고 부를 만한 이는 지역사회에는 거의 존재하지 않았다. 식민지기의 주세령酒稅令 체제하에서 자가용 주조가 금지되면서 주조업자의 합동집약이 진전되었다. 이러한 공통성과 대칭성을 가진 두 개 산업의 전개에 비추어 이하에서 식민지기의 변화와 지속을 논하겠다.

1) 상업적 농업의 재편 : 양잠업을 중심으로

조선 전역이 그러했던 것처럼 농촌부에서는 1910년대의 토지조사사업, 1920년대에 시작된 산미증식계획, 1930년대의 농촌진흥운동 등을 계기로 하여 큰 변화가 일어났다. 그러나 지역을 한정하여 이러한 변화가 구체적으로 어떻게 되었는가를 조사하는 것은 자료적인 면에서 대단히 어렵다.

여기에서는 상주 농가에 있어서의 변화, 그 중에서도 상업적 농업의 전개를 살펴보기 위해서 양잠업에 주목하려 한다. 누에고치蠶繭는 생산농가에게 실용품이라기보다는 환금換金을 목적으로 생산되므로 상업적 농업의 전개를 생각하는데서 빼놓을 수 없다. 제국주의하의 일본 섬유산업의 조선 진출에 따라 조선의 농촌은 섬유의 원료공급지로서 재편되었고, 그 중에서도 양잠업은 농가의 주요한 '부업副業'의 하나로 자리 잡게 되었다. 그러나 양잠업은 단순히 '이식'된

<그림 2-14> 상주의 재래 뽕나무

출전 : 『朝鮮農會報』 11권 1호, 1916.

것이 아니라, 조선시대부터 계속된 산업이었다. 그중에서도 상주는 조선에서 상당히 알려진 양잠업의 산지로서 고치의 생산고에서도 오랫동안 조선 내에서 수위를 차지하고 있었다.[29] 상주의 오래된 큰 뽕나무는 조선시대부터 양잠업이 융성했음을 상징하는 것으로 많은 관찰자가 기록하고 있다(그림 2-14).[30] 이상의 점에서 상주의 양잠업은 이 시기 농촌의 변화를 생각하는 데 중요하다고 생각한다.

먼저 19세기 상주에서의 상업적 농업의 전개 가운데 양잠업을 자리매김해 두고 싶다. <표 2-19>는 1887년 10~11월에 부산 상법회의소商法會議所의 마쓰다 고조松田行藏가 조선 각지를 여행했을 때의 기사를 근거로 작성한 것이다.[31] 상주·함창은 11월 19~21일에 방문하였는데 거기에 기술되어 있는 37개 마을 가운데 산업과 관련한 기술이 있는 17개 마을에 대해, 서술을 발췌하여 지도를 참조하면서 현재의 지명을 비정한 것이 이 표이다.

---

29) 지금도 상주의 3대 특산물인 쌀, 고치, 면화를 '三白'이라고 부른다. 다만 1970년대경부터는 면화 대신에, 흰 가루가 덮인 곶감을 꼽게 되었다.

30) 이를 테면 '부근(상주)에는 수령 2백년에 달하는 오래된 나무마저 볼 수 있다'(『慶尙北道 ノ蠶業ト金融』, 朝鮮銀行調査局, 1917, 6쪽)든가, '저 경상북도 상주군내에 다수 산재하는 번성한 거대 노목의 뽕나무는 아마 당시의 유적일 것'(『慶北産業誌』, 朝鮮民報社, 1920, 140쪽)이라는 기술이 있다.

31) 松田行藏, 『朝鮮國慶尙忠淸江原道旅行記事』, 釜山浦商法會議所, 1888(『開化期 日本民間人의 朝鮮 調査報告資料集』1, 檀國大學校 附設 東洋學研究所, 所收). 이 자료는 경제사 등에서 자주 활용되고 있는데, 綿業과 관련해서는 梶村[1977], 絹業에 대해서는 須川[1988] 등의 연구가 중요하다.

<표 2-19> 상주의 농가 생업(1887)

촌	한자표기	일본 가나표기	地名比定	호수	분류	기술
(1)	陽淸村	ヤンチョン	化北面 平溫里?	20여	果物	대추나무가 현저히 서식.
(6)	齋路村	チユチル	化西面 新鳳里?	40여	絹業	모두 蠶業에 종사. 生絲는 모두 明紬 짜는 데 쓰는데 그 생산고 1호당 2~4필(4근~1관)을 짜서 상주장에서 팔거나 또는 행상인에게 판매한다고 함. 원가는 1필에 8~900문부터 1관에 100문까지라고 함.
					果物	감나무를 많이 재배. 그 수확이 다량인데 모두 곶감으로 만들어 대구시장이나 기타 시장으로 수송 판매하나 그 생산액의 통계는 자세하지 않음. 대추도 산출하는데 그 산출액은 100여 호가 1호당 평균 4석을 얻는다고 함. 그 가격은 모두 전자와 동일한데 출하처는 경기, 경상, 충청도.
(8)	大中村	ドオヂョム	外西面 禮儀里 大中里	20여	絹業	양잠에 종사하는 사람도 있지만 근소하고, 생사인 채로 洛東村 근방에 판매한다고 함. 그 가격은 고치 1桝 60文 내외, 생사 10몬메匁는 7~80문.
					果物	대추, 감이 가장 많음. 대추는 1호에 3石을 수확. 감은 100連(1連은 100알) 내외를 수확한다고 함(1連은 1束이라고도 함).
(9)	栗田村	ハンバ	外西面 大田里(한밭)	30여	絹業	양잠도 조금 성한 듯. 그 생산고는 1호 평균 5斗 정도로 모두 명주로 짜서 상주에 판매. (…) 고치는 그 양이 1필을 짜는 데 불충분할 때는 모두 직공에게 판매함. 그런 직공이 마을에 6호 정도로 1호당 직조고는 8~10필을 넘는다고 함. 그 직조 명주의 값은 상품이 1관 200문 정도인데 市價에 따라 1관 8~900문으로 등귀하는 일도 있다고 함.
					果物	감나무가 가장 많음. (…)감이 잘 익었을 때는 지방 전답의 貢租를 보충하기에 충분하다고 함.
(10)	牛所孔村	ツンゲミ		18	果物	감나무를 많이 재배함.
(11)	屹村	フルコル	外西面 泥村里(헐골) 또는 恭儉面 下屹里	30여	絹業	양잠이 자못 성대함. 1호가 얻는 양은 평균 500目 내외인데 생사 그대로 상주로 이출함. 그 값은 10匁에 7~80문.
					果物	감나무가 풍부함. (…) 또한 감은 1집에 200~300속(1束은 100알)을 수확하여 공조를 보충하기에 충분하다고 함. 그 값은 1속에 25~50문.

					기타	생사(生絲)·과일이 풍부하나 본래 田地가 부족하여 그저 들에 산재하는 圃뿐이니 도처의 園圃에 모두 감나무를 재배하고 있음.
(12)	虎鳴洞村	ハウイメムドン	恭儉面 下屹里 범우리	40여	絹業	이 마을 또한 양잠에 종사.
					果物	감나무가 풍부. 그 생산고는 前者와 별로 다르지 않음.
					기타	綿作도 조금 풍성한 편인데 1호당 1貫目 내외의 수확이 있다고 함.
(13)	長沙村	チンモレ	恭儉面 支坪里 長溪 (진모래)	70여	絹業	양잠사업이 번성하여 모두 前者와 동일. 명주는 1호당 2, 3필씩을 짜 상주장에 보내 판매함. 그 가격은 8~900문.
					果物	감·배가 현저히 많음.
(14)	僕沙村	ボムサーツキミ	恭儉面 曳舟里?	40여	絹業	양잠사업 번성하여 마을 주위는 모두 뽕나무를 재배함. 다만 나무의 종류는 모두 산뽕나무이고 대개 고목이 많아 벌레가 중심을 파먹는 등 여러 가지가 있음. 높이 6척의 위치부터 잘라내어 지름의 크기를 늘림. 그렇기는 하나 배양 등에 더욱 힘쓰지는 않고 그저 천연에 맡겨두는 듯. 그리고 이곳은 고치의 발생은 3월 20일, 이때부터 시작하여 5월 초에 結繭한다고 함. 명주는 1호 평균 4필을 짜서 함창장에 판매함. 생사 가격은 10匁에 100문으로 前者보다 거의 2할 높은 값이며, 명주 가격은 1필 800문에서 900문이고, 고치는 1斗(우리로는 5舛4合 남짓) 100문-110문. 누에알은 모두 종이로 받는데 그 종이의 두께는 고르지 않음. 고치는 1석~1석 5두를 수확. 다만 흉년이 들면 1호 5두 평균을 수확하기도 한다고 함. 뽕잎은 아무리 많이 먹을 때도 摘葉【손으로 땀】한다고 함.
(15)	余物里	ヨムリ	利安面 餘勿里	80여	絹業	이 지방은 도처에 뽕나무가 있음. 다만 그 재배법은 실로 일정치 않아 밭이랑 사이 또는 밭 가운데 드문드문 번식하고 있으며 대체로 노목이고 산뽕나무임.
(18)	利安村	イアン	利安面 中村里 利安	20여	絹業	뽕나무를 재배하는 것은 前者와 같음. 다만 그 중 7, 8호는 명주를 짜는데 그 수량은 1호 5~10필로 함창 또는 상주의 시장에서 판매함. 그 가격은 前者와 동일. 그 주된 출하처는 상주인데 때로는 부산으로 출하하기도 한다고 함. 그 가격은 1필 500문에서 50문이라고 함.
(22)	龍谷村	ヨンコル		40여	絹業	양잠에 종사함.
(23)	台峯村	タンボン	咸昌面 胎封里	70여	絹業	양잠에 종사함.

(25)	連峯亭村	ェンブム ヒョン		20여	果物	감나무가 번창.
(26)	杜陵村	ヅリン		50여	果物	감나무가 번창.
(31)	論谷村			40여	기타	단지 농사를 전업으로 하는 듯.
(34)	新村			60여	기타	자못 부유한 듯.

여기에서 눈에 띄는 것은 양잠업과 감 재배가 상당히 활발하였고, 또한 마을에 따라 실로 다양한 경영을 행하고 있었다는 점이다. 미리 말해 두자면 양잠업이 많이 기록되어 있다고 해서 면업綿業이 활발하지 않았음을 의미하는 것은 아니다. 마쓰다의 추산에서는 상주 1만호 가운데 면의 재배 호수와 무명木棉 직조 호수를 모두 5천 호로 본 반면, 양잠 호수는 1천 호 그리고 명주 직조 호수는 8백 호라고 보고 있어, 오히려 면업 쪽이 널리 일반에게 퍼져 있었다. 아마도 다른 지역과 비교할 때 상주의 양잠업이 두드러졌을 것이다.

여기에서는 스가와 히데노리須川英德의 연구[1998]를 참고하면서, 상주의 양잠을 유형화해 보겠다.

① 양잠에서 직조까지 일관하여 행하는 마을

(6), (13) 등이 이에 해당한다. 또한 (14)도 각 호가 직조織造까지 행하고 있다는 점에서 마찬가지이지만, 스가와須川[1998]가 지적한 바와 같이 촌락 안에서 누에고치·생사生絲가 매매되었을 가능성도 있다. (6), (13)에서는 감 재배도 행해지고 있는데 다각적인 경영의 일환이었다고 생각된다.

② 양잠호와 직조호가 분리된 마을

(9)에서는 30호 가운데 6호가 '직공織工', (18)에서는 20호 가운데 7, 8호의 직공호가 있었다. 그 중에서도 (9)는 직공이 마을 안의 고치를 구입하는 모습이 보이는데, 자기 집에서 직조할 만한 양의 양잠을 행하지 않는 집은 고치를 모두 직공에게 판매하는 점이 주목된다. 고치의 직조량도 많고 상당히 전업화되었다고 보인다.

③ 양잠·제사製絲를 하여 생사生絲를 이출하는 마을

(8), (11)이 이에 해당한다. 모든 예에서 과수 재배를 병행하고 있으므로

역시 다각적인 부업의 일환으로서 양잠을 행했던 듯하다.

유통의 경로는 주로 상주 또는 함창의 시장이지만, (6)과 같이 '행상인'에게 판매하는 사례도 보인다. 또한 (18)과 같이 부산으로까지 명주가 이출되는 예도 나타난다.

이어서 병합 직전의 조사보고를 보자. 우선 1907년의 상주·함창의 양잠업에 대한 조사보고[32])에 의하면, 상주·함창은 '고래古來 양잠의 땅'으로 '발을 한번이 지역에 들이면 흡사 뽕나무로 이루어진 별천지에 들어온 느낌'이 든다. 상주주尙州紬는 전국에서 이름이 높고 산액産額은 연 3만 7천 필 이상에 달하지만 그래도 전성기의 반에 지나지 않는다. 뽕나무는 수십 년부터 백년에 가까운

듯한 노목도 있는데 나무 사이에는 콩 등의 간식間植을 하고 있다. 잠실蠶室은 특별한 것이 있는 것은 아니며 온돌을 사용하고 있었다. 잠구蠶具는 삼 껍질을 얽은 발에 돗자리를 덮은 것과 '채반麴箱과 같은 것'을 사용하며, 이것을 4단 겹쳐서 온돌에 둔다. 잠종蠶種은 음력 곡우穀雨 무렵(양력 4월 20일 전후)에 청수淸水에 적신 뒤 백지白紙에 싸서 온돌 실내에 둔다. 누에 치기飼育, 누에올리기上簇, 번데기 죽이기殺蛹 후, 제사製絲를 한다. 제사는 솥에 물을 넣고 일정량의 고치를 옮겨, 오른손에 젓가락을 갖고 휘저으면서 물레로 감는다. 명

<그림 2-15·16> 농가의 양잠작업
출전 : 모두 『사진으로 보는 반백년전 상주』(상주문화원, 2003)에 실린 琴重鉉 씨 제공 사진. 1940년경 촬영되었다고 함.

32) 牧野周, 「尙州の蠶業」(『韓國中央農會報』 5, 1907년 11월). 조사는 상주 재정고문부 분청에 근무하는 松永 재무관보에 의한 것이라고 한다.

주짜기製紬는 베틀을 사용하여 행해지는데 '농사를 하면서 부녀자의 부업으로서 영위하는 것'으로 되어 있다(그림 2-15·16).

<표 2-20> 상주·함창의 양잠농가(1907)

	동명	호수 (호)	養蠶家 (호)	 (%)	製造家 (호)	 (%)	製糸高 (斤)	製紬高 (疋)
尙 州 郡	牟東	70	40	57%	32	46%	55	130
	胎封	42	22	52%	15	36%	30	50
	釜上	18	5	28%	4	22%	3	20
	草上	6	2	33%	2	33%	2	10
	釜下	30	-	-	10	33%	-	-
	외	44	30	68%	16	36%	25	40
	계	210	99	47%	79	38%	115	250
咸 昌 郡	校村	42	30	71%	20	48%	40	220
	陽範	35	35	100%	10	29%	30	70
	鳥南	20	15	75%	8	40%	20	70
	黑炭	57	30	53%	40	70%	30	250
	大美	31	10	32%	15	48%	20	75
	興勿里	55	40	73%	50	91%	60	330
	利安	24	15	63%	9	38%	30	70
	栗亭	18	10	56%	15	83%	20	140
	佳庄	36	15	42%	10	28%	30	70
	洶溪	42	15	36%	20	48%	20	170
	支平	20	15	75%	12	60%	22	120
	계	380	230	61%	209	55%	322	1,585

출전 : 牧野周, 「尙州の蠶業」(『韓國中央農會報』 제5호, 1907.11)

상주·함창의 몇 군데 마을의 양잠 및 명주 생산 상황을 면장·동장·영업자를 통해 조사한 결과가 <표 2-20>이다. 1근斤은 일본의 170몬메匁, 수견고收繭高는 3말斗 7∼8되升로 되어 있다. 마을마다 상황은 다르지만 약 반 정도의 세대에서 양잠을 한다고 보았다. 게다가 상주에서는 평균 3할 이상, 함창에서는 5할 이상의 세대에서 명주를 짜고製紬 있다고 조사되었다. 또한 1908년의 다른 조사[33)]에 의하면, 함창에서는 천분율로 700세대, 즉 7할의 세대에서 양잠을

---

33) 長岡哲三, 「韓國蠶絲業統計に關する調査」(『韓國中央農會報』 第12号, 1908年 12月).

행하며 '각 호가 실을 잣고 명주를 짜서 시장에 나가 판매하며 생사 판매는 드물다'고 하였다. 한편 견포絹布를 착용하는 사람의 비율은 2%라고 관찰하였으므로 오로지 농가의 현금 수입을 위해서 생산되었음을 알 수 있다.

이상과 같이 병합 전의 상주·함창에서는 양잠업이 농촌부에 상당히 광범위하게 보급되어 있었다. 그것도 자가용 목적이라기보다는 지방 시장에서 판매하는 것을 목적으로 한 생산이었다는 점이 중요하다. 마을 내에 '직공'이라고 불리는 세대가 몇몇 존재하는 경우도 있었지만, 일반적으로는 원료생산(양잠)—제사— 제주制紬의 각 공정이 명확하게 나뉜 전업적인 제사업·견직업이 생겨난 것은 아니고, 농가의 부업적인 위치에 있었다고 할 수 있다. 그러한 점에 착안하여 상주의 '일본인 아무개 씨'는 시험 삼아 제사製絲하여 일본에 수송한 바 4할의 이윤을 획득한 일도 있다고 한다.[34] 그와 같은 상황에 행정이 개입하고 일본의 방직자본이 파고들어갔던 것이다.

병합 후 우선 급속하게 진행된 것은 재래의 다양한 잠종蠶種을 몰아내고 기계 제사에 적합한 잠종을 새롭게 도입시키는 것이었다. 상주의 재래 잠종은 '상주종尙州種'이라고도 불렸으며 경북지방에서는 '삼면종三眠種' 등으로도 불렸다. 경북지방에서는 이러한 잠종들이 1914년까지 모두 밀려나고 먼저 내지종內地種인 '又昔'으로 대체되었고, 1919년 이후는 교잡종交雜種이 도입되어 1923년까지 거의 이것으로 통일되었다.[35]

이러한 일이 급속하게 진행된 배경에는 헌병경찰 및 군청·면장 등 식민지 행정망에 의한 강제이식 외에, 새롭게 결성된 잠업조합 등 통제 조직의 영향이 있었다[권혁태, 1997 : 18]. 상주·함창에서 언제 잠업조합이 결성되었는가는 현재 자료에서 확인할 수 없지만, 병합 직후 무렵이 아닐까 생각된다. 1916년의 조사보고[36]에서 잠업조합의 주요사업이었던 공동판매제共同販制(이하 공판제 共販制, 그림 2-17·18)에 대해 살펴보자. 공판제는 일정한 시기와 장소에 양잠농가

34) 同報告書, 22～23쪽.
35) 『慶北の農業』, 慶尙北道, 1937, 196쪽.
36) 宮原忠正, 「繭の賣買を見て感あり(上)」(『韓國中央農會報』 第11卷 第9号, 1916).

<그림 2-17 · 18> 상주의 産繭 공동판매장
출전 : 『朝鮮農會報』(10권 9호, 1915)

를 모아 제사업자나 상인이 고치의 입찰을 행하는 제도로, 농촌에 산재하는 양잠농가를 돌면서 집하集荷하는 것에 비하면 방적자본으로서는 대단히 효율적인 제도였다. 상주에서는 1914년부터 공판제가 도입되었는데 이 해는 6월 12~24일이라는 기간을 정해 상주 양잠전습소養蠶傳習所에서 열렸다. 이 시점의 매수인은 片倉組, 三龍社, 山十組 등의 8명이었다. 공판은 헌병대·군청직원·면리원面吏員·잠업조합 기술원의 중개·입회 아래 행해졌다. 특히 입찰에는 연일 상주 헌병분대가 헌병 상등병 1명을 입회시켰다. 잠업조합은 매매 양자로부터 걷는 거래액의 100분의 1에 해당하는 수수료와 치잠稚蠶 공동사육사업에 대한 군郡의 보조금을 주요한 수입으로 하여, 양잠전습소 졸업생을 상근 또는 임시 기술원으로 채용하여 지도를 맡겼다. 농가 호수 23,178호 중 16,123호의 양잠농가 모두가 잠업조합원이 되도록 되어 있었다. 그러나 공판제를 통하여 100% 유통된 것은 아니었다. 특히 이 조사 때에는 공판제를 통한 고치 가격이 전년도에 비해 떨어져, 자가自家 제사를 하거나 가격이 오르기를 기다리는 농가가 상당히 있었다고 보고되었다.

1920년대 후반이 되자 조선총독부의 잠업정책은 그 때까지의 일본 이출을 위한 고치繭 증산에서 조선 내에 유치한 제사공장을 위한 고치 증산으로 전환해 갔다[권혁태, 1997 : 22~36]. 상주에서도 1926년에 그 때까지의 소규모 취급소를 대신하여 3만 5천 원의 경비를 들여서 '이마무라식今村式 건견기乾繭機'를 설치하는 등,37) 지역에서의 대규모 기반정비가 진행되었다. 그러한 정책전환의 일환으로 각 도 당국은 공판제에서 경쟁입찰 방식을 중지하고 특매제를 도입했다. 특매제特賣制란 조선내의 제사업자가 군이나 도의 농회와 매매계약을 맺고 도에서 지정한 단가로 양잠 농가에게 현금을 지불하는 제도인데, 고치를 사는 측인 섬유자본으로서는 경쟁입찰에 비해서 가격이 싸고 안정적이라는 장점이 있었다. 경상북도에서는 1927년부터 대구에 공장을 가진 가타쿠라片倉, 야마주山十, 조선제사의 세 회사를 대상으로 특매제를 실시했다.

그러나 고치 생산 농가 입장에서 보면 특매제는 고치 판매가격이 행정과 소수의 대자본에게 장악되는 것을 의미하였다. 상주의 양잠농가는 그것을 민감하게 받아들여, 1928년 3월 16일 상주잠견생산자대회를 개최하기 위한 준비위원회를 석응목石應穆의 집에서 개최했다.[38] 준비위원은 '도령道令의 일조 문一條文으로 생산자에게서 착취하야 이삼二三 자본가인 제사가製絲家에게만 몽리蒙利케 하고 일만 삼천 이상의 대다수인 상주 양잠가를 무시'했다고 격분하며 생산자대회의 개최를 결의했다. 준비위원에는 3장에서 서술할 신간회의 중심적인 멤버나 읍내를 중심으로 한 지주 등이 이름을 올렸다.[39] 당시의 사회운동의 흐름을 이어받은 사람들이 이 운동을 주도했다고 할 수 있다. 3월 21일 상주 연무장演武場의 대회장에 생산자들이 운집하여, 박정현朴正鉉을 임시 의장으로 삼아 '오인은 잠견蠶繭특매령을 철폐하고 자유 매매의 단행을 기期함'이라는 사항을 만장일치로 결의했다.

4월 20일에 실행위원은 아래와 같은 요지의 진정서를 3천 명의 서명과 함께 도지사와 총독에게 제출했다.

우리 상주군은 전조선 중에서 최고의 역사를 가진 양잠지로서 연년年年이 그 산액의 증가를 견見하야 지금은 연액 칠천 석 이상의 산출을 견見하게 되엇습니

---

37) 앞의 『慶北沿線發展誌』, 189쪽.
38) 이하의 기술은 『동아일보』(1928년 3월 20, 25일, 4월 25일, 6월 6, 11, 12일)의 각 기사에 의한다.
39) 앞의 기사에 따르면, 준비위원은 '朴正鉉, 李旼漢, 池璟宰, 朴淳, 金億周, 朴寅洙, 趙翼衍, 金世寅, 朴明彦, 朴正煥, 金演植, 李秉九, 朴寅奎, 石鉦基, 朴晚秀, 徐相烈, 池潤悳, 朴正烈, 金在舜, 石柱淳, 郭侑宗'이다.

다. 이러케 양족良足의 진보를 견하게 된 이유는 잠견판매제도가 적의適宜하얏든 것이 일인一因인 것도 물론입니다. 회고하건대 본군 잠견공동판매제도는 대정大正삼년【1914년】부터 시작하야 경쟁입찰방법을 취하얏기 때문에 매우 성적이 양호하얏든 것을 작년에 비롯오 도령道令에 의하야 잠견의 특매제가 실시된 까닭에 우리 생산자의 설견屑繭은 일부 자본가의 수手에 매수되는 비경悲境에 재하게 되엇습니다. 이제 그 경쟁입찰제와 특매제의 이해득실을 비교하야 보면 여좌如左합니다.

1. 생사 생산비의 차액이 현저히 현격한 것.
1. 가격을 농단壟斷할 염려가 잇는 것.
1. 교통이 편리한 지방이라 지정판매제를 실시할 필요가 업는 것.

<그림 2-19> 상주제사공장(1940년경)
출전 :『사진으로 보는 반백년 전 상주』(상주문화원, 2003년, 금중현 씨 제공사진)

이상과 같은 직접 생산자에 의한 진정서는 전국 각지에서도 일대 문제가 되었다고 당시의 『동아일보』는 전한다. 그러나 경북도 당국은 제사가製絲家와 교섭한 결과, 결국 6월 4일 앞에서 말한 세 회사에 대한 특매제 존속을 발표하고, 가격에 대해 시세 등을 고려한 세부 규정을 정하는 데 그쳤다. 운동은 좌절된 셈인데, 그에 더해 6월 8일 고치의 무게를 다는 데에 부정이 있었던 것이 발각되자, 생산자는 다시 격분하여 다음날 건견장 앞에 4백 명이 모여 긴급 집회도 열었다. 그러나 결국 특매제 자체는 존속되어 대자본에 의한 양잠농가의 직접 지배가 강화되었다.

다만 모든 유통이 공판제를 통하여 이루어진 것은 아니었다. 1936년도의 조사에서는[40] 고치 생산 19,079석, 군 바깥에서의 이입 1,522석, 전년도 이월

250석 가운데, 공판에 의한 군외 이출은 12,202석(58.5%)이었다. 남은 고치에 대해서는 '직물에 소비한 액額', 즉 상주군내에서 다른 경로로 직물원료로 된 것이 7,577석(36.3%)이었다. 아마도 함창잠업조합과 같이 조합원의 손으로 견포를 생산하는 식의 경로가 여기에 포함되어 있었다고 생각된다. 함창에서는 조사 시점에서 6개의 공동작업장에서 119개의 직기가 가동되고 있었고, 연간 19,754반反의 개량주改良紬를 생산하였으며, 더욱이 각 농가의 부업생산품으로서 2,978반의 재래주在來紬를 생산하고 있었다. 1930년대가 되자 조선내뿐만 아니라 교토에도 '교조메京染【교토식 염색물】'로서 송출하게 되었다. 또한 이 외에도 미곡상에서 잠사업으로 사업을 확대한 석응목石應穆(앞에서 서술한 생산자대회의 중심인물의 하나)은 '고치의 특매제도가 엄중'하기 때문에 1930년경부터 상주면내 6백여 호에 잠종 4백 매를 배포하고, 자본금 2천 원을 대여하고, 양잠 교사 두 명을 고용하여, 역 앞에 18대의 기계를 두고 제사를 하고 있었다고 한다.[41] 따라서 반드시 군 바깥의 대자본에게만 상주의 고치가 제공되었던 것은 아니며, 지역자본, 산업조합, 각 농가에서 제사製絲·제주製紬까지 행하는 일도 적지 않았다.

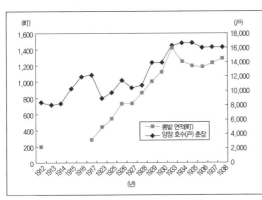

<그림 2-20> 상주의 뽕밭 면적·양잠 호수의 변화
출전 : <표 2-8>과 같음.

이상과 같이 상주의 양잠업은 근세 이래 농촌 부업으로서의 기반을 유지하면서도, 총독부의 개입으로 섬유자본의 사정에 맞도록 재편성되어 갔다. 뽕밭 면적·양잠 호수도 1910~1920년대를 중심으로 증가해 갔다(그림 2-20). 이 과정은 농촌부업

40) 淺野高德, 「機業雜感 : 附慶北尙州郡の機業」, 『朝鮮織物協會誌』 第3号, 1937.
41) 앞의 『慶北沿線發展誌』, 221쪽.

이 일본 자본의 통제를 받아가는 과정이었다. 1910년대의 재래잠종의 구축驅逐, 잠업조합의 조직, 공동판매제의 확립을 거쳐, 1920년대 이후는 특매제 도입에 따라 조선인 중간 상인이 몰락함과 동시에 공판제에 의한 고치 유통에서는 양잠농가가 일본인 대자본의 직접 지배를 받게 되었다.

2) 지역공업의 양상 : 주조업을 중심으로

<표 2-21> 상주의 공업생산액 상위 5종류
(1936년 말 현재)

종류	금액(원)	비율
주류	737,771	43.1%
평견(平絹)	367,620	21.5%
된장·간장	101,575	5.9%
누룩(麴子)	81,413	4.8%
짚 제품	78,016	4.6%
총계	1,713,412	

출전 : 『郡勢一班』(尙州郡, 1937)

앞 절에서도 서술한 바와 같이 상주에서는 주조업이 지역자본의 회사로서 큰 위치를 차지하고 있었다. 실제로 1936년 말 현재 상주의 공업생산품 가운데 금액이 가장 높은 상위 5개를 꼽으면(표 2-21), 최상위가 주류酒類로서 전체의 4할 이상을 차지할 뿐만 아니라, 4위를 누룩麴子이 차지하고 있었다【식민지기에는 한국의 '누룩'을 '麴子', 일본식 누룩인 '고지こうじ'를 '麴'으로 구분하였다. 이 책에서는 '麴子'를 '누룩'으로 '麴'를 '일본식 누룩'으로 부르겠다】. 또한 된장·간장도 3위에 들어가 있어, 상주의 '공업화'라는 점에서 보았을 때 양조업釀造業이 차지하는 위치가 컸음을 알 수 있다. 이것은 상주가 경상도 가운데서도 유수의 곡창지대였던 것과도 관련이 있다고 생각된다. 단지 생산고가 높았던 것만은 아니다. 술도가酒造業者는 방앗간精米業者 등과 함께 근대의 지역사회에서 '부잣집'의 전형적인 이미지도 있었다. 또한 자가용 주조는 왕조시대에 거의 모든 집에서 행해지고 있었을 뿐만 아니라, 주막 등을 통하여 지역 내에서 술의 유통·소비가 활발하게 행해졌는데, 주세법·주세령의 도입에 의하여 이러한 주조의 존재방식은 급속하게 바뀌게 된다. 그러한 의미에서 주조업을 도대체 어떠한 사람들이 맡았고 또한 지역사회에 어떠한 영향을 미쳤는지는 상주에서 근대를 생각하는 데 지극히 중요하다. 이하에서는 그 점에 대해서 살펴보고자 한다.

조선시대의 주조·음주

우선 근세에서 술과 주조가 어떻게 존재했는지를 파악해 둘 필요가 있다.

조선주朝鮮酒는 크게 약주藥酒·탁주濁酒·소주燒酎로 나눌 수 있다. 조선주의 독특한 풍미를 가져오는 것은 누룩麯子이다. 누룩은 일반적으로 밀을 반죽하여 일정한 크기의 틀에 넣고 밟아 다져 모양을 만든 뒤, 발효시키고 건조시켜 완성된다. 이 누룩과 쌀을 원료로 하여 밑술酒母을 만들고 여기에 다시 덧술(일본 술日本酒에서 말하는 소에가케添掛)을 넣어 완성된 아직 거르지 않은 술 위에 고인 맑은 부분을 뜬 투명한 술을 '약주'라고 한다. 또한 누룩과 쌀 등을 원료로(또는 약주를 뜨고 남은 술을 원료로) 일단 담가서 빚은 뒤 걸러서 만든 것이 '탁주'(소위 '막걸리', 당시 일본인은 이것을 '맛카리'라고 발음했다)이다. 소주燒 酎(燒酒)는 조선의 서부·북부에 많은데 약주의 술지게미 또는 누룩과 쌀 또는 고량高粱 등을 원료로 한 거르지 않은 술을 고리라고 부르는 증류기를 사용하여 증류한 것이다.

누룩은 농가의 부업으로 제조되어 시장에서 판매되었다. 한말 대구에서의 조사에 따르면 시장에는 누룩을 파는 농민이 20인 정도 모여 있어, 한 사람 당 3~4개 내지 15~16개를 가지고 나와서 조곡粗麯 1개 60전, 분곡粉麯 30전에 팔았다고 한다.[42]

탁주는 가열된 일본의 청주와 달라서 장기적인 보존이 가능하지 않아 원격유통을 할 수 없었다. 약주 또한 생주生酒이기 때문에, 탁주만큼은 아니지만 역시 장기적인 보존이 불가능하였다. 그러한 특성도 있어서 술의 생산·유통은 자가용 주조 혹은 매우 작은 규모로 술을 빚어 파는 가게에 의한 것이 대부분을 차지하였다. 술을 빚어 파는 가게로서는 시장이나 촌에서 벗어난 도로변에 간이적인 가게를 낸 주막酒幕이라고 불리는 곳이 가장 많았고, 내외주가內外酒家라고 불린 비교적 고급 가게도 도회지에는 있었다. 1916년경에 조선주의 제조장이

---

42) 統監府財政監査廳, 『韓國酒造業調査報告』(『財務週報』 第20号 附錄, 1907). 농가 외에도 절에서 누룩을 제조·판매했다고도 보고되어 있다.

12만 곳 있었다고 하며, 이것은 '거의 전부가 주막이었다'고 한다.[43] 통폐합 전의 동리 수가 6만 정도였음을 고려하면, 한 동리 당 두 채 정도의 주막이 있었던 셈이니 상당한 규모였다고 생각된다. 어찌되었든 주류의 생산과 판매의 분업은 거의 보이지 않았고, 또 생산·유통·소비가 가정이나 마을 범위에 머무는 소규모적인 것이었다.[44]

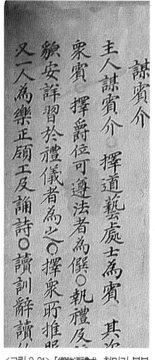

<그림 2-21> 「鄕飮酒禮式」 첫머리 부분
풍양 조씨 종택 소장

그러나 거꾸로 보면 농촌부에서는 농사일이나 제사祭祀 등의 일상생활과 밀착된 형태로 주조가 행해졌다고 할 수 있다. 예를 들면 조선시대 후기에 이앙법의 보급과 함께 널리 퍼진 공동노동인 두레에는 공동식사가 따라오는데, 특히 간식에 해당하는 참에서는 술이 빠질 수 없는 존재였다[주강현, 1997 : 154~160]. 탁주는 칼로리가 높아 농사 전후로 마시는 식품으로서의 기능도 있었다.

또한 유교적 관습으로서 퍼져 있던 기제사忌祭祀나 차례 등의 조상 제사에서는 조상에게 식사와 함께 술을 바치는 것이 의례의 중심적인 행위였는데, 여기에는 특히 투명한 약주가 사용되었다. <그림 2-21>은 풍양 조씨의 종택宗宅에서 보존해 온 「향음주례식鄕飮酒禮式」이라는 책자(필사본)의 첫머리 부분이다. 이것은 상주의 유

---

43) 『朝鮮酒造史』(朝鮮酒造協會, 1935, 50쪽). 당시 조선의 세대수가 대략 3백 만 세대였기 때문에 주막 수를 10만이라고 어림잡아도, 단순 평균하여 대략 30호 당 1집 정도의 주막이 있었다는 계산이 된다.

44) 예를 들면, 통감부가 財源 조사의 일환으로서 정리한 앞의 『韓國酒造業調査報告』나 탁지부 司稅局의 『韓國酒類調査書』(鳥居巖次郎, 『財務彙報』 第10号 附錄, 1908) 등을 통해 서울이나 지방에서의 주조의 존재 양상을 엿볼 수 있다. 한편 소주의 경우는 장기보존이 가능하기 때문에 평양·개성·안동이라는 지역의 소주가 전국 규모로 유통되기도 했다.

림들이 모여서 예법에 따라 술을 나누며 사귀는 '향음주례'의 순서를 나타낸 것인데 매우 상세하게 행동할 바를 기록하고 있다. 이러한 대대적인 의례뿐만 아니라, 일상적으로 손님 접대를 위해서 술을 내놓는 관습 등, 술은 '예禮'를 구성하는 중요한 요소였다.

한편 실증적인 조사는 아니지만 자가용 주조이건 술을 빚어 파는 가게이건 술을 빚은 것은 주로 여성이므로, 주세법·주세령 이전에 남성들은 이것을 천업賤業으로 여겼다고 종종 식민지기의 문헌에 쓰여 있다.45)

이상과 같이 술 문화에도 소농 경영의 확대와 주자학의 보급 등, 근세라는 시대가 깊이 각인되어 있었다. 그만큼 주조·음주는 농촌사회의 생활과 밀접하게 결부되어 있었다.

주세령과 주조장의 합동집약

이러한 술 문화에 전환점이 된 것이 1909년의 주세법, 그리고 그것을 대신해 발포發布된 1916년의 주세령이다. 조선왕조는 식량정책의 일환으로서 술의 제조를 금지하는 '주금酒禁' 정책을 실시한 적이 있지만, 술을 양조·판매하는 것에 과세하지는 않았다. 그에 비해 통감부는 근대 일본의 경험을 응용하는 형태로 우선은 재원 조사를 행하여 주세 부과의 유효성을 확인한 후에 주세법을 발포했다.

주세법 시기에는 제조 석수石數를 스스로 신고하도록 하여 일정한 주세만 지불하면 자가용 주조를 무제한으로 인허하였다. 그러나 주세령 시대가 되면 주조업의 통폐합이 급속하게 시작된다. 주조업자가 지나치게 많고 또 장부에 기장記帳이 불가능한 인물이 경영을 하고 있는 경우가 많아, 세무서로서도 '지도 개선'을 할 수 없으므로 군소 주조장을 합동 집약하여, '자금력 있고 교양 있는 인물'에게 경영하도록 한다는 것이 통폐합의 취지였다.46) 그를

---

45) 예를 들면 '일반적으로 賤業이라고 여겨져 거의 부녀자의 손에 맡겨져 있었다'(앞의 『朝鮮酒造史』, 26쪽)는 등 다양한 자료에서 눈에 띈다.

46) 앞의 『朝鮮酒造史』, 14쪽.

위해서 ①한 주조장의 제한 석수(연간 최저 제조 석수)를 설정하여 영세경영을 도태시키고, ②조선주朝鮮酒에 대해서는 자가용 주조도 일단 인정했지만 일반의 주세보다도 세율을 높게 설정하여 이익을 얻을 수 없도록 하고, ③조합제도를 서서히 도입하여 통합을 진행시키고, ④신규 면허자를 억제하는 등, 지방마다 다양한 시책이 강구되었다[이승연, 1994].

그 결과 주세령 시행 당시는 전국에 9만 이상 있었던 탁주 주조장이 1930년경에는 4천 곳 정도로까지 격감했다. 또한 자가용 주조의 면허를 받은 사람도 1916년 약 29만 명에서 급속히 줄어 1930년에는 거의 소멸하였고, 1934년의 주세령 개정에 따라 마침내 자가용 주조 제도 자체가 없어졌다. 이후 자가용 주조는 '밀조주密造酒'로서밖에 존재할 수 없었다. 한편 총독부의 주세 수입은 계속 상승하여, 1928년에는 주세액이 국세國稅 총액(직접세, 간접세 포함)의 28.8%에 달하였다.[47]

<표 2-22> 상주의 주류 제조 조사표(1911년)

	1개년 제조석수	1개년 제조가격	제조 호수	조선인 호수
상주	6,205석	62,050원	1,633호	20,980호
함창	3,403석	1,633원	662호	3,761호

출전 : 『勸業統計表』(慶尙北道, 1913)

이러한 과정을 상주에서 살펴보자. 주세법 시대의 상주의 주조에 대해서 알 수 있는 자료는 1911년 시점의 조선인에 의한 주류 제조의 수치뿐이다(표 2-22). 그러나 이것은 상당히 어림잡은 수치여서, 주류 제조의 실태를 보여준다기보다는 이 시점에서 주세법에 의한 주류 제조의 파악이 이 정도로 진행되었다는 지표였다고 생각해야 할 것이다.

다음으로 주세령 발포 전후 시기인 1916~1917년의 주조 통계를 <표 2-23, 2-24>에 표시했다. <표 2-24>에서는 이 시점에서 주조의 파악이 더욱 진행되어, 탁주는 4천 이상의 세대에서, 누룩麯子의 경우는 9천 이상의 세대가 '합법적'으로 제조했음을 알 수 있다. 당시 상주의 조선인 세대수가 26,399세대이므로, 약 6세대에 1세대 비율로 탁주를, 약 3세대에 1세대 비율로 누룩을 만들고 있었다는

47) 숫자는 모두 『朝鮮總督府統計年報』를 참조함.

<표 2-23> 상주의 酒稅(1916년)

		탁주	약주	소주	청주
영업용	면허인원	983	1 (58)	(44)	1
	제조장수	983	1 (58)	(41)	1
	사정석수	7,207	102	7	154
	세액	5,042	153	16	769
자가용	면허인원	3,405	14 (3)		
	세액	3,410	28 (6)		

출전 : 『朝鮮總督府慶尙北道統計年報』(慶尙北道, 1918)

계산이 된다. 또한 주세령 시대의 초기에 해당되는 <표 2-23>에서는 탁주의 자가용 주조면허를 취득한 자가 3,405명이나 있어 탁주 주조 면허자 수의 78%를 차지하고 있었다. 그 가운데 3,400명은 1석 미만의 생산자였다. 또한 이 시점에서 상주는 탁주의 제조량에서 경상북도의 24개 부군도府郡島 가운데에서 1위, 누룩의 제조로는 2위(제조금액으로는 1위)를 차지하는 주요한 술의 산지였다.

<표 2-24> 상주의 주조업(1917년)

	탁주	약주	청주		소주		일본식 누룩(麴)	누룩 (麯子)
	조선인	조선인	일본인	조선인	일본인	조선인	조선인	조선인
석수	13,593	82	152	3	2	6	8	63,310
금액	149,750	3,250	5,600	75	112	335	100	12,662
호수	4,253	79	1	5	1	52	1	9,118

출전 : 위의 <표 2-23>과 같음.

<표 2-25> 상주의 酒稅(1928년)

	조선주			비조선주	
	탁주	약주	소주	소주	청주
면허인수	324	10	1	2	1
제조장수	324	10	1	2	1
사정석수	19,714	405	3	497	751
세액	63,985	4,052	36	7,820	22,522

출전 : 『慶尙北道統計年報』(1928)

그렇지만 1928년의 주세 관련 통계를 정리한 <표 2-25>를 보면 주조업자가 격감하였음을 알 수 있다. 우선 자가용 주조로서 면허를 받은 사람은 완전히 소멸했다. 탁주의 제조장은 약 10년 사이에 3분의 1 이하로 줄어 '합동집약'의 진행을 말해준다.

상주에서의 주조회사의 형성

<그림 2-22> 사누키주조주식회사
출전 : 朝鮮酒造協會, 『朝鮮酒造史』(1935)

이상과 같은 상주의 주조업자 통폐합 과정을 숫자가 아니라 합동집약에 의해서 설립된 주조회사의 사례를 통해 구체적으로 살펴보자.

상주 최초의 주조회사는 1918년 8월에 자본금 7만 5천 원으로 설립된 사누키讚岐주조주식회사이다(그림 2-22). 사장은 가가와香川縣 출신의 가모 가토지蒲生嘉藤治였다. 러일전쟁에 종군한 후 1911년 조선으로 건너와 대구에서 장사를 시작하였고, 그 후 상주로 이주하여 간장 양조업을 운영한 인물이다.[48]

사누키주조가 임원이나 대주주에 일본인의 이름을 올리고 일본식 청주를 계속 생산한 순전한 일본인 회사였던 것에 비해, 1928년 4월에 설립된 상주尙州주조주식회사는 조선인도 경영에 참가하였고 조선주(탁주, 약주, 소주)를 제조하고 있었다(그림 2-23). 상주주조는 '당국의 집약방침에 근거하여 읍내 수요의 조선주를 제조할 목적을 가지고 내선인 유지가 함께 자본금 12만 원의 주식회사를 창립'한 것으로, 행정이 주도하였음을 알 수 있다. 초대 사장은 조각연趙珏衍(뒤에 서술함)이었는데 마침 세계공황의 영향으로 주조계 또한 불황이었던 탓에 경영부진에 빠져, 1930년의 주주회의에서 사장이 이나가키 도쿠사부로稻垣德三郎로 바뀌었다. 중역은 대부분 일본인이 차지하고 있어서 일본인·조선인 유지가 합동하여 운영했다고 하지만 일본인 주도의 회사였다.

---

48) 앞의 『慶北大鑑』, 1214쪽.

<그림 2-23> 상주주조주식회사

출전 : (좌) 저자 촬영, (우) 朝鮮酒造協會, 『朝鮮酒造史』(1935)

<그림 2-24> 함창주조주식회사

<그림 2-25> 청리주조장

<그림 2-26> 사벌주조장

<그림 2-27> 상주곡자주식회사

<그림 2-24~27> 출전 : 朝鮮酒造協會, 『朝鮮酒造史』(1935)

읍내에서는 이와 같은 회사조직이 생겨났지만 그 이외의 지역에서는 각 면마다 조합 형식으로 집약이 진행되었다. <표 2-26>은 자료에서 판명되는 한에서의 집약 상황이다.

<표 2-26> 상주의 주조업자 집약

주조장명	창립시기	창립시 조합원수	창립시 자금	조합장
玉山酒類製造場	1927년 3월	5	6,000원	石溪穆
咸昌酒類製造販賣組合	1928년 4월 23일	22	1,2000원	金漢翊
靑里酒造場	1928년 9월 1일	2	4,000원	黃一鶴
洛東酒造組合	1928년 9월 1일	3	5,000원	趙南銘
梁村酒造場	1929년			金尙龍
沙伐酒造場	1929년			鄭成鍾

자료 : 『동아일보』(1929년 1월 10일) ; 『朝鮮酒造史』(1935)

표에서도 알 수 있듯이 각 주조장의 설립 시기는 1920년대의 후반에 집중돼 있어 이 시기가 주조업이 집약된 최종 단계였음을 파악할 수 있다. 또한 옥산주조玉山酒造는 공성면功城面, 청리주조靑里酒造는 청리면, 사벌주조沙伐酒造는 사벌면 등, 집약의 단위가 면이었던 점도 알 수 있다.

또한 조선주를 생산하는 데 빠뜨릴 수 없는 누룩에 대해서도 1920년대 후반부터 합동집약이 시작되었다. 경상북도에서는 1925년 시점에서 누룩의 제조장 수가 15,358곳에 달하였지만, 도 당국이 통폐합을 진행하여 1928년에는 1,719곳, 1929년에 52곳, 1933년에 32곳으로까지 집약되었다.[49] 상주에서는 1927년 5월의 상주곡자조합尙州麯子組合이 설립되어 누룩 제조가 모두 통합되었다(그림 2-27). 그보다 먼저 이웃 김천군에 조선에서 처음으로 개량 누룩麯子을 만드는 조합이 설립되었는데, 이것에 자극을 받은 상주군청의 다카키高木 재무주임이 '궐기하여 제조공장 건설을 계획하고, 게다가 군내 주조가를 망라하여' 조합화시켰다고 한다.[50] 설립 때부터 조합장은 박인수朴寅洙(뒤에 서술함)였다. 창립시의 조합원수가 60명에 달할 만큼 많은 누룩 제조자가 모였다.

49) 앞의 『朝鮮酒造史』, 153~154쪽.
50) 森木巖, 『朝鮮麯子提要』, 1935.

<그림 2-28> '富の鶴' 술병
저자 촬영

<그림 2-29> 朝香酒造場 건물에 남아 있는 '富の鶴 釀造元'의 각인
저자 촬영

　이상과 같이 주조장의 합동집약은 행정당국의 강력한 개입 아래 진전되었다. 이 시기 상주는 조선의 주조계에서 일정한 지위를 차지하고 있었다. 생산량에서 보면 1927년에는 탁주의 연간주조석고年間酒造石高에서 상주는 전국 7위인 10,980석을 생산하였다.[51] 또한 품질 면에서 보면, 사누키 주조의 이름난 상품 '도미노 쓰루富の鶴'(그림 2-28·29)는 사벌沙伐평야에서 얻은 주조미酒造米에 상주의 연수軟水를 더한 명주銘酒로서 이름을 날리기 시작하여, 1929년까지 우등상 3회, 일등상 3회를 수상했고, 판로를 북으로는 회령會寧·나남羅南, 남으로는 군산群山까지 넓혀갔다. 또한 상주주조는 경북 기키자케카이利酒會【술맛을 보는 모임. 품평회】에서 조선주로서 우등상을 딴 3점 가운데 하나였다.[52]

　여하튼 이러한 과정을 통해 생산자인 주조업자와 유통을 담당한 음식업자 등의 소매업자가 분리되어 갔지만 그에 따른 새로운 문제도 생겨났다. 주조업자가 회사조직을 갖추고 유력한 지역자본으로 커지자 소매업자와의 사이에 일정한 마찰이 발생한 것이다. 1928년 8월 상주에서 숙박업소와 음식점 경영자 수십 명이 영업자조합을 설립하고 상주주조주식회사의 불매운동을 시작했

---

51) 全鮮酒類品評會, 『朝鮮の酒』, 1929年 10月.

52) 『朝鮮釀造協會雜誌』 四(五), 1929年 10月.

184

다.53) 이 일의 발단은 상주주조가 소매상을 무시하고 탁주를 직접 판매하기 시작한 데 있었다. 상주주조에서는 다른 군의 표준적 가격인 1두斗에 1원 80전보다도 높은 2원 20전으로 탁주를 소매상에게 도매하는 한편, 같은 가격으로 일반인을 대상으로 소매까지 시작했다. 상주주조에는 매일 수십 명의 일반 농가가 술을 사러 왔다고 한다. 이것에 분노한 소매상 70여 명이 군청의 재무주임에게 도매가격의 인하와 주조회사의 소매 중지를 진정하러 갔다. 그러나 군청으로서는 아무것도 할 수 없다는 회답을 얻자 불매운동을 시작한 것이다. 소매업자 측은 선산과 같은 다른 지역과 비교하면서, 1두당 40전의 손해이기 때문에 '우리들 영업자는 강고하게 결속하여 특권계급인 대회사에 엄중 대항하기로 했다'고 주장했다. 결국 주조회사 측이 조금 타협하여 도매가격을 2원 10전으로 내리고, 5되 이상에 한해 2원 50전으로 소매한다는 선에서 합의하였다. 이러한 주조회사와 소매업계의 대립은 이후로도 계속되는데,54) 유사한 문제는 상주에 국한되지 않고 각지에서 일어났다. 이것은 주세법 적용 이전까지 스스로 주조를 하던 주막과 같은 점포가 영세한 소매업화한 반면 주조업자로서 인가받은 회사는 지역 유력자가 경영하면서 '특권계급'화하는 가운데, 후자가 전자를 멸시하는 상황이 초래한 구조적인 문제였다고 할 수 있다.

각 주조장의 경영

그럼 각 주조장은 어떤 사람이 경영하고 또 어떤 술을 어느 정도의 규모로 판매·유통하고 있었을까. 1935년 전후의 상주 주조업자의 상황에 대해 제조주의 종류와 조석造石 수, 판매 범위, 사장·중역·자본금, 주식회사의 경우는 주식 수·주주 수·대주주명, 경영자의 약력 등을 아는 범위에서 정리한 것이 <표 2-27>이다. 덧붙여 (1)~(3)에 대해서는 앞에서 대략 서술했기 때문에 경영자의 약력은 생략했다.

---

53) 이하의 기술은 『동아일보』(1928년 8월 3일, 8월 16일) 및 『중외일보』(같은 해 8월 3일)의 기사에 근거한다.

54) 「尙州酒界紛糾 飮食店宿屋等結束」(『東亞日報』 1930년 3월 4일).

<표 2-27> 상주의 주조 관련업자

(1) 사누키(讚岐)주조주식회사(창립 1918년 8월)
(제조주의 종류 및 생산 石數) 청주 800석 ①→ 1,000여 석 ②
(주요 품명) '富の鶴'
(판매) '그 제품 '富の鶴'는 품질이 우량하여 대전, 경성, 원산, 대구 방면으로 이출하고 있다' ②
(사장) 蒲生嘉藤治 (중역) 吉林菊次郎, 後藤輝己, 岡崎傳六, 竹本仙八, 馬場良三, 小笠原藤五郎, 河合七郎 ③
(자본금) 75,000원 (주식 수) 1,500 (주주 수) 130 ③
(대주주) 蒲生嘉藤治(75), 河崎淺吉(66), 後藤輝己(62), 竹本仙八(48), 小笠原藤五郎(45) ③
(2) 상주주조주식회사(창립 1928년 4월)
(제조주의 종류 및 생산 석수) 탁주 3,344석, 약주 277석, 소주 218석, 계 3,839석 ①
(사장) 稻垣德三郎 (중역) 上坂丈助, 福岡九八, 欁三郎與門, 岡崎光儀, 山下味三郎, 拓植磯七 ③
(자본금) 120,000원 (주식 수) 2,400 (주주 수) 18 ③
(대주주) 上坂丈助(350), 稻垣德三郎(235), 欁三郎與門(234), 趙珏衍(230), 高田廦吉(229) ③
(3) 상주곡자주식회사(창립 1934년 6월)
(제조주의 종류 및 생산 석수) 粗麴 4,000석 ①
(판매 상황) '상주군 일원을 책임 판매구역으로 하여 기타 주문에 응해 전북, 충남, 강원의 일부에 판매한다.' ①
(사장) 朴寅洙 (부사장) 上坂丈助
(중역) 朴寅玉, 稻垣德三郎, 朴晩益, 崔尙善, 趙翼衍, 朴淳, 菅原宗之助
(자본금) 200,000원 (불입금) 50,000원 (주식 수) 4,000 (주주 수) 38 ③
(대주주의 구성) 林寅洙(950), 朴寅玉(376), 상주주조회사(800), 함창주조회사(250) ③
(4) 합명회사 尙善주조장(창립 1934년 8월) ①
(제조주의 종류 및 생산 석수) 탁주 2,800석, 약주 90석
(판매 상황) '상주 및 북부 일대를 판매구역으로 한다.'
(대표) 崔尙善(8000), 朴晩相(8000)
(사원) 朴寅洙(8000) (자본금) 24,000원
(경영자의 약력) '昭和 2년【1927년】 최상선의 명의로 면허를 받아 경영해 오는데, 昭和 9년【1934년】 자본금 2만 4천 원의 합명회사로 조직을 변경하여 사업을 계승 오늘날에 이름. 대표 사원 최상선 씨는 상당한 명망가로서 상주읍회 의원, 상공회 부회장, 國防義會 이사, 금융조합 간사 등의 요직에 있으면서 주조에 관해서는 연구심이 강해 개량에 전념함. 지배인 박만상 씨는 일찍이 임시토지조사국 서기에 이어 郡屬으로 명을 받아 昭和 5년【1930년】까지 봉직, 퇴관과 동시에 주조업을 경영, 현재 읍회 의원으로 공직에 있음.'
(5) 상주약주주식회사(창립 1935년 5월)
(사장) 朴淳
(중역) 金漢鳳, 朴晩益, 張基生, 趙秉郁, 李圭璇, 李在潤, 上阪丈助, 權五福, 金淑東
(자본금) 120,000원 (불입금) 30,000원 (이상 ③)
(설립경위) '본회사는 昭和 10년【1935년】 5월 창립하였는데 공칭자본금 12만 원, 불입금 3만 원이라는 지방에서 큰 회사의 하나로 무릇 이 회사의 탄생에 이르는 경로는 時勢의 進運에 따라 상주 세무서 지도를 바탕으로 첫 울음을 터트리게 되었는데 동서관내 상주,

문경, 예천의 각 군을 통해 하나가 되어 종합적 조직 아래 설립된 전도양양한 회사이다. 덧붙여 본회사의 중역으로서는 사장 박인수, 전무 박순, 임원(取締役) 장기생, 이규선, 조병욱, 김한봉, 박만익, 감사역으로서는 上坂丈助, 김숙동, 권오덕의 제씨이다.' ①

(6) 梁村주조장(金尙龍) ①

(제조장의 위치) 경상북도 상주군 상주읍〔양촌리〕
(제조주의 종류 및 생산 석수) 탁주 및 약주 계 1,800석
(판매 상황) '상주읍내 남부 일대를 배급구역으로서 수급의 원활을 기함.'
(경영자의 약력) '昭和 4년【1929년】 주조업의 면허를 받아 가업의 발전에 전념 종사함.'

(7) 趙珏衍

(제조장의 위치) 경상북도 상주군 상주읍 ①
(제조주의 종류 및 생산 석수) 탁주, 약주 계 1,400석
(판매 상황) '상주읍 북부 일대 및 외서면의 일부를 구역으로 하여 여기에 배급함'
(경영자의 약력) '상주읍의 명망가로서 일찍이 상주주조주식회사의 사장이었고 현재 가업에 전념함'

(8) 沙伐주조장(鄭成鍾) ①

(제조장의 위치) 경상북도 상주군 사벌면
(제조주의 종류 및 생산 석수) 탁주 1,000석
(판매 상황) '사벌면 한 면을 판매구역으로 하여 배급하고 있음'
(경영자의 약력) '昭和 4년【1929년】 제조면허를 받아 가업에 전념하며 학교비 평의원으로서 공직에 있음'

(9) 洛東주조장(趙南銘) ①

(제조장의 위치) 경상북도 상주군 낙동면
(제조주의 종류 및 생산 석수) 탁주, 약주 계 1,500석
(판매 상황) '낙동면 일대를 판매구역으로 하여 배급을 행함'
(경영자의 약력) '낙동면 유수의 양반으로서 지방 자산가(素封家)이다.

(10) 靑里주조장(金元出) ①

(제조장의 위치) 경상북도 상주군 청리면 (창립) 1928년 9월
(제조주의 종류 및 생산 석수) 탁주 1,300석
(판매 상황) '청리면 일원을 판매구역으로 하고 배급의 원활을 기함'
(경영자의 약력) '일찍이 조선철도에 봉직하길 7년, 때마침 주조장 집약을 맞아 결의하여 사직하고 주조제조의 면허를 받아 개업하여 오늘날에 이름'

(11) 玉山주조장(朴晩益) ①

(제조장의 위치) 경상북도 상주군 功城面 (창립) 1927년 3월
(제조주의 종류 및 생산 석수) 탁주, 약주 계 1,595석
(판매 상황) '공성면 동북부 일대를 판매구역으로 하여 배급의 원활을 기함'
(경영자의 약력) '경찰관 출신 사법대서업, 면협의회원, 상주곡자 및 약주주식회사의 임원 등의 요직에 있음'

출전 : ①『朝鮮酒造史』(1935), ②『慶北大鑑』(1936), ③『朝鮮銀行會社組合要錄』(1937년도판)

여기에서 몇 가지 특징을 포착할 수 있다.

우선 여러 곳의 회사 경영에 관여하는 지역자본가가 다수 눈에 띈다는 점이다. 예를 들면 우에사카 조스케上坂丈助는 (2)상주주조의 필두 주주, (3)상주곡자의 부사장, (5)상주약주의 중역(감사)을 겸하고 있다. 박만익은 자신의 주조장 (11)을 갖고 있으면서, (3)상주곡자와 (5)상주약주의 중역을 겸직하고 있다. 그러한 의미에서 주조업자끼리는 상호 경합관계에 있었다기보다는 공존하면서 이익을 서로 나누는 관계에 있었다고 할 수 있다.

아울러 그 공존과 관련하여 시가지에서 떨어진 농촌부의 주조업자 (6)～(11)에서는 탁주·약주 판매구역을 대략 면내로 한정하고 있다는 점도 알 수 있다. 이를 볼 때 주류 판매의 구역이 형성되어 있었다고 생각된다.

또한 주조 관련자의 이름을 살펴보면, 사족 가문·이족 가문 출신자가 몇 사람 있는 것도 알 수 있다. 예를 들면 조각연(2)(7), 조익연(3), 조남명(9)은 풍양 조씨, 박인수(3)(4), 박인옥(3), 박만익(3)(5)(11), 박만상(4)은 상산 박씨이다.

나아가 주조 관계자의 이력을 보면 다른 공직과도 관계가 깊다. 읍회의원·면협의회원, 금융조합 간사, 학교비 평의원, 군청 직원, 상공회 임원 등의 직책을 함께 맡고 있다. 즉 일종의 지역 '명망가' 부류였던 셈이다.

이러한 가운데 주조업자는 지방에서 '부잣집' 또는 '유지'의 전형적인 이미지를 형성해 갔다고 할 수 있다.

농촌부에 끼친 영향

주조업자의 성립이 농촌부에 미친 최대의 영향은 뭐니 뭐니 해도 자가용 주조가 '불법'화된 것이다. 주세령의 변천을 보면 점차로 '밀조密造'의 범위가 확장되었음을 알 수 있다. 특히 '주류'가 되기 이전 단계를 어떻게 단속할 것인지가 시기에 따라 달랐다. 1916년에 주세령이 공포된 시점에서는 '밑술 또는 거르지 않은 술을 제조한 자'가 처벌의 대상이었다. 그렇지만 1919년이 되자 '밑술 혹은 거르지 않은 술을 제조하거나 또는 판매를 위해 일본식 누룩麴

혹은 누룩麴子을 제조한 자'로 변경되었다. 즉 일본식 누룩 혹은 누룩을 판매 목적으로 제조하는 것도 '밀조'의 범위에 들어갔다. 나아가 1934년이 되자 이 조문은 '밑술, 거르지 않은 술 혹은 누룩麴子 또는 판매를 위해 일본식 누룩麴을 제조한 자'로 변경되었다. 일본식 누룩麴에 대해서는 그대로이지만, 누룩에 대해서는 판매를 목적으로 했든 아니든 여하튼 제조하면 처벌하겠다는 방침이 된 것이다.[55]

예를 들어 1936년의 숫자를 보면 연간 '밀조' 검거건수 21,654건 가운데 한반도 남부가 무려 98.7%를 차지했는데, 그 가운데 48.0%가 누룩麴子 혹은 일본식 누룩麴을, 36.9%가 밑술이나 거르지 않은 술을 제조했기 때문이며, 대부분이 제조과정에서 검거되었다.[56] 1934년 개정된 주세령에서는 주류 밀조가 2천 원 이하, 밑술·거르지 않은 술·누룩·일본식 누룩의 밀조가 5백 원 이하의 벌금 또는 과료에 처해졌다. 당시 빈농의 연수입이 100원을 넘지 않았던 것을 고려하면, 밀조에 따른 처벌은 매우 엄격했다고 할 수 있다.

이하 5장에서 집중적으로 다룰 상주의 농촌 청년 S씨의 일기를 단편적으로 이용하여 1930년대 농촌에서의 변화의 한 측면을 살펴보겠다.

먼저 주조가 주조업자로 집중됨에 따라 술을 마실 때에는 반드시 돈을 지불해야만 했다. 1935년분의 S씨의 현금 출납부와 일기를 바탕으로 그가 어디에서 얼마나 술값을 지출했는지를 집계한 것이 <표 2-28>이다.

<표 2-28> S씨의 술값 지출(1935년)

월	일	지출(円)	행선지	월	일	지출(円)	행선지
1	19	0.10	H酒汀 (친척집?)	7	15	1.35	친척집
2	26	0.20	H酒汀 (친척집?)	7	18	0.54	(洞內)
3	5	0.22	(洞內)	7	23	0.15	면
3	22	0.50	주막 (洞內)	8	5	0.20	면 (동창회)
3	25	0.10	김천	8	22	1.00	(洞內)
5	10	0.20	Y주막	9	2	0.50	Y주막

---

55) 앞의 『朝鮮酒造史』, 185~212쪽.
56) 『酒』 10(七), 1938年.

5	13	0.65	B주막	9	5	0.15	(洞內)
5	14	1.00	(洞內)	9	14	0.12	친척집
5	15	0.70	주막 (다른 동리)	9	20	0.50	면
5	22	0.30	동리 골목	9	25	0.33	(면)
5	24	2.00	동리 앞	10	3	0.50	(면)
6	2	0.07	청리	10	6	0.70	M酒汀
6	4	4.10	(다른 동리)	10	13	0.80	C주막 (다른 동리)
6	9	3.00	(洞內)	10	21	0.20	(면)
6	21	0.40	(洞內)	11	24	0.40	(면)
6	23	1.35	(洞內)	술값합계		24.63	
7	4	1.00	B주막	지출합계		140.86	
7	6	1.30	읍내	주대비율		17.5%	

비고 : 행선지가 일기 중에 명기되지 않은 경우는 추정한 행선지를 괄호 안에 넣어 표시했다.

이것을 보면 S씨는 월 평균 두세 번 술값을 지출하였다. 이것은 어디까지나 S씨가 술값을 지불한 경우의 집계이므로 실제로는 좀 더 빈번하게 마셨다. 5장에서 서술할 바와 같이 S씨의 현금출납부는 가계를 꾸려나가는 것이 아니라 개인적인 출납을 기록한 내용이기는 하지만, 그래도 연간 지출의 17.5%를 술값이 차지하고 있다. 게다가 언제나 혼자 마시지 않고 누군가와 함께 마시고 있다. 즉 음주는 일상적인 커뮤니케이션을 매개하였다.

술에 대한 현금지출이 그와 같은 상황이었기 때문에, S씨가 사는 P리의 농촌진흥조합에서는 1935년 2월 6일에 주막에서 술을 마시는 것까지 금지하기로 결정한다. 그것이 엄밀하게 지켜졌던 것은 아니지만 여기에 농촌진흥운동의 하나의 모순이 집약되어 있다. 농촌진흥운동의 슬로건은 자력갱생으로, 식료 부족을 해소하고 현금 수입을 늘리기 위해서 주변의 자원을 활용할 것을 활발하게 선전했다. 그렇다면 술에 대한 지출을 억제하기 위해서는 자가용 주조가 효과적일 것이다. 그러나 그것은 주세에 조세수입의 상당한 부분을 의존하는 주세령 체제하에서는 허락되지 않았다. 따라서 농촌진흥운동에서는 ‘금주禁酒’도 캠페인의 일환으로서 종종 내세워졌던 것이다.

이와 같은 상황에서도 자가용 주조가 그리 간단하게 없어질 리는 없었다. 1932년 상주군 세무계는 묘사墓祀나 혼인이 자주 행해지는 10월부터 11월에 걸쳐 20일간 화북면을 제외한 17개 면에서 밀주의 일제 적발을 시행하여 일거에 105건을 검거하였다.[57] 1937년에는 상주세무서가 적발한 상주에서의 연간 검거건수가 379건, 벌과금 합계액은 5,936원에 달하였다.[58] 5장에서 서술하겠지만 S씨의 집도 한번 '밀주'로 단속되었다.

이와 같이 상주에서 주조업의 '발전'은 일상적인 주조나 음주 행위에도 깊은 영향을 미쳤다. 다만 이후에도 '밀조'가 그치지 않았다. 전시체제기가 되면 도리어 '밀조'는 증가하여, 당국도 '그 폐습은 근저가 지극히 깊어 그것의 교정은 용이한 일이 아니'라며 그 뿌리 깊음을 인정하지 않을 수 없었다.[59] 즉 주류 제조는 식민지 당국 – 지역자본 – 농가가 대치하는 일상적인 정치의 장이었던 것이다[板垣, 2005].

소결

이 장에서는 20세기 전반 상주 사회의 변용을 제도적, 물질적인 측면을 중심으로 살펴봤다. 여기에서 논증한 것은 아래와 같이 요약할 수 있다.

먼저 상주의 '식민지화' 과정을 국가의 폭력장치와 관료제로 나누어 검토했다. 1907년 이후, '폭도'라고 이름 붙여진 조선인 의병의 '토벌'을 주목적으로 하여 일본군이 상주에도 들어왔다. 처음에는 수비대가, 이어서 헌병대가 들어왔고, 경찰과 결합하여 1910년대의 헌병경찰제도가 확립되었다. 상주의 경우는 1910년부터 1919년까지 경찰업무는 기본적으로 헌병이 담당하였다. 1919년에 보통경찰제도로 전환되는 동시에 급속하게 주재소가 확충되어, 1920년 3월까지 1면 1주재소 제도가 확립되었다. 이것은 3장에서 서술할 지방의 정치공간에 다양한 형태로 개입하게 된다.

이어서 관료기구의 재편성을 검토했다. 우선 한말의 징세제도 개혁에 따라

---

57) 『조선중앙일보』 1932년 12월 2일.
58) 『東亞日報』 1937년 12월 22일.
59) 『昭和十九年度(第八十四回 議會) 議會說明資料』 중 財務局에 의한 「密造取締ノ狀況」.

구래의 지방행정을 맡아왔던 군수−향리가 일단 배제되고 일본인 관료가 침투하였다. 군수는 그 후 바로 지역사회의 행정 수장으로 돌아왔지만 향리는 공직에서 추방되었다. 상주의 이족은 '봉안매안단奉安埋安壇'이라는 단소壇所를 만들어, 이직吏職과 관련된 명부자료를 묻어버렸다고 전해진다. 그리고 1910년대에는 군 아래에 '면'이 급속하게 말단 관료기구로서 확충되어 갔다. 1930년대가 되면 농촌진흥운동을 계기로 학교를 비롯한 '면' 단위의 관공서가 '지도'를 통해 '면' 아래의 '부락'을 통제하는 관계가 형성되기 시작한다. 이것은 1937년 이후 총동원체제 구축과 함께 한층 강화되었다.

이와 같은 지배기구의 재편성과 더불어 상주 사회에도 식민자인 일본인이 광범위하게 들어왔다. 일본인은 읍내를 중심으로 거주했는데, 시기에 따라서 변화는 있지만 읍내 인구의 8~12%를 차지했다. 직업구성으로는 우선 상업·교통업이 많고 이어서 농업, 공무·자유업, 공업의 순이어서, 농업이 압도적이었던 조선인의 직업비율과는 현저한 차이를 보였다.

그러한 가운데 진행된 것이 읍내의 '시가지'화였다. 성곽도시로서의 읍치는 병합을 전후로 환골탈태되었다. 성벽은 1912년 전후로 허물어졌다. 재지사족의 중요한 결절점이었던 향청은 군軍에 접수되어 버렸다. 상주의 중심에 있는 '왕산王山'은 '앙산央山'으로 표기가 바뀌고 상주신사가 세워졌다. 그러한 읍성의 식민지적 변용 과정과 병행하여 읍내가 작은 시가지로 되어 갔다. 읍내는 산업구성, 교통, 풍경 등의 점에서 농촌부와는 이질적인 '도시적' 존재가 되었고, <근대>의 지리적 불균등성을 드러냈다.

이와 더불어 농촌부의 상업적 농업도 재편성되었다. 양잠업의 경우 1910년대에 섬유자본에 적합하도록 행정의 개입이 급속하게 진행되어 공동판매제도가 확립되었다. 1920년대 후반이 되면 중간의 조선인 상인을 없애고 섬유 대자본과 행정이 양잠농가를 직접 지배하에 두려는 움직임이 가속화되었다. 다만 상주에서는 근세 이래 양잠업이 지역적인 확산을 갖고 있었기 때문에 반드시 모든 산견山繭이 대자본에 공급된 것은 아니고 상당 부분은 지역에서 제사·직조되었다.

읍내를 중심으로 한 경공업의 진전과 농촌부에 대한 영향이라는 두 측면을 보는 데 중요한 것이 주조업이다. 1909년에 시작된 주세법의 시대에는 자가용 주조가 인정되었지만, 1916년의 주세령 이후가 되면 제도적으로는 자가용 주조가 불가능해졌다. 그에 따라 전업적인 주조업자가 나타나 소매점이나 소비자로부터 분리되어, 1920~1930년대에 걸쳐 새로운 지역자본으로서 성장해 갔다. 그렇다 해도 자가용 주조가 실태로서 없어진 것은 아니었다. 일상적인 커뮤니케이션이나 조상 제사의 장 등에서도 술은 중요한 기능을 수행하고 있었기 때문이다. 그 때문에 주류의 '밀조'는 근절되지 않았다. 이에 주조업자가 세무서와 결탁하여 '밀조' 적발을 행하는 일도 벌어졌고, 그런 의미에서 술의 제조는 공교롭게도 식민지당국－지역자본－농가가 대치하는 일상적인 정치의 장이 되었다.

이상과 같이 20세기 전반의 상주의 사회 변화는 식민지화가 일부 지역의 도시화·공업화와 동시에 진행되면서 농촌부에서의 관계를 재편성해 갔다. 그와 동시에 <근세>의 정치적·경제적·문화적 구조가 완전하게 밀려났다기보다는 오히려 폭넓게 지속되면서 그러한 새로운 변화의 양상을 규정했다고 정리할 수 있겠다.

제3장 　　지역엘리트와 정치공간

尙州新友會 창립총회(1926)
출전 :『동아일보』1926년 10월 15일

머리말

이 장에서는 1910~1930년대 상주의 정치문화와 그 변용에 대해 지역엘리트 및 정치공간의 동향을 중심으로 검토하겠다.

여기에서 분석개념으로 사용하는 지역엘리트란 지역사회의 공적인 사업이나 운동 등에서 지도적인 역할을 맡은 사람들을 의미한다. 이 때 '공적公的'이라는 것은 식민지권력에 의해 전유된 것만이 아니라 민족운동 등도 포함한 개념이다. 또한 여기에서는 고정적인 속성으로서가 아니라 실제로 어떤 일을 행하였는가에 따라 엘리트를 정의하고자 한다. 즉 반드시 고학력이라든가, 공직에 취임했다거나, 높은 경제적 지위를 가진 것이 필요조건은 아니다. 또한 예컨대 1920년대에 지역엘리트였다고 해서 1930년대에도 반드시 그렇다는 보장은 없다. 따라서 '엘리트'라는 단어에서 연상되는 전형적인 '엘리트'의 이미지와는 조금 거리가 있는 인물도 포함된다. 이와 같이 유연하고 동태적으로 개념을 설정하는 까닭은, 단지 지배와 피지배의 경계가 애매하다거나 정체성이 유동적이라는 등의 모호한 이야기를 하기 위해서가 아니라, 식민지하 지역사회 정치공간의 역학관계 dynamics를 포착하기 위해서이다.

먼저 이 장에서 기술하겠지만 식민지기 지역사회의 여러 단체는 조직의 성쇠가 심하고 구성원의 유동성도 높았다. 학교를 세우거나 교섭을 행하는 등의 구체적인 사업별로 사람이 모였다가 흩어지는 양상도 흔히 볼 수 있다. 때로는 그 이름이 석비石碑나 간판, 기사記事 등으로 남겨짐으로써 마치 지속적으로 유지된 집단인 양 실체화되지만, 그 배경에는 끊임없이 움직이는 사회관계가 있었다고 보는 편이 나을 것이다.

또한 지역사회의 공적인 사업이나 운동으로는, 예컨대 농촌진흥운동과 같이 체제내적인 것도 포함하는 한편, 독립운동과 같이 조선총독부에서 보자면 체제외적인 것도 그 지역 주민의 공동적 이익에 관련된다는 의미에서 검토 대상에 포함시켰다. 총독부 권력이 지역사회에서 공적인 사업을 전부 규정하고 장악했을 리는 없기 때문이다. 말할 필요도 없이 어떤 사업이나 운동도 지역의 모든 주민에게 이익이 될 수는 없다. 오히려 '농민', '노동자', '지주' 등 특정한 집단의 공통 이익을 내세우는 경우가 대부분이다. 또한 실제로는 내건 간판만큼의 영향력을 행사하지 못한 사업·운동도 많았다고 생각한다. 요컨대 경우에 따라서는 복수의 공적인 것이 서로 경쟁하면서 존재하였다. 이 장에서는 그러한 복수의 공적인 것들이 서로 부대끼는 장場을 정치공간이라 부르고, 그 담당자가 어떠한 사람들이었던가에 주목하면서 지역사회의 정치공간의 변용을 검토하고자 한다.

이 장에서 검토하는 식민지기 지역사회의 유력자층에 대해서는 최근 몇 가지 주목할 만한 연구가 발표되었다. 그것은 크게 ①촌락사회와 총독부 지방행정과의 관계를 분석한 것과 ②지역사회 유력자의 구체적인 동향을 검토한 것으로 나눌 수 있다.

①과 관련해서는, 병합 이래 '면'(행정촌)을 전초기지로 삼아 '동리'(자연촌) 자치운영의 담당자로서 '지역 명망가名望家'를 포섭하려던 총독부의 지방행정이 1920년대 말 이후 '중견인물中堅人物'을 통해 동리를 직접 장악하는 방식으로 변화됨에 따라, 그와 병행하여 지역 명망가 주도의 농촌사회운동도 침체되어 간 과정을 분석한 김익한金翼漢[1995]의 연구가 주목된다.

또한 마쓰모토松本[1998]는 '지방유지'를 재촌在村 중소지주로 규정하여, 1920년대 후반 특히 쇼와昭和 공황 이후 지방유지의 역할이 후퇴함으로써 촌락질서가 안정성을 잃게 되었고, 이에 따라 중상층 농민이 '중견인물'로 대두하면서 식민지권력이 촌락 수준까지 침투하게 되었다는 전체적인 통찰을 농촌경제의 동향에 기초해 제시하였다. 이는 농업경제의 동향을 바탕으로 '유지有志'의 존재 양상을 해명한 것으로서 주목된다.

②와 관련해서는, 지수걸池秀傑의 연구가 가장 밀도 있게 여러 각도에서 '유지'에 대해 조명하였다. 지수걸은 농촌진흥운동에 대한 연구[1984]에서 ①에 가까운 관점에서 '관료-유지 지배체제'론을 제시하였는데, 이후의 사례연구[1998, 1999a]를 통해 보다 구체적인 차원에서 유지의 동향을 검토했다. 그에 따르면 '지방유지'란 식민지하의 각종 '공직公職'과 직·간접적으로 관계를 맺은 사람들

로서 구래의 사족층이나 신흥 유력자도 포함된 다양한 역사적 실체인데, 이들이 관료와 연동되면서 지역에서 다양한 활동을 벌였다는 것이다. 그 뒤에 발표한 공주公州 지역에 대한 모노그래프monograph[1999b]에서는 '관료-유지 지배체제' 론의 틀에 얽매이지 않고 '유지'와 관계된 다양한 현상을 검토하였다.

또한 이 장과 직접 관련된 경북 지역의 청년운동·사회주의 운동 등의 전개에 대해서는 역사적 사실을 세밀하게 정리한 김일수金日洙의 일련의 연구[1993, 1995, 2000]가 중요하다. 김일수는 경상북도라는 지역 단위에서 당시의 사회운동의 자취를 면밀하게 조사하고 상주에 대해서도 언급하였다. 다만 운동의 전개를 밝히는 데 중점을 둔 탓에 지역사회에 내재한 분석은 이루어지지 못했다.

이 밖에 1920년대 재령군載寧郡의 정치 조직의 변용을 '지역 유력자층'의 동향을 중심으로 검토하여, 청년회 운동이 '혁신革新'됨에 따라 지역 유력자층이 이탈하여 지방 통치기관에 깊이 관여하게 되는 모습을 분석해 낸 쓰지 히로노리辻弘範의 연구[1999] 등이 있다. 그리고 충청남도 한 마을의 지방 문서를 중심으로 하여 유지의 활동을 추적한 김영희金英喜[2003 : 2장] 등도 주목된다. 또한 또다른 관점에서 〈근세〉 지역엘리트의 동향을 탐구한 혼다 히로시本田洋의 연구[1999, 2004]도 빠뜨려서는 안 될 것이다. 혼다는 남원군 '읍치邑治'의 도시화 과정에서 '노계소老契所'를 중심으로 집결한 이서吏胥·무임계武任系 집단(혼다의 용어로는 '향신鄕臣')의 동향을 분석함으로써, 향교를 중심으로 집결하고 농촌부에 퍼져있는 유림·양반 집단과의 상대적인 차이를 제시했다.

이상의 여러 연구를 토대로 이 장에서의 과제를 제시하겠다.

먼저 이 장의 과제는 지역엘리트의 〈근세〉로부터 〈근대〉로의 이행과 거기서 나타나는 지속과 변용을 밝히는 데 있다. 〈근세〉 지역엘리트의 대표적 존재가 사족士族과 이족吏族이라면, 〈근대〉의 지역엘리트는 '유지'나 '청년'으로 불렸다.

우선 '유지有志'라는 말을 살펴보면, '공직公職'에 관련된 사람만을 '유지'로 칭하면서 '유지'로부터 '혁신적 청년운동'을 떼어낸 지수걸의 정의는, 분석개념 으로서는 이해할 수 있지만 당시의 용어 사용 방식과는 다소 어긋난다. 현재 한국에서 '유지' 내지 '지방유지'라고 하면 지역사회의 유력자로서 자산을 갖고 체제에 힘을 쓸 수 있는 기득권층이라는 의미가 강하다. 그러나 이 장에서 수시로 인용하겠지만 적어도 1920년대에는 민족주의·사회주의를 포함한 정치운동에 관련된 사회단체의 구성원도 '유지'라고 표현되는 등, 단어 자체에 원래부터 엄밀한 의미가 담겨 있었던 것은 아니다. 차라리 지역에서 어떠한 사업을 위해서 모인 일시적인 집단으로서의 '유지'를 생각해 볼 필요가 있다.[1] 그런 식으로 지역사회에서 지도자적인 위치에 있었던 사람이 경우에 따라서는 서서히 변용되어 포섭되거나 함으로써, '유지'라는 말뜻의 고정화를 초래했다고 볼 수 있지 않을까 생각한다. 요컨대 본서에서는 '유지'의 뜻이 오늘날 한국에서 이해되고 있는 이미지로 고정화된 것은 1930년대의 일은 아니라고 본다.

그러한 문제는 '청년'에 대해서도 생각할 필요가 있다.[2] 1920~30년대에 지역의 사업을 주도한 사람들은 연령이나 교육의 차이 등에 따라 '청년'으로 불리기도 했다. 다만 실제 연령은 다양해서 1920년대에 이미 40대가 된 사람이 '청년회'에 들어가는 일조차 있었다. 1920년대에 청년회를 비롯한 '청년' 조직은 지역사회의 정치공간에서 중요한 역할을 수행했으며, 그중에는 공산주의를 수용해 혁신적인 운동과 제휴하는 이들도 있었다. 그렇기 때문에 총독부도

---

1) 【저자의 '유지有志' 개념에 대한 이해는 일본어의 '유시有志'라는 단어의 쓰임새로부터 촉발된 것으로 생각된다. 대표적인 일본어사전인 『廣辭苑』에서는 '有志'를 '어떤 일에 대한 관심이나 그와 관계하고자 하는 의지를 가지는 것, 혹은 그 사람'으로 풀이하고 있다.】

2) 본서 탈고 후에 이기훈[2005]에 의한 「日帝下 靑年談論 研究」(서울대학교 국사학과)라는 상세한 박사논문이 있음을 알게 되었다. 이 논문은 19세기 말부터 1945년까지의 조선에서 '청년' 언설의 형성과 변화를 신문이나 잡지 등을 자료로 조사한 노작이다. 그에 따르면, 조선시대의 문헌에도 '청년'이라는 표현이 없지는 않았지만 드물었고, 연소자를 가리킬 때는 오히려 '소년' 등의 단어가 쓰였다. '청년' 언설이 급증하는 것은 러일전쟁 후 이른바 '애국계몽운동'에서였는데, 1910년대에는 '소년'과 분화된 새로운 주체로서의 '청년'의 용법이 거의 굳어졌다. 1920년대의 '청년'은 민족주의, 사회주의, '신여성'과의 관계에서 변용되면서도 새로운 가치를 지닌 주체로서 부상한다. 그러나 1930년대가 되자 총독부 권력의 '청년' 언설이 급격히 강해지면서, 조선인의 독자적인 '청년'론은 위축되었다고 한다. 언설 수준에서는 명료하게 분석되어 있으며 본서의 서술과 중첩되는 점도 있다. 다만 본서는 서울을 중심으로 생산된 언설에 주목하기보다는 가능한 한 지역사회의 시점에서 '청년'의 위상을 포착하려 한다.

1920년대 후반이 되면 '청년' 조직이나 운동에 대한 적극적인 통제를 시도하게 되고, 1930년대에는 '위'로부터 청년회가 조직되는 일도 벌어졌다.

그러한 관점에서 이 장에서는 지역사회의 '유지', '청년'의 존재 양상과 그 변화를 밝히는 것을 첫 번째 과제로 삼으려 한다. 그러나 지역엘리트의 '새로운' 동향만을 보기보다는, <근세> 지역엘리트와의 관계에서 바라보겠다. 재지사족이나 이족과 같은 <근세>의 지역엘리트 가운데에는 '유지'로서 근대적인 사업에 참여한 자도 있지만, 그와 거리를 두고 근세로부터 지속되는 네트워크에서 활동한 사람들도 있었다. 그와 같은 신/구 지역엘리트의 존재 양상에 대한 해명이 중요한 작업이 될 것이다. 또한 2장에서 살핀 바와 같이 일본인이 그러한 지역엘리트와 어떠한 관계에 있었는지도 검토하고자 한다.

이러한 논의를 위한 또 하나의 중요한 틀이 정치공간의 지리적 구조이다. 본서 전체를 꿰뚫고 있는 바와 같이, 지방사회의 기본단위로서 <읍>을 설정하고, 나아가 그 기본구조인 읍내/농촌부의 위상 차이를 분석틀에 넣을 필요가 있다. <읍>은 전근대부터 현대에 이르기까지 정치적인 결속이나 네트워크, 경제활동 등의 여러 면에서 기본적인 단위였지만 그 내부는 균일하지 않다. 근대 이후 지방 정치로서 언급된 것은 거의 읍내의 이야기였고, 그 한편에서 촌락 사회라는 틀로 논해진 것은 농촌부의 이야기였다. 읍내에서의 사업·운동과 농촌부에서의 그것은 일정한 성격 차이가 있었다. 그러나 읍내와 농촌부는 완전히 별개로 움직였다기보다는 오히려 연동되었으므로, 그 차이 및 상호관계를 어떻게 포착하느냐가 과제로 설정된다.

1. 사족·이족의 동향

1장에서 본 바와 같이, 사족 및 이족과 같은 〈근세〉의 지역엘리트는 혼인을 통한 혈연 네트워크, 서원·서당을 결절점으로 한 학연 네트워크, 그리고 교육을 통한 한문 지식의 습득에 의해 신분적 계층구조를 재생산하였다. 한문 교육의 지속에 관해서는 4장에서 검토하기로 하고, 여기서는 우선 혈연과 학연이 식민지기에 어떻게 지속되고 또 변용되었는지를 살펴본 다음, 사족이나 이족의 새로운 존재 양상에 대해서 검토하겠다.

사족 혼인 네트워크의 지속

사족간의 혼인 네트워크가 식민지기만이 아니라 해방 후에도 이어졌던 것은 틀림없지만 그 실태를 체계적으로 밝히기는 어렵다.[3] 여기서는 사례분석으로서 조강희趙康熙[1996]의 연구를 토대로 사족간 혼인 네트워크의 지속을 밝히겠다.

고故 조강희는 상주 풍양豐壤 조趙씨의 종가 출신으로 영남대학교에서 인류학을 전공했다. 그는 자신의 네트워크를 이용하여 10년에 걸쳐 영남 지역 75개 마을을 찾아다니며 사족 가문의 혼인에 의한 연대連帶/alliance에 대해 조사하여 박사논문을 완성했다. 출발점은 안동의 명문인 진성眞城 이李씨의 종손(1932~)이었는데, 종손을 기준으로 위로 4대, 아래로 2대에 대해 각각 친가親家·외가外家·처가妻家의 '중매仲媒' 즉 맞선에 의한 혼인관계를 조사했다. 친가는 안동시安東市 도산면陶山面 토계리土溪里에 있고, 외가는 봉화군奉化郡 봉화읍奉化邑 해저리海底里의 의성義城 김金씨이며, 처가는 상주시 외서면外西面 우산리愚山里의 진양晉陽 정鄭씨이다. 혼인 관계는 중매혼이 친가 쪽(P) 95쌍, 외가 쪽(M) 78쌍, 처가 쪽(U) 77쌍으로 총 250쌍에 99문중이었고, 자유혼은 친가 쪽 45쌍, 외가 쪽

---

3) 혼인관계를 알 수 있는 자료로는 족보가 있지만, 이것만으로는 혼인 상대의 姓은 알 수 있어도 어느 마을에 사는 어떤 일족인지는 명확하지 않은 경우가 많다.

14쌍, 처가 쪽 34쌍으로 총 93쌍인데, 시기적으로는 1840~1990년의 150년간에 걸쳐 있었다. 조강희의 조사는 어느 마을에 사는 무슨 씨의 어느 파인지도 조사했기 때문에 자료적인 가치도 높다.

조사결과를 보면, 중매혼의 경우 '양반과 비양반간에 이루어진 혼인은 발견되지 않았다'[趙康熙, 1996 : 110]고 한다. 이들은 '영남지방의 양반가문에서도 비교적 상층에 해당하는' 일족이고 또한 종손과 멀지 않은 촌수만을 조사했다는 한계는 있지만, 사족간의 혼인이 19세기 후반부터 20세기 내내 지속되었음은 주목할 만한 사실이다.

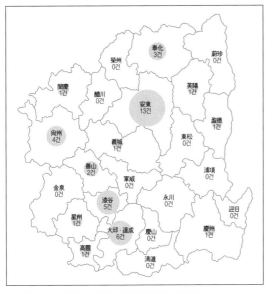

<그림 3-1> 우산리 진양 정씨 종가의 통혼권
출전 : 조강희[1996]에서 작성

이하에서는 이러한 중매혼의 사례를 재집계하여 분석하겠다. 조사대상 가운데 상주지역과 관련된 것은 '처가'에 해당하는 외서면 우산리의 진양 정씨 우복파愚伏派의 사례이다. 시대가 광범위하고 생몰년은 알지만 언제 혼인했는지는 조사하지 않았기 때문에, 여기에서는 일단 출생년을 조금 넉넉하게 잡아 1880~1935년인 자로 한정하였다【식민지기의 혼인 사례를 포괄하기 위한 의도로 생각된다】. 또한 조사대상에는 시집간 곳의 자손까지 포함되어 있지만, 여기서는 우산의 정씨 집안으로 시집을 왔거나 정씨 집안에서 출가한 경우로 한정하겠다. 이 조건으로 조사결과를 추출하면 혼인 사례는 40건이다. 이 가운데 우산의 정씨에게 시집온 사례가 16건, 정씨 집안에서 다른 곳으로 출가한 사례가 24건이다. 이 데이터를 가지고 혼인관계를 맺은 지역을 지도에 표시한 것이 <그림 3-1>이다.

한눈에 알 수 있듯이 우산의 진양 정씨 종가의 경우 경상북도 일원에 통혼권이 퍼져 있다. 특히 주목되는 것은 본거지인 상주보다도 안동 쪽과의 통혼이 많다는 점이다. 안동의 경우는 진성 이씨 퇴계파와의 혼인 5건 외에, 하회河回 마을의 풍산豊山 류柳씨 서애파西厓派와의 혼인이 6건이다. 그 외 지역의 경우도 특정한 사족과 혼인하고 있다. 봉화는 해저海底 마을의 의성義城 김金씨 개암파開巖派, 칠곡漆谷은 매원梅院 마을의 광주廣州 이李씨 박곡파朴谷派이다. 지역과 관계없이 성씨별로 보면 모두 20개의 성씨와 혼인관계를 맺었는데, 그 가운데 수차례 혼인을 맺은 경우는 풍산 류씨 서애파가 8건(그 중 1건은 상주의 우물于物에 산다), 안동의 진성 이씨 퇴계파와 칠곡의 광주 이씨가 각 5건, 봉화의 의성 김씨가 4건, 대구大邱의 서흥瑞興 김씨 한훤당파寒暄堂派가 3건, 상주의 풍양豊壤 조趙씨 검간파黔澗派가 2건이다.

혼인 네트워크가 이 정도로 광범위한 것은 상주의 사족 가운데에서도 진양 정씨가 영남지역에서 매우 잘 알려진 존재이고, 또한 종손과 가까운 촌수만을 조사하였기 때문이라고 생각된다. 같은 상주의 진양 정씨라도 종손으로부터 혈연적으로 멀어지면 혼인의 지역적 범위는 보다 좁아졌을 것이다. 그리고 자유혼의 사례는 진양 정씨의 경우는 거의 모두가 해방 후라고 여겨진다. 따라서 식민지기에도 이처럼 철저하게 사족간의 혼인 네트워크가 지속되었음을 전제로 할 필요가 있다.

서원·서당을 결절점으로 한 사족 네트워크의 동향

이어서 학연을 살펴보자. 향교에 대해서는 후술하기로 하고 여기에서는 서원과 서당을 검토대상으로 하겠다.

서원에 언제까지 교육기능이 남아 있었는지는 확실히 알 수 없다. 훼철되어 '단소壇所'로만 존속한 서원의 경우 제사祭祀 기능만 남았던 점은 분명하다. 화동면化東面의 관제官堤에서 태어난 여석훈呂錫塤(1890~1958, 본서 결론 참조)의 자전自傳에 따르면, 화동면의 봉암서당鳳岩書堂에서 배운 뒤 "옥동서원玉洞書院에 가서 사서삼경을 비롯해 본격적으로 유학을 수학"했지만, 망국을 맞아 유학儒學을 그만두고 신학문으로 바꿨다고 한다. 학문에 뜻을 세운 것이 '15十有五'4)세의 일이라고 하므로 이것이 사실이라고 한다면, 적어도 20세기 초에는 옥동서원의 주자학 교육기능이 존속되고 있었다는 말이 된다. 그러나 그것도 식민지기에는 상실되었다.

한편 향사享祀를 매개로 한 네트워크는 지속되었다. 남인계의 옥동서원에서는 식민지기와 관련된『준분록駿奔錄』,『분향록焚香錄』이 소장되어 있고, 또한 노론계의 흥암서원興巖書院에도 식민지기의『분향록』이 남아있다.5) 식민지기에도 향사를 비롯한 각종 행사가 계속 행해졌음을 알 수 있다. 이것은 훼철되지 않은 두 개의 서원에 한정되지 않는다. 대원군 시대에 훼철되어 '단소'만 남았던 서원에서도 아마도 네트워크가 지속되었을 것으로 생각된다. 도남서원道南書院, 효곡서원孝谷書院 등 일부 서원에서는 단소 등을 거점으로, 돌아가면서 임원을 맡아 이전의 문서를 관리·유지했다. 바로 그러한 네트워크가 있었기 때문에 1960년대 후반 이후 몇 곳의 서원을 재건할 수 있었던 것이다.6) 이러한 점에서도 서원을 결절점으로 한 네트워크는 식민지기에도 상당 부분 유지되었다고 볼 수 있다.

또한 흥암서원의 경우는 출판기능이 지속되었다. <표 3-1>은 1920년대에 흥암서원에서 출판된 것으로 확인되는 문집이다. 전부 총독부도서관(현 국립중앙도서관)에 납본되었다. 모두 흥암서원을 구성했던 주요 문중 가운데 하나인 창녕昌寧 성成씨가 관여하였는데, 그러한 사업을 행할 정도의 재력과 네트워크를 유지하고 있었음을 의미한다.

---

4) 【『論語』爲政篇의 "子曰, 吾十有五而志于學, 三十而立, 四十而不惑, 五十而知天命, 六十而耳順, 七十而從心所欲不踰矩"라는 구절에서 따왔을 가능성이 높다고 생각된다.】
5) 모두 양이 방대하기 때문에 조사 중에는 촬영할 수 없다. 후일의 조사를 기약한다.
6) 복설된 서원을 연대순으로 나열하면, 孝谷書院(1968년), 玉城書院(1977년), 淵嶽書院·洛岳書院(1988년), 臨湖書院·涑水書院(1989년), 鳳山書院(1993년), 道南書院(1994년) 등이다.

<表 3-1> 식민지기 흥암서원의 출판사업

서명 등	출판년	분량	인쇄
秋潭先生文集 (成晩徵 著, 成海重 編)	1926년	8권 3책	목판
洞虛齋先生文集 (成獻徵 著)	1929년	1책	목판
同春堂續集 (宋浚吉 著, 成稹 編)	1929년	12권 8책	목판

이어 서당을 검토해보자. 서당의 교육기능의 지속과 단절에 대해서는 4장에서 검토하기로 하고, 여기에서는 문중 연합으로 설립된 서당 가운데 도곡서당道谷書堂과 봉암서당鳳巖書堂에 남아있던 문서를 통해 식민지기의 서당을 매개로 한 네트워크의 지속과 변용을 분석하겠다.

도곡서당

상주읍 서곡리書谷里 도곡서당에서의 교육은 4장에서 서술하겠지만 1930년대까지 지속되었음이 확인된다. 도곡서당 소장 고문서 가운데 식민지기의 활동을 보여 주는 자료는 ①임원명부인 『임원록』(丁丑=1697년~丁丑=1997년), ②소속 학생을 기록한 『당안堂案』 자료 4책 가운데, 을묘乙卯(1915)[②-1]와 무인戊寅(1938)[②-2], ③매년의 지출 기록인 『세의대금지불부歲儀代金支拂簿』(大正6=1917년 11월~乙亥=1935년 11월)[③-1] 및 『세의부歲儀簿』(丁丑=1937년~甲申=1944년)[③-2], ④도곡서당의 수지收支를 기록한 『도곡서당□□』(大正7=1918년 4월~甲子=1924년 11월, □는 판독불명)이다.

①을 통해서는 도곡서당의 경우 설립 당시부터 '산장山長'과 '유사有司'라는 임원을 두고 여덟 문중이 공동으로 운영해 온 장기적 지속의 양상을 살필 수 있다. 그와 동시에 후일 사회주의 운동을 전개하는 강훈姜壎이 1922년에, 1920년에 노동공제회勞動共濟會에 들어간 조성돈趙誠惇이 1925년에, 각각 유사를 맡은 것이 주목된다.

②의 경우도 기본적으로는 서당 소속 당원堂員의 지속을 말해 주는데, 당시의 사회상을 반영한다는 점에서는 특히 ②-2의 기록이 주목할 만하다. ②-2는

<표 3-2> 도곡서당원의 거주지

행선지	인원
상주 안	54
경상도	28
충청도	16
경성	7
조선 서북부	5
만주	10
일본	4

출전 : 도곡서당 『당안』(戊寅=1938)
에서 작성

기재된 인명으로 보아 1938년 3월에 작성된 것이라고 생각된다. 이 자료의 특이한 점은 당안에 기재된 인물이 현재 어디 살고 있는지의 정보가 포함되어 있는 것인데, 모두 400명 가운데 140명에 대해 기록하고 있다. 나머지 260명은 도곡 주변에 그대로 남아 있었다고 생각되지만 확실치는 않다. 이들 140명 가운데 지명이 분명치 않은 16명을 제외한 124명의 거주지를 분류한 것이 <표 3-2>이다. 주목되는 것은 그 이동 범위가 상주 및 영남 지방에 그치지 않고 서울京城, 조선 서북부, 만주, 일본에까지 미치고 있는 점이다.

만주로 이민한 10명은 모두 진주晉州 강姜씨이다. 그 가운데는 종손인 강신종姜信宗과 그 장남 강호석姜好錫 및 차남 강원석姜元錫(일명 강동호姜東鎬)의 이름도 포함되어 있다. 이는 만주 서간도의 '망명자 사회'[서중석, 2001]에서 전개된 신흥무관학교新興武官學校와 깊은 관련이 있다. 병합 이듬해인 1911년, 같은 경상북도인 안동 지방의 혁신유림으로 대한협회大韓協會 안동지회장이었던 석주石州 이상룡李相龍 그리고 같은 안동의 내앞川前에 세거하던 의성 김씨의 김대락金大洛 등이 일족을 이끌고 서간도로 이주를 결행하였다. 강신종의 장남 호석은 안동의 석주 이상룡의 딸과 혼인관계를 맺고 있었다. 또한 강신종의 차남 원석은 김대락의 조카인 김규식의 딸과 혼인관계였다. 즉 강신종은 이상룡과 사돈이었으며 김대락의 조카와도 사돈관계에 있었다. 강신종이 자녀들과 일족을 데리고 만주로 건너간 데는 이러한 긴밀한 혼인 네트워크도 배경으로 작용하였다. 이 외에 강규형姜葵馨과 섭變·욱煜 부자, 강신익姜信益과 태석泰錫·명석明錫 부자, 그리고 강인구姜麟求가 그 영향으로 건너갔다. 호석과 원석 형제는 만주의 서간도 지역에서 독립운동가를 양성하던 신흥무관학교에 입학했고 나중에 서로군정서西路軍政署에 들어갔다.

봉암서당

<그림 3-2> 봉암서당(상서당)　저자 촬영

<그림 3-3> 봉암서당(하서당)　저자 촬영

다음으로 화동면化東面 선교리仙橋里 봉암서당鳳巖書堂의 경우이다. 봉암서당은 18세기 초 남인과 노론의 대립 과정에서 '상서당上書堂'(그림 3-2)과 '하서당下書堂'(그림 3-3)으로 나뉘었다. 그 소장문서 가운데 식민지기의 활동을 보여주는 것은 상서당의 문서뿐인데, ①소속 학생부인『청금록靑衿錄』(丁丑=1937년～), ②임원명부인『임원록』(丁丑=1937년～), ③서당의 재건을 기념하면서 소속 문중이 모여서 서로 한시를 읊은 기록인『봉암서당중수운鳳巖書堂重修韻』(1932년경), ④관에 대한 상소문인『품목稟目』(癸亥=1927년 4월), ⑤일종의 장학금 지출부의 성격을 가진 학비지출표(昭和15=1940년～己丑=1949년)의 5점이 해당된다. ⑤에 대해서는 4장에서 검토하기로 하고, 여기에서는 ①~④를 살펴보자.

도곡서당과 마찬가지로 ①, ②는 예전부터 관계한 여섯 문중으로 임원과 당원이 구성되었음을 확인할 수 있다는 점에서 중요하다. ①을 보면 1937년에 기록된 구성원은 78명인데, 그 내역은 광산光山 노盧씨 28명, 풍양 조씨 24명, 성산 여씨 11명, 진주 하씨 8명, 풍산 김씨·상산 김씨를 합쳐 7명이다. ②를 통해서는 1937년에 임원이 개선改選되고, 1940년 이후는 매년 임원을 다시 뽑았음을 알 수 있다.

③은 노성한盧性翰이 '산장山長'이었을 때의 기록인데, 당원이 중심이 되어

서당의 건물을 다시 세울 정도의 역량이 있었으며, 모인 유림이 모두 한시를 읊을 정도의 한문 능력을 갖고 있었음을 보여준다. 아래는 당시 한시를 지은 사람의 명부이다. 47명의 이름이 보이는데, 당원이 아닌 사람들로부터도 많이 받았음을 알 수 있다.

성익원成益源(전 참봉參奉), 이병식李秉植, 조남섭趙南燮, 김직원金直源, 박준성朴準成(전 군수 속인俗人), 조두연趙斗衍(전 주사主事), 신태현辛泰鉉, 김세영金世榮, 이호식李昊植, 정태영鄭泰英, 이양래李陽來, 조기연趙箕衍(전 교관教官), 신석철申錫喆(전 진사), 김봉희金鳳熙(전 통정通政), 김기룡金基龍, 피희종皮熙鍾, 김신제金信濟, 조원연趙元衍, 김상목金相穆, 이태연李台衍, 송병심宋秉心, 노제직盧濟稙, 송진규宋鎭圭, 송진화宋鎭璍, 황찬주黃贊周, 노재연盧載淵, 황창주黃昶周, 이교영李教榮, 정상진鄭相晋, 노재후盧載厚, 노성한盧性翰, 노양구盧祥九, 조종구趙鍾九, 노성좌盧性佐, 조완구趙琬九, 노병철盧炳喆, 조덕구趙德九, 조남규趙南桂, 조남걸趙南杰, 조동숙趙東淑, 조남홍趙南泓, 노재구盧載龜, 노재찬盧載讚, 하제현河濟賢, 여영호呂永護, 하상현河相顯, 김원철金元喆

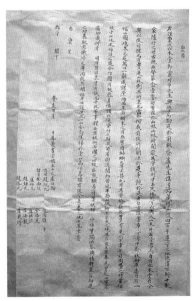

<그림 3-4> 봉암서당의 「품목」(1927)
저자 촬영

변화라는 점에서 흥미로운 것은 ④(그림 3-4)이다. ④의 '품목'이란 연명連名으로 군수 등의 관리에게 상소하고 그 '회답'을 구하는 문서의 형식이다. 보낸 곳은 '군수郡守 각하閣下', 말미에는 '봉암서당 유생'으로서 '山長 盧性翰, 有司 趙琬九, 諸員 金尙欽 盧祥九 趙鍾九 趙鳳九 趙南驥 金洛定 盧性佐 呂海龍 盧載瓚'의 11명이 연서했다. "불행하게도 몇 년 전의 측량 때, 임목林木이 조금밖에 없다고 해서 담당 기수技手가 이것을 국유로 처분해버린" 것에 대하여, "극력 보호하여 이전과 같이 일산─山을 모두 서당으로 복귀시켰으면 한다"고 하여,[7] 산림의 국유화에 반대하는 내용이었다. 날짜는 기록되어 있지만 조선시대와 달리 관의 회답이 쓰여 있지 않기 때문에 실제로 관에 제출했는지는 알 수 없으며, 이 주장이 받아들여졌는지도 확실치 않다. 다만 김화섭金華燮 씨와 노진성盧鎭誠 씨에 의하면, 지금은 산림이 서당재산이며 이전에 흑연 등이 나오는 광산이 원통산圓通山 인근에 있어서 임대료 수입이 있었다고 하므로, 어느 시점에선가 서당의 소유가 된 것으로 보인다. 여하튼 식민지 통치라는 새로운 상황에서 조선시대의 형식에 따라 '관'을 상대로 호소한 것은 흥미롭다.

사족과 정치

이와 같이 혈연·학연을 통한 사족간의 네트워크는 식민지하의 변화를 받아들이면서도 지속되었다. 한편 식민지기에는 정치관계를 둘러싼 새로운 움직임이 나타났다.

우선 향교를 둘러싼 상황을 검토해 보자. 다만 상주향교에 대해서는 식민지기와 관련된 문서를 찾지 못해 계통적으로 살펴볼 수는 없었다. 상주향교는 19세기 중반에 이미 교육 기능을 잃은 듯하다. 2장에서 언급한 스즈키 에이타로鈴木榮太郎[1942 : 238]가 "백 년 전까지는 교육을 행했다고 들었다. 그 후로는 교육은 전혀 없다"는 이야기를 1942년에 들었기 때문이다. 한편 관의 행정기관으로서의 기능은 잃지 않았다. 상주향교의 경우 적어도 병합 직전까지는 학부學部에 의해서 임명된 '직원直員'이라는 관직이 존재한 것이 확인된다. 김상익金相翼 씨 댁(복룡동伏龍洞)에는 1909(융희隆熙3)년 3월 16일부로 학부대신이 김기주金基柱에게 보낸 '임 상주군 향교직원任尙州郡鄕校直員'이라는 사령이 남아있다. 그러나 이것도 1911년 조선총독부령에 의해 향교 직원은 명예직인 '문묘직원文廟直員'이 됨으로써, 제사 기능만 남은 '문묘'가 되었다. 그와 더불어 향교의 재산은

---

7) 원문은 다음과 같다. "不幸年前測量之時 當任技手 以林木希疎 之處分作國有 (…) 極力保護 使此一山全局復歸於堂 以爲依舊."

군수의 관리하에 두어졌다.

이 향교를 거점으로 하여 다수의 유림儒林―주로 출자出自에 의해서 정의되는 사족과 달리 유학을 수양하고 있는 것에 주목하여 범주화한 것이 유림이다―은 1921~22년경에 설립된 유도진흥회儒道振興會 상주지회에 가입한 듯하다. 유도진흥회는 1920년에 결성된 전국조직으로서 잡지『유도儒道』를 발간하고 있었다. 1925년 시점에서 상주의 유도진흥회는 성익원成益源을 회장으로 하여 회원은 1500명이었다.[8] 이는 후술할 다른 사회단체와 비교하면 매우 많은 수이다. 아마도 기존의 사족 네트워크가 새롭게 변신하는 방식으로 결성된 조직이었다고 생각된다.

향교의 경우 식민지기에도 석전제釋奠祭가 행해졌다는 신문기사로 볼 때, 향교를 매개로 한 유림 네트워크가 지속되었음을 알 수 있다. 이것이 유도진흥회의 모체가 된 것은 미루어 짐작할 수 있다. 다만 석전이 예전 그대로의 형태로 지속된 것은 아니었다. 예를 들면 중일전쟁 발발 후인 1937년 추기秋期 석전제부터는 그 때까지 음력 8월에 행한 것을 음력 10월 15일에 개최하기로 결정하고 실시하였다.[9] 식민지 말기에는 황민화 정책이 추진됨에 따라 아마도 궁성요배나 황국신민의 서사 등이 도입되었을 것으로 생각된다.

유도진흥회의 활동에서 눈에 띄는 것은 사회교육사업이다. 4장에서 자세히 기술하겠지만, 우선 연령 초과로 보통학교에 들어가지 못한 유림의 자식들이 보통교육을 받을 수 있도록, 1922년부터 군수를 회장으로 하는 대성강습소大成講習所를 향교에 열었다. 학생 수의 감소 등을 이유로 대성강습소는 1927년 3월에 문을 닫는데, 이를 대신하여 계획된 것이 도서관의 설치이다.[10] 초기에는 상주 청년관을 사용하고 또 자금으로는 향교 재산을 충당하기로 했지만 계획이 지지부진하였고, 그러던 중 군청 내에서 향교 재산 수입의 일부만 사용하겠다는 방침이 나오자, 상주 각 사회단체가 분개하여 논란이 일었다.[11] 그 후 이

---

8)『동아일보』 1925년 3월 4일.
9)『동아일보』 1937년 10월 20일.
10)『동아일보』 1927년 7월 2일.

계획이 어떻게 되었는지는 확실치 않지만, 지금까지의 서술에서도 알 수 있듯이 군수와 유도진흥회는 상당히 가까운 관계였다고 생각된다. 유도진흥회의 거점이 향교였고 그 향교 재산의 관리책임자가 군수였기 때문이다.

<표 3-3> 고등경찰이 경계하고 있던 상주의 '양반'

種別	族姓	戶數	人數
양반	長水 黃	34	167
	昌寧 曺	60	300
	昌寧 成	653	3,925
	豊山 柳	11	70
	韓山 李	45	249
	晉州 姜	28	135
	晉州 鄭	70	429
	豊壤 趙	188	912
	光山 盧	149	629
	礪山 宋	73	385
	商山 金	50	230
	仁川 蔡	440	2,481
계	12	1,801	9,912
위 가운데 가장 주의를 요하는 자	5	950	5,471

출전 : 慶尙北道警察部, 『高等警察要史』(1934, 329~331쪽)
비고 : 용어나 순서 등은 자료에 따랐다.

이처럼 향교 및 유도진흥회를 둘러싸고 비교적 친체제적인 움직임이 존재하여, 그것이 후술할(이 장 3절) <유림 대 청년>이라는 대립에도 영향을 미쳤다고 생각된다. 한편 다음 절에서 서술하겠지만, 독립운동이나 각종 사회운동에 참여한 사족계 인물도 많았다. 이러한 사정은 상주 이외의 지역도 비슷했다. 그 때문인지 고등경찰도 사족계 인물을 경계대상으로 삼았다. 실제로 경상북도 경찰부가 편집한 극비자료 『고등경찰요사高等警察要史』(1934) 의 책머리에는 "원래 본도는 양반유생의 연총淵叢으로서"라는 문구가 보이고, '양반유생'이나 그 영향을 받았다고 생각되는 사건을 열거한 뒤 의병운동이나 3·1운동이 "멀게는 임진난壬辰亂 이래 길러져 온 배일排日의 사실로부터 출발하고 있음은 분명한 바"라고 그 계보를 찾고 있다. 그리고 권말에는 '양반유생 분포상황표'를 실어 <표 3-3>과 같이 상주에서는 12문중 9,912명의 '양반'을 집계하였는데, 그 중에서도 '가장 주의를 요하는 자'로서 상주에서만 5개의 '양반' 가문, 합계 950명을 지정하였다. 그 근거나 기준은 분명치 않은데, 독립운동 등에서 자주 보이는 성姓 가운데 재지사족를 뽑아낸 정도였을 것이다.

이러한 시선에는 말할 것도 없이 관헌측의 선입견이 많이 배어 있었다.

---

11)『동아일보』 1928년 4월 13일.

그러나 이 장에서 다루는 사회운동이나 다음 장에서 다룰 신식 교육시설의 설립운동 등을 보면, 사족계의 인물 가운데 특히 청년층을 중심으로 새로운 활동을 전개하는 이가 다수 나타난 것 또한 사실이다. 보수성과 혁신성의 양면을 가진 존재로서 식민지기의 사족을 바라볼 필요가 있다.

이족 네트워크의 지속

이족吏族은 사족과는 또 다른 네트워크를 갖고 있었다. 여기에서는 근세로부터의 네트워크의 지속과, 1920~30년대의 새로운 사업에 대해서 검토하겠다.

천봉산 아래의 성황당이 이족에 의해서 유지되어 온 것은 1장에서 살핀 바와 같다. 이러한 성황당을 둘러싼 조직은 식민지기가 되어 읍치의 공직을 잃은 이후에도 지속되었다. 1935년에 성황당을 중수했을 때, 이를 주도한 것은 '양로당의 제부로諸父老'(2장에서 서술한 記文 ③「성황사중수기」 1935에 의함)였다. 먼저 이 양로당養老堂에 대해 살펴보자.

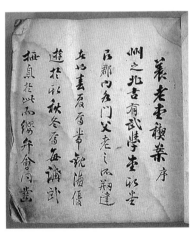

<그림 3-5> 양로당계안

양로당계養老堂稧는 1924년에 조직되었다. 양로당은 조선시대 상주읍성 북측에 있었던 '무학당武學堂'에서 파생되었다. 이하『양로당계안』(그림 3-5, 현 양로당 소장)의 「양로당계안서養老堂稧案序」(박정준朴正準 찬)에 한문으로 적혀 있는 연혁을 정리하겠다.

1907년(丁未), 무학당이 우연히 '공가公家의 부첩簿牒에 혼입되어 버렸다', 즉 2장에서 논한 바와 같이 관官에 수용되었다. 그러나 1909년(己酉)에 각 문중과 의논하여 당국과 여러 차례 이야기를 나눈 끝에, 6년이 지난 뒤 겨우 돌려 받았다. 그리고 이것을 보존하고자 토지를 희사 받아, 인봉리에 토지를 구해 새롭게

7칸의 '양로당'을 지어 옮겼다. 또한 그 유지를 위해 계를 조직하여, 각 문중이 '명하名下'금 1원씩을 내어 계를 운용하게 되었다.

'절목節目' 즉 운용규칙에는 매년 음력 10월 29일에 계회를 열 것, 계원 가운데 장의葬儀가 있는 경우는 50전을 조문금으로 낼 것, 대부貸付는 연 25푼分(원문에서는 단위가 '邊'으로 되어 있다)의 이자를 취할 것 등의 원칙이 기재되어 있다. 상속은 장남이 한다고 기록되어 있으므로, 성원은 개인이 아니라 어디까지나 각 가家를 단위로 삼았다고 할 수 있다.

<표 3-4> 양로당계의 구성 문중
(1924〜1945년)

姓氏	人數
商山 朴	69
慶州 李	16
金海 金	14
延安 車	14
達城 徐	7
晋州 姜	5
密城 孫	3
密陽 朴	2
金海 李	2
江陵 崔	1
계	133

출전 : 「양로당계안」에서 작성

<표 3-4>에 1945(乙酉)년 추입분追入分까지를 대상으로 하여 어떤 성씨가 모여 있는지를 정리했다. 대부분이 조선시대에 호장·이방 등에 이름을 올린 적이 있는 성씨여서, 이족의 네트워크가 양로당을 매개로 지속되었음을 엿볼 수 있다. 또한 '양로'라는 목적에서 볼 때, 1장에서 서술한 안일방安逸房과의 연속성을 보여준다.

이 양로당이 중심이 되어 1935년에 성황당을 중수했다. 기문 ③에 따르면, 이 때에도 1900년에 중수할 때와 마찬가지로 박만식朴晩植이 주간을 맡았다. 또한 이 때 성황당 옆에 있는 바위에 신이 내렸다 하여, 그것을 각閣으로 덮고 박만식이 '영암각靈巖閣'이라는 현판을 썼다. 지금 현지 사람들은 이것을 '미륵당彌勒堂'이라고도 부른다. 나아가 같은 해에 농지 880평을 양로당에 속하게 했다는 기록도 있다. 황경순黃慶順이 입수한 상산 박씨의『위토대장位土臺帳』에 의하면, 1936년 7월 1일에 성황사의 토지 8,660평을 상산 박씨 문중에 위양委讓했다고 한다[황경순, 2001 : 190]. 기문記文과 비교할 때 토지면적이 10배 차이가 나는데 어느 쪽이 정확한지는 알 수 없다. 결국 박만식의 이러한 공적을 칭송하여 성황당에 모셔진 바위에 '首書記朴公晩植永世不忘碑'라는 글귀가 새겨지게 되었다.

이와 같이 조선시대부터 계속된 성황당 및 1924년에 조직된 양로당계를 결절점으로 하여 이족의 네트워크가 지속되었던 것이다.

이족 가문의 새로운 전개

2장에서 본 바와 같이 공식적으로는 향리는 관료기구에서 배제되었지만, 한편에서 주목되는 것은 이족이 새로운 관공리로서 진출한 사례이다.

예컨대 1906~08년경에 상주의 호장을 지낸 박정한朴挺漢은 1910년대부터 1928년에 걸쳐 오랫동안 상주면 면장을 지냈다.[12] 후술할 바와 같이, 그는 도道 당국의 판단에 따라 일본인 면장에게 면장직을 빼앗기게 되지만, 1929년에는 상주면협의회원에 당선되었다. 또한 2장에서 서술한 바와 같이, 외남外南면장이었던 박인수朴寅洙는 1913년에 경상북도가 작성한 『면리원선장사적面吏員選獎事蹟』에서 모범사례로 소개되었다. 박인수는 나중에 상주곡자麯子조합의 조합장 및 도평의원을 역임하게 되는 인물이다. 또한 박정준朴正準은 양로당계의 중심인물로서, 1907년 상산금융조합(설립 당시는 상주금융조합)의 설립 이래 20년 이상 조합장을 지냈고, 1928년에는 전조선금융조합연합회로부터 표창을 받았다.[13] 이와 같이 병합을 전후한 시기에 새로운 지배기구로 들어간 인물이 눈에 띈다.

한편 이족은 읍내에서 전개된 사회사업에서 주도적인 역할을 수행하기도 했다. 읍내에 있던 '서보西洑'를 이족이 유지 관리해 온 것은 1장에서 살핀 바와 같은데, 앞서 서술한 '낙양수문비洛陽水門碑'에 따르면 다시 서보가 낡아져서 1926년(丙寅) 3월에 관개조합에 의해 종래의 석축이 석회관石灰管으로 교체되었다. 이 공사비용은 '몽리지지주蒙利之地主' 즉 해당 관개를 이용하는 지주가 부담하고 공사시설은 상주면에 위촉했다. 1927년 2월에 착공하여 4월에 준공하였고, 부속공사는 이듬해인 1928년 2월에 마쳤다고 기록되어 있는데, 이 사업에

---

12) 조선총독부 직원록에서는 1919년 이후의 기록만이 확인된다. 그러나 이 장 뒷부분에서 서술하겠지만, 1928년에 '십수년' 면장을 역임했다는 기록이 있다.
13) 『동아일보』 1928년 6월 13일.

관련된 인물은 아래와 같이 새겨져 있다.

　• 석비 뒷면
顧問　朴正準*
灌漑組合代表　朴正鉉*　朴正烈*　石鉦基
都監　車載旭*　鄭一權　李東燮*　朴周翊 / 幹事　金龍瑞　金俊一　外　七人
　• 석비 옆면
鄭敬道　李伏龍　閔炳夏　林子善　黃点甫　李春先　李在夏

　양로당계에도 이름이 보이는 사람에게는 *표시를 붙였다. 고문인 박정준은
양로당의 대표이기도 하다. 그런 의미에서 이족계 인물이 주도하였다고 볼
수 있지만, 그 외의 인물도 다수 들어가 있다. 즉 이 시점에서 서보의 보수는
어디까지나 읍내를 중심으로 하는 '몽리지지주'에 의한 사업으로서 그 중심에
이족계의 인물이 있었다고 보는 것이 정확할 것이다. 성황당·양로당을 이족
가문이 독자적으로 운영하고 있었던 것과는 대조적이다.
　행정면에서의 진출이나 지주로서의 사회사업뿐만 아니라, 다음 절에서 서술
할 바와 같이 사회운동에서도 중요한 역할을 한 이족계 인물이 여럿 있었다.
이훈상[1998]은 20세기 전반에 이족이 관직 등을 통해 사회진출을 이루었다고
지적하고, 그 배경을 조선시대 이래의 신분 상승 지향과의 연속성에서 파악하였
다. 이것은 근세와 근대를 연속적으로 파악하는 시점으로서 주목되지만, 20세기
의 동향은 사실 면에서도 그리고 요인의 분석이라는 의미에서도 아직 충분히
논증되지 않았기 때문에 보다 신중한 검토가 필요하다고 생각한다. 1장에서
논한 것처럼 조선시대 후기 이족의 신분상승 지향은 사족지향으로 나타났지만,
그로부터 <근대>의 여러 부문으로 진출하기까지는 지식기반의 변경이라는
커다란 전환이 필요했을 것이기 때문이다. 이 책에서도 본격적으로 검토하지는
못했지만 적어도 한 가지 요인을 생각해 볼 수 있을 것이다. 즉 읍내가 '시가지'로
변화하는 가운데 읍내에 거점을 두었던 이족이 보다 빈번하게 <근대>와 접할
수 있었다는 점이 그것이다.

읍내에서의 이족과 사족의 연합

<그림 3-6> 침천정　저자 촬영

이 점과 관련하여 주목되는 것은 읍내에서 벌어진 몇 가지 사업이 사족과 이족의 연계에 의해 전개되었다는 사실이다. 예컨대 침천정枕泉亭(그림 3-6)과 상산관商山館(객관)의 보존·이전 사업은 이족과 읍내 사족층이 주도한 사업의 전형적인 사례이다.

침천정에 걸렸던 ①「침천정기」(1917)·②「침천정중수기」(1959)에 의하면, 침천정의 전신인 이향정二香亭에는 융희 연간(1907~1910)에 농상공은행 지점이 설치되었는데, 시구市區개혁에 따라 이전하게 되었기 때문에 1917년에 '鄕之同志'(①)·'鄕中父老'(②) 십수 명이 자양산 기슭의 약수藥水로 유명한 장소로 이전하면서 개명했다고 한다. 이 '鄕之同志'와 '鄕中父老'가 누구인지는 정확하지 않지만, 같은 해의 「침천정기」를 이족인 박정준이 쓰고 있는 점, 그리고 사족이자 자산가인 조남탁趙南倬(풍양 조씨), 황지선黃芝善·황필선黃泌善(장수 황씨), 강신학姜信鶴·강신원姜信元(진주 강씨)을 비롯한 16명이 각각 시문이나 상량문을 보낸 점으로 미루어 보면, 이족과 읍내에 진출한 사족층이 이를 주도했다고 생각된다.

상산관은 전패殿牌라는 국왕을 상징하는 목패를 두고 수령이 부임하거나 나라에 경사가 있을 때 모여서 참배하는 장소였는데 사신의 숙소로도 사용되었다. 1907년 상주공립보통학교가 개교했을 때에는 교사로서 사용되었고, 상주공보와 상주공립여자보통학교가 분리된 후에는 여보女普가 사용하였다. 1934년~35년경부터 지역 '유지'가 교실이 비좁다며 교지 이전을 주장하기 시작하여, 1936년에는 박정현朴正鉉을 중심으로 이전기성회移轉期成會가 조직되었다. 중일전쟁이 발발함에 따라 이전계획은 일시적으로 중단되었지만, 1938년 2월 들어 '독지가'인 박인양朴寅陽, 조용연趙龍衍, 박정소朴正紹, 박인수朴寅洙, 조성윤趙誠允이 이전 비용을 부담하는 데 동의했다.[14]

상산관의 기문記文(1940[昭和 15]년 11월부, 김규년金圭年 기記)에 따르면, 1939 년 가을 북정北町으로 공보公普가 이전했기 때문에 이 건물이 사용되지 않게 되었다. 이에 박인양, 조용연, 박정소, 박인수 네 사람이 상산관을 '읍적邑蹟'으로 서 남겨야 한다고 판단하고 일단 거액을 들여 이 건물을 사두었다. 그리고 조각연趙珏衍을 회장으로 삼아 기성회를 조직하여 1940년에 건물을 농잠학교 및 향교 부근으로 이축·수선했다. 그리고 미취학 아동을 위한 간이과정을 가르치는 장소로 이용했다고 한다. 여기에 이름이 등장한 이는 모두 상산 박씨와 풍양 조씨인데 이족계의 인물과 사족계의 인물이 함께 공보라는 신식 교육 관련 사업과 근세 '읍적' 보존 사업에 동시에 관여했다는 점에서 주목된다.

사족과 이족이 공동으로 행동을 일으킨 것은 식민지기에 처음 시작된 일이 아니다. 1장에서 서술한 바와 같이 상주에서는 갑오농민전쟁에 즈음하여 사족과 이족이 읍성을 거점으로 삼아 합동으로 농민군을 진압한 경험이 있으므로 그 연장선상에서의 관계라는 측면도 당연히 존재했다. 한편 4장에서 살펴보겠지 만 1920년대 읍내에 설립된 사립 교육시설인 보명학원普明學院의 창설자 4명은 사족 및 이족이었다. 요컨대 사족·이족의 연합에서 공통된 것은 그 내용이라기 보다는 그 무대가 모두 읍내였다는 점이다. 그러한 점에서 공간적인 위치 또한 무시할 수 없는 요인으로서 고려될 필요가 있을 것이다.

2. 지역 사회운동의 위상

위에서는 〈근세〉 지역엘리트의 지속과 변화의 측면을 살펴보았다. 여기서는 이러한 내용을 전제로 새로운 지역엘리트의 전개를 사회운동에 주목하면서

---

14)『동아일보』 1938년 2월 24일.

검토하고자 한다.

1) 상주의 3·1운동과 그 주체

제1차 대전 이후 세계적인 민족운동의 고양과 맞물려 1919년 3월 1일 서울의 파고다공원에서 독립선언 집회가 열렸다. 이것을 계기로 서울뿐만 아니라 전국 각지에서 '독립만세'를 부르는 시위가 급속하게 확대되었다. 후일 이는 3·1운동이라고 불리는 조선근대사상 최대 규모의 독립운동이 되었다. 상주에서도 이 흐름 속에서 '독립만세' 시위가 벌어졌다. 이 운동은 직접 참가하지 않은 사람에게도 커다란 사회적 영향을 미쳐, 상주의 정치공간에도 중요한 전기轉機가 되었다. 여기서는 운동의 전개와 그 주체에 주목하면서 상주의 3·1운동을 검토하겠다.

상주의 3·1운동은 다른 지역과 비교하여 그다지 격렬하지는 않았다. ①상주 읍내(3월 23일), ②이안면(3월 29일), ③화북면(4월 8~9일)의 세 번의 시위가 기록되어 있다(표 3-5). 남아있는 자료가 그다지 많지 않고 중요한 재판기록조차 찾을 수 없지만, 운동이 일어난 순서대로 그 과정과 주도자의 이력을 추적해보자.

<표 3-5> 상주의 3·1운동

일자	장소	참가인수	주모자
3월 23일	尙州市場	약 70명	姜龍錫, 成心煥, 韓岩回, 趙月衍, 石盛基
3월 29일	利安面 小岩里 남측 제방	약 20명	蔡淳萬, 蔡世鉉
4월 8일	化北面 文藏台	약 20명	李聖範, 金在甲, 洪鍾欽
4월 9일	化北面 文藏台·雲興里	약 20명	金聖熙, 鄭良洙

자료 : 慶尙北道警察部, 『高等警察要史』(1934, 33~34쪽)에서 작성

상주 읍내에서의 운동

상주 읍내의 독립만세운동은 시장에서 3월 23일에 벌어졌다. 위의 『고등경찰요사』에서는 아래와 같이 요약하고 있다.

상주의 양반 자제로서 공립보통학교 졸업생 강용석姜龍錫, 성심환成心煥, 경성 중동학교 생도 한암회韓岩回, 보통학교 생도 조월연趙月衍 및 경성 국어보급학관 생도 석성기石盛基 등 수 명은 각지의 소요를 본떠 3월 23일의 상주 장날을 이용해 군중을 선동 시위운동을 행하고자 3월 중순에 협의하였는데, 3월 23일 오후 5시 30분경 위의 한암회는 동지에 솔선하여 구 한국기를 휘두르며 독립만세를 고창高唱하였기에 시장 단속 중의 헌병에게 바로 체포되었고, 마찬가지로 양반 자제인 청년 성성인成星仁이란 자는 위의 한암회의 만세 고창에 의해 군중이 동요중임을 기화로 하여 오후 6시 40분경 약 3백의 군중을 향해 시장 입구의 누문樓門 계단에 서서 '나는 비록 천한 자이지만 이번에 조선독립을 말미암게 할 수단으로, 제군과 함께 만세를 부르고자 한다'고 전제한 후 대한독립만세를 삼창한 결과 군중 가운데 학생 기타 약 70명은 이에 창화唱和하였으므로 바로 주모자 이하 5명을 체포하고 군중을 해산시켰다.

다른 지역과 마찬가지로 상주 읍내에서도 장날을 이용하여 만세시위가 전개되었다. 여기에 등장하는 인물에 대해 알려진 범위에서 이력을 검토하겠다(표 3-6).

〈표 3-6〉 상주 읍내의 3·1 운동 관계자

姜龍錫	1899~1960. 진주 강씨. 참봉 姜麒熙의 손자. 공립보통학교 졸업. 보안법 위반으로 징역 1년 2개월
成星仁	1899~1939. '星仁'은 幼名으로, 본명은 成海植. 綾岩里의 창녕 성씨 마을 출신. 징역 1년
成心煥	1896~1981. 창녕 성씨. 징역 6개월.
韓岩回	1899~?. 청주 한씨. 경성 중동학교 생도.
趙月衍	1900~1949. 仁坪里 출신의 풍양 조씨 검간파. 보통학교 생도. 징역 6개월.
石盛基	1902~1970. 충주 석씨. 경성 국어보급학관 생도. 징역 10개월.

우선 위의 기사에서도 '양반의 자제'인 것을 강조하고 있듯이, 강용석, 조월연, 한암회, 성해식은 모두 사족 가문이다. 아울러 주목되는 것은 앞의 세 사람이 남인계인 데 비해 성해식은 홍암서원에 출입하던 노론계 사족이라는 점이다. 즉 근세의 이른바 '남로南老' 대립을 뛰어넘어 참가가 이루어진 것이다. 물론

주도자가 전원 사족인 것은 아니다. 석성기의 집안인 충주 석씨는 사족계도 이족계도 아니지만 상주 읍내를 중심으로 살고 있었다. 이와 같이 주도자층은 사족계가 상당한 비중을 차지하고 있었지만, 남로南老라는 당파 및 반상班常이라는 신분을 넘어서는 연결이 확인되는 것도 아울러 중요하다.

다음으로 6명 중 적어도 4명이 신교육을 받은 것도 주목된다. 이 시기 상주의 보통학교는 상주 읍내와 함창의 2곳뿐으로 이른바 '취학열'도 그다지 높지 않던 시기였다. 그런 가운데 보통학교에 들어가거나 더 위의 상급학교에 진학한 사람이 이처럼 포함되어 있는 것은 새로운 지역엘리트의 등장으로 평가할 수 있을 것이다.

그와 더불어 서울과의 관계도 중요하다. 강용석과 조월연은 상주공립보통학교이지만 한암회와 석성기는 서울의 학교에 재학 중이었다. 후술하겠지만 1920년대에는 상주 밖에서 신교육을 받은 인물은 '유학생'이라는 칭호로 일정한 집단성을 갖고 행동하였는데, 만세시위 과정에도 그러한 '유학생'이 영향을 미쳤다. 서울에서 시작하여 지방으로 확대된 것은 3·1운동의 기본적인 과정이었는데 그것을 가능케 한 구체적인 사람의 흐름이 형성되어 있었다고 볼 수 있다.

소암리에서의 운동 : 인천 채씨들의 움직임

이안면利安面 소암리小岩里에서 일어난 독립만세운동은 사족 가문인 인천仁川 채蔡씨가 주도했다는 점에 큰 특징이 있었다.

고등경찰의 요약에 따르면 이하와 같다.

소암리 양반 채순만蔡淳萬, 채세현蔡世鉉 등이 주모자가 되어 같은 동네의 채씨 일족 청년 약 20명을 선동하여, 3월 29일 오후 10시경 소암리 남측 제방 위에 집합시켜 두 사람이 몸소 독립만세를 선창하고 수십 차례 창화唱和시킨 것을 후일 탐지하여 바로 주모자를 검거하였다.

소암리 채씨 사이에 전해지는 이야기[15)에서는 사건의 세부사항을 좀 더 알 수 있다.

당시 소암리 앞에는 큰 수로가 지나고 물레방아간도 있었다. 3월 29일 밤 채순만(호 : 석농石濃), 채세현(호 : 소은素隱) 외에 마을에 살고 있던 채순송蔡淳松·채순욱蔡淳旭·채경현蔡景鉉·채극현蔡極鉉·채순목蔡淳穆 등의 채씨 일족 수십 명이 제방을 따라 걸으면서 '대한독립만세'를 여러 번 외쳤다. 그렇게 400미터 정도 내려가 까치산鵲山 옆의 길로 나아가 다시 큰 소리로 만세를 외친 후에 마을로 돌아왔다. 흥분이 가라앉지 않은 일행은 한 집에 모여서 막걸리를 돌려가며 의논을 하기 시작했다. 마침 이로부터 한 달 가량 전에 광복회 사건으로 체포되어 공주지방법원에서 심리를 받고 있던 소암리 출신의 채기중蔡基中(1877~1921, 호 : 소몽素夢)에게 사형판결이 언도된 바 있었다. 화제는 자연히 소몽의 일로 흘러가 참가자가 모두 통곡했다고 한다. 그 후 이십여 명이 체포되었다. 특히 주모자로 간주된 채순만과 채세현은 보안법 위반죄로 각각 대구형무소에 8개월 (선고는 2년), 경성형무소에 6개월(선고는 10개월) 수감되었다.

이 지역(조선시대에는 함창현에 해당된다)으로 채씨가 입향한 것은 15세기 말 연산군 무렵으로 거슬러 올라간다. 채수蔡壽(1449~1515, 호 : 나재懶齋)가 관직에서 쫓겨나 처가가 있는 이안천利安川辺으로 낙향한 것이다. 그 후 나재의 6세손 때에 지금의 안롱리安龍里와 소암리小岩里에, 다시 7세손 때에는 여물리與物里 에 분거하기 시작했다고 한다. 1930년경의 수치로는 상주 전체에 인천 채씨가 440호, 2481명이 살았다고 되어 있는데,[16) 아마 그 대부분은 이안면에 살았다고 생각된다.

채광식蔡光植이 적은 바와 같이 소암리에서 3·1운동이 일어난 데는 1910년대 후반에 일어난 대한광복회 사건에 관여한 채기중의 존재가 일정한 영향을 미쳤을 것이다.[17) 광복회의 존재는 1917년경부터 조선 및 만주지역 일부에

---

15) 채광식 역저, 『素夢蔡基中先生傳記』(尙州 : 素夢先生崇慕會, 2001) 및 『利安面誌』(이안 면지편찬위원회, 1999)에서.

16) 『高等警察要史』(慶尙北道警察部, 1934, 附錄)의 「兩班儒生分布狀況表」에서.

거주하는 부호에게 광복회 명의로 국권회복을 위한 군자금 제공을 요구하는 서한을 보낸 사실로부터 관헌에게 발각되어, 이것이 부호나 면장의 살인사건과 연결되면서 1910년대 최대의 독립운동사건의 하나가 되었다. 채기중은 1906년에 소암리를 떠나 풍기로 건너갔는데, 그 곳에서 1913년에 대한광복단을 결성하고, 1915년에는 경주 출신의 박상진朴尙鎭 등과 합류하여 대한광복회를 결성했다. 그리고 1917년 광복회는 칠곡漆谷에 사는 악명 높은 대부호 장승원張承遠을 권총으로 사살하게 되는데, 채기중은 이 살인사건의 주모자로서 1918년 목포에서 체포되었다. 1심판결(공주지방법원, 1919년 2월 28일)에서 사형이 언도되었고, 그 후 공소심판결(경성복심법원, 같은 해 9월 22일)에서 공소가 기각되었으며, 고등법원판결(1920년 3월 1일)에서도 상고가 기각되었다. 그리하여 1921년 7월 서대문형무소에서 채기중의 사형이 집행되었다.

이 채기중의 유문遺文을 모은 『소몽유고素夢遺稿』에는 「족질 세현에게與族侄世鉉」라는 제목의 서간이 들어있다.[18] 이것은 3·1운동의 주모자가 된 채세현에게 보낸 글이라고 추측된다. 시기는 분명치 않지만 사건 후로 생각된다. '불행히도 참된 바를 아직 펼치지 못했으나 이 잔혹한 화를 만나不幸 所誠未伸 而遭此酷禍'라든가, '죽음은 가히 의로워야 하고 삶 또한 천명이 있다死可以義 生亦有命'고 적혀 있고 내용적으로도 구습을 타파해야 한다는 등, 채세현에 대한 유훈이라고 할 만한 글이기 때문이다. 이러한 사실은 채기중이 소암리를 떠난 후에도 고향과 어떠한 연결을 갖고 있었음을 시사한다. 그러한 의미에서도 1심 사형판결 1개월 후에 소암리에서 3·1운동이 일어난 것은 우연이 아니라고 생각된다.

이상으로 볼 때 소암리의 채씨들에 의한 3·1운동은 파고다공원에서 발단된 3·1운동의 흐름과 1910년대 대한광복회의 흐름이 합쳐진 데다 사족 집성촌의 결속력이 더해져 일어났다고 평가할 수 있다.

---

17) 광복단 사건에 대해서는 조동걸[1982]을 참조할 것.
18) 『素夢遺稿』 蔡鉉季 發行, 1977.

화북면에서의 운동

<그림 3-7> 화북의 光復義士壇
저자 촬영

화북면化北面은 상주의 북단에 자리하여 서쪽으로는 충청도, 북쪽으로는 문경군과의 경계에 위치한다. 소백산맥의 주봉인 속리산은 낙동강·한강·금강 등 3대강의 분수령이다. 화북에는 큰 사족 문중은 없지만 그 대신 많은 수의 성씨가 입향해 있었다. 그러한 성격은 인구 구성에서도 드러나 1930년 국세조사의 출생지별 인구에 따르면 화북면 인구 7,700명 중, 경상북도 내의 다른 면 출생자가 1,679명(21.8%), 다른 도 출생자가 1,506명(19.6%)으로 특히 타도 출생자의 비율이 상주 내에서 현저하게 높다. 고대 이후 다양한 의미에서 경계적인 지역으로 견훤산성 등의 산성이 남아있다. 1905년부터 1917년에 걸쳐서 의병으로서 활약했던 이강년李康秊(호 : 운강雲岡)이 거느린 부대가 이 지역에서 전투를 벌인 바 있고, 1920년대 이후 아나키스트로서 이름을 날린 박열朴烈의 고향이기도 하다.

화북면에서 전개된 독립만세운동은 4월 8일에 우선 속리산 문장대文莊台에서 벌어지고 다음날 운흥리雲興里로 번졌다.

화북면에서 운동을 주도한 것은 당시 장암리壯岩里의 구장이었던 이성범李聖範(본관 : 함평咸平, 호 : 화은華隱)으로 그는 같은 마을의 이용회李容晦(본관 : 광주廣州, 호 : 송사松史), 김재갑金在甲, 홍종흠洪鍾欽 등과 함께 독립시위운동을 기획했다. 관헌자료에는 네 사람 모두 '양반'이라고 되어 있다. 그들이 4월 4일에 권유문勸誘文과 태극기 2개를 제작하여, 4월 8일 장암리 사람들 약 70명을 데리고 문장대로 올라가 '독립만세'를 외치고 해산했다고 한다. 이후 '주모자'로 간주된

4명 외에 5명이 더 체포되었다. 이 5명은 태형, 주모자 4명은 징역 1년 6개월을 받았다.

그들은 관헌에게는 '양반'으로 간주되었지만 상주의 사족 네트워크에 참여한 흔적은 보이지 않는다. 그렇지만 상당한 한문 소양을 갖고 있었던 듯한데, 예컨대 이성범은 '화은사숙華隱私塾'이라는 서당을 1941년에 개설하여 문중 및 동리의 청소년에게 한문교육을 베풀었다.[19] 이용회 또한 사적비(화북중학교 앞)에 따르면 '성균관박사成均館博士'였다고 한다. 그 진위야 어떻든 그만큼 유학에 통달했음을 시사한다.

4월 9일의 시위와 관련해서는 김성희金聖熙와 정양수鄭良洙가 주모자로 여겨졌다. 이용회의 사적비에 그가 마을에 가서 이 두 사람과 함께 주민을 동원했다는 기술이 있는 것으로 보아 전날의 운동과 관련이 있는 듯하다. 이 두 사람이 통고문 2통을 만들고 운흥리雲興里·중벌리中伐里의 주민 약 100명을 운흥리에 집합시켜 태극기 10개를 흔들며 '한국독립만세'를 외쳤다고 한다. 전날의 시위 운동의 소식을 듣고 급히 달려간 상주분대장, 헌병 4명, 상주수비대 하사 이하 8명은 곧바로 운흥리로 가서 주모자 이하 20명을 체포한 뒤 해산시켰다. 정양수는 1년 3개월을 선고받았고 김성희는 1년간 수감되었다고 한다. 김성희는 정선旌善 김씨, 정양수는 경주慶州 정씨라는 것까지는 알 수 있지만 그 이상의 출신은 분명치 않다.[20]

한 가지 주목되는 점은 이 이성범이 전시기인 1944년에 이원재李元宰와 함께 의병대장이었던 운강雲崗 이강년李康秊의 유해를 가매장지인 제천에서 현재의 묘가 있는 화북면 입석리立石里로 이장한 사실이다(이성범사적비). 이로부터 문장대에서의 만세시위에는 서울발 3·1운동만이 아니라 한말의병운동의 흐름 도 어떠한 영향을 주었다고 추측된다.

---

19) 『華東勝覽』 化北面誌編纂委員會, 1992.

20) 국사편찬위원회의 『韓民族獨立運動史資料集 別集七』에는 경성감옥에서의 정양수의 카드가 실려 있는데 그 '신분'란에는 '常民'이라고 기재되어 있다.

상주 3·1운동의 특징

상주에서 확인되는 3·1운동은 이상의 세 사례에 지나지 않는다. 사례마다 양상이 각각 다르기는 하지만 몇 가지 중요한 특징을 추출해 낼 수는 있다.

우선 말할 수 있는 것은 만세시위를 주도한 지역엘리트의 존재 양상의 양면성이다. 즉 <근세> 지역엘리트의 영향이 강하게 보이는 동시에, 신식학교 졸업생이나 3·1운동 이전의 독립운동의 영향 등 근대의 새로운 양상 역시 중요하게 작용하였다. 전자와 관련해서는 우선 소암리의 운동이 명백히 사족 가문의 운동으로서 전개된 것을 비롯하여, 읍내에서도 사족계 가문의 출신자가 보이고 화북에서도 한문 사숙을 여는 인물이 운동을 주도했다. 후자와 관련해서는 우선 읍내에서의 운동은 신식학교를 나온 인물들이 주도하였다. 당시 보통학교가 읍내에 있었던 탓에 소암리와 화북에서는 그와 같은 상황은 보이지 않았지만, 그 대신 소암리에서는 광복회 사건, 화북에서는 의병투쟁이라는 독립운동의 영향이 있었다.

이러한 양면성이라는 점에서 가장 상징적인 것은 화북에서 만세시위를 주도한 이성범李聖範의 존재이다. 그는 한문에 통달해 있으면서 동시에 면사무소에 소속된 명예직인 구장區長이었다. 면제 실시에 따라 동리장 대신에 설치된 구장은 "동리 안에서 유력한 인물을 천거할 필요 있음"이라고 되어 있었지만, 실제로는 "종래 동리장은 흡사 동리에서 심부름꾼처럼 간주되어 일반적으로 이를 비하하는 풍습 있음"과 같은 상황이어서, "동리 안의 유력자로 하여금 스스로 구장에 취임하도록 권유함과 아울러 동리민이 구장을 존경하는 마음을 함양해야 함"이라고 되어 있었다.[21] 아마도 이성범은 그 언동에서 볼 때 '심부름 꾼'이라기보다는 '유력자'였다고 생각되는데, 그러한 '유력자'인 '구장'이 만세시위의 주도자가 된 것이다. 이 점은 당시 지역엘리트의 양상을 생각하는 데 중요하다.

다음으로 지적할 수 있는 것은 독립만세시위라는 형태로는 드러나지 않았다

---

21) 『面制說明書』 朝鮮總督府, 1918, 22쪽.

고 하더라도, 운동 자체는 매우 넓은 영역에 영향을 주었을 것이라는 점이다. 예를 들어 상주 안에서도 상당히 구석진 마을(은척면銀尺面 우기리于基里)에서 김주희金周熙라는 교주 밑에서 동학교당을 열었던 김낙세金洛世가 남긴 일기[22]에도, 1919년 3월 10일(음력 2월 9일) 시점에 이미 독립운동 소식이 전해졌음이 확인된다. 즉 안동의 송야松夜 마을 출신의 권영갑權寧甲(송암松岩 권호문權好文의 후손)이 서울에서 온 『조선독립신문』에 대하여 전했다고 적고 있다.[23] 일기의 말미에는 '조선독립신문 신문사장 윤익선尹益善'이라고 하여, 손병희 등이 독립선언서를 발표하여 체포된 내용을 국한문 혼용으로 베껴 놓았다. 공식적인 보도가 없어도 이러한 <근세>의 지식인 네트워크를 통하여 3·1운동의 존재는 지방으로도 대단히 빠르게 전달된 것이다.

잠재적인 영향은 다음에 서술할 상주의 사회운동에서도 볼 수 있다. 예를 들어 3·1운동 후 최초로 결성된 '상주구락부'(상주청년회의 전신)는 1927년 시점의 회고에 따르면 '1919년에 3·1운동이 일어나, 조선 민중이 눈을 떴을 때' 결성된 '순민족단체'라고 위치지어졌다.[24] 이를 시초로 하여 이후 각종 사회단체가 조직된 사실은 3·1운동의 잠재적 영향이라고 할 수 있을 것이다.

이와 같은 점을 염두에 두면서 이하 3·1운동 후의 지역 정치공간에 대해 살펴보자.

---

22) 상주 동학교당 소장. 『日記』, 『花開錄』, 『收束錄』, 『日新篇』 등 11책(1916~1943)과 『目錄』, 『矢心篇』 등 6책(1890~1897)이다. 저자는 김낙세(1869~1944). 1915년경 경북 상주군 은척면 우기리 728번지에서 김주희와 포교를 시작하였고, 1922년에는 동학 본부라고 이름 붙였다. 1936년도에 경찰당국으로부터 해산명령을 받았지만 그 후에도 교단활동을 계속. 1943년 세계대전 후에 일본이 패망한다는 내용의 설교를 했다고 하여 체포되었고, 1944년 8월 보안법 위반·조선임시보안법 위반으로 1년 6개월을 언도받았다(판결문에서). 그러나 옥중에서 단식 중 '영양실조증'으로 사망했다.

23) 원문은 아래와 같다. "安東松夜 觀物堂少主人 權寧甲 啓初浦 自京來于眉山 傳朝鮮獨立新聞云"(『日記』己未 2月 9日 辛酉).

24) 『동아일보』1926년 10월 14일.

2) 1920년대 정치공간의 재편

상주 주민이 정치운동체를 결성하여 갖가지 사업을 벌이게 된 것은 1919년의 3·1 독립운동 이후의 이른바 '문화정치'하에서의 일이다.[25] 위에서 서술한 바와 같이 최초로 결성된 단체는 3·1운동의 사상을 이어받은 상주청년회였는데 그 후 다양한 단체가 상주 각지에서 결성되었다. 이러한 운동을 주도한 것은 '유지' 혹은 '청년'이라고 불린 사람들이었다. 그런 의미에서 1920년대로 한정해 보면 지방에서의 정치적 장이 활성화된 셈이지만, 1920년대 말부터 1930년대에 걸쳐서는 이것이 침체 혹은 변질되는 양상이 나타났다. 신문자료 등으로부터 각종 정치운동체에 대해 나름대로 상세한 정보를 얻을 수 있는 것은 1920년대로, 1930년대에 들어서면 자료가 극단적으로 적어지는 것 역시 그러한 양상과 관계가 있었다고 생각된다. 이하에서는 이와 같은 양상을 살펴보겠다.

〈표 3-7〉 상주 사회단체의 변천

사회단체명	설립 연월일	위치	주요 간부	회원수	비고
尙州靑年會	1919년 10월	읍내	朴正鉉, 金億周 외	200①→100③	초기 명칭은 '尙州俱樂部'
咸昌靑年會	1920년 4월	咸昌	金漢翊, 金漢玉, 蘇漢玉 외	80①②→60③	
儒道振興會 尙州支會	1920년 11월	읍내	成益源 외	1500①→680⑤	상주군내 유림을 조직
玉山靑年會	1921년	玉山	鄭琪燮	30①→61③	
尙州文友會	1921년 8월	읍내	韓岩回, 朴熙俊 외	50①	'유학생' 모임
尙州唯心少年會	1922년	읍내	錢藏憲 외	40①	불교계의 소년운동
尙州體育團	1922년	읍내	朴辰燮 외	40②	지방 체육사업
尙州水平同盟會	1923년 8월	읍내	徐相烈, 劉宗漢, 李玟漢, 朴準熙 외	45①	
尙州勞働組合	1923년	읍내	劉宗漢, 金基穆, 池璟宰, 朴哲 외	200②③	상주청년회관내에 사무국
靑里靑年會	1923년 12월	靑里	金允鍾, 黃一鶴, 朴敬來	30①→77③	②③에서는 창립을 1925년 11월이라고 함.
甲子俱樂部	1924년	읍내	姜壎	20①	1925년에 건설자동맹이라고 개칭

---

25) 지수걸[1999 : 96]에서도 유지의 사업에 대한 기술은 기본적으로 1920～30년대의 것이다. 1910년대에 대해서는 활동이 실제로 없었던 것인지 단지 자료가 없을 따름인지 확실치 않다.

조직명	결성시기	지역	주요 인물	숫자	비고
尙州새모음	1924년 7월	읍내	朴寅玉, 池景宰, 朴淳 외	18①	1925년에 상주청년회에 합류
尙州尙友會	1925년	읍내	朴正鉉, 朴東和, 石應穆, 梁然翁		
尙州靑年聯盟	1925년 10월	읍내	池璟宰, 朴淳, 朴哲, 金大福		각지 청년회의 연합
尙州勞働靑年會	1925년 가을	읍내	朴哲		
蓮峰靑年會	1925년 11월	外西	姜龍壽, 金周永, 安基烈	50→30③	농촌청년 해방을 목표로 한 교육운동
中牟靑年會	1925년 12월	牟東	黃在殷 외	104③	회관 건축, 무산아동에게 야학
尙州讀書會	1926년 1월	읍내	朴東旭, 朴仁根, 姜璡 외		사회과학 연구
尙州記者同盟	1926년 2월	읍내	池璟宰 외	기자수 13	東亞·朝鮮·時代 각 신문 등의 상주지국 기자
尙州勞働親睦會	1926년 2월	읍내	李聖實, 朴石柱 외	70②	경북선 상주역 노동자가 중심
尙州新友會	1926년 3월	읍내	朴淳, 池璟宰, 朴寅玉, 金億周, 朴哲, 金大福, 鄭琪燮	20②	군내 운동의 '최고지도기관'을 자임하는 사상단체
外南靑年會	1926년 4월	外南	金英泰, 車南龍		교육
尙州無産靑年會	1926년 5월	읍내	姜璡, 朴哲		무산청년운동②
梁村自治會	1926년 10월	尙州	康信愚 외	50③	
咸昌協同組合	1927년 1월	咸昌	黃履正, 錢俊漢	400④	1927년 상반기 매상 5천원, '간부는 공산주의자'④
尙州協同組合	1927년 4월	읍내	金元漢, 錢俊漢	150④	'간부는 공산주의자'④
中牟協同組合	1927년 4월	牟東	趙南哲, 黃在殷	200④	1928년 2월 해산
靑里協同組合	1927년 9월	靑里	金在濬, 金允鍾	220④	1929년 3월 해산
新幹會 상주지회	1927년 9월	읍내	鄭在龍, 朴正鉉, 康信愚, 朴東和, 朴淳, 池璟宰, 姜璡, 金億周	200③	
尙州靑年同盟	1927년 10월	읍내	朴淳, 李玫漢, 金億周 외		상주청년연맹을 해체 재편
三益農民會	1927년 11월	咸昌	金顯達, 李鍾九 외	200	3동의 농민이 연합해 조직
靑總 상주군위원회	1928년 3월	읍내	鄭義燮, 金億周, 朴仁根, 黃在殷, 金漢翊, 朴淳 외	427③	상주청년동맹을 해체 재편
大坪農民組合	1928년 4월	外西	權聖熙, 金允熙, 金容澤, 朴周浩	20	상주청년동맹 간부가 조직
高麗共靑 상주야체이카	1928년	읍내	姜璡		조선공산당의 청년조직

출전 : ①『東亞日報』1925년 3월 4일, ②『東亞日報』1926년 10월 14~15일, ③『東亞日報』1929년 1월 10일, ④慶尙北道警察部, 『高等警察要史』, 1934, ⑤『慶尙北道社會事業要覽』, 1930.

<표 3-7>은 1920년대 상주에서 조직된 정치운동체의 동향을 정리한 것이다. 다만 상주 출신자가 다른 지역을 무대로 활동한 경우 등은 여기에서 제외하고

어디까지나 상주지역에서의 정치운동체로 한정했다(군 이외의 운동과의 관계에 대해서는 다음 절에서 논하겠다). 아래에서는 이러한 동향을 개관하면서 우선 ①상주청년회의 발족을 시작으로 각종 단체가 설립·통합·해산을 거듭하는 1919년 10월~1924년 4월, ②서울의 조선청년총동맹(청총)에 상주의 청년회가 참가하고, 사회주의와 협동조합운동이 상주에서도 전개되기 시작한 1924년 4월~1927년 9월, ③상주청년동맹·신간회 상주지회가 각각 발족하지만 탄압을 받거나 하여 침체되어 간 1927년 9월~1930년, ④각종 정치운동이 후퇴하면서 이와 병행하여 관제 조직화가 진전되는 1930년 이후로 시기를 구분하여 시기별로 그 특징을 살펴보겠다.

3·1운동 후 다양한 정치조직의 성립 : 1919~24년

소위 '사회단체'로서 최초로 조직된 것이 상주청년회尙州靑年會이다. 앞에서 서술한 바와 같이, 3·1운동의 흐름을 이어받아 1919년 10월 26일 '한홍우韓弘佑, 강상희姜相熙, 석응목石應穆 외 수십 청년의 발기로 상주청년구락부尙州靑年俱樂部라는 순민족주의純民族主義를 표방한 청년단체가 상주를 대표할 만한 실업가, 의사 각황각색各況各色의 계급을 망라하야 창립'되었다.[26] 그 후 1920년 4월에 명칭을 상주청년회로 함과 동시에 3천 원 이상의 값어치를 지닌 회관을 신축했다. 이 시기 상주청년회는 보명학원普明學院이라는 사설학술강습회의 운영을 중심으로 각종 강연회를 개최하는 등 청년운동의 중심이었다. 보명학원은 4장에서 상술하겠지만 사족계 3명, 이족계 1명 등 모두 4명의 자산가의 출자로 세워져 청년회 회원이 운영하였다. 이것이 상징하듯이 이 시기 청년회는 그 운영의 주체가 <근세>의 지역엘리트와 일정한 연속성을 가지면서 계급이나 연령을 초월하여 조직되었다는 데 특징이 있다. 실제 청년회 초기의 간사 구성을 보면,[27] 조용연趙龍衍(회장)과 조후연趙厚衍은 풍양 조씨로 자산가, 진양 정씨인

---

26) 『동아일보』 1926년 10월 14일.

27) '趙龍衍(會長), 朴熙成(總幹事), 鄭在奭(庶務專任幹事), 趙厚衍(財務專任幹事), 車佑燮(文藝專任幹事), 劉宗漢(體育專任幹事), 朴晃植(實業專任幹事)'(『동아일보』 1921년 9월 16

정재석鄭在奭은 입재立齋 정종노鄭宗魯의 아들인 정상진鄭象晉의 2남의 직계손으로 모두 사족 가문이고, 박희성朴熙成, 차우섭車佑燮은 이족 가문 출신이다. 또한 발기인의 한 사람인 석응목(1894년생)이 읍내의 명주明紬 상가에서 태어나, 보통학교 졸업 후 군청서기를 지내고 정미소와 제사공장을 경영하는 등 대표적인 자산가 층이었던 것이 상징하듯이 이 시기 청년회에는 자산가·명망가의 모습이 두드러진다.

청년회로는 그 후 함창咸昌청년회(1920년), 옥산玉山청년회(1921년), 청리靑里청년회(1923년) 등이 잇달아 결성되었다.

그 밖에도 이 시기에는 실로 다양한 단체가 생겨났다. 1921년 8월에 발족한 상주문우회尙州文友會는 '상주 청년으로 경성京城 급及 일본 각지에 부급종사負笈從師[＝고학苦學]하는 학생이 백유여 명인 바 설창형안雪窓螢案에 끽감상고喫甘嘗苦하야가며 학문을 학습타가 금하가今夏暇 귀향을 이용하야 유학생 박희준朴熙俊, 박원섭朴元涉[이상 경성의학전문교생], 강용姜鎔[경성청년학관생] 삼 씨의 발기로 문우회를 조직'했다고 되어 있다.[28] 문우회의 사업은 강연회나 음악회의 개최가 주된 것이었다. 발기인이 그러하듯이 각종 임원은 모두 서울의 학교에 다니는 사람들이었는데, 이들은 고향에서 떨어진 곳으로 이주하여 배우고 있는 사람이라는 의미에서 '유학생'으로 간주됐다는 것, 그리고 정확한지는 알 수 없지만 이 시점에서 100명이 넘는 '유학생'이 존재하고 있었다는 것을 확인할 수 있다. 한편 박원섭은 박정현朴正鉉의 아들로서 박희준과 함께 이족계인 상산 박씨 출신인데, 그러한 인물이 최첨단의 학문을 배우면서 이런 조직을 만들었다는 점은 주목할 만하다.

상주수평동맹회尙州水平同盟會는 '천차만별의 무수한 계급을 타파하고 (…) 만인이 모다 수평면상에서 동일한 보조로 평화롭게 살아나가자'는 목적 아래, 1923년 8월 9일에 청년회관에서 '유지 오륙五六인'의 발기로 설립되었다.[29]

일).

28) 『동아일보』 1921년 8월 31일.

29) 『조선일보』 1923년 8월 30일.

주로 강연활동을 벌였는데, 연사로서는 서상렬徐相烈, 유종한柳宗漢, 이민한李玟漢, 박준희朴準熙 등의 이름이 올라있다. 사족계의 사람들은 아니다. 필두에 들어진 서상렬은 『양로당계안』에 이름이 실려 있는 것으로 보아 이족계 가문인 달성 서씨임을 알 수 있다. 다른 세 명의 출신은 알 수 없지만, 형평운동과 같이 백정 등의 피차별 신분을 해방한다는 슬로건이 아니라 '천차만별의 무수한 계급'이라는 말이 사용된 함의에는 사족-이족 사이의 신분차별에 대한 비판도 들어있던 것은 아닐까 추측된다. 1장에서 서술한 근세의 동태의 연장선상에서 생각할 때 지극히 흥미롭다.

상주노동조합尙州勞動組合은 1923년(1922년으로 된 자료도 있다)에 유종한柳宗漢, 김기목金基穆 등 수 명의 발기로 결성되어 상주청년회관에 사무소를 두었다. 초기에는 '온정주의'를 표방하였고 아마도 경북지역 전체의 경향이 그러했던 것처럼 '단지 회명會名만을 내건 듯한 것도 있어 그 간 한 두 건의 노동쟁의를 일으킨 일이 있을 뿐'(『高等警察要史』)이라는 식의 상황이었다고 생각된다. 이런 상황이던 것을 1925년에 지경재池環宰, 박철朴哲 등 수 명이 '개혁'했다고 한다.

그 밖에 이 시기에는 전국적인 유림 조직인 유도진흥회儒道振興會 상주지회, 불교 사원이 경영하던 보광강습소普光講習所를 거점으로 한 소년운동인 상주유심소년단尙州唯心少年團, 서정리西町里에 거점을 두고 체육사업에 힘을 기울인 상주체육단尙州體育團, 그 외 자세한 것은 확실치 않지만 기독교계의 기독청년회基督靑年會(회원 30명, 대표 : 박정탁朴正卓), 여자기독청년회女子基督靑年會(회원 35명, 대표 : 김혜경金惠卿) 등 다양한 단체가 생겨났다. 이러한 단체들이 연합하여 사업을 행한 경우도 있는 것으로 보아30) 서로 일정한 연결이 있었던 듯하다. 그렇게 된 데에는 많은 단체가 읍내에 집중되어 있었기 때문에 서로 연락을 취하기 쉬웠다고 하는 조건도 작용했을 것이다.

---

30) 예컨대 1924년 9월에는 상주청년회를 중심으로 상주새모음, 상주유심소년회, 상주기독 청년회, 문우회, 상주체육단, 상주일요회 등이 연합하여 '상주교풍矯風대강연회'를 개최 하였다(『조선일보』 1924년 9월 7일, 9월 11일).

이 시기의 운동으로서는 교육운동이 가장 왕성했다. 자세한 것은 4장에서 서술하겠지만, 읍내에 보명학원普明學院, 보광강습회普光講習會, 대성강습회大成講習會, 농촌부에 조명강습회朝明講習會(낙동洛東), 진명강습회進明講習會(내서內西), 자양학원紫陽學院(화동化東) 등의 '사설학술강습회'를 다양한 운영주체가 잇달아 설립한 것이 이 무렵의 일이고, 또한 보통학교 지망자가 급증한 시기이기도 했다.

이 시기에는 이러한 운동체와 지역사회의 접점을 만들어 내기 위해서 학예회나 운동회 등이 빈번하게 개최되었다. 그 때 종종 지역의 자산가가 자금을 원조하였다. 상주청년회 주최의 운동회(1923년)에는 조각연趙珏衍이 40원을 기부했고,[31] 상주유심소년회 주최의 축구대회(1923년)에는 15원을 기부한 대성사大成寺 여승 및 5원을 기부한 이병호李炳浩·김경봉金慶鳳 등을 비롯해 모두 18명이 기부를 했으며,[32] 보명학원·보광강습소·농잠학교·소년단·체육단 등이 겨룬 상주축구대회(1924년)에는 김현경金玄鏡, 조용연趙龍衍 등 28명이 1~5원을 기부했다.[33] 자산가는 이러한 사업에 자금을 원조함으로써 명망을 얻고, 또 새롭게 생겨난 운동체가 이를 활용하는 관계가 이 시기에 형성된 것이다.

'청총靑總' 결성과 '혁신'의 움직임 : 1924~27년

상주 사회운동의 전기는 지방 사회로의 사회주의 사상의 유입과 그에 수반되어 서울과 지방에서 전개된 청년운동의 '혁신'으로 찾아왔다. 1924년 4월, 서울에서 대립하던 서울청년회와 신흥청년동맹新興靑年同盟(북성회北星會→일월회一月會계)이 합동하여 '계급적 대단결'을 목표로 '대중본의의 신사회 건설', '조선민중해방운동의 선구가 될 것'을 내걸고 각 지역의 223개 청년단체를 결집시켜 조선청년총동맹朝鮮靑年總同盟(이하 '청총')을 결성했다[안건호&박혜란, 1995]. 여기에 상주에서도 상주청년회, 함창청년회, 옥산청년회 등 세 단체가

---

31) 『조선일보』 1923년 9월 26일.
32) 『조선일보』 1923년 9월 28일.
33) 『동아일보』 1924년 1월 30일.

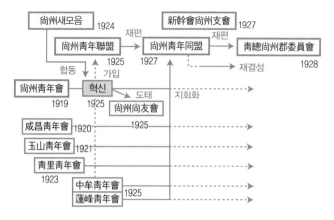

<그림 3-8> 1920년대 청년회 '혁신'의 흐름

비고 : 숫자는 발족년을 가리킨다.

가맹했다. 이 시기의 청년운동 '혁신革新'의 과정은 조금 복잡하므로 <그림 3-8>에 주요한 움직임을 정리해 보았다.

각 지역의 청년회에서는 이를 계기로 '혁신총회'를 열어, 회장·간부 주도가 아닌 회원 주도로의 조직 형태의 변화, 연령 제한의 도입, 기부금이 아닌 회비제의 도입 등을 시도했다. 상주의 청년회에서도 1924~25년에 걸쳐서 이와 유사한 변화가 있었다.

우선 1924년에 상주새모음이라는 사상단체가 결성되었다.[34] 이는 '상주에 거주하는 신진 청년 수 명'과 '해외 및 해내海內 각지에 유학하는 십 수 청년'이 조직한 것인데, '현하 상주 사회의 중책을 부負한 청년계를 볼 때에 기其 사상의 부패함이 극도에 달하얏슴으로 그를 따라 일부 청년의 매일 출입하는 것은 부적당한 처處가 유有한 바 차此는 필히 그들을 선도善導하는 기관이 무無함'이라고 하여, 신문잡지의 열람소를 설치하는 등 청년에 대한 사상적 계몽을 꾀하는 단체였다. 발기인은 박인옥朴寅玉, 지경재池璟宰, 박순朴淳, 신영균申永均, 김경인金慶仁 등 사회주의적인 성향을 가진 청년으로 사상면에서 혁신을 꾀했다고 여겨진다. 이 새모음은 1925년 상주청년회로 '해체 합동'됨과 동시에 상주청년회를

─────────

34) 『조선일보』 1924년 8월 5일.

'개혁 쇄신'하는 역할도 맡게 된다.

이러한 흐름을 가속시킨 것이 1925년 2월 22일에 상주의 보명학원에서 개최된 '경북 사회운동자 간친회'와 다음 날의 '경북지방 청년대회 발기회'였다.[35] 김일수가 정리하고 있듯이 이 시기 사회주의단체는 서울계와 화요회계로 나뉘어 대립하였는데, 상주에서 열린 간친회 및 발기회는 전자가 주도한 것이고, 같은 시기에 안동에서 열린 경북청년대회준비회와 경북노동운동자간친회는 후자가 주도한 것이었다. 따라서 상주에서 행해진 모임에서는 대구청년회를 중심으로 한 화요회계의 움직임을 비판하는 결의도 나왔다.

간친회 및 발기회는 모두 경찰의 엄중한 감시 아래 행해졌다. 청년대회 발기회에서는 3월 10일에 김천에서 대회를 열 것과 그 토의사항, 실행위원까지 결정했지만, 실제로는 당국의 금지로 대회가 열리지 못했다. 간친회에서는 노동운동, 부인운동, 청년운동, 형평운동, 민족운동 등에 대해서 논의가 오갔는데, 결의사항 가운데 특히 다음의 두 가지가 중요하다. ①노동운동·청년운동에 있어서 '민주주의적 중앙집권제'를 취할 것, 곧 서울을 중심으로 한 조직체계의 구축이 결정되었다는 것, ②'가짜 사회주의자 및 보수분자'의 지도하에 있는 노동조합·청년단체를 적극적으로 개혁하고, 그들을 '무산계급의 사명으로 교도할 것'이다. 이 결의는 그 후 상주의 조직화 움직임에 큰 영향을 미쳤다.

이것을 받아들여 상주청년회 안에서도 '혁신'이 행해졌다. 김일수[1995]에 따르면 이 시기 '혁신'은 ①회장 중심이 아니라 집행위원회 방식으로 민주화할 것, ②장년층을 배제하고 명실상부한 '청년'층의 조직으로 할 것, ③기부금에 의한 운영에서 회비제로 이행할 것, ④부서部署를 개편할 것 등이 주요한 내용이

---

35) 『조선일보』 1925년 2월 24일, 26일, 27일 ; 『동아일보』 1925년 2월 24일, 26일, 3월 1일. 각각의 개요는 다음과 같다.

명칭	사회	장소	참가	위원 가운데 상주 관계자
慶北社會運動者懇親會	許一	普明學院	39단체, 90명	姜壎(선전부), 池璟宰(선전부), 石應穆(경리부)
慶北地方青年大會發起會	石應穆	普明學院	각지 청년회(豊基, 金陵, 龍明, 龍宮, 倭館, 玉山, 尙州, 迎日, 開寧, 軍威, 淸道, 咸昌, 星州, 大邱第四)	朴正鉉(서무부 회계), 鄭基燮(선전부)

었다. ②의 경우, 당시의 청년운동 '혁신'의 흐름 속에서 지방의 '부르주아'적인 명망가의 간섭을 배제하기 위해서 그리고 노동운동에 인재를 제공하고 운동내의 세대교체를 위해서라는 등의 이유로 연령상한이 도입되기 시작했다. 경북 지역에서는 대략 18~30세 언저리에서 설정되었다. 상주에서도 이 대회 후 상주상우회尙州尙友會라는 조직이 새롭게 만들어졌다. 이는 '1925년 상주청년회의 개혁에 따라 자연도태된 박정현朴正鉉, 박동화朴東和 제씨의 발기로 창립되었다'고 하며, 그 밖에 상주청년회 창립 때의 멤버인 석응목石應穆이나 양연옹梁然翁 등이 포함되어 있었다.36) 여기서 말하는 '자연도태'의 주요한 기준은 연령이었다. 이 시점에서 박정현이 만 43세, 함께 상주공보 제2기 졸업생이었던 박동화와 석응목은 각각 32세와 33세였다. 물론 계급 내지 사상이 문제가 되었을 가능성도 있지만, 그 후 청년·사회운동에서 이들이 배제되지 않은 것으로 보아 연령제한이었을 것으로 생각된다. 상우회는 '지방사업단체'를 자칭했지만, 어떠한 사업을 전개했는지는 확실치 않다.37)

나아가 청총에 가맹한 상주, 함창, 옥산의 각 청년회는 1925년 10월 15일, 상주청년회관에서 열린 창립총회에서 경관의 엄중한 경계 속에 상주청년연맹尙州青年聯盟을 결성했다. 이 무렵까지 멤버가 완전히 일신되었다고 보아도 좋을 것이다.38) 이 연맹의 결성은 경북에서 청년단체의 연합단체를 만들려고 하는 움직임과 병행된 것이었다. 11월에는 서울계와 화요계가 따로따로 이러한 조직을 만들기 위한 발기회를 개최하려 했다. 화요회계는 11월 5일에 김천에서 발기회를 개최하려 했지만 도 당국이 금지했다.39) 상주에서는 상주청년연맹(상주청년회, 함창청년회, 옥산청년회)이 이 모임에 참가할 예정이었다. 서울계는

---

36) 『동아일보』 1925년 10월 15일.

37) 辻[1999]에 의한 재령군 사례연구에서는 청년회의 '혁신' 과정에서 1925년 10월경까지 '유력자'들이 탈퇴한 후, 전기사업 등 청년회와는 별개 행동을 전개했다고 한다.

38) 집행위원 및 상무위원은 이하와 같다. '◇집행위원 金漢翊, 蘇漢玉, 石瀅穆, 鄭基燮, 金億周, 朴寅玉, 池璟宰, 張在瑾, 朴淳 / ◇상무위원 ▲서무 朴淳 ▲교양 池璟宰 ▲조사 金漢翊 ▲조직 鄭基燮'(『동아일보』 1925년 10월 21일).

39) 『시대일보』 1925년 11월 7일.

11월 10일에 대구에서 경북청년연맹 발기대회를 개최하려고 했다. 여기에는 상주에서는 강훈姜壎이 이끄는 사상단체인 상주갑자구락부尚州甲子俱樂部가 참가하기로 되어 있었는데,40) 이에 대해 상주청년회는 긴급집행위원회를 열어 갑자구락부는 '유령단체'로 '일반민중을 기만하고 지방운동을 분열 교란시키는 행동'을 한다며 격렬하게 비판했다.41) 결국 이 발기대회도 금지되어 개최되지 못했다.

그 후 갑자구락부는 총회를 열어 '건설자동맹建設者同盟'으로 개칭하고42) 서울계 조직으로서 활동을 전개하였다. 한편 상주청년연맹은 12월 5일에 열린 집행위원회에서 '대중해방을 목표로 할 일', '교양운동에 치중할 일', '상호부조와 단결을 도圖할 일'이라는 세 가지 강령을 정했다.43) 같은 해 11월에서 12월에 걸쳐서 외서外西면에 연봉청년회連峰靑年會, 모동牟東면에 중모청년회中牟靑年會, 청리靑里면에 청리청년회가 잇달아 결성되었다. 이 시점에서 건설자동맹과 청년회에 양쪽 모두 가입한 인물은 없었다. 서울의 역학力學에 의해 지방에서도 조직이 분열되었음을 확인할 수 있다.

이 시기 반쯤 중복되는 조직이 생겨난 것도 이러한 흐름에서가 아닐까 한다. 사상단체로서 1926년 1월에 강훈, 박동욱朴東旭 등 '유지 제씨諸氏'44)가 상주독서회尚州讀書會를 조직하여 '사회과학연구'를 전개한 것과 병행하여, 같은 해 3월에 박순朴淳, 지경재池璟宰, 박인옥朴寅玉, 김억주金億周, 박철朴哲, 김대복金大福, 정기섭鄭基燮 등 이십여 명이 '군내 운동단체의 최고 지도기관'을 자칭하여 상주신우회尚州新友會(이 장 표지의 사진 참조)를 조직하였다. 또한 무산계급의 청년단체로서 1925년 가을에는 박철 등이 중심이 되어서 상주노동청년회尚州勞動靑年

---

40)『동아일보』 1925년 11월 1일.

41)『시대일보』 1925년 11월 7일.

42)『동아일보』(1925년 11월 24일). 이 시점에서의 위원은 姜壎, 金基穆, 趙鳳衍, 朴進東, 朴哲, 宋珪憲, 尹旭大로 되어 있다. 또한 이듬해인 1926년 1월 9일에 상주에서 각지의 건설자동맹이 모여 '경북 사회운동의 최고기관'을 자임하는 경북건설자동맹을 발회했다(『동아일보』 1926년 1월 17일).

43)『동아일보』 1925년 12월 10일.

44)『조선일보』 1926년 1월 28일 석간.

會가 조직되는 한편, 1926년 5월에는 강훈 등에 의해 상주무산청년회尙州無産靑年會가 조직되었다. 후자의 경우 1927년 3월에 '선언강령이 동일한 청년단체가 대립적으로 조직되어 잇슴은 목하 운동선運動線 합동에 빗추어 모순을 통절히 늦긴다'는 문제가 제기되어 해체되었지만45) 이와 같은 혼란은 얼마간 계속되었다.

한편 1927년에 들어 이러한 청년회 계통 흐름과는 다른 곳으로부터 협동조합운동이 상주의 농촌부에서 전개되었다. 여기에는 상주군 함창 출신으로 도쿄에 유학하고 있던 전진한錢鎭漢의 영향이 컸다.46) 1920년에 도쿄로 건너간 전진한은 1926년 6월에 유학생을 모아서 '협동조합운동사協同組合運動社'를 조직하여 강령을 '1. 우리는 대중의 경제적 단결을 공고히 하고 자주적 훈련을 기한다. 2. 우리는 이상의 목적을 관철하기 위해 대중 본의의 자주적 조합을 조직하고 이를 지도한다'로 정하고, 경상도에 '선전대'를 파견했다. 전진한은 1927년에 출판된『협동조합운동의 실제協同組合運動の實際』라는 팜플렛의 첫머리에 '협동조합은 (…) 경제적 약자가 상호부조의 협력에 의해 경제적 지위의 향상을 기도하여 자본주의의 결함을 배제하고자 하는 이상理想 아래에서 발생된 경제적 조직체'라고 규정하였다.47) 먼저 전진한의 형인 전진준錢鎭俊이 중심이 되어 1927년 1월에 함창면 오사리梧沙里의 농가에서 함창협동조합을 설립하였다.『협동조합운동의 실제』에는 이 함창협동조합의 보고서, 정관, 장부조직帳簿組織 등이 수록되어 있다. 사업은 판매와 저축이 중심이었고 야학에 대한 지원도 행했다. 이것이 모델이 되어 같은 해 4월에는 상주협동조합과 중모협동조합이, 9월에는 청리협동조합이 결성되었고, 나아가 안동, 예안, 김천, 군위 등으로 퍼져나갔다.

---

45)『동아일보』1927년 3월 13일.

46) 이하의 서술은『協同組合運動の實際』(1927)와 자서전「이렇게 싸웠다」(1967) 등을 수록한 전진한의『이렇게 싸웠다 : 政治協同組合論說』(貿易研究院, 1996) 및 앞의『高等警察要史』에 의한다.

47) 때문에 전진한은 당국으로부터는 '공산주의자'로 간주되었다. 그러나 자서전에도 밝히고 있듯이 오히려 실제로는 도쿄에서 공산주의자·사회주의자와 대립되는 민족주의를 표방했다고 한다.

'청년' 층에 대한 개입

지금까지 살펴본 바와 같이 1920년대 지방 정치공간을 주도하기 시작한 이들은 '청년'이라고 불린 새로운 사회집단이었다. 그런 만큼 총독부도 신교육을 받은 '청년' 층에 대하여 한편으로 기대하면서도 다른 한편으로 경계하였다.

'청년'에 대한 경계는 3·1운동이 하나의 커다란 계기가 되었다. 3·1운동 직후 경상북도는 각 군의 공립학교 교장에게 '지방 인민의 각 계급에 있어서의 사상계의 실황' 등 세 항목에 대하여 자문하였다.[48] 상주공립보통학교장은 지방 인민의 '계급'을 6개로 나누었다. 즉 자산 규모에 따라서 '다산多産', '중산中産', '무산無産'의 셋으로 나눈 뒤 그것을 다시 '유식有識'과 '무식無識'으로 나눠 각각의 '사상'에 대하여 보고하였다. 그런 다음 결론으로서 '가장 경계해야 할 것은 무산유식 및 다산유식의 계급에 속하는 자로서 그 가운데서도 그 청년계에 있어서의 사상 개선은 목하 급무라고 할 만함을 느낀다'고 서술하였다. 즉 '다산'이건 '무산'이건 '유식'을 '가장 경계'하였던 것이다. 지식을 가르치는 학교의 교장이 '유식'을 경계한다고 하는 아이러니한 상황이었다. '청년'에 대한 양가적인ambivalent 시선이 여기에 잘 드러나 있다고 할 수 있다.

이런 상황에서 '위'로부터 '청년'의 '사상 개선'을 철저하게 하려는 흐름이 생겨났다. 경상북도에서는 ①도 주최 청년회간부강습회의 개최(1922년~), ②수양단 주최 전국중견청년강습회에 대한 지방 청년의 파견, ③도내 각지 주최 청년강습회에 대한 강사 파견, ④'내지'로의 '중견청년'의 시찰단 파견 (1923년~) 등의 '지도'를 행하였다.[49]

당시 화령化寧 지역에서 청년회 운동에 관계하였던 여석훈呂錫壎은 자서전인 『오광자소五狂自疏』(이 책 결론 참조)에서 그와 같은 강습회에 참가했던 경험을 회상하고 있다. 그는 경상북도가 주최하여 각지의 청년회장을 모아 '교도敎導'를 실시한 제2회 강습회에 참가했다고 한다.[50] 상주에서 함께 대표가 된 것은

---

48) 『大正九年十二月 公立學校長會諮問事項答申書』慶尙北道.

49) 『慶尙北道社會事業要覽』, 慶尙北道內務部社會課, 1930, 73~76쪽.

50) 여석훈은 도의 강습회가 1921년부터 매년 개최되었고 자신은 제2회에 참가했다고

함창청년회의 김한익金漢翊이다. 강습회장은 대구사범학교였는데 전원을 기숙사에 모아 놓고 5박 6일 동안 '생활 규율이 대단히 엄해서 주야에 걸쳐 긴장 상태가 계속되었다'는 식의 규율 훈련이 행해졌다. 4일째에는 도의 지방과장과 도내의 각 중학교 교장이 참석한 가운데 4일간의 강습에 대한 감상을 피로披露하는 간친회懇親會가 개최되었다고 한다. 여석훈의 회고록에서 흥미로운 것은 이 이후이다. 마지막날 변소에 가는데 지삼달池三達이 자신을 불러 해산하기 전에 이번 강습회에 참가한 사람들로 모임을 만들자고 제안을 했다. 점심을 먹은 후 식당에 모여 보니 지삼달은 이미 회칙을 만들어 놓았는데, 30세 이상인 자는 청년회 회원 자격을 제한하고 각 청년회의 규약을 동일하게 하는 등의 내용이었다. 이는 앞에서 서술한 바와 같이 청년회를 '혁신'하는 움직임 속에서 주장되고 있던 것이다. 여석훈은 규약의 통일이라는 점에 의문을 가졌고 결국 그 모임은 유야무야 되고 말았다. 여석훈은 그 날 밤에 지삼달이 사회주의자라는 것을 알았다고 한다.

이처럼 도 주최의 강습회는 한편으로 총독부 측이 청년회장을 모아 그들을 식민 지배에 필요한 방향으로 '교도敎導'하는 장이었다. 그러나 동시에 그것은 경북 각지의 청년회 리더가 모인 장이기도 했기 때문에 운동의 조직화로 전용轉用되기도 했다는 점은 흥미롭다. 요컨대 단순히 총독부의 의도를 그대로 따르는 것이 아니라 그 기회를 교묘히 이용한 것이다.

3) 정치공간의 위기와 변용

정치공간의 확대와 위기 : 1927~30년

1927년부터 1930년에 걸쳐 상주의 사회운동에 두 개의 큰 변화가 있었다. 하나는 ⓐ민족통일전선을 목표로 하는 신간회新幹會 상주지회의 설립이고, 다른

쓰고 있으나, 청년회 '혁신'에 관한 기술을 보면 1924년경에 참가한 것이 아닐까 생각된다.

하나는 (b)상주청년연맹이 상주청년동맹을 거쳐서 청총 상주군위원회가 된 것이다. 그러나 신간회는 해체되고 청년회 간부는 검거되었으며 공산당 조직도 적발되는 등 그러한 흐름은 단숨에 탄압되기에 이르렀다(c). 아래에서는 위의 순서에 따라 이 시기의 흐름을 검토하고자 한다.

(a) 신간회

1927년 2월에 민족주의자와 사회주의자의 민족통일전선 제창으로 창립된 신간회는 각 지방에서도 지지를 받아 잇달아 지회가 결성되었다. 상주의 건견장乾繭場 안의 홀에서 강훈姜壎의 사회로 안재홍安在鴻, 홍명희洪命憙 등의 내빈을 초청하여 신간회 상주지회가 발족된 것은 같은 해 9월 4일의 일이었다.[51]

<표 3-8> 신간회 상주지회의 간부 구성

선거일	회장	부회장	간사
1927.9.4	鄭在龍	朴正鉉	朴東和, 朴淳, 李玟漢, 姜壎, 金億周, 池璟宰, 金尙龍, 成麟煥, 鄭喜默, 趙鳳衍, 蔡鴻綠, 金基穆, 鄭基燮, 申泳澈, 朴瓉福
1927.12.21	朴正鉉	康信愚	金億周, 池璟宰, 申泳澈, 姜龍壽, 鄭基燮, 金漢翊, 黃在殷, 成仁重, 高永錫, 朴淳, 兪龍穆, 李玟漢, 姜壎, 朴東旭, 車宗燮, 郭侑宗, 張在瑾, 金尙龍, 沈□, 朴東和

출전 : 『조선일보』 1927년 9월 7일, 『중외일보』 1927년 12월 24일

신간회는 그 때까지 상주에서 생겨났던 다양한 운동을 일시적이나마 규합하는 역할을 수행했다. <표 3-8>은 결성 당시 및 제2회 총회 시점에서의 간부 구성이다. 여기에서 주목할 만한 것은 두 가지이다. 하나는 박정현처럼 청년회 '혁신' 과정에서 한때 제외되었던 인물뿐만이 아니라 우산리愚山里 진양 정씨 가문의 정재룡鄭在龍, 양촌리梁村里 재령 강씨 가문의 강신우康信愚 등 순수한 사족 덕망가가 새롭게 대표자로서 이름을 올린 것이다. 정재룡(1879년생)은 우복愚伏 정경세鄭經世의 12대손으로 '정참봉'이라고도 불렸던 조선시대의 관직 경험자이며 1926년 순종이 죽었을 때 경북 지역 유림 대표로서 6·10 만세운동에

---

51) 『조선일보』 1927년 9월 7일.

참여했던 인물이다. 강신우는 그 손자의 증언에 따르면 한학, 그 중에서도 역학에 깊이 통달하여 해방 후의 좌우 대립에서도 '중용'을 존중하는 사상에 따라 어느 쪽에도 가담하지 않았다는 인물이다. 이러한 인물을 대표로 세운 것은 신간회의 취지에도 합치되는 일이었다고 생각된다. 또 한 가지는 간사에 다수 포함된 사회주의자의 면면을 보면, 1925년 이래 갈등이 지속되어 온 사회주의 운동 내부의 분파가 함께 이름을 올리고 있는 점이다. 즉 강훈, 조봉연趙鳳衍과 같은 건설자동맹계의 인물이 간부에 들어가 있다.

상주의 신간회 활동에 대해서 자세한 내용은 확실치 않지만, 언론·집회·결사의 자유나 노동·농민·청년을 규합한 '삼총집회三總集會'의 금지에 대해 건의안을 작성하기도 하고, 다음 절에서 서술할 각종 문제가 일어났을 때 교섭 주체가 되기도 했다.

(b) 청년운동

상주청년동맹을 둘러싼 갈등에 대해서는 김일수의 연구[1995, 2000]에서 밝히고 있다. 1927년에 들어 청총에서는 그 때까지의 운동이 국부적이고 조합주의적이었다고 총괄하면서 대중적이고 계급적이면서 전조선으로 확대되는 '전민족적 청년운동' 노선을 제기했다. 그에 따라 각지에서 벌어지고 있던 개별단체의 연맹방식이 아니라, 그것을 해체하고 중앙집권적인 군郡청년동맹으로 전환한다는 방침이 나왔다. 상주에서도 1927년 10월 5일 상주청년연맹이 임시대회를 개최하여 만장일치로 연맹의 해체를 결의하고, 이어 상주청년동맹의 창립대회를 열어 박순朴淳을 중심으로 한 신집행위원을 정했다.[52] 이에 따라 상주 각지의 청년회는 상주청년동맹의 지회로 자리매김하게 되었다.

한편 다음 해 3월 26일에 열린 상주청년동맹 제2기 대회에서는 동맹을 해체하고 청총의 상주군위원회로 할 것을 8대 6의 찬성 다수로 결의했다. 지역별 단일동맹방식은 '잡종 청년단체의 자유등록소'이기 때문에, '노동청년

---

52) '▲執行委員長 朴淳 ▲庶務常務 金億周 ▲敎養常務 崔鍾洛 ▲組織常務 朴東旭 ▲調査常務 沈□ ▲委員 鄭基燦 黃在殷 金漢玉 金漢羽 姜龍壽 成仁薰 白在鶴 安基烈 ▲檢事委員 朴仁根 姜斗植 申泳澈'(『조선일보』 1927년 10월 8일).

의 계급적 강령과 및 푸로민주주의적 중앙집권제의 원칙상에 의한 전국적 재조직운동을 닐으키면서 위선 지방적으로 단일동맹체를 해체하고 청총 상주 군위원회【를】 조직'한다는 것이었다.[53] 요컨대 중앙집권화를 더욱 추진하여 경성京城청년회를 중심으로 하는 체제로의 전환을 지방 차원에서 제기하고자 한 것이다.

김일수에 의하면 이러한 움직임에는 경성청년회의 집행위원이기도 했던 이민한李玟漢의 영향이 컸다고 한다. 게다가 1927년 12월에 경성청년회에서 파견된 유용목兪龍穆, 1928년 3월에 경북청년연맹의 중심인물이었던 황태성黃泰成이 각각 상주의 청년운동에 참여하기 시작했다. 그들이 서울파도 끌어들여 청년동맹을 해체와 재편에 이르게 했다는 것이다. 그 결과 강령도 계급적 투쟁과 당면의 일상투쟁을 축으로 삼는 내용이 되었다. 신간회와의 관계에 대해서는 민족적 단일전선 자체는 지지하지만, 어디까지나 계급적 입장을 관철한다는 것이 표명되었다.[54] 당시 신간회의 당면 임무는 헤게모니를 쟁취하는 것이라는 주장과 그것은 '소아병적小兒病的'이며 조선의 '특수사정'을 무시하는 것이라는 '청산론'이 대립하고 있었는데, 상주군위원회는 헤게모니 획득론을 지지한 셈이다.

이러한 노선에 대해서는 내부에서도 '소아병적'이라는 비판이 나온 외에, 문경이나 봉화 등 인근의 청년동맹이 상주군위원회를 비판하고, 경북청년연맹이 상주군위원회의 박순을 강령 위반이라며 제명처분을 하는 등 상주 내외로부터 비판의 목소리가 높았다. 결국 다른 지역에서 상주군위원회의 조직화 방식을 채용한 청년회는 없었지만, 상주군위원회는 이러한 비판에도 불구하고 독자적인 재조직화를 전개했다.[55] 그러나 청년동맹 해체를 부정하는 '동맹현존파'도

---

53) 『동아일보』 1928년 3월 30일 ; 『중외일보』 1928년 3월 29일.

54) '4. 우리는 푸로레타리아트의 당면 정치적 과업 수행과 및 모든 뿌르조아적 의식으로 더불어서의 조직적 투쟁을 위한 민족적 단일전선 편성―즉 각층각계급의 투쟁요소로 더불어서의 정치적 제휴를 시인 지지하되 이것을 빙자하야 우리 운동의 계급적 자립성과 모든 운동에 잇서서의 푸로레타리아트의 헤게모니를 부인하는 경향과 용서업시 도전할 것으로 함.'(『동아일보』 1928년 3월 30일)

끈질기게 존재하여, 이들은 1928년 4월에 대평大坪농민조합을 조직하는 등의 활동을 벌였는데56) 같은 해 8월에는 외서면外西面 연봉리蓮峰里에서 상주청년동맹의 기치를 다시 올리는 데 이르렀다.57) 요컨대 경성청년회를 중심으로 한 중앙집권적 조직을 지향하는 청총 상주군위원회와 군 단위 및 도 단위의 연맹을 지향하는 상주청년동맹이 병립하게 된 것이다.

(c) 탄압의 국면

그러나 이러한 움직임은 1928년 후반부터 급속하게 탄압을 받기 시작했다.

먼저 협동조합운동의 경우 1928년 7월에 이론적인 중심이었던 전진한이 조선공산당 사건에 연루되었다는 혐의로 수감되었다.

1928년 11월말에는 강훈이 조선공산당의 지하조직에서 활동한 혐의로 체포되어 서울로 송치되었다.58) 강훈은 이듬해 4월 경성지방법원에서 조선공산당 활동을 했다고 하여 치안유지법 위반으로 징역 2년의 형에 처해져 서대문형무소에 수감되었다.59)

1929년이 되자 신간회나 청년회의 간사회 등이 종종 금지되었다.60) 간사회조차 개최할 수 없었다면 조직으로서의 활동은 상당히 제약을 받았다고 여겨진다.

이러한 직접적인 압력만이 아니라 교육운동과 신간회·청년회 운동 사이에서 고민하게 하는 공작도 행해졌다. 양촌梁村에서는 보통학교 입학연령을 초과한 사람 육십여 명을 대상으로 강신원康信元이 강사가 되어 서당 형식의 강습회를 수년간 개최하였다. 그런데 1929년 1월 상주군청은 강습소 대표인 강신우康信愚

55)『동아일보』1928년 4월 9일.

56)『중외일보』1928년 4월 26일.

57)『중외일보』(1928년 8월 23일). 집행위원은 신영철(위원장), 최종락(서무부장), 김호진(교양부장), 강용수(조직부장), 박광(조사부장), 김현무(체육부장), 안기열(소년부장) 등이었다.

58)『동아일보』1928년 12월 1일.

59) 경성지방법원 1929년 刑公 제239호(1929년 4월 1일) 판결문 및 서대문형무소「名籍表」 칭호 제2067호(모두 국가기록원 소장).

60)「新幹幹事會禁止」『동아일보』(1929년 12월 3일),「尙靑委員會禁止」『동아일보』(1929년 12월 16일) 외.

를 호출하여 '양촌강습소는 허가도 업슬 뿐 아니라 강사가 신간회 회원임으로 도뎌히 용인할 수 업슨 즉 즉시 해산하라고 엄명'했다.[61] 외남면外南面 신상리新上里에서도 보통학교에 다니지 않는 아동을 위해 김명수金明秀가 경영하고 있던 강습소를 역시 상주군 당국이 '허가가 업슬 뿐 아니라 교원이 모모 사상단체에 가입하얏다'는 이유로 해산시켰다.[62]

역으로 강습회를 존속시키기 위해 조직을 탈퇴하는 경우도 있었다. 화동면化東面에서 자양학원을 설립하고(4장에서 상술), 1927년에 신간회에 입회한 여석훈은 아래와 같이 회고하였다.[63]

> 나는 자양학원이 발족한 이후 매년 군 학무과에 인가원認可願을 제출해 왔다. 그러나 번번히 무슨 구실을 붙여 서류를 반려返戾하곤 했다. 그러다가 8년째 되는 해에는 나를 군청으로 불렀다. 그리고 학무과 직원 한 사람이 한다는 말이, 당신은 청년운동도 하고, 사회운동도 하고, 또 교육사업도 하겠다고 매년 학원설립 인가원을 내고 있는데 욕심이 너무 과하지 않소, 더구나 교육사업과 사회·청년운동은 이율배반되는 일이 아니오, 어느 쪽이든 하나를 택하시오 했다.
>
> 나는 그에게 교육사업만을 하겠다는 대답을 하고, 그날로 청년회와 신간회에 탈퇴서를 내고 그 증명을 첨부하여 또 자양학원의 인가원을 제출했던 것이다.

'사회·청년운동'과 '교육사업'은 그 경위로부터 보아도 전혀 '이율배반'적인 것이 아니지만, 선택을 압박하는 논리를 당국이 강요했던 것이다. 여석훈의 경우는 교육사업의 존속을 위해 청년회·신간회에서 탈퇴를 선택하게 되었다.

이처럼 다양한 수준의 압력이 가해지던 상황에서 결정적으로 1930년 5월 상주청년동맹 관계자 9명이 상주경찰서에 검거되었다. 이것이 안동, 문경, 예천, 봉화, 영주로까지 확대되어 신문에서 '상주 공산당 사건' 등으로 불린

---

61) 『동아일보』 1929년 2월 12일.
62) 『동아일보』 1929년 5월 22일.
63) 여석훈, 『五狂自疏』 私家版, 1951년경, 28쪽.

사건이 되었다.[64] 대구지방법원의 공판 결과 1928년경에 조선공산당의 청년조직인 고려공산청년회高麗共靑의 세포조직이 상주에 존재한 것이 사실로 인정되었다.[65] 상주에서 고려공청 상주야체이카('야체이카'는 세포)의 결성을 주도한 것은 강훈이다. 1927년 11월 대구 달성공원에서 열린 '경상북도 공산당대회'에 출석한 강훈은 상주에 고려공청의 세포조직을 만들기로 했다.[66] 1928년 3월 하순 강훈은 외서면 연봉리에서 강용수姜龍壽, 최상돈崔相敦 두 사람에게, 읍내의 중국요리점에서 신영철申泳澈에게 각각 고려공청의 강령을 설명하고 가입을 권유했다. 강훈은 이 세 사람에게 상주의 신영철을 책임자로 하여 '야체이카'를 만들 것을 요청했다. 동년 8월 하순 강훈은 '공자묘' 즉 향교의 대성전에 3인을 불러모아 목적달성을 위한 협의를 했다고 한다. 강훈은 이 밖에 문경에서도 야체이카를 조직한 사실이 인정되었다. 알려진 것은 대략 이 정도이다. 결국 세포로서 무언가 구체적인 활동을 전개했다기보다, 기껏해야 세 사람이 소속된 공공연한 조직인 상주청년동맹을 통해서 활동을 할 수밖에 없었을 것이다.

이와 같은 과정을 거쳐 1930년경을 경계로 신간회·청년회 활동에 대한 기록은 신문 등의 자료에서 거의 모습을 감추게 된다.

1930년 이후의 변화

이런 이유로 1930년대에는 1920년대와 같이 다양한 사회단체에 의한 활발한 지역적 정치활동의 흔적은 찾아보기 힘들다. 지역의 정치운동이 쇠퇴한 것인지 아니면 그것을 기록할 미디어가 없어진 것인지를 따진다면, 아마도 두 가지 요인이 모두 존재하여 그 상호작용으로 1930년대에는 사회단체의 동향이 잘 보이지 않게 되었다. 그러나 사회운동이 완전히 사라진 것은 아니다. 여기에서는

---

64)『조선일보』1930년 5월 7일, 6월 13일, 11월 11일, 12월 18일 ;『중외일보』1930년 5월 4일 석간, 14일, 21일 석간, 24일 석간, 28일 석간, 29일.

65) 이하는 대구지방법원 판결문(昭和 5년=1930, 刑公제1931, 1933, 1934호, 국가기록원 소장)에서.

66)「秘密結社朝鮮共産黨並=高麗共産靑年會事件檢擧ノ件」(梶村秀樹·姜德相編,『現代史資料 二九 朝鮮 五 共産主義運動(一)』, みすず書房, 1972年所收).

전기료 인하운동과 학교를 둘러싼 운동을 다루려 한다.

상주에 전기회사가 생겨 전등이 켜지기 시작한 것은 1924년 6월의 일이다.[67] 전기회사는 대구에 본사를 가진 대흥大興전기주식회사였는데 1930년경에는 북으로는 함흥咸興, 남으로는 통영統營까지 지점을 가진 일본인 자본의 대회사였다. 1920년대 후반부터 조선의 각지에서 전기료를 둘러싼 운동이 일어나 상주에서도 이 무렵부터 불만의 소리가 높아졌는데, 본격적인 운동은 1930년 가을에 '불경기' 때문에 폐등자廢燈者가 속출한 것에서 시작되었다.[68] 전기사용자들은 전기회사와 다소 교섭은 했지만 전혀 변화가 보이지 않자, 이듬해인 1931년 2월 각종 사회단체와 기자단이 시민대회를 열어 조선인과 일본인 혼성의 전등료 인하기성회를 결성했다.[69] 기성회는 대흥전기를 수 차례 방문하여 각지의 전기료도 보이면서 전등료 4할 인하 등의 조건을 제시했지만, 7월의 정기 인하까지 기다리라는 답변밖에 돌아오지 않았다. 이에 분기한 기성회는 상점을 통해 램프를 공동구매하여 5월 1일부터 소등운동을 전개하였고 '(상주읍) 북부는 암흑지대'로 변했다. 5월말까지는 600세대가 소등에 참가했는데 기성회는 아직 소등에 동참하지 않은 음식점이나 중국인 상점 등을 향해 다시 격문을 발포했다. 그 결과 읍내는 가로등과 관청·경찰서를 제외하면 거의 '암흑지대'가 되었다고 한다. 최종적으로 어느 선에서 타결이 되었는지에 대한 자료는 없지만, 여기에서 중요한 것은 이 운동에 지금까지 청년회 운동 등에 참가하지 않았던 유지뿐만이 아니라 신간회 회장이기도 했던 박정현과 같은 인물도 참여하였다는 점으로 이것이 이 시기의 변화를 말해 준다.

또한 1930년대에는 학교와 관련된 운동에 대한 기사도 몇몇 눈에 띈다. 그 가운데 5개 정도를 이하에서 소개하겠다(표 3-9).

---

67) 『조선일보』 1924년 5월 5일.

68) 이하의 기술은 『동아일보』(1930년 10월 23일, 1931년 1월 11일, 2월 25일, 3월 16일, 4월 21일, 5월 16일, 5월 30일, 6월 7일)에 의한다.

69) 관계자는 다음과 같다. 회장 : 稻垣德三郎, 부회장 : 朴挺漢, 高瀬志雄, 위원 : 朴正鉉, 車周煥, 石柱淳, 福岡九八, 崔尚善, 水谷외 20인(앞의 『동아일보』 1931년 2월 25일).

<표 3-9> 1930년대 학교를 둘러싼 운동

	학교	시기	내용	관계자
(1)	상주농잠학교	1933년 7월	학교를 3년제 을종에서 5년제 갑종으로 승격	기성회 : 朴正鉉(회장), 趙誠惇, 稻垣德三郎(이상 부회장), 石壽穆외 17명
(2)	상주공립여자보통학교	1935년 2월	군수에게 학급 수 증설을 요구	학부형회 : 朴晩相, 朴淳, 金億周, 石□基, 朴正準
(3)	상주공립보통학교	1935년 5월	군수에게 학급 수 증설을 요구	학부형회 : 朴正鉉, 朴東和, 崔尙善, 姜壔, 金億周
(4)	상주공립여자보통학교	1935년 6월	학교 이전 및 확장	기성회 : 朴正鉉(회장), 趙誠允, 徐相烈(이상 부회장), 朴淳, 金億周, 趙龍衍, 崔尙善, 石□基, 趙誠昱, 朴重夏, 朴寅玉외(이상 간사)
(5)	상주유치원	1936년 4월	유치원의 재건운동	趙誠惇, 李采錫, 姜壔

출전 : (1)『동아일보』 1933년 7월 21일 ; (2)『매일신보』 1935년 2월 14일 ; (3)『매일신보』 1935년 5월 22일 ; (4)『매일신보』 1935년 6월 16일 ; (5)『조선중앙일보』 1936년 4월 16일.

　(1)의 농잠학교 승격운동은 1920년대부터 제기되어 온 문제였지만 1928년경의 운동[70]에서는 학교 관계자나 박정렬朴正烈 등이 중심이었던 데 비해, 1933년의 운동에서는 신간회 회장이었던 박정현이나 1919년부터 1920년에 걸쳐 무관학교 및 노동공제회 등에 관여하다 체포된 경험이 있는 조성돈趙誠惇 등의 얼굴이 보인다. 이와 같은 특징은 (2)~(5)에서도 마찬가지여서 박순, 김억주, 강훈과 같이 1920년대에 사회주의 활동을 하던 이들도 포함되어 있는 점이 주목된다.

　이처럼 1920년대 사회운동에서 활약하던 인물의 일정 부분이, 조선인 자산가나 경우에 따라서는 일본인 유지와도 함께, 행정이나 대자본과도 교섭하면서 지역사업을 전개해 간 점이 1930년대 사회운동의 특징이었다. 여기에서 지역엘리트를 서로 묶고 있던 주요한 요인은 참가자들의 면면에서 판단하건대 아마도 일정한 자산을 가진 계급이었다고 생각한다.

　또한 1930년대에는 청년단체의 정리도 진행되었다. 먼저 2장에서 논한 바와 같이 상주에서도 농촌진흥운동을 통한 조직화가 진행되었는데, 그 가운데는 '위'로부터의 청년회의 조직화가 포함되어 있었다[板垣, 2000]. 더욱이 중일전쟁

---

70) 이 무렵의 승격운동에 대해서는 『동아일보』(1928년 1월 14일), 『중외일보』(1928년 6월 6일).

과 더불어 추진된 총동원체제의 구축과정에서는 1938년까지 각 면에 16개의 '공려청년단共勵靑年團'을 조직하고, 2월에는 그것을 통합하여 상주연합청년단尙州聯合靑年團을 결성하였다.[71] 여기에 이르러 청년조직은 총력전 수행을 위한 통합과 동원을 위한 조직이 됨으로써, 1920년대의 청년회 운동과는 성격이 완전히 다른 것으로 변질되었다.

이상에서 사회단체의 동향을 검토함으로써 밝혀진 바와 같이, 1920년대부터 '청년', '유지' 등이 새로운 계층으로서 지역의 제사업을 맡게 되는데, 거기에는 민족주의 및 사회주의로의 지향성이 현재적顯在的 · 잠재적으로 존재하고 있었다. 그 일부는 1920년대 중반부터 '혁신'적인 것으로 변모해 갔는데, 그에 따라 관헌의 탄압도 빈번하게 행해졌다. 민족주의 · 사회주의로의 지향성은 1920년대 후반 이후 서서히 배제되어, 1930년대가 되면 체제 측의 개입이 강해졌다. 2장의 <표 2-7>에 보이듯이 총동원체제하에서 '官民有志', '一般有志', '一般社會團體員'은 명확하게 체제협력자로서 자리매김되었다. 요컨대 1930년대 이후 '유지'는 체제 측의 지역엘리트 계층의 이미지로 고정화되었다고 생각할 수 있을 것이다.

3. 지역엘리트의 양상

1) 지역사회에서의 정치공간의 구조

앞 절에서는 상주의 사회운동이 어떻게 전개되었는가를 그 주체에 주목하여 검토하였다. 다음으로 그러한 사회운동을 어떠한 사회구조가 규정하고 있었는가라는 문제를 검토해 보자.

여기에서는 앞 절에서 제시한 사실에 바탕하여 두 가지 관점에서 살피려

---

71) 『동아일보』 1938년 2월 11일 南部版.

한다. 하나는 정치 행위가 어떠한 지리적 배치에 의해 규정되었는가라는 점이고, 다른 하나는 거기에 어떠한 대립축이 존재했는가라는 점이다. 전자에 대해서는 군 외郡外－읍내邑內－농촌부農村部라는 장이 정치 행위에 있어서 어떠한 존재였고, 또 서로 어떠한 관계에 있었는가를 검토하겠다. 후자에 대해서는 1920년대의 사회운동을 규정하고 있던 대립축을 추출해 보겠다. 지역 사회운동 관계자 사이에 민족주의와 사회주의의 대립, 혹은 사회주의내의 당파대립이 있었다는 것은 이미 살펴본 바와 같으나, 여기에서 주목하고 싶은 것은 그러한 운동 내부의 대립은 아니다. 여기에서 특히 검토하고자 하는 것은 두 가지 축, 즉 일본인과 조선인의 대립으로서 드러난 민족모순, 그리고 〈근세〉 지역엘리트와 새로운 지역엘리트 사이의 갈등이다. 미리 밝혀 두자면 이 두 가지 대립축은 읍내에서 명확히 드러났다. 그러한 점에서 여기에서 검토할 과제를 한마디로 요약한다면, 지역사회 정치공간의 공간구조는 어떠했는가라는 문제이다.

군 외－읍내－농촌부의 관계성

앞의 〈표 3-7〉에서 나타낸 바와 같이 이 시기 읍내에는 다양한 단체가 집중되어 있었다. 2장에서 쓴 것처럼 읍내는 〈읍〉 전체 가운데서도 특수한 위치를 차지하여 특히 1920년대 이후는 서서히 '시가지'로서의 양상을 드러냈다. 1910년대 조선인 대상의 학교가 있던 곳은 상주 읍내와 상주에 합병된 구 함창 읍내뿐이었다. 노동운동도 상주역 노동자를 중심으로 읍내에서만 일어났다. 상주청년회가 세운 청년회관과 보명학원은 다양한 집회 등의 거점으로 이용되었다. 읍내 이외에 비교적 일찍 청년회가 결성된 함창은 원래 함창현의 읍내였으며, 옥산, 청리는 모두 상주와 김천을 잇는 간선도로상에 위치하여 보통학교도 비교적 이른 단계에 만들어졌고(4장 참조) 읍내와 연계하기 쉬운 위치에 있었다.

읍내는 이러한 특징 때문에 군 외부로부터도 적지 않은 영향을 받았다. 군 외부에 유학중인 학생들로 구성된 문우회에 대해서는 이미 서술하였지만,

그러한 조직만이 아니라 서울 등에서 배우거나 활동한 경험이 있는 인물이 1920년대에 상당히 활약했다. 청년회 운동 관계자 중에도 보성전문학교를 나온 박정현, 휘문고등보통학교 및 도쿄의 긴조錦城중학·메이지明治대학을 나온 강훈, 서울의 선린상업학교 재학 중에 3·1운동에 참가한 박인옥, 경성청년회의 집행위원으로도 일했던 이민한李玟漢, 무관학교 및 노동공제회에 관여했던 조성돈 등이 있었다. 또한 읍내를 중심으로 활동하던 신문기자의 역할도 간과할 수 없다. 이 무렵의 기자는 단지 취재만 하는 것이 아니라 여러 운동에 참여하거나 문화사업을 벌이는 등 지방사회에 영향을 주는 존재였다. 상주에서 활동하던 인물이 지국의 기자로서 집필하는 경우도 있었다. 1923년에 '일치한 보조로 상주를 위하야 갱更일층 민속敏速히 활동하고져' 기자단이 조직되었다.[72] 1926년에는 동아일보·조선일보·시대일보·무산신문 등의 상주지국 기자 18명 중 13명이 모여서 상주기자동맹을 결성하였다.[73] 이처럼 기자가 운동에 참여하고, 또한 앞에서 서술한 대로 사상단체 등이 신문·잡지의 열람소를 설치하는 등의 사업을 하고 있었기 때문에, 전국의 최신 정보가 전해져 지방의 운동도 거기에 연동되었다고 생각한다. 이러한 가운데 서울이나 도쿄에서 형성된 관계가 상주 사회에도 유입되는 사태가 생겼다.

한편 지역사회는 기본적으로 농업사회여서 상주의 경우 1930년 전후에는 농업세대가 전세대의 9할 이상이었다. 따라서 읍내에서만 활동하는 한 그 정치의 장은 극히 제한될 수밖에 없었는데, 실제 이 시기 사회운동의 농촌 침투는 상당히 제한적이었다. 그러한 가운데 상주청년연맹－상주청년동맹－청총 상주군위원회나 신간회와 같이 읍내를 중심으로 하면서도 농촌부와도 연동되는 운동체가 출현한 것은 주목할 만하다. 1920~30년대 당시 총독부가 짜놓은 불충분한 정치참여제도 안에는 각 면 단위 협의원을 선거로 뽑는 제도는 있었지만 군(읍) 전체를 하나의 단위로 하는 제도는 존재하지 않아 군 내부는

---

72)『조선일보』1923년 8월 16일.
73)『조선일보』1926년 2월 27일 석간. 집행위원은 林洙奉(동아), 鄭琪燮(조선), 池璟宰(무산), 沈□(사상), 金允鍾(시대)이었다.

분단되어 있었다. 그러한 상황에서 운동단체가 군(읍)을 단위로 하는 정치의 조직화에 대한 지향을 보였다는 점은 특기할 만하다.

물론 반드시 읍내→농촌부라는 형태로만 운동이 전개된 것은 아니다. 전진한을 중심으로 한 협동조합운동은 도쿄에서 직접 농촌부로 들어가 전개되었다. 이것은 함창이 전진한의 고향이라는 조건이 기능했기 때문인데, 이렇게 군 밖으로 나간 인물이 출신 마을에 끼친 영향 또한 무시할 수 없다. 또한 청총 상주군위원회에 대항하여 상주청년동맹이 재결성되었을 때, 그 창립대회의 장소로서 선택한 것은 읍내가 아니라 외서면 연봉리였다. 청총 상주군위원회가 경성청년회를 중심으로 중앙집권화된 조직을 지향한 것에 대항한다는 차원이었던 만큼, 상주청년동맹이 농촌부에 거점을 둔 것은 대단히 상징적이다.

이상과 같이 군 외 대도시-읍내-농촌부라는 공간적 배치 속에서 당시의 다양한 운동이 일어났던 것이다.

읍내에서의 민족모순

식민지하의 사회에서 지배적인 민족과 지배를 받는 위치에 있는 여러 민족 사이의 민족모순이 기본적인 사회구조라는 것은 말할 것도 없다. 다만 민족모순이 현재화顯在化 내지 가시화하는 방식은 사회 내부의 위치에 따라서 다른 양상을 보인다. 앞 절에서 본 바와 같이 사회운동과 그에 대한 탄압으로 나타나는 경우, 일상적인 차별과 그에 대한 불만의 표시로서 나타나는 경우, 보다 눈에 띄기 어려운 경우 등 그 위상에는 중층성이 있다. 그 가운데 여기서는 주로 지역엘리트의 동향과 관련하여 발생한 민족모순의 양상을 검토하겠다.

2장에서 서술한 바와 같이 인구면에서 상주 읍내는 농촌부보다도 급속한 성장을 보였다(표 2-8). 그 중에서도 주목되는 점은 일본인의 밀도에 있어서 읍내와 농촌부의 차이이다. 읍내에는 시기에 따라 다르지만 대략 7~15명에 1명 비율로 일본인이 거주한 데 비해, 농촌부에서는 대략 200~300명에 1명 정도였다. 요컨대 읍내에서는 일본인의 존재가 두드러졌던 것과 달리, 농촌부에서 일본인 인구는 희박하였다.

이러한 점도 있어서 민족모순은 특히 읍내에서 표면화되었다. 예컨대 상주의 북문통北門通에 있던 대중목욕탕에서 남탕을 일본인용과 조선인·중국인용으로 나누고, 여탕은 일본인이 먼저 들어간 다음에 조선인이 들어가는 규칙을 두었다가 '차별' 문제로 발전하기도 했다.[74] 또한 일본 및 서양 잡화시장의 상권을 일본인이, 주단포목을 중국인이 장악한 것에 상주 '상업계의 중진'이 분기하여 남문통南門通 미염조합米鹽組合에 집합하여 상업주식회사를 설립하려 한 일도 있었다.[75] 특히 경북철도 개설 이후 이러한 문제가 더욱 심해진 듯하다. 당시 곡물상을 경영하던 황성필黃聖弼은 군내의 조선인 상업자에 관하여 '작년[1924년]까지는 비교적 우리 조선인의 세력이 우세한 것도 갓헛슴니다만은 산업철도(경북철도)가 개통된 이후로부터는 일본인 상업자 중에 유력자가 다수히 이거移居하야 오는 동시에 자연 세력이 밀이게 되엿슴니다. (…) 그리고 중국인의 세력도 상당함니다.'[76]고 하였는데, 1920년대 중반에 일본인이 상당한 정도로 상권을 장악하고 있었다는 점, 나아가 중국인 상인도 상당히 들어와 있었다는 점을 알 수 있다.

읍내와 농촌부의 운동이 연동됨에 따라 농촌부에서 일어난 문제에 대해 읍내에서 대응하는 일도 있었다. 1928년 8월에 일어난 고리대를 둘러싼 말썽이 대표적인 사례이다. 사건은 사벌면沙伐面 화달리化達里에 사는 농민 양해성梁海成이 서정리西町里에 사는 고리대 업자 나카무라 요헤이中村要平로부터 돈을 빌린 것에서 시작되었다. 저당을 잡힌 토지 6두락斗落 분을 나카무라가 경매에 부쳤기 때문에 남은 3두락도 빼앗길지 모른다고 우려한 양해성은 어떻게든 노력하여 빌린 돈을 갚았다. 그러나 나카무라는 말이 통하지 않는 것을 구실로 증서도 저당권도 돌려주려고 하지 않았다. 도리어 양해성이 경찰에 고발한 것에 화가 난 나카무라는 자신의 처와 자식과 함께 양해성을 새끼줄로 묶어 폭행을 가하였

---

74) 『조선일보』 1921년 7월 28일.
75) 『조선일보』 1923년 1월 21일.
76) 『동아일보』 1925년 3월 4일.

다. 이 '사형私刑' 사건은 근처 사람들을 통해 통보되어 나카무라 일가는 경찰에 검거되었다. 이 일을 들은 신간회 상주지회 및 각 단체는 위원회를 열어 '사형사 건비판연설회'의 개최를 기획했다. 하지만 상주경찰서의 오카모토岡本 서장은 이 사건이 상해·폭행·불법체포이기는 해도 '사형私刑'이라고는 할 수 없다면서 연설회의 개최를 허가하지 않았다.77)

읍내에서도 정치 참가를 둘러싸고 심각한 대립이 있었다.

도시화 과정에서 읍내를 포함한 상주면은 1923년에 행정단위로서 지정면指定 面으로 승격되고 1931년에는 '상주읍'으로 승격되었다.78) 일반적으로 농촌부 각 면의 면장은 식민지기 내내 조선인이 임명되었지만, 지정면(1931년 이후는 읍)에서는 일본인이 면장(읍장)을 차지하는 일이 확대되어 갔다. 상주에서는 지정면 승격으로부터 5년 뒤인 1928년 4월에 그 때까지 상주면장으로서 십수 년간 활동해 온 박정한朴挺漢—앞에서 서술한 바와 같이 그도 또한 이족계인 상산 박씨 가문 출신이다—이 돌연 도지사의 지시로 면직되었다. '경북의 지정면 소재지 경주·안동·상주 삼군 중 상주가 제일 일본인 호구가 만흐며 차此에 반부하야 상당한 시설과 면세 확장이 필요함에 제際하야 조선인 면장으로 서는 도뎌히 차임此任에 당當키 불능함으로 수단가이오 명망가인 일본인 면장을 채용한다'는 것이 그 이유였다. 인구비로 보면 상주 읍내에서도 조선인 쪽이 압도적으로 많았기 때문에 세 군 가운데서 일본인 인구가 많다는 비교론은 그다지 이유가 되지 않았다. 이에 '유지 수십 인'이 분기하여 석응목 씨 집에 모여서 상주청년회관에서의 면민대회 개최를 결정했다. 주도한 것은 박정현(당 시 신간회 지회장), 이민한(동同 간부)이었다고 한다.79) 그러나 경찰이 이를 '불온'하다고 하여 금지했기 때문에 각 동洞 50명 이상의 연서連署를 모아 항의하 는 뜻을 비공식적으로 결의했다.80) 이리하여 운동은 일본인 면장 배척운동으로

---

77) 『동아일보』 1928년 8월 14일.
78) 지정면이나 읍의 성격에 대해서는 손정목[1992] 및 김익한[1995]을 참조.
79) 『동아일보』 1928년 4월 16일.
80) 앞의 『高等警察要史』, 51쪽.

전개되어, 4월 14일 상주면 33동의 44구장이 상주청년회관에 모여 2,000명의 연서를 도당국·군당국에 제출하기로 결의했다.[81] 그러나 이러한 항의운동도 열매를 맺지 못하고 이 때부터 해방되는 날까지 상주면장(31년 이후는 상주읍장)에는 일본인만이 임명되었다.

또한 읍내의 면협의회(1920~30), 읍회(1931~) 참가를 둘러싸고도 일정한 대립이 나타났다. 면협의회는 1920년부터 실시된 면 운영의 '자문'을 행하는 기관으로, 협의회원은 보통면에서는 임명되고 지정면에서는 선거를 통해 선출되도록 되어 있었다. 선거권·피선거권 및 피임명권은 면부과금을 연액 5원 이상 납부하는 자(남성만)라고 정해져 있었는데 이것은 이후로도 변하지 않았다.[82] 상주면이 지정면이 된 1923년, 그리고 1926년, 1929년 등 세 번에 걸쳐서 협의회원 선거가 행해졌다. 1931년의 지방제도 개정에 의해 지정면 대신 읍이 신설됨으로써 선거제에 의한 의결기관인 읍회가 설치되고, 면협의회원은 임명제에서 선거제로 이행되었다. 이후 4년마다 선거가 행해지게 되었다. <표 3-10>은 확인되는 범위에서 그 당선자를 정리한 것이다.

상주면협의회─상주읍회의 정원은 14명으로 인원수는 조선인과 일본인이 거의 엇비슷하였으며 조선인이 약간 많을 때가 있는 정도였다. 그래도 2장에서 본 읍내의 조선인/일본인 인구비를 생각한다면 일본인 당선자는 인구에 비해 많았다.

이러한 가운데 1934년에 시장市場 문제를 둘러싸고 조선인 의원이 사직원을 제출하는 사건이 일어나기도 했다.[83] 결국 이는 수습되었지만 이와 같은 제도 내부에서도 대립이 존재했음을 말해 준다.

---

81) 『동아일보』 1928년 4월 18일.
82) 유권자가 어느 정도였는지를 파악하는 것은 쉽지 않다. 면부과금(읍세) 납부액별 통계 등이 남아있지 않기 때문이다. 다만 호별할에 대해서는 『尙州郡尙州面歲入歲出豫算』(한국 국회도서관 소장) 가운데, 1929, 1930년도에 대한 호별세등급별과액호수표가 남아있다. 그것에 따르면, 호별할만으로 연간 5원 이상 납부한 이는 1929년에 346호, 1930년은 342호였다. 여기에서 地稅나 영업세 등이 더해지기 때문에 유권자는 더욱 늘어나게 된다.
83) 『매일신보』 1934년 5월 22일, 26일.

<표 3-10> 읍내의 면협의원 / 읍의원의 구성

①	상주면협의원	1926년 5월	朝7	吳義根, 朴寅奎, 朴重夏, 權泰星, 沈潤憙, 姜信仲, 朴昌漢,
			日7	袋常三郎, 寺戶, 高瀨, 川崎, 神宮司, 岡邊, 庄田
②	상주면협의원	1929년	朝9	崔尙善, 石柱淳, 沈潤憙, 鄭在□, 趙誠昱, 朴挺漢, 朴正鉉,
			日5	黃漢祉, 吳義根, 福岡九八, 水谷鍬次郎, 高瀨吉雄, 袋常三郎,
				稻垣德三郎
③	상주읍의원	1931년 5월	朝7	朴正鉉, 崔尙善, 趙珏衍, 沈潤憙, 趙誠昱, 吳義根, 林性弘,
			日7	山口賢三, 水谷鍬次郎, 福岡九八, 高瀨吉雄, 蒲生嘉藤治,
				竹村成規, 袋常三郎
④	상주읍의원	1935년	朝9	朴正民(73), 金昌洙(71), 朴晩相(52), 吳義根(46), 馬場良三
			日5	(44), 福岡九八(43), 高木信(38), 竹村成規(37), 趙誠昱(34),
				朴重夏(28), 徐相烈(27), 車周煥(26), 崔尙善(25), 宮田廣吉
				(25)

자료 : ①『동아일보』 1926년 5월 29일 ; ②『경북연선발전지』 ; ③『신민』 69호, 1931년 9월 ; ④『동아일보』
1935년 5월 23일.
비고 : ④의 ( )내의 숫자는 득표수이다.

읍내의 민족모순은 일본인 대 조선인에 의한 것만은 아니었다. 1920~30년대
에는 중국인도 포함되어 더욱 뒤얽히는 양상을 보였다. 앞에서 서술한 바와
같이 1920년대는 주로 상권을 둘러싼 대립이었다. 그러나 1931년에는 만주에서
일어난 만보산萬寶山사건을 계기로 조선총독부가 조선인과 중국인의 대립을
부채질했기 때문에 조선 각지에서 배화排華 운동이 일어났다. 상주에서 이같은
운동이 있었는지는 분명치 않지만 이 사건을 계기로 중국인 세대가 50여
호에서 20여 호로 감소했다. 자신들이 안주할 수 있었던 것은 경찰 당국의
덕분이라며 상주에 남은 중국인 세대 가운데 유지 15호가 경찰서에 200원을
기부하는 상당히 뒤틀린 상황이 벌어지기도 했다.[84]

이렇듯 읍내에서는 피식민자인 조선인과 식민자인 일본인 사이의 대립에
더해, 이주 상인을 중심으로 하는 중국인과의 마찰도 보태져, 크게 보면 동북아시
아의 민족모순이 응축되어 있는 듯한 상태였다.

---

84)『매일신보』 1933년 1월 15일.

신구 엘리트의 관계

1920년대에 운동을 주도한 것이 '청년회'였던 데서 알 수 있듯이 이 시기에 새로운 정치적 주체로서 나타난 것은 신교육을 받은 새로운 세대 즉 '청년'이었다. 그러면서 특히 읍내에서 <유림 대 청년>이라는 대립도 표면화 되었다.

예컨대 읍내의 공립보통학교 소유 임야에 대한 문제가 떠올랐다. 이 장 앞 부분에서 살핀 바와 같이 향교가 소유하고 있던 재산은 병합 전후에 군수의 관리로 이행되어 대부분은 공립보통학교의 예산으로 충당되었다. 그 후 1920년에 조선학교비령朝鮮學校費令에 의해 학교비라는 독자적인 예산 항목이 설정되었지만 같은 해에 개정된 향교재산관리규칙에서는 계속해서 군수가 향교 재산을 관리하도록 정했다. 이에 대해 1920년대 각지의 향교나 유림단체가 향교 재산의 환부운동을 전개했다[영남대학교, 1991 : 237~242]. 아마도 상주향교도 이러한 흐름에 편승해 군수 등에 대해 재산 환부운동을 벌인 듯하다.

상주의 경우 이것이 문제가 된 것은 1925년경에 신현구申鉉求 군수가 상주공립보통학교의 학교림을 향교 소유로 '이전'했기 때문이다.[85] 16년간 학교림으로서 이용해 온 신봉리新鳳里와 만산리蔓山里의 산림을 향교에 돌려준 것이다. 이와 관련해 신 군수는 동아일보 기자와의 인터뷰에서 '처음 토디사뎡土地査定 때에 향교鄕校의 량해를 어더가지고 학교림으로 만드럿느냐 하면 그럿치도 안코 그 전 군수의 단독 의견으로 그와 가치하야 노흔 모양인가 봅듸다. (…) 다만 소유권을 향교로 이전하야 주엇슬 다름이요 생도들의 실습은 물론 재목 가튼 것을 쓸 때가 생기더라도 서로 타협하야 버혀다 쓰도록 하얏슴니다'고 설명하였다.[86] 그러나 상주청년회는 이를 받아들이지 않고, 1월에 긴급회의를 열어 다음과 같은 사항을 결의했다.

1. 십육 년간의 장구한 세월에 어리고 약한 아동의 심혈心血로 조림한 것을 무조건으로 유림에 환부한 것은 온당치 못하니 위원을 선정하야 질문할 일.

---

85) 『시대일보』 1925년 1월 17일, 18일.
86) 『동아일보』 1925년 3월 4일.

1. 복구에 필사적 운동할 일.
1. 복구치 못할 시에는 영구지상권永久地上權 획득을 요구할 일.
1. 만일 이상 이건이 불성립할 시는 기 대상물代償物을 전前면적 이상을 요구할 일.

청년회만이 아니라 학교평의회 및 학부형후원회에서도 군수의 조치에 반발하였다. 한편『시대일보』기사에 따르면 유림이 신 군수의 선정을 칭송하는 석비石碑를 세우기로 하고 그 비용을 각 면에 분담시켰다. 이에 대해 '일반 민중은 더욱 분개하야 그러치 안하도 돈이 밧싹 말라서 죽을 지경에 빠진 궁민이 무슨 돈으로 비석 세우는 돈까지 줄 수 잇느냐'며 반발이 심했다고 한다.[87]

또한 읍지邑誌 발간을 둘러싸고도 논쟁이 있었다. 군의 연혁을 비롯해 여러 정보를 담은 서적을 일반적으로 '읍지'라고 하는데, 17세기에 집필된 이래 수차에 걸쳐서 증보되어 온 읍지인『상산지商山誌』(1장 참조)가 1929년에 활자로 출판될 즈음에도 대립이 있었다.

『상산지』1929년판은 3권으로 되어 있다. 그 중 권지일卷之一과 권지이卷之二는 1832년의 신증본新增本을 저본으로 한 것으로서, 창석본蒼石本을 원본으로 하여 청대본清臺本의 증보 부분을 '구증舊增', 1832년의 신증본의 증보 부분을 '신증新增', 그리고 이 때 새롭게 증보한 부분을 '보補'라고 표기하였다. 권지삼卷之三은 새롭게 쓰여진 것인데, '신증' 이후 1920년대까지의 최신 내용을 구래舊來와 같은 목차 구성, 즉 여지輿地, 공부貢賦, 학교學校, 질사秩祀, 관제官制, 공서公署, 고적古蹟, 명환名宦, 인물人物, 문한文翰의 10항목으로 나누어 적었다.

정동철鄭東轍(진양 정씨)에 의한 발문「서상산지후書商山誌後」에 의하면 편집의

---

87) 현재 왕산王山 앞에 '郡守申候鉉求記念碑'가 세워져 있다. 이 비석이 위 기사에 나온 경위대로 유림에 의해서 세워진 것인지는 확실치 않다. 경우에 따라서는 청년회도 관여했을 가능성이 있다. 신 군수가 1926년에 영주로 '영전'할 때 청년회가 경영하고 있던 보명학원에서는 교육 방면에서의 공헌을 기려 송별연을 개최했고, 신 군수 또한 이임할 즈음에 청년회에게 10원을 기부했기 때문이다(『동아일보』1926년 10월 27일, 30일).

경위는 아래와 같다. 구당본舊堂本(신증본)으로부터 대략 100년이 지났으니 새로운 상산지를 발간하자고 하는 논의가 시작된 것은 '교궁校宮'(=향교), 그리고 '산사山寺'에서였다고 한다. '산사'가 어느 절인지는 알 수 없지만 적어도 향교의 제사 집단이나 유도진흥회가 주도하여 논의를 시작한 것으로 보인다. 이는 아마도 1926년 무렵의 일이라고 추정된다. 다만 교감校勘 사업이 '모기에게 태산을 지운다'고 할 정도로 힘들어, 두 세 명의 동지와 함께 7, 8개월을 덧없이 보내고 다시 하남거사河南居士와 학생의 협력으로 1년 정도 후에 겨우 3권의 책이 완성되었다는 것이다. 편찬·교감을 행한 것은 성귤成橘(창녕 성씨), 이시은李時殷(흥양 이씨), 조기연趙冀衍(풍양 조씨), 인쇄 간사를 맡은 것이 송주백宋柱百(여산 송씨), 강신용姜信鏞(진주 강씨), 배본을 담당한 것이 송돈호宋暾浩였다고 기록되어 있다. 따라서 유림 집단이 주도하여 편집 및 발행이 행해졌다고 볼 수 있다.

그런데 문제는 편집 과정에서 일어났다. 이에 대해 『동아일보』 기사[88]는 아래와 같이 전하고 있다. 준비 중인 상산지는 '내용에 잇서서는 현대에 적당치 못한 봉건적 사상을 고취하는 기괴한 추태가 잠재하야 잇서서 발기 당시에 참석하얏든 모씨의 열렬한 반대도 불구하고' 그대로 진행되었다. 이에 신간회 상주지회를 비롯한 상주의 각 사회단체가 분기하여 적극적으로 반대하였다. 실제로 1927년 말부터 1928년 전반에 걸쳐 신간회나 상주청년회의 총회 결의사항에도 '상산지의 건'이라는 문구가 보인다. 기사대로 그 반대의 논리는 아마도 편찬을 사족 층이 주도하여 조선시대의 목차 그대로 증보하는 형식에 대한 비판이었다고 생각된다. 더욱이 이 기사에 따르면 편찬 주도자는 '소위 양반을 행사하고 궁민의 호주머니를 떨어 일천이백여원이라는 대금을 수합하야다가 작년 삼월부터 지금까지 중앙여관에다 총본령을 두고 상산지 편집교정 운운하면서 매일 수십 인식式 회집하야 (…) 출판도 하기 전에 전기 금액을 전부 소비'했기에, 경찰서에서는 이 편집에 관련한 '유지 십여 인'을 호출하여 모은 금액을 반환하도록 명령했다고 한다. 이 기사 이외에 이 문제를 언급한 자료를

---

88) 「多數反對의 郡誌發刊에 警察署에서도 干涉」, 『동아일보』 1928년 5월 17일, 4면.

발견하지 못했기 때문에 진위는 밝히기는 어렵지만 이 시기의 대립을 드러낸 사건임에는 틀림없다.

한편 1929년판 『상산지』 제3권에서 흥미로운 것은 이족에 관한 기술이 증보된 점이다. 예컨대 과제인물조科第人物條에는 1장에서 서술한 상산 박씨 박자완朴自完의 사적事蹟이 기술되어 있고 충절조忠節條에는 월성 이씨인 이경남李景南, 이지원李枝元, 이삼억李三億, 상산 박씨인 박정인朴正仁이 적혀 있고, 효행조孝行條에는 월성 이씨인 이경번李慶番, 이복운李復運과 그 처인 차車씨가, 열행조烈行條에도 상산 박씨의 처가 실려 있다. 1장에서 서술한 19세기 이족의 사족 지향의 움직임이 이와 같은 형태로 반영되었다고 할 수 있다.

그 밖에 신간회 상주지회가 향교의 철폐, 향교 재산 처리권의 획득, 유도진흥회의 철폐 등을 정기총회에서 결의했다는 기록도 남아 있다.[89] 그 대립의 배경에는 단지 '신구新舊'의 차이만이 아니라 이 장 1절에서 논한 바와 같이 일부의 유림단체와 총독부 체제 사이의 거리가 가까웠던 것도 영향을 미쳤을 것이다.

이처럼 '신구'의 대립축은 명확하게 존재했지만, 그러나 새로운 사회운동에서 <근세> 지역엘리트가 완전히 배제된 것은 아니었다. 초기 청년회의 주도인물은 <근세> 지역엘리트여서 신간회의 회장 정재룡鄭在龍이나 부회장 강신우康信愚

<그림 3-9> 박정현(좌)과 강훈(우)
출전 : 『동아일보』 1925년 3월 4일

도 그러했다. 또한 신교육을 받고 새로운 운동을 이끈 사람 가운데도 예컨대 신간회 회장 박정현朴正鉉은 이족 가문 출신이었고 사회주의운동의 지도자적 존재였던 강훈姜壎은 사족 가문 출신이었다(그림 3-9). 또한 흥미로운 것은 고려공청 상주야체이카의 조직을 소집한 장소가 향교의 대성전이었다는 점이다.

이와 같이 '신구' 엘리트가 다양한 형태로 교차하는 가운데 이 시기의 정치공간이 성립되어 있었다.

---

89) 앞의 『高等警察要史』, 51쪽.

2) 지역엘리트의 의식 : 『신상주』의 분석을 중심으로

이상에서 1920~30년대를 중심으로 지역엘리트의 변화에 대해 논하였다. 지금까지는 사회 전반의 상황을 서술하였지만, 여기서는 신흥 지역엘리트가 도대체 어떤 생각을 가지고 있었는가에 초점을 맞춰 살펴보고자 한다. 구체적으로는 1931년에 상주에서 발간된 잡지 『신상주新尙州』를 다각도에서 분석하는 방법을 취하겠다.

『신상주』의 발행 주체

<그림 3-10> 잡지 『신상주』 표지
비고 : 연세대학교 중앙도서관 귀중본 열람실
소장

상주면이 상주읍으로 '승격'된 1931년에 월간 『신상주』 창간호(국한문 혼용, 76쪽)가 간행되었다.[90] 실은 9월 1일부로 창간호가 나온 후 계속해서 간행되었는지 여부는 분명치 않다. 이 한 책만으로 종간되었을 가능성이 높다. 그러나 이 잡지는 1931년 시점에서 읍내를 중심으로 활동하던 지역엘리트의 의식을 엿볼 수 있는 귀중한 자료이다. 이러한 잡지가 '도道'나 '부府' 수준이라면 몰라도 이 시기에 '군' 단위에서 나온 것은 대단히 드문 일이다. 여기에서는 이 잡지의 편집·발행주체를 먼저 분석한 뒤에 필자로 참가한 지역엘리트의 의식을 분석하려 한다.

먼저 『신상주』(그림 3-10)의 발행 주체를 살펴보자. 잡지 말미에는 아래와 같이 기록되어 있다.

---

90) 현시점에서는 서울의 연세대학교 중앙도서관의 이기열문고(귀중본열람실)에 창간호가 보관되어 있음이 확인될 뿐이다.

編輯兼發行人	姜昊	尙州邑城東里一九五
發行所	新尙州社	尙州邑城東里
印刷人	黃在舜	尙州邑南門通
印刷所	商山印刷所	尙州邑南門通

또한 '신상주사 간부'로, 다음의 이름이 열거되어 있다.

稻垣德三郞	尙州商工會長	(社交顧問)
朴 正 紹	濟正医院長	(衛生顧問)
趙 翼 衍	同人代表社長	
姜　　昊	同人主筆	
金 漢 翊	同人	
趙 珏 衍	同人	
黃 在 殷	同人	

이나가키稻垣는 2장에서도 살핀 바와 같이 당시 상주에 거주하던 일본인들 가운데 대표적인 인물 중 한 사람이다. 박정소朴正紹는 이족계인 상산 박씨로 경성의전京城醫專을 졸업한 후 읍내에서 1919년에 제정의원濟正醫院을 설립한 의사이다. 조각연趙珏衍과 조익연趙翼衍은 모두 풍양 조씨 검간파의 종파(一派) 출신으로서 조각연은 2장에서 서술했듯이 주식회사 상주주조尙州酒造의 사장으로도 일한 적이 있는 자산가이며, 조익연은 잡지 발간 당시에 출신지인 낙동면의 면협의회원을 하고 있었다. 황재은黃在殷은 장수 황씨로 앞 절에서 살핀 대로 중모청년회·중모공동조합·청총 상주군위원회에 관여해 온 청년운동계 인물이다. 김한익金漢翊은 함창 김씨로 역시 청년회 운동에 관여해 온 인물이다. 가장 중요한 주필 강호姜昊만은 가문을 잘 알 수 없지만, 이 정도로 폭넓은 사람들을 통솔한 역량으로 보아, 상주에서 공산주의 운동에 관여하다 1928년 말에 체포되어 1931년 4월에 석방된 강훈姜壎의 필명은 아닐까 추측하는 게 꼭 터무니 없는 건 아닌 듯하다. 요컨대 『신상주』는 이나가키·조각연·조익연·박정소 등의 자산가와, 강호·김한익·황재은 등의 청년운동 출신 인물이 함께 만든 잡지였다. 전술한 바와 같이 1929년 발간된 『상산지』의 발간주체가 유림이

고 그것이 지역사회에서 새로운 운동주체인 청년층과 갈등을 야기했음을 상기
한다면, 『신상주』는 바로 그 후자의 흐름을 일정 정도 받아들이면서 다른
한편으로 행정이나 재계 유력자를 끌어들여 발간되었다는 의미에서 신新지역엘
리트가 주도한 지역지였다고 할 수 있다.

발행 체제는 '사고社告'에 따르면 신상주사의 독립 사무소를 차릴 생각이었지
만 실현되지 못했기 때문에 상산인쇄소 안에 사무소를 두었다고 한다. 상산인쇄
소는 남문통에 점포가 있었는데 활판·석판의 인쇄 설비를 갖추고 있었다.
광고에 '제관아어용달諸官衙御用達'이라고 적혀 있는 것으로 보아 관청의 인쇄
수요 등으로 경영하였다고 생각된다. 또한 『신상주』는 판매 전략으로서 제정의
원의 '약가삼할인권藥價三割引券'을 독자 특전 부록으로 제공했다.

광고는 쪽당 20~50원으로 게재 위치에 따라서 특등부터 3등까지로 나뉘었
다. 재정 기반을 밝히기 위해 창간호의 광고주를 페이지별로 정리한 것이
<표 3-11>이다. 이 잡지의 광고주는 읍내를 중심으로 하면서도 상주 내의
각 지역에 걸쳐 있었다. 또한 경제적 유력자와 함께 관청이나 관공리도 이름을
올리고 있어, 이러한 기반이 이 잡지의 성격을 규정하였다고 본다.

<표 3-11> 『신상주』의 광고주

면	광 고 주
표지뒤	朝鮮殖産銀行尙州支店 ; 咸昌産業組合
목차뒤	(慶北參與官, 慶北産業部長)兪萬兼 ; (尙州郡守)崔恒默 ; (尙州警察署長)久枝賴三 ; (尙州郡外西面)鄭忠默
62쪽	酒井洋服店 ; 岡崎雜貨店 ; 永信洋品店
63쪽	大興電氣株式會社尙州支店 ; 尙州穀物商組合 ; 尙州麴子組合
64쪽	尙州郵便局 ; 化寧郵便所長
65쪽	尙州郡廳
66쪽	尙州郡農會 ; 尙州郡畜産同業組合 ; 尙州郡森林組合
67쪽	尙州邑事務所
68쪽	尙州酒造株式會社
69쪽	咸昌酒造 ; 崔尙善酒造場 ; 釜院酒造場 ; 化西酒造場
70쪽	尙州邑會議員(14명 연명)
71쪽	(慶尙北道評議員)朴寅洙 ; (慶尙北道評議員)吉野尙太郞 ; (尙州商工會長)稻垣德三郞 ; (尙州邑學校費議員)趙龍衍

72쪽	尙州郡洛東面事務所 ; (洛東面學校費議員)趙箕衍
73쪽	金子齒科醫院尙州出張所 ; 玉山金融組合 ; 化寧金融組合 ; 中牟金融組合
74쪽	化東面事務所 ; 化西面事務所 ; 內西面事務所 ; 牟東面事務所 ; 牟西面事務所 ; 沙伐面事務所 ; 中東面事務所
75쪽	義增永商店 ; 永聚和商店 ; 福興和商店 ; 義興永商店 ; 尙州旅館 ; 朴順西旅館 ; (布木商)朴容勳 ; 三昌商會 ; (布木商)全武德 ; (司法代書人)趙基輿·崔海圭 ; (尙州公醫)志方勝夫 ; (海陸都賣商)車憐規 ; (牟東面議員)黃轍周 ; (化東學校議員)趙誠雲 ; (靑里驛前)尹大五·金元出 ; (布木商)朴喜發 ; (自轉車店)朱用守 ; (恭儉面釜谷里)蔡基哲 ; 在鍾堂時計店
76쪽	稻垣文華堂 ; 中牟公立普通學校職員一同 ; (玉山驛前)文永昌
뒤표지	商山印刷所

이러한 잡지의 기본적 성격은 목차에서 보다 명확히 드러난다(표 3-12). (3)(4)(6)(7)은 상주군 직원에 의한 것이고 (12)(13)(14)는 상주군 관공서 순례여서 상당히 '관제官製'라는 색채가 짙다. 이는 기사 (3)에서 군수인 최항묵이 창간에 즈음하여 제시했던 세 가지 조건 중 하나였던 '2. 군내 각 관공서와 연락을 밀접히 하야 군민의게 산업개량, 민풍작흥, 교육보급, 교통개선, 위생사상의 보급 실행, 법령의 주지 등 군민의 실생활에 자극될 적절한 기사를 다수 게재할 것'이라는 요청과 관련이 있을 것이다.[91] 실제로 (10)(11)은 여기에서 말하는 '위생사상의 보급'의 범주에 들어간다. 편집국이 쓴 '투고환영'의 안내문에도 '시가市街 발전과 농촌 진흥 이대 강령 아래서 산업, 위생, 교통, 교육 등 지방의 계몽적 기사를 환영하되 지방 발전책에 관계 업는 정치 문제 갓흔 것은 당분간 게재안이 하기로 하오며 특히 시대 사조에 관한 일체 기사는 절대 취급치 안슴니다'(윗점은 저자)라고 하여, 예컨대 1920년대 청년운동이 주장한 바와 같은 정치적 주장은 '당분간' 싣지 않기로 하였음을 알 수 있다. 아마도 이것이 잡지의 발간을 인가 받을 때의 조건이었다고 생각한다. 그런 의미에서 상당히 친행정 내지 행정에 타협적인 잡지로 평가할 수 있으며 1930년대적인 '유지'의 존재 양상을 반영하고 있다고 생각한다.

---

91) 그 밖의 조건으로는 '1. 항상 지방 발전을 목표로 한 진실한 향토운동에 관계된 기사를 게재하고 시국에 관련된 일체의 사상과 주의를 초월할 것', '3. 군외의 모범농촌, 모범도시 등을 지상에 소개하야 읍촌 인사의게 진취의 기분을 환기케 하야 군민의 가장 신뢰하고 경애할 만한 기관잡지가 되기' 등을 들었다.

<표 3-12> 『신상주』 창간호의 목차

번호	집필자	직함	제목
(1)	姜昊	主幹	動은生의表示(卷頭言)
(2)	姜昊	主幹	本誌創刊에對하야滿天下兄弟姉妹의게告함
(3)	崔恒默	尙州郡守	貴紙創刊에對하야余의付託하는三個條件
(4)	李元相	副邑長	都市人의觀念을가지라
(5)	趙翼衍	本社社長	尙州邑都市計劃에對한所見所聞
(6)	藤田生	尙州郡廳	各種副業의獎勵와鮮産愛用
(7)	松田生	尙州郡廳	郡內棉作獎勵에對하야
(8)	尙州郡納稅組合聯合會		納稅는國民의最大義務滯納은公民의恥辱
(9)	佐藤久成	法學士	3年間이란決心으로줄기차게貯金을하야가라
(10)	朴正紹	本社顧問, 濟正醫院長	急性傳染病의潛伏期와傳染方法及隔離期間
(11)	金子齒科尙州出張所		口腔은萬病의源
(12)			20萬食口의大世帶主郡守崔恒默氏訪問記 (官公署訪問記)
(13)			全鮮警察界花形役者本郡署長久枝賴三氏 (官公署訪問記)
(14)			地方行政에老將인二萬邑民代表御原氏 (官公署訪問記)
(15)	尙州女子公立普通學校		女子敎育의必要
(16)	通信敎員		常識欄
(17)	通信敎員		手紙硏究
(18)	城東學人		南長寺記行
(19)	잔소리꾼		부녀들의 젓통이 걱정
(20)	똥파리生		내가 본 妓生房

*(6)의 '燈田生'은 상주군 산업기수인 燈田昌篤, '松田生'은 같은 산업기수인 松田重夫로 추정된다.

그러나 그러한 한계 속에서도 흥미로운 논술이 전개되었다. 이하에서는 기사를 분석하면서 특징적인 내용을 추출해 보겠다.

『신상주』 기사에 보이는 지역엘리트의 의식

『신상주』에 나타난 지역엘리트의 의식을 이하 ①<근대>에 대한 양가적 ambivalent 시선, ②계몽의 언설, ③젠더 편향gender bias, ④'민족', '일본'에 대한 의식 등 네 가지 측면에서 분석해 보자.

①<근대>에 대한 양가적인 시선

『신상주』의 기고자는 모두 어떤 형태로든 신교육을 받은 인물로 보인다.

그러한 필자들이 사회의 새로운 변화를 어떻게 주시했을까.

강호에 의한 (2)「本誌 創刊에 對하야 滿天下兄弟姉妹의게 告함」은 창간사에 해당하는 기사인데 창간의 경위보다도 강호의 세계관을 제시하는 데 치중한 실로 장대한 논고이다. 먼저 그는 인간은 '생존욕에서 활동열이 생기고 활동열로 인하야 생존욕을 계속하게 되는 것'이라고 서술한 뒤 활동을 발달시킨 인간에 대한 진화론을 전개한다. 즉 '최근에 조사한 뇌수腦髓 용량의 비를 보면 대성성大猩猩【고릴라】이 600입방리立方糎[=cc], 직립원인이 850입방리, 호주토인 1200입방리, 영국인 1900입방리'이므로, 용량의 차이로 볼 때 '지혜의 차가 미개인과 문명인보다도 원猿과 인간의 차가 더욱 가깝지 안은가'라고 속설적인 사회진화론을 수용하고 있다. 다만 여기서부터 강호는 물질문명 비판으로 향한다. 요컨대 '극도로 발달된 물질문명은 인간의 야수적 살벌성을 유감업시 폭로식히기에만 이용될 뿐'이며 '구주歐州 전란'과 같은 '자기종족을 위하야 자기종족을 희생'한 다고 하는 '언어도단의 모순행위'가 일어나고 있다. 이와 같은 시대에 필요한 것은 '세계를 지배하는 대인물'이 아니라 '대중의 일인一人으로서 견확堅確한 의지의 소유자'이고, '전全사회를 통재統裁하는 인물'이 아니라 '진실한 실지實地 운동자'이며, '전선에 돌진하는 군인'이 아니라 '추조鍬鋤【호미와 가래】를 둘너 매고 농장에 도라가 격양가擊壤歌에 춤추는 농부'이다. '내 집부터 내 지방부터 이상향으로서 안전지대로서 명실名實에 차差가 업시 견확하야진다면 우리는 부전승의 행운아'가 되며, '지방운동이 전세계운동이며 개인의 심리가 곳 대중의 심리'이다. 그리고 이 잡지를 '동아일양東亞一陽인 반도의 일一소읍 상주'에 근거를 둔 '특이한 사명'을 가졌다고 자부하고, '이상향 대상주大尙州 건설에 적성赤誠을 바치'겠다고 '서약'하였다. 진화론을 단순하게 수용하는 것이 아니라 제1차 대전 후의 사상적인 조류인 '문명의 몰락'적인 시점을 지니고 있는 점,92) 상주의 지방 운동을 세계 운동으로서 자리매김하고 있는 점에서 대단히

---

92) 이와 같은 시점을 가진 자는 그 밖에도 있었다. 예컨대 경북 영양의 사족인 한양 조씨 마을 출신으로 도쿄에서 유학하고 신간회 운동에 참가한 후 조선에 돌아와 1930년대의 한방의학 부흥운동을 주도했던 조헌영趙憲泳은, 현대의 물질문명을 '패도주

흥미로운 내용이다.

한편 부읍장인 이원상의 (4)「都市人의 觀念을 가지라」와 신상주사 사장인 조익연의 (5)「尙州邑 都市計劃에 對한 所見所聞」은 모두 상주면이 읍으로 승격된 것과 관련하여 '도시'로서의 상주읍에 대하여 쓴 글이다. (4)는 제목 그대로 상주읍에서 형식적인 '자치'의 개시와 관련하여 주민이 '도시인으로서의 각성을 제진提進'하여 '일상 생활로부터 도시적 관념을 가지고 일반 도시적 시설을 적당하게 이용'할 것을 제언하였다.

그에 비하면 (5)는 보다 구체적이다. 여기에서 조익연이 제언한 것은 구획정리에 바탕한 상업지대의 확장이다. 먼저 상주읍의 범위를 앙산央山을 중심으로 한 원형으로 하여 요철을 없애고 상업·공업·주택으로 구역을 정한다. 그런 다음 수익조합을 만들어 도로나 상하수도 등의 도시시설 정비에 임하게 하는 외에, '구제부救濟部'를 설치하여 의탁할 곳 없는 빈곤자를 구제할 것을 주장하였다. 덧붙여 구획정리의 한 효과로서 '공창이나 사창이나 기타 예기藝妓로부터 심지어 주점까지가 모다 특수한 지역을 차지하엿기 때문에 난잡한 악풍패속이 제거되어 참으로 현량한 국민을 양성할 수 있게 되니'라고 하여, 유흥업의 공간적 집약을 구상하였다. 조익연은 이것을 맹모삼천孟母三遷에 비유하고 있는데 아마도 읍내를 정갈하지 못하다고 보는 사족적 전통도 이러한 관점에 영향을 미친 것은 아닐까 생각한다. 다음으로 조익연은 읍내 시장의 이전을 제언한다. 상주는 인구밀도나 교통으로 보아 남정南町 일대부터 서정西町까지가 으뜸가는 번영지대인데, 그와 같은 요지에 5일에 하루밖에 열리지 않는 시장이 있는 것이 시가발전을 방해한다는 것이다. 조익연은 '시일市日 이외에는 극단의 한산지대로서 이즈러저가넌 "파랏크"넌 걸인군의 소굴이 되야 동절冬節이면 아사한 시체를 종종 발견하게 되며 하절夏節에는 남누한 의복과 부패한 음식물로부터 악취가 전시全市에 충만하게 되니'라고 묘사하였다. 그러므로 예전에 북천北川 부근에 있다가 폐지된 '뒷내장北川市'(1장 참조)으로 시장을 옮기고 부근 주민으

의'라고 규정하고 그 모순이 정점에 달했을 때 '동양적 문화시대(정신문화 시대)로 향한다고 주장했다[신창건, 1999]. 동시대적인 사상 상황이 있었던 것은 아닌가 한다.

로부터 징수한 자금으로 현재의 읍내장에 신도로를 개설할 것을 제언하였다. '다음 호에 계속'이라고 되어 있기 때문에 그 외에 어떠한 구상이 있었는지 알 수 없지만, 당시 읍내 상황을 사족 가문 출신의 한 유지가 어떻게 보고 있었는지를 아는 데 귀중한 내용을 포함하고 있다.

이상의 특히 (2)와 (5)에 현저하듯이, 한편에서 '진화'나 '도시'라는 것을 어느 정도 긍정적으로 받아들이면서도 다른 한편에서 그 한계나 새롭게 생겨난 문제에 대해서도 논하고 있는 점에서, <근대>에 대한 양가적인 태도를 보였다고 할 만하다. 이에 대해서는 5장에서도 다시 논하겠다.

②계몽의 언설

앞에서 인용한 바와 같이 『신상주』는 '산업, 위생, 교통, 교육 등 지방의 계몽적 기사'의 투고를 환영한다는 뜻을 밝혔다. 또한 '군민'에 대한 '계몽'의 차원에서 쓰여진 기사가 대부분이었다. 상주라는 지역에 대한 정보가 포함되어 있는 것이 아니라 일반적인 지식이나 일반론적인 주장을 전개하고 있는 글이 이 잡지의 대부분을 차지하고 있다. 지역산업을 장려하는 (6)(7), 납세·저금을 촉구하는 (8)(9), 의료·위생의 지식을 제공하는 (10)(11), 교육에 관한 주장을 서술한 (15), 일반상식에 해당하는 지식을 제공하는 (16) 및 일본인 필자에 의한 (6)(7)(9)는 모두 이 부류에 속한다.

이러한 계몽 담론의 기본구조는 '새롭고 실용적인 지식'을 제공함으로써 산업육성 등 이른바 실력양성을 도모한다는 것이다. 그 전형 중 하나가 '통신교원'에 의한 '상식란'(16)이다. 먼저 통신교원은 '잡지'라는 말이 프랑스어의 '文의 倉庫[magasin]'에서 유래하는 것이므로 본래 아무거나 실어도 괜찮지만 보통은 '상식란' 등은 없다고 서술한다. 그러나 '본지本誌는 잡지로서의 사명 이외에 농촌계발이라는 특수한 사명을 거듭 걸머짓는 관계로 다소 비현대적일 는지는 알 수 업지만은 이 상식란이라는 것을 너어서 오인의 일상생활상에 필요한 사회상식이 될 만한 것을 기재하야 일반 독자의 충실한 벗이 되고자' 한다고 밝히고 있다. 그렇다면 필자는 무엇을 '사회상식'으로 상정하고 있었을 까. 필자는 '경성'에서 『춘향전』이나 『심청전』과 같은 책이 팔리고 있는 것을 언급하면서, 이런 것에 '일리가 업는 것은 안이지만은 그다지 오인의 일상생활에 몰나서 안이될 것은 안임니다'고 말한다. 더욱이 '그와 갓치 허비虛費하는 시간이 잇다면 좀 필요하고 직접으로 곳 응용될 만한 것을 보는 것이 좃치 안을가'라고 한다. 그러한 지식으로서는 '서간문', '신용어', '가축 원예 양잠 기타 일체부업 즉 가정공업' 등을 예로 들었다.

또한 창간호에서는 '신용어新用語'와 '내지內地서간문書簡文'에 대해 해설하였다. '신용어'란 이른바 외래어인데 한자어로 되어 있지 않은 '직수입' 단어를 소개하였다. 단어는 '아-게-트', '아이쓰크림', '아이 따부류- 따부류-(세계산업 노동자동맹)', '아이롱', '아이토-고'('아이돌'의 오기인 듯), '아-치', '아나-키씀', '아나마리씀', '아이스트크라시', '알밤【앨범】'이라는 순서로 나열되어 있는데, 한글의 가나다순 등이 아니라 일본어의 오십음ㅍ十ㅎ 순서인 것으로 볼 때, 가타카나어 사전 비슷한 것을 발췌 번역한 것으로 생각된다.

이처럼 새롭게 들어온 '직접으로 곳 응용될 만한 것'을 '상식'이라고 하면서 『춘향전』과 같은 이른바 옛날 소설을 '허虛'라고 하는 사고 도식 속에서 계몽의 담론이 형성되었다고 할 수 있다.

③젠더 편향

이 시기 지역엘리트가 거의 모두 남성이었음을 반영하여 『신상주』의 기고자는 전원 남성이고 그 기술에는 명확하게 젠더 편향이 보인다. 아래에서는 단지 편향이 있었다고 지적하는 데 그치지 않고 그것이 어떠한 편향이었는가를 살펴보겠다.

먼저 (15)의 「여자교육의 필요」를 보자. 이 글은 필자가 '상주여자공립보통학교'(1927년 창립)라고 되어 있어서 구체적으로 누가 썼는지는 분명치 않지만, 교사나 보호자에 의한 글이 아닐까 추측된다. 내용을 보면 먼저 여자교육은 필요하지 않다는 등의 논의를 비판한 뒤에 '금일과 갓치 발달한 문화사회'에서는 '신과학을 응용한 가사 재봉에 관한 지식이라든지 육아 위생에 대한 지식이라든가 사회에서 교제하는 예의라든가 광범위의 지식 기능이 필요'하므로 '여자의 천직'인 '양처가 되고 현모가 되어 사회의 발달에 공헌'하기 위해서는 교육이 필요하다고 말한다. 특히 여기서는 가정교육의 중요성을 페스탈로치 등을 인용하면서 주장하고 있다. 그런 다음 '문맹타파', '생활양식의 개선'의 '근원주체'는 무엇보다도 '2세 국민을 양육하는 모친'이라면서 부모의 책임을 설명하였다. 요컨대 교육이라는 면에서는 교육을 받는 본인을 위해서라기보다는 장래세대를 기르는 '어머니'로서의 역할이 가장 중시된 것이다. 이것은 1920년대 후반에 널리 퍼진 '현모양처' 담론[金富子, 2005]과 궤를 같이 하는 것이었다.

한편 여성의 섹슈얼리티에 관해서는 양면적인 시선이 있었다. '잔소리꾼'이 쓴 「부녀들의 젓통이 걱정」(19)이라는 기사가 그러한 양면성을 잘 드러낸다. 이 기사는 최근 여성의 저고리 길이가 짧아져서 유방이 드러나게 되는 것에 대한 비판이 주된 내용이다. 그러나 그저 비판하는 게 아니라 남성이 '곁눈질하다가 잘못하면 사팔눈이가 되는지도 알 수 없'다는 식으로 얘기하는 한편, '농촌녀자', '늘근 할머니'들의 유방이 보이는 것이 '불쾌'하다면서 여성을 가려가며 비판하고 있다. 마지막에는 런던에서 치마의 길이를 규제하는 법률이 있다고 소개하면서 조선에도 그와 같은 법률이 있으면 좋지 않을까라고 결론지었다.

『신상주』 가운데 유난히 이채를 띠는 것이 똥파리생이라 칭한 사람이 쓴 (20)「내가 본 기생방」이다. 똥파리생이 어떤 사람인지는 '오입장이의 십대 종손'이라고 장난을 치고 있기 때문에 전혀 알 수 없다. 다른 기사가 매우 계몽적인 색채가 짙은 내용인 데 비해 이 기사는 상주읍내의 기생방을 그야말로 '파리'와 같이 옮겨 다니며 눈에 띈 기생을 네 사람 정도 소개하는 내용이다. 소개된 기생방은 구 읍성 남문 부근에 있던 성하리城下里 1번지 여인숙, 복룡리伏龍里의 기생방, 심상소학교 앞의 기생방 등 세 집이다.

앞의 글 (5)에서 유흥업의 공간적 집약을 주장했던 것과 더불어 생각해보면, 요컨대 그 여성이 '어머니'가 아닌 한 남성적 시점에서 섹슈얼리티의 대상이 되지만 그러나 그 자체는 눈에 띄지 않는 곳에 숨겨지기를 바라는 양면적인 시선이 확인된다.

④'민족', '일본'에 대한 인식

이 잡지에서 '민족'이나 '일본'이라는 존재가 어떻게 떠오르고 있는가는 조금 복잡하다. 상주 거주 일본인이 (6)(7)(9)의 글을 썼고 (13)(14)는 '관공서 방문기'로서 일본인을 취재하였지만, 식민지 관공리의 일반적인 주장이나 프로필이 나와 있을 뿐이어서 별달리 주목할 만한 점은 없다. 그러한 가운데 밋밋하기는 하지만 '민족'이나 '일본어' 등에 대한 지역엘리트의 의식이 엿보이는 것이 (17)의 「편지手紙연구」이다.

이 글의 가장 중요한 부분은 그 첫머리인데 조금 길지만 인용하겠다.

세상이 복잡하야지고 이국가 이민족 간에도 교접이 자자짐을 따라 왼 세계가 서로서로 의사 소통이 안이 되고는 살 수 없는 것이 현세의 실정實情임니다. 더구나 일국 내에 생존하야 잇는 민족 간에야 말할 것도 없을 것임니다. 최근 전선全鮮 각지의 상황을 살펴보면 심지어 깁헌 산중까지라도 일본인 거주 안이하는 곳이 업슬 뿐 안이라 각 관공서를 위시하야 기타 각종단체은 언으 것을 물론하고 전부가 내지문內地文이 안이고는 통과가 되지 안넌 것은 말할 것도 업시 다- 아시넌 터이언이와 피차彼此 접촉이 갈사록 더욱더욱 자자지며 관계가 더욱더욱 심각하야저서 엇더한 방면에 활동을 하든지 내지어에 통달하지 못하고 내지문으로 의사를 표시하지 못하넌 사람은 여간 부자유할 뿐만 안이라 전연 생활전선에 나슬 자격조차 업슬 것임니다. 자연 의사가 소통되지 안는 관계로 피차에 오해가 만으며 따라서 실패가 만음을 엿본 본지本誌는 그 불편을 만분의 일이라도 제거할 수가 잇슬가 하고 위선 일본식 서간문부터 알으커 드리자 합니다.

흥미로운 것은 여기에서의 용어법과 일본어의 위치이다. '일본인'과 '조선인'은 여기서는 '일국 내'에 살고 있는 다른 '민족'이다. 다른 부분에서 '일국민이 된 일본인'이라는 표현이 보이듯이 '국민'과 '민'을 구별하여 사용하고 있다. 즉 '일본인'과 '조선인'은 '일국 내'에 사는 '일국민'으로 빈번하게 접촉하고는 있어도 '이민족'인 것이다. '피차彼此'라는 표현이 쓰이고 있듯이 '일본인'은 필자에게 '피彼' 즉 타자이다. 이 피/차를 가르고 '실패' 등을 초래하는 것이 언어이다. 더욱 흥미로운 점은 그 언어를 표현하면서 '국어'라는 용어가 아니라

'내지어', '내지문'이나 '일본식 서간문' 등의 표현을 사용한 점이다. 이것은 '국민', '민족'의 구별에서 유추하자면, 제국의 '국어'가 아니라 '내지'에서 혹은 '내지인'이 사용하고 있는 것이 '내지어'이자 '내지문'이며, 거꾸로 말하면 '조선'에서 사용되고 있는 것은 '조선어', '조선문'이라는 의미가 포함되어 있다고 생각한다. 다만 여기서는 '조선인', '조선어', '조선문'이라는 표현은 일절 사용되고 있지 않다. 그것은 어디까지나 '차此'여서 '내지'를 가리키듯 '조선'을 가리키지는 않는다. 이상과 같은 개념의 사용법으로부터 지역엘리트 의 '민족'관을 엿볼 수 있다.

동시에 일본어가 이 시기의 상주사회에도 '생활' 차원까지 깊이 들어와 있다고 인식된 점도 중요하다. 특히 그것은 음성 언어라기보다는 문자로서의 중요성이 높았던 것도 여기에서 포착할 수 있다. 물론 이러한 것이 상주에 사는 모든 사람에게 마찬가지였음을 의미하지는 않는다. 여기에서 서술된 것은 어디까지나 읍내의 지역엘리트의 의식이자 '생활'이다. 그것은 2장에서 서술한 바와 같이 읍내에 일본인이 많이 거주하고 또 각종 사업에서 일본인과 접촉할 기회가 많았던 데서 생긴 일이었다고 할 수 있다.

이상에서 읍내 지역엘리트의 의식을 『신상주』를 통해 분석해 보았다. 물론 수십 쪽의 잡지를 분석한 것에 지나지 않지만, 1930년대 초반에 지역엘리트가 놓여진 위치를 어느 정도 드러낼 수 있었다고 생각한다. 여기에 보이는 특징들은 한마디로 하자면 이른바 '실력양성론'의 계보를 잇는 것으로 자리매김할 수 있다. 즉 민족주의 운동이나 사회주의에 의한 사회 변혁의 전망이 거의 단절된 후, 지방을 '개량'한다는 쪽으로 모아진 1930년대적인 지역엘리트의 담론으로 평가할 수 있다.

소결

식민지기 상주의 정치문화에 대한 이 장에서의 분석을 정리하면 아래와 같다.

먼저 이 시기에 있어서도 <근세>의 지역엘리트는 그 네트워크를 유지하고 있었다. 사족은 혈연·학연 네트워크에 더해 유도진흥회와 같은 새로운 조직을 만들었다. 이족도 양로당계가 결절점의 역할을 수행하고 있었다. 그러나 네트워크로서 지속되었다고 해도 단순히 예전 그대로 타성적으로 유지되었다기보다는 오히려 식민 지배 하의 변화에 호응하면서 적극적으로 존속되었다고 할 수 있다. 예를 들면, 봉암서당에서 군수 앞으로 '품목'을 작성한 것처럼 총독부 권력과의 교섭주체로서 기능하기도 했다. 또한 읍내의 사업에서 사족·이족의 지역엘리트가 공동으로 사업을 실행하는 등의 새로운 결합도 보였다.

이러한 양상은 3·1운동, 그리고 1920년대 '문화정치' 아래 지방에서도 열렸던 정치공간을 규정하였다. 상주의 3·1운동에서는 사족 가문 출신 내지 한문 소양을 지닌 자로 신식 교육까지 받은 '청년'이 상당한 역할을 수행하였다. 또한 1920년대에는 신교육을 받은 새로운 세대가 정치운동을 전개하였는데, 그 중 사족이나 이족계의 사람들이 다수 눈에 띈다. 이를테면 상주청년회 설립 때부터 관여하여 신간회의 회장도 맡았던 박정현은 이족 가문 출신으로 서울의 보성전문학교를 졸업한 실업가였다. 또한 사회주의 운동의 지도자적 존재였던 강훈은 사족 가문 출신으로 서울의 휘문고등보통학교와 도쿄의 메이지대학 법과 등을 거쳐 귀향한 인물이었다.

또한 2장에서 논한 바와 같이 '읍내'는 특수한 지위를 지니고 있어서 그곳에 다양한 단체가 집중되어 있던 것도 특징적이다. 노동운동도 상주역의 노동자를 비롯하여 읍내에서만 조직되었다. 그러한 가운데 청년회나 신간회와 같이 읍내를 중심으로 하면서 농촌부와도 연동된 운동체가 출현한 것은 또 다른 중요한 계기가 되었다. 물론 간부를 겸임하는 자도 상당히 보이며 단체 구성원수로 봐도 상주 전체에 퍼져 있었다고는 말하기 어렵지만, 제한된 가운데 다양한 가능성이 모색되었다고 할 수 있다. 특히 교육사업은 운동의 구성원 이외에도 큰 영향을 주었다고 보는데 이 점에 대해서는 다음 장에서 논하겠다. 또한 일본인과 조선인의 민족 대립이나 신구 엘리트간의 대립이 보다 명확하게 드러나는 것도 읍내에서였다.

이와 같이 소위 '문화정치'하에서 읍내를 중심으로 제한적이나마 열려 있던 정치공간은 1920년대 후반 이후 서서히 관헌의 개입 등에 의하여 변용되거나 소멸되어 간다.

이는 사회주의에 대한 경계와도 관련되어 있었다. 청년운동 내부에서는 민족주의와 사회주의의 대립이 1920년대 후반부터 명백해졌다. 1928년에 상주청년동맹을 해체하고 경성청년회를 중심으로 한 민주주의적 중앙집권제를 지향하는 청총 상주군위원회를 결성한 것은 이러한 노선 대립이 가장 표면화된 사건이다. 청총은 노농 계급의 결집을 노리는 입장에서 신간회의 '민족단일' 노선을 비판했다. 한편 1928년 12월에는 상주에서도 공산당에 관여한 혐의로 강훈 등이 적발되었다. 1930년의 상주청년동맹 관계자에 대한 검거는 '상주 공산당 사건'이라 하여 널리 입에 오르내리게 되었다. 한편 농촌부에서 상주를 중심으로 협동조합운동이 발흥하여 얼마 지나지 않아 탄압을 받은 것도 1920년대 후반의 일이었다.

그러한 과정을 거치면서 상주의 정치운동체는 서서히 소멸하거나 체제내화 되었다. 그것은 아마도 '유지'라는 단어의 의미 변용을 수반하였다고 생각한다. 1920년대에는 갖가지 사회운동에서 '유지'라는 말이 사용되었듯이 어떤 사업을 행하는 데 뜻을 같이 하는 사람이라는 정도의 함의가 강했다. 그러나 중일전쟁 발발 후 '시국' 관련 행사에 동원된 사람을 '관민유지官民有志' 등으로 기록한 것에서 명확하게 드러나듯이, 점차 체제에 가까운 유력자라는 의미를 띠게 된 것은 아닐까 생각한다. 오늘날의 한국에서도 '유지'는 그와 같은 의미에서 사용되고 있는데, 이와 같은 이미지가 형성된 것은 지역차도 있을 테지만 1930년대가 아닐까 생각한다. 그것은 '청년' 상像의 변용과도 관계가 있었을 것이다[이기훈, 2005].

『신상주』 창간호는 1931년에 발행되었는데 '정치문제'를 제외한다는 내규를 두고 군수 등으로부터도 기고를 받은 것을 보면, 1930년대의 전환 이후 지역엘리트 의식의 한 측면을 반영한 것으로서 주목된다. 그 특징은 한마디로 말하면 '실력양성론'의 계보를 잇는 것이라고 할 수 있다. 그것은 사회주의 등의 혁신적인 움직임이 퇴색된 후의 '개량'의 담론으로서 파악할 수 있다.

이 책의 결론에서 약간 서술하겠지만, 1920년대에 등장하여 활동한 지역엘리트는 해방 후의 지방 정국에서도 재등장하게 된다. 그런 의미에서는 이 장에서 분석한 '유지', '청년'이 활약하기 시작한 시기는 중요한 정치 주체 형성의 획기였다고 할 수 있겠다.

제4장

지역사회 속의 신식학교

상주공립보통학교의 등교 풍경(1938년경)
출전 : 상주문화원, 『사진으로 보는 반백년전 상주』(2003년) (사진제공 : 강원희)

머리말

식민지 사회를 살았던 사람들에게 지역사회에 새롭게 출현한 학교(이하 '신식학교')란 어떠한 존재였을까. 식민지하에 설립된 신식학교는 지역사회의 역사적 맥락에서 어떠한 위치에 있었으며 또 어떠한 사회 변화를 초래하였을까. 이 장에서는 이러한 물음에 대하여 가능한 한 구체적으로 접근하고자 한다.

이를 밝히기 위해서는 단지 신식학교의 전개만을 보아서는 안 될 것이다. 1장에서 살핀 바와 같이 근세 이래 한문을 통한 커뮤니케이션이 사회 곳곳에서 활발하게 행해지고 서당을 비롯하여 한문 지식을 재생산하는 장 또한 널리 존재하던 한국 사회에서, <근대>의 학교 시스템이 도입되는 과정에서 생겨난 사회 변용의 양상 그리고 신식학교가 교육의 여러 장치 속에서 지배적인 지위를 획득해 가는 방식은, 단선적으로 밀어붙여지듯 진행되기보다 종래의 사회적 제요소가 접합·분리·통합·변용되는 형태로 진행되었기 때문이다. 그러한 과정을 교육행정을 위한 간행 자료나 당시 미디어의 논설에 대한 검토 이상으로 파고들어가 구체적으로 분석한 연구는 아직 그다지 진행되지 못한 실정이다. 따라서 먼저 '학교'를 자명한 존재로 다루기보다는 그 틀을 괄호에 넣어 일단 유보한 뒤 사회의 역사적 맥락 속에서 학교가 가지는 연속성과 모순을 파악할 필요가 있을 것이다.

이러한 이 장의 문제의식을 보다 명확하게 하기 위해서는 우선 와타나베 마나부渡部學[1969]의 연구에서 출발하는 것이 적절하다고 생각한다. 일찍이 조선총독부의 학무관료로서 제3차 조선인초등보통교육보급확충계획을 담당한 바 있는 와타나베는, 전후戰後에는 총독부 통치기에 형성된 식민사관을 극복하기 위한 조선교육사朝鮮教育史를 구축하는 데 주력하였다. 그는 전전戰前의 조선교육사관의 특징을 '근세'와 '근대'를 단절시켜 전자前者를 '구시대'라 하여 후자後者의 '신시대'와 대조시킴으로써 일본인이 주도하는 '신시대'를 높이 평가하고자 한 '단절론'이라고 규정하고, 그 극복의 중요성을 역설하였다. 이를 위하여 그가 간결하게 제시한 것이 <그림 4-1>과 <4-2>이다.

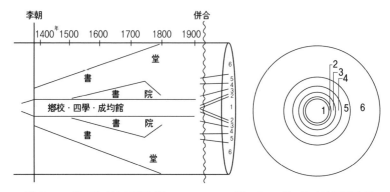

<그림 4-1> 조선교육사의 시간적 구조　　　<그림 4-2> 조선교육사의 공간적 구조

비고 : 1. 관공립보통학교, 2. 사립보통학교, 3. 종교사립각종학교, 4. 일반사립각종학교, 5. 사설학술강습
　　　회, 6. 서당

출전 : 渡部學, 『近世朝鮮教育史研究』(雄山閣, 1969)

<그림 4-1>은 조선교육사의 '시간적 구조=종단면'이고, <그림 4-2>는 1930
년의 시점에서 본 조선교육의 '공간적 구조=횡단면'이다.[1] 후자에서는 동심원
의 고리의 폭이 시설의 총수에 비례한다고 한다. 이 그림은 식민지기에 도입된
공립보통학교를 통시적 및 공시적인 관점에서 상대화하였다는 점에서 주목할
만하다.

　와타나베에 따르면 조선총독부는 <표 4-1>과 같이 ①공립보통학교를 중심으
로 하여, ①'공립보통학교 부설 속수速修학교 및 간이학교, ②사립보통학교,
③종교사립각종학교, ④일반사립각종학교, ⑤사설학술강습회, ⑥서당이라는
계층구조를 구축하려고 하였다. 이들 교육시설은 모두 다른 법령에 의해 규제되
었다. 식민지기에 '학교'로서 인정받았던 것은 ①~④까지로, ⑤와 ⑥은 '근대교
육의 권외에 있어 무시'되고 '주변부차적'인 존재로 여겨졌다. 총독부가 기도한
이와 같은 교육면의 새로운 중앙집권체제를 와타나베는 '공립보통학교체제'라
고 부른다. 그런 다음 그는 한국 사회의 역사적인 전개에서 보자면 '주변부차적'

---

1) 와타나베 마나부의 그림에서는 서원이 감소하는 시기를 18세기 중반으로 설정하고
　있다. 상주의 경우 1장에서 본 바와 같이 19세기 후반 대원군에 의해 훼철되기까지
　서원의 수가 증가하였으나, 18세기가 되면서 증설의 기세가 진정되고 문중서원과
　같은 것이 나타났다. 그러한 상황을 그림으로 나타낸 것이라고 생각한다.

이라고 여겨진 서당이나 사설학술강습회가 오히려 '광대하고도 완강한 존재'여
서 이 동심원의 구조는 '원심적 역동'을 내포하였다고 지적한다. 때문에 총독부는
공립보통학교체제를 추진하기 위해 이 '원심적 역동'을 '구심적 전환'하여
'주변부차적 시설'을 '환골탈태'시켜 갔다고 그 성격을 규정하였다.

<표 4-1> 식민지기 조선의 학교 규정

시설명	적용법령	필수과목	비고
①공립보통학교	조선교육령, 보통학교규정(ⅰ), 관제·문관임용령	수신, 국어, 조선어, 산술, 이과, 창가, 圖畵, 체조	(ⅰ)1922년(大正11) 2월 총독부령 제8호[1911-22 : 보통학교규칙, 1938-41 : 소학교규정, 1941-45 : 국민학교규정]
①'同附設速修학교/간이학교(ⅱ)	조선교육령, 보통학교규정, 관제·문관임용령	수신, 국어, 조선어, 산술, 직업과	(ⅱ)간이초등교육기관의 설치에 관한 건[1934년(昭和9) 1월 각 도지사 앞 통첩]
②사립보통학교	조선교육령, 보통학교규정, 사립학교규칙(ⅲ)	수신, 국어, 조선어, 산술, 이과, 창가, 도화, 체조	(ⅲ)1911년(明治44) 10월
③종교사립각종학교	조선교육령, 사립학교규칙		
④일반사립각종학교	조선교육령, 사립학교규칙		
⑤사설학술강습회	조선교육령, 사설학술강습회에 관한 건(ⅳ)		(ⅳ)1913년(大正2) 1월 총독부령 제3호
⑥서당	조선교육령, 서당규칙(ⅴ)	(한문)	(ⅴ)1918년(大正7) 2월 총독부령 제18호

자료 : 朝鮮總督府學務局, 『朝鮮學事例規 全』1932, 1938년.
참조 : 渡部學, 『朝鮮敎育史』世界敎育史体系5, 講談社, 1975, 257쪽.

　　기본적인 구조 및 그 동태에서 와타나베가 제시한 틀은 여전히 타당하다고
생각한다. 적어도 1922년이라는 시점에서 상주의 교육 상황의 '횡단면'을 잘라
보면, 서당이 117곳에 학생 수 1,628명, 사설학술강습회가 14곳에 학생 수
1,393명, 공립보통학교가 4곳에 학생 수 1,106명(2부 교수를 포함하면 1,375명)
이라는 숫자가 얻어진다.[2] 이 시점에서는 서당-사설학술강습회 쪽이 지역적

---

2) 『慶尙北道敎育及宗敎一般』, 1922.

범위나 학생 수에서 공립보통학교를 압도하였다. 이러한 존재를 무시하고 공립보통학교에 대해 말하는 것은 일면적인 논의에 지나지 않을 따름이다. 특히 한국사회사 연구가 전문 분야별로 나뉘어져 있는 지금의 상황에서, '시간적 구조'와 '공간적 구조'에 주목한 와타나베의 지적은 다시금 상기할 만하다. 하지만 몇 가지 점에서 수정과 보충이 필요한 것도 사실이다.

먼저 오성철[2000]도 지적하고 있듯이, 이 시기의 학교를 둘러싼 사회 관계는 단순히 보통학교=식민지지배정책=일본인주체, 야학·서당=민족민중교육= 조선인주체라는 이해의 틀로는 포착될 수 없다. 오성철은 식민주의와 근대성이 얽혀 있던 보통학교를 고찰하면서 먼저 그것을 '근대학교'라고 하지 않고 '신식학교'라고 부른다. 그런 다음 그는 보통학교를 둘러싼 조선인의 주체적인 움직임을 밝히려 했다. 예컨대 1920년대 이후 이른바 '교육열'의 근저에 있는 사회적 배경과 동기를 밝힘으로써, 식민지 지배집단이 보통학교에 기대하였던 기능과는 '동상이몽'적인 어긋남이 있음을 그려냈다. 즉 와타나베의 용어를 빌리자면, '구심적'인 구조가 만들어지는 가운데서도 반드시 총독부측이 상정 한 '구심성'과는 동일하지 않은 맥락에서 조선인이 신식학교를 설립하거나 혹은 입학하는 등의 적극적인 움직임이 나타난 것이다.

또한 식민지기 여성의 취학/불취학에 관해 연구한 김부자金富子[2005]는 오성 철의 연구를 비판적으로 계승하면서도, '교육열'에 젠더차가 분명하게 드러난 다고 지적했다. 그리고 사회 전체로 보면 오히려 조선인의 불취학은 상태화常態化 되어 있었으므로, 민족·계급·젠더를 복합적으로 파악하는 시점이 불가결하다 고 논하였다.

다만 오성철과 김부자는 당시의 간행물을 기본 자료로 삼았다. 또한 학교 및 그 설립주체가 지역사회에서 어떠한 존재였는지, 학생이 어떻게 변화했는지 등에 대한 분석은 그다지 구체적이라고는 할 수 없다. 이에 이 장에서는 신식학교 의 소장자료를 비롯하여 지역사회의 자료를 활용함으로써 보다 구체적인 사회 변화의 양상을 밝히려 한다.

또한 신식학교가 교육의 주도권을 획득해 가는 과정은 <읍> 전체에서 동일하지는 않았으며 역시 상당한 격차가 있었다. 공립보통학교의 설치만 해도 1910년 대에는 조선인 대상의 보통학교가 상주 읍내와 함창밖에 없었다. 그러다 1920년 옥산玉山공보가 개교한 이후부터 조금씩 증설되기 시작해 1935년이 되어서야 겨우 1면 1교가 달성되었다. 이 1935년 시점에서의 추정 취학률을 계산해보면, 상주읍에서는 남자 44.0%, 여자 10.3%, 함창에서는 남자 65.6%, 여자 14.8%에 달했지만, 그 밖의 면은 평균 남자 23.5%, 여자 6.7%로,3) 1면 1교가 달성된 시점에서도 읍내/농촌부의 격차, 남녀의 격차는 여전히 뚜렷하였다. 이러한 차이가 밝혀질 필요가 있다.

다음으로 와타나베의 연구는 근세의 서당에 대해서는 꽤 상세히 검토했지만, 식민지기의 서당에 대해서는 구체성이 떨어진다. 또한 그는 '최주변부'를 '서당'이라고 보았지만 여기서는 '최주변부'를 가정家庭이라고 생각한다. 데이터 하나를 제시해 보겠다. 1968년 농촌사회학자 최재석[1979]이 비교적 도시화가 진행되지 않은 4개의 마을에서 1945년 8월 15일 현재 10세 이상이었던 자를 대상으로 어디에서 식자識字 교육을 받았는가에 대하여 면접조사를 행하였다. 그 네 마을의 평균치를 정리한 것이 <표 4-2>이다. 이에 따르면 남녀 모두 약 5명 중 1명이 가정에서 식자 학습을 하였다. 식민지기에도 가정의 교육기능이 커서 공립보통학교에 다녔던 사람 수와 별반 다르지 않았음을 알 수 있다. 가정 및 서당을 '마을 안 식자 학습의 장'으로 나머지를 '마을 밖 식자 학습의 장'으로 나눠 본다면, 양쪽의 비율은 남자의 경우 32 : 33, 여자의 경우 25 : 13으로서 공립보통학교 체제하에서도 마을의 교육기능이 상당한 비율로 존속하였음을 보여준다.

실제 상주에도 가정이나 문중의 교육을 비롯하여 훈장의 인덕이나 명망을 보고 모여드는 사숙私塾, 사족 문중이 연합하여 운영하는 서당 등 일련의 근세

---

3) 취학자 인구는 『郡勢一斑』(尙州郡, 1937)을 기초로 했다. 학령인구는 1935년의 국세조사(朝鮮總督府, 『昭和十年 朝鮮國勢調査報告 道編 第六卷 慶尙北道』, 1938)를 기초로 하되 6~14세를 학령으로 간주했다. 다만, 민족별 6~14세 인구가 불확실하기 때문에 일본인의 자녀는 전원 학령기에 심상소학교에 다녔다고 보고 심상소학교의 취학자 인구를 빼고 계산했다.

<표 4-2> 촌락의 식자 학습의 장

	가정	서당	국민학교	중·고등학교	대학교	문맹자	계
남성	215 19.3%	145 13.0%	312 28.0%	47 4.2%	8 0.7%	387 34.7%	1,114
여성	213 23.5%	17 1.9%	115 12.7%	3 0.3%	0 0.0%	560 61.7%	908
계	21.2%	8.0%	21.1%	2.5%	0.4%	46.8%	

출전 : 崔在錫, 『韓國農村社會研究』, 伊藤亞人·島陸奧彦 역, 學生社, 1979, 139~144쪽

교육의 다층적인 구조가 존재하였다. 그러한 다층성, 유동성을 지닌 서당이 서서히 공립보통학교체제가 만들어져 가는 과정에서 어떻게 되었는가에 대해서는 그다지 구체적으로 밝혀져 있지 않다. 후루카와 노리코古川宣子[1997]가 1910년대의 서당을 연구한 바 있지만 제도적·통계적 분석에 그쳤다. 이 장에서는 예전에 서당에 다닌 사람들을 대상으로 설문조사를 실시하는 외에 서당 소장 문서를 활용하여 그러한 점에 대해 보다 깊이 있는 검토를 행하려 한다.

또한 사설학술강습회에 관해서도 신문 사료나 지역 문서를 이용하는 외에, 실제로 다녔던 사람을 대상으로 면담조사도 병용함으로써 지역사회의 맥락 속에서 검토하겠다. 이를 통해 학교 설립을 둘러싼 <근세> 지역엘리트와 신식 엘리트의 관계 등도 밝힐 것이다.

이상의 관점에서 이 장에서는 먼저 상주에서의 한문 교육의 지속과 변용을 검토하겠다. 이어 1920년대 이후 지역민들이 개설한 사설학술강습회 운동을 살펴겠다. 다음으로 신식학교인 공립보통학교가 지역사회에서 어떠한 존재였는지를 규명하겠다. 이를 통해 '공간적 구조'를 축으로 하면서 시간적 변화 또한 파악할 수 있을 것이다.

1. 한문교육의 위상 변화

3장에서 서술한 바와 같이 향교와 서원 모두 제사 및 유림 사이의 네트워크의 거점으로서의 기능은 지속되었으나 한문 교육기관으로서의 기능은 상실하였

다. 그러한 상황에서 지역사회에서 한문교육을 위한 장치로서 기능한 것은 서당뿐이었다. 이 점을 조금 자세하게 살펴보자.

식민지기 서당 교육의 사회적 위치

<표 4-3> 상주의 서당통계

	개설 수	교원 수	아동 수		자료
			남	여	
1917	126	126	1,060	2	①
1922 재래서당	94	94	881		
개량서당	23	31	747		②
합계	117	125	1,628		
1925	83	83	820		③
1926	98		858		④
1928	43	43	511	8	⑤

출전 : ①『조선총독부경상북도통계연보』 1918년, ②『경상북도교육급종교일반』, ③『동아일보』 1925년 3월 4일, ④『동아일보』 1926년 10월 16일, ⑤『경상북도통계연보』 1930년

먼저 통계로 파악된 데이터를 검토해 보자. 식민지기의 서당 통계는 도道 단위의 것이 대부분으로 <읍>을 단위로 하는 통계는 많지 않으나, 상주의 서당에 대해서 판명된 수치를 정리하면 <표 4-3>과 같다.

그런데 이 표의 숫자가 무엇을 의미하는지에 대해서는 조금 주의할 필요가 있다. 1929년판 『상산지商山誌』에는 당시 서당이 봉암鳳巖·백화白華·수선修善·도곡道谷·송암松岩·매악梅嶽·죽림竹林·영빈瀬濱·봉백鳳白·수계修契·반암盤庵·석문石門의 12곳만 남았는데 그나마 '선비士가 모여 송독誦讀하는 일은 없으니 유명무실하다'는 한탄이 실려 있다. 이 12라는 수에 비하면 통계에서 파악된 '서당'의 수는 훨씬 많다. 즉 이 수는 『상산지』에 게재된 이름난 사족 서당만이 아니라 서숙이나 글방 등으로 불렸던 보다 소규모의 한문교육시설을 포함한 통계였다고 생각된다. 다만 어느 정도의 규모까지를 파악한 것인지가 분명치 않으므로 대략적인 숫자라고 생각되지만 그래도 몇몇 특징을 읽어내는 것은 가능하다.

먼저 1917년의 서당 수는 126곳으로 아동 수는 여자 2명을 포함해 1,062명이었다. 이것은 같은 시기의 공립보통학교를 규모면에서 능가한다. 동일한 시기 상주에는 상주공보와 함창공보 두 학교뿐으로 학생수도 합해서 301명(그 중 여자 36명)밖에 없었다. 이렇게 보면 1910년대에는 서당의 존재감이 컸음을

알 수 있다.

나아가 1922년에는 1917년보다 아동 수가 증가하였다. 이러한 증가는 '개량서당' 때문인 듯하다. '개량서당'이란 한문 이외의 과목 예컨대 한글이나 산술 등도 가르치는 서당을 의미한다. 상주의 경우 '개량서당'은 '재래서당'에 비하면 상당히 규모가 커서, 재래서당이 서당 한 곳당 평균 9.4인의 아동을 수용한 것에 비해, 개량서당은 32.5인으로 대략 3.5배를 수용하였다. 이와 같이 1922년 현재 개량서당은 서당 수에서 20%, 아동 수로 하면 46%를 차지하고 있었다.

그런데 증가하는 듯이 보였던 서당도 그 이후로는 시설 수나 아동 수에서 모두 감소로 돌아섰다. 자세한 것은 다음 절 이후에서 검토하겠지만, 이는 각지에 보통학교가 세워지기 시작하면서, 보통학교가 서당을 흡수 통합하거나 보통학교의 존재로 인해 서당을 꾸려갈 수 없게 된 것과 불가분의 관계에 있다고 생각한다.

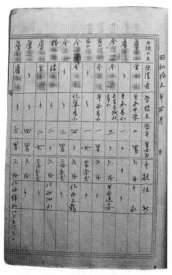

<그림 4-3> 봉암서당 소장 장부   저자 촬영

이러한 상황을 상징하는 사료(그림 4-3)가 화동化東면의 봉암鳳巖서당(상上서당, 3장 참조)에 남아 있다. 화동면에서는 1929년 화동 공립보통학교가 문을 열었다. 지역 사람들에 따르면 그 무렵을 경계로 하여 봉암서당의 한문교육이 쇠퇴했다고 한다. 그러나 서당을 중심으로 한 사족 네트워크는 유지되어, 기본재산으로서의 토지와 당원에 의한 재산운영도 존속되었다. 그러한 과도기의 봉암서당의 상황을 전하는 한 권의 장부가 있다. 유감스럽게도 표지와 처음 몇 쪽이 결락되어 장부의 명칭, 취지, 경위 등은 알 수 없지만, 그 내용으로 보아 목적은 뚜렷하다. 장부는 연도별로 정리되었고, 보통학교와 마찬가지로 4월을 연도의 시작으로 삼았다. 한 열은 아홉 단으로 나뉘어 있는데 최상단은 도장을 찍는 란이다.

그 다음은 위로부터 차례로 '생도生徒 씨명氏名', '보호자', '학교명', '학년', '남녀별', '금액', '주소' 그리고 비고란으로 되어 있다. 보호자 및 학생의 성을 보건대 봉암서당의 상서당을 구성하는 여섯 문중, 즉 광산光山 노盧씨, 성산星山 여呂씨, 풍양豐壤 조趙씨, 풍산豐山 김金씨, 상산商山 김金씨, 진주晉州 하河씨 일족임을 알 수 있다. 학교명으로는 화동심상소학교를 비롯하여 신식학교가 기재되어 있다. 이상에서 볼 때 이는 신식학교에 다녔던 봉암서당 상서당의 당원 자녀들에게 매년 주었던 장학금을 기록한 장부라고 판단된다.

〈표 4-4〉 봉암서당의 장학금 제도(1940∼1945년)

연도	인수	성					지역					구분				남녀별		총액 (원)
		盧	趙	金	呂	河	화령지역	상주	김천	기타	상주이외 비율	소학	중학	대학	기타	남	여	
1940	40	13	14	7	3	3	21	4	4	11	37.5%	32	3	2	3	27	13	207.25
1941	47	16	16	8	3	4	27	5	5	10	31.9%	40	2	2	3	29	18	315
1942	52	15	18	9	3	7	27	10	4	11	28.8%	45	2	1	4	33	19	339.5
1943	55	16	19	10	4	6	29	7	4	15	34.5%	48	2	0	5	37	18	364
1944	56	19	19	11	3	6	34	9	2	11	23.2%	54	0	0	2	37	21	385
1945	55	18	20	10	2	5	33	9	0	13	23.6%	53	2	0	0	30	25	158.75

출전 : 봉암서당 소장 장부를 토대로 저자가 작성

장부는 1939년도라고 생각되는 페이지에서 시작하여 1949년까지 이어진다. 맨 앞이 결락되어 내용이 불충분한 1939년을 제외하고, 1940년 4월부터 1945년 4월까지의 6년분을 집계한 것이 〈표 4-4〉이다. 먼저 다니던 학교를 보면 화동심상소학교가 가장 많다. 여기에 인근의 화서심상소학교와 화령심상소학교를 합한 구 화령지역, 기타 상주군내의 지역, 이웃한 김천, 그리고 그 이외의 지역으로 나눠서 집계한 결과 역시 구 화령지역의 소학교에 다닌 자가 가장 많다. 그러나 장학금을 받은 사람 가운데 상주 밖으로 나가 있는 사람이 23∼38%의 비율로 존재한 점도 동시에 주목된다. 김천에 있는 중학교에 다닌 사람도 있고, 그 밖에 영동, 대구, 왜관, 부산, 진주, 서울, 고베, 도쿄 등에 당원의 자식들이 흩어져 있었는데, 서당이 그들을 지원하였다는 것은 이 시기 이민移民

의 상황 및 고향과의 유대 정도를 잘 나타낸다. 또한 이전에 서당에서 교육을 받은 이가 거의 남성이던 것을 고려하면, 이 제도에서는 당원의 딸에게도 상당한 비율로 장학금을 지급한 점에 주목할 만하다.

서당의 실태 : 면담조사를 기초로

이와 같이 서당교육은 점차 쇠퇴했지만, 그렇다고 해서 가정교육을 포함해 서당이 완전히 없어져 버린 것은 아니었다. 오히려 1930년대 이후에도 근세의 교육체계를 유지하는 곳이 적지 않았다. 하지만 일부 사족계의 서당을 제외하고 는 남아있는 기록이 거의 없어 그 실태의 전모를 알 수 없다.

다만 근년 편찬된 '면지面誌' 등에서 아마도 면담조사를 근거로 하여 관련 내용이 다소 언급된 경우가 있다. 화북면 면지인 『화동승람華東勝覽』에는 8개의 서당이 소개되어 있는데 그 가운데 6개는 식민지기에 개설된 것이다(표 4-5).

<표 4-5> 화북면의 서당

명칭	소재지	개설시기	훈장	내용
俗愚私塾	侍御洞	1941년경	愚堂·金汝靖	영주에서 이주해 온 훈장이 진학하지 않은 농민을 대상으로 경서·시문을 교수.
南山私塾	繡針洞	1940년경	鄭讚	역학을 강의하고 청소년에게 경서를 강습.
華隱私塾	下얼	1941년경	李聖範	문중과 동리의 청소년에게 한문을 교육.
栗山私塾		1926년경	栗山·金弼濟	동리 청소년에게 한학·경서·시문을 강의.
荷汀私塾	桂石洞	1920년경	池近植	草亭을 세워서 후학을 양성.
默齋私塾	新興洞	1940년경	默齋·孫基璨	지방 청년을 모아서 한문을 교수.

출전 : 『華東勝覽』, 화북면지편찬위원회(1992년)

1940년경에 사숙私塾이 많은 이유는 마을의 노인들에게 이야기를 들어 재구성한 결과 그 면담자들의 청소년기가 마침 그 무렵이었기 때문일 것이다. 명칭이 모두 '사숙'인 점에서도 알 수 있듯이 이러한 서당들은 훈장의 개인적 사업으로 연 것인데, 그러므로 식민지기에는 다수의 서당이 생겨났다 사라졌다.

필자는 서당에 대해 보다 구체적인 교육 상황을 파악하기 위해서 과거에

서당에 다닌 적이 있는 이들을 대상으로 설문조사를 행했다. 이와 같은 조사는 일찍이 박래봉朴來鳳[1974, 1978]이 전라북도와 제주도에서 실시한 바 있다. 다만 이는 '도' 단위의 조사로서 각 군 내부에서의 다양한 형태의 서당을 정한 조사는 계획되지 않았다. 필자의 조사는 이를 참고하면서도 <표 4-6>과 같은 설문항목을 설정하여 반半구조화된 인터뷰를 실시했다. 기본적으로는 필자가 이야기를 들으면서 기입하는 방식을 취했지만, 당사자가 직접 기입한 경우도 있었다. 다만 그 경우도 필자가 직접 만나 설명하면서 조사를 행했다.

<표 4-6> 서당교육에 관한 설문항목

(1)회답자에 관한 사항	성명, 본관, 남녀별, 생년월, 주소(당시), 입학 동기, 서당 입학 전후의 약력
(2)서당 시설에 관한 사항	소재지, 명칭, 창업·폐업 연도, 건물의 형태, 규모, 학습을 위한 설비
(3)서당 경영에 관한 사항	경영 형태, 학비(품목, 액수, 빈도)
(4)훈장에 관한 사항	훈장의 명칭, 훈장의 인물 사항(성명, 아호, 거주지, 직업 등)
(5)교육의 내용·방법에 관한 사항	한문 교과서와 그 습득 기간, 기본 일과, 습자 교수의 방법, 한문 교수의 방법, 상벌·행사, 한문 이외의 과목
(6)학생에 관한 사항	학생 수(그 중 여학생 수), 학급 수, 평균적인 입학 연령, 평균적인 졸업 연령, 최장 재학자, 학생의 범위(지역, 문중 등), 공립학교와의 관계
(7)기타	학습 도구(교과서, 필기구, 종이), 기타 특징

식민지기 상주에서 서당에 다닌 적이 있는 사람을 딱히 조직 등의 협력 없이 찾는 것은 예상보다 어려웠다. 서당에 관한 설문조사에 응해준 이는 <표 4-7>의 13명으로(모두 남성) 그 중 해방 후에 서당을 다닌 3명과 다른 도에서 서당을 다닌 1명을 제외하면 9명인데, ④와 ⑦은 같은 서당이다. 그런데 그 내용은 다양하였다. 사족계나 이족계 집안이 아닌 사람도 포함되어 있었다. 이하 ①~⑦, ⑨~⑩을 중심으로 네 가지 관점에서 각 서당의 특징을 검토하겠다.

<표 4-7> 서당에 대한 설문조사의 회답 개요

번호	장소	서당명칭	경영형태	회답자 생년월	다닌 시기	추정통학시기
①	牟東面琴川里	없음	독선생	1911년 11월	5·6~12세	1915~1922년
②	靑里面栗里	없음	사숙	1917년	5~6세 경	1921~1922년
③	洛東面升谷里	書塾	사숙	1914년 4월	12세부터 7·8년	1925~1933년
④	尙州邑書谷洞	道谷書堂	문중 연합	1920년 6월	6~7세 경	1925~1926년
⑤	化北面桂石洞	荷亭書堂	사숙	1922년 5월		1930년
⑥	尙州邑中德里	書堂	사숙	1925년 12월	1930년부터 3년간, 1935년부터 5년간	1930~1932년 1935~1939년
⑦	尙州邑書谷洞	道谷書堂	문중 연합	1928년 7월	6~7세경	1933~1934년
⑧	永同郡老川里	內洞書堂	문중	1930년 6월	3년간	1935~1938년
⑨	化北面莊岩里	栗峴書堂	사숙	1929년 12월		1936~1938년 1945~1950년
⑩	外西面愚山里	愚山書堂	문중	1930년 6월	1년 반	1936~1937년
⑪	牟西面花峴里	冷泉書堂	사숙	1934년 6월		1945년
⑫	恭儉面楊亭里	泉谷精舍	사숙	1926년	5년	1946~1950년
⑬	沙伐面梅湖里	學房	사숙	1935년 9월	13·14~20세	1947~1954년

(a) 입학 동기, 학력 등

먼저 다녔던 시기, 입학 동기, 입문 이전의 학력을 살펴보자.

①, ②, ④, ⑥, ⑦, ⑧, ⑩은 한국 나이로 5~7세 때 서당을 다녔다. 따라서 이들의 경우에는 서당 입학 이전에 다른 학력을 가진 이는 없었다. 입학 동기도 거의 '특별히 동기라 할 만한 것은 없다'는 회답이 많았는데, ⑦에서는 '주변 사람을 따라서 글자를 배우러 갔다', ⑩에서는 '국민학교에 입학하기 전에 한문을 배우기 위해서'라는 회답이 있었다. 한편 9세 무렵에 들어간 ⑤의 경우에는 서당에 들어가기 전에 먼저 가정에서 천자문을 배웠다고 한다. 서당 입학 동기는 '교육기관이라고는 서당밖에 없었기 때문'이라는 것이었는데, 실제로 ⑤의 지역에 공립보통학교가 생긴 것은 상주에서도 비교적 늦은 편인 1935년의 일이었다. ⑨도 ⑤와 같은 지역으로서 서당에 들어간 것도 한국 나이로 9세 때의 일이었다.

하지만 해방 이후 서당에 들어간 이의 입학 동기는 양상이 조금 다른 듯하다. ⑪의 경우 '8·15 해방과 동시에 일본 학문이 필요 없어졌기 때문'이라는 것이 입학동기이고, ⑬도 '할아버지가 학교는 머슴의 자식이나 가는 곳이라고 해서 가는 것을 반대했다. 할아버지가 연 글방에서 배웠다'는 이유였다.

한편 서당 수료 후의 학력을 보면, 수료 후에 신식학교에 다니지 않은 경우는 ③뿐으로 나머지는 보통학교 이상의 학력을 갖고 있다. 물론 회답자가 그 서당의 상황을 대표하는 것은 아니다. 실제로 ①, ③, ④, ⑤가 서당의 평균적인 상황에 대해 '공립학교에 다니지 않는 사람이 많았다'고 대답한 것으로 보아 학력이 서당뿐인 사람도 제법 많았음을 알 수 있다. 다만 ⑦, ⑨, ⑩에서는 '공립학교에 별도로 다닌 사람이 많았다'고 대답하였다. 이 정도의 수를 갖고 단정짓기는 어렵지만 시기가 내려올수록 서당과는 별도로 공립학교도 다닌 사람이 많아졌다고 볼 수 있다.

(b) 서당 시설에 대하여

다음으로 서당 시설에 대해서이다. ④, ⑦의 도곡서당, ⑤의 하정서당 이외에는 별도의 건물을 가진 서당은 없었고, 대개 개인집의 사랑방에서 교육이 이루어졌다. ⑤의 경우는 방 한 칸, 마루 한 칸뿐인 건물로 이 하정서당과 도곡서당을 제외하고 방이 두 개 있었다고 대답한 것은 ③과 ⑩뿐이다. 그러한 상황이었기 때문에 ①, ②, ③, ⑥ 등은 서당의 명칭조차 딱히 없다.

<그림 4-4> 書算
출전 : 대전 한밭교육박물관에서 저자 촬영

시설이라 해서 뭔가 특별한 게 있을 것은 없지만, 학습에 필요한 도구에 대해 대답한 이도 있다. 예를 들어 ①, ③, ④의 경우, '서산 書算'(그림 4-4)이라는 도구가 존재하였음을 알 수 있다. 이것은 한문 교과서의 구절을 암송하기 위한 도구이다. 즉 두 겹의 한지 한쪽 면을 귀 모양으로 나란히 오려 놓고, 글의 어떤 부분을 한 번 읽을 때마다 오려진 모양을 접어 표시한다. 열 번 읽으면 종이가 모두 접혀진 상태가 되는데, 이러한 도구로 몇 십 번이고 똑같은 곳을 읽어서 기억하였던 것이다. 또한 ①, ⑤, ⑨, ⑩을 보면 '서판書板', '분판粉板', '글판'이라고 불리는 도구도 존재했음을 알 수 있다. 이러한 도구들에 얼마나 엄밀한 개념상의 구별이 있었는지는 알 수 없지만, 흰 가루를 기름에 개어 널조각에 바른 것이나 혹은 기름종이를 가리키는 것으로, 쓰고 나서 천으로 닦아 몇 번이고 다시 쓸 수 있게 한 도구를 말한다. 경우에 따라서는 나무틀 속에 모래를 넣어서 나무막대기나 손가락 등으로 글자를 쓰는 도구를 의미하기도 했다. 이것들은 모두 다 글자 연습을 하는데 종이가 귀했기 때문에 사용되었다. 그밖에 벌을 주기 위한 도구도 있었다. ①, ⑤, ⑨에서는 종아리를 때리는데 쓰인 '회초리'가 소개되었고, 또한 ⑤에서는 회초리 맞을 때 올라서는 '목침'이 있던 것도 알 수 있다. 그 나머지는 일반적인 필기용구인 벼루, 붓, 먹 등의 도구가 있었다.

(c) 서당 경영과 훈장·학생에 대하여

서당 경영의 양상은 앞의 <표 4-7>에서 보인 바와 같이 서로 상당한 차이가 있었다.

④, ⑦의 도곡서당은 여덟 문중이 공동으로 경영하였는데, 기본재산을 갖고 '수호인守護人'이 지불한 소작료로 운영되었다. 학동도 여덟 문중의 남자에 한하였는데 ④에서는 15인 정도였다고 한다. 다만 ④의 무렵과 ⑦의 무렵 사이에는 조금 차이가 있어서, ④때에는 학비가 특별히 없었지만, ⑦에서는 사례로 쌀을 보냈다고 한다. 시기적으로 10년 정도 떨어졌기 때문에 그 차이가 아닐까 생각한다. 또한 훈장은 한 사람이 아니라 몇 사람이 돌아가면서 강의를 했다고 한다.

하나의 문중에서 운영한 서당이 ⑧과 ⑩이다. ⑩의 경우는 우산愚山의 진양晉陽 정鄭씨 문중이 경영하여 일족을 대상으로 가르치던 서당이다. 학비에 해당하는 것은 존재하지 않았고 훈장은 우산에 사는 정재익鄭在益이라는 인물이었다. 학생은 7∼13세의 12명 정도였는데 모두 우산의 일가뿐이었다. 다만 그 중에 3명이 여자였던 점이 주목된다. ⑧은 충주忠州 박朴씨 문중이 자제교육을 위해 연 서당으로 상주군 바깥에 위치했는데, 광산光山 노盧씨인 회답자의 아버지가 훈장으로 초청되어 그곳에 자식이 다닌 사례이다. 한 문중이 경영하는 경우는 일반적으로 그 일족이 대상이 되는 경우가 많았을 테지만, 이처럼 다른 성씨의 아이가 섞이는 일도 있었음을 명기해 둘 필요가 있을 것이다.

또한 위의 문중 경영의 사례에 조금 가까운 형식으로서 ①과 같은 '독선생獨先生'이 있었다. 즉 마을의 이진교李震校라는 '향교 같은 곳에는 출입할 수 없'는 '글을 팔아먹고 사는 사람'을 고용하여 가정교사처럼 배우는 형식이다. ①의 경우 훈장에게 가을에 나락 5섬 정도를 지불하고 큰집의 4형제와 작은집의 4형제를 합해서 8명이 배웠다.

또한 한 사람의 훈장이 사숙 형식으로 지역의 아이들을 가르친 것이 ③, ⑤, ⑥, ⑨이다. ③의 경우는 승곡升谷 마을의 이원식李元植이라는 영천永川 이李씨 가문으로 '윗대'의 인물이 진사를 지냈다고 하는 인물이 가르쳤는데, 사례로 가을에 한 번 나락을 한 섬 냈다고 한다. 학생 수는 8명 정도로 김·이·박·조 각 성의 남자뿐이고 8~9세부터 3~4년 배우는 것이 평균이었다고 한다. ⑤의 경우는 농업에 종사하는 하정荷亭 지경득池慶得이 훈장을 하였고 가을에 수확이 끝날 무렵에 백미를 한 가마니 정도 지불했다. 학생 수는 7~8명으로 남자뿐이었고 반상班常의 구별 같은 것은 없어서 마을의 아이들이 모였다고 한다. ⑥의 경우는 두 번에 걸쳐서 배웠다. 처음에는 다른 동에서 초빙한 우상현禹象顯이 선생이었고 수강자는 매년 봄·가을에 보리와 벼를 '약간씩(1~3되)' 납부했다고 한다. 두 번째는 여산礪山 송宋씨가 선생이었는데 역시 같은 정도의 학비를 지불했고 선생도 서당의 수입으로 생계를 꾸렸다고 한다. 모인 학생은 남자 25명 정도였는데 배우는 교재에 따라서 반을 나눴다. 같은 마을뿐만 아니라 다른 마을에서도 와서 5~30세 정도로 연령층의 폭도 넓었다. ⑨는 마을 안에서도 한학에 밝았던 이병소李柄昭가 같은 동리의 아이들에게 무료로 열었던 서당이다. 학생 수는 10명 정도로 7~9세 정도의 마을 안의 남자였다.

(d) 교육 내용·방법에 관한 사항

필자가 조사한 범위에서는 서당에서 일본어나 산수 등의 신식 교육을 받은 경험을 가진 이는 한 사람도 없었고 전원이 한문을 배웠다. 한문의 경서를 어떻게 배웠는가에 대해서는 일정한 패턴이 있었다. <표 4-8>에 배운 경서의 이름과, 회답이 있는 경우에는 학습기간을 배운 순서에 따라 정리했다.

<표 4-8> 서당의 교과과정

①	천자문(6개월~1년) → 동몽선습(1년) → 통감(3년 ; 3권까지) → 소학(1년) → 사서오경
②	천자문 → 동몽선습 → 사략 → 소학 → 대학 → 맹자·논어
③	천자문 → 동몽선습(1년) → 통감(7권까지), 여름에는 한시(漢詩)
④	천자문(1년) → 동몽선습 → 통감/소학(1년) → 사서삼경
⑤	천자문 → 소학 → 대학
⑥	천자문(1년) → 계몽편(1년) → 소학(2년) → 사서(6년)
⑦	천자문 → 동몽선습 → 소학
⑨	천자문(1년) → 동몽선습(6개월) → 명심보감(1년 6개월) → 소학(1년 6개월)
⑩	천자문(1년) → 동몽선습(반년)

먼저 시작은 모두 『천자문千字文』부터였다. 예를 들어 '天'이라는 글자라면 한국어로 '天'을 의미하는 '하늘'과 한자를 음독한 '천'을 조합하여 '하늘 천'이라고 읽는다. 그것을 '천지현황天地玄黃'과 같이 네 문자로 조합하여, 그런 숙어 250개를 외움으로써 기본적인 한자를 습득하는 것이 『천자문』이다. 학습 기간은 반년에서 1년 사이로 거의 수렴된다.

『천자문』이 끝나면 대부분 조선시대에 편찬된 입문서인 『동몽선습童蒙先習』을 반년에서 1년간 배웠다. 『동몽선습』은 서序, 오륜五倫, 중국·조선의 약사略史로 구성된 교재이다. 와타나베渡部[1969, 1972]가 지적한 바와 같이, 조선사에 관한 기술이 포함되어 있어서 1918년의 서당규칙書堂規則에서는 서당에서 가르치기에 적당한 교과서에 포함하지 않는 등 당국은 그 존재를 탐탁찮게 여겼다. 그러나 실제로는 표에서 보듯 사본寫本 등을 통해 널리 퍼져 있었다. 원본은 거의 남아있지 않았지만, ⑬에 전해지는 사본(그림 4-5)에는 조선의 역사가 포함되어 있다. ⑥에서 『동몽선습』 대신에 사용된 것이 마찬가지로 조선시대에 편찬된 『계몽편啓蒙篇』이다. 수편首篇·천편天篇·지편地篇·인편人篇·물편物篇으로 구성된 실용적인 내용도 포함된 한문교과서이다.

『동몽선습』을 배운 이후에는 상당히 나뉜다. 역사서로 나아간 것이 ①,

<그림 4-5> 동몽선습 사본   저자 촬영

②, ③, ④이다. ①, ③, ④에서는『통감通鑑』, 즉 송나라의 사마광司馬光이 지은『자치통감資治通鑑』을 배웠다고 하지만, 원본은 294권에 달하는 방대한 내용이기 때문에 이 책을 축약한『자치통감절요資治通鑑節要』가 일반적으로 사용되었을 것이다. ②의『사략史略』이 십팔사략十八史略, 십구사략十九史略, 동국사략東國史略 등 다양한 사략 중에 어느 것인지는 알 수 없지만, 아마도 중국사 교재였다고 생각된다.

이러한 역사서를 거치든 거치지 않든 그 다음은『소학小學』이었다.『소학』은『예기禮記』,『논어論語』등에서 발췌한 내용으로 이루어진 수신작법修身作法의 책으로서, 영남학파에서는 '학문과 처신의 기본으로 삼았'던 책이었다[李樹健, 1995 : 282].『소학』에 이어서는 대략『대학大學』,『맹자孟子』,『논어論語』,『중용中庸』으로 이어지는 사서四書로 넘어가는 것으로 나타난다.

이상의 검토에서 대략 다음과 같은 순서로 배웠음을 알 수 있다.

천자문 → 동몽선습(계몽편) → [통감(사략)] → 소학 → 사서오경

경영형태가 다양함에도 불구하고 교재에 상당한 공통성이 보이는 것은 주목할 만하다. 게다가 ⑥에서 활자본과 필사본을 병용한 것 이외에는, 모든 교재가 목판본 또는 필사본이었다. 그러한 점에서도 근세 영남지방에서 주자학적 전통이 뿌리 깊었음을 알 수 있다.

이러한 교재의 학습방식은 공통적으로 '암송'이 기본이었다. 먼저 훈장이

교재를 해석한다. 학생에 따라 교재가 다른 경우에는 따로 따로 해석을 하였다. 하루에 나가는 분량은 많지 않아 두 줄(③) 내지 열 줄(④) 정도였다. 내용을 이해했다면 학생은 그 부분을 수십 번이고 소리를 내서 외웠다. 이 때 앞에서 말한 서산書算을 사용하는 일도 있다. 그리고 그 날 또는 다음 날 선생 앞에서 그 부분을 암송하였다. 잘 암송하지 못하면 회초리가 날아들기도 했다.

<그림 4-6> 『논어』에 달린 '吐'
저자 촬영

낭독은 일본과 같은 훈독방식이 아니라, 위로부터 아래로 한자음을 읽어 나가면서 곳곳에 '토吐' 등으로 부르는 조사를 집어넣는다. <그림 4-5>에도 작은 한자로 '伊'='이/가', '爲舍'='하사' 등의 변체 이두가 적혀 있다. 이외에 <그림 4-6>의 『논어』의 일부와 같이 한문 옆에 토를 넣을 만한 장소에는 점만 달아두고, 위쪽의 난 밖에다 토에 상당하는 한자의 일부를 취한 기호를 적어 넣은 교재도 있었다. 이러한 기호를 실마리로 삼아 교재를 해석·이해하고 암송의 리듬을 조정하였다. 이렇게 한문의 구절을 원래의 순서대로 철저하게 익히기 때문에 교재의 학습이 진행되면 스스로 한문을 지을 수 있게 되는 것이다.

몇 개월에 걸쳐 한 책을 마치면 책거리 또는 책거리떡이라고 해서 학생의 부모가 감사의 의미를 담아서 만든 떡을 선생 댁에 갖고 가서 선생과 학생이 함께 먹으며 즐기는 행사도 마련되어 있었다(①, ③, ④, ⑤, ⑦, ⑨).

이 밖에 습자習字의 훈련도 있었다. ②에서는 훈장이 본보기를 쓰면 분판 등으로 연습한 뒤 종이 위에 쓴 것을 고치는 방법이 취해졌다. ③의 경우 백지 대신에 집에서 가져온 신문지를 사용한 적도 있었다고 한다. ⑤에서도 '먹을 갈아 서판에 쓰는 사람, 신문지에 쓰는 사람, 백지에 쓰는 사람 등 다양했다'고 되어 있다. ⑨에서는 '신문지를 구하기 어려울 때는 서판에 쓰고 천으로 닦고 또 쓰기를 반복했다'고 하는데, 습자를 위한 매체는 대략 서판(분판)→신문지→백지의 순서로 구하기가 어려웠던 듯하다.

하루 일과나 학습시간에 대해서는 <표 4-9>와 같은 회답이 있었다. 하루 종일 배우는 경우와 짧은 시간만 다니는 경우가 있어 상당히 차이가 났다. ⑥, ⑦에서는 공립학교와 병행하여 다닌 모습도 엿보인다.

이처럼 같은 '서당'이라 해도 그 명칭의 다양함에서도 드러나듯이 그 경영 규모나 형태는 제각각이었다. 그럼에도 불구하고 그곳에서 배운 천자문을 비롯한 교재의 내용이나 암송을 중심으로 하는 교수방법에서는 일정한 공통성을 볼 수 있어 주목된다. 게다가 교재의 유통에서 신식의 활자본보다는 목판본이나 필사본이 많이 보이는데 이것은 식민지기 서당 교육이 근세에 형성된 문자 문화의 연장선상에서 전개되었음을 의미한다.

<표 4-9> 서당의 일과

③	아침 8시부터 저녁 6시까지 서당에서 공부. 밤에는 집에서 자습도 했다.
⑤	하루 4시간 정도. 아침 8시에 간다. 전날 배운 것을 암송해서 쓴다. 그 후, 다음 부분을 외운다.
⑥	유년 때는 종일. 아침에 전날 배운 것을 강의한다. 이어서 새로운 것을 배운다. 학교 입학 후에는 여가에 했다.
⑦	하루 1~2시간. 학교에 통학하면서 다니기도 했다.
⑨	수업→습자→암송→점심→글읽기→붓글씨쓰기→청소→귀가
⑩	하루 평균 2시간 정도.

다만 대부분의 경우 서당에서 배울 수 있는 이는 남자에 한정되었다. 여자도 배웠던 서당은 ⑩의 경우뿐이었고 그것도 일족의 가정교육의 연장선에서 행해 졌던 것이다. 이는 서당교육의 일정한 한계였다고도 할 수 있다.

또 하나 특징적인 것은 사숙의 형식이 많았던 점이다. 훈장 개인의 사업으로 전개된 사숙은 이 시기 서당의 불안정성이기도 하고 유연성이기도 했다. 그렇기 때문에 공립보통학교에 갈 수 없는 아이들을 모으는 장소로서도 기능하였다. 물론 서당 수료 후에 보통학교에 입학하거나 보통학교에 다니면서 서당에도 다니는 경우도 있었지만, 서당만으로 초등교육을 끝낸 사람도 상당한 정도로 있었다고 생각된다.

여기에서 살펴본 바는 아마도 상주의 각지에서 전개되었을 서당교육의 작은 부분에 지나지 않을 것이다. 그러나 아주 작은 사례라고 해도, 서당교육의 다양함, 뿌리 깊음, 유동성이라는 성격은 명확히 드러났다. 이것이 식민지 말기는 물론 해방 이후까지도 다양한 형태로 생겨났다 사라져 간 <근세> 교육문화의 끈질김이었으며, 그것은 신식교육과 긴장 혹은 공존의 관계를 맺으면서 지역사회의 교육상황을 규정하였다고 할 수 있다.

2. 사립학교 운동의 성쇠

1) 한말 유림의 학교건설 운동

한말韓末 한국 각지에서는 교육운동이 전개되었다. 후일 '애국계몽운동'이라고 불리게 되는 운동이다. 상주의 경우도 예외는 아니었다. 다만 상주의 경우 기독교계 사립학교가 이 시기에 설치된 흔적은 없고 재지사족이 주도하는 신식학교 계획이 있었을 뿐이다. 이러한 유림의 움직임은 경상북도 각지에서 보인다[경상북도·영남대, 1991]. 상주 유림에 의한 학교건설 운동에 대해서는 정순목丁淳睦[1992 : 365～370]과 조희열曺喜烈[2004]의 글이 있을 뿐인데 그나마도 자료의 일부를 소개하는 수준에 그쳤다.4) 여기에서는 주자학에 근거한 한문교육을 주도해 온 사족이 한말에 어떠한 전환을 이루었는지 그리고 어떠한 관점에서 학교를 설립하고자 했는지를 검토하겠다.

상주의 교육운동은 1906년에 시작되었다. 그 해 3월에 의정부議政府는 「학교의 설치와 교육에 관한 건」이라는 조칙을 발했다.5) 이 조칙은 최근 학교교육이

---

4) 정순목[1992]이 사용한 자료는 「豊昌私立學校設立認可請願」과 풍양 조씨 검간파의 종택에서 보관해 온 『類覽聚要』이다. 전자에 대해서는 원본을 접할 수 없어, 정순목의 논문 그리고 거의 동일한 내용인 조희열의 논문[2004]에서 확인하였다. 후자의 자료는 서원·서당 등의 통문 등 각종 문서를 베낀 등본이다. 정순목의 논문에서는 여기에 수록된 「蓮桂所通文一鄕文」, 「蓮桂所通文」, 「慶北私立學校都校長勸諭文」만을 소개하 였지만, 이 밖에도 「廣興學校通文」, 「道南通鄕內各院塾壇所文」 등 한말 상주에서 유림 에 의한 교육운동의 일단을 나타내는 자료가 포함되어 있다.
5) 「學校의 設置와 敎育에 關한 件」(光武 10년 3월 26일[음력 3월 2일], 詔勅 18號, 참정대신

'침이頹弛'되어 '치도治道가 불명하고 국가가 부진하다'면서, '지금의 급무는 학교를 일으켜 인재를 양성하고, 그럼으로써 축전蓄田·식재殖財의 수단을 갖추는 것에 있다'고 하여, 학부學部와 각 부군府郡에 학교를 일으킬 것을 촉구하는 내용이었다. 그리고 이에 발맞춰 경북 사립학교 도교장都校長 이근호李根澔가 상주군의 '사림士林' 앞으로 '권유문勸諭文'을 보내 이 조칙의 취지를 전했다.

이에 호응하여 상주의 유림이 발한 것이 「연계소통일향문蓮桂所通一鄕文」, 「연계소통문蓮桂所通文」이다. 연계소란 상주의 유림 가운데 사마시司馬試를 친 사람이 모여 1886년에 설립한 일종의 학계學契이다. 그 목적은 건물을 세우고 토지를 가지며 인재를 육성하고 도의를 강마講磨하며 경로·효친을 이루는 것 등으로 되어 있었는데, 이러한 사업을 하기 위해 '금장소錦粧所'를 설치하고 논 11두락, 밭 9두락의 재산을 운영하고 있었다. 이와 같이 순수한 유교 엘리트가 고종황제의 호소에 응하여 발한 것이 바로 이 통문이다.

조칙 후 얼마 되지 않아 발표된 「연계소통문일향문」[6]에서는 먼저 조칙과 동일한 취지를 서술한 다음에 향내의 유림에게 아래와 같이 호소하였다(그림 4-7).

생각컨대 우리 대황제 폐하가 칙유를 내리시어 특별히 재정적 원조를 베풀어 주신 것은 대단한 은혜이고 극진하고 자상한 일이며 오로지 이것은

朴齋純 명의).

6) 먼저 각 통문의 날짜를 확정할 필요가 있다. 각각 날짜는 아래와 같다. ①「蓮桂所通文一鄕文」＝날짜 없음, ②「蓮桂所通文」＝「丙午年五月二日」, ③「慶北私立學校都校長勸諭文」＝「丙午閏月日」, ④「廣興學校通文」＝「丙午年六月四日」, ⑤「道南通鄕內各院塾壇所文」＝「丙午年七月五初九日」. 병오년은 1906년인데 이 해는 음력 윤년이어서 4월이 29일까지, 윤월이 30일까지, 5월이 29일까지로 되어 있었다. ①에는 「今三十日」에 집합이라고 되어있고, ②에는 「今二十日」에 개교하고자 한다고 적혀 있다. 위의 조칙이 3월 말에 나왔음을 감안하면, ①은 윤월 중에 띄워져 윤월 30일에 집합하도록 호소한 것으로 판단된다. ③은 경북 사립학교 도교장이 상주군 사림을 향하여 고종황제의 의사를 전한 것으로, 아마도 상주에서의 학교 설립의 계기가 되었다고 생각된다. 이상에서 보아 작성된 순서대로 나열해 보면 모두 1906년으로 ③윤월→ ①윤월→ ②5월 2일→ ④6월 4일→ ⑤7월 9일이 된다.

<그림 4-7> 연계소통문
1906년, 『類覽聚要』所收, 저자 촬영

개진화육開進化育의 성의에서 나온 것입니다. 최근 부군府郡에 칙시勅示된 것은 이것이 잘 되어 가도록 한다는 진실된 마음에서 나온 것입니다. 사사로이 생각한 것이지만 우리 상주는 낙동강의 상류에 위치하여 세상에 명향名鄕이라고 칭해지며, 명문일족이 대단히 많이 모여서 부형이 가르쳐 준 것, 자제가 복종하여 익힌 것에 있어서 충군애국의 훈칙을 따르고 있습니다. 당堂을 지어 윗사람이 행하고 아랫사람이 배우는 자리로 하는 것에 사람이 어떻게 감분흥기感奮興起하지 않고 있을 수 있겠습니까. 이것이 은혜의 만 분의 일이라도 보답하는 것이라고 생각합니다. 우리들은 참월僭越하나마 그 뜻을 받들어 이것을 통고합니다. 다음 달 30일에 본소에 많이 내회하여 주십사 청합니다. 방략을 토론하고 규칙을 강정講定하여 흥학설교興學設校의 땅으로 만드는 훌륭한 사업에 마음을 합할 수 있다면 심히 다행함이 지극하겠습니다.

이처럼 고종황제의 학교설립 조칙에 대해 유림이 '충군애국'의 마음에서 호응한 사실을 잘 알 수 있다. 그와 동시에 '개진화육開進化育'이라고 한 바와 같이 자신들의 '자제'에게 개화적인 교육을 베풀 것도 목표로 한 것이다.
아마도 위의 통문에 의해서 연계소에 참집한 '연계소 회중會中'이 회의를 거쳐 결정한 것을 토대로 띄운 것이 「연계소통문」이다. 거기서는 아래와 같은 구체적인 호소가 행해졌다.

간사를 별천別薦하고 학도를 공선公選하여 오는 20일에 면학을 개시하려고 생각하고 있습니다. 그러나 경비經費와 양사養士의 월급이 상당히 드니 이것이 가장 급무입니다. 따라서 우선 교궁校宮[=향교]에서 그 다음은 각 원숙院塾[=서원·서당]의 역량에 맞춰 분담하고 여기에 향鄕의 사우士友가 가능한 한 보조를 하여 삼분三分하겠습니다.

나아가 각 원숙院塾 및 각 원員은 20일까지 배전排錢(분담금)을 '서성西城 내 재무원 이종이李宗伊'에게 보내도록 요구하였다. 이와 같이 연계소는 향교, 서원· 서당 그리고 사족 유지로부터 자금을 모아서 학교를 설립하기로 한 것이다. 이 통문에 이름을 올린 발기인은 아래와 같다(직책이 없는 이는 모두 '유학幼學').

> 정하묵鄭夏默*(前 승지), 황지선黃芝善(前 참봉), 허격許格(前 참봉), 정용묵鄭容默*(前 참봉), 김사홍金思洪(前 주사), 강신우姜信友, 류해면柳海冕(진사), 노재후盧載厚, 송진일宋鎭一, 이병규李炳奎, 조택구趙擇九, 손영해孫永海, 정동원鄭東元, 강시형姜時馨, 정승묵鄭承默, 김노현金櫓賢, 이시건李時建, 조남석趙南奭, 김종원金宗元, 이윤화李潤華, 채홍한蔡鴻翰, 성직成稙, 김사용金思容, 강승형姜升馨, 김희수金喜秀*(前 주사), 김익주金翼周(前 주사), 조두연趙斗衍*(前 주사)

진양 정씨가 4명, 풍양 조씨와 진주 강씨가 각각 3명인 것을 비롯하여 상주의 사족 가문이 이름을 올렸다. 또한 *표를 붙인 사람은 『상산지』 인물조에 이름이 오른 저명 인물이다.

이 시점에서는 개교하려는 학교의 명칭은 '상산중학교'라고 명명되어 있었다. 또한 이 상산중학교 설립을 위해 찬성원贊成員·사무원·교감으로 추천된 이는 <표 4-10>과 같다.

<표 4-10> 상산중학교의 간부로 추천된 이

찬성원 추천	조현구趙顯九(유학), 김연팔金演八(유학), 조택구趙擇九(유학), 조남석趙南鉐
사무원 추천	조필연趙弼衍(前 주사), 한만교韓萬敎(前 주사)
교감 추천	조남윤趙南潤(前 참봉), 김상진金尙鎭(前 참봉)

출전 : 『類覽聚要』(풍양 조씨 검간파 종가 소장)

특히 풍양 조씨의 이름이 5명 보이는 것을 보면 실제 학교 경영에서는 풍양 조씨가 중심적인 역할을 수행할 계획이었음을 짐작할 수 있다.

이 상산중학교가 계획대로 설립되었는지는 유감스럽게도 사료에서 확인되지 않는다. 무언가 운영실태가 있었으리라 생각되지만 확인할 방법이 없다.

이 무렵 상주의 유림에서도 개화를 위한 움직임이 활발해졌다. 1908년 각지의 운동에 호응하여 영남 지역에서도 '교남교육회嶠南教育會'라는 계몽단체가 조직되었는데 상주 지역의 유림 다수가 그 회원이었다.[7] 상산중학교 설립운동도 이러한 유림 주도의 새로운 계몽운동의 흐름 가운데에 위치 지을 수 있을 것이다.

한편 상산중학교와 어떠한 관계가 있었는지는 명확치 않지만, 정순목[1992] 및 『양진당養眞堂』[8]이라는 책자에서는 병합 직후인 1911년에 '사립 풍창豊昌학교'의 계획이 있었다면서 그 설립인가청원서를 소개하였다. 원사료를 보지 못했기 때문에 이들 정보가 전부이지만, 이에 따르면 사립 풍창학교는 풍양 조씨 문중이 계획하여 1911년 2월 26일자로 경상북도 장관 이진호李軫鎬 앞으로 설립인가신청서를 제출하였다. 교주校主 곧 설립자는 종손인 조남호趙南琥였고 교장에는 대사간大司諫이었던 조남식趙南軾이 예정되어 있었다. 학교 기본재산은 문중의 의연금 2,450환圜(한말에 사용되었던 화폐단위) 및 계전稧錢 870환, 그리고 전답 8두락(1년당 예상수입 2석 값 6환)으로 기본재산에서 생겨난 연간 수입은 670환 20전으로 예상되었다. 지출로는 교사 두 사람의 봉급 480환, 사정使丁(용무원) 봉급 24환, 신탄유비薪炭油費 60환, 서적·기계 구입비 60환, 잡비 26환 20전이 계상되었다. 부지는 교사校舍 80평, 교지校地 350평이며, 교사는 4칸의 교실이 2개, 두 칸의 교사실이 하나, 각각 두 칸의 사무실·사정使丁실로

---

7) 『嶠南教育會雜誌』(제1권 제1호, 1909년 4월, 한국학문헌연구소 편·한국개화기학술잡지 시리즈·아세아문화사 수록)에는 이 시기의 상주 출신 회원으로 강봉조姜鳳朝, 강신규姜信圭, 강신준姜信준, 강정흠姜正欽, 강하형姜夏馨, 김기묵金基默, 김사용金思容, 김석규金錫圭, 정동수鄭東洙, 정재덕鄭在悳, 정재석鄭在奭, 조남탁趙南倬, 조목연趙穆衍, 황의정黃義正의 이름이 보인다. 이 가운데 상산중학교 설립운동의 발기인과 중복되는 것은 김사용金思容뿐이지만, 그것은 연계소의 구성원이 한정되어 있었기 때문으로 실제로는 좀 더 겹쳤을 것으로 보인다.

8) 풍양 조씨 검간공파 종회·풍양 조씨 연수원, 『養眞堂』 제5판, 1998년.

되어 있었다. 교사로서는 종가인 양진당을 생각한 듯하다.

<표 4-11> 풍창사립학교의 교과용 도서

과목명	저자명	서명	비고
修身	學部	『修身書』	1909~1910년 발행된 보통학교 학도용 교과서
國語	學部	『朝鮮語讀本』『國語讀本』	大日本圖書(京城) 발행의 보통학교 학도용 교과서
漢文	學部	『漢文讀本』	보통학교 학도용 교과서
	―	『簡易古今文選』	
作文	學部	『公用書式』	
地誌	安鍾和	『萬國地誌』	
歷史	兪鈺兼	『東洋史敎科書』	1908년 刊
	―	『西洋史敎科書』	廣韓書林의 1910년 刊
算術	李敎永	『算術敎科書』	
	南舜熙	『精選算學』	皇城書籍組合의 1908년 刊
理化	崔在學	『簡明物理敎科書』	唯一書館의 1910년 刊
	朴晶東	『新撰理化學』	
博物	鄭寅琥	『初等植物學』	
	任暻宰	『生理衛生學』	
圖畵	學部	『圖畵臨本』	
	吳榮根	『用器畵法』	
簿記	任暻宰	『簡易商業簿記學』	徽文館의 1910년 발행
	―	『新編銀行簿記學』	
體操	敎師口述	普通体操	

출전 : 정순목[1992]을 토대로 하여 비고란에는 판명된 범위에서 서지 정보를 적었다.

교과용 도서는 <표 4-11>과 같이 지정되어 있었다. 1908~1910년 사이에 학부學部에서 편찬한 교과서와 민간에서 발행한 신식 교과서를 포함하고 있음을 알 수 있다. 병합 후임에도 불구하고 학부 편찬의 교과서가 들어 있는 것은 병합 직후의 시기에는 아직 총독부 편찬의 교과서가 만들어지지 않아 교수상의 주의注意와 자구 정정을 추가하여 계속 사용되었기 때문이라고 생각된다.[9] 어찌되었든 신식 교육체계를 지향하고 있던 것은 분명하다.

이 풍창학교의 설립신청에 대해 구체적으로 어떤 회답이 있었는지는 알 수 없다. 『양진당』에는 '우여곡절 끝에 그 해[1911년] 가을 일제의 불허가에

---

9) 朝鮮總督府內務部學務局, 『舊學部編纂普通學校用敎科書竝ニ舊學剖檢定及認可ノ敎科 書用圖書ニ關スル敎授上ノ注意竝ニ字句訂正表』(1910년 10월).

의해 좌절됐다'고 되어 있다. 이 무렵은 사립학교의 억제가 진행되던 시기였기에 아마도 그런 결과가 나왔으리라 생각한다. 그러나 풍양 조씨가 종손을 중심으로 신식교육을 위한 학교설립계획을 이렇게까지 구체적으로 세우고 있었다는 점은 주목할 만하다.

이상과 같이 일본에 의한 한국병합을 전후한 시기의 상주에서는 유림이 주도한 신식학교의 설립운동이 전개되었다. 필두에 오른 이름은 조선시대의 관직 경험자나 문중의 종손 등 상주의 <근세> 한문 엘리트 중에서도 상당히 권위가 있었다고 생각되는 인물들이었다. 그와 동시에 신식 과목을 적극적으로 도입하는 등 과도기의 운동으로서 특기할 만한 점이 있다. 그러나 그 후 1910년대 소위 '무단통치기'에는 이러한 움직임을 찾아보기 어렵다. 다만 후술할 바와 같이 이 학교설립계획은 1920년에 조금 양상을 달리하여 재등장하게 된다.

2) 사설학술강습회의 전개

1920년대 이른바 '문화정치'하에서 상주에서도 몇몇 사립교육시설이 조선인의 운동으로 세워졌다. 이러한 움직임은 광범위하게 전개되었다고까지는 말할 수 없겠지만 그냥 지나쳐버릴 수 없는 큰 의의를 갖고 있었다.

미리 말해 두자면 상주에서 이들 교육시설은 정식 '사립학교'로 인가 받지 못했다. 계획만 세워지고 설립에 이르지 못한 경우도 있었지만, 대부분 '사설학술강습회'라는 틀로 설립되었다. 사설학술강습회란 1913년의 총독부령 제3호 「사설학술강습회에 관한 건」에 의하여 규제되어, 정기적으로 강습의 목적·장소·기간·내용·정수定數·강사·경비 등을 첨부하여 도道장관의 인가를 받아가며 개최해야 했다. '그 방법이 부적당 또는 유해'하다고 간주되는 경우에는 도장관이 변경 혹은 인가를 취소하도록 되어 있었는데, 실제로 이 인가취소권이 빈번하게 행사됨으로써 엄중한 감시 아래 놓여져 있었다고 할 수 있다.

이하에서는 먼저 1920년에 일어난 중학교 설립운동을 살펴본 다음에 사설학술강습회를 통한 교육운동에 대해서 검토하겠다.

중학교 설립운동

1920년 8월에 한말의 중학교 설립운동 이후 중단되었던 중학교 계획이 상주군 내에서 일어났다. '군 내 유지 명사'를 중심으로 심환진沈晥鎭 군수를 끌어들여 기성회가 조직되었다. 발기인은 군수를 비롯하여 전체 53명이다. 「기성회취지」에 의하면 중학교 설립의 배경은 아래와 같다.10)

금今에 각처에 약간 보통학교의 설비는 유有하나 이상의 중등학교는 우尤히 소수에 불과하야 보교에 졸업하면 빈곤자는 원방에 유학할 자부資斧가 부담의 탄嘆이 유하고 초요稍饒한 자는 몰각한 자제를 원격지에 이송離送함을 기피함도 유하며 우又는 소수한 중등학교에 입학시험의 곤란함도 유하야 매매每每히 취학의 기期를 실하는 자 다多하야 인재양성의 대결점을 생하니 시분는 부형의 의무와 사회의 책임을 능히 이행치 못함으로 탄석嘆惜키 불감不堪하는 바이라.

이처럼 보통학교가 서서히 들어서면서 더 위의 상급학교에 대한 요구가 일부에서 생겨난 것이다. 기성회 취지만으로는 공립을 상정했는지 사립을 상정했는지 잘 알 수 없다. 여하튼 기성회가 조직되고 불과 1개월 만에 '유지 명사'는 실로 12만 원이라는 기부금을 모았다. <표 4-12>는 기부금을 낸 사람을 금액별로 열거한 것이다.

이 기부자 및 기성회 발기인11)의 면면에서 몇 가지 중요한 특징을 읽어낼 수 있다.

먼저 한말 유림의 학교설립운동과의 연관성이다. 발기인 등 가운데 한말 운동의 관계자와 중첩되는 사람은 황지선, 조남윤, 김익주, 조남석, 조필연, 성직12)이며 또한 정하묵鄭夏默의 딸인 정수신이 기부를 하였다.13) 이와 같이

---

10) 『동아일보』 1920년 8월 5일.

11) 위의 글.

12) 【<표 4-12>의 기부자 가운데는 '趙誠直', 기성회 발기인 중에는 '成栻'이 각각 보인다. 4장 2절에서 설명한 대한제국기의 학교설립운동 참가자 중에는 '成稙'이라는 이름이 있다.】

13) 『동아일보』 1920년 9월 13일.

<표 4-12> 상주중학교에 대한 기부금

기부금	기부자명
1만 원	趙南倬, 黃芝善, 趙南潤, 張在瑾, 朴寅陽
6천 원	韓亨洙
5천 원	趙誠惇
4천 원	趙泰衍
3천 원	黃聖弼
2천 원	金斗明
1천 5백 원	姜奭熙
1천 원	柳寬植, 鄭在奭, 鄭在稑, 趙珏衍, 朴寅圭, 朴正準, 金翼周, 趙台衍, 李鍾鎬, 趙弼衍, 姜相熙, 李圭泳
5백 원	鄭守信, 朴挺漢, 趙誠直, 李圭夏
3백 원	朴正鉉, 吳熙根
1백 원	高永來, 鄭泰鎭

출전 :『동아일보』(1920년 9월 13일)

한말의 운동과 인적으로 연결됨을 알 수 있다. 또한 풍양 조씨, 진양 정씨와 같은 사족계 인물이 다수 이름을 올린 것도 한말 이래의 특징이다.

한편 상주중학교 기성회에는 이족계의 인물이 많이 들어 있어 주목된다. 박인양, 박정준, 박정한, 박정현, 박정렬은 모두 읍내에 거점을 둔 상산 박씨이고, 이규영, 이규하도 읍내의 월성 이씨이다. 한말의 운동은 순수하게 사족에 의한 운동이었지만 상주중학교의 설립운동에는 이족계의 인물들도 관여한 것이다.

또한 3장에서 본 1920년대의 지방정치공간에서 활약했던 인물이 다수 포함되어 있는 것도 중요한 특징이다. 조성돈, 조태연, 박정현, 강훈【본명 姜信協】, 박동화, 정재룡 등과 같은 인물들이다.

이러한 의미에서 이 운동은 사족士族·이족吏族의 연계라는 19세기의 움직임이 이어진다고 할 수 있는 인맥적 특징을 가지면서도 1920년대의 새로운 관계가 형성되는 양상을 보여준다고 하겠다.

이와 같이 광범위한 인맥을 아울러 상주중학교가 계획되었다. 그러나 상주중학교는 설립되지 않았는데 그 경위는 분명치 않다. 확실한 것은 일본의 지배로부터 해방되기까지 상주에 중학교가 설립되지 않았다는 사실이다. 그 대신에 1921년 상주공립농잠학교가 설립되어 식민지기 내내 중등교육의 역할을 수행하였다.[14] 식민지교육의 실업지향에 의하여 지역유력자의 생각이 왜곡된 것이다.

---

14)『國立尙州大學校八十年史 1921~2001』, 2001년.

사설학술강습회

상주에 설치된 사설학술강습회는 1922년 조사에 따르면 14개교에 학생 수 1,393명이었다. 이 가운데 명칭 등 구체적인 사항을 어느 정도 확인할 수 있는 곳을 알 수 있는 범위에서 정리한 것이 <표 4-13>이다.

<표 4-13> 상주의 사설학술강습회

교육시설명	설립연도	장소	설립·경영모체
普明學院(普明講習所)	1922년 6월	읍내 서문 밖	지방유지 4명 설립, 상주청년회경영
普光講習所	1921년	읍내 武陽里	금룡사 본말사
朝明講習所	1921년	洛東面 雲坪里	풍양 조씨
大成講習所	1922년 6월	읍내 향교	유도진흥회(향교)
靑新講習所	1922년 10월	靑里面	유지에 의한 교육계
進明講習所	1922년	牟東面	유지 수 명
紫陽學院	1923년	化東面 官堤里	유지 수 명
壯岩講習會	1920년대 전반	化北面 壯岩里	유지 수 명
新明講習所	1928년 4월	外南面 新上里	유지 2명
大建學院	1932년	沙伐面 退江里	천주교(가톨릭)

비고 : 저자 작성

이들 시설에 대하여 알 수 있는 것은 그다지 많지 않다. 아래에서는 읍내 강습회 세 곳—보명학원, 보광강습소, 대성강습소—과 농촌부의 강습회 세 곳—자양학원, 조명강습소, 대건학원—에 대해 자료로 확인할 수 있는 범위 안에서 설립·경영의 경위나 그 주체, 학생의 상황 등을 기술하겠다. 그런 다음 이 시기의 사립학교운동에 관해 분석하려고 한다.

읍내① : 보명학원

사립보명학원의 출발점은 1921년 6월에 조남탁趙南倬, 조남윤趙南潤, 황지선黃芝善, 박인양朴寅陽 등 네 명이 상주청년회 간부와 함께 상주청년회관에 설립한 보명강습소이다.[15] 이 네 사람은 모두 위에서 다룬 상주중학교 기성회에 1만 원이라는 거액을 기부했던 인물들이다. 이 설립자 네 사람에 대해서 족보

---

15) 『조선일보』(1921년 6월 23일), 『동아일보』(1925년 3월 4일, 9월 18일). 보명강습소가 언제 보명학원이라고 개칭했는지는 불확실하다.

등을 통해 경력을 조사하면 흥미로운 사실이 떠오른다.

조남탁趙南倬(1864~1928)은 풍양 조씨 검간종파黔澗宗派에 속하는데 양진당 마을에서 태어나 삼품三品 관지에까지 올랐던 인물이다. 조남윤趙南潤(1875~1932) 역시 풍양 조씨 검간종파로 운곡雲谷('갈가실'이라고 불린다) 마을에서 태어났으며 호는 가초可樵이고 선릉宣陵참봉(6품)을 지냈다. 그는 당시 상주에서 이른바 '천석꾼'으로 이름을 날리던 자산가이다. 만송재晚松齋라는 건물을 세운 외에, 1903년 기근 때에 농민에게 재물을 나눠주었고, 상해임시정부의 백산白山 안희제安熙濟와 연결되어 수십 차례에 걸쳐 송금을 했다고도 전해진다.16) 또한 황지선黃芝善(1857년생)은 수봉壽峰리에 있는 장수長水 황씨 마을 출신인데 옥동玉洞서원에 배향된 축옹畜翁 황효묵黃孝黙의 자손이며 한말의 사립 풍창학교 설립운동에도 발기인으로서 관여한 바 있다.

이 세 사람은 상주의 순수한 사족 출신으로서 조남윤과 황지선은 사돈 관계에 있는 등 혼인 네트워크로도 긴밀하게 연결되었다. 그에 비하여 상산 박씨인 박인양朴寅陽(1883~1955)은 상주성 아래 복룡伏龍동 출신의 이족가문 사람이었다. 그 6대조에 해당하는 박천주朴天柱는 18세기 전반에 상주의 호장을 역임했는데, 이족임에도 상주 북부(현재의 문경지역)에 살고 있던 안동 권씨 가문의 유학자 청대清臺 권상일權相一의 집을 출입하는 등 강한 사족 지향성을 띠고 있었다.17) 박인양의 조부에 해당하는 래학來鶴은 그 형 래봉來鳳과 함께 1891년 무과에 합격하였고,18) 래학의 아들인 시형時馨(인양의 아버지)은 1901~1903년 무렵에 상주 이방을 지냈다.19) 1894년 2월부터 1901년 2월까지 한문사숙에서 수업한 박인양은 1905년 5월에 궁내부 순릉純陵참봉이 되었다. 1910년 9월에 상주사립광흥학교 설립 때에 교감으로 취임했다고 되어 있는데 이 학교가

---

16) 묘비명(상주군 낙동면 용포리 용담) 및 『雄州典故』(博約會尙州支會, 1998년, 986~987쪽).

17) 『掾曹龜鑑』(서울시립 종로구 도서관 소장 필사본) 卷3, 「觀感錄」(서강대학교 인문과학연구소 국학자료 제2집에 수록).

18) 『雄州典故』博約會尙州支會, 505쪽.

19) 『尙州牧先生案』(『尙州 咸昌 牧民官』 1997년에 수록).

어떤 학교였는지는 확실치 않다. 1913년에 상주군 지주조합 부조합장, 또 같은 해 6월에는 상주공립보통학교의 학무위원이 되었다. 상주성 중심을 거점으로 재산을 모은 박인양가 또한 '천석꾼'으로 알려졌는데 조사시점까지도 읍내에 기와집인 사택私宅이 남아있었다.[20]

이러한 사실로 판단컨대 이 네 사람의 보명강습소 출자자는 ①<근세> 지역엘리트 가문 출신으로서, ②그러나 사족과 이족이라는 구래舊來의 신분차를 넘어서는 연결이 있었고, ③스스로는 한문적 소양을 갖고 있으면서도 청년회의 요청에 응해 읍내에 신교육을 확대 유지하는 데 힘쓸 뜻을 가지고 있었으며, ④그러한 투자가 가능할 정도의 자산적 잉여가 있었다는 점에서, 보명학원의 설립은 지방사회에서의 <근세>와 <근대>의 중첩을 생각하는 데 실로 중요한 사건이었다고 할 수 있다.

이렇게 설립된 보명학원은 1922년에 3천 원을 들여서 서문 밖에 교사를 신축했다(그림 4-8). 자세한 사정은 명확치 않으나 이듬해인 1923년 7월에는 상주청년회가 전적으로 경영을 맡게 되었다. 1925년 3월 시점에서는 세 학급에 학생 수 163명으로 4년간의 수업연한 동안 공립보통학교 6년 과정을 수료하도록 하였다. 교원은 박인옥朴寅玉, 송태익宋泰翼, 전수길全壽吉 등 세 사람이었다. 네 명의 설립자로부터 기증받은 건물·택지·비품 등의 자산은 1만 3천여 원에 달하였고 연간 경상비가 4천 원이었으며, '장래에는 상주의 완전한 사립학교가 되리라고' 여겨졌다. 하지만 경영이 반드시 순조로웠던 것은 아니어서 학급을 확대함에 따라 경비가 다소 부족해져서 후술할 바와 같이 보광강습소와 합병한다는 이야기도 나왔다.[21]

그러던 중 1925년 8월 26일에 돌연 경상북도 당국으로부터 아무런 이유 없이 보명학원의 사설학술강습회 개최를 불허한다는 통지를 받았다.[22] 이에

20) 박인양은 해방 후에 토지를 분배하여 상주고등학교의 설립을 비롯한 많은 교육사업에 투자했는데, 그 공적이 칭송되어 사망했을 때는 교육회장敎育會葬이 성대히 행해졌으며 (尙州經濟自立硏究會, 『尙州大觀 : 鄕土誌』, 1957年, 382~383쪽), 현재 시내의 왕산 아래에 「永世不忘碑」가 세워져 있다.

21) 『동아일보』 1925년 3월 4일, 9월 18일.

<그림 4-8> 보명학원
출전 : 『동아일보』 1925년 3월 4일

우선 9월 2일 설립자 중 한 사람인 황지선의 집에서 상주 청년회의 긴급위원회를 열었지만, 학원의 존폐를 청년회에 일임하고 부담금은 종전대로 지불할 것 등을 결의했을 뿐이었다.[23] 도당국 등에 대한 교섭에도 불구하고 9월 13일에 설립자 회의를 열어 '보명학원은 당국의 처치가 완강하니 비분하나마 타도(他道)가 무(無)하니 해산할 사(事)'를 결정했다.[24] 9월 15일에는 등교한 아동에게 폐교를 선언하고, 1~4학년은 보광강습회로 5~6학년은 군 당국과 교섭하여 공립보통학교로 보내겠다는 방침을 발표했다.

폐교의 이유는 당초 밝혀지지 않았지만 후일 판명된 바에 따르면 '청년회에서 경영한다는 것과 교원이 불온하다'[25]는 것이 이유였던 듯하다. 그 '불온'함이 구체적으로 무엇을 의미하는지는 밝혀지지 않았다. 설립자 박인양과 8촌 관계에 있던 강사 박인옥이 3·1운동 당시 서울의 탑골공원에서 벌어진 시위운동에 참가하여 8개월의 징역형을 받은 경력이 있는 점,[26] 그런 사람을 중심으로 당시 청년회의 '혁신'이 진행되면서 사회주의 사상이 유입되었다는 점(3장 참조) 등이 그 원인이었을 것이다. 결국 민족주의나 사회주의 사상을 극도로 경계하는 총독부 관료에 의해 일련의 사회운동 탄압책의 일환으로 보명학교도 폐지된 것으로 생각된다.

22) 『동아일보』 1925년 9월 2일.
23) 『동아일보』 1925년 9월 7일.
24) 『동아일보』 1925년 9월 19일.
25) 『동아일보』 1927년 7월 4일.
26) 尙州報勳支廳, 『우리고장 出身 獨立有功者 功勳槪要集(尙州·聞慶·醴泉)』(1994년, 12쪽).

이렇게 폐교에 몰린 보명학원을 어떻게 할 것인지를 둘러싸고 청년회와 설립자 측 사이에 의견 대립이 있었다. 청년회 측에서는 도서관을 설립하자고 제창하였고 설립자 측에서는 유치원으로 하자는 방안도 나왔다. 그러나 보명학원의 설립자·경영자는 학과목을 고쳐서 보명학교 졸업자를 대상으로 한 실업교라는 형태로 다시 개교할 방침으로 회의를 거듭했다.[27] 군수의 협력도 끌어내었고 1926년 9월 상주군 신청사의 낙성을 맞아 상주를 방문한 경북도지사를 상대로 직접 교섭한 결과 인가하는 방향으로 이야기가 진행되어 마침내 이듬해인 1927년 6월 14일부로 도지사의 인가를 얻었다. 수업연한은 2년으로 보통학교 졸업 정도의 학생을 대상으로 보통 농사, 양잠, 축산, 임업, 원예 등의 '실업적 지식'을 가르치도록 정했다.[28] 이어 10월에는 상주청년회가 보명학원 개원을 기념하는 상주시민대운동회를 개최하여 '상주 만여 시민'이 모이는 등 대성황을 이루었다.[29]

이와 같이 보명학원은 2년 만에 '부활'하였지만 많은 변화가 있었다. 즉, 본래의 청년운동에 의한 초등교육이라는 기능을 버리고 총독부가 주도하는 공립보통학교 교육을 거친 다음에 진학하는 중등 실업교육의 장으로 전환함으로써 겨우 연명할 수 있었던 것이다.

그 후 보명학원이 어떻게 되었는지에 대해서는 불확실한 점이 많다. 1928년 4월에는 2천여 평의 작업실습지를 취득하고, 전임강사 오길영吳吉永 외에 촉탁강사를 두었으며, 또한 4명의 설립자가 평균 분담하여 기본금을 5천 원으로 하였고, 그 밖에도 <표 4-14>에 든 것처럼 지역 유지로부터 많은 기부금을 모았다.[30] 이 기부자의 이름에도 장수 황씨·풍양 조씨·진양 정씨 등의 사족과 상산 박씨 등의 이족 가문 출신자가 많이 눈에 띄는 것으로 보아 재원財源은 설립 당시와 비슷한 상황이었다고 생각된다. 이듬해인 1929년 3월 24일에는

---

27) 『동아일보』 1926년 10월 24일.
28) 『동아일보』 1926년 7월 23일.
29) 『동아일보』 1927년 10월 21일.
30) 『동아일보』 1928년 4월 18일, 4월 24일.

<표 4-14> 보명학원에 대한 기부금(1928년)

500원	黃聖弼
400원	趙珏衍
200원	金世寅, 黃鶴周
150원	金道植, 金鍾熙
100원	鄭來奭, 黃龍周, 柳寬植, 金永壔, 朴寅奎, 金世晙, 黃德鉉, 趙世圭
60원	朱駿基, 李鎬哲, 石永酢, 石鉦基, 金錫根, 韓聖奎, 朴冕植
50원	金演植, 沈潤惠
30원	朴挺漢, 金翼周
20원	鄭在穩

출전 : 『동아일보』(1928년 4월 18일)

제1회 졸업식을 거행하여 16명의 졸업생을 배출하였다.[31] 그러나 그 이후로 특별한 기록이 남아있지 않은 것으로 보아 머지않아 폐교된 것으로 추측된다.

읍내② : 보광강습소

보광강습소普光講習所는 1922년 읍내의 냉림冷林리에 설립되었다.[32] 이곳은 불교단체를 경영기반으로 삼아 유지되었다는 점에서 다른 교육운동과는 조금 다르다. 보광강습소는 '금룡사金龍寺 본말사本末寺'가 경영을 하였다. 사찰령寺刹令(1911년 6월)과 동 시행령(1912년 7월)에 의해 조선의 사찰은 30본산과 1천 2백여 말사로 조직되었는데, 상주 주변에서는 금룡사(현재의 문경에 위치)가 본사로서 인가를 받고 상주 내 12곳의 절이 그 말사가 되었다. 이 금룡사의 본사와 말사가 경영 모체가 된 것이다. 1921년 말에 본말사의 주지와 협의원이 협의회를 개최하여 이듬해부터 상주에서 교육사업을 행하기로 결정했다. 1922년 냉림리 포교당에 보광강습소를 개설하고 곧이어 무양武陽리에 교사를 설치했다. 약 2천 평의 부지였다고 한다.[33] 1924년도의 예산 총액은 4천 5백 원, 1925년 현재 4학급에 학생 수 220명으로 상당한 규모였던 것을 알 수 있다. 불교단체는 주로 재정지원을 맡았고, 강사는 승려가 아닌 사람들로부터 모집했던 듯하다. 그 가운데 한 사람이 청년회 운동 등에서 활약하고 있던 박동화朴東和이다.

1926년도에는 금룡사 단독경영으로 바뀌었고 학생도 160명 정도가 되었지만, 1927년 3월에 경비 획득이 곤란하다는 이유로 결국 금룡사 본말사 주지 총회에서

---

31) 『동아일보』 1929년 3월 31일.
32) 이하의 기술은 『동아일보』(1921년 12월 12일, 1923년 3월 11일, 1925년 3월 4일, 1926년 10월 16일, 1927년 3월 12일), 『조선일보』(1927년 4월 7일)에 의한다.
33) 尙州市·郡, 『尙州誌』, 1989년, 733쪽.

강습회 폐지가 결의되었다. 박동화朴東和, 박정현朴正鉉, 조경래趙慶來 등의 '유지제씨有志諸氏'가 사찰 측과 교섭했지만 결정은 달라지지 않았다. 160여 명이 길가에 나앉게 되었기 때문에 각 사회단체와 학부형회는 폐지 반대 결의문을 발송하였다. 이에 금룡사 말사에서는 임시총회를 소집하여 현재 재적 중인 학생만은 졸업시킬 것을 가결했다. 이 약속이 어느 정도 이행되었는지는 알 수 없지만 얼마 후 이 강습회도 사라졌다.

읍내③ : 대성강습회

대성강습회大成講習會는 1922년 6월경에 유도진흥회 상주지회(3장 참조)가 상주향교의 명륜당에서 개설하였다. 1925년에는 학생 70명을 두 학급으로 나눠 2명의 교원이 가르쳤지만 1926년에는 30여 명으로 줄었다고 한다.[34]

대성강습회에 다니고 졸업까지 한 성학환成鶴煥 씨(내서內西면 능암綾巖리, 1912년생)와의 인터뷰를 통해 당시의 이야기를 들을 수 있었다. 성학환 씨는 1922년경 마을 내 재실에서 개최되었던 진명강습회進明講習會에 다닌 후, 1923년부터 1925년까지 대성강습회에 다녔다. 명륜당에는 2인용 책상과 목제 의자가 있었고 월사금은 월 1원이었다. 교사는 두 사람으로 독립운동도 했던 박인옥朴寅玉과 양조장에 다녔던 김억주金億周였다. 강습회 회장은 군수인 신현구申鉉求였다. 교과는 수신修身·국어(일본어)·산술이 중심이었고 조선어, 역사, 지리, 이과가 있었다. 교과서는 총독부의 것을 썼는데 속성으로 배웠다. 평일은 오전 3시간, 오후 2시간, 토요일은 오전 3시간 동안 수업을 열었다. 방학이나 휴일은 보통학교에 준하였다.

학생은 당시 50명 정도였는데 유림儒林의 아이가 많았고 상투를 튼 사람도 다수였다. 실제로 '유림의 자제를 교육하기 위해서' 설립했다고 당시의 잡지에도 적혀 있던 것으로 보아[35] 아마도 주된 대상은 유림의 아이들이었을 것이다. 이것과도 관련이 있지만 한 번은 성학환 씨가 다녔을 때에 동맹휴교사건이 있었다. 맹휴의 원인은 당시 차별을 받던 백정의 아이가 같은 반에서 배우던

---

34) 『동아일보』 1925년 3월 4일, 1926년 10월 16일.
35) 『儒道』 9호, 1922년.

것에 학생이 반발한 데서 비롯되었다. 그 정도로 <근세>의 신분적인 사고가 남아 있었다는 이야기인데, 이 사건은 교사가 '더 이상 그런 시대가 아니'라고 설득함으로써 수습되었다고 한다.

<그림 4-9> 대성강습회의 졸업증서
성학환 씨 소장문서를 저자가 촬영

성학환 씨는 1925년 3월에 대성강습회를 졸업했다. 그가 보관하고 있던 졸업증서를 보면(그림 4-9), 군수 명의로 '보통학교 수업연한 6년의 전 교과를 졸업'한 것을 증명한 다고 되어 있어 실제로 속성으로 배웠음을 알 수 있다. 그러나 대성강습회를 졸업한 이후 성학환 씨는 문경에 있는 농암

籠巖공립보통학교 5학년에 편입하였다. 이로써 보건대 대성강습회의 졸업증서를 보통학교 측에서는 4년간 수학한 증명으로 받아들였음을 알 수 있다. 실제로 성학환 씨가 그 때까지 진명과 대성 두 강습회에서 배운 햇수는 총 4년이었으므로, 군수가 인정한다고 해서 증서 그대로 6년간 수학한 증명이 되지는 않았음을 보여준다.

대성강습회는 1927년 3월에 최후의 졸업생을 배출한 후 폐교되었다. 그 다음은 3장에서 서술한 바와 같다.

농촌부① : 조명강습회

조명강습회朝明講習會는 1921년 9월 9일 낙동면 승곡升谷리에 있는 풍양 조씨 종손택인 양진당養眞堂에서 문을 열었다.36) 한말에 양진당에서 풍창학교를 세우려는 계획이 있었음을 살펴본 바 있는데, 그 계획이 좌절된 지 딱 10년만에 조명강습회가 탄생한 것이다.

---

36) 『동아일보』 1921년 9월 14일.

『양진당』이라는 책자에 전해지는 바에 따르면 먼저 1920년에 낙동면 운평云坪
리의 널미라는 마을에서 조태연趙泰衍이 '낙운사숙洛雲私塾'을 개설하였다. 처음
에는 낙동면이나 인접한 중동면, 나아가 이웃한 군인 선산·의성 등에서까지
학생이 모여서 그 수가 50명 전후에 달했다고 한다. 이에 사숙에서는 학생을
다 수용할 수 없었기 때문에 1921년에 양진당으로 장소를 옮기고 그 명칭을
조명강습소라고 붙였다. 200여 명의 학생을 갑을병 세 반으로 나눠서 교육을
했다.

강사는 목포에서 온 김영현金榮炫이라는 인물이었다고 한다. 그에 대해서는
1920년 경 목포에서 동아일보 기자였다는 기록 외에는 알 수 없다.[37] 또한
일족一族인 조상연趙相衍(1897~1966)도 강사로 일했다고 한다. 조상연이 이
무렵에 만주에서 활동했다는 기술도 있지만,[38] 당시 『상산지』에도 강사명으로
조상연이 나오기 때문에 아마도 강사를 했을 것으로 여겨진다. 그 외에도
『양진당』에 따르면 조태연趙台衍이 강사의 초빙에 진력했다고 하는데 아직
확증은 없다. 조태연趙台衍(1891~1980)은 와세다대학에 유학한 경험이 있는
인물로서, 1919년 인평仁坪리의 조성돈趙誠惇 및 우천愚川리의 류우국柳佑國 등과
함께 만주의 독립운동 거점의 하나였던 무관학교에 가려다 체포되어 1920년
9월에 송치되었는데,[39] '출옥 후 바로 중국 중경重慶으로 망명하여 동지와
활동했다'는 기술도 있어 이와 모순되기 때문이다.[40] 여하튼 풍양 조씨 중에서도
사회운동에 관여하거나 했던 인물이 조명강습회에도 관계한 듯하다.

후술할 바와 같이 그 후 조명강습회는 낙동면 화산㐀山리의 상산 김씨 재실에서
열리던 강습회와 더불어 1924년에 낙동공립보통학교가 개설될 때에 모체가
되었다. 다시 말해 공립보통학교가 설립되면서 이 강습회는 폐쇄되었다.

농촌부② : 자양학원

---

37) 『동아일보』 1921년 8월 5일.
38) 앞의 『雄州典故』, 1147~1148쪽.
39) 慶尙北道 警察部, 『高等警察要史』, 1934년, 200~202쪽.
40) 앞의 『雄州典故』, 1122쪽.

자양학원紫陽學院은 화동면 관제官堤에서 약 10년(1923~1931) 동안 지속되었다. 이에 대해서는 창설자인 여석훈呂錫壎(3장 및 결론 참조)의 자서전『오광자소五狂自疏』및 그 아들인 여학룡呂學龍 씨가 소장한『자양학원 학칙』(이하『학칙』이라고 쓴다. 손으로 쓴 문서를 철한 것으로 표지에 '大正十二年[1923년]八月現在'라고 표기되어 있다)에 상세하게 기술되어 있다. 화동면에서 공립보통학교가 개교한 것이 1929년 6월의 일이었으므로 적어도 그 이전 시기에 화동면에서의 신식 초등교육을 떠맡은 존재였다고 할 수 있다.

자양학원의 설립경위는 아래와 같다. 여석훈은 1922년부터 동리에서 근검저축계를 조직했다. 1구口 10전으로, 1인당 5구 이상으로 가입할 수 있는 조직이었다. 이 계는 1년 정도 지나자 100명 가까이 계원이 늘어나 계금도 6천 원에 이르렀다. 그래서 무언가 공익사업을 하자는 이야기가 나왔는데, 마침 그 무렵 이 지역에 개설된 사설 강습소의 자질이 문제가 된 일도 있어서 강습소 설립안이 만장일치로 결의되었다. 계금뿐만 아니라 찬조금이나 곡물의 기부, 노력의 제공 등을 바탕으로 해서 1923년 봄, 관제에 15평 건물이 세워졌다. 강습소의 이름은 주희朱熹의 별호인 '자양'에서 따왔다. 당국으로부터 '사설학술강습소'로 인가를 받아 학생을 모집하기 시작했다.

이것이『오광자소』에 전해지는 설립 경위인데『학칙』에는 1922년 6월 15일부로 경상북도 지사가 여석훈에게 보낸 '사설자양강습회 개최의 건을 인가'한다는 인가서가 철해져 있다. 따라서 강습회 자체는 1922년부터 개설되었으며 새로운 건물에서 자양학원으로 개교한 것이 1923년이라고 보는 것이 타당할 것이다.

『학칙』에 따르면 교직원은 3명 있었다. 5학년·3학년 담임이자 조선어 이외의 모든 과목을 담당했던 인물이 쓰키오카 우사부로月岡卯三郎다. 그는 이력에 따르면 에히메현愛媛縣 출신으로 도쿄제대 농과대학을 졸업했다고 한다. 또 이웃한 보은군의 공립보통학교를 나온 구봉회具奉會라는 인물이 조교로서 2학년 담임을 맡았고, 여석훈呂錫壎 또한 조교로서 1학년 담임을 맡았다. 이러한 사설학술강습회에서 일본인이 가르치고 있었다는 것도 흥미로운 사례이다.

<표 4-15> 자양학원의 수입예산(단위 : 원)

	소속지 연수입	소작지 연수입	월사금 입학금	실습지 생산물수입	합계
1923년	110	275	530	–	915
1929년	70		960	50	1,080

출전 :『자양학원 학칙』

<표 4-16> 자양학원의 학생 수(1923년 8월)

	1학년	2학년	3학년	4학년	5학년	6학년	합계
남자	30	26	27	0	7	0	90
여자	3	0	0	0	0	0	3
합계	33	26	27	0	7	0	93

출전 :『자양학원 학칙』

학교의 수입은 <표 4-15>에서 보듯이 부속 토지에서 얻기도 했지만 대부분은 월사금과 입학금으로 충당했다. 입학금은 1원, 월사금은 1학년이 40전, 2학년이 60전, 3학년 이상이 80전이었는데, '가정 사정에 따라 납부가 곤란한 때는 특별히 다른 부역으로 대신할 수 있다'고 학칙에서 규정하였다. 더욱이 1923년의 경우에 금납자金納者가 35명 200원, 인납지釼納者가 60명 330원이듯이 나락으로 월사금을 대신하는 사람이 상당한 비율을 차지하였다. 즉, 지역의 학교로서 어느 정도 계급격차를 시정하려고 시도하였던 점은 주목된다. 1923년 8월 현재의 학생 수는 <표 4-16>과 같다. 여학생이 극단적으로 적은 것이 하나의 특징이다. 즉 각지에서 세워지고 있던 공립보통학교에 대해 대안적인 교육의 장으로서의 성격을 갖고 있던 강습회는, 계급격차에 대한 제도적 배려는 보이지만 그 한편에서 결과적으로 젠더 격차가 생겨난 셈이다.

사설학술강습회는 경제적으로도 정치적으로도 불안정한 지위에 있었으며 이는 자양학원도 예외가 아니었다. 1926년 9월 28일자로 도 지방비에서 '교수용 기구기계도서 구입비'로 45원의 보조를 받은 흔적이 남아있기는 하지만 늘 있는 일이었다고는 생각되지 않는다. 한편 자양학원의 운영에도 수차례 관헌의 개입이 있었다. 근검저축계의 계원 가운데 학원 발족을 불만스럽게 여긴 사람이 주재소에다 부정이 있다고 밀고하는 바람에 서류 일체가 압수되고 수차례에 걸쳐 호출되기도 했다. 또한 '불순한 신사상을 고취'하고 있다고 본 주재소는 학생 10여 명을 불러 청취서를 작성하고 나아가 여석훈에게 보안법 위반의 혐의를 씌워 13일간 유치소에 구속시킨 적도 있다. 3장에서 쓴 것처럼 1930년경 여석훈은 군의 학무과에 호출되어 신간회를 택할 것인지 교육사업을 택할 것인지를 정하라는 압력을 받고 강습회의 존속을 위해 신간회를 탈퇴하기도 했다.

그러한 압력을 받은 끝에 자양학원은 마침내 폐쇄되고 말았다. 그 경위는 다음과 같다. 1930년 6월에 화동공립보통학교가 개교 1주년을 맞았다. 그 단계에서 자양학원은 도 당국의 계속 인가를 받지 못하여 폐쇄에 이르렀다고 한다. 폐쇄의 정확한 시기는 불확실하지만 현재 1932년(昭和7) 6월의 아동 20명분의 출석부가 전한다. 거기에 6월 말일까지의 출결이 기록되어 있으므로 적어도 이 시점까지는 자양학원이 존속되었음을 알 수 있다. 이리하여 약 10년간 계속되었던 자양학원은 경영난 등의 내적인 요인이 아니라 당국의 불허가로 인해 막을 내리게 되었다.

농촌부③ : 대건학원

사벌沙伐면 퇴강리退江里에서 설립·경영되었던 대건학원大建學院은 천주교 교회가 있는 마을에 세워졌다는 점에서 상당히 특색이 있었다.[41] 낙동강 천변에 있는 퇴강리는 김해 김씨가 많기는 해도 지배적인 사족은 없는 소위 '민촌民村'으로서 농업을 중심으로 하면서도 수운水運을 활용하여 소금 장사 등에도 종사하던 마을이었다. 그렇게 개방적인 특징을 가진 마을 출신인 김극배金極培 등이 1899년부터 성서의 복음사업을 개시하여 1903년에는 가톨릭 공소公所가 설치되었다. 교세가 확장되어 1922년 9월에는 상주 퇴강리 교회가 본당으로 지정되었다.

이 교회가 중심이 되어 한국인 최초의 사제인 김대건金大建 안드레아 신부의 이름을 따서 1932년에 설립한 것이 대건학원(그림 4-10)이다.

이 학교의 제1기생인 김종순金鍾舜 씨(1921년생)에게 당시의 사정을 다소 인터뷰할 수 있었다. 월사금은 한 달 50전에서 1원이었다. 당시 부근에 보통학교가 없어서 이웃한 중동면 등에서 다닌 사람도 있었고, 심지어 이웃한 예천군에서 낙동강을 배로 건너서 오는 학생도 있었다고 한다. 교사는 원장을 포함해

---

41) 대건학원에 대해서는 함창천주교회 퇴강공소『天主教奉道傳教百年史』(1999년) 및 「尙州退江里教會 : 紙上聖堂巡禮」(『가톨릭研究』 3(7), 1936년) 등에 기술이 있다.

<그림 4-10> 대건학원

출전 : 「尙州退江里敎會」, 『가톨릭硏究』 3(7), 1936년

네 사람이었다. 원장은 마을의 김
희태金喜泰였고 교사로는 같은 마
을 출신이자 사범학교 졸업자인
김보록金保祿, 예천에서 온 김 선
생, 그리고 대구에서 온 사에구사
三枝라는 선생이 가르쳤다고 한다.

대건학원은 1935년에 사벌공
립보통학교가 생긴 후에도 존속
되었다. 1945년 4월에 사벌동부

국민학교가 대건학원에 설립인가 되었다고도 하지만, 실제로 개교한 것은
이웃한 매호梅湖리였다.[42] 해방 후에 대건학원은 공민학교가 된 뒤 얼마 되지
않아 폐쇄되었다고 전해진다. 상주 북동부 변두리에 있던 대건학원은 부근에
보통학교가 없었기 때문에 해방 후까지 존속되었다고 생각된다.

고찰

이상과 같이 1920년대를 중심으로 급속히 확대된 교육운동은 근세 이래의
사족이나 이족의 네트워크를 어느 정도 활용하면서도 새로운 '청년'이나 '유지'
가 관여하는 등 3장에서 본 바와 같은 특징을 잘 보여준다.

특히 이러한 점은 설립·운영의 주체라는 면에서 강습회의 존재 양상을 보면
더욱 잘 드러난다. 읍내의 경우 먼저 보명학원은 사족계와 이족계의 자산가에
의해 설립되어 당시 청년운동의 중심적 존재였던 상주청년회가 학원을 운영했
다. 대성강습회도 향교에 모인 유림이 설립주체이긴 했지만 교육 자체는 서울에
서 학교를 나온 박인옥과 같은 '청년'이 담당하였다. 보광강습소 역시 설립모체는
불교단체였지만 읍내에서 활동하던 '청년'이 실제의 교육 등을 담당하였다.
이와 같이 읍내에서는 다양한 집단이 결집한 가운데 그것을 젊은 지역엘리트가

---

42) 『沙伐誌』 尙州文化院, 1999, 200쪽.

실질적으로 이끌어 가는 구조가 엿보인다. 그 중에서도 대성강습회에서 발생했던 동맹휴교의 일화는 '청년'이 구래의 신분적 관계를 중재하는 위치에 섰다는 점에서 이러한 특징을 잘 보여준다고 하겠다. 이러한 움직임과 병행하여 읍내에서는 1920년대에 급속하게 보통학교 취학열이 일어났다. 1921년에는 '몇 년 전에는 입학권유에 힘을 쏟아도 정원을 채우기 어려웠지만 작년부터는 정원을 몇 배나 초과'하여, 정원 120명에 지원자 4백 명이 쇄도하였다.[43] 이렇게 정원을 훨씬 넘치게 할 정도의 힘이 읍내에서의 강습회 운동을 강화시켰다고 생각한다.

한편 농촌부에서는 이족계의 인물이 관여하는 일은 없었다. 이족은 근세 이래 구舊읍성 부근이 거점이었기 때문이다. 조명강습회 등은 명백하게 재지사족 문중을 기반으로 하여 설립되었다는 점에서 농촌부의 특징을 잘 보여준다. 또한 농촌부에서는 공립보통학교와의 역학관계가 보다 명백하게 작용한 듯하다. 조명강습회는 낙동공보에 흡수되었고 10년이나 지속되었던 자양학원도 공보의 설립으로 인해 폐쇄되기에 이르렀다. 청신靑新강습소, 진명강습소 등도 공보에 흡수된 유형이다. 반면 근처에 공보가 설립되지 않은 대건학원은 해방 후까지 존속되었다.

대건학원과 같은 예외를 제외하면 나머지 강습회는 모두 1920년대를 중심으로 설립되어 몇 년 쯤 지속된 후 폐쇄되었다. 폐쇄의 직접적인 원인은 보명학원이나 양촌粱村강습소·신명新明강습소(3장 참조)와 같이 노골적인 행정 당국의 개입에 의한 곳, 보광학원·대성강습회 등과 같이 재정난에 의해서 지속될 수 없었던 곳, 나아가 자양학원이나 조명강습회 등처럼 보통학교가 근처에 개설됨으로써 더 이상 인가가 나지 않은 곳 등 여러 가지였다. 그러나 근본적으로는 공립보통학교를 정점으로 하여 다른 교육시설을 주변화시키는 정책, 그리고 조선인에 의한 교육운동을 불온하다고 여겨 1년 단위의 인가제도를 취한 것 등이 구조적으로 강습회의 운영을 불안정하게 하였다고 할 수 있다.

1930년대 이후가 되자 강습회는 거의 모습을 감추게 되었다. 기껏해야 모동牟

43) 『조선일보』 1921년 4월 18일.

東면 안평安平리에 1936년 용호龍湖학술강습소가 개설되어 93명의 아동이 배우고 있다는 기사[44]나 사벌면 묵상墨上리에서 1942년부터 사벌동부국민학교가 생기기까지의 3년간 동명東明학원이라는 강습회가 두 칸 초가에서 열렸다는 기록[45]을 찾을 수 있는 정도이다. 단지 기록이 남아 있지 않은 것은 아니며 후술하겠지만 이러한 사정은 학적부를 통해서도 확인된다. 1932년 동아일보사 주최로 서울의 학생들이 여름방학을 이용하여 지방에 들어가 농민들에게 한글을 가르치는 '브나로드 운동'을 상주의 내서면 신촌리에서 개최하려고 했을 때도 당국의 양해가 필요하다는 주재소의 개입으로 인해 어쩔 수 없이 중지되었다.[46]

그 대신 농촌진흥운동에 즈음해서 관제 야학이 조직되었다. 이것은 농촌진흥운동의 '갱생지도부락'을 중심으로 하여 계획표를 읽거나 가계부를 기장하는 등 정책 수행에 필요한 최소한의 '간이簡易하고 비근卑近'한 문자와 산술을 가르치려 한 것으로서 기본적으로는 효율적인 행정을 위한 정책이었다[板垣, 2000]. 상주에서 확인할 수 있는 것으로 1938년 말부터 1939년 초에 걸쳐 농한기에 상주 내 144개소의 갱생지도부락에서 농촌간이야학회가 개최되어 수강자가 7,200명에 달했다는 보도가 있다.[47] 이러한 숫자 자체는 관료적인 것이어서 그대로 받아들일 수는 없지만, 한편에서 사설학술강습회와 같은 사립학교적인 교육운동을 억압하면서 다른 한편에서는 이러한 실용주의적인 관제 야학이 추진되었다는 사실은 틀림없다.

이와 같이 1930년대가 되자 당국의 개입 강화, 공립보통학교의 증설 등에 의해 사설학술강습회 운동은 서서히 쇠퇴해 갔다.

---

44)『조선중앙일보』1936년 4월 23일 석간.
45) 앞의『沙伐誌』, 200~201쪽.
46)『동아일보』1932년 8월 16일.
47)『매일신보』1939년 1월 29일.

3. 공립보통학교의 전개

지금까지 검토한 바와 같이 1920년대 이후 서당교육은 서서히 쇠미해졌고, 그와 병행하여 1920년대에는 사립교육운동이 일어났다. 그러나 그것도 1930년 대가 되자 뒷걸음질치게 되었다. 그러한 가운데 서서히 지역사회에서 교육기관의 헤게모니를 장악해 간 것이 공립보통학교였다.

1) 학교 설립과 지역엘리트

공립보통학교란 「보통학교규정普通學校規程」(1920년 개정)에서 '학교비의 부담으로 설립한 것'이라고 정의하고 있다(1920년대 이후). 1910년대에는 교육재정이 독립되어 있지 않았지만, 1920년부터 3년간에 걸쳐 실시된 3면 1교 증설계획의 재원확보를 위해서 「조선학교비령朝鮮學校費令」(1920년)이 제정되면서 학교비라는 독자적 재정기반을 갖기에 이르렀다. 「조선학교비령」은 '조선인 교육에 관한 비용을 지변支辦하기 위해 부군도府郡島에 학교비를 둔다'고 하고, 학교비는 '부과금, 사용료, 보조금, 재산수입 기타 학교비에 속하는 수입'으로 충당한다고 규정하였다. 이 가운데 부과금이란 '부군도내에 주소를 가진 또는 토지 혹은 가옥을 소유한 조선인'에게 부과되는 것이었고 사용료란 소위 수업료이기 때문에 조선인 주민의 부담에 의한 것이었다.

그러나 이러한 경상 수입만으로 학교가 세워질 리는 없었고 대부분의 경우에는 먼저 그 지역에서 설립기성회와 같은 조직이 만들어져 자금과 토지를 모아 학교를 세우기 위한 기반을 갖추었다. 그런 다음 서류를 작성하고 조선총독에게 신청하여 인가를 얻어 비로소 설립, 개교할 수 있었다. 따라서 자금을 모았어도 당국의 판단이나 정책 여하에 따라 학교가 설립되지 못하기도 했다.[48] 학교

---

48) 예컨대 모동면 근처에 있는 화동면에서 1927년 면내 유지가 4,500원에 달하는 기부금을 모았지만, 그 해에는 설립인가를 받지 못하고 이듬해 8월이 되어서야 겨우 인가를 받았다(「公普設置不許 面民稱怨」, 『조선일보』 1927년 7월 15일 석간).

건축 시 학교비로서 기부된 돈은 '학교건축비지정기부금'이라 하여 임시수입으로 포함되었는데, 그것이 학교건축비에서 차지하는 비율은 시기나 지역에 따라 상당한 편차가 있었지만 평균 41.7%에 달했다[오성철, 2000 : 101~110 ; 高倉&河, 1984, 1985].

여기서는 보통학교의 설립 과정을 구체적으로 살펴보도록 하겠다. <표 4-17>에는 식민지기 상주의 공립보통학교의 설립 상황을 정리했다. 참고한 자료는 다음과 같다. 한국의 교육청에서는 1970년대부터 통일된 서식으로 각 학교마다 연혁지를 쓰게 한 뒤 1부는 교육청에, 1부는 각 학교에 두어 가필하고 있다. 상주교육청에 정보공개를 신청하여 이 학교연혁사로부터 '학교설립', '학교연혁' 부분을 제공받았다. 또한 1929년에 발간된 『상산지』 권지삼卷之三에도 몇몇 학교의 설립과정에 대한 기록이 있다. 나아가 면지面誌 가운데 공립보통학교의 설립과 관련된 기록이 있는 경우도 있었고, 필자가 직접 구술조사를 행하기도 했다. 이러한 내용을 정리한 것이 <표 4-17>이다. 아래에서는 시기 순에 따라 검토하겠다.

<표 4-17> 상주의 공립학교 설립(1907~1945년, 설립순)

설립 시 학교명	소재지	인가 연월일	개교 연월일	6년제 전환 연도	설립사유 등
尙州公立普通學校	尙州邑		1907.06.01	1923	설립 당시는 尙州客舍를 교사로 이용
(尙州公立尋常小學校)	尙州邑		1907.07.11		
咸昌公立普通學校	咸昌面	1910.03.05	1910.04.03	1922	1911년에 교사 준공
(咸昌公立尋常小學校)	咸昌面		1913.03.08		
(化西公立尋常小學校)	化西面		1920.09.17		10여 세대 남짓인 일본인 세대가 학교비를 모아, 도·군의 후원으로 공립학교를 건설
玉山公立普通學校	功城面	1919.12.01	1920.12.03	1924	1919년 면장·유지가 발기하여 세대당 1원을 모금하여 玉山樂育契를 결성
化寧公立普通學校	化西面	1921.05.01	1922.05.01		첫해는 1, 2학년 동시모집
洛東公立普通學校	洛東面	1923.07.14	1924.05.01	1926	풍양 조씨·상산 김씨가 주도한 두 개의 강습소가 있었는데, 전자

					가 공립으로 전환
中牟公立普通學校	牟東面	1923.07.05	1924.05.08	1927	1922년경 有志가 齋舍에 진명강습소를 설립. 1924년 면장·유지가 협의하고 군수의 후원에 의해 공립으로 전환
靑里公立普通學校	靑里面	1924.04.01	1924.09.01	1929	면장·유지가 보리를 1말씩 수년간 모아서, 1923년 교실 2동을 건설, 군수의 후원에 의해 공립으로 전환
尙州女子公立普通學校	尙州邑		1927.04.01		1938년 상주 北町공립보통학교로 개명하고 남녀공학 실시
外西公立普通學校	外西面	1926.06.25	1927.04.24	1937	면장·유지가 협의하고 군수의 후원으로 개교
銀尺公立普通學校	銀尺面	1927.08.25	1928.06.01	1939	
化東公立普通學校	化東面	1928.08.20	1929.06.01	1939	
外南公立普通學校	外南面	1929.05.22	1929.09.10	1939	면장이 발기인이 되어 기성회를 결성하고, 모금활동으로 교사 건축
牟西公立普通學校	牟西面	1932.10.26	1932.11.15		
沙伐公立普通學校	沙伐面	1934.08.15	1934.10.15	1939	개교 때는 면사무소 안의 임시교사를 사용. 면내 유지가 선도하여 1935년 4월 신교사 준공
利安公立普通學校	利安面	1934.10.10	1934.11.01	1940	1면 1교 정책에 따라, 함창향교 명륜당에서 개교. 이듬해 4월, 한 유지가 사비를 들여서 교사 1동을 신축
恭儉公立普通學校	恭儉面	1934.08.15	1934.11.20		
屛城簡易學校 (尙州公普)	尙州邑		1934년 6월		1944년 4월 1일, 상주동부국민학교로서 개교
龍華簡易學校 (化北公普)	化北面	1934.05.10	1934.07.01		1943년 5월 30일, 용화국민학교로서 개교.
內西公立普通學校	內西面	1935.05.01	1935.06.10	1939	1935년 9월에 교사 신축까지는 면사무소 안에서 개교
龍浦簡易學校 (洛東公普)	洛東面	1934.09.20	1935년 6월		1944년 4월 30일 용포국민학교로서 개교.
化北公立普通學校	化北面	1935.07.15	1935.07.20		1931년 유지의 기부로 화동강습소 설립. 1936년 5월 교사 신축까지 강습소안에서 개교
中東公立普通學校	中東面	1935.03.20	1935.09.01	1939	이 시점에서 1면 1교 달성
杜陵簡易學校 (沙伐公普)	沙伐面		1936.05.10		각 동 유지가 계몽·모금활동을 하여 1936년 두릉사설강습원을 설립. 이것이 간이학교로 인가됨.

				1943년 5월 26일 사벌서부국민학교로 개교
井山簡易學校 (牟西尋小)	牟西面		1938.03.31	개교 당시는 洞숍에 수용하고, 토지기증으로 1938년 9월 교사신축. 1943년 4월 1일 華山국민학교로 개교
洛東東部國民學校	洛東面	1942.01.17	1942.04.17	1942 이장을 중심으로 동민과 서울 轉居者의 기부에 의해 개교
洛西國民學校	內西面	1943.04.10	1943.05.01	유지가 설립기성회를 조직해 인가를 받아, 토지와 비용의 기증에 의해 교사 신축
龍谷國民學校	咸昌面	1943.05.06	1943.06.09	
梁村國民學校	尙州邑	1943.05.06	1943.06.22	
牟東國民學校	牟東面	1944.03.31	1944.04.30	
利安西部國民學校	利安面	1944.03.21	1944.06.26	
外西西部國民學校	外西面	1945.04.28	1945.05.22	愚伏宗家에 있는 愚山書院 강당에서 개교
沙伐東部國民學校	沙伐面	1945.04.28	1945.05.28	1942년부터 東明學院·梅湖公民學校라는 사설강습소가 설립되었는데 여기에 통합되었다.

자료 : 각 학교 「沿革誌」(상주교육청 제공) ; 『郡勢一斑』(상주군, 1937년) ; 『商山誌』卷之三(상주군, 1929년) ; 『華東勝覽』(화북면지편찬위원회, 1992년) ; 『沙伐誌』(상주문화원, 1999년) ; 『利安面誌』(이안면지편찬위원회, 1999년) 외.

비고 : (1) 괄호가 붙은 3개의 '심상소학교'는 일본인 대상의 소학교. (2) '보통학교'는 1938년 4월 1일에 '소학교', 1941년 4월에 '국민학교'로 개칭되었다. (3) 간이학교 뒤의 괄호는 부속 학교명을 나타낸다.

식민지 조선의 전체적인 경향이기도 했지만 1910년대에는 아직 보통학교의 설립은 저조하였다. 상주 최초의 공립보통학교는 1907년 성내城內의 객사客숍를 교사로 하여 설치된 상주공립보통학교였고, 이어 1911년 구 함창군 지역에 함창공립보통학교가 설치되었는데 모두 4년제였다. 그 외에 일본인 대상의 심상소학교가 마찬가지로 상주와 함창 읍내에 하나씩 만들어졌을 뿐이어서, 전술한 바와 같이 이 시점에서는 서당의 역할이 압도적으로 컸다.

보통학교의 설치가 활발해진 것은 1920년대부터였다. 설립 과정을 자세하게 알 수 있는 곳에 대해 먼저 자료를 정리해 보면 <표 4-18>과 같다.

<表 4-18> 1920년대 공립보통학교의 설립 경위

옥산玉山공립보통학교

'功城面 玉山驛 옆에 있다. 1919년 黃芑周, 孫源百, 면장 徐昌錫, 宋枓百, 金基遠 등이 발기하여 每戶 1원의 돈을 모아서 玉山樂育稧를 결성했다. 이듬해 학교기성회를 설립하고, 군수 沈院鎭의 원조를 얻어 이 해에 도청의 허가를 얻었다.'(『상산지』)

청리靑里공립보통학교

'靑上의 龍頭山에 있다. 李鍾麟, 孫炳冑, 면장 金在輻 등과 면민이 협의하여 보리 각 1말을 收租하여 수년간 저축했다. 1923년 두 동의 교실을 짓고 군수 申鉉求의 후원을 얻어 공립이 되고, 두 동을 증축했다.'(『상산지』)

'(설립 당시의 상황) 당교는 원래 1919년(大正8) 6월 지방유지 金在輻과 孫炳冑 두 사람의 알선에 의해 당면사업으로서 교육계를 조직하고 이후 매년 춘추 수확기 때에 면민 일반에 두루 쌀과 보리를 갹출하였다. 그것이 1개년의 매상고가 1천 6백 원이므로 교육보급의 자금이 되어, 1922년(大正11) 10월 사립 靑新강습소를 설립하고 당시 전 상주공립보통학교장인 堺昴씨를 강습소장으로 하여 수업을 개시하게 되었다. 한 때는 학생 수 약 2백여 명으로 얼마간 번성한 강습소였으나, 최근 재계의 부진에 따라 자연히 교육계에 대한 米麥의 갹출이 감소되었기 때문에, 도저히 그것을 영원히 계속하기 어렵게 됨에 따라 마침내 衆議의 결과 종래의 교육계로부터 돈 4천 원을 군에 납입함으로써 그것을 공립보통학교로 변경시키기로 결정하게 되었다. 1924년(大正13) 4월 청리공립보통학교로 청신강습소를 이름을 바꿔 청신학교를 부설할 것을 인가 받아 같은 해 9월 1일 개교하였으며, 1925년(大正14) 3월 청신학교 졸업생 39명을 배출함과 동시에 청신학교를 폐지하였다. 1927년(昭和2) 3월 3일 제1회 졸업생 54명을 냈으며 1927년(昭和2) 4월 수업연한을 6년으로 연장하였다.
(개교 연월일) 이미 공립보통학교로서의 인가는 4월 1일부로 발령되었다 해도 당시 아직 제반 설비가 용이하게 되지 않은 점도 있기 때문에, 사실 개교는 1924년(大正13) 9월 1일부터 하기로 되었다.'(청리초등학교 보관 「연혁사」)

중모中牟공립보통학교

'黃在傑, 姜聖熙, 金秉直, 姜信鏽, 金容軫 등이 進明강습소를 같은 면 磻溪里에 있는 강씨의 재사에 처음 설치하고 노동자로 하여금 무료로 야학하도록 했다. 장소가 넓지 않다는 이유로 신천리에 있는 황씨의 재실로 다시 옮겨서 주야를 통해 교육했다. 강신용은 오로지 詩를 勵行하는 것을 담임하였다. 이것이 1922, 1923년 두 해의 일이다. 이듬해 1924년에 상기한 여러 사람과 면장 申相鶴, 뜻을 같이하는 黃箏周, 徐相禹, 趙宗夏, 趙誠弼, 成漢永, 成艮根, 劉漢宗 등과 면내 유지가 협의·노력하고, 申候[당시의 군수]의 후원을 얻어서 결국 공립이 되었다.'(『상산지』)
또한 중모초등학교 보관의 「학교연혁지」(후술)에 있는 개교시의 경상북도지사에 의한 告辭에 따르면, '군 당국 및 지방유지가 협력하여 교사 신축의 계획을 세우고 일반지방민은 다액의 金員을 갹출하여'라고 되어 있고, 그 구체적인 액수는 불확실하지만 지역민의 금전 및 노동력의 제공에 의해 교사가 세워졌다. 설립 당시의 규모는 147평의 본관(사무실 1, 교실 4)이 1동, 숙직실·소사실 1동, 변소·渡廊下 1동, 정문, 교장숙사 1동이라는 구성이었다.

낙동洛東공립보통학교

'洛東面 上村里에 있다. 원래는 두 개의 강습소였다. 하나는 양진당, 곧 〔풍양〕 조씨의 종택에 있었다. 趙相昱, 趙泰衍 참사, 趙南錫 등이 주사가 되고 趙相衍 등이 교육을 맡았다. 다른 하나는 화산리, 곧 〔상산〕 김씨의 재실에 있었다. 金來鎭, 韓圭錫, 金世鎭 등이 주사가 되고 姜信鏽

외서外西공립보통학교

'外西面 羅上里에 있다. 면장 吳聖在, 金相說, 鄭允默 등과 면내 유지가 협의하고 결국 洪義植[군수]의 원조를 얻어 육영소를 만들었다.'(『상산지』)

이상의 자료에서 흥미 깊은 사실을 확인할 수 있다. 여기에서는 세 가지 점으로 나눠서 논하겠다.

①사족 네트워크의 기여

먼저 보통학교의 설립 과정에서 일부 사족 네트워크가 기여한 점을 들수 있다. 청리靑里면에는 가천佳川리의 달내酉川에 흥양興陽 이李씨 마을이 있고 율栗리에는 경주慶州 손孫씨 마을이 있는데 가장 먼저 이름이 언급된 두 명은 각각 이 마을의 사족이다.

한편 모동면에 사는 노천가盧天可 씨 등에게 들은 바에 따르면, 중모中牟공보를 설립한 사족들도 황재걸黃在傑과 황산주黃筭周는 안평 마을 출신의 장수 황씨이고, 강성희·강신용은 반계磻溪리에 사는 진주 강씨, 조종하는 3천 석이나 되는 토지를 가졌다는 풍양 조씨, 성한영·성하근은 이웃한 모서면의 창녕 성씨이다. 진명강습소를 위해서 진주 강씨와 장수 황씨가 재실(모두 현존한다)을 제공하였다는 점에서도 사족을 기초로 한 성격이 짙다.

이어서 낙동공보에 대해서이다. 여기에도 풍양 조씨와 상산 김씨에 의해서 각각 강습회가 개설되었다는 사실이 기록되어 있다. 양진당의 강습회란 앞절에서 서술한 조명강습소를 말한다. 또한 화산리에서는 현존하는 첨모재瞻慕齋라는 건물을 삼봉三峯서당으로서 운영하고 있었다. 김래진·김세진 형제는 19세기 말 삼봉서당 중수 때 안록案錄의 서序를 쓴 김이응金履應의 손자이다. 따라서 식민지가 된 전후로 중단된 삼봉서당에서의 교육을 조부의 뜻을 잇는 형태로 강습소로서 새롭게 부흥하려고 한 시도였다고 볼 수 있다. 또한 낙동공보의 설립에 즈음해서는 부농이었던 청주 한씨 한사립韓思竝(노론계 가문이다)이 건설자금을 냈다는 구전이 남아있지만 확실한 것은 확인되지 않는다.

②'유지'에 의한 설립

다음으로 그러한 사족계의 유력자와 사족이라고는 할 수 없지만 지역에서 유명한 자산가인 이른바 '부잣집'이 결합하여 '유지'를 형성하고 교육시설의 건설이라는 공공사업에 관여한 점이다. 즉 '면'을 단위로 하여 '유지'가 스스로 지역을 위해 돈을 내거나 혹은 지역에서 계 등을 조직하여 돈을 모은 뒤, 면장이나 군수를 끌어들여 학교를 세우고 설립인가를 받는다고 하는 관계성이 생겨났다. 이러한 점은 3장에서 서술한 지역엘리트의 특징과도 연결된다.

③사설강습회의 선행성과 흡수통합

세 번째로 그러한 '유지'가 세운 강습소 즉 총독부의 범주에 따르면 '사설학술강습회'가 보통학교에 선행하였고 경우에 따라서는 그것을 공보가 흡수통합한 점이다.

모동면에는 앞서 살핀 바와 같이 신명강습소가 있었다. 강습소에서 강신용姜信鏞(1893~1949, 호 진와振窩)이 시詩를 가르쳤다고 굳이 쓰여 있는 것은 그가 간사의 한 사람으로서 『상산지』의 편찬과 출판에 참여한 사실49)과 관계가 있다고 생각한다. 강신용이 낙동면에서도 가르쳤다는 기술도 마찬가지 의미일 것이다. 따라서 이 인용만으로 커리큘럼이 유학적이었다고 판단하는 것은 적절치 않다. 아마도 기본적으로는 당시의 '보통교육'에 준거하면서 시詩 과목도 포함하고 있었다는 정도로 생각하면 맞을 것이다. 이 밖에도 몇 개의 강습소가 있었다. 모동면의 정문섭鄭文燮 씨의 증언에 따르면 하나는 금천琴川리에 있던 강습소로 20명 정도의 남자 학생이 다녔는데 같은 마을 출신의 20세 전후의 청년이 자기 집에서 교육을 하였다. 이것이 다른 강습소와 합병하여 큰 집을 빌려서 만든 게 용호강습소이다. 이곳에는 100명 정도의 남자 학생이 다녔고 2~3명의 교사가 있었다고 한다. 또한 나중에 분석할 학적부에 따르면, 이 밖에 모동 주변에 도안道安, 중산中山, 백학白鶴, 화현花峴, 모서牟西, 명신明新이라는 명칭이 붙은 강습소가 1920~30년대에 걸쳐 존재하였음을 알 수 있는데 모두

---

49) 鄭東轍, 「書商山誌後」(날짜는 戊辰＝1928년, 『商山誌』 卷之三).

자세한 것은 확실치 않다.

이들 강습소는 공보의 설립에 의해 더 이상 인가를 받을 수 없게 된 경우도 있었으며 공보의 설립을 맞아 흡수통합된 경우도 있었다.

중모공보의 연혁사에 따르면 1924년 3월 31일에 진명강습소가 '진명학교'로 인가를 받아 중모공보의 부설학교로서 한 학급을 담당하게 되었다. 그러나 이듬해인 1925년 2월 6일부로 폐지인가가 내려졌다. 그 사유는 불확실하지만 중모공보의 운영이 궤도에 올라 그 역할이 필요 없어졌기 때문일 것이다. 청리공보의 경우도 계에 의해 운영되던 청신강습소가 최종적으로 공보로 흡수 통합되었다.

이 부설학교란 조선인 아동의 '입학난 구제'를 목적으로 도입된 시설로서[50] 「보통학교규정」(1922년) 제6조에 있는 '유치원, 맹아학교 기타 보통학교와 비슷한 각종 학교는 보통학교에 부설할 수 있다'는 조항에 근거하여 설치되었다. 1922년에는 상주에서 세 학교에 부설학교가 설치되어 모두 283명의 아동이 다녔다.[51] 그 전신이 밝혀지지 않은 곳도 있지만 부설학교는 초창기 공보의 부족함을 메우는 동시에 결과적으로 사설학술강습회를 공보에 통합시키는 효과를 초래했다고 할 수 있다.

이상과 같이 공립보통학교는 아무것도 없는 상황에서 돌연 불쑥 출현한 것이 아니라 기존의 사족 네트워크와 자산가가 면이라는 지역범위에서 연합한 지역엘리트를 기초로 하여 성립되었다. 또한 이 시기에는 지역엘리트에 의해 설립된 강습소가 그 전신인 경우가 많았다. 이들 '유지'의 일부는 학교의 설립 이후에도 학무위원을 맡거나 지역 회합 등을 통해 학교 운영에 관여하였다.[52]

이러한 1920년대에 드러난 특징은 앞의 <표 4-17>에도 보이는 바와 같이 1930년대의 공보 설립 과정에서도 기본적으로는 지속되었다. 그렇지만 무엇보

---

50) 「鮮人兒童の入學難と救濟施設－二部教授及び附設學校の實施狀況」(『慶北』 創刊號, 1922年 9月).

51) 『慶尙北道敎育及宗敎一斑』 1922年, 20~22쪽.

52) 설립 당시의 참여자와 설립 이후 학무위원의 이름(연혁사 기재)을 대조해 보면 몇몇 멤버가 중첩된다.

다 사족 네트워크의 존재가 거의 드러나지 않게 되었다. 또한 강습회의 존재역시 화북北공보나 두릉杜陵간이학교 정도를 제외하면 그다지 눈에 띄지 않게되었다. 이러한 변화는 모두 3장에서 논한 지역엘리트의 위상 변화에 따른것이라고 생각된다.

2) 학교와 지역의 관계 : 중모공립보통학교를 중심으로

이상과 같은 과정을 거쳐 지역사회에 공립보통학교가 서서히 설립되어갔다. 지역사회의 맥락에서 보면 그 때까지의 한문교육 시설과는 다른 총독부인가의 학교라는 새로운 시설이 파고들어온 셈이며 그것이 인지되고 또 어찌되었건 정착해 가는 과정에서 학교와 지역사회 사이의 관계에 변화가 초래되었다. 학교는 통학아동과만 관계를 맺는 것이 아니라, 가정이나 지역과의 관계 구축도모색하였다. 졸업생 지도, 부형회·자모회 등의 조직화, 지방유지가 참석하는학교행사, 지도부락 사업의 주도, 야학이나 강연회 등은 그 계기가 되었다. 그 과정에서 학교를 중심으로 한 사회통합 시스템이 서서히 만들어져 갔다.

학교와 지역의 관계를 구체적으로 보는 데는 학교가 소장한 연혁사가 도움이된다. 학교의 연혁사는 1970년대에 경상북도를 시작으로 모든 학교에서 통일된서식에 따라 일제히 작성되어 현재는 교육청에 1부, 학교에 1부가 보관되어있는데, 다만 이 자료로는 주요한 연혁밖에 알 수 없다. 여기에서 이용한자료는 그 이전에 중모공보에서 작성한「학교연혁사」라는 문서철이다.「보통학교규정」제69조에서는 보통학교에서 갖추어야 할 장부의 첫 번째로 '일지日誌'를 들고 있는데 연혁사는 이것을 기초로 작성된 것으로 보인다. 문서철의표지에는 '영년보존永年保存'이라고 기록되어 있지만 이러한 오래된 연혁사가모든 학교에 남아 있는 것은 아니다. 중모공보의 연혁사는 설립 인가 때(1923년)부터 시작하여 주요한 사건이 날짜별로 1934년 8월까지 비교적 상세하게기술되어 있고 그 이후부터는 1942년까지는 지극히 요점만 간추린 사항만이적혀 있다. 필기용구나 필적이 수개월에서 수년간 변하지 않고 계속된 점을 볼 때 그 날 그 날 썼다기보다는 무슨 일이 있을 때 정리해서 기입한 듯하다. 기술의 상세함은 기입자에 따라 다르지만 특히 1932~1934년의 기술은 상세하여 사료적 가치가 높다.

이하 이 연혁사를 근거로 하여 ①학교를 중심으로 한 새로운 네트워크의 형성, ②학교행사와 지역행사, ③농업에 대한 개입과 농촌진흥운동에 관해 검토하겠다.

①학교를 중심으로 한 새로운 네트워크의 형성

지역사회의 주민 측에서 보면 총독부가 인가한 보통학교의 설립이라는 것은 처음 접하는 경험이므로 갖가지 불신감이나 경계심이 존재했을 것이다. 실제 중모공보가 1924년 봄에 개교하려고 아동을 모집했을 때 입학지망자는 겨우 13명에 지나지 않았다. 이것을 만회하기 위해서 학교에서는 학예회, 강연회, 운동회 등을 개최하는 동시에 1925년 봄에는 가정과의 연락을 도모하고자 학부형회와 자모회母姉會를 처음으로 열었다. 그리하여 1925년에는 신입생 96명을 맞게 되었는데 연혁사에서는 이에 대해 이러한 모임을 조직하고 행사를 개최한 성과라고 서술하였다.

이와 같이 새롭게 생긴 학교는 아동의 가정, 나아가 그것을 넘어 지역사회와 다양한 조직을 통하여 관계를 맺어 갔다. 당시 새롭게 만들어진 조직으로는 다음과 같은 것이 존재하였다.

부형회·자모회 부형회와 자모회는 앞서 서술한 대로 1925년 봄에 결성되었는데 1927년 이후에는 매년 학예회에 맞춰 함께 개최하는 방식이 채용되었다. 부형회와 자모회는 각각 다른 날에 회합을 가졌던 것으로 보아 일단 별개의 조직으로 여겨졌음을 알 수 있다. 회합의 의제가 남아있지 않아 확증은 없지만, 당시 '내지內地'에서 부형회는 금전이나 노력 등의 하드웨어적 측면에서 학교를 지원하는 반면 자모회는 아동의 학습이나 정서 등과 관련한 소프트웨어적 측면에서 학교를 지원하였던 점을 감안하면, 이에 준하는 방식이 취해졌을 것으로 생각된다. 주목되는 것은 참가자의 수이다. 참가자 수를 알 수 있는 회합을 살펴보면 1927년의 부형회·자모회가 각각 3백 명과 4백 명, 1928년에는 각각 5백 명씩, 1931년에는 4백 명씩이라는 참석자를 모았다. 이 시기의 재학자 수는 알 수 없지만, 1937년도 재학생 수가 477명이었음을 고려하면 재학생 수를 넘는 보호자가 모였다는 계산이 된다. 물론 그 인원이 전부 아동의 보호자였는지 어떤지는 확실치 않은데, 이를테면 1933년에 교장이 사회司會를 맡아 '부형회 및 면민대회를 연다'는 식으로 보호자의 회합을 넘어 지역의 회합이 되었을 가능성이 높기 때문이다.

장학회 장학회는 1926년의 부형회에서 '교육후원'을 위해 설치하기로 결정한 조직이다. 그 규모는 1934년 5월의 총회 출석자가 105명 정도였다. 부형회가 열렸던 날에 총회가 개최되는 경우가 있던 것으로 보아 부형회에서 파생된 조직으로서 적극적으로 학교에 재정지원을 하면서 학교 경영에 관여한 그룹이었다고 생각된다. 1927년에 6년제가 인가되는 단계에서도 '학년연장기성회'라는 조직에서 4천 원이나 되는 금액을 교사 증축비로 기부했는데 이 역시 비슷한 성격을 가진 조직이었을 것으로 보인다.

동창회 제1회 졸업생을 배출한 1929년에 학교는 졸업생을 '소집'하여 동창회를 조직했다. 이듬해에는 졸업식에 맞춰서 역시 새 졸업생을 소집하여 동창회 임시총회를 조직하였다. 1931년 7월에는 동창회를 열어 직업·주소 조사, 생활상황의 청취, 장래계획, '수양 및 사상방면' 등에 대하여 '협의'하였다. 이는 후술할 학교의 졸업생 지도사업으로 그대로 연결되었다. 즉 동창회의 조직화는 졸업자 스스로의 의지에 의한 것이었다기보다는 학교가 졸업생과의 관계를 구축하는 동시에 졸업생을 통해 농촌사회에 영향을 미칠 계기를 만들고자 의도된 것이었다.

지도부락 촌민회·부인회 지도부락 촌민회와 부인회는 면 전역이 아니라 가림佳林이라는 한 마을을 대상으로 만들어진 조직이다. 이에 대해서는 ③의 농촌진흥운동과의 관계에서 상술하겠다.

이와 같이 학교와 관련된 새로운 조직은 학교 안에 머물지 않고 지역사회의 관계를 재편성할 수 있을 정도의 규모로 구축되어 갔다.

②학교행사와 지역행사

위의 조직과 관련하여 학교에서 열린 행사는 단순히 학교 내 행사에 머물지 않고 지역행사와 점차 맞물려 가는 양상을 보였다. 학예회와 운동회는 물론이고 1926년부터는 야외단락회野外團樂會라는 행사를 매년 열었는데 그 취지는 아래와 같다.

늦봄의 계절을 맞아 바람 잔잔하고 따뜻한 날에 부형 자모 및 지방유지 등과 함께 야외에서 아동의 창가唱歌, 유기遊技, 체조 등의 소운동회를 열고 (…) 아동부터 노인에 이르기까지 함께 즐기고 함께 기뻐하듯이 지방을 한 가족으로 여겨 지방적 단락團樂을 이루는 모임임. 이와 같은 취지 아래에 행해지는 모임이라면 이는 학교를 중심으로 하는 사회교화의 일단도 되는 것임.

1931년 및 1933년의 기록에 따르면 천변川邊에 2천 명 이상을 모아 개최했다고 하니 상당한 규모로 확대된 셈이다. '한 가족'이라는 표현에서 상징되듯이 사회교화라고 해도 '오락'을 통해 지역사회 속에서 학교라는 존재를 '자연'스럽게 만드는 것이 커다란 목적이었다고 할 수 있다. 운동회에도 처음부터 면 주민이 참가했지만, 1933년 10월의 대운동회에서는 '올해부터 학교의 운동회가 면민운동회가 되'어 덕곡德谷진흥조합이 우승기를 쟁취했다고 되어 있듯이 운동회 참가자 자체가 면민 일반이 되어 갔다.

여기에서 중요한 것은 1930년대 이후 그러한 학교행사 속에 천황제 이데올로기 장치가 섞여 들어간 점이다. 명치절明治節이나 기원절紀元節 등의 제일祭日을 도입한 것은 물론이며 1932년 4월부터는 '한층 국체관념을 강화하기' 위해서 월 1회 국기게양식을 실시하고 매주 월요일에는 칙어勅語 봉안고 배례를 행하였다. 같은 해 10월에는 국민정신작흥에 관한 조서詔書 봉독식을, 12월에도 조서봉독식을 실시했다. 이듬해인 1933년 11월의 '민심작흥기념일'에는 조서봉독식, 총독성명서 낭독식을 거행하는 동시에 민풍작흥주간으로서 강연을 비롯한 행사를 열었다. 같은 해 12월에는 '황태자 전하 탄신 축하'로서 요배식·훈화·기

旗행렬과 축하회를 개최하였다. 1936년에는 신상제新嘗祭를 맞아 국기게양대를 새롭게 하고 경신붕봉사식敬神棚奉祀式을 실시하였다. 이와 같이 학교행사와 지역행사가 맞물리면서 학교가 새로운 사회통합의 장으로 설정되어 갔다.

③학교의 농업에 대한 개입과 농촌진흥운동

1932년에 기본정책이 제시되어 1933년 본격적으로 시작된 농촌진흥운동은, 매년 각 면마다 '지도부락'을 선정하여 면사무소·보통학교·금융조합 등 면 단위에 분포하는 공공시설이 그 지도부락의 갱생계획을 '지도'함으로써 농촌의 '자력갱생'을 도모하는 방법을 취했다. 1932년 중모공보에서도 길 건너 맞은편 마을인 가림리를 지도부락으로 정해 그 마을에 집중적으로 개입하였다. 이러한 사태는 적어도 해당 마을로서는 대단히 큰 개입이었다고 생각되므로 여기에서 상세하게 살펴보겠다.

이미 알려진 바와 같이 농촌진흥운동에 앞서 학교를 중심으로 하여 '중견인물'을 양성하는 사업이 진행되었다[富田, 1981]. 그 최초의 시도가 1929년의 '직업과' 설치이고53) 다시 이를 전후로 하여 경기도를 중심으로 점차 전국적으로 확대된 것이 '졸업생 지도' 정책이었다.

직업과의 설치는 빈번하게 일어난 동맹휴교나 졸업생의 이농현상의 원인을 종래의 교육이 '지적 방면의 교육에 지나치게 치우쳐'54) 있었기 때문이라고 규정하고, 이를 바로잡기 위해 근로 교육을 중시한다고 하는, 이른바 '교육의 실제화' 정책 속에서 부상하였다. 중모공보에서는 1930년 6월부터 실습답實習畓을 구입하여 수도시작水稻試作 실습을 시작하였고, 같은 해 12월에는 직업교육 실습성적품 전람회를 개최하였다. 이듬해인 1931년에는 퇴비사堆肥舍·잠실蠶室·가마니 틀叺織機 등을 정비하고 연말에는 가마니를 검사·판매했다. 그 후로 아동에 대한 직업교육이 마찬가지로 추진되었다. 직업과의 시간은 정규 시간에는 4, 5학년생이 1주일에 3시간, 6학년생이 4시간이라고 규정되어 있었지만, 이 밖에도 과외 시간의 실습이 인정되어 중모공보에서도 과외실습이 실시되었다.

---

53) 1929년 6월 總督府令 제8호 「普通學校規定改正」에 의해 결정되었다.
54) 山梨半造, 「德風作興に關する總督訓示」(1928년 8월)에 의한다.

연혁사는 직업과에 대하여 흥미로운 사실을 기록하고 있다. 1934년 6월 7일 방과 후에 6학년생 아동을 중심으로 '직업과 시간 외의 일은 하지 않도록 하자'는 운동이 일어난 것이다. 이것은 4, 5학년에까지 파급되었다. 당황한 직원이 총출동하여 관계 아동의 집을 방문하는 한편 '주모자'로 지목된 아동의 부형에게 엄중한 주의를 행했다. 일부 부모는 경찰에서 시말서까지 쓰는 등 일종의 '사상사건'에 가까운 취급을 받았다. 애당초 가정의 농업노동에 더하여 학교에서도 농업노동을 시킨 셈이니 직업실습의 부담은 상당하였을 것이다. 이 사건은 그러한 구조적 모순을 말해준다.

이러한 직업과 교육과 병행하여 졸업생 지도가 실시되었다. '반도半島 독자獨自의 시설'[55]이라고도 여겨졌던 졸업생 지도는 보통학교 졸업생 중에서 가정 그리고 '부락'의 영농에서 지도자적 존재가 될 만한 졸업생을 매년 몇 명 선정하여 '지도'를 실시하는 정책이었다. 중모공보에서는 1930년 말에 열린 학무위원과 장학회 임원회에서 졸업생조합을 조직하여 공동소작을 하는 방안이 나왔고, 1931년도부터는 개인지도 4명과 공동지도 4명을 선정하여 8월에 1주간의 강습회를 여는 등의 '지도'를 개시했다. 이듬해인 1932년 5월에는 '졸업생 지도 학교'로 지정되어 150원의 보조금이 나왔다. 9월에는 32명의 졸업생을 모아 13일간의 강습회를 실시하였고 12월에는 졸업생 지도 전용창고를 지었다.

이 졸업생 지도 사업을 한창 추진하던 8월말에 농촌진흥운동의 계획이 관에서 내려오면서 졸업생 지도는 이 관제 농촌캠페인에 통합되었다. 당장 면장 및 농회 부장과의 협의 그리고 모동·모서 두 면의 공직자대회가 열려 실시안이 결정되었다. 우선 서徐 교장이 면내 각 부락을 방문하여 농촌진흥운동에 관한 야간특별강연회를 집중적으로 개최했다. 9차례의 강연회에 동원된 사람은 연인원 2천 3백 명에 달했다(표 4-19). 그러한 준비작업을 거쳐 10월에는 자력갱생 농촌진흥의 실행위원으로서 '자생단自生團'이 조직되고 면민대회가

---

55) 高橋濱吉,「農村振興と普通學校卒業生指導」(『朝鮮』 1931년 12월호).

개최되었다. 11월에는 학교에 '촌민 유지'를 소집하여 협의한 결과, 지도부락으로서 신천新川리의 가림佳林마을을 선정했다. 선정 이유는 학교에 인접하였다는 점과 지도생이 거주하고 있다는 점 등이 고려되었을 것이다. 그로부터 불과 며칠 후 도道경찰부장, 군수, 군郡경찰서장, 농잠학교장이 시찰을 위해 방문하여 지도부락 및 지도생 김재봉金載鳳의 가정을 시찰하고 조기회早起會의 모습 등을 활동사진으로 촬영하였다.56)

<표 4-19> 모동면의 농촌진흥운동 강연회 실시상황(1932년)

개최일시	장소	강사	출석자	시간대
9월 8일	德谷區 松山里	徐교장, 李이사	250명	
9월 9일	梨洞里	徐교장	300명	18시~25시
9월 10일	琴川里	徐교장	150명	18시~25시
9월 11일	琴川里	徐교장	250명	18시~24시
9월 15일	學校에서	徐교장	400명	
9월 16일	壽峯里	徐교장, 李훈도	300명	18시~26시반
9월 17일	新興里	徐교장	300명	18시~25시
9월 19일	磻溪里	徐교장	100명	18시~24시
9월 23일	上板里	徐교장	250명	19시~26시

출전 : 중모초등학교 소장 「학교연혁사」에서 작성

농촌진흥운동에서는 면사무소·학교·금융조합 등의 관공리가 '지도자'가 되어서 '월례회'를 통하여 각 부락의 농촌사업을 '지도'하는 방식을 취했다.57) 가림에서는 중모공보의 서 교장이 '지도자'가 되어 1932년 12월에 '촌민회', 이듬해인 1933년 2월에 '부인회'를 각각 조직하여 거의 매달 회합을 가졌다. 김재봉은 '금세今世의 니노미야 손토쿠二宮尊德58)'라는 표제로 『매일신보』에도

---

56) 활동사진은 이듬해인 1933년 5월에 '우가키宇垣 총독 각하의 특명'으로 군청의 사진 기사가 같은 가정을 촬영하였는데 '총독이 천황폐하에 헌상한다'는 것이었다. 이것이 실제로 행해졌는지 여부는 확실치 않지만 상당한 특별 대우였음에는 틀림없다.

57) 이러한 지도체계가 정비된 것은 1935년 통첩 「농가갱생계획실시상의 요항에 관한 건」(農政 제11호 각 도지사 앞 정무총감 통첩)이지만, 그 이전부터 이와 같은 방식은 각지에서 행해졌다고 생각된다.

58) 【니노미야 손토쿠二宮尊德(1787~1856). 통칭 니노미야 긴지로二宮金治郎. 에도江戶시대의 농정가·사상가. 어린 시절 어려운 환경 속에서 공부를 게을리 하지 않은 것으로 유명하여

다뤄졌고[59] 그 외에 경상북도의 '갱생하고 있는 인물'로도 선정되어 중모공보 출신의 '중견인물'로 활약했다. 연혁사에는 촌민회를 열었다는 사실 이상의 것은 적혀 있지 않고 마을에서도 당시의 사정을 아는 사람을 찾을 수 없었기 때문에 구체적으로 어떠한 '지도'가 행해졌는지는 알 수 없지만 일반적으로 갱생지도계획이라고 불리는 지도가 행해졌다고 보면 무방할 것이다.

이상 세 가지에 초점을 맞춰 공립보통학교가 지역사회에 개입한 양상을 살펴보았다. 1930년대 후반 이후에 대해서는 안타깝게도 자료의 불비로 인해 자세한 것을 알 수 없었다. 그러나 1930년대 전반까지의 동향을 볼 때 위의 ①~③과 같은 흐름이 계속되었을 것은 틀림없다. 그 과정에서 학교는 지역사회 를 재편성하면서 새로운 사회통합의 대행기관으로서 기능한 것이다.

3) 학교를 다닌 사람들, 떠난 사람들

이상의 상황을 배경으로 하여 실제로 공립보통학교에 다닌 사람들 혹은 학교에 다니기는 했지만 도중에 학교를 떠나게 된 사람들의 양상을 분석하도록 하겠다.

그에 앞서 통계 등을 가지고 상주의 거시적인 상황을 확인해 두겠다. 하지만 여러 자료에서 군데군데 확인되는 내용을 정리한 수준이기 때문에 그다지 체계적이지는 못하다. 그래도 몇 가지 포인트가 될 만한 지표를 제시하는 정도는 될 것이다.

취학률에 관해서 보면 식민지 조선에서는 의무교육제가 시행되지 않은 탓에 모수母數가 될 만한 학령인구의 통계가 존재하지 않아서 취학률을 확정하기 어렵다. 그래서 차선책으로 1936년 말 현재 공립보통학교 재학자 수 통계[60]와 거의 동시기인 1935년 10월에 실시되었던 국세조사의 6~14세 인구를 대비하여

일본 전국의 초등학교에 그의 동상이 세워져 있음.】

59)『매일신보』1932년 12월 3일.

60)『郡勢一斑』, 尙州郡, 1937년.

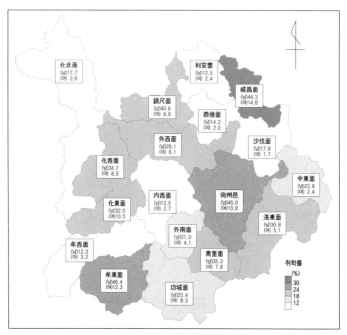

<그림 4-11> 상주의 조선인 면별·남녀별 취학률(1936년)

출전: 『郡勢一班』(상주군, 1937년)

면별 취학률의 근사치를 산출하였다.[61] 이렇게 추계한 면별 취학률을 지도로 나타낸 것이 <그림 4-11>이다. 각 면별로 남녀별 취학률을 숫자로 나타내고 남녀를 합계했을 때의 취학률을 색의 농담濃淡으로 표시했다.

취학률은 같은 상주군 안에서도 지역에 따라 7~30%까지 상당한 차이가 났다. 시가지를 포함하고 있고 보통학교가 가장 빠른 시기에 설치된 상주읍과

---

61) 면별·연령별 인구는 『昭和五年朝鮮國勢調査報告 道編 第六卷 慶尙北道』(朝鮮總督府, 1938년)에 실려 있다. 면별 6~14세 인구는 민족별로 되어 있지 않지만 일본인 학령아동의 취학률이 거의 100%이고 그 대부분은 심상소학교에 다녔다고 상정할 수 있기 때문에 6~14세의 조선인 학령아동 수는 '6~14세 인구'에서 '심상소학교 취학자수'를 빼 근사치를 얻을 수 있다. 공보 재학자 수를 이것으로 나누면 면별 취학률 근사치를 산정할 수 있다. 다만 공보의 통학권은 그 소재면에 한정되지 않고 타면에서도 온다는 점, 반대로 어느 면의 거주자가 반드시 해당 면의 공보에 다녔던 것은 아니라는 점, 시기에 의한 변화를 알 수 없는 점 등의 문제가 있으므로 어디까지나 이것은 하나의 지표에 지나지 않는다.

함창면 등이 역시 상대적으로 취학률이 높았는데, 상주읍의 경우 읍내(시가지) 부분에 한정한다면 아마도 더욱 높은 수치가 나왔을 것이다. 시험 삼아 보통학교가 면내에서 처음으로 설립된 시기(앞의 표 4-17)와 취학률(남녀 총계)과의 상관계수를 계산해 보니 −0.833이라는 심한 부負의 상관관계를 보였는데, 이를 통해 설립시기의 빠름과 취학률의 높음이 밀접한 관계에 있음을 알 수 있었다. 이를 남녀별로 볼 경우 남성과 여성의 취학률의 격차는 가장 큰 사벌면이 10.3배였고 가장 작은 함창면도 3.0배였다. 지역에 따라 편차가 있지만 가장 작은 곳에서도 3배 이상의 차이가 났다는 것은 젠더에 따라서 공보의 존재 위치가 달랐음을 의미한다. 상주 전체의 평균 취학률을 보면 18.9%로 그 중 남성이 29.8%, 여성이 7.0%였다. 결국 1면 1교를 달성한 이 시점에서도 공보라는 존재는 상주의 약 70%의 남성 그리고 93%의 여성에게는 인연이 먼 존재였던 셈이다.

다음으로 1930년에 실시된 국세조사로부터 상주의 면별 식자율(6세 이상)을 알 수 있다(그림 4-12). 이 조사는 '가나假名' 및 '언문諺文'(한글)의 '읽고 쓰기'에 대해 조사한 것인데, 무엇을 기준으로 '읽고 쓸 수 있다'고 하는지가 애매하고 게다가 '한문'에 대해서 조사하지 않았다는 한계가 있다[板垣, 1999]. 특히 한문은 이 시기 남성의 경우에는 일본문의 식자자보다 한문 식자자 쪽이 훨씬 많았다는 조사 결과도 있으므로[62] 식자율이 과소평가되었을 가능성이 높다. 또한 취학률과는 달리 지방통계에서는 일본인과 조선인을 구별하여 집계할 수 없었다는 점에서도 문제가 있다.[63] 따라서 상주읍이 두드러지게 높은 점도

---

62) 李勳求, 『朝鮮農業論』(漢城圖書株式會社, 1932년). 이것은 저자가 평양 숭실전문학교 재직시인 1931년 여름부터 겨울에 걸쳐서 전문학교생에게 분담시켜 조사시킨 것인데, 48개군 133개리의 1,249세대·7,366명의 농업자에 대하여 조선문·일본문·한문을 읽고 쓰는 것이 가능한지를 조사하였다. 그것에 의하면 여성은 일본문의 식자자 쪽이 한문의 식자자보다 많았지만, 남성의 경우 일본문의 식자자(能書者 20.3%, 能讀者 19.3%)보다도 한문 식자자(能讀者 36.0%, 能書者 33.5%)의 쪽이 상당히 많았다. 자세한 것은 板垣[1998]를 참조할 것.

63) 다만 전체 군郡 지역에서 일본 가나만을 읽고 쓸 수 있던 조선인은 겨우 0.02%에 지나지 않았기 때문에, '가나만을 읽고 쓸 수 있는 자'를 모두 일본인이라고 상정할

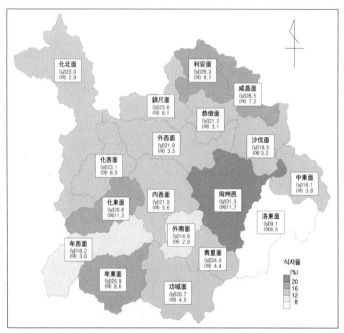

<그림 4-12> 상주의 면별·남녀별 식자율(일본어 가나(仮名) 또는 한글, 1930년)

출전 : 朝鮮總督府, 『昭和五年朝鮮國勢調査報告 道編 第六卷 慶尙北道』(1933년)를 토대로 저자 작성

2장에서 본 바와 같은 일본인 인구와도 다소 관련이 있을 것이다.

그러한 점을 감안하면서 결과를 보면 먼저 상주군 전체에서 남성 식자자(가나 혹은 한글)는 22.9%, 여성은 6.4%이다. 이것은 전체 조선인 중 남성이 44.4%, 여성이 9.8%, 경상북도에서는 조금 낮은 30.0%, 9.4%인 것에 비하면 더욱 낮은 수치이다. 평균치보다 낮은 것은 경상남도에서도 마찬가지였는데, 당시의 『동아일보』는 이 조사에 대해서 '문화의 정도가 비교히 높은 것 같은 경상남도임 에도 불구하고 (…) 어느 도보다도 문맹자가 제일 많은 것이 드러낫다'고 하는 기사를 게재한 바 있다.[64] 한문교육이 왕성했던 것과 가나·한글의 식자율

수 있다. 그러나 읽고 쓰는 것이 가능하지 않았던 일본인도 꽤 있었던 것을 생각하면, 역시 민족별 식자율을 면별로 추정하는 것은 곤란하다고 할 수 있다.

64) 『동아일보』 1933년 11월 12일.

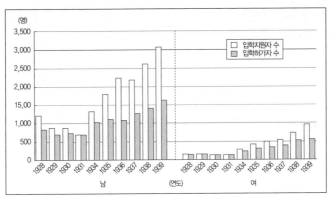

<그림 4-13> 상주의 공립보통학교 입학지망자·허가자수(1928~1939년)

출전 : 경상북도 『道勢一斑』(1926, 1928~1931, 1935~1940년)을 토대로 작성

이 높은 것은 상관이 없는 셈이다. 그리고 취학률과 마찬가지로 명백한 젠더차와 더불어 상주읍과 함창면의 수치가 상대적으로 높다는 점 등을 읽어낼 수 있다.

이러한 상황에서 학교에 가고자 하는 이른바 '취학열'이 어느 정도였는지도 확실한 것은 알 수 없다. 다만 현존하는 자료에서 상주 전체의 연차별 학교지망자 수와 입학허가자 수를 대조해 보는 것은 가능하므로 그것을 <그림 4-13>으로 나타냈다.[65]

단편적인 자료에 지나지 않지만 여기에서 아래와 같은 것을 읽어낼 수 있다. 우선 시기적으로 보아 1929~1931년에는 지망자 수가 적었음을 알 수 있다. 마침 세계적으로도 대공황의 시기였는데 상주에서도 식민지하의 사회 모순이 겹쳐지면서 농촌경제의 혼미가 격화되었다. 거기에 천재天災가 더해져 1929년에는 한발로 인해 쌀의 수확고가 예년의 약 3분의 1을 밑돌았고[66] 1930년 여름에는 수해가 덮쳤다.[67] 그 영향으로 1931년 5월에는 12개 학교에 3,728명의 아동이 다니던 것이 같은 해 말까지 383명의 아동이 퇴학하기에 이르렀다. 퇴학 이유로는 생활이 곤란하여 수업료를 지불할 수 없다가 572명,

---

65) 『慶尙北道 道勢一斑』, 1926, 1928~1931, 1935~1940年.
66) 『동아일보』 1929년 11월 12일.
67) 『중외일보』 1930년 8월 8일.

가정 사정 때문에 다닐 수 없다가 256명이었다.[68] 1932년에는 '상주 각 보교普校 입학원願 격감'이라고 보도된 것처럼[69] 정원 미달 상황이 나타나게 되었다. 또 설사 입학했다 해도 경제적 곤란으로 인해 수업료 체납이 발생하곤 하여 1932년에는 상주 전체 10개교의 체납액이 4,593원, 중모공보에서만 485원 30전에 달하였다.[70]

이러한 경향은 1932년이 가장 심하고 그 후로는 지망자가 다시 증가하기 시작하여 1935년 이후에는 평균 지망 배율이 1.5배를 넘었다. 다만 여기에서 남녀 차는 주목할 만하다. 애당초 모집정원부터 여성 쪽이 훨씬 적게 설정되어 있었음에도 불구하고 지망자의 배율도 일관되게 여성 쪽이 낮아 취학열에서도 현저한 남녀차를 보였다.

또 한 가지 식민지 지배와 관련해서 생각해 볼만한 중요한 문제로 일본어의 보급이 있다. 조선총독부는 1910년대부터 지방의 각 관서에 '국어를 해득하는 조선인'의 통계를 제출하도록 했다. 이 조사는 '그 기초가 개인표個人票에 의한 것이 아니기 때문에 정확하지 않고 또한 지방관청이 실적을 과시하기 위해서 작위적인 숫자를 포함시켰을 가능성이 높다'[森田, 1987 : 129]는 문제가 지적된 수치이며 '국어를 해득'한다는 기준도 애매한 것이 사실이지만 일정한 지표는 될 수 있다. 1930년대 상주에 관한 보고를 젠더차에 유의하여 집계한 것이 <표 4-20>이다. '국어보급', '국어상용' 정책이 본격화되기 이전의 수치이므로 그 후 조금 더 비율이 높아졌으리라 예상되기는 하지만 당시에는 일본어를 아는 자가 평균하여 1할에도 미치지 못했다. 또한 남녀차가 현저하여 어느 정도 일본어를 아는 조선인 남성이 12.9%라고 보고된 1938년에도 여성은 2.2% 정도에 그쳤다. 공문서를 비롯하여 많은 분야에 일본어가 침투해 가는 상황에서 이러한 격차는 사회적인 서열화로 기능했을 것이다.

이상에서 입수할 수 있는 자료를 바탕으로 중모지역을 중심으로 한 취학상황의

---

68) 『중외일보』 1932년 2월 21일 석간.
69) 『중외일보』 1932년 2월 22일 석간.
70) 『동아일보』 1932년 11월 19일.

<표 4-20> 상주의 '일본어를 해득한 조선인'(1933~1938년)

	조금 이해하는 자			보통 회화에 지장없는 자			계			조선인 인구
	남	녀	계	남	녀	계	남	녀	계	
1933	2,689	250	2,939	3,608	229	3,837	5,628 7.0%	479 0.6%	6,776 4.2%	161,174
1934	2,771	268	3,039	3,891	290	4,181	5,810 7.1%	558 0.7%	7,220 4.4%	163,112
1935	3,515	401	3,916	4,291	456	4,747	7,431 8.5%	857 1.0%	8,663 4.9%	175,107
1936	4,084	531	4,615	5,045	485	5,530	8,699 9.9%	1,016 1.2%	10,145 5.8%	176,147
1937	4,478	730	5,208	6,850	812	7,662	9,686 10.9%	1,542 1.7%	12,870 7.2%	177,897
1938	5,226	941	6,167	8,112	1,029	9,141	11,393 12.7%	1,970 2.2%	15,308 8.5%	179,955

출전 : 慶尙北道, 『道勢一斑』 각 연도판
비고 : 남녀별 조선인 인구가 불확실하기 때문에 남녀별 비율(이탤릭체)은 남녀인구비를 기계적으로 1 : 1로 상정하여 추계했다.

일단을 살펴보았다. 당시 간행된 자료에서는 이 이상 구체적인 취학상황을 알기는 어렵다. 이는 중앙에서 발간된 자료의 한계일 것이다. 따라서 이하에서는 당시의 생생한 실태를 전할 수 있는 자료로서 학적부와 제적부를 분석하겠다.

학교를 다닌 사람들 : 학적부의 분석

학적부(현재의 '생활기록부')는 「보통학교 규정」에 의해서 기본양식이 정해져 있으며 그 기록과 보관이 의무적이었다. 직접 조사한 범위에서 보자면 학적부는 졸업년도 별로 철해져 연도마다 남녀별로 연장자부터 순서대로 배열되어 있는 것이 통례였다.

한국에서 학적부는 원칙적으로 영구보존하게 되어 있어, 화재·도난·분실이나 한국전쟁 때의 폭격 등으로 소실되지 않은 한 원칙적으로 제1회 졸업생부터 모두 남아있다. 중모공보에서 해방 이전 작성된 학적부 가운데 현재 전해지는 것은 1930~1933, 1939~1945년도에 졸업한 670명분, 제적부는 1939~1945년 사이에 퇴학한 208명분이다. 유감스럽게도 1934~1938년도 졸업생의 학적부는 결락되어 있지만 그래도 1920년대부터 1940년대에 걸친 변화 양상은 충분히 파악할 수 있다.

학적부에 기재된 개인정보에 대해서는 복사나 촬영은 일절 행하지 않고 학교장의 양해 아래 노트북 컴퓨터를 가지고 들어가 조사에 필요한 항목만을 그 자리에서 입력했다. 이번에 입력한 항목은 아동의 성姓, 생년월일, 주소의 동리명까지, 입학연월일, 입학 전의 경력, 졸업연월일, 보호자의 직업이다. 제적부에 대해서는 여기에 퇴학연월일과 퇴학사유를 추가했다.

학적부에는 다양한 정보가 들어있어 그 자체가 아동에 대한 감시 장치로서 기능하고 있었음을 의미하는데, 그만큼 학적부의 데이터에서는 흥미로운 사실을 확인할 수 있었다. 논점은 셀 수 없이 많지만 여기에서는 ①입학 전 경력, ②연령층의 변용, ③학교의 계급성, ④젠더의 문제를 순서대로 분석해 보겠다.

①입학 전 경력 : 대안교육의 장의 주변화

보통학교가 헤게모니를 획득해 가는 과정에서 기존 교육 시스템과 어떠한 관계를 맺었는지는 매우 중요하다. 학적부의 '입학 전 경력'은 학교에 입학한 아동이 어떠한 교육적 배경을 가지고 있었는지를 알 수 있는 유용한 지표이다. 이를 입학연도 별로 분류한 뒤 '경력'을 일정한 기준으로 묶어 집계한 것이 <표 4-21>이다.[71]

---

71) 집계하는 과정에서 먼저 염두에 두어야 했던 것은 졸업연도가 동일한 자를 정리하여 철해 놓았다고 하는 학적부의 성격상 모든 입학자가 파악되지는 않고 졸업한 자에 대해서만 알 수 있다는 점이었다. 또한 동일한 졸업연도라 해도 입학연월일은 제각각인데 여기에서 알고 싶은 것은 입학시점에서의 문제였으므로 학적부 전체를 입학연월일에 따라 다시 정렬할 필요가 있었다. 1928~1932년도 및 1940년도 이후에 입학하여 분석대상이 된 학적부에 철해진 사람들은 수도 적고 망라되어 있지도 않았기 때문에 표에서 제외했다.
다음으로 문제가 된 것은 입학 전 경력은 기입자에 따라서 범주화 방식이나 기술의 상세함에 차이가 있어서 일관된 분석이 어렵다는 점이었다. 특히 앞서 살핀 바와 같이 한문교육의 중층적인 구조를 생각할 때 기입자가 서당-사숙-가정을 얼마나 엄밀하게 구분했는지 의심스럽기는 하지만 일단 서당과 사숙은 하나의 범주로 묶어 '가정'과는 구분했다. 또한 단지 『通鑑』 2권 수료'라는 식으로 한문 커리큘럼에서 어디까지 배웠는지만 적고 어디에서 그것을 배웠는지는 적지 않은 경우도 많았다. 대략 가정에서 배웠을 것으로 추측되지만 일단 이것도 구분하여 '한문'이라는 범주를

<표 4-21> 입학 전 경력의 추이 (단위 : 사람 수, %)

졸업연도	주요입학연도	졸업자수	입학 전 경력								
			보통학교	간이학교	강습소	서당·사숙	한문	가정	기타	없음	미기입
1929	1924	33	2 6.1%		10 30.3%	3 9.1%	15 45.5%	3 9.1%			
1930	1925	25	4 16.0%		2 8.0%	1 4.0%	12 48.0%	4 16.0%	1 4.0%		1 4.0%
1931	1926	35	2 5.7%		2 5.7%	15 42.9%	4 11.4%	10 28.6%	1 2.9%		1 2.9%
1932	1927	32	2 6.3%		3 9.4%	4 12.5%	1 3.1%	17 53.1%			5 15.6%
1938	1933	67	15 22.4%			1 1.5%		14 20.9%		37 55.2%	
1939	1934	66	25 37.9%		6 9.1%			30 45.5%		2 3.0%	3 4.5%
1940	1935	66	19 28.8%	1 1.5%	3 4.5%	1 1.5%		9 13.6%		32 48.5%	1 1.5%
1941	1936	71	9 12.7%	3 4.2%	1 1.4%			2 2.8%		54 76.1%	2 2.8%
1942	1937	82	3 3.7%	1 1.2%	1 1.2%			1 1.2%		32 39.0%	44 53.7%
1943	1938	90	9 10.0%	2 2.2%					1 1.1%		78 86.7%
1944	1939	103	6 5.8%	1 1.0%						96 93.2%	

출전 : 중모초등학교 소장 학적부를 토대로 작성

이를 보면 1920년대와 1930년대에 큰 차이가 드러난다. 한마디로 말하면 교육의 보통학교로의 일원화가 진행되고 있는 양상이 포착된다. 1924~1927년의 115명에 대한 집계를 보면 강습소·서당·사숙·가정 등 학교 이외의 교육 배경을 가진 사람이 101명(90%)을 차지하였다. '성당'(가톨릭교회라고 생각된다) 출신자가 1명 있는 점도 흥미롭다. 여하튼 학교 이외의 대안적인 교육의 장이 학교교육의 전제로서 존재했음을 알 수 있다. 그런데 1930년대가 되면

설정했다. 또 미기입한 것과 '없음'이라고 적은 것도 혹시나 해서 구분했다. 경우에 따라서는 조사하지 않은 것이 미기입의 원인이었을지도 모르기 때문이다.

경력이 없는 사람이나 미기입이 두드러져 1933~1939년의 집계에서는 입학자 전체의 75%에 이르게 된다.

이는 실제로 대안적 교육의 장이 소멸해 간 상황을 반영한다고 볼 수도 있고, 또 무엇을 '경력'으로 간주할 것인가라는 관점의 변화를 나타낸다고도 볼 수 있다. 후자의 논점과 관련해 중요한 것이 중도편입자이다. 입학시에 2학년 이상으로 중도편입한 사람이 어떠한 배경을 가지고 있었는지를 보면 무엇을 '경력'으로 여기고 있었는지를 알 수 있기 때문이다. 이것을 분석한 것이 <표 4-22>이다.

<표 4-22> 중도편입자의 학력

	편입자수	편입 전 경력								
		보통학교	간이학교	강습소	서당·사숙	한문	가정	기타	없음	미기입
1920년대	31	4 13%		11 36%	6 19%	4 13%	2 7%	2 7%		2 7%
1930~40년대	116	84 72%	8 7%	7 6%	1 1%		9 8%	1 1%	2 2%	4 3%

출전 : 중모초등학교 소장 학적부를 토대로 작성

1920년대의 편입생 31명 가운데 사설 강습소가 대략 3분의 1, 서당·사숙·한문이 3분의 1을 차지했던 것에 비해, 1930~1940년대가 되면 80%가 보통학교 내지는 간이학교로부터 편입한 것으로 되어 있어 강습소나 한문교육이 실질적인 '경력'으로 간주되지 않게 되었음을 알 수 있다. 구체적으로 보면 1920년대에 강습소로서 꼽힌 것은 중산학원·모서강습소·백학강습소·도안강습소·화현강습소 등으로 특히 도안강습소와 화현강습소의 수료자는 4학년생으로 편입되었다. 그렇지만 1930년대의 강습소는 용호국어강습소 등이 있는 정도여서 비율상 뚜렷이 감소하였다. 한문교육의 비非'경력'화도 두드러져서 1920년대에는 '통감 초권通鑑初卷', '소학 권이小學卷二' 등의 경력으로 2학년으로 입학한 사람도 있었지만 1930년대 이후로는 그러한 일이 보이지 않게 되었다.

한편 1936~1939년도의 입학생을 보면 이 시기에만 이웃한 모서牟西공보로부터의 편입자가 40명으로 많았던 점도 주목된다. 모서공보는 1932년 11월에 4년제 공립보통학교로서 개교했는데 6년제로 이행한 건 1939년 3월의 일이었다. 따라서 이 시기에 모서공보에서 4년을 마치고 모동공보에 재입학한 사람, 혹은 모서공보에서 3학년까지 다닌 후에 4학년으로 편입한 사람이 10명 정도 눈에 띈다. 마찬가지로 모동공보에 부속되어 있던 정양正陽간이학교의 과정을 수료하고 4학년생으로 편입한 사람들도 보인다. 한문교육이나 강습소의 비'경력'화가 진행되는 가운데 식민지만의 제도였던 4년이라는 수업연한으로는 만족하지 못하고 보다 높은 '경력'을 원하는 향학심을 가진 사람들이 출현했다고 할 수 있다.

②학교 통학 연령층의 변용 : 저연령화

일본의 식민지에서는 의무교육이 실시되지 않았다. 따라서 일본인에 대해서 정해졌던 '학령'(만 6세부터 14세)이라는 개념은 조선인에게 적용되지 않았고 다만 보통학교규정에 6세 미만은 입학할 수 없다고 쓰여 있을 뿐이었다. 따라서 연령층도 다양했을 듯한데 실제의 상황은 어떠했을까.

학적부 자료를 가지고 연령을 파악하는 데 한 가지 문제가 있다면 생년월일의 기재가 실제의 연령보다 어리게 산정되는 경우가 있었다는 것이다. 그것은 출생하고 나서 1~2년 지난 다음에 출생신고를 하는 관습이 상당히 널리 행해졌기 때문이다. 특히 홍역 등으로 사망하는 영유아가 많았던 탓에 그러한 질병을 거친 다음에 신고를 했다는 이야기는 종종 들었다. 그러나 기재된 내용이 실제의 생년월일이 맞는지를 확인하는 것은 사실상 불가능하므로 학적부의 기재를 그대로 이용하도록 하겠다. 연령에 대해서는 입학 시와 졸업 시에 파악하는 것이 가능하다. 입학의 경우에는 중도편입자까지 포함하면 입학 시 연령이 복잡하게 되므로 여기에서는 우선 1학년 입학자에 한정하여 집계하였다. 한편 졸업 시를 기준으로 파악하면 중도 퇴학자의 존재가 누락된다. 따라서 여기에서는 입학연령의 집계 결과만을 들고자 한다(그림 4-14, 표 4-23).

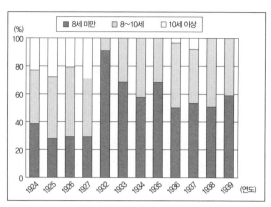

<그림 4-14> 입학 시 연령의 추이

출전 : 중모초등학교 소장 학적부를 토대로 작성

<표 4-23> 입학 시 연령의 추이

입학 연도	입학 시 연령							
	~7세	7~8세	8~9세	9~10세	10~11세	11~12세	12~13세	13세~
1924	1	9	4	6	3	1	2	
1925	3	2	4	4	3	1	1	
1926	2	5	8	4	4	1		
1927	2	5	3	7	4	1	1	1
1932	9	1	1					
1933	13	13	7	5				
1934	13	10	14	3				
1935	12	16	9	4				
1936	10	19	13	14	2			
1937	19	21	21	8	6			
1938	10	31	20	20				
1939	17	33	26	9				

출전 : 중모초등학교 소장 학적부를 토대로 작성

이를 통해 대체로 입학 시의 연령이 낮아지면서 '학령'에 근접해 가는 과정을 확인할 수 있다. 1932년의 입학자가 특히 저연령인 이유는 명확하지 않다.

③보호자 직업 : 학교의 계급적 특성

가정의 경제조건이 아동의 취학상황을 크게 좌우하는 것은 말할 것도 없다. 지금까지도 학교의 계급적인 위치에 대한 지적은 있었지만(문소정, 1990 ; 金富

子, 2005], 여기에서는 보호자 직업란을 실마리로 구체적인 상황을 살펴보고자
한다.

하지만 이것도 기입자에 따라 편차가 크다. 예컨대 농업의 경우 '농업(소작)'이
라는 식으로 토지소유형태까지 기입된 경우도 있지만 단지 '농업'이라고만
기입된 경우도 있었다. 상업의 경우도 그 내용까지 기입한 것이 있는 반면
그저 상업이라고만 쓴 경우도 있었다. 그러한 것도 포함하여 졸업연도 순으로
보호자의 직업을 집계한 것이 <표 4-24>이다.

<표 4-24> 보호자 직업의 추이

졸업연도	졸업자수	농업					겸업농가	상업	공업	관공리	교유敎諭	없음
		소작	자소작	자작	지주	미상						
1929	33	16 48%		9 27%	1 3%	4 12%	1 3%	2 6%				
1930	25	10 40%		9 36%	2 8%	1 4%		2 8%			1 4%	
1931	35	11 31%		9 26%	5 14%	6 17%		2 6%		2 6%		
1932	32			21 66%	4 13%			3 9%		2 6%	2 6%	
1938	67					66 99%		1 1%				
1939	66					65 98%			1 2%			
1940	66					58 88%		6 9%		2 3%		
1941	71					63 89%		7 10%		1 1%		
1942	82	24 29%	7 9%	12 15%		34 41%	3 4%			2 2%		
1943	90	5 6%	2 2%	2 2%		71 79%		7 8%		1 1%	2 2%	
1944	103			1 1%		83 81%		10 10%		4 4%	2 2%	3 3%

출전 : 중모초등학교 소장 학적부를 토대로 작성

먼저 1930년의 모동면 유업자有業者 인구 3,806명의 비율을 보면 농업 92.6%,

상업 4.0%, 공업 1.5%, 공무자유업 0.5%, 기타 1.4%로 되어 있다.[72] 그리고 농업자의 토지소유형태에 대해 1936년의 수치를 들면 모동면 농업인구 1,180명 중 자작 105호(8.9%), 자소작 257호(21.8%), 소작 806호(68.3%), 피고용자 12명 (1.0%)이었다.[73] 지주라는 항목은 없는데 아마도 지주도 자작으로 산정된 것으로 보인다. 이 비율과 <표 4-24>의 1929~1932년의 수치를 비교해 보면 자작·지주의 비율이 모동면 전체의 비율에 비해서 확실히 높은 것을 알 수 있다.[74]

④남녀차 : 학교의 젠더 특성

같은 아동이라고 해도 젠더에 따라서 학교와의 관계에도 차이가 났다[金富子, 2005]. 위의 ①~③의 문제를 여성 졸업자 135명에 대해서 살펴보면 남자와는 또 다른 흥미로운 사실이 떠오른다.

먼저 입학 전 경력에서는 1927년 입학한 지주의 딸 두 사람이 '서당'이라고 쓴 외에는 없음·미기입이 99명(73%), 가정이 17명(13%), 보통학교·간이학교가 16명(12%), 여자고등학교가 1명으로 되어 있다. 즉 가정교육을 제외하면 보통학교 여자 입학자에게 대안적인 교육의 장은 그다지 전제되지 않은 셈이다.

또한 보호자 직업과 젠더를 교차 확인해보면 여성의 경우 계급 문제가 보다 첨예하게 나타난다. 제2회 여자졸업생 1명은 교원의 가정이며, 제3회 여자 졸업생 4명 가운데 3명이 지주 집이었다. 제4회에서는 3명 중 2명이 면서기의 가정이고 나머지 한 사람도 자작농이다. 이와 같이 적어도 초기에는 여성의 경우 학교의 계급적 규정성은 남성에 비해 강했다.

아마도 이러한 사정과 관계가 있다고 생각되지만 통학연령은 여성 쪽이 조금 낮은 경향을 보였다. 1학년생으로 입학한 아동의 평균연령은 남성이 8.1세, 여성이 7.9세, 8세 미만으로 입학한 이는 남성이 52%, 여성이 56%였다.

이상을 정리하면 여성 통학자의 경우에는 대안적인 교육의 장에서 남성

---

72) 朝鮮總督府, 『昭和五年 朝鮮國勢調査報告 道編 第6卷 慶尙北道』(1933년).

73) 尙州郡, 『昭和十二年 郡勢一班』, 25~27쪽.

74) 학교의 계급성을 보다 엄밀하게 분석하기 위해서는 戶稅額이나 토지의 소유면적 등과 대조해 보는 작업이 필요하겠지만 이번 조사에서는 거기까지 미치지 못했다. 앞으로의 구체적 과제로 삼고 싶다.

편향, 신식학교에서 계급 편향이 보다 강하게 작용했음을 엿볼 수 있다.

학교를 떠난 사람들 : 제적부의 분석

이상은 중모공보를 졸업할 수 있었던 사람에 대한 분석이었지만, 학교에 다닌 것은 그런 사람들만은 아니었다. 전학이나 가정의 경제 사정 등으로 학교를 떠나지 않으면 안 되었던 사람들이 많이 있었다. 여기에서는 1939년부터 1945년까지 6년 동안 학교를 떠난 208명분의 제적부를 단서로 하여 그 양상을 살펴보겠다.

다만 제적부의 내용은 학적부에 비하면 대충 처리된 부분이 많다. 퇴학연월일 이나 퇴학 사유를 기재하는 것을 잊어버린 채 철한 것도 상당히 많다. 또한 학적부와 달리 대략 퇴학한 순서대로 묶어 놓았을 뿐이어서 남녀의 구별조차 분명하지 않다. 하지만 그러한 가운데도 학교를 떠난 사람들의 다양한 상황이 담겨 있다.

먼저 본적이나 이름을 볼 때 분명하게 일본인이라고 판명되는 사람이 7명 있는데 이에 대해서는 나중에 검토하겠다. 또한 처음 59명에 대해서는 일람표가 작성되어 있는데 이 표에 등장하지만 실제의 제적부에는 결락되어 있는 사람이 5명 있으므로 208명에서 이들을 뺀 196명을 먼저 분석하겠다.

우선 유감스럽게도 퇴학사유가 기재되지 않은 사람이 47명에 달한다. 기재된 사유를 보면 먼저 '집안 사정'이 있는데 단지 '빈곤'이라고 기재된 3명도 여기에 포함시켰다. 수업료 납부 곤란이라는 퇴학사유는 존재하지 않았는데 아마도 '집안 사정'에 포함되어 있을 것으로 생각된다. '전거轉居'와 전학은 구별하여 그 행선지가 기재되어 있는 것은 조선·만주·내지內地로 분류했다. 그밖에 질병 이나 사망에 의한 퇴학이 있었고 이러한 분류에 속하지 않은 경우로서 한 사람 '본인의 성향 불량, 가정의 사정'으로 기재된 이가 있었다. 상세한 것은 확실치 않으나 면서기의 아들로 5학년 때 퇴학한 것으로 되어 있다.

이상의 퇴학 사유를 보호자 직업과 교차하여 집계한 것이 <표 4-25>이다.

<표 4-25> 직업 별로 본 퇴학 사유

퇴학사유 \ 직업	농업				겸업	상공업	관공리	교유	미상	합계
	소작	자소작	자작	불명						
가정 사정	4	1	2	34	1	1				43
전학 조선내		1	2	10			1	1	1	16
전학 일본		1								1
전학 불명	1		3	20	1	3	4	3		35
전거 조선내	4			3			1			8
전거 만주	1			4					1	6
전거 일본	2			2						4
전거 불명			1	14		4	4	1		24
질병				4					1	5
사망		2	1	3						6
性行 불량								1		1
미상	11	3	2	22	1	2	3	1	2	47
합계	23	8	11	116	3	11	14	6	4	196

출전 : 증모초등학교 소장 제적부를 토대로 작성

6년간 208명의 퇴학자라면 연간 평균 34.7명, 즉 열흘에 한 명 꼴로 누군가가 퇴학하였다는 계산이 된다. 전시기戰時期에 해당하는 시기라고는 해도 유동성 내지 불안정성이 높았던 것이 무엇보다 눈에 띄는 사실이다.

먼저 가정 사정에 의한 퇴학자를 보면 보호자가 관공리·교유教諭 혹은 지주인 가정에서는 전혀 없고 압도적으로 농민(95%)이 많다. 그런데 전학에 의한 퇴학자에서는 관공리와 교유의 비율이 높아진다(17%). 즉 같은 퇴학자라고 해도 학교를 떠나는 동기에는 분명하게 계급 격차가 나타난다고 할 수 있다. 질병이나 사망에 의한 퇴학자는 보호자 직업 미상인 1명을 제외하고는 10명 모두 농민인 것도 당시 농민의 가혹한 생활상의 일단을 보여준다.

또한 전학처나 이사간 곳을 알 수 있는 이를 집계하면 조선 안이 역시 24명(69%)으로 가장 많지만 만주가 6명(17%), 일본이 5명(14%)으로 '제국' 규모에서의 디아스포라의 일단이 이렇게 미시적인 차원에서도 나타났다.

한편 <표 4-25>에서 제외된 일본인 7명에 대해서 살펴보자. 식민지기에는 주로 일본인을 대상으로 학교조합이 설립한 심상尋常소학교(전시기에는 모두 국민학교가 된다)가 별도로 있었지만 보호자의 사정에 의해 그러한 학교에 다닐 수 없었던 이가 이러한 보통학교에 다녔으리라 생각된다. 보호자의 직업은 각각 소학교 훈도 1, 경찰관 1, 관리 1, 상업 1, 농업 2, 무직 1로 되어 있어 보통학교에 다닌 일본인의 존재방식을 잘 보여준다. 퇴학 사유는 전학 3, 전거 2, 불명이 2인으로 가정 사정에 의한 것은 없었다. 이상의 사실을 위의 기술과 비교해 보면 일본인의 보통학교에 대한 사회 조건에는 식민자로서의 성격이 농후하게 드러난다고 할 수 있다.

소결

이상에서 신식학교의 도입이 지역사회에서 어떠한 경험이었는지를 구체적으로 검토해 보았다. 여기에서 논증한 것을 정리하면 아래와 같다.

일본의 한국병합을 전후한 시기에 한문교육의 장은 사족 가정의 남성과 그 네트워크를 중심으로 가정−독선생−사숙−서당과 같이 중층적으로 이어지면서 형성되어 있었다. 서원이나 향교의 교육기능은 일찍이 상실되었지만 서당 이하의 한문교육은 식민지기를 통해서 폭넓게 존속하였다. 한편 사족 가운데는 네트워크를 이용하여 한말에 신식학교를 세우려는 운동을 전개한 이도 출현했다. 그것이 결실을 맺지는 못했지만 병합 전후의 새로운 양상으로서 특기할 만한 점이 있다.

1910년대에는 보통학교가 두 곳밖에 없었고 학생 수에서도 서당을 비롯한 한문교육 시설 쪽이 훨씬 압도적이었지만, 1920년대에 들어서자 새로운 움직임이 두 가지 나타났다. 하나는 지역엘리트에 의해서 사설 강습소가 결성된 것이다. 지역엘리트 가운데에는 농촌부에서는 사족, 읍내에서는 이족과 사족이 포함되는 경우도 있었는데, 이들이 지역 유력자나 청년운동가와 함께 새로운 교육운동을 형성한 점이 주목된다. 그러나 그러한 강습소는 매년 당국의 인가를 받지 않으면 안 되는 등 제도적으로 불안정한 측면을 갖고 있었고, 실제로 1930년대가 되면서 점차 자취를 감추었다.

또 하나는 공립보통학교 설립 운동이다. 공보는 지역 '유지'의 운동에 의해서 세워졌는데 종종 강습소 설립의 재정적인 기반을 흡수 통합하는 형태로 설립되었다. 새롭게 생긴 학교는 부형회·자모회를 비롯한 조직화, 행사의 개최, 농업경영에 대한 개입 등을 통해서 지역사회와의 관계를 구축해 갔다. 그것은 학교가 지역사회에 침투해 가는 과정에 다름 아니었고 그 점에서 학교를 중심으로 한 새로운 사회통합이 진전되었다.

이러한 가운데 신식학교에 다니는 사람도 서서히 늘어갔다. 그렇다고는 하지만 학교의 수가 절대적으로 적은 데다가 시가지인지 아닌지, 언제 쯤 보통학교가 설립되었는지, 남자인지 여자인지 등의 요인에 규정되면서 불취학자가 폭넓게 존재했다. 그것이 서당이나 강습회가 식민지기에도 존속하게 된 커다란 요인이기도 하다. 그러한 상황에서 학교에 다닌 사람들을 학적부를 통해 분석해 보면 교육의 장은 다양한 모순을 배태하면서도 더디기는 하지만 보통학교로 일원화되어 가는 양상을 보였다. 1920년대에는 입학 전의 '경력'으로서 상당한 정도로 기능하고 있던 한문교육이나 사설 강습소 등의 대안적인 교육시설이 1930년대 이후에는 서서히 비'경력'화되어 갔다. 또한 그것과 병행하여 통학자의 저低연령화가 진행되었다. 다만 계급성의 분석에서도 알 수 있듯이 학교 취학은 경제적 조건에 따라 좌우되었다. 게다가 이 계급성은 여성의 경우 남성보다 더 선명하게 드러남으로써 대안적 교육의 기회가 적었던 점과 더불어 보통학교를 둘러싼 배제와 포섭의 역학이 보다 강하게 나타났다. 또한 제적부의 분석에서는 약 열흘에 한 명꼴로 퇴학자가 존재하는 등 높은 유동성이 확인되었고, 나아가 계급에 의한 퇴학 동기의 차이가 명확히 드러났다. 아울러 일본인과 조선인 사이에서도 차이가 보였다.

이를 보다 큰 틀에서 파악한다면 지역사회의 교육을 둘러싼 <근세>의 시스템이 식민 지배를 배경으로 한 <근대>의 시스템으로 서서히 전환해 갔다고 평가할 수 있을 것이다. 즉 여기에서 분석한 상주의 사회 변화는 민족, 계급, 젠더 등이 결합된 <근대>적인 분할에 의해 취학이나 식자가 규정되는 사회로 이행하는 과정을 나타내는 것으로 이해할 수 있다. 근세에는 한문이 식자자 사이의 커뮤니케이션에 사용되는 주요한 매체였으며 사족이나 이족과 같은 지역엘리트는 기본적으로 한문 지식인이었다. 그러던 것이 20세기에 들어 일본의 식민화 과정에서 한문의 사회적 지위가 급격하게 주변화됨과 동시에 새로운 지知와 지배의 관계가 만들어졌다. 그러나 그것은 갑자기 일어나지 않고 이 장에서 검증한 것처럼 다양한 사회 모순을 내포한 채 미시적인 수준에서 서서히 그리고 매우 불균등하게 진행되었다. 거기에 식민지하의 일본어(문자/음성), 한국어(문자/음성), 한문이라는 다언어 다문자 상황이 더해져 이 삼자가 서로 경합하는 가운데 배제와 포섭의 식민지근대 시스템이 형성되었다고 볼 수 있다.

제5장

일기를 통해 본 식민지 경험

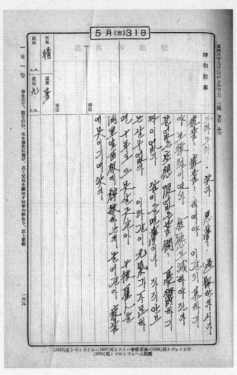

S씨의 일기(1935년 5월 31일)

머리말

2장에서 4장까지는 상주라는 지역사회를 주된 대상으로 삼아 식민지기의 사회 변화를 중심으로 검토하였다. 그 과정에서 논한 중요한 포인트의 하나는 지역사회에서 <근세>적 사회관계가 근대의 상황을 상당히 규정했다는 점이었다. 즉 당시 '새로운' 것으로 여겨진 <근대>의 요소들이 기존의 사회관계를 일소해 버리는 것이 아니라, <근세>의 사회관계와 경합하거나 혹은 서로 겹쳐지면서 식민지 상황을 형성한 것이다.

그렇다면 그처럼 변화하는 사회 속에서 살아간다는 것은 어떠한 경험이었을까. 이제까지는 기본적인 분석 단위가 '지역사회'였지만, 이 장에서는 시점을 조금 바꿔 그와 같은 지역사회를 무대로 근대를 살아간 한 개인의 경험에 초점을 맞춰 보고자 한다. 앞 장까지가 '사회사'의 서술이었다고 한다면 이 장은 '일상사'에 해당한다고 할 수 있겠다.[1]

개인의 경험에 초점을 맞춘다고 할 때 먼저 대두되는 우려는 그것이 자본주의의 모순이나 식민 지배에서의 민족모순과 같은 거시적 내지 구조적 문제를 애매하게 하거나 혹은 덮어버리지는 않을까 하는 점이다.[2] 이런 식으로 문제의 회피를 통해서가 아니라 오히려 모순을 다른 방향에서 조명하는 형태로 역사를 응시하기 위한 틀과 방법이 요구되고 있다. 그러한 것을 '일상'이라는 문제에서 출발하여 생각해 보고자 한다.

'일상' 내지 '일상생활'이라는 개념은 종종 많은 사물의 배제와 분리에 의해 성립되는 것으로 여겨지곤 한다.[3] 예컨대 노동자의 일상생활이라고 하면 일하

---

1) 이상록&이유재[2006]의 서론은, 1980년대 이후 한국의 역사 연구에서 일상사에 대한 관심의 생성 과정을, 독일에서 일상사의 형성 및 일상사와 사회사의 (대립적인) 관계에 비추어 논한 흥미로운 논고이다.
2) 예컨대 마지마 이치로眞島一郞[1999]는 '아래로부터의 경험'과 구술사를 중시하는 인류학에 대해, '마치 "식민지"가 익명의 역사적 절대로서 現前하기라도 하는 듯한 역설이 기술 가운데서 배태되고 말았다'고 비판했다.
3) 그러한 단정의 하나의 전형으로서 예컨대 일본인 및 조선인에 대한 구술조사 및 저자의 견해로 구성된 吳善花[2000]가 있다. 吳善花는 이 책에서 '정치적·제도적인

지 않을 때의 노동자의 생활을 생각하고, 전시하의 일상생활이라 하면 전투를 하거나 공습에 쫓기거나 하지 않을 때를 떠올리며, 식민지하의 일상생활이라면 수탈당해 빈곤에 허덕이고 있는 모습이나 혹은 적극적으로 사회운동에 참여하는 모습이 아닌 어딘가 목가적인 분위기를 지닌 풍경을 상상하는 식의 배제와 분리가 그것이다. 이와 꼭 마찬가지로 '보통 사람들'을 둘러싼 담론 역시 종종 '보통이 아닌 사람들'을 제외함으로써 성립된다.

이러한 부정에 의해 성립되는 '일상'이나 '보통'이 아니라, '일상적이지 않은 것' 혹은 '보통이 아닌 것'의 연속성 위에서 식민지 사회의 '보통 사람들'의 '일상'을 다시 볼 수는 없을까. 그러한 일상성 속에서 '식민지권력'이나 '근대'라는 것이 어떻게 나타나며 또 경험되었는가라는 시점을 통해 당시를 바라볼 수는 없을까.

이 장은 이러한 문제의식을 가지고 1930년대에 쓰여진 일기를 실마리로 삼아 그 일기의 필자(여기서는 'S씨'라고 부른다)가 '일상' 속에서 식민주의 혹은 <근대>와 어떻게 직면했는가를 생각해 보려는 하나의 시도이다. 그것이 '시도'일 수밖에 없는 것은 일기라는 소재 자체가 이쪽에서 던진 물음에 대해 직접적으로 답을 주지는 않기 때문이다. 식민지근대의 흔적은 S씨의 일기 도처에 남겨져 있지만, 그렇다고 해서 그것이 반드시 명시적으로 드러나지는 않는다. 식민지근대라는 거대한 시스템은 S씨 앞에 전모를 드러내지 않는다. 그것은 극히 '평범'한 일상을 기술한 편린 가운데 사소하게 그러나 구체적인 형태로 나타날 따름이다. 그러한 '평범함' 속에 배어나는 '근대'와 '식민지'를 읽어내는 일종의 징후적 독해[4]에 의해, '일상생활'이 보다 큰 역사를 향해

역사'와 '사회적·생활적인 역사'의 구별, '정부=국가=제도'와 '생활자=일본인=관습'의 구별을 주장하며, 이를 구술조사의 전제로 삼고 있다. 吳善花는 在朝日本人 출신자가 이러한 분리를 금방 이해하고 찬동한 것에 반해, 한국인은 그것을 '혼동'했다고 평가하고, 이를 韓日 '지식인'의 차이로서 설명했다. 과연 이렇게 일반론으로 설명될 수 있는 문제일까. 왜 '혼동'할 수밖에 없는가에 대한 사색이 결정적으로 부족하다고 말하지 않을 수 없다.

4) 이 장의 일부가 된 초출 논문이 한국에서 출판된 논문집에 재록될 때 편자의 한 사람인 윤해동이 여기서 일기를 읽는 방식에 대해 '징후적 독해'라고 이름 붙여 주었다

활짝 열려 있음을 구체적인 차원에서 확인하려는 것이 이 장이 기도하는 바이다.

이러한 관점으로부터 한 개인이 경험한 식민지근대를 살피기 위해 이 장에서는 먼저 S씨와 '물건'의 관계에 주목하고자 한다. <근대>와 접한다는 것이 어떠한 것인가를 생각해 볼 때, 추상적인 '근대 사상'이나 '합리성' 같은 것이 어느 순간 계시처럼 눈앞에 나타나거나, 혹은 학교에서 '진보'에 대한 교육을 받아 '진보적'이 되는 식의 <근대>와의 만남을 상정하는 것은 너무나 단순한 발상일 것이다. 이 장에서는 먼저 구체적인 물건 특히 화폐와 교환되는 물건으로서의 상품과 어떻게 접하였는가, 또 그 과정에서 어떠한 사회 인식이 생겨났는가라는 점에 주목하여 <근대>와의 만남을 그려보고자 한다.

상품은 파는 이가 의도한 사용가치에 의해 '필요'를 충족시킬 뿐만 아니라, 그 편리함을 과시함으로써 혹은 그것을 자신도 갖고 싶다는 욕망을 부추김으로써, '새로움'을 상상케 하기도 하고 친숙한 것들의 '낡음'을 인식시키기도 한다. 그러한 경험의 과정에서 신/구에 가치를 부여하거나 그것에 '문명', '도회' 혹은 '농촌', '풍속', '미신'과 같은 이름을 붙이는 인식이 생겨나기도 한다. 경우에 따라서는 1930년대 서울의 문화와 관련해 김진송이 설명한 바와 같이 '새로운 문물을 소유할 수 없고 경험할 수 없는 사람들의 좌절감'[김진송, 1999 : 75] 같은 감정도 그로부터 생겨날 것이다.

그러한 의미에서 이러한 문물을 '미디어'로서 파악할 수도 있다. 여기서

[윤해동 외, 2006 : 34]. 그 시점에서 필자는 그러한 말을 사용하지 않았지만 새삼 생각해 보면 확실히 그와 같이 이름 붙이는 것에는 의의가 있다. 먼저 그것은 미시사의 대표적인 역사학자로 여겨지는 카를로 긴즈부르그Carlo Ginzburg가 스스로의 역사학 방법을 계보적으로 살핀 논문 「징후」[긴즈부르그, 1988]를 연상시킨다. 긴즈부르그는 아주 사소한 단서로부터 현실을 읽어내는 방법에 주목하여, 이를 症候學的 내지 추론적인 패러다임이라고 불렀다. 또한 이것은 칼 맑스Karl Marx가 고전경제학을 비판적으로 읽은 것을 '징후적 독해'라고 부르면서, 그와 같은 독해를 맑스에게도 적용한 루이 알뛰세르Louis Althusser[1996]의 방법도 연상시킨다. 알뛰세르의 징후적 독해에서는, 보였지만 보이지 않았던 것처럼 말로 표현된 흔적 혹은 공백을 좇아 그로부터 잠재된 문제problématique를 드러낸다. 이 장은 그러한 엄밀하게 개념화된 방법론을 채택한 것은 아니지만, 일기의 징후로부터 식민주의와 근대성이라는 문제의 구조를 발견하려는 점에 있어서는 어느 정도 상통하는 면이 있다고 생각한다.

말하는 미디어란 신문, 잡지, 라디오와 같은 좁은 의미의 미디어에 그치지 않는다. 예컨대 자전거 한 대를 보더라도 그것이 '타고 이동한다'는 사용가치를 갖는 동시에 그 상품의 존재 자체가 <근대>를 이미지화하는 미디어일 수 있다.

이 점과 관련해서 마쓰모토 다케노리松本武祝[2002]는 강내희[2001]의 표현을 빌어, '박래품舶來品'이 갖는 '병참능력兵站能力'에 의해 조선의 농촌부에도 '서구문화에서 유래하는 상품과 미디어'가 유입되어, 비록 양적으로는 그것이 도시·중간층·남성에 편중되어 있었다고 해도, '식민지하의 조선인 사이에 헤게모니로서 성립되기에 이르렀다'고 분석하였다. 이 장의 서술은 이와 같은 지적에서 많은 시사를 얻은 것이다. 그러나 그처럼 '성립'된 무언가에 대해 과연 '헤게모니'라는 개념을 적용하는 것이 적절한가, 또한 자본주의의 '병참능력' 앞에 단지 수동태로 기술되는 존재로서 식민지 사람들의 삶을 대상화하는 데 그쳐도 되는가라는 의문은 남는다.

문물을 통해 <근대>의 경험을 보는 시점은 크게 두 가지다. 하나는 <파는 측>의 시점이다. 그 경우 <근대>란 '보급'되거나 '유입'되거나 '수용'되는 것으로 존재한다. 거기에는 중심으로부터 주변을 향해 흘러가는 <근대> 상이 상정되어 있다. 그 속에서 '소비자'는 종종 생산자의 능동성과 대비되어 상품을 사게 되고, 쓰게 되고, 사기 위해 일하게 되는 수동적인 존재로서 상정될 뿐이다. 이것도 하나의 시각이다.

그러나 이 장에서 제시하고자 하는 시도는 말하자면 그와는 '반대'의 시점 즉 <쓰는 측>의 시점이다. '소비'한다는 것 자체가 적극적인 실천이므로, 살 것인가 사지 않을 것인가의 선택까지 포함하여 물건의 사용방식에서 단순히 수동적일 수는 없다. 역사가 세르토Michel de Certeau[セルトー, 1987]는 이러한 존재를 '사용자'라고 이름 붙이고, 이 사용자가 '조작'하거나 '제작'하거나 '밀렵'하거나 '브리콜라주bricolage'5)하는 것을 통해 지배적인 경제체제에 의해

---

5) 【레비스트로스Lévi-Strauss의 용어로서 주변의 소재를 짜맞춰 무언가를 만드는 것을 의미. 설계도를 바탕으로 부품을 조달하여 전문적인 지식을 이용해 무언가를 만드는 것을

들이밀어진 다양한 제품을 능숙하게 다루어가는 궤적을 추출하려고 모색했는데, 그러한 시도로부터는 배울 점이 많다. 그것은 〈파는 측〉이 의도한 '소비자'의 모습에 포섭되지 않는다. 이 장에서는 먼저 그러한 능동성에 주목하여 S씨의 소비행동을 검토하겠다.

S씨와 물건의 관계를 살핀 다음에는 그의 사회인식을 검토하려 한다. 거기서는 본서의 관심에 따라 도시/농촌이나 신/구와 같은 관점이 어떻게 생겨났는가, '민족'에 대한 인식이 어떻게 생성되었는가, 농촌생활에서 '우울'이란 어떤 것이었는가, '일본'이라는 존재가 어떻게 나타나고 있는가라는 점을 파헤치고자 한다. 그 경우 도시/농촌, 우울, 민족, 일본/조선과 같은 범주를 소여의 것으로 간주하여 텍스트를 오려내기보다, 오히려 S씨의 구체적인 서술로부터 그러한 범주가 생성되는 과정, 리얼리티가 구성되는 방식, 경험의 여러 모습을 내재적으로 독해하는 것이 중요하다고 생각한다.

이상의 관점으로부터 먼저 S씨와 그의 일기의 특징에 대해 검토한 뒤, S씨의 소비행동으로부터 신/구 사이에서 흔들리는 모습을 드러내고, 그를 바탕으로 S씨의 사회인식을 밝힐 것이다.

1. S씨와 그 일기

1) S씨의 궤적

여기서 대상으로 삼는 일기는 1931~1933, 1935~1938년에 걸쳐 쓰여진 것으로 모두 일곱 권이다(그림 5-1).[6] 그 중 한 권을 제외하고 모두 도쿄의 라이온치약ライオン齒磨本鋪에서 발행하던 『라이온 당용일기ライオン當用日記』(50錢,

---

뜻하는 '엔지니어링'과 대조되는 행동양식·사고양식을 가리킴.】

6) S씨의 아들에 따르면 1939년 이후로도 해방 후까지 계속해서 일기를 썼다고 하지만, 안타깝게도 현 시점에서는 입수할 수 없었다. 또한 프라이버시 관계상 인명이나 구체적인 지명 등은 기호화하였다.

<그림 5-1> S씨의 일기　저자 촬영

4×6배판)라는 일기장에 기입되어 있다.[7] 일기장 한 쪽이 하루 분으로 본문기사, 특별기사, 편지의 송수신, 날씨, 기온, 기상·취침 시간을 적는 난이 인쇄되어 있다. 또한 월초에 '예정', 월말에 '감상', 연말에 1년을 돌아보는 '거래금去來今' 난이 있고, 권말에는 금전출납부가 붙어 있다. S씨는 공백을 싫어하기라도 하는 듯, 이들 양식을 정돈된 필체로 매일 채워 넣었다. 한자와 한글을 혼용하고 있으며 일본어는 아주 드물게 단어가 섞여 있는 정도다.

먼저 이 일기의 필자인 S씨의 이력을 간단히 살펴보자.

S씨는 1914년 경상북도 상주군(현 상주시)의 P리에서 태어났다. P리는 지배적인 사족이 없는 이른바 '민촌民村'이다. P리에는 S씨 성이 모여 있었는데 1933년 전후에는 약 100세대가 있었다고 한다.[8] P리는 지리적으로 '신식' 문화에

---

7) 현재의 (株)ライオン【라이온】의 전신인 (株)小林商店은 戰前부터 라이온 표의 치약과 비누를 일본, 조선뿐만 아니라 중국, 동남아시아에까지 판매하였다. 社史[ライオン齒磨株式會社社史編纂員會, 1973]에 따르면 1919년부터 매년 『當用日記』의 발행을 개시하였는데, 이는 미국 상업 시찰의 산물이라고 한다. 그 목적은 분명치 않지만 라이온 치약의 '이미지를 높이는 데 도움이 되었다'고 적혀 있다. 일기를 적는 자와 이를 닦는 자가 일상생활을 규율화한 개인으로서 동일시된 것일지도 모르겠다. 한편 S씨의 금전출납부에는 '刷子[=브러시]', '取粉[아마도 齒粉의 誤記]' 등의 항목이 보이므로, 일상적으로 이를 닦고 있었다고 생각된다.

비교적 접하기 쉬운 환경에 있었다. 1920년 P리에서 2km 정도 떨어진 이웃 마을에 보통학교가 문을 열었다. 1919년에 P리 출신의 면장과 유지가 발기해서 교육계教育契를 통해 재정을 확충하여 학교기성회를 조직하고 도道로부터 인가를 받았는데, 상주에서는 세 번째이며 3·1운동 이후로는 처음 생긴 보통학교였다.[9] 또한 1924년에는 경북철도慶北鐵道가 개통되어 마을에서 2.5km 정도 떨어진 곳에 역이 생겼다.

<표 5-1> S씨 집의 모내기 상황(1933년)

날짜	장소	斗落	移秧 인원	비고
6월 13일	洞里前	8.5	移秧群 16명	'群'은 '꾼'?
6월 14일	洞里前, 龍安	4		
6월 19일	洞里前	14	移秧群 50여 명	一毛作移秧終
6월 25일	甫玄	3	家族+雇人	
6월 26일		2	家族	
6월 27일		1	家族	
6월 29일	龍安	4	家族+2명	
6월 30일	甫玄	6	10여 명	
7월 1일	甫玄 외			
합계		42.5		

출전 : S씨의 일기를 토대로 저자 작성
비고 : 1905년의 실측조사(『韓國土地農産調査報告 慶尙道·全羅道』)에 따르면 상주에서의 田 1斗落은 116평.

1926년에 아버지를 잃은 S씨 집에서는, 일기의 기간 중에는 네 살 위의 형이 '호주戶主'로서 농가를 경영하였다. S씨에게는 부인이 있어 1930년에 아들도 태어났다. 이 밖에 형수, 할머니, 어머니, 여동생이 있었다. S씨 집안은 토지 소유형태로 보자면 지주에 속한다. 규모의 파악은 곤란하지만 구舊토지대장(상주시청 소장)을 바탕으로 동내洞內 소유분의 농지를 모아보면 (1931년 말 현재) 답畓 약 2.3정보, 전田 약 1정보를 소유하고 있었다. 일기에서는 군 바깥으로부터도 '도조賭租'(=소작료)를 징수한 흔적이 있다. 또한 비교적 상세하게 모내기에 대해 기술하고 있는 1933년의 상황을 정리해 보면 <표 5-1>과 같다. 이러한 단편적인 정보로 봤을 때 S씨 집안은 중규모의 자영지주였다고 봐도 무방할 것이다.

S씨는 1923년에 근처의 보통학교에 입학했다. 이 시기에는 입학 전에 가정이나 서당에서 한문교육을 받는 아동이 종종 있었지만 S씨의 경우 그러한 흔적은

---

8) 朝鮮總督府 編, 『朝鮮の姓』, 大海堂, 1934.
9) 『商山誌』 1929년판, 卷之三 學校條.

일단 없다.[10) 재학 중에 아버지를 잃는 비극을 당했지만 1929년에 무사히 보통학교를 졸업했다. 그 1년 후 S씨는 마을에서 80km 떨어진 대구에 있는 사립 중등교육기관 교남학교嶠南學校에 입학했다. 당시 상주에는 공립인 농잠학교農蠶學校(현 경북대학교 상주캠퍼스의 전신)가 있어 중등교육기관적인 역할을 하고 있었지만 실업계였으므로 일부러 대구에 간 것인지도 모르겠다. 대구에서는 형이 보내주는 돈으로 하숙 생활을 하였는데 그렇게 해서라도 일반 중학교에 다니고 싶었다는 걸 말해준다. 일기는 이 대구의 학교생활 시대로부터 시작된다.

그런데 입학 1년 후인 1931년 3월 말 학교를 그만두고 고향으로 돌아와야만 했다. 이유는 '金錢에 困難'이라고 적혀 있다. 본인의 말을 인용해 보자.

> 困難! 困難! 金錢에 困難! 아! 답답하고 에로웁다! 金錢困難어로 그리운 大邱는 다가고 설설한 農村에서 부모에 눈칫밥을 먹기 대에구나! (…) 써거가는 村落에서 무선 낯처로 사라갓가! 金錢이야! 참어로 한심하다.(1931년 4월 1일, 이하 '310401'의 형식으로 표기)

바로 이 1931년에 경제공황의 여파와 흉작이 겹쳐 상주에서는 수업료 미납이나 가정 사정에 의해 퇴학하는 아동이 매우 많았다고 신문에 보도되었다.[11) 또한 교남학교 자체도 이 시기 마침 경영이 불안정했다고 한다.[12) 수업료는 당시 월액 3원이었지만 하숙 등 생활비도 있었기 때문에 형으로부터의 송금은 한 달에 10~30원 정도에 달해 가계에 상당한 부담이 되었을 것이다.

P리에 돌아온 그는 집의 농사를 도왔다. 그렇다고 해도 자영지주 집의 둘째

---

10) 학교 소장의 학적부에는 '入學前經歷' 난이 있는데 '없음ナシ'이라고 기입되어 있는 것을 확인했다. 학적부의 '경력' 분석에 대해서는 졸고[板垣, 2002]를 참조할 것. 다만 '[M]兄이 千字冊을 가주와 원문[언문諺文] 다라 달나 길어 다라주고'(330315)라는 기술로 볼 때, 천자문 정도의 한문 교육은 받았을 가능성이 있다.

11) '授業料 未納으로 退學兒童 八百餘名, 더욱 쇠퇴하는 농촌 생활난의 반영, 尙州 一郡에만 이러하다'(『中央日報』 1932년 2월 21일 석간, 기사 제목). 본서 4장 참조.

12) 『大倫六十年史』[大倫中高等學校, 1981]에 따르면 특히 1930년도 및 1931년도의 경영 사정이 좋지 않아, 재적자 수도 그 두 해만 100명 미만이었다. 1930년 5월에는 '극도의 재정난'에 의해 교직원이 한 차례 전원 사직하고 무보수로 수업을 행하기도 했다.

아드님이었으므로 기본적인 농사는 '고인雇人'이 하고, S씨가 돕는 일이라고는 소의 사료인 쇠죽牛粥 끓이기, 모내기 때 줄잡기, 운반 돕기, 타작 등의 작업에 한정되었다. 나머지 시간은 나중에 설명하겠지만 당시 농촌에서는 매우 드물 정도의 독서가였던 S씨는 책을 읽거나, 친구나 동사洞舍(뒤에서 설명)의 노인과 잡담을 나누는 등, 스스로의 표현을 빌자면 '農村서 高等遊民'(311004)으로 지냈다. 진학열도 계속되어 농잠학교 시험을 치기도 하고(1932년) 학교 자료를 신청해 받아보기도 하지만 모두 결실을 맺지 못하고, 결국 농촌에 머물면서 당시 '서울京城'의 지식인 사이에서 유행하던 말로 하자면 '룸펜' 생활을 하였다.

그러나 1935년경이 되면 S씨는 P리에서 몇 가지 일을 맡아 당시의 행정용어로 하자면 '중견인물中堅人物'로서의 역할을 수행하였다. 농촌진흥조합 간사(350110), 봄가을의 잠종최청교사蠶種催靑敎師(350419), 못자리지도원苗代指導員(350507), 녹비재배지도원綠肥栽培指導(350929), 야학 강사(35∼36년의 겨울) 등의 일이 그에 해당한다. 농촌진흥조합은 무급이었지만 그 밖의 일에서는 임시 수입이 있었다. 1936년에는 취직 활동('運動'이라고 적혀 있다)을 개시하여 그 결과 4월부터 군郡 농회農會의 잠업지도원으로 채용되어 제대로 된 직장에 자리를 잡았다. 그러나 갑자기 이웃 면의 지도원으로 임명되면서 단신 부임 생활을 하게 된다.

> [C]面으로 蚕業指導員 任命. (…) 아츰의 準備를 하야 郡廳으로 왔다. [K]面으로 간다고 하드니 [C]面으로 가라고 한다. 暫時 打合後 [C]面으로 왔다. 맛츰 區長 會議이엿다. 人事를 하여다. 當任書記가 첫 印象의 大端 좋아다. 点心後 宿直室에 누어 家內 生覺하니 섭섭하다. 今日붙어 自由를 이릇다.(360417)

이 단신 부임 생활도 반년으로 끝나고, 10월부터는 출신 면 근무로 바뀌면서 집에서 다니게 되었다. 그 후로는 일기가 끝날 때까지 신분의 변동은 없다.

금전출납부로부터 S씨의 수입 상황을 계산한 <표 5-2>는 위에서 설명한 경력을 반영하고 있다.[13] 1936년부터 농업지도원으로 취직하여 정기적인 수입

<표 5-2> S씨의 수입 변화(단위 : 원)

	형	형이외 가족	친족 친구	임시 일당	정기 수입	빚	농업 수입	기타	합계
1931	96	2	4	0	0	0	0	11	113
1932	12	0	3	0	0	0	0	30	45
1933	11	1	4	0	0	0	0	180	196
1935	55	3	0	30	0	2	6	31	126
1936	77	14	2	48	161	3	0	2	309
1937	0	0	3	0	285	36	25	81	430
1938	0	0	0	0	278	0	10	45	333

출전 : S씨의 일기를 토대로 저자 작성

이 생김에 따라 형을 비롯한 가족이나 이웃으로부터의 수입이 없어졌다. 또한 대상 기간 중에 늘 저축을 하여 38년 말에는 400원이 넘었다. 남아 있는 일기보다 뒤의 일이지만 나중에 S씨가 저축을 털어 새 집을 짓고 독립한 것으로 보아, 아마도 이 저축을 한 목적의 하나는 집의 신축이었을 것으로 추측된다.

이상이 1931~1938년까지 S씨가 그린 궤적의 개략이다. 크게 보아 1931~1934년까지를 '귀향, 농사 돕기 시대', 1935년부터 36년 4월까지를 '중견인물 시대', 그 이후를 '농업지도원 시대'라고 구분할 수 있을지도 모르겠다. S씨의 연령으로 보자면 만 17~24세의 '청년'기('청년'에 대해서는 제3장을 참조)에 해당한다.

2) 일기의 특징

S씨는 대상 기간 동안 거의 매일 빠트리지 않고 일기와 금전출납부를 적었다. 왜 계속 적었는지에 대해서는 아무런 기술이 없다. 가끔씩 일기를 되읽으면서 추억에 잠기는 모습도 보이지만, 나중에 회상하기 위해 일기를 썼다고 보기는 어렵다. 1930년대 농촌진흥운동 하에서 가계부나 농업일기를 적는 것이 장려되기는 했지만,[14] 거기에서는 각 세대世帶의 농업경영을 기록하는 것이 중시되었기

---

13) 수입의 '기타'라는 항목은 대부분 수입란에 '××에서'라고 복자로 되어 있던 부분이다. 본문에서도 그 수입에 대해서는 기술이 없다. 여기서는 일단 더 파고들지 않기로 한다.

14) 가계부 등의 장려에 대해서는 板垣[2000]을 참조.

때문에 S씨의 일기와는 성격이 다르다. 아래에서는 S씨 일기의 특징을 살펴보자.

S씨의 일기는 이 장에서 인용하고 있는 부분에서도 알 수 있듯이 종종 자신의 개인적인 감정이나 생각이 글로 적혀 있다는 데 하나의 특징이 있다. 주변의 일도 적었지만 가장으로서 세대 전반의 일을 적거나 지역사회의 일을 기록하려는 지향성은 약하고 개인적인 기록으로서의 성격이 강하다. 뒤에서 설명하듯이 그는 상당한 독서인으로 시사나 동시대의 문학·평론 등에도 밝았는데, 그것이 이 일기로 하여금 아마추어 문학적인 특징을 띠게 했다고 여겨진다.

일기의 본문만이 아니다. 금전출납부를 보더라도 같은 식의 특징이 눈에 띈다. 즉 어디까지나 개인의 금전출납부이지 이른바 가계부가 아니라는 점이다. 학생 시대 및 농사 돕기 시대는 일종의 용돈 장부의 성격을 갖는 것으로 이해할 수 있지만, 중견인물 시대에도 농업지도원 시대에도 이러한 특징은 계속된다. 배우자에게 돈을 건네는 일도 보이지 않는다. 자식의 약을 사온 적은 있어도 양육비에 해당하는 지출 항목은 눈에 띄지 않는다. 영농비 비슷한 것은 존재하지만 농가 경영 전체의 수지가 적혀 있는 것은 아니다. S씨의 지출을 항목별로 분류한 <표 5-3>을 보더라도 그러한 특징이 반영되어 있다. 여기서 '식비'로 계산되어 있는 것도 대부분 밖에서 우동饂飩을 먹거나 한 경우 즉 이른바 외식이어서, 가족과 함께 먹기 위한 지출이라고는 할 수 없다. 그 밖의 항목도 같은 식이다.

<표 5-3> S씨의 지출 항목별 소비 행동(1935년) (단위 : 원, %)

식비	술 담배	가재도구 주거	피복비	의료비	이발 위생	통신비	교통비	서적, 문방구등	영농 관련비	잡비
11.01	37.8	3.59	25.83	28.8	8.21	1.12	3.02	6.72	1.87	12.89
7.8%	26.8%	2.5%	18.3%	20.4%	5.8%	0.8%	2.1%	4.8%	1.3%	9.2%

출전 : S씨의 일기를 토대로 저자 작성

금전출납부가 '가계'를 반영하고 있지 않고, 일기 본문 또한 오로지 '개인'적인 기록인 점을 이유로, 이를 단순하게 예컨대 신식학교 교육 등에 따른 '근대적 개인' 의식의 반영 등으로 위치 짓는 것은 성급한 일이다. 개인의식을 갖는 것과 가족이나 지역사회 등 개인을 벗어난 집단의 기록을 남기는 것은 양립할 수 있는 것이다. 오히려 이러한 특징은 가족 안에서의 '차남'이라는 위치와 관련지어 생각하는 것이 나을 듯하다. 농가 경영은 기본적으로 형이 주도했으므로 같은 집에 사는 한 S씨는 세대世帶의 경영자일 필요가 없었고 마을에 있어서도 세대를 대표해서 활동할 일이 없었다. 적어도 후일 집을 신축하여 독립할 무렵까지는 '개인'으로서의 경제적 생활이 가능했다는 점이, 이러한 일기의 특징을 낳지 않았을까 추측된다.

〈표 5-4〉 복자의 사용(1931∼35년)

1931년			1932년			1933년			1935년		
월	본문	금전	월	본문	금전	월	본문	금전	월	본문	금전
1월	0	0	1월	14	0	1월	41	4	1월	3	0
2월	0	0	2월	26	0	2월	11	2	2월	1	0
3월	0	0	3월	11	0	3월	8	1	3월	0	0
4월	0	0	4월	6	0	4월	10	2	4월	0	0
5월	3	0	5월	5	2	5월	9	0	5월	0	0
6월	0	0	6월	7	0	6월	2	0	6월	0	1
7월	11	0	7월	8	1	7월	3	2	7월	0	0
8월	54	1	8월	7	2	8월	8	2	8월	0	0
9월	57	2	9월	3	0	9월	2	0	9월	0	0
10월	28	0	10월	23	2	10월	5	1	10월	0	0
11월	54	0	11월	24	4	11월	31	5	11월	0	0
12월	67	1	12월	11	1	12월	3	0	12월	0	0

출전 : S씨의 일기를 토대로 저자 작성
비고 : 같은 날에 여러 곳에 나타난 경우도 각각 헤아렸다. 1936년 이후 본문에는 복자 없음.

이와 관련하여 일기를 쓰는 이의 의식의 문제로서 한 가지 흥미로운 것은 복자伏字의 존재이다. 일기에는 종종 '××'라는 식으로 복자가 등장한다. 감춰진 부분에는 일정한 특징이 있는데, 주로 사람 이름인 듯한 부분과 금전출납부(특히 수입원 항목)에 집중되어 있다. 〈표 5-4〉는 월별 복자 사용의 변천이다. 복자는 귀향 후 첫 달인 1931년 5월부터 보이기 시작하여 1935년을 지나면서 사라지는 점이 흥미롭다. 복자가 등장한 데는 대구로부터 귀향하여 가족들에게 일기를 읽힐 가능성이 높아진 점에 하나의 원인이 있었다고 보인다. 일기 서술과

사적私的 공간과의 관계를 생각하는 데 시사적이다. 한편 복자가 사라진 원인은 분명하지 않은데 1935년 이후 공적인 활동이 증가하는 것과 무언가 관련이 있을 것이다. 그렇다 하더라도 복자는, 일기가 자신 이외의 '독자'를 상정하였다 기보다는 오히려 철저하게 자신만을 독자로 하기 위해서 존재했다고 생각하는 것이 타당할 것이다.

아무튼 이 일기장 덕분에 S씨의 세계는 다시 발견되었다.[15] S씨는 가족이나 마을에 사는 나이든 이들 사이에서는 지금도 기억 속에 남아 있지만, 그것을 넘어선 범위에서는 아마도 기억 속에도 기록 속에도 거의 흔적을 남기지 않았다. 일기장이 남지 않았다면 아마도 S씨가 농촌에 사는 '평범'한 한 사람의 청년 남성으로서 이 시대 역사 서술의 등장인물이 되는 일은 없었을 것이다. 물론 이 장의 주안점이 S씨라는 인물을 '발굴'하여 기존의 '정사正史'에 '편입'시키는 데에 있지는 않다. 그보다는 S씨 자신이 남긴 기록을 바탕으로 하여 식민지근대 가 어떻게 경험되었는가라는 그 양상을 비춰 보는 데 있다.

3) 무대 설정과 등장인물

다음으로 S씨의 주요한 행동 범위와 일기의 등장인물을 살펴보자. <그림 5-2>에 대략의 위치 관계를 보이고, <표 5-5>로 1935년에 어디서 어떻게 물건을 샀는가를 정리해 보았다. 이를 참조하면서 S씨의 행동 범위에 맞추어 등장인물과 소비 행동을 따라가는 방식으로 무대 설정과 인물에 대해 소개하 겠다.

---

15) 이 표현은 알랭 코르뱅Alain Corbin[コルバン, 1999]의 원저의 제목 Le monde retrouvé de Louis-François Pinagot : sur les traces d'un inconnu 1798-1876【참고로 이 책의 영어 번역서 제목은 다음과 같다. The life of an unknown : the rediscovered world of a clog maker in nineteenth-century France】에서 시사를 받았다. 다만 S씨는 피나고와는 달리 기록을 풍부하게 남겼다.

<표 5-5> S씨의 소비의 장(1935년)

구입 장소	동	면소재지	상주 읍내	기타	
				김천 읍내	이웃 면소재지
구입 물품	술값 21회, 담배 18회, 기타(만두, 아편, 참외, 과자 등)	담배 29회, 술값 9회, 과자·크림·이발 각 7회, 구두 관련 5회, 우동·만두·우표·자전거 관련 각 4회, 엽서·약 관련·자동차비 각 3회, 바지·香油·사진 관련·사과·참외·비누·램프 관련 각 2회, 기타(蠶種代, 목탄, 메리야스, 팬티, 양말, 파인애플, 과일, 잉크, 건전지, 셔츠 등)	시비 5회, 담배 3회, 시계 관련·구독 잡지 선금·수건·과자 각 2회, 기타(만년필, 모자, 香油, 비누, 수첩 등)	병인 및 약값 6회, 식비 5회, 칫솔·비누·치약 각 2회, 기타	夏服·모자·소고기·복숭아·식비·이발·입장료 외 각 1회
지출액	27.42원	50.01원	35.47원	22.22원	9.91원

출전 : S씨의 일기를 토대로 저자 작성
비고 : 금전출납부의 지출항목과 일기 본문의 외출 기록을 대조하여 작성했다. 어디서 샀는지 엄밀하게 파악할 수 없는 경우도 많았지만 다음과 같이 처리했다. 외출한 기록이 없거나 동 바깥으로 나간 기록이 없는 경우 '동'으로 헤아렸다. '면에 갔다'고 적혀 있는 날의 구입 물품은 기본적으로 모두 '면소재지'로 헤아렸다. 같은 식으로 '읍내에 갔다', '김천에 갔다'고 되어 있는 경우는 각각 읍내와 김천으로 헤아렸다. 읍내에서 송금한 경우도 '읍내'로 헤아렸다.

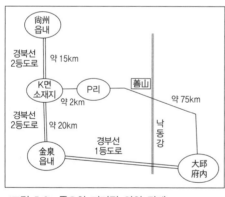

<그림 5-2> 주요한 지리적 위치 관계

가장 가까운 무대가 '洞里', '本洞' 등으로 나오는 마을이다. P리에는 아직 가족이 살고 있었다. S씨의 가정에서는 적어도 1931년 시점에서는 S씨, 부인, 장남, 형, 형수, 할머니, 어머니, 여동생이 함께 생활하고 있었다. 일기 도중의 변화로는 1931년에 여동생이 시집을 가고, 1933년 2월에 할머니가 돌아가시고, 1935년 11월에는 어머니를 잃었다. S씨는 일기에서 특히 할머니, 어머니, 그리고 일기가 시작되는 시점에서 이미 죽고 없던 아버지에 대해 솔직한 애정을 드러내었다. 이밖에 가정과 관련된 중요한 존재로서는 '고인雇人'이 있었다. 고인은 농가의 여러 일을 맡았고 S씨에게는 '雜談'의 상대이기도 했다. '어재붙어 雇人들이 없어 家庭에 모든 긑이 내개로 도라온

다'(331215)고 적고, '母親께서 昨夜 雇人을 하나 救하엿다는 말쌈을 드르니 매우 반갑다. (…) 내개 얼마나 平安랴.'(331224)고 적고 있듯이, S씨에게는 고마운 존재였던 듯하다.

또한 앞서 설명한 바와 같이 P리에는 S씨 성을 가진 친족이 집중적으로 많이 살고 있었다. 친족을 기술할 때는 기본적으로 택호宅號가 사용되었다. 택호란 그 집에 예컨대 화림華林이라는 마을에서 시집 온 며느리가 있으면 그 여성을 '華林宅'이라고 부르는 식의 호칭법을 말하는데, 일기에서는 그 집의 나이 많은 친척을 '華林兄' 등으로 부르고 있다. 일기에는 근처에 사는 것으로 보이는 '華林兄', '節谷兄' 등이 종종 등장하는 외에, P리에 사는 비슷한 연배의 친척이 몇 명 등장한다. 또한 나중에 자세히 설명하겠지만 '洞舍'라는 건물에는 마을 노인들이 모여 있어 거기에도 종종 들렀다.

P리에서 소비는 한정되어 마을에 있는 주막에서 가끔씩 친척이나 친구와 술을 마시거나 담배를 사는 정도였다.

다음으로 마을에서 2.5km 정도 떨어진 면사무소가 위치한 K면의 중심부가 있다. 일기 속에서는 '面所' 혹은 그 지명 등으로 불렸고, 현재는 일반적으로 '소재지'라고 불리는 지역이다. 뒤에 설명하듯이 면사무소에는 지인이 있어 가끔 수다를 떨러 가는 장소이기도 했다. 특히 1936년에 농회에 취직하고 나서부터는 통근처가 되었다. 면소재지에는 정기시定期市가 있었고, 그 외에 일기에 종종 등장하는 곳으로 자전거포, 이발소, 약국, 우체국, 사진관이 있다. 이발소, 자전거포, 사진관에는 지인이 있어 자전거를 고치거나 머리를 자르거나 사진을 찍기보다는 잡담을 하러 들렀다.

S씨의 소비는 이 면소재지에서 가장 많이 이루어졌다. 정기시는 1936년 당시 연간 503,000원의 거래가 있었는데, 그 중 91.0%가 농수축산물, 6.4%가 직물로, '기타 잡품'은 2.6%에 지나지 않았다.[16] S씨의 출납부에 기재된 시장에서의 소비 행동은 대부분 이 '기타 잡품'에 속한다. 이웃 면인 C면의 '소재지'에도

---

16) 『郡勢一斑』, 尙州郡, 1937.

정기시 외에 상점이 몇 개 있었던 듯한데 그곳에서도 물건을 샀다.

소재지로부터 다시 북쪽으로 15km 정도 가면 상주 '읍내'가 있었다. 2장에서도 논한 바와 같이 1930년대의 상주 읍내에는 군청, 세무서, 경찰서, 우체국, 재판소, 은행, 금융조합 등을 비롯한 관공서가 자리 잡은 외에 주조업자酒造業者를 필두로 서적·문구점, 약국, 철물점, 간장 가게, 운송점, 인쇄소, 의원, 철공소, 석유 가게, 싸전, 요리집, 구두 가게 등의 상점과 극장, 여관 등이 즐비했다.17) 그런 의미에서 읍내는 군내에서도 독특한 도시적 풍모를 갖추고 있었다고 할 수 있다. 때문에 면소재지에서 구하지 못한 물건을 읍내에서 구하기도 했다. 또한 면소재지에서 남쪽으로 산을 넘어 20km 정도 가면 이웃 군인 김천의 '읍내'가 있었는데, 경부선이 지나는 곳이기도 해서 도립병원을 비롯해 상주에는 없는 것이 몇 곳 있었기 때문에 가끔 들렀다. S씨는 읍내에 가는 사람에게 심부름을 부탁하기도 하고, 아직 농촌에서는 드물었던 자전거(뒤에서 설명)를 타고 읍내에 가기도 했다.

이와 같이 마을-면소재지-읍내가 기본적으로 S씨의 행동 공간을 구성하였다. 농회 직원이 된 후로는 잠업 지도를 위해 상주의 각지를 방문하게 되지만 특정한 지역과 깊은 관계를 맺는 일은 없었고, 역시 마을-면소재지-읍내라는 틀이 중심이었다. 특히 소비 행동에 주목하자면, 마을→면소재지→읍내로 나아감에 따라 '서울京城'을 비롯한 도시에서 대량생산되어 전해지는 새로운 상품과 직면하는 정도가 높아졌다. 이는 또한 대구에 대한 '그리움'과도 이어져 있었다. 이러한 소비 공간의 형성과 더불어 도시에서 생산된 상품들은 농촌부에 사는 이들에게도 동시대적으로 <근대>의 이미지를 부여했다.

2. S씨의 소비 행동

이상에서 등장인물과 무대 설정은 대략 짜여졌다. 지금까지 설명한 것은

---

17) 逵捨藏, 『慶北大鑑』(大邱 : 逵捨藏, 1936, 1225~1226쪽) 및 본서 2장 참조.

말하자면 S씨의 행동을 규정한 조건이라고 할 수 있다. 물론 이러한 물질적 조건이나 관계성이 S씨의 행동을 규정하기는 해도 결정한 것은 아니다. 이하에서는 S씨의 소비 행동의 궤적을 좇으면서, '새로움'과 '낡음' 사이에서 동요한 사회 인식의 양상을 제시하고자 한다.

1) 미디어

1930년대 조선 농촌에서 매스 미디어로서는 활자 미디어 외에 라디오와 영화 등의 신매체를 들 수 있지만, 모두 농촌부에 대한 보급이라는 점에서 보면 상당히 빈약한 실정이었다.[18] 예컨대 신문 구독률을 살펴보자. 1935년에 한글 신문을 보던 조선인 구독자 수를 단순히 조선인 세대수로 나누면 전체의 3.7%에 지나지 않는다. 여기에 도시 농촌 격차를 고려한다면, 농촌에서는 기껏해야 한 마을에서 몇 부 구독할까 말까 하는 상황이었다. 잡지는 발행부수를 보더라도 신문보다 훨씬 보급이 덜 되어 있었다. 애당초 문자를 읽고 쓰는 정도부터가 상당히 편중되어 있었다. 라디오의 경우 1937년의 조사에 따르면 72,605개의 '부락部落' 중에서 라디오가 있는 곳은 겨우 1.8%에 불과했다. 실제로 S씨가 살던 마을에는 라디오가 없고 면사무소에 가야 겨우 있는 정도였다. 총독부의 영화 상영도 1936년의 시점에서 연간 상영 회수가 평균 80회로 '그 활동은 아직 유치한 정도를 벗어나지 못한다'고 이야기되고 있었다.

이상이 도시부를 포함한 조선 전체의 상황인데, 상주에서 얼마만큼 출판물이 유통되고 있었는지에 대해서는 그다지 정보가 많지 않다. 잡지 『三千里』에 따르면 1934년 무렵 상주의 신문 구독자 수는 『東亞日報』 142부, 『朝鮮日報』 120부, 『中央日報』 26부로 합계 292부였다.[19] 당시 행정동리가 모두 237개였으므로 한 행정동리 당 평균 1부 남짓이었던 셈이다. 이 세 신문과 이른바 어용

---

18) 이하 농촌부에서의 미디어 상황에 대해서는 板垣[1998 : 3장]에 의함.
19) 「言論界文壇內報」(『三千里』 6(9), 1934년 9월, 15쪽). 이 조사가 어떤 근거에 의한 것인지는 분명치 않다.

신문인『每日申報』가 당시의 주요한 한글 전국 신문인데, 같은 시기 경상북도에서『每日申報』의 발행부수는『東亞日報』의 약 1.7배였다.[20] 이것을 추계하여 더한다고 해도 한 행정동리 당 평균 2부 구독하고 있을까 말까 하는 정도였다.

그와 같은 빈약한 농촌의 미디어 환경 속에서 S씨는 상당한 독서가였다.[21] 대구에 있을 때에는 가끔 서점에서 책을 구입했지만,[22] P리로 돌아온 뒤에도 활자를 좋아하는 버릇은 계속되었다. 처음에는 대구의 지인을 통해 신문을 일부러 부쳐 달라고 해서까지 읽었고,[23] 6월부터는『동아일보』를 구독하였다.[24] 엄청나게 열심이어서 '二個月前붙어 新聞의 記載댄 傳記를 오리 冊을 二卷 만드룻다'(320820)는 식으로 신문 연재 기사를 오려붙여 자신만의 책을 만들 정도였다. 다만 요금 미납 등으로 인해 구독은 끊어졌다 이어졌다 할 수밖에 없었다.

잡지는 읍내에 가서 우체국을 통해 선금으로 돈을 부치면 매월 집에서 우편으로 받게 되어 있었다. 정기구독 잡지는 시기에 따라 차이가 있지만 『三千里』,『新東亞』,『新家庭』,『別乾坤』등 당시의 대표적인 한글 잡지였고, 그 밖에도 부정기적으로 다양한 잡지를 접하였다. 구입하기만 한 것은 아니다.

---

20)『朝鮮出版警察槪要(昭和九年)』(朝鮮總督府警務局)에 따르면 경상북도에서의 신문의 발행부수는 상위로부터『每日申報』5,215부,『東亞日報』3,024부,『朝鮮日報』1,878부, 『朝鮮中央日報』934부였다. 한편 전국적으로는『東亞日報』의 부수가『每日申報』보다 도 많았다.

21) 독서의 사회사의 제일인자인 로제 샤르티에Roger Chartier[シャルチエ, 1994]는 識字率에 관한 연구, 藏書 등 인쇄물의 보급에 관한 연구에서 벗어나 독서의 '실천'을 연구하고자 시도했다. 본서도 그러한 문제의식을 계승한 것이다. 다만 한국 근대사의 경우 識字 연구나 藏書 연구 자체가 저조한 실정이다. 최근『역사문제연구』7호(2001)가「1920~30년대 독서의 사회사」특집을 실은 외에, 문학연구자 천정환[2003]이『근대의 책 읽기 : 독자의 탄생과 한국 근대문학』이라는 연구를 발표하여 비로소 이 시대의 독서에 대한 연구가 활발해지고 있다.

22) 일기에 기재되어 있는 내용만을 보더라도, 적어도 1931년 1월에 세 차례, 2월에 한 차례, 3월에 한 차례 서점에서 단행본·잡지·사전을 구입하였다.

23) 대구로부터 신문을 부쳐 받은 것은 4월 13일에 시작되어 5월 말일까지의 한 달 반 동안 14차례에 이른다.

24) '東亞日報가 始히 드르오니 길그운 마음이야 말할 수 업는대'(310601).

'[K]家의 가서 近日 新聞도 보고 雜談도 하다 雜誌 七·八卷과 新聞하고 빌니가주오니 十一時三〇分이엿다'(330107)는 식으로 P리에 사는 독서를 하는 친구로부터 빌려오기도 했다. 문득 상자 속에서 예전에 읽은 것을 꺼내 다시 읽기도 했다.

〈표 5-6〉 S씨의 독서 행위 1932~33년

	잡지	신문	소설	기타	비고
1932년					(연간 구독 잡지는 『三千里』)
1월	9	10	2	9	잡지는 『學生』, 『別乾坤』. 기타는 교과서.
2월	7	11	1	7	잡지는 『三千里』.
3월	4	8	0	8	잡지는 『三千里』, 『別乾坤』.
4월	9	14	4	2	잡지는 『三千里』, 『別乾坤』.
5월	10	17	2	0	잡지는 『三千里』.
6월	7	17	0	0	잡지는 『三千里』.
7월	8	12	0	0	잡지는 『三千里』, 『別乾坤』, 『批判』.
8월	9	15	0	0	잡지는 『三千里』, 『別乾坤』.
9월	3	10	0	0	잡지는 『三千里』.
10월	7	2	2	0	잡지는 『三千里』. 『東亞日報』 배달 정지.
11월	0	1	2	0	소설은 『怪靑年』, 『玉丹春傳』.
12월	13	2	2	0	잡지는 『三千里』.
1933년					(연간 구독 잡지는 『新東亞』)
1월	12	3	1	0	잡지는 『文藝公論』, 『新小說』, 『靑年』.
2월	9	0	0	0	잡지는 『新東亞』, 『三千里』, 『東光』.
3월	8	0	3	0	잡지는 『新東亞』, 『東光』.
4월	6	3	2	0	잡지는 『新東亞』. 소설은 『沈淸傳』, 『아리랑』.
5월	9	0	5	2	잡지는 『新東亞』. 소설은 『樂園の春』.
6월	13	1	0	0	잡지는 『新東亞』, 『三千里』.
7월	10	0	0	0	잡지는 『新東亞』.
8월	9	0	0	2	잡지는 『新東亞』, 『三千里』, 『時兆』.
9월	9	0	0	0	잡지는 『新東亞』, 『三千里』.
10월	6	14	0	0	잡지는 『新東亞』. 『朝鮮日報』 배달 개시.
11월	7	10	0	0	잡지는 『新東亞』. 『朝鮮日報』 배달 정지.
12월	15	0	0	0	잡지는 『新東亞』, 『三千里』, 『時兆』.

출전 : S씨의 일기를 토대로 저자 작성
비고 : 숫자는 일기 본문에 '~을 읽었다' 등으로 등장하는 회수를 가리킨다.

〈표 5-6〉은 S씨가 어느 정도 독서를 하고 있었는지를 정리한 것이다. '읽었다'고 적혀 있는 회수를 단순하게 헤아린 것이다. 잡지는 평균 3~5일에 한 번,

신문은 구독할 때는 이틀에 한 번은 읽었다. 읽는 방법은 다양했다. '耽讀'하는 경우가 있는가 하면 '大綱 봤다'든가 그냥 뒤적였다는 정도도 있었다. 방 안에 앉거나 누워서 읽을 뿐만 아니라 논두렁에 앉아서 읽거나 산에 올라 읽기도 했다. 예컨대 다음과 같다.

> 洋 몰고 洞里 앞 田畦의 매고 신문도 보고 글씨도 쓰다 (…) 한막한 原野에 깨고리 소리는 한暇고 平和하개도 우는구나!(320425)

독서를 하면서 '공상', '환상'에 빠지는 경우도 종종 보인다. 예컨대 '누여 雜誌를 들고 素讀과 空然한 幻想만 繼續!'(330224), '雜誌를 들고 空想을 하다'(330621), '新東亞 雜誌를 들고 안자 無限한 妄想과 母校在學時代 記憶을 하고'(331223)라는 식이다.

S씨는 중등교육까지 받은 것을 고려하면 주로 묵독을 했을 것으로 생각되지만, '別乾坤을 大聲어로 보드고'(320125)처럼 혼자서 음독을 한 것으로 보이는 날도 있다. 혼자서 읽을 뿐만 아니라 '저녁에 [K]가 놀어 와 雜誌를 보다 같아'(331225)처럼 독서를 하는 친구와 함께 방에서 읽기도 했다. 근대 일본에서도 종종 보이듯이 개인적인 독서와 공동의 독서가 혼재되어 있던 모습이 엿보인다. 그렇기 때문에 예컨대 이웃 사람과 '萬寶山 사건'에 대해 이야기를 하거나 (310717), 숙부와 '滿洲 承認 問題에 대하야 新聞 보며 이야기!'(320916)하거나 하는 식으로 마을에서도 국제 시사의 화제로 이야기를 나누는 것이 가능했다.

읽을거리와 함께 주목되는 미디어는 축음기다. S씨는 '面事務所에 日曜日이라 職員도 當直인 [W]뿐, 할 일 없이 蓄音機로 놀다'(360823)라는 식으로, 직장, 지인의 집, 주막 등에서 축음기를 접했다. 그리고 1939년의 어느 날 드디어 저금을 털어 축음기를 충동구매하고 만다.

> [B]와 여르가지 이야기 끝의 蓄音機 이야기가 나와 [B]私宅에 가서 求景하고 四拾圓 주고 삿다 그르나 마음의 들지 안고 四拾圓은 날인 듯한 느김이 머리를

<그림 5-3> 尙一樂器店(좌), 축음기와 젊은이(우) (1940년경)

사진제공 : (좌)강석우, (우)조성찬 / 출전 : 상주문화원, 『사진으로 보는 반백년전 상주』, 2003.

　　複雜개 한다(370723)

　　레코드는 읍내 악기점에서 구입했다.[25] 악기점 이름은 적혀 있지 않지만 아마도 서성동西城洞에 있던 '尙一樂器店'이 아니었을까 생각한다. <그림 5-3>은 당시 상일악기점의 사진이다. '父よあなたは强かった(아버지여, 당신은 강했다)' (콜롬비아コロムビア 30110A, 1939년)를 선전하고 있는 것으로 보아 1939년경의 사진으로 추측된다. 이 밖에 '白頭山 바라보고'라는 조선어 노래로 보이는 깃발도 있다. 가게 앞에는 자전거가 몇 대 세워져 있다.

　　레코드 구입 빈도는 <표 5-7>과 같다. 안타깝게도 구입한 레코드의 곡명 없이 '新譜'라고 적혀 있을 뿐이어서, 이른바 '유행가'인지 판소리와 같은 전통적인 곡이었는지는 확실치 않다. 축음기는 개인적으로 듣기도 했지만 '夕飯後 洞里 婦人들이 蓄音機를 드르로 왓기에 늣드록 트르다'(380104)는 기술에서

────────────

25) '自動車로 尙州 邑內에 〔B〕宅에 갈아 주고 樂器店에서 新譜 래코-드 二枚 사고 이리 저리 놀다 二時三〇分 自動車로 왓다'(380109)

<표 5-7> S씨의 레코드 구입 상황

구입 연월일	1937년	1938년				
	10월 7일	1월 9일	2월 25일	5월 28일	8월 1일	10월 26일
가격	3.00원	2.70원	1.10원	1.65원	2.50원	2.00원
매수	2매	2매	1매	1매	2매?	1매

출전 : S씨의 일기를 토대로 저자 작성

알 수 있듯이 사람들을 모아놓고 들려주기도 했다. 독서하는 친구가 글을 아는 남성인 것에 반해, 축음기를 듣는 데는 읽기쓰기라는 문턱이 존재하지 않았으므로 '婦人들'도 모여들었다고 생각된다. 아무튼 마을에서도 최신의 '서울京城' 문화를 접할 기회가 생겨났다고 할 수 있다.

2) 통신 · 교통

다음으로 통신과 교통에 대해 살펴보자.

우체국은 읍내에도 있었지만 K면의 소재지에도 있었다.[26] S씨는 부지런히 편지를 주고받았다. 1933년의 사례로 보자면 발신 43통, 수신 49통이다. 그 내역을 보면 대구나 김천에 있는 5명의 친구와의 사이에 28통 송부, 14통 수신, 출판사와 사이에 10통 송부, 27통 수신(구독 잡지를 포함), 친척 앞으로 3통, 학교 관련 자료 청구 등으로 2통 송부, 5통 수신, 우체국으로부터 통지 2통, 불명 1통 등의 상황이었다. 특히 대구의 하숙집 주인에게서 편지가 오면 '몹씨 반갑다'(330906)며 좋아했다. 연말인 12월 하순에 친족이나 친구에게 '연하장'을 6장 정도 보낸 것도 주목된다. 또한 스스로 읽거나 쓰지 못하는 사람을 위해 편지를 대필해 주는 경우도 종종 있었다. 그 중에는 '八寸 누나가 親家 왔다고 와서 日本 있는 자기 夫한대 片紙 쓰달나 하길어 이야기을 하면

---

26) K면의 통상 우편물은 1936년 1년간에 접수가 96,382건, 배달이 137,079건이었다(앞의 『郡勢一斑』, 1937). 한편 조선시대부터 한문에 의한 서한 등을 주고받으면서 네트워크를 형성하였던 사족의 경우, 이 시대에도 우체국을 거치지 않는 통신망을 갖고 있었던 것은 밝혀 둘 필요가 있을 것이다.

片紙 一枚 쓰고 나이 點心!'(330201)처럼 친척 여성을 위해 쓰는 경우도 많았다.

　S씨는『現代模範書翰』과 같은 책을 사들여 종종 '탐독'했다.[27] 편지는 남아 있지 않지만 그 내용은 어떤 식이든 '모범'적인 문장이었을 것으로 추측된다. 또한 S씨의 만년필로 쓴 필치는 매우 단정했다. '九時붙어 新聞紙 二枚에 毛筆를 쓰아'(330221)처럼 신문지 등을 재이용하여 붓글씨 연습을 한 흔적이 곳곳에서 보이며 실제로 일기 글씨는 점점 좋아졌다.

　다음으로 교통 면에서 중요한 것은 자전거이다. 상주의 자전거 보유대수는 1939년 전후의 통계에 따르면 4,419대였다.[28] 단순히 세대수[29]로 나누면 7.4세대에 한 대의 비율이 되지만, 읍내와 농촌부의 격차를 생각하면 농촌부에서는 상당히 드문 물건이었다고 생각해도 좋을 것이다. 처음에는 '[K]家 같아 가서 新聞도 大綱 大綱 보고 雜談를 하며 來日 尙州 갈나고 自轉車를 어드놓고 놀다'(330109)처럼 자전거를 친구에게 빌리거나 아니면 '(면소재지) 가서 [K]君드로 自轉車를 빌어 가지고 邑內을 行하엿다'(330123)처럼 '자전거비'로 40전을 지불한 예도 있듯이 유료로 빌렸던 흔적이 보인다. 자전거는 1935년 일기에서는 이미 갖고 있었기 때문에 1934년에 구입한 듯하다. 지인이 경영하는 자전거포가 면소재지에 있어서 자주 놀러 갔다. 자전거는 주로 읍내에 갈 때 사용했지만 한 번은 그리움을 못 이겨 대구까지 자전거로 간 적도 있었다(뒤에서 설명). 또한 이따금 상주 자전거 대회라는 행사가 열렸는데 지역의 오락으로서 구경하러 갔다(330519, 350520).

　이밖에 상주 읍내나 김천 읍내에 갈 때는 '자동차'를 이용하는 모습도 보인다. 자동차를 탔다는 날은 '자동차비'로 1원 정도의 지출이 있었던 점, '自動車部'에 가 봤더니 '만원'이었던 적도 있었던 점(351202) 등으로 볼 때, 정기적인 승합자동차를 이용한 듯하다. 실제 이 시기에는 경북선慶北線과 나란히 김천-상주-함창-예천 간을 하루 네 번 왕복하는 정기 자동차가 운행되고 있었으므로[30]

---

27) '十餘日前붙어 바라든 書翰文이라 아츰붙어 耽讀하엿다'(330504)

28)『慶北年鑑』, 朝鮮民報社, 1941, 125쪽.

29) 慶尙北道,『昭和十五年道勢一斑』에 의함.

아마도 이것을 탄 것으로 보인다.

<표 5-8> S씨의 철도 이용 상황

연월일	행선지	비용(원)	연월일	행선지	비용(원)
310107	K면→대구	1.06	321014	K면→김천	임시열차
310215	대구→K면	1.06	321015	김천→K면	
310218	K면→대구	1.64	360212	K면→대구	1.63
310320	대구→K면	1.06	360217	대구→K면	1.63
310407	K면→대구	1.06	370412	K면→店村	2.00
310410	대구→K면	1.64	370413	店村→K면	
320320	K면→상주	0.40			
320325	상주→K면	0.40			

출전 : S씨의 일기를 토대로 저자 작성

또한 드물게는 철도도 이용하였다. <표 5-8>에 철도 이용 상황을 보인 바와 같이, 8년 동안 일곱 번 왕복하였다. 그 중 세 번의 왕복은 대구의 학교에 다니던 1931년의 일인데 이 무렵에는 일종의 '망향'의 공간으로서 철도가 존재했다. 예컨대 '五時車로 故鄕 갈 욕심어로 잠도 자지 안 하엿다 (…) 金泉驛를 아 慶北線를 다 가지고 이남峙를 너머 오니 (…) 그리운 故鄕 山川이 눈압에 돌고 情驛을 지나오니 가슴이 두근두근 하다'(310215)와 같은 식이었다. 역으로 1936년에 대구로 갈 때에는 '그리운 대구'로 향하는 공간이 되었다. '停車場'(역)은 S씨 본인이 타지 않더라도 자주 '送呈'(배웅)의 공간으로서 기능했다. 예컨대 대구에서 온 손님을 배웅하는데 '酒店'에서 1원을 빌려 정거장에서 인사하면서 돈을 건네기도 했다(321025).

기차를 탄 횟수는 그다지 많지 않지만, 타는 행위와는 관계없이 의미를 부여하고 있어 주목된다. 특히 흥미로운 것은 기차 소리와 시간과의 관계이다. 예컨대 '洞里 옆 山에 올나 妄想에 마음이 밭이여 大邱 잇쓸내 쓰라린 回憶에 실미듸를 불어 (…) 十二時 汽車 가는 소리을 듯고 끝도 매추지도 안고 도라오니'(320511)라든지, '또다시 잠이 들어 자고 나니 十二時 汽車 소래가 夢中에

---

30) 앞의 『慶北大鑑』, 219~220쪽.

아설아설 들니길어'(320610)처럼 S씨가 살던 마을이 철로에서 가까웠기 때문에 달리는 기차가 점심때를 알리는 신호이기도 했다. 미디어를 통해 여러 가지 것들을 자기 나름대로 읽어 들이는 것은 어쩌면 당연한 일이겠지만, 교통 면에서도 '돈을 내고 탄다'고 하는 상정된 사용가치를 넘어서 자기 나름의 의미 창출이 생활 속에서 일어난 것은 여기서 확인해 둘 필요가 있다.

3) 시간

『라이온 당용일기』에는 기상 시간과 취침 시간을 기재하는 난이 있다. S씨는 성실하게도 거의 매일 이 난을 채워 넣었다. 그의 아들에 따르면 S씨는 자명종 시계 옆에 일기를 두고 잤다고 한다. 그만큼 시계와 일기가 연동하고 있었다는 말이다. 일기 본문에서도 몇 시에 어떤 행동을 했는지가 경우에 따라서는 10분 단위로 기재되어 있는데 이는 회중시계를 갖고 다녔기 때문에 가능했다.[31] 또한 6월 10일에는 특별히 '時의 記念日'이라고 적어 놓기까지 했다.

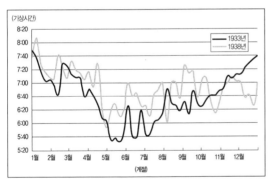

<그림 5-4> S씨의 기상 시간의 계절 변동
출전 : S씨의 일기를 토대로 저자 작성

이러한 사실만을 보면 '시계에 의한 생활의 규율화'라고 단순히 평가하고 말지도 모른다. 그러나 사정은 그렇게 단순하지 않다. 농사 돕기 시대인 1933년과 농업지도원 시대로 안정된 수입이 있던 1938년에 대해 기상 시간을 그래프화한 <그림 5-4>에서 알 수 있듯이, 기상 시간에는 날의 길고 짧음에 맞춰 2시간 이상의 계절 변동이 있었다. 농회에서 일하기 시작하고 나서 변동이

---

31) 금전출납부를 보면 시계를 새로 사는 데 8원 50전이 들었다(350908).

약간 완만해지기는 했지만, 그래도 그러한 경향에는 변화가 없다. 도시 노동자와 달리 농회의 직원이라는 것도 있었기에, S씨는 〈근대〉의 시간 체계에 따라 생활을 계측하면서도 그 신체는 농촌의 리듬을 따르고 있었다.

생활 리듬에 관해서 말하자면 양력과 음력의 갈등이라는 문제 역시 중요하다. 당시 학교나 직장 등을 중심으로 하여 양력의 사용이 확산되고 있었고, 애시당초 S씨의 일기장 자체가 양력을 바탕으로 만들어져 있었다. 또한 총동원체제의 구축 과정에서 양력 사용이 점차 강제되기 시작했다. 상주군에서는 1937년 12월에 '생활 개선'의 일환으로서 '양력 과세過歲 철저 실행', 즉 음력설을 폐지하고 양력설을 철저하게 쇨 것을 결정하였다.[32] 1938년에는 S씨 집에서도 양력으로 설을 쇠게 되었다.

그러나 이하 인용에서 보이듯 양력설은 아무래도 기분이 나지 않아 쓸쓸한 느낌이 든다고 적고 있다.

> 先祖로붙어 每年 陰曆으로 新年奉祝을 施行해 나오다 今年붙어 陽曆으로 첨 施行하고 보니 설 氣分도 없다 (…) 설이라야 설 같지도 안흔 오날 陰鬱한 家庭에 도라단이고 보니 寂寞하기만 하다(380101)

나아가 장날도 이 해부터 양력을 따르게 되었다.[33] 그러나 이에 대해서도 S씨는 '서급푸다'고 느꼈다.

> 今年붙어 陽으로 市日을 施行한다고, 첨이라 그른지 장도 서급푸다(380105)

---

32) 『東亞日報』 1937년 12월 23일. 상주군이 '결정'한 사항은 다양한 분야에 걸쳐 있었다. 먼저 '⑴年末年始生活改善의 件'으로서는 연하장 폐지, 망년회·신년회 폐지, 연말연시 贈答品 폐지, 年始回禮 폐지의 4점, '⑵元旦歲拜改善件'으로서는 共勵組合·振興組合·학교 등의 집회소에서 국기게양, 皇居遙拜, 황국신민의 서사 齊誦, 年始拜禮를 행할 것을 정하고, '⑶陽曆過歲徹底實行件'으로서는 음력 행사 절대 폐지, 양력 1월 1~3일은 휴가를 취하고 음력 1월 1~3일은 도로 공사에 종사할 것, 음력 元日에 악기 등의 사용 금지 등을 정했다.

33) 『東亞日報』 1937년 12월 28일. 1938년 1월 1일부터 실시되었다. 음력 날짜를 그대로 양력으로 바꿨다. 즉 음력 2, 7일에 열리던 장은 양력 2, 7일에 열리게 되었다.

실제로 S씨 집에서 추석은 이 해도 음력으로 지냈고 연중행사는 그때까지의 리듬을 지켰다고 볼 수 있다.

이러한 생활 속의 양력/음력의 이중성이 '우리 설', '先祖부터 연한 설'이라는 식으로 '낡은' 음력설을 재평가하도록 만들었다. 예컨대 1932년의 음력설에는 다음과 같은 기술이 있다.

> 설! 또 설! 하니 一年에 설이 二·三回에 오는 줄 아라도 진설은 우리에 설이 아니요 오날 온 설이 眞情어로 우리 설이다 이 설는 우리 古古 先祖붙어 연한 설이다. (…)(320206)

이후 총동원체제의 구축 과정에서 총독부는 '二重過歲'(설을 음력과 양력 두 번 쇠는 것)의 폐해를 선전하였지만, 결국 그리 간단히 농촌의 리듬을 바꿀 수는 없었다. 농촌을 다녀보면, 전시기에 양력설에 떡을 빚고 있는지 조사하는 '떡 검사'가 있어서, 보이기 위해 할 수 없이 빚고, 음력설에는 몰래 또 떡을 빚었다는 이야기를 가끔 듣는다. 그 근저에는 S씨와 같은 이까지 '쓸쓸함'을 입에 담을 정도로 내면화된 사회 리듬의 존재가 있었다고 할 수 있다.

4) 의료 · 위생

다음으로 의료 행위를 살펴보자. 먼저 상주의 의료기관의 분포(1939년 시점)를 확인해 두면, 양의洋醫인 '의사醫師'는 공의公醫를 포함하여 5명뿐으로 그것도 읍내에 집중되어 있었다. 이에 반해 한의漢醫인 '의생醫生'은 14명으로 각 면에 분포되어 '일반 주민의 이용 가장 왕성'했다고 한다. 이밖에 약藥 업자로서 '약종상藥種商' 61명, '매약청매賣藥請賣' 103명, '매약행상賣藥行商' 47명이 광범위하게 존재했다.[34] 약종상 가운데는 한약종상漢藥種商이 다수 포함되어 있었다고 생각되며, 더욱이 가정에서의 '조약造藥'의 존재를 거기에 더하면, 당시 농촌의

---

34) 『昭和十四年度 慶北衛生の概要』(慶尚北道警察部, 1940).

의료 실천에 있어서는 한약이 상당히 뿌리 깊게 개재되어 있었다고 생각할 수 있다.35)

〈표 5-9〉 S씨의 의료 행위

날짜	지역	구입 장소	약	가격(원)	비고
1932/05/19	면	藥房	漢藥	0.2	
1933/08/15	이웃 동	巫堂家	醫藥	0.05	
1935/01/10	통신판매	新興製藥商會	補藥	0.12	송료 65전
1935/03/20	이웃 동	藥局	기침藥	0.5	유아용
1935/03/25	김천		기침藥	0.2	同上
1935/11/22	김천	道立病院	診察＋藥	1.45	
1935/11/22	김천	藥局	漢藥	1.7	
1935/11/27	김천	藥局	漢藥	3	
1935/12/07	김천	藥局	漢藥	6.5	
1935/12/18	김천	藥局	漢藥	6	
1936/02/13	대구	道立病院	診察＋藥	1.53	
1936/03/07			藥代	7	
1937/03/27	면	藥房	漢藥	5.5	
1937/04/29	면		漢藥	6	
1937/07/26	면		藥代	0.3	
1937/10/15	읍내		藥代	3	
1938/01/05	면		藥代	3.5	
1938/03/03	면	藥局	藥代	3	占도 봄
1938/04/02	면		漢藥	7	
1938/05/17	면		漢藥	7	
1938/07/01	면		漢藥	1.2	
1938/07/11	면		藥代	1.7	
1938/10/15	면		藥代	1	
1938/11/03	면		藥代	0.6	
1938/12/20	면	藥局	藥代	1.6	
1938/12/24	면		藥代	0.95	

출전 : S씨의 일기를 토대로 저자 작성

S씨의 의료 행위도 그러한 상황을 반영하고 있다. 〈표 5-9〉는 금전출납부에 기재되어 있는 약값에 대해 어디서 무엇을 샀는지를 밝힐 수 있는 범위에서

35) 이 점에 대해서는 졸고 「植民地支配は近代的な医療・衛生の發展に寄与したのか?」[水野 외, 2001]에서도 지적했다.

정리한 것이다. 단순히 '藥代'라고 적혀 있는 경우도 그 뒤의 본문에서 '藥을 煮沸' 등으로 적혀 있는 것으로 보아 기본적으로 한약이었다. 요컨대 이른바 양약을 썼다고 보이는 경우는 도립병원에 간 두 번뿐으로 나머지는 거의 한약이었다고 생각된다. 특히 김천 도립병원에서 진찰을 받은 후 친척이 경영하는 한약방에서 한약을 사서 돌아오는 행동이 보이는데, 한약이 기본이었다는 것을 보여주는 사례로서 상징적이다.36) 다만 한약 중에도 '百補丸'과 같이 상품명인 듯한 것도 포함되어 있어, 한약 자체에도 신구가 혼재되어 있는 모습이 보인다.

또한 이와 관련하여 점占에 대한 태도도 흥미롭다. 가족이 점을 치는 것에 대해서는 '미신'이라고 부정적인 평가를 내리지만,37) 한편에서 같은 표에 보이듯이 스스로 약국에 갔을 때 '一年身壽占'을 치고 있다. 이러한 '미신'에 대한 모순적인 태도는 '祈雨祭'에 대해서도 똑같이 확인된다.38)

'위생'에 관해서는 어디부터 어디까지를 위생이라고 부를 수 있을지 분명하지 않다. 예컨대 이발을 하는 것을 과연 '위생 행위'라고 부를 수 있을지 어떨지는 애매하다. 면소재지에 이발소가 있어 1935년의 경우 이발소에서 연간 10번 이발을 했다. 한 달 반 정도 지나면 '오랜만'이라고 적을 때도 있었을 정도로 이발은 정기적으로 행했다. 이발소에서는 이발 외에 면도도 했고, 일이 없는데도 그저 '놀러' 가는 경우도 꽤 있었다. 또한 '서울京城'에서 이발기를 공동 구입해서 (320126), 가족이나 친척의 머리를 자르기도 했다. 예컨대 3월 3일에는 '江南 같은 재비가 나온다은 날'이라고 해서 '엣날붙어 習俗! 風俗에 幼兒들 理髮하면 髮이 좋다는 말이 잇길어 집에 아해들을 理髮!'(330328) 등의 경우도 있다.

---

36) '道立病院에 診察하고 보니 氣管支炎과 十二指腸虫이 있다고! 疑心도 하근마는 그래 因定하고 〔G〕약국의 가 加米地黃湯을 拾貼!'(351122).

37) 예컨대 '어머니가 近日 占 다무내 每日 家庭의 일도 안 하길내 二〇分가랑 노하야 말을 타일그 주고 (…) 아! 數百年 以來로 無學無識인 타인지 (…) 占이 무엇시야! 옛날에 迷信도 벌 미신이 다 잇지'(320305).

38) '農村아이 宇宙滿象에 萬物이 모다 生命水가 不足하야 只今붙어 一週日內 비가 안 나리도 農産物이야! 말할 끝도 없겟다 今日 〔K〕面民이 協同하야 곰미산 山頂에 비오라 祭祀 지난다고! 迷信이지만! 하도 답답하이까'(320704).

또 하나 흥미로운 것은 '구경'의 대상으로서의 위생이다. 예컨대 읍내에서 '衛生展覽會 求景'(350421)을 하기도 했다. 또한 종두種痘에 관해 다음과 같은 기술도 있다. '近日 天然痘과 防々谷々【원문 그대로】에 侵入하고 잇다고 〔R〕洞 家々戶々에 種痘을 施行한다고 他洞 사람도 많이 오는대 우리는 麥播하면 그 오난 사람 中에 處女들 盜賊 눈으로 보기가 滋味엿다'(330320). 위생 사업 그 자체보다도 이미지로서의 '위생'이 농촌에 확산되던 모습을 보여준다고 할 수 있다.

3. S씨의 사회 인식

1) 신/구의 사이에서

S씨는 〈근대〉 문물의 힘이나 규율화의 작용을 일정 정도 받으면서, 때로는 그것을 자신의 것으로 받아들이기도 하고, 때로는 불쾌감을 보이거나 '전통'을 선택하기도 하며, 또 어떨 때는 스스로의 성향에 맞춰 적당히 변형시켜 받아들였다. 이상의 검토로부터 알 수 있었듯이, S씨의 사회 인식은 도시로부터 전해 오는 새로운 문물을 통해 접하는 〈근대〉와 눈앞에 펼쳐진 농촌 사이에서 동요하고 있었다. 특히 시간(혹은 曆)이나 의료처럼 신체에 가까운 영역에서 보다 '농촌'적인 요소를 선택한 점은 실로 흥미롭다.

S씨의 도시/농촌 인식에서는 그와 같은 모순적인 측면이 명확하게 드러나 있다. 먼저 도시에 대한 느낌은 다음과 같이 눈앞의 '농촌'의 '비참함'과 대비되면서 기술되었다.

> 우리도 金錢만 만히 잇서면 都會로 가자! 하지마는 金錢 困難어로 가지 못하지 안언가!(310406)

> 날이 갈수록 大邱는 漸漸 그리다 아! 農村! 農村! 人生에 悲慘한 긋는 農村! 人間 사리에 苦痛를 주는 農村! 사람이라 하는 겻는 終日 勞働하여 飮食는

죽 한 거륵 못 먹어서 에를 다는 悲慘한 農村!(310507)

滋味엇는 農村生活! 참! 말 못하겟다 (…) 아! 都會가 그립다. 都會 中에도 情든 大邱가 그립다 아!(310712)

　흥미로운 것은 대구와 같은 도시와 대비되면서 '농촌'이 기술되고 있는 점이다. S씨는 대구에서의 학생 생활을 도중에 중단하지 않으면 안 되었던 것 때문인지 대구에 대한 강한 동경을 갖고 있었다. 그에 이기지 못하고 선산善山을 거쳐 낙동강을 건너 대구까지 약 75km의 길(앞의 그림 5-2 참조)을 하루 걸려 자전거로 간 적도 있고(310813-310822), '대구의 회상'이라는 제목으로 원고지 4장분의 글을 쓰기도 했다(321206). 그 밖에도 일기의 도처에서 대구 시절을 회상하는 모습이 보인다. 아마도 그러한 동경은 대구에서 온 서한을 통해서도 확대되었을 것이고, 또한 잡지나 신문 등을 통해서 들어오는 도시문화와 일상적으로 접하는 눈앞의 현실과의 격차도 크게 작용했을 것이다. 그리고 이는 대구라는 특정한 도시에 그치지 않고 '도시' 일반에 대한 동경으로 이어져 '金錢만 만히 잇서면 都會로 가자'(310406)고 말하고 있듯이, 가능하면 농촌을 떠나고 싶다는 데까지 생각이 미쳤다.

　그러나 그것은 '대구'에 대한 '그리움'으로서만 표출되었을 뿐, 실제로 S씨가 도시로 진출한 것은 아니었다. 근처의 집주인이 '日本 돈 별노 깟다가 病어로 因하야 사망'(310803)한 것이나, 남만주에 간 지인의 임금 상황을 듣고 탄식하고 있는 것 등에서 볼 때(310804), 일본이나 만주에 가도 반드시 좋은 일만 있는 것은 아니라는 인식을 갖고 있었던 듯하다.

　이처럼 '도회'에서의 생활이나 새로운 문물에 대해 일정한 매력을 느끼는 한편, S씨의 일기에는 다음과 같이 농촌의 풍경을 찬미하는 듯한 기술도 있다.

아! 빨어다 丹楓! 野국! 단풍 닢는 붉어서 비단이 대고요 野菊는 히어 눈빗치 대엿다 稻作는 누르서 黃金色이 대고요! (…) 谷谷마다 煙氣 汽車 煙氣와 같치 보인다 野原 一帶는 黃金色! 農夫들의 豊年에 노래 소리가 稻作 田畔에서

穩穩히 들니고 요각씨늘의 빨내 소리 들니는 시내는 맑는 물이 孱孱 헐어고
農家 집집마다 秋夕이 다가온다고 무엇슬 準備하니라고 야-단이다(310922)

아! 枯木이는 山川이 生命水가 나리드이 한없이 고아 보인다 우그진 綠葉!
田園에는 移秧 다무내 느저진다고 디나없이 灌漑! 그리고 農夫歌! 移秧歌가
山川을 봇씨 진動 씨긴다 그근시 져! 農村에 歡喜! (⋯) (320706)

앞 절에서 말한 바와 같이 상당한 독서가였던 S씨는 농촌에 있으면서도
당시 '서울京城'을 중심으로 하여 조선어로 형성되어 있던 담론을 긴밀하게
접하고 있었다. 1920년대부터 1930년대에 걸쳐 '서울京城'로부터 전해지는 잡지
등의 출판물에서 농촌 지역은 '농촌 문제'로서 논해지는 대상이었고 그 곳에
사는 사람들은 '농민'으로 이름 붙여졌다.[39] 1930년대에는 이른바 '농민문학'도
본격적으로 등장했다. 직접 그러한 작품을 읽었는지는 모르겠지만 적어도
그러한 작품이 존립하는 담론 편성을 접하고 그 규정성 가운데서 일기를 적고
있었다. 농촌에 살면서도 어딘가 외부인처럼 비탄과 찬미가 뒤섞인 모순적인
시선으로 농촌을 바라보는 것은 그러한 담론과도 관계가 있었을 것이다.
    그렇다고 해서 S씨가 그러한 언설을 그저 단순히 수용한 것은 아니었다.
다음과 같은 기술이 있다.

    雜誌 갖든 굿설 보와도 農村 人間 야속하다고 하드라 아! 그르면 나도 불상하고
    야송한 人間인가!(310512)

농촌에 있어도 마음이 편치 않고 그렇다고 해서 도시로 나갈 수도 없는
그러한 상황에 처해 있었기 때문에, 도시에서 부쳐온 잡지 가운데서 스스로가

---

[39] 소렌슨은 식민지근대가 진전되는 상황 속에서 1920년대 이후 '농민' 개념이 민족
아이덴티티와 관련지어져 사용되었다고 분석했다[Sorensen, 1999]. 이와 같은 담론
분석은 유용하지만, 그러한 담론이 사회 속에서 어떠한 위치를 점하는가는 탐구의
대상이 되어 있지 않다. 본서는 그와 같은 담론을 접한 독자의 위치로부터 이 물음에
답하고자 하는 것이다.

'農村 人間'으로 불리는 것을 읽고, '아! 그르면 나도 불상하고 야송한 人間인가!' 라며 단순한 동의가 아닌 당혹감을 보인 것이 아닐까 생각한다.[40]

앞서 말한 바와 같이 S씨는 시간譬, 의료, '미신' 등에 대한 태도에서 반드시 '새로운 것'을 받아들이고 '낡은 것'을 배제하는 태도를 취한 것은 아니었다. 또한 기상 시간에서 본 바와 같이 '시간적 규율'이라는 점에서도 농촌의 리듬에 따라 생활하고 있었던 것도 확인했다. 그러한 의미에서 S씨는 '도회'나 신식의 문물을 적극적으로 접하면서도 그것을 전면적으로 수용하기보다 농촌의 리듬을 신체화하여 '낡은' 것을 좋게 생각하는 면 또한 동시에 갖고 있었다.

이는 화폐 경제에 포섭되어 공업 생산물이 유입되는 과정에서 전前자본주의와 자본주의의 이질적인 '문화'가 같은 장에 공존하는 상황이 농촌부에서 일어난 것을 말해준다. 1960년 전후 알제리 사회에서의 농민, 하층 프롤레타리아트, 프롤레타리아트의 경제적 성향을 조사한 부르디외Pierre Bourdieu[1993 : 16]는 서로 다른 경제구조에 대응하는 '이질적인 성향이나 이데올로기는 사회 안에서 공존하며, 종종 동일한 개인 안에서도 공존한다'고 말한 바 있는데 이와 공통되는 '공존'이 1930년대 조선의 농촌 청년 S씨에게서도 일어났다고 생각된다.[41]

대구라는 도시에서의 생활 경험, 중규모 지주가의 둘째 아드님이라는 사회적 지위, 빈번한 독서, 농촌이지만 비교적 '신식' 문물을 접하기 쉬운 지리적인 위치 등 S씨를 둘러싼 조건에 의해 규정된 경험이기는 하지만, 이와 같은 S씨의 인식은 근대 세계 시스템의 주변부에 놓인 1930년대 조선 농촌에서의

---

40) 1930년대 서울의 담론 속에서 오늘날까지 이어지는 '현대성'을 읽어내는 무척 시사적인 연구가 발표되었지만[김진송, 1999], 그와 동시에 이러한 '현대성'을 멀리서 바라보고 있던 혹은 볼 수조차 없었던 사람들이 동시대적으로 존재했던 것을 어떻게 이해할 것인지가 커다란 과제로서 남겨져 있다고 할 수 있다.

41) 다만 부르디외[1993]는 농민/하층 프롤레타리아트/프롤레타리아트의 성향이 병존하는 상황을 지적하고 있음에도 불구하고, 그들 간의 차이를 지나치게 대조적으로 논하고 있다고 생각한다. 물론 이념적으로 보면 그러한 측면이 있겠지만, 그렇다고 해도 '합리적인 착취의 대상'이 됨으로써 비로소 '합리적인 시간 인식'을 가진 행위주체가 생겨난다는 지적은—아마도 동시대의 프란츠 파농 등의 논의를 의식한 것일 테지만— 너무나도 교조적이라고 하지 않을 수 없다.

경험의 중충성을 드러낸다.

2) 민족과 우울

이상과 같은 S씨의 '농촌'에 대한 인식은 다음과 같이 '민족'에 대한 인식으로 직결되기도 했다.

①農村에 사는 사람는 실로 기막힌다 (…) 하로 죽 한 그럭 못 먹어서 우는 우리 故鄕에는 참으로 빈안하다 우리 故鄕분 아니라 三千里 江山에 사는 우리 民族이 다 그럿겟치요 (…) 잠어로 엿뜯히 하면 民族이 安寧하기 살라 보겟섬니가(310402)

②눈를 드니 비가 술술 나러온다 비야! 너는 누구를 설퍼할나고 나러오너야 너는 萬物生할나고 나러오지마는 너를 시러하는 사람는 엇겟는야! 비야! 부대 부대 우리 三千里 江山를 이해서 또는 우리 農村에 사는 羊 갓뜬 人生을 이해서 野原에 田畠를 이해는 봄에 사라나오는 草木芽를 利해서 마니 도와 주멸 갈절히 갈절히 밋사옵나이다 우리는 비 너를 利하야 그날 그날를 사지 앗는야 하늘任 우리 三千里 江山에도 새 봄이 아서 새소리 들이고 無窮花도 비고 米·英國가 깟치 平和國이 대기 주섬올 국기 국기 밋사옵나이다 農村에 사는 굿설 하늘任는 아시겟치요!(310411)

③무선 究理를 하다가는 신문를 보기 始作하엿다 (…) 鮮內에만 日本人 資本金이 鮮人에 十三倍나 드 잇서니 무엿시라 할가요 果然 참! 우리 同胞는 어두로 갈가요 죽긋가요 (…) 우리가 努力하여야지요 父母兄弟들이시여! 부디 酒汀집 좀 가지 마시오 우리도 只今부터 努力합시다(310509)

①은 '농촌'의 비참함이 '민족'의 비참함으로 연상되면서 기술된 전형적인 예이다. '농촌 생활은 숨이 막힌다→고향이 가난하다→우리 민족이 모두 그렇다'는 사고의 연쇄다. 그리고 ③에 보이듯이 S씨는 신문 등의 미디어로부터

'일본인'과의 관계에서도 '조선인', '동포'의 비참함을 인식하고 있어 그것과 현실 농촌의 비참함이 연속적으로 상상되고 있다. 속어俗語 출판자본주의가 내셔널리즘 확산의 조건이 되었다는 베네딕트 앤더슨Benedict Anderson[アンダーソン, 1997]의 설명을 떠올리게 되지만, 여기서 중요한 것은 단지 책을 읽으면 민족의식이 생긴다는 것이 아니라 눈앞의 농촌의 비참함과 신문이나 잡지 등으로부터 얻을 수 있었던 정보가 결합되어 민족모순에 대한 인식이 생겨났다는 점이다. 이는 혈통주의적 '민족'을 자명시하는 부류의 인식과는 상당히 다르다. 나아가 ②에서 보이듯이 그것이 전간기戰間期의 '미·영국'을 '평화국'으로 이상화하는 인식에까지 이르고 있는 점은 흥미롭다.

그러나 S씨는 그와 같은 민족모순의 존재를 느끼면서도 그렇다면 어떻게 할 것인가라는 물음에 답을 줄 명확한 언어와 수단을 갖고 있지는 않았다. 때문에 술집에 안 가겠다, 노력하겠다는 등의 실력양성론적인 논리에 머물 수밖에 없었다. 그것이 일기에서 연발되는 '아!'라는 탄식으로 이어졌다고도 할 수 있겠다. 어쩌면 S씨의 일기는 그러한 엉거주춤한 상황 속에서 쓰여졌다고 볼 수 있다.

한편 이와 같이 '민족'에 대해 언급하거나 '농촌' 일반을 대상화하여 말하는 기술은 1931~1932년에 많고 그 이후가 되면 점차 줄어드는 것을 확인할 수 있다. 그 대신 그 날 어떠한 농업 지도를 했는지와 같은 사실이 담담하게 열거되었다.

이와 병행하여 늘어나는 것이 '우울증'이라는 표현이다. S씨는 실로 다양한 표현으로 이 답답한 느낌을 드러내고자 했다. '우울(증)', '음울(증)', '鬱鬱症', '憂憂', '憂愁泰山', '침울', '울환', '울분', '음침', '권태(증)', '태만증', '염증', '嫌莫', '괴롭다', 나아가 '우울하다', '답답하다'라는 말을 전용하여 '답답증'이라는 말도 쓰고 있다. 종종 이러한 느낌은 자신의 '기분', '마음'뿐만이 아니라 '우울한 방', '음침한 방'처럼 자신의 방에 대해서도 쓰여졌고, 바깥보다는 집에 있을 때 이러한 표현이 보다 많이 사용되었다.

이와 같은 증상을 가시화하기 위해 <표 5-10>을 작성했다. 이것은 1932,

<표 5-10> 일기에 나타난 '우울' 빈도

	1932년	1933년	1935년	1937년
1~2월	1	11	10	25
3~4월	1	12	15	7
5~6월	2	6	17	2
7~8월	1	8	15	11
9~10월	1	15	29	10
11~12월	5	15	22	9

출전 : S씨의 일기를 토대로 저자 작성

33, 35, 37 각 년에 있어서 위에서 말한 바와 같은 '우울증'을 표현하는 단어가 나온 숫자를 헤아린 것이다. 물론 단어로서 적혀 있는지 여부로 증상의 강약을 알 수는 없을 터이고, 정말로 증상이 심할 때에는 일기에 적는 것조차 어려웠을지도 모른다. 어쩌면 '피곤하다', '고단하다'는 말에도 같은 증상이 담겨 있었을지도 모른다. 그래도 S씨의 증후군의 일단을 엿볼 수 있다. 먼저 1931년에는 위와 같은 단어는 찾아볼 수 없었다. 1932년이 되면 공부하면서 '憂愁泰山'(320222)이라고 적거나, '마음 憂憂'(320317)라는 표현이 나오기도 한다. 그러나 이는 계속되지는 않고 6월에 들어 '農村에는 旱災 다무내 모다 憂愁泰山'(320602)이라는 식으로 본인의 기분이라기보다는 농촌의 상황을 묘사하는 장면에서 나오는 정도다. 이와 같은 기술에 변화가 보이는 것은 1932년 말부터인데, 잇달아 '不快하고 憂憂'(321218), '數日前 붙어 마음이 憂울하고 不快'(321222), '消化不症! 마음좇아 憂憂'(321224)라고 적혀 있다. 이는 1933년으로 이어져 그 이후로는 상당한 빈도로 쓰여지게 된다. 이와 같은 양상은 시기적으로 '농촌', '민족'에 대한 기술의 감소와도 나란히 가는 것이었다.

1933년 이후의 빈도를 보면 봄에는 '우울'이 조금 줄고, 겨울이 되면 늘어나는 듯한 경향이 보인다.[42] 그렇지만 '중견인물 시대'인 1935년부터 다음 해 초에 걸쳐 이 증상은 악화되었다. 그래서 S씨는 병원에도 갔다. 김천 도립병원 의사는 먼저 '화병火病'이라는 진단을 내렸다(350615). 이것은 '울화병鬱火病'이라고도 불리며 한국에서 자주 쓰이는 '병명'으로 일반적으로 화를 참느라고 생긴다고

---

42) 실제로 '實로 봄은 自由와 生動에 때다 온갖 沈滯 陰鬱은 사라지고 光明과 活躍이 우리 앞에 展開된다 (…) 沈鬱한 室內을 뛰여 나와 自由와 生動의 봄빛을 실컷 呼吸하자'(1933년 「三月의感想」란는 봄이 되면 '우울'한 기분이 줄어듦을 보여주는 기술이 있고, 역으로 '침울한 방'과 추위가 연이어 언급되는 경우도 있다.

여겨진다. 그래서 그는 한약을 먹는다. 또한 어머니의 병과 죽음(351104)이 그의 증상을 더 무겁게 하고, 심한 피로감, 소화 불량('滯症'이라고 적혀 있다), 빈혈, 두통 등 몸의 이상까지 가져왔다. 그래서 김천 도립병원에 한 번 더 갔더니 이번에는 '장중결막증臟中結膜症'이라고 하기도 하고(351117), '기관지염', '십이지장충' 등으로 진단하기도 하고(351123), 친척의 한약방에 가자 '산증疝症'(아랫배·허리 등이 아픈 증상)이라고도 한다. 또한 1936년에는 지인의 소개로 대구의 도립병원에까지 갔다. 의사는 S씨의 증상에 '신경쇠약'이라는 병명을 부여했다(360213). 그러나 그저 이와 같은 병명이 계속해서 붙여졌을 뿐, 한약을 먹어도 S씨의 증상은 조금도 나아지지 않았고, 그 후로도 빈번하게 '우울'이 말해지게 된다.

이러한 일기에 나타난 변화, 즉 '농촌', '민족'에 대한 언급의 감소라는 서술상의 변화와 '우울'의 등장을 어떻게 생각하면 좋을까. 이것을 개인사적인 차원에서 해설하는 것도 가능할 것이다. S씨가 귀향하고 나서 시간이 지난 것, 사회에서 일정한 지위를 얻게 됨으로써 오는 문제, 독서의 페이스가 떨어진 것, 할머니와 어머니의 죽음, 차남이라는 지위의 불안정함 등의 요소는 당연히 영향을 미쳤을 것이다. 낭만주의나 리얼리즘과 같은 문학양식론의 관점에서 논할 수도 있을 것이다. 그러나 농촌의 비참함을 한탄하는 기술이 감소함과 동시에 농업 지도에 대한 구체적인 기술이나 '우울증'과 같은 기술이 늘어가는 변화, 바꿔 말하면 사회 모순을 '외부'에 대상화하여 기술하는 것으로부터 자기 '내부'의 심신의 모순을 기술하는 것으로의 변화는, S씨가 처한 조선 농촌 사회에서의 리얼리티와도 밀접하게 관련되어 있다고 생각된다. 이 점을 염두에 두면서 이하 S씨에게 있어서 '일본'의 존재, 그리고 '중견인물'이 된다는 것은 어떠한 것이었는지를 검토해 보고자 한다.

3) '일본'은 어디에 있는가

S씨의 일기에 '식민지'라는 말은 등장하지 않는다. '국가'도 '폭력'도 '차별'도

말로서 일기에 나타나지는 않는다. 노골적인 폭력에 노출되거나 명백한 수탈에 허덕이는 묘사도 없다. '일본' 일반이나 '일본인' 일반에 특별한 증오를 보이는 듯한 기술도 없다. 소지주의 가정에 있다는 위치로 인해 노골적인 억압성을 깨닫지 못했을 가능성도 있다. 그렇지만 설령 그렇다 하더라도 이것이 그와 그 주변에서 '식민지'라는 것이 경험되지 않았음을 의미하는 것일까. 그렇게 단순한 이야기는 아닐 것이다. 이하에서는 이 점에 대해 일기의 기술을 바탕으로 하여 좀 더 천착해 보겠다.

'일본'이라는 존재

먼저 S씨에게 '일본'은 도대체 어떤 존재였느냐는 물음은 매우 관심이 가지만, 이에 답을 하는 것은 의외로 어렵다. '일본'과 그에 대한 소감이 일기에 명시적으로 적혀 있지 않기 때문이다. 애시 당초 일본인 인구가 희박한 지역에 살고 있었으므로,[43] 직접 일본인을 접할 기회가 적었다는 점에서 읍내나 도시와는 상황이 다르다.[44] 그러나 '일본인', '일본어', '일본'에 대한 몇몇 기술로부터 그 인식을 재구축해 보는 것은 불가능하지 않다.

'일본인'이라면 먼저 실제로 얼굴을 맞대며 접했던 사람들이 몇 명 있다. 특히 농회 취직 후에는 오노小野 부장, 노다野田 주임, 우시지마牛島 기수技手 등의 이름이 눈에 띈다. 다만 자세한 서술은 없으며 말다툼을 하는 장면이 보이기도 하지만 인물평 같은 것이 적혀 있지는 않다. 이러한 일상적으로 만나는 실명實名의 일본인이 있었던 반면, 보다 익명匿名의 일반적인 '일본인'이 존재했다. 요컨대 앞의 인용(310509)에 보이듯이 신문 등을 통해 만나는 '일본인' 이다. 이러한 '일본인' 또한 S씨의 리얼리티를 구성하는 일부였을 것이다.

---

43) 1935년의 국세조사에 다르면 S씨가 사는 면은 호수 2,324호, 인구 12,274명으로, 그 중 일본인은 18호, 89명이었다『昭和十年朝鮮國勢調査報告 道編第六卷 慶尙北道』, 朝鮮總督府, 1938). 상주의 일본인·조선인 인구에 대해서는 본서 3장을 참조.

44) 예컨대 이는 서울을 중심으로 활동한 지식인인 尹致昊의 일기에 빈번히 일본인이 등장하는 것과 비교하면 명백하다[김상태, 2001].

바꿔 말하면 구체적·실명적으로 접하는 '일본인'과 익명적·추상적인 '일본인'이 때로는 따로따로 때로는 혼연일체로 존재했다고 말할 수 있지 않을까.[45]

다음으로 '일본어'이다. S씨는 보통학교를 졸업하고 중학교까지 갔으므로 일본어 읽기쓰기와 회화는 꽤 됐을 것이다.[46] S씨가 이동하는 공간에서 얼마만큼 일본어를 접할 기회가 있었는지는 확실치 않다. 적어도 위에서 나온 일본인과 말할 때는 일본어였을 테고 직장의 공문서도 일본어로 적혀 있었을 것이다. 1937년에는 다음과 같은 기술이 있다. '郡 公文에 區長한대 公文도 日語로 所内에서도 日語로 對話하라고 面長이 나한대 付托을 한다 困難한 点이 만어나 하는 수 없다'(370405). 역으로 말하면 적어도 이 무렵까지는 면사무소까지 내려오는 문서는 일본어라도 면사무소내의 대화나 면으로부터 구장區長에게 보내는 통지는 주로 한국어였음을 알 수 있다. 그러나 '일본어'를 사용하는 공간은 그 후로도 점차 확대되어 갔을 것이다. 그리고 그것은 일본어를 할 줄 아는 S씨에게도 '곤란'한 것이었다.

한편 이와는 조금 차원이 다른 '일본어'가 있었다. 일기가 한자·한글 혼용문으로 적혀 있는 것은 앞서 설명한 대로이지만 일본어의 가나나 일본어의 한글 표기가 섞여 있을 때가 드물게 있다. 그 대부분이 물품의 명칭이다. 예컨대 'ハブラシ'(하부라시, 칫솔), 'スケート'(스케이트), 'ベッチ'(베취vetch, 콩과 식물로 잡초 억제 효과가 있다) 등은 가타카나로 표기되었고, '호야'(ホヤ, 램프의 유리통), '다비'(地下タビ, 노동자용 작업화)는 일본어이기는 하지만 한글로 표기되어 있다. 이들은 물건에 붙은 명칭으로서 그것이 일본어에서 나온 것이든 영어에서 나온 것이든 별로 상관없이 사용되었다고 생각한다. 해방 후 '일본어'의 잔재를

---

45) 그와 동시에 중요한 것은 '新聞내 보니 朝鮮 사람 悲慘한 것설 보앗섯다 우리 民는 지금 日本에 土地를 六割三分나 바라타라니인재 엇지하며 사라갈가요'(310424)처럼 미디어를 통하여 '일본인'과 '우리 백성', '우리 동포'를 동시에 상상하고 있는 점이다. 즉 '민족' 또한 극히 실명적인 것과 익명적·일반적인 것이 혼재되어 있었다.

46) 일기로부터는 '일어'를 강요했다는 기술 이외에 어떤 일본어 책을 읽었는지는 확인되지 않는데, 아들에 따르면 책장에 세계문학전집, 明治文學全集, 나쓰메 소세키夏目漱石의 소설 등이 가득 꽂혀 있었다고 한다.

생각할 때, 이상과 같이 읽기쓰기나 회화로서 강요된 '일본어' 일반과 물건이나 기술에 부수된 일본어 아닌 '일본어'와의 차이는 고려되어야 할 것이다.

또한 '일본'이라는 용어는 지리적인 의미로 사용되었다. '일본'은 친척 등이 일본에 건너가거나 돌아오거나 편지를 주고받는(혹은 대필하는), 그런 대목에서 종종 등장한다.[47] 당시 행정용어로서 '일본'은 '내지內地'로 불렸지만, '내지'라는 용어는 일기에서 눈에 띄지 않는다. 1936년에 각 동리에 일장기가 배포된 것을 기록하고 있는데, S씨는 이것을 '국기'가 아니라 '일본기'라고 불렀다.[48] 마찬가지로 '내지인'이나 '국어'도 표현으로서는 나오지 않는다. S씨는 '병합倂合' 후에 태어났지만, 그럼에도 불구하고 '조선'을 '일본'이라는 범주 안에 포함시킨 뒤 그것과 '내지'를 대치시키는 당시 관료의 개념 조작에는 익숙하지 않았다고 할 수 있다.

이와 같이 S씨의 '일본'은 구체와 추상이 뒤섞인 것이었다. 양자가 어느 정도 이어져 있었는지는 알 수 없다. 예컨대 일기장의 양식이 일본어로 되어 있고, 일본의 시간曆이 기입되어 있고, 여러 가지 일본의 역사적 사건 등에 대한 지식이 인쇄되어 있었지만, 그렇다고 해서 매일 접하는 이러한 양식을 얼마만큼 '일본 것'으로 생각했는지는 알 수 없다.

행정과의 거리

그렇다면 식민지 행정기관과의 거리감은 어떠했을까. 지방 행정기관으로는 먼저 군청(및 그 주변기관)이 있었고 1910년대를 전후하여 그 밑에 면사무소가 정비되어 갔다. 공식적으로는 면사무소가 최말단의 행정기관이었지만, 총독부는 1930년대가 되자 예로부터의 마을(구舊동리洞里)을 '부락'으로 부르면서 조직화를 진행하여 농촌진흥운동을 비롯한 다양한 행정의 대상으로 삼았다[金翼漢,

---

47) 예컨대 '八寸 누나가 親家 왔다고 와서 日本 있는 자기 夫한대 片紙 쓰달나 하길어 이야기를 하면 片紙 一枚 쓰고 나이 點心!'(330201). '〔일본에서 돌아온〕〔J〕兄과 日本 이야기로붙어 別別 雜이야기을 하다 歸家!'(350608).

48) '洞里 集合所를 놀어 같아 가니 日本旗을 洞里에 配布한다'(360205).

<table>
<tr><td rowspan="2"></td><td colspan="2">洞舍</td><td colspan="3">면소재지</td><td rowspan="2">상주
읍내</td></tr>
<tr><td rowspan="2">놀이</td><td rowspan="2">농업 등</td><td colspan="2">면사무소</td><td rowspan="2">우편국</td></tr>
<tr><td>놀이</td><td>농업</td></tr>
<tr><td>1월</td><td>11</td><td>3</td><td>5</td><td></td><td>1</td><td></td></tr>
<tr><td>2월</td><td>7</td><td>1</td><td>1</td><td>1</td><td></td><td>세무서 1</td></tr>
<tr><td>3월</td><td>14</td><td>2</td><td>5</td><td>3</td><td></td><td>세무서 1</td></tr>
<tr><td>4월</td><td>7</td><td>6</td><td>4</td><td>9</td><td>1</td><td>군 농회 1</td></tr>
<tr><td>5월</td><td>6</td><td>2</td><td>6</td><td>13</td><td></td><td></td></tr>
<tr><td>6월</td><td>12</td><td></td><td>12</td><td></td><td></td><td></td></tr>
</table>

<표 5-11> 행정 관련 시설 출입 상황(1935년 상반기)

출전 : S씨의 일기를 토대로 저자 작성

1995 ; 김영희, 2003]. 그 과정에서 '洞舍' 등으로 불리는 마을의 자치적인 건물도 행정 목적으로 사용되는 모습이 나타났다[板垣, 2000]. 이상의 배경을 전제로 하여, S씨가 '중견인물'로서 일하던 무렵인 1935년으로 한정하여, 군청－면사무소－동사를 방문한 횟수를 그 목적 내지 그 곳에서의 행동별로 정리한 것이 <표 5-11>이다.

먼저 가까운 곳에서부터 보자. 동사에는 마을 어른들이 모였고 S씨와 같은 청년도 그 곳에 종종 들러 근황을 보고했다. 그런 의미에서 일기에 '놀러 갔다'고 적혀 있다고 해서 단순히 말 그대로 '놀았다'고 보기는 좀 그렇고, 마을에서 사회관계상의 커뮤니케이션이었다고 생각된다. '농업 등'으로 정리한 것은 양잠을 비롯한 농업 관련의 목적이 있어 간 경우를 가리키는데, 그 중에는 예컨대 진흥조합, 동회洞會, 종자 배포, 농사 지도, 농사 강화講話 등도 포함된다. 즉 마을 자치를 바탕으로 한 공간을 가끔 구장區長 등이 들르거나 하는 형태로 행정적으로 이용해 가는 모습을 확인할 수 있다.[49]

다음으로 면사무소인데, 이곳은 말단 행정기관이면서 S씨의 지인이 있었기 때문에 '놀러' 가는 일이 빈번했다. 여기는 정말로 심심풀이로 '놀러' 간 것으로 생각된다. 또한 이 해에는 농업 지도의 임시직을 맡고 있던 관계로, 시기에 따라서는 면사무소로 출근하기도 했다. 그러나 면사무소에 행정 수속 때문에 간 것은 연간 몇 차례에 불과해서, 실제로 그 전 해는 이 정도로 빈번하게 들르지 않았다.

한편 읍내에 있던 군청과 세무서에 '놀러' 가는 일은 전혀 없었고, 강습을

---

49) 예컨대 '洞舍 놀어 같어니 區長께서 春蠶種 申込을 바다 돌나 길에 점뜸만 바다 주고'(350401)처럼 구장이 일을 시키거나 했다.

받거나 세금을 내는 등 방문 목적이 한정되었다. 즉 군청은 순수하게 '관청'이었던 셈이다.

이상은 S씨 스스로 행정 관련 시설에 걸음을 한 경우인데, 역으로 행정 측에서 찾아오는 경우도 종종 있었다. 그 가운데서도 마을을 가장 들썩이게 한 것은 세무서의 '밀주' 조사였다.[50] '밀조密造' 단속은 일반적으로 군청이나 세무서의 관리·고용인에 의한 가택 수색의 형식이었다. 조사원이 농가의 집안에 들어가 부엌 등을 뒤지기 때문에 식민지권력이 생활 속으로 파고들어 오는 충격적인 경험이었다[板垣, 2006, 2007a].

'老人들과 雜談을 하드라니 密酒 調査 왔다고 洞里가 야단'(331120)

'点心後 稅務署에서 七·八人이 密酒 調査을 와 洞里가 一時 騷動! 松洞宅에는 酵母 三枚 들끼 가주고 끝없은 苦難를 當한다'(350129)

두 번째 인용에서는 누룩을 겨우 세 덩이 만든 것 때문에 고통을 받은 것을 알 수 있다. 나아가 S씨 자신도 1935년 2월에 단속에 걸렸다. 2월 17일에 지낼 할머니 제사를 위해 만든 누룩을 조사원이 발견한 것이다. 그것과 관련된 기술은 다음과 같다.

'十時頃에 尙州稅務署員이 密酒 麴子〔麴子〕調査을 하로 不知中에 왔다 家庭과 隣家까지 徹底的으로 調査하야 洞舍 같아 오니 結局은 署員께 發見대엿다 〔O〕酒造場에서 祭祀 數日內라고 通知한 뜻!'(350215)

'祖母任 大祥 대 들긴 酒類罰金이 稅務署서 왔다 罰金 九拾圓 酒稅는 七圓拾四錢 百圓을 같아줄 生覺을 하니 精神이 앗득!'(350310)

---

50) '密造'라고 해도 식민지하에서 도입된 주세 관련 법령이 自家釀造조차 징세 대상으로 삼았기 때문에, 관습적인 주조까지 '밀조'로 간주된 것은 말할 것도 없다. 2장을 참조할 것.

여기서는 제사 직전을 노리고 단속을 나온 상황을 확인할 수 있다. 이 해 2월 17일은 S씨의 할머니가 돌아가시고 나서 2년째의 기일이어서 '대상大祥'이라는 제사가 예정되어 있었다. 이를 위해 가정에서 만든 누룩이 제사 이틀 전에 조사원에 의해 발각된 것이다. 2장에서 설명한 바와 같이 이 시기에 주조업자 사이에는 나름대로 영역 분할이 이루어져 있었고, 세무서를 비롯한 공직자와 관계가 형성되어 있었다. 그렇게 볼 때 지역의 주조업자에게 최대의 경합 상대는 다른 주조업자가 아니라 자가용 주조였다고 할 수 있다. 그렇다면 여기에 적혀 있는 대로 주조장이 세무서에 밀고하는 사태도 충분히 있을 수 있었다.[51] '밀조'는 국가(세무서)-자본(지역의 주조업자)-민중의 관계를 생각하는 데 있어 중요한 문제를 드러내고 있다.

그 외에 순사도 다양한 경위에서 등장했다. 예컨대 동사洞舍에 '놀러' 간 S씨에게 '호적 조사'[호구 조사?]를 돕도록 시키거나,[52] 마을 사람에게 글자를 가르치던 야학을 갑자기 '허가가 없다'면서 트집을 잡거나,[53] 자전거 등을 켜지 않았다고 단속하거나 하는 식이다.[54] 또한 마을 사람의 백의白衣 염색을 갑자기 면사무소로부터 떠맡기도 했다.[55] 아침부터 면서기와 구장이 호세를 걷으러 오니 '農家에서는 큰 극정'이 되어 이를 치르기 위해 S씨한테 '돈 한 一圓 借하여 달나고 哀情'해 오는 친척도 있었다(320626).

---

51) 본서의 토대가 된 박사학위논문을 제출한 후 주조업을 주제로 한 연구에 착수했는데, 그를 통하여 지역에 따라서는 '密造'의 '密告'가 어느 정도 제도화되어 있던 것을 알 수 있었다[板垣, 2007a].

52) '前田 巡査가 本洞 區長은 麥 播種 같고 戶籍調査 좀 같이 하자길어 洞舍서 이리저리 大綱하엿다'(350309).

53) '洞舍 가니 여재 巡査部長이 와 夜學을 許可 없다고 못하구로 한다고 한다'(351216). 그러나 바로 다음 구절에 '저녁에 夜學의 가서 가르끼고 왓다'고 적혀 있는 것으로 보아 실제로 그만두게 된 것 같지는 않다.

54) '밤의 燈 없씨 自轉車 타다 駐在員에게 들끼드니 自轉車 取締規則 違反이라고 科料 壹圓이 나와 限없이 마음이 不愉快하다'(361029).

55) '도라오니 우리집에서 洞里 사람들 衣服 染色한다고 面所에서 우리집을 指定한 굿이드라 아! 大紛雜! 終日! 午後 六時까지 洞里 사람들 衣服을 가구와 染色! 나는 終日 室內서 空想과 雜誌를 耽讀! 七時에 合計! 染色買收金을!'(321217).

한편 1937년 7월의 노구교盧溝橋 사건 이후가 되자 행정은 더욱 빈번하게 마을과 S씨 주변에 접근해 '시국'에 관한 선전이나 사업을 행하게 된다. 예컨대 출정군인축하식(371017), 시국간담회(371104), 면직원의 군용 견피 수집독려 (380129), 농촌진흥위원회 뒤의 병사 전송(380207), 기원절紀元節 축하회(380211), 보통학교 강당에서의 시국강연(380517), 보통학교에서 시국에 관한 활동사진이 상영되어 '全 部落民이 總出動'(380523), 한구漢口 함락 축하식에서의 깃발 행렬 및 등화 행렬(381028) 등이었다. 이와 같이 점차 일본의 '전쟁'이 먹구름처럼 밀려올 조짐이 보이는데, 1939년 이후에는 이러한 압력이 더욱 강해졌을 것이다.

이상이 S씨가 본 '일본' 및 식민지 행정의 양상이다. 여기에서 살핀 것과 같은 여러 가지 경로를 통해 '일본'과 관련된 경험이 이루어지고 또 그 이미지가 형성되었을 것으로 생각된다. 거기에는 명확하게 외부로서 존재하는 '일본'도 있었고, '일본'이라고 불러야 할지 어떨지 잘 알 수 없는 것도 혼재되어 있었다. 그러한 중층적인 경험을 하나의 범주로 묶는 것은 어려운데, 다음에 설명할 '중견인물'을 둘러싼 논의도 이에 해당된다.

4) '중견인물'이 된다는 것

마지막으로 또 하나 고찰해야 할 미묘한 문제가 있다. 그것은 S씨가 이러한 상황 속에서 '중견인물中堅人物' 혹은 농회 직원으로서 농업 지도에 종사하게 된 경위와 그 인식이다. S씨의 일기는 그 점에 대해 단서가 될 만한 기술을 남기고 있는데, 친일과 항일·반일이라는 이분법만으로는 포착할 수 없는 광대한 '식민지 인식의 회색지대'[윤해동, 2003]에 접근하기 위해서도 그러한 기술로부터 귀중한 시사를 얻을 수 있을 것으로 생각된다.

이를 생각하는 데 있어 중요한 것은 S씨의 노동관이다. 농사 돕기 시대의 S씨는 아마도 먹고 사는 데는 어려움이 없었다고 보이지만, 분가하여 독립하려는 생각이 있었던 듯하다.56) 꾸준히 저축을 하고 있는 것도 그러한 목적과 관계가 있었다고 보인다. 그러나 농업 경영에 관한 소득은 기본적으로 형에게 돌아갔고, 농사도 돕는 정도에 불과했다. 그 결과 일은 하고 싶지만 할 일이 없는 상황에 처해 있었다.

그 때문인지 '시간의 낭비'라는 말이 S씨의 일기에 자주 등장한다. 예컨대 다음과 같이. '每日과 같이 誌誌【'雜誌'의 오기인 듯】! 雜誌! 같은 글만 朗讀하면 時日만 浪費!'(330113), '房에서 무엇! 무엇! 瞑想을 하면 時間만 浪費!'(331121). 이와 같이 독서 또한 경우에 따라서는 쓸모없는 일로 생각되었던 듯하다. 이러한 생각은 큰 틀에서 보자면 1930년대에 극대화되었던 '농촌 과잉인구'의 한 면을 반영하고 있는 것으로 볼 수 있다. 실제로 면의 사방소砂防所에서 시험을 치렀을 때 지망자가 40여 명이나 쇄도했다는 기술이 있는데(350307), 이것도 그러한 과잉인구의 한 예를 보여준다.

앞서 설명한 대로 그러한 가운데 기회가 주어졌다. 1935년에 맡겨진 일로만 농촌진흥조합 간사, 봄·가을의 잠종최청교사蠶種催靑敎師, 못자리苗代지도원, 녹비 재배 지도, 야학 강사(1935~36년의 겨울) 등을 들 수 있다. S씨에게 농촌에서의 이러한 다양한 일은 '시간의 낭비'로부터의 탈출로 여겨진 듯하다. 때문에 다음의 인용처럼 임시 일이 끝나면 '씁습다'고 느끼고 새로운 일이 정해진 것을 '고마운 일'로 받아들였다.

> 今日로〔秋繭의〕共同販賣을 完了한다 하니 大端 씁습다 貳拾日內 慰安處 드니 共同販賣 完了하면 쓸쓸한 家庭의서 끝없은 空想과 家族들에 눈초리뿐일 긋을! 面事務所 普通係의서 綠肥 栽培 指導을 一週日間 하여 달나고 付托한다 大端 고마운 일!(350929)

또한 야학에서 글자를 가르치는 데서 기쁨도 느꼈다.[57] 그리하여 이력서를

---

56) 적어도 1933년경에는 분가 이야기가 나왔고(330918), 35년에는 집을 신축하는 이야기도 나왔다(350104). 실제로 1940년 전후에 집을 지었는데 그 집은 지금도 남아 있다. 하지만 안타깝게도 일기는 분가하는 시점까지는 남아 있지 않다.

57) '今日은 비가 나린다고 夜學生을 모이여 아르끼 주어다 午前은 甲組! 午後은 乙組! 今日붙어는 夜學生들이 한 자 두 字 아는 대 感服하여다 漸漸 滋味가 나나'(351201).

제출하거나 면장에게 부탁을 하는 등 취직하기 위해 '운동'을 한 결과, 1936년에 잠업지도원이 된 것이다.

그렇지만 '중견인물'이나 '지도원'이 되었다고 해서 S씨가 흔쾌히 일을 했던 것은 아니다. 예컨대 농촌진흥조합 간사로서 도박 및 주막에서의 음주 금지를 결정하고 '도박 금지 순회인'으로 뽑혔지만, 그로부터 겨우 3일 뒤에 스스로 친구와 주막에서 술을 마셨다.58) 임시 '지도원' 일도 그다지 이미지가 좋지 않다고 생각한 듯하다.59) 또한 잠업지도원으로서 부역을 인솔하다가 마을 사람들의 반발에 부딪혀 낙담한 일도 있었다.60) 요컨대 일을 하고 싶다는 동기와 실제 일의 내용이 일치하지 않았으며 그것이 일종의 딜레마로서 존재했다고 생각된다. 어쩌면 그 점이 '우울증'의 원인의 하나였는지도 모르겠다.

소결

이 장에서는 한국의 지역사회의 변화란 어떠한 경험이었는가를 검토하였다. 경험이란 원래 개인적인 개념이므로 그런 의미에서는 타자의 경험을 내가 경험할 수는 없다. 타자의 경험을 상상할 수는 있어도 그것이 타자의 경험 그 자체는 아니다. 그런 의미에서 경험은 어디까지나 교환 불가능한 고유성을 갖는다. 한편 인간이 고립해서 살 수 없는 이상 경험에는 늘 사회성이 있다. 문자나 증언 등에 의해 개인적인 경험이 표출되었을 때 그것이 일종의 사회성 내지 공공성을 갖는 것은 그 때문이다. 이 장에서는 S씨가 남긴 일기의 기술에

---

58) '洞會 한다 하야 洞舍 같어드니 賭博禁示로 因하야 酒幕에 술 사먹는 굿까지 禁示을 하기로 規約하야 振興組合에서 賭博禁示 巡回人까지 九人 選擇中 當選대엿다'(350206), '夕食後 〔C〕兄과 妹君들과 酒幕에 가 술을 바다 먹으다 賭博巡察人이 돌이여 술을 사먹고 보니 돌이여 罪다'(350209).

59) 퇴비지도원에 채용되었을 때 '추하고 천한 指導員 노릇을 할나 하니 他人이 모다 辱하는 굿 같아'라고 말하기도 했다(350713).

60) '餘裕에 時間이 있기에 〔D〕二區 가서 賤役을 일끌나 하니 部落民들이 反對하기에 마음이 傷하야'(370128).

대한 적극적인 독해를 통해, 1930년대 조선 농촌에서 식민지근대란 어떠한 경험이었는가를 공유 가능한 언어로서 추출해내고자 했다.

다만 S씨에게 있어서 식민지근대는 직접적으로 언어화되어 있지는 않았다. 그것은 일기 곳곳에 나타나는 징후로서 존재했다. 역으로 말하자면 '근대' 혹은 '식민지'와 구체적인 사물을 통하여 직면하는 장이 일상생활의 곳곳에 존재했다는 것이기도 하다. 그러한 일상적인 장의 경험은 설령 자본주의가 가져온 모순이나 식민주의가 갖는 불합리한 폭력성으로부터 떨어져 있다고 하더라도, 결코 그것으로부터 절단되지 않은 어떤 관계성 속에 놓여 있었다.

먼저 S씨의 소비 행동을 검토함으로써, 미디어, 통신, 교통, 시계, 의료 등의 새로운 문물을 적극적으로 받아들이면서도, 그것을 전면적으로 수용하는 것이 아니라 음력이나 한방 의료를 평가하는 등 '낡은' 것에서 가치를 찾아내기도 하는 모습을 확인할 수 있었다. 이것은 <근세>적인 것이 재생산되는 지역사회에서 생활하는 가운데 신체화된 것의 뿌리 깊음을 말해 준다고 할 수 있다. 이를 생산자가 상정하는 소비 행위와는 다른 의미 부여를 하기도 했던 S씨의 모습과 겹쳐서 생각한다면, 그가 단순히 수동적으로 소비 행동을 한 것이 아니라 능동적으로 취사선택을 하면서 활동했다는 사실을 알아차릴 수 있다.

S씨의 사회 인식과 관련된 일기 서술로부터는 새로운 문물을 접하는 방법과 낡은 것에 대한 생각, 농촌에 대한 모순적인 눈길, 도시에 대한 동경, 분열된 '일본'의 존재, 일에 대한 생각 등 사회에 대한 S씨의 인식을 살펴볼 수 있었다. 그러한 중층적인 경험의 영역 가운데서, 눈앞의 빈곤을 보며 '동포'를 상상하거나, 면사무소에서 일본어가 강제되어 '곤란'을 느끼거나, '우울증'에 시달리는 등의 모순과 폭력의 흔적을 엿볼 수 있었다. 그것은 개인적인 경험이면서 동시에 공유 가능한 경험이기도 했다. 그러나 그것은 일기라는 감춰진 텍스트로서 존재했기 때문에, 실제로 공유되는 데까지는 이르지 않았다고 할 수 있다. 다만 그러한 구체적인 경험의 영역, 혹은 공유 가능한 상상력이 획득되는 장으로부터 잠재적인 미발의 공동성의 계기를 발견해 가는 것은 의미 있는 작업이라고 생각한다.

마지막으로 어디까지나 역사적 상상에 지나지 않지만, S씨의 '우울증'도 단순히 개인적인 병이라기보다는 사회적인 것으로 생각할 필요가 있지 않을까. 한의사가 주는 약도 양의사가 주는 약도, 독서도, 술도, 종종 즐기던 축음기도, 아니면 그토록 바라던 일도, 그의 '우울증'을 해소해 주지는 못했다. 이 불안정한 주체의 모습에 조선의 마을 사람들의 식민지 경험이 각인되어 있는 것이 아닌가 라는 생각을 떨쳐버릴 수 없다.

결 론

매호서당(梅湖書堂) 일동(1953)
출전 : 沙伐面 梅湖里 개인 소장

본서의 첫머리에서 던진 물음으로 돌아가 보자. 한국의 지역사회, 그 중에서도 본서의 주된 대상인 상주 사회에서의 식민지 경험이란 과연 어떠한 것이었을까. 이런 질문에 답하고자 할 때 한 가지 빠지기 쉬운 도식은, 뭔가 '새로운' 것이 정책이나 상품 등의 형태로 지역사회에 파고들어, 누구는 그것을 적극적으로 '수용'하고 또 누구는 그것에 '반발'했다는 식으로, 지역사회 사람들의 '대응'을 보여 주는 것이다. 이와 같은 '새로움'에서 발단하는 '작용/반작용'의 도식은 아무리 '대응'의 주체성을 강조하더라도 왠지 고전적인 타율적 사회관으로 이어지는 면이 있다.[1] 본서에서는 이러한 '새로움'의 '작용'을 상대화하면서, 지역사회의 지배 문화라고 부를 만한 것에 주목하여 가능한 한 지역에 사는 주민의 시점에 다가서는 내재적인 서술을 시도하였다. 아래에서는 네 개의 관점으로부터 본서에서 논한 내용을 다시 한 번 정리해 보겠다.

근세의 사회 동태

먼저 본서에서는 '전통'이라는 몰역사적인 개념이나 '전근대'라는 소극적인 개념이 아니라, 식민지화 이전의 역사적 동태를 강조하는 의미에서 '근세'라는 개념을 도입했다. 또한 16세기 무렵부터 19세기에 걸친 공시적 개념으로서의 (꺾쇠표를 붙이지 않은) 근세와, 근세에 형성된 사회관계나 문화적인 특징들을 가리키는 <근세>라는 표기를 구별하여 사용했다(서론 참조).

1장에서는 그러한 근세의 동태와 그 역사적 과정 속에서 형성되어 근대에도 커다란 영향을 미친 <근세>의 사회문화적 요소를 제시했다. 먼저 상주에서 농업 경영이 확대되면서 낙동강 수운을 이용하여 상업이 진전되고 시장 네트워크가 형성되어 가는 상황을 개관하였다. 다음으로 본서의 대상이 된 '상주'라는

---

1) 필자는 『식민지의 일상』(공제욱&정근식 2006b)에 대한 서평[板垣, 2007b]을 통해 이 책의 의의를 평가하면서도, '전통적'인 요소를 '습속', '보수'라는 소극적 개념으로 처리하는 문제를 지적하고, '지배'와 '균열'이라는 틀이 과연 '작용-반작용의 틀을 미시적인 스케일에서 재생산하는 이상의 것'을 이루었는지에 대해 의문을 제기한 바 있다.

<읍> 사회가 지역사회의 중요한 단위가 되어 가는 과정을 고려시대로부터의 흐름 속에서 검토했다. <읍>에 소속된 복잡한 단위가 서서히 정리되고 16세기 무렵부터는 <읍> 아래에 '면'이라는 행정구역이 서서히 기능하게 되었다.

이는 사족이 지역사회에서 지배적인 엘리트로서의 지위를 확립해 가는 과정과도 나란히 진행되었다. 대부분의 사족은 14~17세기에 걸쳐 처가나 외가에 의지하기도 하면서 상주에 '입향'했다. 사족은 읍치(읍성) 안을 피해 농촌부에 들어가 정착했다. 16세기 무렵이 되자 사족은 향안鄕案·향사당鄕射堂·동약洞約·서당書堂 등을 매개로 하여 상호 결속을 다지는 동시에 지역 지배를 강화해 갔다. 그 때 일어난 것이 임진왜란(1592)이었다. 난이 일어나자 많은 사족들이 의병을 일으켜 맞섰다. 전란 후 그러한 사족과 그 가문이 중심이 되어 향안·향사당·동약·서당의 부흥을 추진하는 동시에, 서원을 건설하고 읍지를 편찬하는 등 지역엘리트로서의 네트워크를 이전보다 더욱 강화하면서 지역 지배 질서를 창출해 갔다.

한편 이와는 별도로 세습의 역무로서 지방 행정 실무를 담당하는 이족吏族도 지역엘리트로서 활동하고 있었다. 재지사족在地土族이 입향이나 의병을 통해 지위를 획득해 간 것에 반하여, 상주의 이족 가문은 오히려 왕조 교체기나 임진왜란 등을 계기로 '이吏'로서의 신분이 고착되기에 이르렀다. 이족은 향역을 담당하면서 지방 행정을 맡는 동시에 읍치 지역을 중심으로 활동을 전개해 갔다.

그러나 이러한 <근세>의 지배 문화에 대해 지역사회 내부로부터 변동이 일어나 19세기가 되자 지역엘리트의 지배 질서는 동요하기 시작했다. 먼저 월성月城 이李씨처럼 이족 가운데서 사족을 지향하는 가문이 등장하였다. 또한 종래 사족의 특권으로 여겨졌던 '유학幼學'을 칭하는 민중이 나타나고, 사족 가운데 '토호土豪'가 되어 악명을 떨친 일족이 나오고, 1870년경에는 서원書院·사우祠宇가 일제히 훼철되어 사족의 중요한 결절점을 잃게 되는 등, 사족의 권위와 사회경제적 기반을 흔드는 일이 일어났다.

이와 더불어 사족이 주도하는 서당 이외에도 한문교육의 장이 확대되면서 주자학적인 지知와 도덕은 보통 사람들 속으로 더욱 널리 퍼지게 되었다. 그러한 일련의 과정은 서론에서 언급한 아키바 다카시秋葉隆의 '이중조직'론 가운데 <유교－남자－문자> 문화의 요소가 한국 사회에 각인되어 가는 흐름이었다고 할 수 있는데, 그와 같은 문화적 요소는 이러한 역사적 동태성의 관점에서 파악되어야 할 것이다.

또한 관官, 이吏, 향鄕, 토호土豪에 의한 민중 수탈이 심해지면서 소농민 사이에서는 불만이 커졌다. 그러한 가운데 1862년에 농민이 사족·이족의 집이나 관청의 문서 등을 불태운 임술민란壬戌民亂이 일어났다. 또한 그 무렵부터 평등사상을 기조로 한 동학東學이 확산되면서 1894년에는 농민군이 봉기하여 상주 읍성을 점거했다. 이를 일본군이 제압하였고 그 후 사족과 이족이 합동으로 결성한 소모영召募營에 의해 농민군은 철저히 진압되었다.

이상과 같이 한국의 근세는 그 내부에 합리성과 모순을 동시에 품고 동태적으로 전개되었다고 할 수 있다.

20세기 〈근세〉의 지속과 변용

이러한 근세의 동태는 20세기 지역사회의 변화 양상에도 깊은 영향을 미쳤다. 이에 대해서는 본서 전체를 통하여 설명하였지만, 몇 가지 중요한 점을 여기서 다시 정리해 보겠다.

2장에서 살핀 대로 양잠업養蠶業은 근세 상주 농민에게 이미 부업으로서 중요한 위치를 점하고 있었다. 양잠호가 스스로 옷감을 짜거나, 마을 내의 직공에게 누에고치를 판매하거나, 생사生絲로 시장에 출하하는 등 상주에서는 실로 다양한 방법으로 양잠업이 행해졌다. 그러한 가운데 1910년대가 되자 일본 제국주의 섬유자본에 유리하도록 행정이 개입하면서 공동판매제도가 빠르게 확립되었다. 1920년대 후반이 되자 조선인 중간 상인을 배제하고 특매제特賣制를 통하여 섬유 대자본과 행정이 직접 양잠 농가를 지배하에 두려는 움직임이 가속화되었다. 한편 상주의 양잠 농민은 이에 반대하여 경쟁 입찰을 통해 자율적인 가격으로 판매할 수 있는 조건을 지역에서 어느 정도 확보하려고 직접 항의 운동을 일으켰다. 또한 모든 누에고치가 대자본에 공급되기만 한 것이 아니라 상당량이 지역에서 제사製絲·제주製紬된 사실은 <근세>의 지속이라는 관점에서 이해될 수 있다.

주조업酒造業에서도 비슷한 상황이 조금 다른 형태로 나타났다. 근세의 양잠이 주로 판매 목적의 농가 부업이었던 데 비해 주조는 오히려 생활의 일부였다. 술을 파는 곳은 기껏해야 소규모로 제조와 판매를 행하던 주막 정도였다. 그런데 1916년의 주세령 이래 법률적으로는 자가용 주조가 불가능하게 되었다. 그와 동시에 통폐합에 의해 전업적인 주조업자가 확립되어 생산-유통-소비가 빠르게 분리되어 갔다. 주조업자는 1920~30년대에 걸쳐 지역의 자본으로서 상당한 규모로 성장했다. 그러한 가운데서도 자가용 주조가 실제로 없어진 것은 아니었다. 근세와 마찬가지로 일상적인 커뮤니케이션, 선조 제사의 장, 농사일의 현장에서 술이 중요한 기능을 수행했기 때문이다. 그러므로 주류의 '밀조密造'는 끊이지 않았다. 더욱이 주조업자가 세무서와 붙어서 '밀조'를 적발하기도 함으로써, 그런 의미에서 술의 제조는 총독부-지역 자본-농가가 대치하는 일상적인 정치의 장이 되었다.

지역엘리트의 경우에도 <근세>의 지속이라는 측면이 존재했다. 3장에서 검토한 대로 사족에게는 혈연 네트워크와 더불어 서당 등을 통한 학연 네트워크가 지속되었다. 그것도 예전 그대로 관성적으로 유지되었다기보다는 오히려 식민 지배하의 변화에 호응하면서 적극적으로 존속되었다고 할 수 있다. 예컨대 봉암서당鳳巖書堂이 군수 앞으로 '품목稟目'을 작성한 것처럼 총독부 권력과의 교섭 주체로서 기능하기도 했다. 이족의 경우도 성황당을 관리하고 그곳에서 행하던 제의祭儀를 유지하는 동시에, 1924년에는 양로당계養老堂稧를 만들어 조선시대 안일반安逸班이 수행했던 결절점으로서의 기능을 이어갔다.

나아가 19세기에 벌어진 변동의 연장선상에서 파악할 수 있는 일도 일어났다. 읍내에서 사족·이족의 지역엘리트가 공동으로 사업을 벌이거나 이족의 이름이 『상산지商山誌』에 반영되는 등, 사족과 이족이 공통된 목적 아래 움직이고 있는 것이 확인된다. 한편 신간회新幹會 등이 『상산지』를 강하게 비판한 것에서 보이듯이, <근세>의 지역엘리트와 새롭게 등장한 '유지有志', '청년靑年' 등의 지역엘리트 사이에 갈등이 드러나기도 했다. 하지만 신간회의 리더가 사족 혹은 이족 가문의 출신이거나, 공산주의 운동의 중요 인물이 사족계이기도 하는 등, '유지'나 '청년'에게서도 <근세>적인 특징이 많이 보였다.

4장에서 논한 교육이라는 측면에서도 같은 특징이 보인다. 일본에 의한 한국병합 전후의 시기에 한문 교육의 장은 사족 가정의 남성과 그 네트워크를 중심으로 하면서도, 그것에 한정되지 않고 가정-독선생-사숙-서당과 같이 중층적으로 확대되면서 상주 사회의 각처에서 전개되었다. 서원이나 향교의 교육 기능은 이른 시기에 상실되었지만 서당이나 사숙 등의 명칭으로 불린 한문교육은 식민지기를 통하여 폭넓게 존속되었다. 특히 1920년대 전반까지는 그 범위나 학생 수를 보더라도 공립보통학교보다 그 존재감이 컸다. 보통학교 학적부를 대상으로 한 분석에서도 적어도 1920년대에는 입학 전에 서당 경험을 가진 사람의 비중이 높았다.

한편 사족 가운데서는 <근세>의 네트워크를 이용하여 한말에 신식학교를 세우려는 운동을 전개하는 이도 나타났다. 학교 설립은 결실을 보지 못했지만 1920년대의 중학교 설립 운동은 한말의 학교 건설 운동과 인적인 측면에서 연속성을 지녔다. 1920년대에 이른바 사설학술강습회나 공립보통학교 건설을 주도한 사람들 가운데도 사족·이족 출신자가 다수 눈에 띄었다.

5장에서는 S씨라는 한 개인의 1930년대의 경험을 다루었는데, 거기서도 역시 다른 형태로 <근세>의 편린을 찾아볼 수 있다. 즉 제사를 유교식으로 지내며, 마을에서 같은 성을 가진 여러 친척과 어울려 생활하는 모습 등을 S씨의 일기로부터 읽어낼 수 있다. 그러나 이 장에서 오히려 중시한 것은 언뜻 보아 '새로운' 것만을 구입하고 또 접하고 있는 것처럼 보이는 그의 소비행동이다. S씨는 미디어, 통신, 교통, 시계, 의료 등 새로운 문물을 적극적으로 도입하면서도 그것을 꼭 전면적으로 수용하는 것이 아니라, 음력이나 한방 의료를 중시하고, 비판하던 '점占'을 스스로 치기도 하는 등, '낡은' 것으로부터

가치를 찾아내기도 했다. 이것은 <근세>가 도처에 존재하는 지역사회에서 생활하는 가운데 신체화된 것의 뿌리 깊음을 말해 준다고 할 수 있다.

이와 같이 20세기 상주 사회의 변동 속에서 다양한 <근세>의 변주를 찾아볼 수 있다. 그것은 때로는 <근대>와 불협화음을 일으키면서 전개되었다.

<근대>의 불균등성

본서에서는 '근대'라는 개념에 대해서도 시대 개념으로서의 근대와 사회문화적인 특징 개념으로서의 <근대>를 구별했다. 그 경우 <근대>를 어떻게 받아들일 것인가, 근대의 변화가 어떠하였는가는 경험하는 주체가 어떠한 포지션에 있는가에 따라 크게 달라진다. 즉 거기에는 <근대>의 불균등성이 있다. 예컨대 식민자colonizer와 식민지 주민colonized이라는 위치의 차이, 즉 민족모순은 그러한 <근대>의 불균등성의 가장 큰 축을 이루고 있다. 이에 대해서는 다음 절에서 논하기로 하고 여기서는 또 다른 불균등성에 대해 정리해 보겠다.

본서에서는 먼저 지리적인 불균등성에 대해 논하였다. 그것은 지역사회에서 특히 읍내와 농촌부의 차이로 나타났다. 원래 읍성이 있던 지역을 여기서는 읍내로 총칭하였는데, 근세에는 읍치로 불리기도 했다. 2장에서 논한 바와 같이 읍성 및 관아는 병합을 전후하여 환골탈태되었다. 읍성은 1912년 전후에 헐렸다. 유림의 중요한 결절점이었던 향청鄕廳은 일본군에 접수되고 말았다. 상주의 중심에 있는 '왕산王山'은 어느새 '앙산央山'으로 표기가 변했고 상주신사尙州神社가 세워졌다. 그러한 과정과 나란히 진행된 것이 읍내의 '시가지'화였다. 읍내는 상점이 집중되는 등 산업구성, 교통, 풍경 등의 면에서 농촌부와는 이질적인 존재가 되어 지리적인 불균등성을 나타내게 되었다.

3장에서 논한 사회운동에 있어서도 읍내의 지위는 각별했다. 먼저 읍내에는 다양한 단체가 집중되어 '청년'의 운동도 활발했다. 노동운동도 상주역의 노동자를 비롯하여 읍내에서만 일어났다. 특히 청년회나 신간회처럼 읍내를 중심으로 하여 농촌부와 연동하는 동시에 서울의 움직임과도 민감하게 연동하는 운동체가 출현한 것은 중요한 변화였다. 또한 일본인과 조선인의 민족모순이나 신구 엘리트 사이의 대립이 보다 명확하게 드러난 것도 읍내에서였다.

4장에서 검토한 대로 공립보통학교의 취학률 그리고 식자율識字率에 있어서도 읍내와 농촌부는 차이가 났다. 특히 공립보통학교는 1910년대에는 상주 읍내와 구 함창咸昌 읍내에만 존재했다. 1919년 이후 서서히 농촌부에도 세워지기 시작하지만 1면 1교가 실현된 것은 1935년의 일이었다. 때문에 농촌부에서는 서당이나 강습회 등 대안교육의 장이 두텁게 기능했다.

S씨의 소비행동과 사회인식에도 그러한 지리적 불균등성은 드러난다. S씨의 사회인식은 도시로부터 전해 오는 새로운 문물을 통해 접하는 〈근대〉와 눈앞에 펼쳐진 농촌 사이에서 동요했다. 새로운 문물과 직면하는 정도는 마을→면소재지→읍내로 향할수록 높아졌고 나아가 대구에 대한 '그리움'으로도 이어졌다. 그러한 동경은 대구에서 온 편지를 통해서도 확대되었을 것이며, 또한 잡지나 신문 등을 통하여 '도시' 일반에 대한 동경으로도 이어졌다. 동시에 그것은 눈앞의 '농촌'의 '비참함'과 대비되었다. 새로운 문물이나 '도회'에서의 생활에 대해 일정한 매력을 느끼는 한편, 그것과 눈앞의 '농촌' 현실 사이의 괴리에 괴로워하며 때로는 분열된 평가를 내리기도 했다.

또한 근세를 통해 이족은 읍치 부근에 그리고 사족은 읍치로부터 떨어진 곳에 거주했는데, 이러한 사실은 20세기에 들어서도 중요한 의미를 가졌다. 즉 시가지화한 읍내에서 이족은 종종 새로운 사업에 참가하게 된 것이다.

본서에서는 근대의 포지션이 젠더 및 계급에 의해 상당히 달라지는 점에 주목했다. 이 점에 대해서는 학교에 관해 분석한 4장에서 집중적으로 논했다. 취학률이나 식자율識字率에는 지리적 불균등성도 있었지만 젠더에 따른 불균등성은 보다 더 심했다. 예컨대 1936년에 남성 취학률이 45.0%라는 수치를 보인 읍내에서도 여성은 10.8%에 지나지 않았다. 식자율의 경우도 읍내에서 남자가 31.3%인 데 반해 여자는 11.7%였고, 화북면化北面 등에서는 남자 23.0%에 여자 2.9%였다. 여성의 경우 취학 인구가 적었을 뿐만 아니라 지원자 수 자체가 적었고, 따라서 '취학열'도 남성보다 저조했다. 애초에 학교에서 받아들이는 정원부터가 남성에게 더 많이 할당되었다는 점에서, 제도적 젠더 규범도 고려할 필요가 있을 것이다. 학적부·제적부를 통한 분석에서는 젠더와 계급이 복합적으로 작용하는 양상이 확인되었다. 먼저 어린이의 보호자 직업에서 자작 및 지주가 점하는 비율을 분석하면, 학교가 위치한 지역의 평균적인 자작 및 지주의 구성 비율보다 상당히 높았다. 제적부의 분석에서도 학교를 떠나는 동기에서 계급차가 드러났다. 한편 여성의 경우 입학 전 경력에서 가정교육을 제외하면 서당이나 사설학술강습회 등 대안교육의 장을 거친 이가 적었다. 또한 보호자 직업과 교차 분석을 해 보면 여성 취학자의 경우 상층 계급 출신자가 다수를 점하고 있어 계급성이 대단히 강했음을 알 수 있다.

또한 그와는 별도로 3장에서 다룬 『신상주新尙州』라는 잡지를 통해 거의 전부 남성이었던 지역엘리트의 젠더 편향에 대해서도 검토했다. 잡지에서는 여성에게 '2세국민二世國民'을 기르는 '어머니'로서의 역할을 기대했다. 또한 섹슈얼리티에 관해서는 미묘하여, '어머니'인 여성에 대해서는 정조를 요구하는 한편 기생과 같은 여성은 그와는 구분해서 바라보는 눈길이 존재했다.

이상과 같이 근대 상주 사회에서의 포지션은 지리적 불균등성이나 젠더 및 계급에 의해 상당히 규정되었다고 할 수 있다.

식민지권력을 둘러싼 경험의 중층성

상주 사회에서 20세기 전반의 '새로운' 사회 변화는 식민 지배하에서 진행되었다. 따라서 식민지권력과의 관계 내지 갈등이 2장 이하 모든 장에서 검토 대상이 되었다.

식민 지배의 근간에는 폭력이 있다. 따라서 2장에서는 먼저 폭력장치로서의 군대 및 경찰이 지역사회에 어떻게 들어왔는가라는 점부터 밝혔다. 그와 더불어 지배의 장치인 관료기구가 재편성되는 과정에 대해서도 검토했다. 왕조 시대에는 행정적인 구분에 불과했던 '면面'에 1910년대에는 면사무소를 설치하여 말단의 행정관청으로 삼았다. 나아가 1930년대가 되자 농촌진흥운동을 계기로

'면' 단위의 관공서가 '부락部落'을 통제하는 형태의 관계가 만들어지기 시작해, 이후 총동원체제하에서 더욱 강화되었다. 그러한 과정과 병행하여 1905년 무렵부터 일본인이 상주 사회에 살기 시작했다. 일본인은 주로 읍내를 중심으로 거주하였는데, 시기에 따라 변화가 있지만 읍내 인구의 1할 전후를 점했다.

그러한 가운데 2장에서 논한 바와 같이 식민지권력은, 양잠업에서는 입회인立會人으로서의 헌병 혹은 자본가와 연계된 행정당국으로서, 주조에 관해서는 '밀조密造'를 단속하는 세무서 그리고 그와 결탁한 주조업자로서, 농촌 주민 앞에 나타났다.

지역사회의 정치 공간을 다룬 3장에서는 여러 측면에서 식민지권력을 둘러싼 문제가 등장한다. 예컨대 '양반·유생'을 요주의인물要注意人物로서 감시하는 한편, 동시에 유도진흥회儒道振興會 등을 통해 통제를 가하려는 행정당국의 움직임이 있었다. 다음으로 3·1운동과 대치한 존재로서 식민지권력을 다뤘다. 또한 지역의 정치 공간을 리드했던 '청년'에 대해서도 식민지권력은 경계심을 늦추지 않아서, '청년회 간부 강습회' 등을 1920년대부터 행하는 한편 청년회 관계자를 검거하는 등 직접적인 탄압도 가했다. 그러한 흐름 가운데 1930년대에는 관제 청년회도 조직되었다. 한편 이 문제가 식민자인 일본인에 대한 민족모순으로서 드러나기도 했다. 목욕탕 차별 비판, 상권 장악에 대한 조선인 상인의 결속, 일본인 고리대 업자에 대한 비판 연설회의 기획 등이다.

또한 잡지 『신상주新尙州』의 「편지手紙 연구」라는 주변적으로 보이는 기사의 독해를 통해 '일본', '민족'에 대한 지역엘리트의 의식을 추출하였다. 거기에서는 '일본인'을 '이민족'으로 보고 그것을 '차此' 즉 조선인과 대비해서 논하고 있으며, 그러한 '피차彼此'의 사이를 벌어지게 하고 때로는 '실패'조차 가져오는 것으로서 '내지어內地語', '내지문內地文' 즉 일본어가 있다고 적었다.

4장에서 등장한 식민지권력은 두 가지 측면을 갖고 있었다. 하나는 사설학술강습회를 '인가'하거나 단속하는 주체이다. 강습회는 매년 '인가'를 받지 않으면 계속할 수 없었다. 실제로 보명학원普明學院의 경우 갑자기 인가가 취소되었고, 활발하게 교육 사업을 행하고 있던 자양학원紫陽學院도 보통학교가 생겼다는 이유로 폐쇄되기에 이르렀다. 다른 하나는 학교가 각 면에 퍼진 말단 '관공서'의 하나로서 지역사회를 통합하는 역할을 수행했다는 측면이다. 신식학교는 부형회父兄會·자모회母姉會·장학회·동창회·지도부락 촌민회·부인회 등을 조직하고 지역 행사를 주최하며, 나아가 농촌진흥운동을 '지도'하는 역할 등을 수행하였다.

5장에서는 개인의 경험의 영역에서 상당히 다면적으로 이러한 문제를 다뤘다. 일기에는 단편적이고 징후적인 기술밖에 드러나지 않지만 그러한 자구에 착목하여, 눈앞의 빈곤으로부터 '동포'를 상상하거나, 면사무소에서 일본어가 강제되어 '곤란'해 하거나, '우울증'에 시달리거나 하는 S씨의 모습 및 분열된 '일본'의 존재 등을 읽어냈다.

이러한 식민지권력을 둘러싼 중층적인 경험이 <근세>의 변주나 <근대>의 불균등성과 얽히면서 지역사회의 식민지 경험을 규정했다고 말할 수 있을 것이다.

이상이 본서에서 논한 내용의 개요이다. 한편 본서에서 충분히 논하지 못한 점도 다수 있다. 여기서는 남겨진 과제로서 크게 두 가지 점을 제시하고자 한다.

먼저 본서에서는 지역사회의 식민지 경험을 폭넓게 다루려고 했지만, 지배문화의 전환에 초점을 맞추었고 또 자료적인 제약도 있었기 때문에, 그 중층적인 경험의 한 자락을 파악하는 데 그칠 수밖에 없었다. 여기서 다룬 시대를 살았던 이들의 경험담이나 생애사의 구술을 듣기도 했지만 체계적인 인터뷰였다고는 하기 힘들며, 또한 본서에서는 그 중 많은 부분을 활용하지 못했다.2) 특히 본서에서 말하는 '지역엘리트'라는 범주에 들지 않는 사람들의 경험에 관해서는 1장의 민란, 2장의 양잠과 주조, 3장의 정치운동의 일부, 4장의 교육에 관련된 서술, 5장의 일기의 한 구석에 등장하기는 하지만, 아직 논하지 못한 부분이

---

2) 일부는 다른 글로 발표하였다. 板垣[2005]에서는 상주의 몇몇 '기억의 장'에 대해 논했다.

많다고 생각한다. 또한 한 지역에 초점을 맞춤으로써 분야 및 시대를 넘나드는 서술이 가능했던 것은 본서의 장점이겠지만, 한편에서 '지역'이라는 틀로 포착되지 않는 움직임은 본서 서술의 범위를 벗어나고 말았다. 식민지기에는 상주로부터도 수많은 사람들이 한국 내의 도시, 그리고 일본이나 중국 대륙으로 건너가 오늘날 '코리안 디아스포라Korean diaspora'라고 불리는 이산離散이 발생했다. 3장에서는 서당의 당원이, 4장에서는 보통학교의 어린이가 만주 지역이나 일본으로 건너간 상황을 검토하였고, 5장에서는 S씨의 일기에서 이웃이 일본이나 만주로 간 것에 대한 기술을 보았는데, 식민지기 지역사회에 살고 있던 이들에게 디아스포라는 무척 낯익은 문제였다. 그러한 문제에 대해 본서에서는 지역에 남은 이의 시점에서는 논하고 있지만, 떠난 이의 시점에서는 논의를 전개하지 못했다. 예컨대 상주로부터 일본으로 건너가 교토京都에 정주한 이들이 만든 재교토상주교민회在京都尙州僑民會라는 조직이 지금도 남아 있어 한 번 도움을 받은 적도 있지만, 그 내용을 본서의 서술에 반영하지는 못했다. 이민移民과 이산離散이 결코 일탈이나 특수 사례가 아니었던 식민지 상황에서는 이 또한 중요한 과제임에 틀림없다.

두 번째 과제는 해방 이후 상황과의 연속과 단절을 어떻게 파악할 것인가라는 점이다. 본서에서는 자료의 체계성이 부족하고 구술 조사가 곤란했던 면도 있어, 최종적으로 전시기戰時期에서 해방 후에 걸친 시기에 대해서는 정리된 서술을 전개하지 못했다.[3] 이하에서는 3장의 주제인 '정치 공간'과 관련하여 그 중 아주 일부를 소개함으로써 앞으로의 전망만을 제시하고자 한다. 왜냐하면 전시체제를 거쳐 일본의 지배라는 요소가 제도상으로는 없어진 단계와의 연속과 단절을 살핌으로써, 다시 한 번 본서에서 논한 식민지 경험이란 무엇이었는가를 밝히는 것이 가능하다고 생각되기 때문이다.

해방 후에 다시 열린 지역사회의 정치 공간에서 1920년대 이래의 정치

---

[3] 전시기에 대해서는 상주에서의 강제동원 관련 명부가 일부 남아 있다. 또한 실제로 동원되어 나가사키長崎에서 원폭 피해를 입은 분의 이야기를 듣기도 했다. 다만 전시기의 상주를 입체적으로 그려낼 정도의 본격적인 조사는 하지 못했다.

공간에서 활약했던 지역엘리트가 정치 주체로서 재등장하였다. 1945년 8월 15일, 16일 상주에서는 '眞假를 未判일뿐하니라 何等計劃이 無하므로' 정치적으로는 방관하는 상태였다. 8월 17일에는 읍내 초등학교 강당에 지방 유지 수백 명이 모였지만 '老少의 派烈에 의해 성립을 보지 못했다'. '노소의 파열'이란 '청년'과 그 윗세대 사이의 갈등으로 생각된다. 18일에는 중재에 들어가 '노소 각 15명씩 30명'의 건국준비위원회(건준)가 조직되었다. 회장 박정현朴正鉉(뒤에 해방 후 초대 군수), 부회장 최상선崔尙善, 조용연趙龍衍, 총무 박인옥朴寅玉, 조직 박순朴淳, 재무 차창섭車暢燮, 선전 박동화朴東和, 치안 석응목石應穆 등의 면면이었다. 그들은 모두 1920년대의 읍내 정치 공간에서 활약한 인물로서 자산가이기도 했다. 그러나 건준이 그 즉시 원활하게 기능한 것은 아니어서 9월 15일에는 최초의 좌우 충돌이 벌어졌다.4) 상주군 전체를 포괄하는 조직으로서는 좌익계가 앞서 나갔다. 리더격은 강훈姜壎, 지경재池璟宰 등으로 역시 1920년대부터 운동 경력을 가진 이들이다.5) 우익계는 소방대(대장 석응목)를 하나의 중심으로 활동하였는데, 9월 18일에 소방대가 '공산 소굴이었던 경찰관서'를 습격, 무기고를 손에 넣고 '불온배 등을 축출'한 뒤 현직 경관을 소집하여 무기고를 인도했다. 그 후로도 경찰서나 군청의 주도권 등을 둘러싸고 좌우의 대립은 계속되었다.6) 우익계가 국민회를 조직한 것이 1946년 5월인데 회장은 한암회韓岩回, 부회장은 석응목, 박인옥, 이민한李玟漢 등 세 명이었다. 면면을 보면 알 수 있듯이 이러한 대립은 해방 후 갑자기 나타난 것이 아니라, 식민지기로부터 배태되어 전시기의 뒤틀림을 거쳐 분단과 점령이라는 새로운 상황 속에서 재배치된 것이다.

또한 유림 세력도 향교를 거점으로 하여 해방 후에도 강한 영향력을 갖고

---

4) 이상의 기술은 尙州經濟自立硏究會, 『尙州大觀』(1957, 41~45쪽)에 의함.
5) 1946년 2월 23일의 미 점령군의 보고에 따르면, 그 시점에서 상주에는 8개의 정치단체가 존재했는데 모두 姜壎을 리더로 하는 인민위원회의 산하에 있었고, 보수계의 단체는 존재하지 않았다고 한다. "Weekly Military Occupation Activity Reports-Hq & Hq Co-63rd Military Government 1946"(RG407, Box21878, MGCO-63-0.3, 『미군정기 군정단·군정중대 문서 4』, 국사편찬위원회, 2000, 179쪽).
6) 앞의 『尙州大觀』에 의함.

있었다. 이러한 유림의 기반이 된 사족이 집중적으로 거주하는 마을에서는, 한국전쟁 전후까지 대규모의 토지 소유와 '종'이라고 불리는 예전의 노비와 비슷한 계층이 존재했다고 진양晉陽 정鄭씨의 종가를 비롯해 몇몇 문중에 전해진다. 그런 것이 신구 갈등이라는 형태로 드러나기도 했다. 특히 <유림 대 청년> 갈등의 중요한 장이 상주향교尙州鄕校였다. 1946년 3월에는 좌파인 인민위원회 주최의 무인가 정치학교가 열려 4명의 교사가 각 면에서 모인 학생 30명을 가르쳤는데, 그 무대가 향교Confucian Temple였다.[7] 모순이 뚜렷해진 계기는 지금까지도 향교에 출입하는 사람들 사이에 전해 내려오는 1947년의 상주향교 위패 소각 사건이다.[8]

이와 같이 읍내를 중심으로 한 정치적 주체 사이의 대립, 그 중에서도 좌우간 및 신구 유력자간의 갈등이 1920년대에 형성된 구도를 답습하면서 지속되었다. 즉 식민지하에서 형성된 정치적 주체와 그 사이의 갈등이, 냉전하의 이데올로기 대립의 영향을 점차 강하게 받으면서 지역사회에서 정치적 장을 형성해 간 것이다.

이 점을 조금 더 부연하자면, 근세에 형성된 사회관계의 동태적인 지속, 근대의 불균등성과 모순·대립, 그리고 해방 후 강화된 냉전체제가 동시대적으로

---

7) '상주─3월 25일, 인민위원회가 주최하는 정치학교가 개교했다. 학교는 향교Confucian Temple에서 교육당국의 인가 없이 운영되었다. 기록과 교과서는 경찰에 의해 압수되어 현재 검사를 받고 있다. 교사는 4명, 학생은 약 30명. 학생은 정치단체에 의해 각 면에서 선발되었다'(앞의 "Weekly Military Occupation Activity Reports", 1946년 3월 24~30일).

8) 상주향교에서는 1947년에 위패가 소각되는 사건이 있었다. 이 사건의 주도자는 姜壃이라고 이야기된다. 이와 관련해서는 당시를 기억하는 이들에게 구술조사를 하기도 했지만 아직 분명치 않은 점이 많다. 『尙州鄕校誌』(尙州鄕校, 2001, 303쪽)에는 단지 '1947년 丁亥 음력 8월에 尙州三校昇格期成會의 요청으로 상주향교 건물을 상주중학교의 교사로 사용하고 싶다는 신청을 받아 鄕會를 개최(이 날 사고에 의해 위패소실)'라고만 적혀 있다. 또한 자료로서는 『東亞日報』(1947년 11월 26일)가 있다. 더욱이 한국전쟁 때에는 인민군이 주둔한 후 난민수용소·피난민수용소 등으로 사용되는 등 완전히 황폐해졌다. 그 후 위패를 복원할 때의 기록으로는 「尙州文廟復主時日誌」(1952~59, 晉陽鄭氏愚伏宗宅山水軒 소장자료) 등이 남아 있다. 향교는 바로 격동하는 역사의 무대였던 것이다.

겹쳐지면서, '해방 공간'이라 불리는 지역사회의 양상을 규정해 갔다고 볼 수 있다. 적어도 이러한 시야를 가지고 20세기 지역사회의 변용을 이야기해야 할 것이다.

실은 이러한 근세─식민지근대─냉전이 뒤섞인 경험이 기술된 자서전이 남아 있다. 1920년대 화동면化東面에서 자양학원紫陽學院이라는 사설학술강습회를 창립한 여석훈呂錫壎(1890~1958)에 대해 3장과 4장에서 이미 언급한 바 있는데, 그가 남긴 『오광자소五狂自疎』가 바로 그것이다. 그의 경험은 본서를 마무리 짓는 이 자리에서 소개하기에 어울리는 내용이라고 생각한다. 어쩌면 이제까지 본서의 서술은 그의 자서전에 대한 긴 주석이었다고 말할 수 있을지도 모르겠다.

현재 그가 태어난 고향인 화동면에는 그를 현창하는 석비가 세워져 있다. 더욱이 특이하게도 도로를 끼고 양쪽에 두 개나 서 있다. 1962년에 '紫陽學院 同窓生 一同'이 세운 '五狂呂錫壎先生永世不忘碑'(그림 6-1)와 1984년에 화동장학회化東奬學會가 세운 '五狂呂錫壎先生記念碑'(그림 6-2)이다. 그는 지역의 교육 사업과 관련해서는 특히 중요한 인물로 여겨지고 있는 듯하다. 그의 사가판私家版 자서전인 『오광자소』는 한글·한자 혼용의 활자로 인쇄된 59쪽의 소책자로 글의 말미에 '신묘년辛卯年' 즉 1951년의 날짜가 있다. 아들인 여학룡呂學龍 씨에 따르면 본인이 지어 예전의 자양학원 문하생들에게 나눠 준 것을 나중에 활자화한 것이라고 한다.

'오광五狂'이란 만년에 여석훈이 인생을 돌이켜 보며 스스로 붙인 호號이다. 자신은 살아오면서 주변 사람들이 보기에 돌출적인 행동을 다섯 번 했다는 의미이다. 『오광자소』는 그에 맞춰 '초광初狂'부터 '종광終狂'까지 '오광五狂'으로 구성되어 있다. 실제로 그의 인생에는 파란만장이라는 말이 어울린다. 이하에서는 '오광五狂'의 구성을 따라 그 생애사의 대략을 소개하겠다.

〈그림 6-1〉 五狂呂錫壎先生記念碑(1984)   〈그림 6-2〉 五狂呂錫壎先生永世不忘碑
저자 촬영   (1962)저자 촬영

초광初狂

여석훈은 화동면 관제官堤에 세거하는 사족인 성산星山 여呂씨 집안에서 1890년
에 태어났다. 유년기에는 선교리仙橋里에 있던 봉암서당鳳岩書堂(3장 및 4장 참조)
에서 한문의 기초를 배웠다. 성산 여씨는 같은 이름의 두 곳 서당 가운데
'윗서당'을 구성하는 남인계 여섯 문중의 하나였으므로 여석훈도 그곳에 다녔을
것이다. 그는 그 후 '십유오十有五'에 옥동玉洞서원에서 사서삼경四書三經을 수학했
다고 한다. 바로 1장에서 살핀 〈근세〉의 한학적 교양의 세례를 받았다고
할 수 있다.

그러나 한국병합을 맞아 그는 '奮然히 깨닫는 바가 있어서 儒學 修學을 포기'하
고 '所謂 新學問'에 뜻을 두게 되었다. 서울에서 학교에 들어가려 했으나 실패하
자, 1917년 크게 결심하고 일본으로 건너갔다. 모내기 때문에 가족이 모두
나가 있는 틈을 타 몰래 가출을 한 것이다. 이것이 '초광初狂'이다. 일본에
건너간 것은 좋으나 도쿄에 아는 이가 있는 것도 아니었다. 이삼일 도쿄를
헤매다가 우시고메牛込에 있는 상공학사商工學舍라는 곳에 들어가 야학으로 일본

어를 공부하기 시작했다. 그리고 8개월 후에는 와세다早稻田대학 전문부 법과(니혼日本대학 법률전문학교라는 자료도 있다)에 교외생校外生으로 등록했다. 그러나 고학생苦學生 생활 탓인지 영양실조가 원인인 각기병脚氣病을 앓게 되어, 실의에 빠진 채 1918년에 귀향했다. 그는 이렇게 적고 있다.

> 病魔야, 厄鬼야, 네 어디 붙을 데가 없기에 何必이면 나 같은 貧乏到骨者에게 붙었느냐!

이광二狂

귀향한 그는 본서 4장에서 자세히 살핀 바와 같이 자금을 모아 1923년에 자양학원紫陽學院을 세웠다. 이것이 '이광二狂'이다.

그 무렵 그는 상주 화령化寧 지역의 청년운동을 대표하는 존재가 되어 있었다. 1927년에는 신간회 상주지회에 자발적으로 가입하였다. 하지만 3장에서 서술한 대로 1929년에는 학무국으로부터 호출을 받았고 학교의 존속을 위해 청년회와 신간회에 탈퇴계를 제출하게 된다. 그럼에도 불구하고 화동면化東面에 보통학교가 생기면서 자양학원은 당국의 인가를 받지 못하게 되었고 얼마 지나지 않아 폐쇄되어 버렸다.

삼광三狂

당시 관제官堤 마을에 사는 30호 정도의 농가 중에는 자작농이 없어, '春窮期에는 草根木皮로 飢餓를 謀免하면서 長利穀을 얻으러 隣近 마을의 富家를 尋訪하는 것이 每年의 慣行'이었다. 그는 이 마을을 일으켜 세우고자 1930년대 내내 분주히 움직였는데 이것이 '삼광三狂'이다.

먼저 그는 마을 주민을 모아, '男女老少와 班·常'을 묻지 않고 하루 열 시간 노동할 것, '男女間의 內外 因習을 打破'할 것, '賭博의 根絶', '白晝 酒店 出入을 禁하고, 夜間일지라도 그 出入을 삼가토록' 할 것, 매달 10전 이상을 저축할 것을 결의했다. 농회와 교섭하여 가마니의 공동판매를 개시하고 그 수입을 통해 고리대를 금융조합으로 대체한 외에, 자양학교 터를 이용해 가계부 기장記帳을 중심으로 한 '문맹퇴치'를 행하고, 장례·혼례·세배 등을 공동으로 치르는 사업 등을 전개하기도 했다. 흥미로운 것은 그가 사족 출신이면서도 '반班·상常의 타파打破'에 상당히 진력한 점이다. 그는 '所謂 兩班입네 自稱하는 사람들'을 보고, 아무리 양반 가문이라고 해도 3대를 관직에 나가지 못하면 양반이라고 부를 수 없으니 이 마을에 양반은 한 집도 없다고 비판하고, 상민에게는 '스스로 常놈질 그만 하라'고 말하며 다녔다고 한다.

이러한 그의 마을 '갱생'을 위한 움직임은 결과적으로 당시 농촌진흥운동의 전개에도 호응하는 것이었다(본서 2장 참조). 실제로 그는 경상북도에서 '자력갱생하고 있는 인물'로 선정되어 책자[9]에도 소개되었고, 마을은 '모범부락'으로 지정되어 '道內 각지로부터 시찰단이 쇄도'했다고 한다. 하지만 1938년에 흉작이 들자[10] 공동판매 사업 등에 대한 불만이 높아져 사람들이 등을 돌렸고, 공동 창고, 점포, 부락 공동답共同畓 등의 부채 6,000원을 전부 여석훈이 뒤집어쓰고 말았다. 그는 '虛脫 狀態에 빠지고 말았다'.

사광四狂

빚에 쫓긴 그는 1939년 결국 고향을 떠나 돈을 벌기 위해 함경도로 건너갔다. 이것이 '사광四狂'이다. 함경도를 택한 것은 누군가 연고가 있어서가 아니라 '日帝가 地下 資源이 豊富한 그곳을 大工業地帶로 開發 途上'인 것을 알고 있었기 때문이다. 성진城津(현재 김책시金策市)까지 흘러 들어간 끝에 그는 우연하게도 동향인을 만나, 그가 일하는 일본고주파중공업日本高周波重工業의 건축 현장에 일자리를 얻게 되었다. 당시 일본고주파중공업의 성진 공장은 특수강을 다루는

---

9) 慶尙北道, 『農村振興施設要項』, 1933, 27~29쪽.
10) 조선에서의 기록적인 한발과 흉작은 1939년의 일이므로 어쩌면 이 자서전의 연대는 1년씩 어긋나 있는지도 모르겠다. 자서전의 다른 기술도 연대나 날짜가 정확하지 않을 가능성이 있다. 한편 1939년의 대흉작에 대해서는 樋口[1998]를 참조할 것.

군수공장으로서 확대되고 있어, 말하자면 성진은 그 기업의 성하촌城下村과 같은 모양새였다[木村&安倍, 2003 : 27~29]. 그러나 이 자리도 3개월 정도에 그만두고 말았다.

어찌할 바를 모르던 그는 문득 함경도에 소주는 있어도 이미 이 지역에 다수 이주해 있는 한반도 남부 사람들이 즐기는 탁주가 거의 없는 것에 생각이 미쳤다. 원래 탁주를 주로 마시는 남부와 달리 북부는 소주 지대였지만, 1916년의 주세령 이래 급격한 주조장 통폐합의 결과 북부에서는 탁주를 구하기가 더 어렵게 되었던 것이다[板垣, 2006]. 그래서 그는 당시 함경북도의 도평의원道評議員으로 이 지역의 '유지'였던 일족에게 연락을 취해 주재소의 묵인을 얻어낸 뒤 주류의 판매를 시작했다. 더욱이 그가 관제官製에서 '모범적'인 인물로 활동하던 무렵 경상북도 경찰부장으로 있었던 오노 겐이치大野謙一가 함경북도 지사로 있는 것을 직원록에서 발견하고, 어떻게 어떻게 연락을 취해 성진의 주류배급조합 상무의 직을 얻었다. 그 무렵 아들 여학룡呂學龍도 사범학교를 나와 함경도의 초등학교 훈도訓導로 부임해 옴으로써 일가는 이 지역에 옮겨 살게 되었다.

그러나 1945년에 들어 전황이 일본에 불리한 것을 알아챈 여석훈은 가족을 데리고 귀향할 것을 결심했다. 일가는 소련의 한반도 침공에 따른 혼란의 영향을 받지 않고 그럭저럭 무사히 귀향할 수 있었다고 한다.

종광終狂

자서전에 따르면 1945년 8월 15일 화동化東국민학교 운동장에서는 면민대회가 대성황리에 개최되어 '독립 만세'가 높이 외쳐졌다고 한다. 그러나 여석훈의 '광狂'은 여기서 끝나지 않는다. 그 한 달 후인 9월 15일 그는 자양학원紫陽學院 강학계講學契 총회를 열어 화동化東중학교를 세우기 위한 발기인회를 띄웠다. 이것이 '종광終狂'이다. 11월에는 학생 모집을 개시하고, 다음 해 1월 27일에는 이소리以所里에서 공사를 개시하여, 4월까지 일차적으로 75평의 교사를 신축했다. 하지만 당국은 중학교 설립을 인가하지 않고 보다 기준이 느슨한 고등공민학

校高等公民學校로서만 인가를 내주었다. 그래도 8개월간 수업을 받은 재학생 가운데, 15명이 도시에 있는 기존 중학교 2학년에 편입, 3명이 상주 농잠학교 부설 사범과에 합격, 그리고 10여 명이 공무원 채용시험에 합격했다고 한다. 그러나 결국 정식 중학교로 인가 받지 못하고 이 학교도 폐지되었다.

『오광자소五狂自疎』에는 아직 분단 정부가 수립되기 전인 1947년 전후에 쓰여진 것으로 보이는 화동化東중학교에 관한 그 나름의 생각을 담은 글이 수록되어 있다. 그 가운데 「학원學園의 민주화民主化」라는 항목은 이 시기 그의 이상理想이라고 부를 만한 내용이었다.

> 未久에 세워질 우리 政府는 民主 政府임에 틀림이 없을 것이니까, 지금의 時點에서도 政治家는 民主主義의 具現을 위해, 事業家는 民主的 産業을 위해, 敎育者는 民主主義에 立脚한 敎育을 위해 硏究와 努力을 기울여야 한다.

아직 겪어 보지 못한 '민주주의'에 대한 뜨거운 마음이 엿보인다. 그 후 분단 정부의 수립과 한국전쟁을 그가 어떤 마음으로 지켜봤는지에 대해서는 안타깝게도 기술이 없다.

이처럼 여석훈의 다섯 번의 '광狂'은 모두 근대 한국의 전환기와 겹쳐진다. '초광初狂'의 도쿄행은 한국병합을 계기로 한 것이고, '이광二狂'은 1920년대 이른바 문화정치 시대의 청년운동의 흐름 안에 있다. '삼광三狂'은 1930년대 농촌진흥운동의 전개와 연동되며, '사광四狂'의 성진행은 총력전과 궁핍으로 상징되는 전시체제기의 생활의 한 자락을 잘 보여준다. 마지막 '종광終狂'은 해방 후 한국 사회의 변혁의 열기와 더불어 진행되었다. 한편 그는 서당·서원에서 배운 유학儒學의 지식도 종종 활용하였다. 그러한 의미에서 조선왕조-식민지기-해방공간이라는 시간이 여석훈이라는 한 개인의 내면을 동시에 흐르고 있었다고 할 수 있으며, 이는 본서에서 논한 내용과도 서로 통하는 바가 많다.

그는 다음과 같은 구절로 자서전의 끝을 맺고 있다.

나는 끝까지 내 스스로 志向하는 바를 開拓하기 위해 實行하였지, 官이나 어떤 公共機關이 旣設한 길에 便乘하여 安住나 安享을 꾀한 적은 단 한 번도 없었다.

누가 그것을 그릇된 偏頗고 我執이라 해도 좋다. 나는 그 偏執狂이 삶의 全部였다. 한 번 미쳐 보기 시작하여 다섯 번을 내내 미쳐 보았다. 그리고 다섯 번 모두 有終의 美라는 점에 到達하지 못하고 말았다.

그런 事緣으로 해서 나는 스스로 「五狂」이라는 自號를 滿足하고 있다. 그리고 이런 冗文이나마 그것을 自疏해 보기로 했다.

그러고 보면 어떤 경험에도 '유종의 미' 같은 것은 없었다. 그러나 어떤 경험도 '유종의 미'를 거두지 못하고 '광狂'이 겹쳐져 간 것이야말로 한국 사회의 식민지 경험을 잘 드러낸다고 할 수 있을지도 모르겠다.

문헌목록은 크게 '사료'와 '논저'로 나눴다. 이 구분은 어디까지나 구성상의 편의적인 것에 지나지 않는다. '사료'는 성격별로 나누어 배열했다. '논저'는 먼저 언어에 따라 한국어·일본어·영어로 구분한 다음, 한국어 문헌은 저자명의 가나다순, 일본어 문헌은 저자명의 50음순, 영어 문헌은 저자명의 알파벳순으로 정리한 뒤 발행연대순으로 제시했다. 본문에서는 '사료'의 경우 각주 형식으로, '논저'의 경우 [저자, 발행연도] 형식으로 나타냈다.

■ 사료

地誌 류(발행연대순)

「尙州道」『慶尙道地理志』(1425年).

「尙州牧」『世宗實錄地理志』(1452年).

「尙州牧」『新增東國輿地勝覽』(1530年).

『商山誌』 蒼石本(李㙉撰, 1617年).

『商山誌(舊增)』 淸臺本(權相一撰, 1749年).

「尙州鎭 尙州牧」『輿地圖書』(1757年).

『尙州牧邑誌』(1784年頃, 奎17447).

『商山誌(新增)』 舊堂本(1832年, 商山邑誌所『商山誌』卷之一, 二, 1929年 所收).

「尙州牧邑誌」『慶尙道邑誌』(1832年, 韓國學文獻硏究所編,『邑誌 二 慶尙道編②』所收).

「尙州 附事例」『嶺南邑誌』(1895年, 韓國學文獻硏究所編,『邑誌 二 慶尙道編②』所收).

「尙州郡」『嶠南誌』 卷之八(1910年).

『慶尙北道尙州郡勢一斑』(1924年, 국사편찬위원회 소장).

『商山誌』(商山邑誌所, 1929年, 국립중앙도서관 소장).

『郡勢一斑』(尙州郡, 1937年).

『尙州大觀 鄕土誌』(尙州經濟自立硏究會, 1957年).

『尙州의 얼』(尙州郡, 1982年).

『行政誌』(尙州郡, 1988年).

『尙州誌』(尙州市·郡, 1989年).
『華東勝覽(化北面誌)』(化北面誌編纂委員會, 1992年).
『沙伐誌』(尙州文化院, 1999年).
『利安面誌』(利安面誌編纂委員會, 1999年).
『牟東面誌』(牟東面誌發刊委員會, 2005年).

지도

『輿地圖』(18世紀中葉作製, 서울大奎章閣 소장, 古4790-58, 第4冊).
『朝鮮地圖』(1750~68年頃作製, 서울大奎章閣 소장).
「尙州城圖」(19世紀, 개인 소장, 複製).
陸地測量部, 「尙州」(朝鮮慶尙道略圖, 1:50000, 1911年).
陸地測量部, 『朝鮮半島五万分の一地図集成』(1918~26年, 復刻版：學生社, 1981年).
陸地測量部·朝鮮總督府, 「尙州」(昭和2年第2回修正測圖, 1:10000, 1933年).

鄕約·契 류

「南村鄕約」(嶺南大民族文化硏究所, 『嶺南鄕約資料集成』 1986年 所收, 1634年).
「魯谷鄕約」(嶺南大民族文化硏究所, 『嶺南鄕約資料集成』 1986年 所收, 1708年).
「尙州鄕約」(嶺南大民族文化硏究所, 『嶺南鄕約資料集成』 1986年 所收, 1835?年).

邑名簿 류

「尙州牧先生案」(『尙州 咸昌 牧民官』, 尙州市·尙州産業大學校尙州文化硏究所, 1997年 所收).
「司馬錄(尙州)」(『尙州 얼』 4호, 1994年 所收).
「商山鄕彦錄」(嶺南大民族文化硏究所, 『嶺南鄕約資料集成』 1986年 所收).

鄕校·書院·書堂 관련

尙州鄕校(嶺南大民族文化硏究所, 『慶北鄕校資料集成(III)』1992年 所收).
尙州鄕校, 『尙州鄕校誌』(2001年).
玉洞書院古文書(부표1 참조).
興巖書院古文書(부표2 참조).
花巖書院古文書(부표3 참조).
道南書院古文書(부표4 참조).
道谷書堂古文書(부표5 참조).
鳳巖書堂古文書(부표6 참조).
修善書堂古文書(부표7 참조).
「三峯書堂案錄」(1887年).

『各邑書院毁撤查括成冊草』(李佑成編, 栖碧外史海外蒐佚本15, 亞細亞文化社, 1990年 所收).

근대 교육 관련

상주 교육청 제공, 「학교 연혁사」(각학교별).
中牟 초등학교, 「學校沿革史」, 「學籍簿」 각년판, 「除籍簿」 각년판.
「紫陽學院 學則」(呂學龍 씨 소장).

사례 류

「商山邑例」 1854年(『韓國地方史資料叢書9 事例篇2』, 驪江出版社, 1987年 所收).
「尙州事例」 1888年(『韓國地方史資料叢書9 事例篇2』, 驪江出版社, 1987年 所收).
「尙州牧邑事例」 1894年(嶺南邑誌 所收)

各氏別 資料(族譜·文集 등, 姓順)

博約會 尙州支會
        『雄州典故』(1998年).
晉州 姜氏
        『晉州姜氏大同譜』(晉州姜氏大同譜編纂委員會, 1994年).
安東 權氏
        權相一, 『淸臺全集』上下(驪江出版社, 1989年).
豐山 柳氏
        柳疇睦, 『溪堂集 全』(溪堂先生文集刊行委員會編, 亞細亞文化社刊, 1984年).
        柳時中 編著, 『우리 고장 愚川과 先賢』(豊山柳氏愚川花樹會, 1998年).
商山 朴氏
        『尙州朴氏世譜』(尙州朴氏大同譜編纂委員會, 1984年).
星山 呂氏
        呂錫塤, 『五狂自疏』(私家版).
延安 李氏
        「尙州 延安李氏 息山宗宅 所藏資料」(한국학중앙연구원 소장 마이크로필름).
月城 李氏
        李震興著, 李明九 編, 『掾曹龜鑑』(國學資料 第2輯, 西江大學校人文科學研究所, 1982年).
        李明九他, 「李明九 家門 소장 古文書」(李勛相, 1992 所收).
興陽 李氏
        『興陽李氏族譜 全』(興陽李氏族譜編輯委員會, 1979年).
        李埈, 『蒼石集』(韓國文集叢刊64-65, 民族文化推進會, 1991年).

豊壤 趙氏

　　　　「尙州豊壤趙氏(趙靖)家門古文書」(嶺南大民族文化硏究所, 『嶺南古文書集成(I)』
　　　　1992年 所收 및 한국학중앙연구원 마이크로필름).

　　　　『豊壤趙氏舊譜 合篇』上下(豊壤趙氏水曜會, 1990年版).

　　　　『豊壤趙氏世譜』 全7卷(豊壤趙氏大宗會).

　　　　『豊壤趙氏世錄』 全3卷(豊壤趙氏花樹會).

　　　　趙靖, 『趙靖先生文集 全』(李鉉編譯, 趙靖先生文集刊行委員會, 1977年).

　　　　趙靖, 『黔澗先生文集』(『豊壤趙氏文集叢書』 第2輯 所收).

　　　　趙翊, 『可畦先生文集』(景仁文化社, 1997年).

　　　　趙稜, 『慕庵遺稿』 全4卷(국립중앙도서관 소장).

　　　　趙天經, 『易安堂集』 全4卷(국립중앙도서관 소장).

　　　　趙錫喆, 『靜窩集』 全8卷(臥淵堂, 1926年, 국립중앙도서관 소장).

　　　　趙沐洙, 『舊堂集』 全10卷(趙南鳳, 1921年, 국립중앙도서관 소장).

　　　　趙相悳, 『危齋集』 全6卷(臥淵堂, 1926年, 국립중앙도서관 소장).

　　　　趙東佐, 『叢桂集』 全6卷(飛鳳菴, 1934年, 국립중앙도서관 소장).

　　　　『豊城世稿』 全20卷(국립중앙도서관 소장).

　　　　『養眞堂』(豊壤趙氏黔澗公派宗會, 1984年).

晉陽 鄭氏

　　　　「尙州 晉州鄭氏 愚伏宗宅 山水軒 所藏資料」(한국학중앙연구원 소장 마이크로필
　　　　름).

　　　　『晉陽鄭氏族譜』(尙州 : 世德祠, 1923年, 국립중앙도서관 소장).

　　　　鄭錫鎭, 『愚山事蹟大觀』(愚伏先生記念事業會, 1975年).

　　　　鄭經世, 『愚伏集』(韓國文集叢刊68, 民族文化推進會, 1991年).

仁川 蔡氏

　　　　『素夢遺稿』(1977年).

　　　　『소몽 채기중 선생 전기』(蔡光植譯著, 尙州 : 素夢先生崇慕會, 2001年).

長水 黃氏

　　　　『長水黃氏少尹公派譜』(1978年).

　　　　黃五, 『黃綠此集』(綠此集出版所, 1932年, 국립중앙도서관 소장).

정기간행물

신문 : 『東亞日報』 ; 『朝鮮日報』 ; 『時代日報』 ; 『朝鮮中央日報』 ; 『中央日報』 ; 『每日
　　　申報』

연감 : 朝鮮總督府, 『統計年報』 각년판 ; 『朝鮮銀行會社組合要錄』 각년판 ; 『朝鮮總督府
　　　及所屬官署職員錄』 각년판 ; 朝鮮總督府警務局, 『朝鮮出版警察槪要』 ; 慶尙北道, 『勸
　　　業統計書』(1913年) ; 『慶尙北道 統計年報』(1918, 1930年) ; 『慶尙北道敎育及宗敎

一斑』(1922年) ;『慶尙北道 道勢一斑』(1920, 23, 25, 28〜31, 35〜40 각년판) ;『昭和十五年 道勢一斑』(慶尙北道, 1941年) ; 慶尙北道警察部,『昭和十四年度 慶北衛生の概要』 1939年版(1940年) ;『慶北年鑑』(朝鮮民報社, 1941年)

잡지 :『朝鮮』;『嶠南敎育會雜誌』(1909〜1910年) ;『新尙州』創刊號(1931年, 연세대학교 도서관 소장) ;『慶北』(齋藤實記念館 소장) ;『儒道』(齋藤實記念館 소장) ;『韓國中央農會報』;『朝鮮農會報』;『朝鮮織物協會誌』;『朝鮮釀造協會雜誌』;『酒』;『酒の朝鮮』;『通商彙纂』;『三千里』;『가톨릭 硏究』

日記 사료

S씨 일기(1931〜33年, 35〜38年, 전7권, 板垣 개인 소장).
金洛世 일기(1890〜97, 1916〜1943年, 尙州東學敎堂 소장).
『黔澗 趙靖先生 壬亂日記』(嶺南大學校出版部, 1984年).

각종 간행(공개) 사료

韓國駐箚憲兵隊本部,『韓國各道著名地一覽表』(1910年).
嶠南敎育會,『嶠南敎育會雜誌』(1909〜1910年, 韓國學文獻硏究所編, 韓國開化期學術雜誌시리즈, 亞細亞文化社).
慶尙北道,『大正九年十二月 公立學校長會諮問事項答申書』(1920年).
慶尙北道,『農村振興施設要項』(1938年).
慶尙北道,『慶北の農業』(1937年).
慶尙北道警察部,『高等警察要史』(慶尙北道警察部, 1934年, 1970年 영인).
『慶北要覽』(大邱新聞 1, 381號 附錄, 1910年 10月).
國史編纂委員會,『壬戌錄 全』(韓國史料叢書8, 1971年).
國史編纂委員會,『韓民族獨立運動史資料集 別集7』(1993年).
國史編纂委員會,『미군정기 군정단·군정중대 문서4』(2000年).
『國朝榜目』(영인, 國立國會圖書館, 1971年).
四國人發展史編纂社,『朝鮮滿洲南支 四國人發展史』(1924年).
尙州 얼찾기會,『宣武原從功臣錄件 附倡義錄』(1997年).
尙州 얼찾기會,『尙州護國忠義錄』(1999年).
尙州郡尙州面(尙州邑),『歲入歲出豫算』(1929〜1938年, 국립국회도서관 소장).
尙州大學校,『國立尙州大學校八十年史 1921〜2001』(2001年).
尙州農蠶學校 졸업앨범 각년도(尙州大學校 도서관 소장).
尙州文化院,『사진으로 보는 반백년전 상주』(2003年).
徐有榘,『林園經濟志』(1830年, 영인판, 保景文化社, 1983年).
錢鎭漢,『이렇게 싸웠다 : 政治協同組合論說』(貿易硏究院, 1996年).
全鮮酒類品評會,『朝鮮の酒』(1929年 10月).

大倫中高等學校, 『大倫六十年史』(1981年).

度支部司稅局, 『韓國酒類調査書』(鳥居巖次郎, 『財務彙報』 10號 附錄, 1908年).

朝鮮銀行調査局, 『慶尚北道ノ蠶業ト金融』(1917年).

朝鮮酒造協會, 『朝鮮酒造史』(1935年).

朝鮮憲兵隊司令部, 『朝鮮憲兵隊歷史』(복각판, 全6卷, 不二出版, 2000年).

朝鮮總督府, 『大正元年朝鮮古蹟調査略報告』.

朝鮮總督府, 『面制說明書』(1918年).

朝鮮總督府, 『朝鮮に於ける內地人』(調査資料 第2輯, 1924年).

朝鮮總督府, 『昭和五年 朝鮮國勢調査報告 道編第六卷 慶尚北道』(1933年).

朝鮮總督府, 『昭和十年 朝鮮國勢調査報告 道編第六卷 慶尚北道』(1938年).

朝鮮總督府警務局, 『朝鮮出版警察槪要(昭和九年)』(1934年).

朝鮮總督府地質調査所, 『朝鮮鑛床調査報告第十卷之三(慶尚北道)』(1924年).

朝鮮總督府取調局, 「慶尚南道, 慶尚北道管內 契, 親族關係, 財産相續ノ槪況報告」(調査委員：
　　　　　金漢睦, 1911年付, 필사본, 국사편찬위원회 소장).

朝鮮民報社, 『慶北産業誌』(1920年).

朝鮮民報社, 『慶北年鑑』(1941年).

逵捨藏, 『慶北沿線發展誌』(大邱：逵捨藏, 1931年).

逵捨藏, 『慶北大鑑』(大邱：逵捨藏, 1936年).

帝國地方行政學會, 『朝鮮地方行政例規』(1927年)

統監府財政監査廳, 『韓國酒造業調査報告』(『財務週報』 第20號 附錄, 1907年).

松田行藏, 『朝鮮國慶尚忠淸江原道旅行記事』(1888年, 釜山浦商法會議所, 『開化期 日本民間
　　　　　人의 朝鮮 調査報告資料集』1, 檀國大學校附設東洋學硏究所 所收).

水田直昌 監修, 『資料選集 東洋拓殖會社』(友邦シリーズ21号, 財団法人友邦協會, 1976年).

森本巖, 『朝鮮麴子提要』(1935年).

李重煥, 『擇里誌』(崔南善 編集·校閱, 閔濟鎬所藏本, 朝鮮光文會, 1912年).

■ 논저

한국어 (가나다순)

甘成海, 1982, 「壬亂 初期 尙州戰鬪와 金宗武」, 『軍史』 5, 257~278쪽.

郭東璨, 1975, 「高宗朝 土豪의 成分과 武斷樣態：1867年 暗行御使 土豪別單의 分析」, 『韓國史
　　　　　論』 2, 281~312쪽.

慶北鄕土史硏究協議會, 1991, 『慶北마을誌』 中, 慶尚北道.

고석규, 1998a, 『19세기 조선의 향촌사회연구：지배와 저항의 구조』, 서울대학교출판부.

고석규, 1998b, 「지방사 연구의 새로운 모색」, 『지방사와 지방문화』 1, 13~40쪽.

공제욱·정근식(엮음), 2006, 『식민지의 일상 : 지배와 균열』, 문화과학사.

權泰乙, 2002, 『尙州漢文學』, 文昌社.

權泰乙 외, 1996, 『尙州 淵岳 甲長山』 尙州文化研究叢書2, 尙州産業大學校尙州文化研究所.

국립대구박물관, 2003, 『嶺南 文物의 결절지-尙州』, 통천문화사.

金基卓, 1991, 「尙州 天峰山의 城隍祠 考察 : 성황사 중수 상량문과 기문을 중심으로」, 『尙州文化』 2.

金基卓, 2003, 『尙州 : 民俗文化의 理解』, 民俗苑.

김상태, 2001, 『윤치호 일기 1916-1943 : 한 지식인의 내면세계를 통해 본 식민지시기』, 역사비평사.

김영희, 2003, 『일제시대 농촌통제정책 연구』, 경인문화사.

金容燮, 1995(1969), 『增補板 朝鮮後期農業史研究(Ⅰ) 農業經濟·社會變動』, 知識産業社.

김일수, 1993, 「1930년대 경북지역의 조공재건운동과 혁명적 대중운동」, 『한국 근현대 지역운동사Ⅰ 영남편』, 역사문제연구소, 471~542쪽.

김일수, 1995, 「1920년대 경북지역 청년운동」, 『한국 근현대 청년운동사』, 韓國歷史研究會 近現代靑年運動史研究班(엮음), 풀빛, 273~312쪽.

김일수, 2000, 「1920년대 경북지역 사회주의운동」, 『한국현대사와 사회주의』, 성대경(엮음), 역사비평사, 52~109쪽.

金子相, 1991, 「尙州地域의 樓亭調査 研究」, 『尙州文化研究』 1.

金子相, 1996, 「淵嶽圈 書院과 寺刹 : 文獻資料集成을 위해」, 상주산업대학교 상주문화연구소, 『甲長山』, 尙州文化院.

金在完, 1999, 「19世紀末 洛東江流域의 鹽 流通 研究」, 서울大學校地理學科 博士學位論文.

金鍾煥, 1994, 「19세기 후반 상주지방의 농민항쟁」, 韓國敎員大學校大學院 碩士學位論文.

김진균&정근식(엮음), 1997, 『근대주체와 식민지 규율권력』, 문화과학사.

김진송, 1999, 『서울에 딴스홀을 許하라 : 현대성의 형성』, 현실문화연구.

金鐵洙, 1993, 「朝鮮時代 尙州地方 堤堰에 관한 研究」, 『尙州文化研究』 3, 253~286쪽.

金宅圭 외, 1996, 『洛東江流域史研究』, 社團法人 韓國鄕土史研究全國協議會, 圖書出版 修書院.

盧榮澤, 1979, 『日帝下 民衆敎育運動史』, 探究社.

도면회, 2001, 「주제서평-식민주의가 누락된 '식민지 근대성'」, 『역사문제연구』 7, 251~301쪽.

柳時浣, 1991, 「商山鄕彦錄」, 『尙州文化』 2.

柳潤基, 1994, 「상주, 함창 사마록의 분석 연구」, 『尙州 얼』 4, 153~176쪽.

閔成基, 1988, 『朝鮮農業史研究』, 一潮閣.

박명규, 2001, 「식민지 역사사회학의 시공간성에 대하여」, 『현대 한국사회 성격논쟁 : 식민지, 계급, 인격윤리』, 석현호·유석춘(공편), 전통과 현대, 33~55쪽.

朴賢洙, 1993, 「日帝의 朝鮮調査에 관한 研究」, 서울大學校 人類學科 박사학위논문.

배성준, 2000, 「'식민지 근대화' 논쟁의 한계 지점에 서서」, 『당대비평』 13.

尙州報勳支廳, 1994, 『우리고장 출신 獨立有功者 功勳槪要集(尙州·聞慶·醴泉)』.

尙州市, 1997, 『尙州 咸昌 牧民官』, 尙州市·尙州産業大學校尙州文化硏究所.

尙州市·尙州大學校附設産業科學硏究所, 2002, 『尙州邑城(城門)學術調査硏究』.

서중석, 2001, 『신흥무관학교와 망명자들』, 역사비평사.

孫明遠, 2002, 「尙州의 자연지리」, 『한국지역지리학회지』 8(3), 281~294쪽.

손병규, 2000, 「조선후기 상주지방의 역수취체제와 그 운영」, 『역사와 현실』 38, 186~220쪽.

孫禎睦, 1992, 『韓國地方制度·自治史硏究(上) 甲午更張~日帝强占期』, 一志社.

孫鍾浩, 1990, 「1862年 尙州 農民抗爭의 硏究」, 慶北大學校大學院 史學科 碩士學位論文.

申榮祐, 1986a, 「1894年 嶺南 尙州의 農民軍과 召募營(上)」, 『東方學志』 51, 195~236쪽.

申榮祐, 1986b, 「1894年 嶺南 尙州의 農民軍과 召募營(下)」, 『東方學志』 52, 123~146쪽.

申榮祐, 1991, 『甲午農民戰爭과 嶺南 保守勢力의 對應』, 延世大學大學院史學科 博士學位論文.

안건호·박혜란, 1995, 「1920년대 중후반 청년운동과 조선총동맹」, 『한국근현대 청년운동사』, 풀빛, 84~123쪽.

역사문제연구소, 1993, 『한국 근현대 지역운동사 I - 영남편』, 여강.

연세대학교 국학연구원, 2004, 『일제의 식민지배와 일상생활』, 혜안.

嶺南大學校 民族文化硏究所, 1991, 『慶北鄕校誌』, 慶尙北道.

吳成哲, 1991, 「1930년대 初等敎育의 擴大와 朝鮮人의 敎育 要求」, 『敎育理論(서울大學校 師範大學 敎育學科)』 6(1), 1~28쪽.

吳成哲, 2000, 『식민지 초등 교육의 형성』, 교육과학사.

윤택림, 2003, 『인류학자의 과거 여행 : 한 빨갱이 마을의 역사를 찾아서』, 역사비평사.

윤해동, 2003, 『식민지의 회색지대 : 한국의 근대성과 식민주의 비판』, 역사비평사.

李慶喜, 1995, 「高麗初期 尙州牧의 郡縣編成 屬邑統治의 實態: 若木郡內 鄕吏組織의 運營實態를 中心으로」, 『韓國中世史硏究』 2, 26~66쪽.

李基勳, 2005, 「日帝下 靑年談論 硏究」, 서울大學校 國史學科 博士學位論文.

이상록·이유재, 2006, 『일상사로 보는 한국근현대사』, 책과 함께.

李相燦, 1986, 「1906~1910년의 地方制度 변화와 地方自治論議」, 『韓國學報』 42, 47~79쪽.

李樹健, 1979, 『嶺南士林派 形成』, 嶺南大學校出版部.

李樹健, 1984, 『韓國中世社會史硏究』, 一潮閣.

李樹健, 1989, 『朝鮮時代 地方行政史』, 民音社.

李樹健, 1995, 『嶺南學派의 形成과 展開』, 一潮閣.

李樹煥, 2001, 『朝鮮後期書院硏究』, 一潮閣.

李承姸, 1994, 「1905년~1930년대 초 일제의 酒造業 정책과 조선 주조업의 전개」, 『韓國史論』 32, 69~132쪽.

李榮薰, 1984, 「量案의 性格에 관한 再檢討 : 慶尙道 醴泉郡 庚子量案의 事例分析」, 『經濟史學』 8, 1~59쪽.

李榮薰·全成昊, 2000,「米價史 資料의 現況과 解說」,『古文書研究』18, 125∼157쪽.

李潤甲, 1986,「18·19세기의 경북지방의 농업변동」,『韓國史研究』54, 61∼109쪽.

李潤甲, 1991a,「開港∼1894年의 農民的 商品生産의 發展과 甲午農民戰爭 : 경북지역의 농업변동을 중심으로」,『啓明史學』2, 33∼45쪽.

李潤甲, 1991b,「1894∼1910년의 상업적 농업의 변동과 지주제 : 경북지역의 농업변동 사례연구」,『한국사론』25, 151∼200쪽.

李泰鎭, 1986,『韓國社會史 研究 : 農業技術 발달과 社會變動』, 知識産業社.

李勛相, 1986,「朝鮮後期 尙州의 戶長·吏房의 명단과 蕭荷의 圖像」,『釜山史學』11, 123∼143 쪽.

李勛相, 1987,「儒佛洋三教說을 통하여 본 尙州 吏族 李明九의 天主教 批判論理와 그 意義」,『교회와 역사』144.

李勛相, 1991,「韓國의 歷史家 : 李震興과 李明九」,『韓國史市民講座』8, 105∼127쪽.

李勛相, 1992,『鄉吏의 歷史書『掾曹龜鑑』과 그 續編을 編纂한 尙州의 鄉吏 知識人 李明九 家門과 그들의 文書』, 西江大學校人文科學研究所.

李勛相, 1998(1982),『全訂 朝鮮後期 鄉吏』, 一潮閣.

李勛相, 2000,「타자로서의 '지방'과 중앙의 헤게모니」,『韓國地方史 研究의 現況과 課題』, 한국사연구회(편), 景仁文化社, 361∼397쪽.

全成昊, 1996,「18世紀 米價推移와 米價政策에 관한 연구」,『史學研究』52, 115∼156쪽.

鄭根埴, 1988,「일제하 전남농촌의 교육 실태 : 망운지역을 중심으로」,『全南 務安郡 望雲地域 農村社會 構造變動 研究』, 全南大學校 湖南文化研究所.

鄭萬祚, 1997,『朝鮮時代 書院研究』, 集文堂.

丁淳睦, 1992,『옛 선비교육의 길 : 韓國儒學教育史論攷』, 文音社.

정연태, 1999,「'식민지 근대화'논쟁의 비판과 신근대화론의 모색」,『창작과 비평』103, 352∼376쪽.

鄭震英, 1987,「壬亂前後 尙州地方 士族의 動向」,『民族文化論叢(嶺南大民族文化研究所)』8, 103∼140쪽.

鄭震英, 1998,『조선시대 향촌사회사』, 한길사.

趙康熙, 1991,「朝鮮時代 尙州鄉校의 社會經濟的 基盤」,『尙州文化研究』1.

趙康熙, 1996,「嶺南地方 兩班家門의 婚姻에 관한 研究」, 嶺南大學校人類學科 博士學位論文.

朱剛玄, 1997,『한국의 두레1』, 집문당.

池秀傑, 1998,「일제하 忠南 瑞山郡의 '官僚-有志 支配體制' :『瑞山郡誌』(1927)에 대한 분석을 중심으로」,『역사문제연구』3, 13∼16쪽.

池秀傑, 1999,「구한말∼일제초기 유지집단의 형성과 향리」,『韓國近代移行期 中人研究』, 延世大學校 國學研究院(엮음), 도서출판 신서원, 513∼536쪽.

池秀傑, 1999,『韓國의 近代와 公州사람들 : 韓末 日帝時期 公州의 近代都市 發達史』, 公州文化院.

천정환, 2003,『근대의 책 읽기 : 독자의 탄생과 한국 근대문학』, 푸른역사.

최석영, 1999, 『일제하 무속론과 식민지 권력』, 서경문화사.

崔承熙, 1989, 『增補版 韓國古文書研究』, 知識産業社.

崔在錫, 1983, 『韓國家族制度史研究』, 一志社.

崔正如·千惠淑, 1983, 『韓國口碑文學大系7-8 慶尙北道 尙州郡篇』, 韓國精神文化硏究院.

崔虎, 1991, 「18세기 초 尙州地方 士族의 經濟的 地位 : 尙州量案을 中心으로」, 『韓國史論 21 朝鮮後期의 鄕村社會』, 國史編纂委員會, 145～176쪽.

충남대학교 내포지역연구단, 2006, 『근대이행기 지역엘리트 연구 : 충남 내포지역의 사례』 Ⅰ·Ⅱ, 景仁文化社.

韓國道路公社, 1981, 『韓國道路史』, 韓國道路公社.

韓基汶, 2002, 「朝鮮時期 尙州 邑城의 沿革과 規模」, 『歷史敎育論集』 28, 131～145쪽.

韓相權, 1981, 「18세기 말～19세기 초의 場市發達에 대한 基礎硏究 : 慶尙道地方을 중심으로」, 『韓國史論』 7, 179～237쪽.

韓㳓劤, 1970, 『韓國開港期의 商業硏究』, 一潮閣.

韓祐熙, 1991, 「普通學校에 대한 抵抗과 敎育熱」, 『敎育理論(서울大學校 師範大學 敎育學科)』 6(1), 53～76쪽.

咸昌天主敎會退江公所, 1999, 『天主敎奉道傳敎百年史』.

허수, 2000, 「戰時體制期 靑年團의 조직과 활동」, 『國史館論叢』 88, 163～204쪽.

洪性讚, 1992, 『韓國 近代 農村社會의 變動과 地主層 : 20세기 前半期 全南 和順郡 同福面 일대의 事例』, 지식산업사.

홍성찬·최원규·이준식·우대형·이경란, 2006, 『일제하 만경강 유역의 사회사 : 수리조합, 지주제, 지역 정치』, 혜안.

洪在烋, 1968, 「「農家月令」攷 : 附原文, 校註」, 『東洋文化(嶺南大東洋文化硏究所)』 6·7, 385～407쪽.

황경순, 2001, 「邑治城隍祭 主宰集團의 지속과 변화 : 상주 天鳳山 성황제 주재집단을 중심으로」, 『역사민속학』 13, 179～200쪽.

古川 宣子, 1996, 「日帝時代 普通學校體制의 形成」, 서울大學校敎育學科 博士學位論文.

일본어 (50음순)

秋葉 隆, 1934, 「村祭の二重組織」, 『朝鮮民俗』 2, 5～10쪽.

秋葉 隆, 1950, 『朝鮮巫俗の現地研究』, 養德社.

秋葉 隆, 1954, 『朝鮮民俗誌』, 六三書院.

アンダーソン, ベネディクト, 1997(1991), 『增補 想像の共同体 : ナショナリズムの起源と流行』, 白石さや·白石隆 譯, リブロポート(Benedict Anderson, *Imagined communities : reflections on the origin and spread of nationalism*, Verso).

李鐘旼, 2003, 「日本植民地支配と朝鮮社会変動 : 社会学から見た現状と課題」, 『世界の日本研究2002』, 國際日本文化研究センター, 95～108쪽.

板垣 竜太, 1998,「植民地期朝鮮における官僚制と村落」, 東京大學 總合文化研究科 修士學位論文.

板垣 竜太, 1999,「植民地期朝鮮の識字調査」,『アジア・アフリカ言語文化研究(東京外國語大學アジア・アフリカ言語文化研究所)』58, 277～316쪽.

板垣 竜太, 2000,「農村振興運動における官僚制と村落: その文書主義に注目して」,『朝鮮學報』175, 1～42쪽.

板垣 竜太, 2004,「<植民地近代>をめぐって: 朝鮮史研究における現狀と課題」,『歷史評論』654, 35～45쪽.

板垣 竜太, 2005,「朝鮮/日本をめぐる記憶の場」,『現代思想』33(6), 116～125쪽.

板垣 竜太, 2006,「どぶろくと抵抗: 植民地期朝鮮の「密造酒」をめぐって」,『東アジアからの人類學: 國家・開發・市民』, 伊藤亞人先生退職記念論文集編集委員會(編), 風響社, 19～32쪽.

板垣 竜太, 2007a,「朝鮮總督府の「密造酒」取締り行政について: 國家記錄院文書を中心に」,『同志社社會學研究』11, 15～25쪽.

板垣 竜太, 2007b,「【書評】孔堤郁・鄭根埴編『식민지의 일상: 지배와 균열(植民地の日常－支配と龜裂)』」,『朝鮮史研究會會報』166.

伊藤 亞人, 1986,「正統性と土着性: 朝鮮民俗文化と現代韓國におけるシンクレティズムの樣相」,『文化人類學』3, 131～147쪽.

伊藤 亞人, 1988,「秋葉隆: 朝鮮の社會と民俗研究」,『文化人類學群像 日本篇』綾部恒雄(編), アカデミア出版會, 212～222쪽.

ウェーバー, マックス, 1980(1919),『職業としての政治』, 脇圭平譯, 岩波文庫(Max Weber, *Politik als Beruf*).

ウォーラーステイン＋グルベンキアン委員會, 1996(1996),『社會科學をひらく』, 山田鋭夫譯, 藤原書店(Immanuel Wallerstein, *Open the Social Sciences*, Stanford University Press).

ウルフ, エリック, 1972(1966),『現代文化人類學1 農民』, 佐藤伸行・黑田悦子譯, 鹿島研究所出版會(Eric Wolf, *Peasants,* New Jersey: Prentice Hall, Inc.).

吳善花, 2000,『生活者の日本統治時代: なぜ「よき關係」のあったことを語らないのか』, 三交社.

大江志乃夫, 1992,「植民地戰爭と總督府の成立」,『近代日本と植民地 2 帝國統治の構造』, 大江志乃夫ほか(編), 岩波書店, 3～33쪽.

岡田浩樹, 2001,『兩班: 変容する韓國社會の文化人類學的研究』, 風響社.

梶村秀樹, 1977,『朝鮮における資本主義の形成と展開』, 龍溪書舍.

萱野稔人, 2005,『國家とはなにか』, 以文社.

岸本美緒, 1998a,「時代區分論」,『岩波講座 世界史1 世界史へのアプローチ』, 樺山紘一ほか(編), 岩波書店, 15～36쪽.

岸本美緒, 1998b,「東アジア・東南アジア伝統社會の形成」,『岩波講座世界史13 東アジア・東南アジア伝統社會の形成』, 岸本美緒ほか(編), 岩波書店, 3～73쪽.

岸本美緒, 1998c,『東アジアの「近世」』, 山川出版社.

金翼漢, 1995, 「植民地期朝鮮における地方支配体制の構築過程と農村社會変動」, 東京大學 人文社會系研究科博士學位論文.

金富子, 2005, 『植民地期朝鮮の教育とジェンダー : 就學・不就學をめぐる權力關係』, 世織書房.

木村光彦・安倍桂司, 2003, 『北朝鮮の軍事工業化 : 帝國の戰爭から金日成の戰爭へ』, 知泉書館.

クリフォード, ジェイムズ & ジョージ・マーカス (編), 1996(1986), 『文化を書く』, 春日直樹他譯, 紀伊國屋書店(James Clifford & George E. Marcus, *Writing Culture : the Poetics and Politics of Ethnography*).

栗本英世・井野瀬久美惠 eds, 1999, 『植民地経驗 : 人類學と歷史學からのアプローチ』, 人文書院.

權赫泰, 1991, 「日本帝國主義と朝鮮の養蚕業 : 植民地特質としての「二重構造」」, 『朝鮮史研究會論文集』 28, 117~151쪽.

權赫泰, 1997, 「日本纖維産業の海外進出と植民地 : 日本と植民地朝鮮の絹業・綿業を中心に」, 一橋大學大學院 經濟學研究科 博士學位論文.

コーエン, P. A., 1988(1984), 『知の帝國主義 : オリエンタリズムと中國像』, 佐藤愼一譯, 平凡社 (Paul A. Cohen, *Discovering History in China,* New York : Columbia U.P.).

コルバン, アラン, 1999, 『記録を殘さなかった男の歷史 : ある木靴職人の世界…1798-1876』, 渡辺響子譯, 藤原書店(Alain Corbin, *Le monde retrouvé de Louis-François Pinagot : sur les traces d'un inconnu 1798-1876*, Flammarion).

サイード, エドワード W., 1986(1978), 『オリエンタリズム』, 今澤紀子譯, 板垣雄三・杉田英明監修, 平凡社(Edward W. Said, *Orientalism*, Georges Borchardt).

坂野徹, 2005, 『帝國日本と人類學者 : 1884-1952』, 勁草書房.

嶋陸奥彦, 1992, 「大丘戶籍にみる朝鮮後期の家族構造の変化」, 『朝鮮學報』 144, 51~88쪽.

清水昭俊, 1996, 「植民地的狀況と人類學」, 『思想化される周辺世界』, 青木保他編, 岩波講座文化人類學第12卷, 岩波書店, 1~29쪽.

シャルチエ, ロジェ, 1994(1987), 『讀者と讀書 : アンシャン・レジーム期フランスにおける』, 長谷川輝夫・宮下志朗譯, みすず書房(Roger Chartier, *Lectures et lecteurs dans la France d'Ancien Régime*, Editions du Seuil).

愼蒼宇, 2005, 「「民族」と「暴力」に對する想像力の衰退」, 『季刊前夜』 I-2, 94~99쪽.

愼蒼健, 1999, 「覇道に抗する王道としての医學 : 1930年代朝鮮における東西医學論爭から」, 『思想』 905, 65~92쪽.

須川英德, 1988, 「開港期朝鮮における絹業について : その商品生産の實狀の解明」, 『朝鮮學報』 127, 1~41쪽.

鈴木榮太郎, 1944, 『朝鮮農村社會踏査記』, 大阪屋號書店.

瀨川昌久, 2004, 『中國社會の人類學 : 親族・家族からの展望』, 世界思想社.

瀨川昌久・西澤治彦(編), 2006, 『中國文化人類學リーディングス』, 風響社.

セルトー, ミシェル・ド, 1987(1980), 『日常的實踐のポイエティーク』, 山田登世子譯, 國文社(Michel de Certeau, *L'invention du quotidien. 1 : Arts de faire*).

ソジャ, エドワード W., 2003(1989), 『ポストモダン地理學 : 批判的社會理論における空間の位相』 加藤政洋他譯, 靑土社(Edward W. Soja, *Postmodern Geographies : The Reassertion of Space in Critical Social Theory*, Verso).

高倉翔・河宗根, 1984, 「韓國における公敎育財源保障制度の發達(Ⅰ)」, 『敎育學系論集(筑波大學)』9(1), 23～39쪽.

高倉翔・河宗根, 1985, 「韓國における公敎育財源保障制度の發達(Ⅲ)」, 『敎育學系論集(筑波大學)』10(1), 53～102쪽.

高崎宗司, 2002, 『植民地朝鮮の日本人』, 岩波書店.

田中愼一, 1974, 「韓國財政整理における徵稅制度改革について」, 『社會経濟史學』39(4), 51～77쪽.

崔吉城(編), 1994, 『日本植民地と文化変容 : 韓國・巨文島』, 御茶の水書房.

崔在錫, 1979(1975), 『韓國農村社會硏究』, 伊藤亞人・嶋陸奧彦譯, 學生社.

趙景達, 2004, 「暴力と公論 : 植民地朝鮮における民衆の暴力」, 『暴力の地平を越えて』, 須田勉ほか(編), 靑木書店, 275～313쪽.

趙景達, 2005, 「15年戰爭下の朝鮮民衆 : 植民地近代論批判試論」, 『朝鮮奬學會學術論文集』25, 9～29쪽.

趙亨根, 2004, 「アナンケーとしての植民地性から問題系としての植民地近代性へ」, 『クァドランテ(東京外國語大學海外事情硏究所)』6, 藤井たけし譯, 289～310쪽.

全京秀, 2004, 『韓國人類學の百年』, 岡田浩樹・陳大哲譯, 風響社.

辻弘範, 1999, 「植民期實力養成運動における連續と轉換 : 載寧靑年會幹部の地域有力者層による活動(1920～27)」, 『朝鮮史硏究會論文集』37, 75～106쪽.

富田晶子, 1981, 「農村振興運動下の中堅人物の養成 : 準戰時体制期を中心に」, 『朝鮮史硏究會論文集』18, 148～173쪽.

中生勝美(編), 2000, 『植民地人類學の展望』, 風響社.

並木眞人, 2003, 「朝鮮における「植民地近代性」・「植民地公共性」・對日協力 : 植民地政治史・社會史硏究のための予備的考察」, 『國際交流硏究(フェリス女學院大學)』5, 1～42쪽.

新納豊, 1992, 「朝鮮・洛東江船運 : 鐵道開通(1905)前後の変化」, 『大東文化大學紀要<社會科學>』30, 1～23쪽.

朴來鳳, 1974a, 「日本統治下書堂敎育の具体相 : 全羅北道を中心にⅠ」, 『韓』3(10), 91～116쪽.

朴來鳳, 1974b, 「日本統治下書堂敎育の具体相 : 全羅北道を中心にⅡ」, 『韓』3(12), 57～80쪽.

朴來鳳, 1976, 「日本統治下書堂敎育の具体相 : 全羅北道を中心にⅢ」, 『韓』5(11), 88～127쪽.

朴來鳳, 1977, 「日本統治下書堂敎育の具体相 : 全羅北道を中心にⅣ」, 『韓』6(11), 59～90쪽.

朴來鳳, 1978, 「日本統治下書堂敎育の具体相 : 全羅北道を中心にⅤ」, 『韓』81, 141～200쪽.

旗田巍, 1969, 『日本人の朝鮮觀』, 勁草書房.

旗田巍, 1972, 『朝鮮中世社會史の硏究』, 法政大學出版局.

バランディエ, ジョルジュ, 1983(1963),『黒アフリカ社會の研究：植民地狀況とメシアにズム』, 井上
　　　兼行譯, 紀伊國屋書店(Georges Balandier, *Sociologie actuelle de l'Afrique noire*, Presses
　　　Universitaires de France).

樋口雄一, 1998,『戰時下朝鮮の農民生活誌：1939～1945』, 社會評論社.

久間健一, 1950,『朝鮮農業經營地帶の研究』, 農林省農業總合研究所.

フーコー, ミシェル, 1977(1975),『監獄の誕生：監視と處罰』, 田村俶譯, 新潮社(Michel Foucault,
　　　Surveiller et punir：naissance de la prison, Éditions Gallimard).

フランク, A.G., 2000(1998),『リオリエント：アジア時代のグローバル・エコノミー』, 山下範久譯, 藤
　　　原書店(Andre Gunder Frank, *ReOrient*, University of California Press).

古川宣子, 1993,「植民地期朝鮮における初等教育：就學狀況の分析を中心に」,『日本史研究』
　　　370, 31～56쪽.

古川宣子, 1995,「朝鮮における普通學校の定着過程：1910年代を中心に」,『日本の教育史學』
　　　38, 174～191쪽.

古川宣子, 1997,「1910年代朝鮮における書堂」,『アジア教育史研究』6, 41～56쪽.

ブルデュー, ピエール, 1993(1977),『資本主義のハビトゥス：アルジェリアの矛盾』, 原山哲譯, 藤原書
　　　店(Pierre Bourdieu, *Algerie 60*, Les Editions de Minuit).

本田洋, 1999,「韓國の地方邑における「鄕紳」集団と文化伝統：植民地期南原邑の都市化と在
　　　地勢力の動向」,『アジア・アフリカ言語文化研究』58, 119～202쪽.

本田洋, 2004,「吏族と身分伝統の形成：南原地域の事例から」,『韓國朝鮮の文化と社會』3,
　　　23～72쪽.

マーカス, ジョージ・E & マイケル・M. J. フィッシャー (編), 1989(1986),『文化批判としての人類學：
　　　人間科學における實驗的試み』, 永渕康之譯, 紀伊國屋書店(George E. Marcus &
　　　Michael M.J Fischer, *Anthropology as Cultural Critique：An Experimental Moment
　　　in the Human Sciences*, University of Chicago Press).

眞島一郎, 1999,「植民地統治における差異化と個体化」in 栗本・井野瀬, 1999.

松田利彦, 1991,「日本統治下の朝鮮における警察機構の改編」,『史林』74(5), 67～102쪽.

松田素二, 1999,『抵抗する都市』, 岩波書店.

松本武祝, 1998,『植民地權力と朝鮮農民』, 社會評論社.

松本武祝, 1999,「植民地期朝鮮農村における衛生・医療事業の展開：「植民地的近代」に關する
　　　試論」,『商経論叢(神奈川大學経濟學會)』34(4), 1～35쪽.

松本武祝, 2002,「"朝鮮における「植民地的近代」"に關する近年の研究動向：論点の整理と再構
　　　成の試み」,『アジア経濟』43(9), 31～45쪽.

松本武祝, 2005,『朝鮮農村の〈植民地近代〉経驗』, 社會評論社.

マルクス, カール, 1996(1852),『ルイ・ボナパルトのブリュメール一八日』, 植村邦彦譯, 太田出版(Karl
　　　Marx, "Der 18. Brumaire des Louis Bonaparte", *Die Revolution* 1).

ミース, マリア et al., 1995(1988),『世界システムと女性』, 古田睦美・善本裕子譯, 藤原書店(Maria
　　　Mies, Claudia von Werlhof and Veronika Bennholdt-Thomsen eds., *Women：the Last*

Colony, Zed Books).

水谷智, 2007,「植民地主義と近代性の關係を再考する : フレデリック・クーパーの論考から」,『社會科學(同志社大學人文科學研究所)』79, 173～185쪽.

水野直樹 他編, 2001,『日本の植民地支配 : 肯定・贊美論を檢証する』, 岩波ブックレット552, 岩波書店.

宮嶋博史, 1974,「朝鮮甲午改革以後の商業的農業 : 三南地方を中心に」,『史林』57(6), 38～77쪽.

宮嶋博史, 1981,「李朝後期における朝鮮農法の發展」,『朝鮮史研究會論文集』18, 64～94쪽.

宮嶋博史, 1983,「李朝後期の農業水利 : 堤堰(溜池)灌漑を中心に」,『東洋史研究』41(4), 1～51쪽.

宮嶋博史, 1990,「植民地朝鮮」,『シリーズ世界史への問い8 歴史のなかの地域』, 柴田三千雄ほか(編), 岩波書店, 137～163쪽.

宮嶋博史, 1991,『朝鮮土地調査事業史の研究』, 東京大學 東洋文化研究所紀要別冊.

宮嶋博史, 1994,「東アジア小農社會の成立」,『アジアから考える(6) 長期社會變動』, 溝口雄三ほか(編), 東京大學出版會, 67～96쪽.

宮嶋博史, 1995,『兩班(ヤンバン) : 李朝社會の特權階層』, 中公新書.

宮嶋博史, 2004,「東アジアにおける近代化, 植民地化をどう捉えるか」,『植民地近代の視座』, 李成市ほか(編), 岩波書店, 167～192쪽.

ミンツ, シドニー W., 1988(1985),『甘さと權力 : 砂糖が語る近代史』, 川北稔・和田光弘譯, 平凡社 (Sidney W. Mintz, *Sweetness and Power : The Place of Sugar in Modern History*, Elisabeth Sifton Books).

森田芳夫, 1987,『韓國における國語・國史教育 : 朝鮮王朝期・日本統治期・解放後』, 原書房.

吉田光男, 1988,「商業史研究から見た朝鮮の近世と近代 : 李朝後期の経済構造をめぐって」,『朝鮮近代の歷史像』, 中村哲ほか(編), 日本評論社, 36～52쪽.

吉田光男, 1998,「朝鮮の身分と社會集団」,『岩波講座世界歷史13 東アジア・東南アジア伝統社會の形成』, 岸本美緒ほか(編), 岩波書店, 215～234쪽.

吉田光男, 2000,「朝鮮近世士族の族的結合と「邑」空間 : 慶尙道丹城縣の安東權氏の場合」,『東洋史研究』58(4), 89～120쪽.

吉野誠, 1978,「李朝末期における米穀輸出の展開と防穀令」,『朝鮮史研究會論文集』15, 101～131쪽.

ライオン齒磨株式會社社史編纂委員會編, 1973,『ライオン齒磨八十年史』, ライオン齒磨.

ルクレール, G., 1976(1972),『人類學と植民地主義』, 宮治一雄・宮治美江子譯, 平凡社(Gérard Leclerc, *Anthropologie et Colonialisme : Essai sur l'histoire de l'africanisme, Paris :* Librarie Arthème Fayard).

渡部學, 1961a,「朝鮮における「副次」的初等教育施設(上) : 朝鮮近代教育理解のための領域づけへの提言」,『武藏大學論集』8(4), 1～27쪽.

渡部學, 1961b,「朝鮮における「副次」的初等教育施設(中) : 朝鮮近代教育理解のための領域づ

けへの提言」,『武藏大學論集』8(5), 77～111쪽.

渡部學, 1964b, 「朝鮮における「副次」的初等教育施設(下)：朝鮮近代教育理解のための領域づ
　　けへの提言」『紀要(人文科學・自然科學, 武藏大)』2, 32～77쪽.

渡部學, 1969, 『近世朝鮮教育史研究』, 雄山閣.

渡部學, 1972, 「朝鮮在來民間初等教科書『童蒙先習』の轉進相：總督治下朝鮮民衆の民族陶
　　治保衛」,『思想』585, 102～118쪽.

渡部學(編), 1975, 『朝鮮教育史』世界教育史大系五, 講談社.

영어 (알파벳순)

Asad, Talal ed., 1973, *Anthropology and Colonial Encounter*, Humanities Press.

Barlow, Tani E., 1997, *Formations of Colonial Modernity in East Asia*, Duke University Press.

Blaut, J. M., 1993, *The Colonizer's Model of the World : Geographical Diffusionism and Eurocentric History*, New York : The Guilford Press.

Comaroff, Jean, 1985, *Body of Power, Spirit of Resistance : The Culture and History of a South African People*, The University of Chicago Press.

Cooper, Frederick, 2005, *Colonialism in Question : Theory, Knowledge, History*, University of California Press.

Cooper, Frederick & Ann Stoler eds., 1997, *Tensions of Empire : Colonial Cultures in a Bourgeois World*, University of California Press.

Dirks, Nicholas B. ed., 1992, *Colonialism and Culture*, The University of Michigan Press.

Fabian, Johannes, 1983, *Time and the Other : How Anthropology Makes its Object*, Colombia University Press.

Graff, Harvey, 1987, *The Legacies of Literacy : Continuities and Contradictions in Western Culture and Society*, Bloomington & Indianapolis : Indiana University Press.

Rawski, Evelyn S., 1979, *Education and Popular Literacy in Chi'ng China*, Ann Arbor : The University of Michigan Press.

Redfield, Robert, 1956, *Peasant Society and Culture : An Anthropological Approach to Civilization*, Chicago : The University of Chicago Press.

Shin, Gi-Wook & Michael Robinson eds., 1999, *Colonial Modernity in Korea*, Harvard Univ. Press.

Sorensen, Clark, 1999, "National Identity and the Creation of the Category 'Peasant' in Colonial Korea," in Shin & Robinson, 1999.

Taussig, Michael T., 1980, *The Devil and Commodity Fetishism in South America*, The University of North Carolina Press.

Wolf, Eric, 1982, *Europe and the People without History*, Berkley & Los Angeles : University of California Press.

* 상주의 서원, 서당의 소장 문서 가운데 필자가 촬영, 복사하거나 혹은 현물을 확인할 수 있었던 것을 중심으로 목록을 작성했다. (*)를 붙인 문서에 대해서는 그 전부 혹은 일부를 디지털 카메라로 촬영하여 CD-ROM으로 만들어 소장처에 기증했다.

〈부표 1〉 옥동(玉洞)서원 소장 문서(*)

문서명	연대	비고
玉洞書院創錄		
畜翁槃澗追享時日記	1786年(丙午)~	畜翁·黃孝獻, 槃澗·黃紐를 追享했을 때의 일기.
厖村先生陞廡訴時事績	壬午 正月	
駿奔錄	1714~1959年	11冊.
駿奔錄附執事分定記	庚寅春~壬子春	
焚香錄		21冊. 月 2차례의 焚香 담당자 명부.
尋院錄		8冊. 書院을 방문한 이의 芳名錄.
院錄		4冊. 書院에서 실시된 행사의 참가자 명부
時致記		1冊.
玉洞書院春秋享幣脯節目	1888(光緒 14)年 序文	1888(戊子)年 尙州牧使下帖添付.
節目間谷吉等內	1906年(丙午)	尙州郡印.
玉洞書院守護生案	辛卯 9月	奴婢錄.
玉洞書院下人案	戊子 4月	奴婢錄.
玉洞書院院生等案	乙酉 12月	奴婢錄.
玉洞書院院生都案	庚申 6月	奴婢錄.
白玉洞田結錄(白玉洞書院本別所田畓卜數記)	己丑 10月	土地文書.
玉洞書院本別所居齊所田結錄	丁未 12月	土地文書.
玉洞書院完議冊	戊午 9月	玉山后人·張相黙序
穀物出納簿	1931年(辛未) 11月 以后	洋紙 노트.

債務者名簿	1932(壬申)年 9月	「讀み方學習帳」에 기입
金錢出納簿	1933年(癸酉) 以後	洋紙 노트.
金錢出納簿	1937年(丁丑) 正月 以後	洋紙 노트.
財産臺帳	1949(己丑)年 12月	洋紙 노트.
賭租及諸收入簿	1949(己丑)年 12月	洋紙 노트.
圖書臺帳	1949(己丑)年 12月	洋紙 노트.
備品臺帳	1949(己丑)年 12月	洋紙 노트.
現穀收支簿	1958(戊戌)年 3月	洋紙 노트.
玉洞書院穀物收支簿	己未 2月 23日~壬申 3月	洋紙 노트.
玉洞書院各所金錢出納簿	丁卯 12月 10日	
玉洞書院金錢出入簿	己未 2月 23日~	
玉洞書院流用簿	戊辰 9月 1日~	
玉洞書院日用簿	乙丑 8月~	
玉洞書院日用文簿	壬戌 正月~	
內譯臺簿		
玉洞書院別所契案	癸亥 12月 15日	
補完契文書	壬子 12月	
蘭菊契文簿	1964年(甲辰) 9月~	
蘭菊契冊	1964年(甲辰) 9月 10日~	
沙西全先生八享事蹟大		
沙西先生文蹟		
沙西先生元配位謚號職 列錄		
笏記		享祀의 식순.

〈부표 2〉 흥암(興巖)서원 소장 문서(*)

문서명	연대	비고	書院誌
焚香錄		8冊.	○
尋院錄		10冊.	○
院錄	甲申(1704年) 6月 16日~壬子(1732年) 3月 10日	鄕案.	○
院錄	甲申(1704年) 6月 16日~己丑(1709年) 9月 10日	鄕案. 表紙落丁. 내용은 上記 「院錄」의 전반 부분과 동일	○
院錄	庚寅(1770年)~辛未(1811年) 5月 22日	鄕案.	○
興巖書院鄕案續錄	己卯(1879年)	成在平·成錫駿序, 金履應跋.	○
靑衿錄	己卯(1759年)~壬子(1822年)		○
靑衿錄	年代未詳(20世紀)		○
任員錄	甲寅(1854年)~壬辰(1952年)		○
駿奔錄	丁巳(1857年)~戊寅(1878年)	享祀時의 分掌錄.	○
駿奔錄	庚寅(1890年)~丙午(1906年)	享祀·告由時의 分掌錄.	○
重修時義捐錄	丙辰(1916年) 2月 18日		○
完文	辛丑(1901年) 5月	尙州郡官印	○

節目	大韓光武十年(=1906年) 3月	尙州郡官印	○
田畓案			
附各項收入			
勸奬契收支簿			
靑衿契出資金入錄			○
興巖書院書冊出納記			
備品臺帳			
興巖書院事實錄	庚申(1920年) 4月 講學時謄出舊件	국립중앙도서관 고전운영실 소장	○

비고 : '書院誌' 란에 ○를 붙인 것은 『興巖書院誌』(興忠保存委員會, 2006年)에 영인 수록되어 있는 것을 가리킨다.

<부표 3> 화암(花巖)서원 관련 문서

문서명	연대
焚香錄	1725(乙巳)~1731(辛亥)
焚香錄	1826(丙戌)~1835(乙未)
尋院錄	1769(己丑)~1785(乙巳)
常享祝式/ 告由移安文	
笏記	
大寺洞墓祀儀節	

<부표 4> 도남(道南)서원 관련 문서

문서명	책수	연대	公刊
道南書院事實	下		史
創設稧案	1		史
道南書院謄錄冊	1	庚午	史
道南書院講學契案	上·下		史
任院錄	6		院
院錄	4		
尋院錄	13		
焚香錄	13		
駿奔錄	7	癸未~丁酉	
靑衿錄			院
時到記			
延額時本州儒生疏	1	丁巳=肅宗 3年=1677年	
漆原儒生疏帖	1	庚子 12月	
靑松士林疏錄	1		
道南書院奴婢田畓案	1	乙未=1739年 6月	史
田畓案	1	康熙年間	

田畓案	1	丙寅 正月	
校學位田圭量案	1	乙巳	史
道南書院田畓改修冊	1	戊辰	
道南書院奴婢正案	1	甲戌＝1841年 正月	史
道南書院奴婢案	3	辛卯＝1831年 4月	
道南書院奴婢推刷成冊	1	庚午 3月	
道南書院奴婢推刷成冊	1	辛酉 9月	
道南書院奴婢案	1	丁卯～戊戌＝1807年	
院奴婢案	1		
道南書院齋直案	1	辛酉 7月	史
道南書院院生案	1	戊午 12月	史
鄉會完議	1	癸卯 9月	史
講學所完議	1	壬戌 9月	史
補用所完議	1	壬寅 正月	史
完議	1	庚寅 3月	
完議節目	1		
座目節目	1	壬戌	史
尙州牧還結后弊節目	1		史
院中傳受記	1	壬辰	
傳掌記	8		
上樑文	1		院
道南書院藏書錄	1		
道南書院祝式	1		院
道南書院笏記	1		院
院祠樓亭記	1		
疏行日錄(啓明大 도서관 소장)	1		

비고 : '史'는『朝鮮時代嶺南書院史料』(國史編纂委員會編, 1999年)에 영인된 것, '院'은『道南書院誌』(道南書院, 1995年)에 활자화된 것을 가리킨다.

〈부표 5〉 도곡(道谷)서당 소장 문서(*)

문서명	연대	내용
敎事錄	丁丑(1697年) 5月～辛巳(1701年) 4月; 乙丑(1709年) 6月 修正	道谷書堂再建時의 日誌.
(報狀書目)	戊寅(1698年) 6月～乙未(1715年)	書目, 完文, 通文 等을 정리한 公文綴. 前後落丁.
堂錄	丁丑(1697年) 7月～甲申(1764年) 11月	建立, 重修時 참여자 명부
任員錄	丁丑(1697年)～丁丑(1997年)	書堂의 역대 任員(山長, 有司) 명부.
鄉約座目	丁巳(1797年) 7月 草案, 癸亥(1803年) 12月 初10日 正書	鄉約 원문은 없고 座目만.
道谷書堂耆會錄	丙辰(1796年) 12月～癸丑(1853年) 12月; 戊子(1828年) 秋 改修正	同窓인 老儒 모임의 명부

道谷書堂案	丙午(1846年) 11月~癸巳(1893年) 11月	書堂入門者 명부. 姓名, 字, 生年, 科擧及第事項, 記入責任者名 등을 기재.
道谷書堂案	乙卯(1915年) 11月	書堂入門者 명부. 姓名, 字, 生年, 官職 등.
道谷書堂案	戊寅(1938年) 3月	書堂入門者 명부. 姓名, 字, 生年, 客地所在者의 주소 등.
道谷書堂案	甲辰(1964年)	書堂入門者 명부. 姓名, 生年 등.
尋眞錄	戊寅(1698年) 秋~癸卯(1903年) 正月	道谷書堂 방문자 명부. 下記 尋眞錄에 이어지는 것으로 생각됨.
尋眞錄	戊寅(1698年) 秋~壬戌(1742年) 9月	上記 尋眞錄의 전반과 같은 내용.
學校模範		書堂의 校則을 16條로 정리한 規範書. 李栗谷이 지은 것으로 생각됨.
道谷書堂田畓案	己丑 2月 改修正	道谷書堂 所有의 田畓 目錄. 所在, 結負·斗落數, 名義, 買價.
存信稧案	壬戌(1922年) 11月	書堂 경영을 위해 둔 契.
歲儀代金支拂簿	大正 6(1917)年 11月~乙亥(1935年) 11月	歲儀(매년 열리는 회의) 때의 지불자 명부. 괘선 노트.
歲儀簿	丁丑(1937年)~甲申(1944年)	歲儀(매년 열리는 회의) 때의 지불자 명부. 附物品目錄. 괘선 노트.
歲儀錄	乙酉(1945年)~戊子(1948年)	歲儀(매년 열리는 회의) 때의 지불자 명부. 丁丑(1937年) 收賂記가 맨처음에 기재. 괘선 노트.
道谷書堂□□	大正 7(1918)年 4月~甲子(1924年) 11月	收支 사항 기록부. 괘선 노트.
하곡(霞谷)서당 관련		
霞谷書堂堂案	萬曆 34(1606年) 4月, 萬曆 45(1617年) 加錄	堂案.
霞谷書堂錄	壬子(1612年) 10月 重修錄	丙子(1636年) 2月, 丁未(1667年) 7月, 戊申(1680年) 12月, 壬子(1732?年) 12月, 加錄.
堂會錄	庚辰(1700年) 4月	牧使·李世弼, 昌寧 成氏 11名.
學校模範		上記 道谷書堂學校模範과 같은 내용. 字句가 약간 다름.

비고 : 도곡서당 소장 문서 가운데 하곡서당 관련 문서가 포함되어 있기 때문에 이 목록에 넣었다.

<부표 6> 봉암(鳳巖)서당 소장 문서(*)

鳳巖書堂(윗서당)

제목	연대	내용
靑衿錄	辛巳(1701年)	堂院錄. 卷末에 完議 있음.
靑衿錄	庚戌(1730年), 壬午(1762年), 丙戌(1766年), 甲午(1774年), 癸亥(1803年), 丙午(1846年)	1730年 7月, 書堂 成造時의 敎事錄을 포함. 序 呂台周, 跋 盧斗○.

靑衿錄	壬申(1872年)	
靑衿錄	丁丑(1937年), 庚申(1980年)	
任院錄	丁丑(1937年)~丁丑(1997年)	역대 山長, 有司 등의 명부
鳳巖書堂分二文案	丙辰(嘉慶元年, 1796年)	書堂을 南/西(老)의 둘로 분리했을 때의 각서
帖	甲子 初夏	尙州牧使가 소속 서당에 내린 문서
上書	丙子(1756年) 4月	城主(守令)에게 올리는 上疏文. 官의 처분(題音) 있음.
上書	癸巳(1833年) 10月	城主(守令)에게 올리는 上疏文. 官의 처분(題音) 있음.
(1)手記	(1)甲午(1834?年) 9月	4장의 문서를 하나로 철함.
(2)鄕校稟目草	(2)未詳	
(3)上書	(3)甲午(1834年) 8月	
(4)上書	(4)乙未(1835年) 7月	
上書	乙未(1835年) 8月	城主(守令)에게 올리는 上疏文. 官의 처분(題音) 있음.
等狀	甲午(1834年)	城主에게 올리는 上疏文. 牧使의 題音 있음.
等狀	乙未(1835年) 10月	城主에게 올리는 上疏文. 牧使의 題音 있음.
牒呈	甲午(1834年) 8月	書堂 有司가 牧使에게 올리는 上疏文.
稟目	丁亥(1887年) 4月	城主(牧使)에게 보내는 照會 文書.
稟目	癸亥(1927年) 4月	山林의 國有化에 반대하는 文書.
手記	道光19(1839)年 4月	趙顯祿이 堂會 會員에게 보낸 각서.
土地文記	(1)道光10(1830)年 11月	土地 賣買에 관한 証書.
土地文記	(2)同治13(1874)年 10月	土地 賣買에 관한 証書.
土地文記	(3)光緖18(1892)年 12月	土地 賣買에 관한 証書.
鳳巖書堂重修韻	1932年	1冊 上下 2卷. 上卷은 鳳巖書堂重修記(盧性翰, 趙鍾九) 및 客人에 의한 重修詩. 下卷은 堂員에 의한 重修詩.
學費支出表	昭和15(1940)年~己丑(1949年)	書堂이 堂員의 자식에게 신식학교의 학비를 지원한 기록. 앞 부분은 탈락.
秋賭記(1)(2)(3)	(1)乙未 11月, (2)辛未 9月, (3)癸丑	
下記(1)(2)(3)	(2)乙丑 11月, (3)庚申 8月	
傳掌記	乙丑 1月	
山坂費用記	辛酉 3月	
時到記	(1)庚辰 11月	
上疏名單	(1)19世紀 後半	파손이 심함.
日誌(?)		파손이 심함.

鳳巖書堂(아랫서당)

제목	연대	내용
講堂靑衿錄	丁亥(1827年) 12月	
靑衿錄	庚子(1900年) 2月	李漢膺 牧使의 이름이 靑衿錄의 筆頭에 있

| | | 음. 卷末에 鳳巖書堂 重修記(趙南鈺·鄭泰協), 移建時 上樑文(趙逐和), 還建時 上樑文(鄭泰協), 還建時 重修記(鄭泰協)가 수록되어 있음. |

<부표 7> 수선(修善)서당 소장 문서

문서명	연대	내용
修善書堂里社錄	17c	書堂 관계자 명부
尋院錄	1600경	書堂 訪問者錄
修善書堂錄	1882	前揭 2冊 및 「修善書堂記」「座目」을 합본 정서한 것.
(契帖)	1853-1963	契의 회계철

내가 조사지를 찾아 상주를 처음으로 방문한 것이 1998년 가을이므로 그로부터 이렇게 책이 나오기까지 해로 10년의 세월이 걸린 셈이다. 그 간 암중모색의 나날들이었고 집필을 끝낸 지금도 본서는 '결정판'이라기보다는 '잠정판'이라는 생각을 저버리기 어렵다.

모든 텍스트는 그 저자가 놓인 관계성 속에서 쓰여진다. 어떠한 관계성 속에서 이 책이 쓰여졌는가에 대해 전혀 언급하지 않는다면 그것은 중대한 사실의 은폐가 될 것이다. 본서가 성립되는 데 빼놓을 수 없는 분들을 전부 열거하는 것은 어렵겠지만 글 마지막에 감사의 말을 붙였다.

본서의 토대가 된 박사논문은 도쿄대학 대학원 문화인류학코스에 제출한 것이다. 동 연구실에 처음으로 발을 들여놓은 것은 1992년이었다고 기억하는데, 당초 레비스트로스Claude Levi-Strauss와 같은 '보편' 지향에 매력을 느끼고 있던 나는, 곧 1980년대 이래 인류학의 반성의 흐름과 맞닥뜨리게 된다. 그 충격으로부터 어떻게 연구를 다시 세울 것인가를 고민하던 학부생, 대학원생들의 논의의 분위기는 잊을 수 없다. 고마바駒場【도쿄대학 고마바 캠퍼스】에서의 수많은 토론이 없었다면 본서의 문제설정은 불가능했다. 특히 식자識字(문자)라는 주제에 대해서는 선배인 나카무라 유스케中村雄祐 씨, 사카모토 신이치坂元眞一 씨와의 논의에 힘입은 바가 크다. 권력, 역사성, 식민주의 등의 시점에서 민족지民族誌, ethnography를 되묻는 움직임을, 단순히 '새로운' '유행', '연구동향'으로서만 소화해 버릴 것이 아니라 땅에 발 딛은 논의로 만들기 위해서는 어떻게 하면 좋을까. 본서는 그러한 물음을 내 나름대로 끌어안고 생각한 끝에 짜낸 하나의 결과물이다. 어떤 글이 나올지 알 수 없는 가운데 줄곧 지켜봐 준 동 연구실의 선생님들 그 가운데서도 지도교수인 이토 아비토伊藤亞人 선생님께는 깊이 감사드린다. 또한 내가 학부생 당시 조수助手로 있었던 혼다 히로시本田洋 씨에게는 그 후로도 줄곧 신세를 졌는데, 혼다 씨의 질책과 격려가 없었다면 내 연구는 훨씬 엉망이 되었을 것임에 틀림없다.

식민주의라는 문제를 생각하기 시작한 무렵, 전공을 달리 하는 몇몇 대학원생들과 '식민지 공부 모임植民地勉强會'이라는 연구회를 시작했다. 1996년부터 8년간 정도 계속되었다. 신창건愼蒼健 씨(현 東京理科大), 가와 가오루河かおる 씨(현 滋賀縣立大), 가와세 다카야川瀨貴也 씨(현 京都府立大), 오가와라 히로유키小川原宏幸 씨(현 明治大兼任講師【2011년부터 同志社大】) 등이 초기 멤버였는데, 여기에서의 토론은 실로 자극적이었다. 멤버가 유학이나 취직으로 각지에 흩어져도 주로 메일링 리스트로 논의를 하면서, 2002년에는 북일정상회담에 대해 독자적으로 성명을 내기도 했다. 마지막 연구회는 내가 교토京都로 가기 직전인 2004년 여름에 '환송회'로서 열렸는데 그 때는 신창우愼蒼宇 씨가 본서의 토대가 된 몇 편의 논문에 대해 내재적이고 본질적인 코멘트를 해 주었다. 이 연구회에서의 8년간의 토론 또한 본서의 뼈와 살이 되었다.

1999년 3월부터 2년 반이나 한국에 체재할 수 있었던 것은 서울대 인류학과가 연구과정생으로 맞아 주었기 때문이다. 이문웅李文雄 선생님을 비롯해 동 학과의 교원들에게 감사드린다. 또한 학생실에 책상까지 마련하여 아직 더듬거리는 '우리말'밖에 못하던 나를 맞아준 동 학과의 대학원생들에게도 고마움을 전한다.

임경택林慶澤 씨(현 전북대)는 도쿄대 문화인류학과 연구실에 유학하던 때부터 여러 상담을 받아주고, 서울에서 하숙집 찾기를 비롯해 실로 다양한 면에서 도움을 주었다. 생각해 보면 '상주'라는 이름을 의식하게 된 것도 상주에 인접한 김천 출신인 임경택 씨와의 이야기가 계기였는지도 모르겠다.

서울 체재 중에는 노촌老村 이구영李九榮 선생이 열고 있던 이문학회以文學會라는 모임에 참가했다. 일주일에 한 번 노촌 선생을 모시고 한문 공부를 했다. 노촌 선생은 연안延安 이李씨의 명문가에서 1920년에 태어나 보통학교에는 다니지 않고 한학을 수학한 후, 식민지기로부터 해방 후에 걸쳐 좌익 운동에

투신했다. 이후 한국전쟁 때에 월북한 뒤 '공작원'으로서 남하한 뒤 체포되어 감옥에서 22년을 보냈다. 말 그대로 파란만장한 생애사와 더불어 그토록 격렬한 체험을 한 분이라고는 믿기지 않을 정도로 유연한 태도에서 나오는 교양이 넘치는 말씀은, 본서에서 '선비士'를 이해하는 데 커다란 영향을 미쳤다. 노촌 선생의 전기인『역사는 남북을 묻지 않는다』(심지연 저, 소나무, 2001년[초출은 『山頂에 배를 매고』, 개마서원, 1998년])의 일본어판은 일단 번역을 마친 뒤 몇 년이 지났지만, 나의 게으름이 겹쳐져 아직 출판되지 못했다. 돌아가시기 전에 본서와 함께 그 번역서를 보여드리지 못한 것이 안타까울 따름이다.

　가장 큰 감사의 말은 1999년 12월부터 2001년 9월까지 체재한 상주의 분들에게 바쳐야 할 것이다. 처음으로 방문했을 때 상주문화원 사무국장이던 박윤성朴潤成 씨가 하루 걸려 상주를 안내해 주고 자료를 듬뿍 안겨준 일은, 그 곳에서 조사를 해보자고 결심하는 데 중요한 계기가 되었다. 당시 상주대에 재직하고 있던 권태을權泰乙 교수는 다양한 장면에서 상담에 응해 주었고 그곳에서 조교를 하던 박미화朴美和 씨에게는 살 집을 소개 받는 등 몇 번이고 신세를 졌다. 상주에 살기 시작해 다시 상주문화원을 찾았을 때 새로이 사무국장을 맡고 있던 강경모姜慶模 씨로부터는 사무국장을 그만둔 다음에도 수많은 정보를 제공 받았다. 상주 얼찾기회의 유윤기柳潤基 씨가 조사 초기에 이곳저곳을 안내해 준 것은 상주의 토지 감을 익히는 중요한 단서가 되었다.

　또한 본서에서는 풍양豊壤 조趙씨의 사례가 도처에 나오는데 특히 검간파黔澗派 문중은 중요한 제사 때에 나와 같은 외부자를 불러 주는 등 정말로 잘 대해 주었다. 그 종가 출신으로 영남대에서 인류학 박사학위를 취득한 조강희趙康熙 씨는 한국문화인류학회에서 인사를 나누고 나서 바로 자신의 박사논문을 보내 주었는데, 내가 마침 상주에 살게 되어 이제부터 막 구체적인 조언을 구하고자 하려는 때에 병으로 돌아가셨다. 안타까울 따름이다. 김상익金相翼 씨를 비롯한 상산尙山 김씨 여러분들, 정춘목鄭椿穆 씨를 비롯한 우산愚山의 진양晉陽 정씨 여러분들, 성학환成鶴煥 씨를 비롯한 능암綾岩의 창녕昌寧 성씨 여러분들, 황석연黃錫淵 씨를 비롯한 장수長水 황씨 여러분들은 일족의 중요한 행사에 나를 불러 주었다. 옥동서원玉洞書院, 흥암서원興巖書院, 도곡서당道谷書堂, 봉암서당鳳巖書堂, 수선서당修善書堂에서는 고문서의 촬영을 흔쾌히 허락해 주었고, 중모中牟초등학교에서는 소장 자료의 입력에 협조를 받았다. 상주 초등학교에서도 자료 입력에 도움을 받았으나, 안타깝게도 나의 능력 부족으로 본서에 적절하게 반영하지는 못했다. 양로당養老堂에서는 갑작스런 방문에도 불구하고 자료를 보여 주었다. 노천가盧天可 씨는 중모中牟 지역에 대해 여러모로 가르쳐 주었다. 여학룡呂學龍 씨는 오광五狂 선생과 자양학원紫陽學院에 대해 자료를 제공하고 흥미로운 이야기도 해 주었다. 조희열曺喜烈 교장선생님도 바쁜 가운데 시간을 내어 많은 것을 가르쳐 주고 일본에까지 자료를 보내 주기도 했다. 조사 당시 상주의 신문기자였던 박승도朴承道 씨는 S씨 마을에서의 조사를 도와주었다. 상주대 도서관의 조옥수趙玉守 씨는 내 연구를 이해하고 다양한 편의를 제공했다.

그리고 내가 '상주' 하면 떠올리고 지금도 상주에 가면 꼭 뵙는 이가 조익연趙益衍 씨이다. 근처의 다방이나 송어회집에서 들은 수많은 이야기들은, 본서에 직접 인용은 하지 않았지만 그 예리한 언변과 더불어 서술의 마디마디에서 떠올라, 본서의 기술에 일정한 긴장감과 현실감을 더해 주었다고 생각한다.

상주에서 만난 후에 돌아가신 이도 몇 분 있다. 그러한 분들뿐만 아니라 처음부터 뵐 수 없었던 분들, 본문 중에 등장하는 돌아가신 지 오래된 분들, 그밖에 수많은 사자死者에게도 본서는 기대고 있다고 할 수 있다.

한국에서의 지역 자료의 수집은 예상보다도 극히 곤란한 작업이었다. 어디에 자료가 있는지, 뭐가 자료가 될지, 혹은 애시 당초 자료 같은 건 없는지도 알 수 없었다. 몇 백 쪽의 자료 속에서 상주에 관한 몇 줄의 기술을 찾는 작업을 하다 보니 '상尙' 자 하나만 있어도 눈이 그쪽으로 가기도 했다. 이야기를 듣는다고 해도 누구에게 어떤 연줄로 물으면 좋을지 알 수 없었다. 게다가 식민지기, 냉전이 이어지는 역사 속에서 가까운 시대 쪽이 오히려 자료를 모으거나 이야기를 듣기가 어려웠다. 시원찮은 탐정처럼 어슬렁거리는 날들이었다. 지역에 있다가는 오히려 보지 못할 자료도 많다. 월성月城 이李씨의 자료는 이족吏族을 오랫동안 추적해 온 동아대의 이훈상李勛相 씨가 포항에서 수집해

주지 않았으면 결코 볼 수 없었다. 풍양豊壌 조趙씨, 진양晉陽 정鄭씨, 연안延安 이李씨의 종가문서는 한국학중앙연구원의 안승준安承俊 씨의 협력에 의해 볼 수 있었다. 당시 동 연구원에 유학하고 있던 하시모토 시게루橋本繁 씨는 마이크로 필름의 복사를 도와주었다. '시간여행'이라는 골동품 가게 사장이자 근대사료 수집가인 김영준金英晙 씨는 매우 귀중한 자료를 소개해 주었다.

상주에서 도쿄로 돌아오기 직전인 2001년 9월 '비판과 연대를 위한 동아시아 역사 포럼'에 통역으로 참가했다. 이는 역사교과서 문제를 계기로 와세다早稲田대학의 이성시李成市 씨와 한양대의 임지현林志弦 씨 등이 중심이 되어 시작한 모임이다. 그 후로도 1년에 두 차례 한국과 일본을 오가면서 열린 역사 포럼에는 다양한 형태로 관계하게 되어 많은 것을 아픔과 함께 배울 수 있었다. 본서 5장은 그 자리에서 처음으로 발표한 것으로, 그 후 윤해동尹海東 씨(성균관대 동아시아학술원【2011년부터 한양대】) 덕분에 논문집 『근대를 다시 읽는다』(역사비평사, 2006)에도 재수록되었다.

교토를 중심으로 '포치의 모임ポチの會'이라는 잘 알려지지 않은 편안하게 만나는 모임이 있다. 고마고메 다케시駒込武 씨(京都大), 도미야마 이치로冨山一郎 씨(大阪大), 오가와 마사히토小川正人 씨(北海道立 아이누 민족문화 연구센터), 도리야마 아쓰시鳥山淳 씨(琉球大 강사), 고지마 기요시小島潔 씨(岩波書店) 등과 함께 매번 게스트를 부르거나 해서 공유된 사료를 가운데 놓고 지긋이 읽으면서 논의하는 자리이다. 거기서 매번 만나는 텍스트를 둘러싼 긴 호흡의 논의는 본서의 이곳저곳에 흔적을 남겼다고 생각한다. 포치【도미야마 씨가 기르던 개】는 작년에 세상을 떠났지만 우리들 토론의 옆에는 늘 그가 있다.

박사과정을 마치고 조수助手로서 근무한 도쿄대 한국조선문화연구실은 대학원의 한국 연구 전공으로서는 일본 최초의 과정이기도 해서 귀중한 경험을 할 수 있었다. 연구 시간을 확보해 주고 지적 자극을 준 요시다 미쓰오吉田光男 선생님, 핫토리 다미오服部民夫 선생님을 비롯한 연구실의 선생님들에게 감사드린다.

도시샤同志社 대학에 부임한 뒤로는 아무래도 바빠졌지만 그래도 사회학과

선생님들의 배려 덕분에 연구할 시간을 아직은 확보하고 있다. '대학 개혁'의 파도가 여기에도 밀려오고 있지만 이 시간만큼은 사수하고자 한다. 또한 본서의 출판에 있어서는 다행히 도시샤 대학의 출판조성을 받을 수 있었다. 덕분에 이와 같은 어떤 의미에서 마이너한 내용의 책이 출판될 수 있었다고 하겠다.

그동안 연구를 지원해 준 기금에도 감사하지 않으면 안 된다. 한국 국제교류재단의 장학금은 대학원 시절 귀중한 경제적 뒷받침이 되었다. 또한 도요타재단으로부터는 마침 상주에 살기 시작한 무렵 1년간 지원을 받게 되어 본서의 토대가 된 자료를 상당히 모을 수 있었다. 마쓰시타松下 국제재단, 학술진흥회로부터도 필요한 시기에 유익한 지원을 받았다.

아카시쇼텐明石書店의 효도 게이지兵頭圭兒 씨는 본서의 편집을 적극적으로 추진해 주었다. 효도 씨는 한국 유학 경험도 있고 시야도 넓어 앞으로 활약이 기대되는 편집자이다.

언제나 정신적, 경제적으로 뒷받침 해주고 지켜봐 준 사도佐渡의 부모님과 할머니, 돌아가신 도쿄의 할머니에게도 깊이 감사드린다. 처가에도 방에서 넘쳐난 장서의 보관을 부탁하는 등 정말로 많은 도움을 받았다. 그리고 마지막으로 내 일을 이해하고 수없이 많은 무리한 부탁을 들어준 아내 미사코美佐子에게는 뭐라고 고맙다는 말을 해야 할지 모르겠다. 말도 서툰 서울, 상주에서 함께 생활하며 본서의 몇몇 중요한 자료를 함께 입력하고 사료의 촬영조수도 해주었다. 마음으로부터 고마움을 전한다.

2008년 2월 이타가키 류타板垣竜太

이 책은 이타가키 류타板垣竜太 씨의 저서『朝鮮近代の歴史民族誌－慶北尙州の植民地経驗－』(明石書店, 2008)을 번역한 것이다.

이타가키 씨의 이름이 한국 학계에 널리 알려지게 된 계기는 식민지기 한 농촌청년의 일기를 분석한 논문「식민지의 '우울'－한 농촌청년의 일기를 통해 본 식민지 근대－」(임지현·이성시 엮음, 비판과 연대를 위한 동아시아 역사포럼 기획,『국사의 신화를 넘어서』, 휴머니스트, 2004)를 통해서였다고 생각된다. 이 논문은 후일 윤해동 외 엮음,『근대를 다시 읽는다 1』(역사비평사, 2006)에 재록되었고, 이 책 5장의 토대가 되었다.

『삼천리』등의 잡지 글을 분석하면서 식민지기 지식인들의 궤적을 쫓고 있던 역자도, 이타가키 씨의 이 글을 통해 읍내에서도 한참 떨어진 농촌 마을의 청년까지 그러한 잡지들을 일상적으로 읽고 있었다는 사실을 확인하고, 적이 짜릿한 흥분을 느꼈던 기억이 새롭다. 근대 일기 분석에 한하자면 이타가키 씨의 연구는 김상태 씨의『윤치호 일기 1916~1943－한 지식인의 내면세계를 통해 본 식민지시기－』(역사비평사, 2001)와 더불어 한국 근대사 연구에 신선한 자극이 되었고, 최근의 정병욱·이타가키 류타 엮음,『일기를 통해 본 전통과 근대, 식민지와 국가』(소명출판, 2013)와 같은 본격적인 연구가 나오게 되는 물꼬를 튼 셈이다.

한편 '비판과 연대를 위한 동아시아 역사포럼'이 이타가키 씨를 한국에 소개하는 무대가 된 것도 의미심장하다. 민주화와 경제성장에 발맞춰 고무된 '내셔널 히스토리'의 욕망에 메스를 들이대면서 등장하여, 2003년 8월에는 '국사의 해체를 향하여'라는 자극적인 제목의 심포지엄으로 커다란 파문을 일으킨 뒤, 이후『해방 전후사의 재인식』이나『근대를 다시 읽는다』등의 시리즈로 그 문제의식의 발전·분화를 보인 일련의 과정, 그 격동의 현장의 내밀한 곳에 이타가키 씨가 함께 했다는 사실은 기억해 둘 만하다. 이타가키 씨는 이 과정에서 '많은 것을 아픔과 함께 배웠다'고 밝히고 있다(「저자 후기」 참조). 그 '아픔'이 어떠한 것이었는지는 역자도 미처 묻지 못했다.

얼마 전 이타가키 씨는 한국의 독자들에게「동아시아 기억의 장소로서 역도산力道山」(『역사비평』 95, 2011. 5)이라는 글을 선보였다. 이 글은 일본에서 나온 板垣竜太·鄭智泳·岩崎稔 編著,『東アジアの記憶の場』(河出書房新社, 2011)[한국어판『동아시아 기억의 장』, 삼인, 2015]이라는 공동연구의 일부이기도 하다. 공동연구 전체의 문제의식에 대해서는 그 서문이 이와사키 미노루·이타가키 류타·정지영,「기억으로 동아시아 생각하기」(『역사비평』 102, 2013. 2)로 번역 되어 있으므로 참고하기 바란다. 동아시아의 역사와 대중의 욕망이 교차하는 '역도산'이라는 기호를 파고드는 이타가키 씨의 발상의 발랄함과 실증의 농밀함 은 많은 이들로부터 좋은 평가를 받았다.

다만 일본 학계에서 이타가키 씨의 인상은 그저 공부 잘하는 젊은 연구자만은 아니다. '야후 재팬' 등의 사이트에서 '이타가키 류타'라는 이름으로 검색을 해 보는 것만으로도 비판적 지식인으로서의 그의 풍모를 넉넉히 헤아릴 수 있다. 먼저 그의 실천은 1999년 8월 히노마루日の丸와 기미가요君が代가 각각 일본의 국기와 국가로서 법제화된 데 반대하며 등장한 '히노마루·기미가요에 대항하는 네트워크' 일명 '반히노기미넷'에 '관리자'로서 참가하는 데서 시작되 었다. 2000년대 들어 일본에서는 한국의 주민등록제도와 비슷한 '주민기본대장 네트워크 시스템'이 도입되기에 이르는데, 이 과정에서도 이타가키 씨는 공편저 인『세계의 프라이버시권 운동과 감시 사회世界のプライバシー權運動と監視社會』(明石書 店, 2003)를 통해, 일본제국이 만주국에서 실시한 제도가 전후에 남북한을 거쳐 일본으로 되돌아오는 이른바 '역식민逆植民'이라고 부를 만한 현상을 고발 하였다. 이러한 문제의식의 일단은 당시 그가 객원편집위원으로 참가하고 있던『당대비평』지를 통해 한국에도 소개된 바 있다(「제국의 신민 관리 시스

템 : 과거와 현재」, 『당대비평』 20, 2002. 9).

일본 사회의 '민주화'를 위한 이타가키 씨의 일련의 노력은 전쟁 및 식민지 지배 책임의 영역에서 두드러진다. 일본에서는 2001년 1월에 공영방송인 NHK 산하의 ETV(교육방송)의 '전시 성폭력을 묻는다'라는 프로그램이 방영 직전에 정치가의 압력에 의해 개찬되는 사건이 발생했는데, 이타가키 씨는 '미디어의 위기를 고발하는 시민네트워크'에 적극적으로 참여하여 동 네트워크 편, 『프로그램은 왜 개찬되었는가番組はなぜ改ざんされたか― 'NHK·ETV 사건'의 심층―』(一葉社, 2006)을 펴내게 된다. 또한 2000년대 들어 대중문화에서의 '한류'에 대한 반작용으로서 일어나고 있는 일본 사회의 이른바 '혐한류' 현상을 비판적으로 분석한 책을 2007년에 냈는데, 이는 곧바로 한국어로도 번역되었다(다나카 히로시·이타가키 류타 엮음, 한국학중앙연구원 한국문화교류센터 옮김, 『한국과 일본의 새로운 시작―일본 지식인들의 '혐한류' 비판―』, 뷰스, 2007). 이와 같은 일련의 활동을 토대로 이타가키 씨는 '식민지 지배 책임론'을 제창하며, 다양한 매체에 대한 기고 등을 통해 그 개념의 정립을 꾀하고 있다.

이타가키 씨는 2004년 도시샤 대학에 부임하여 교토로 거점을 옮긴 뒤 이 지역의 '조선학교'를 후원하는 활동을 줄곧 벌여왔다. 한국에도 <우리 학교>라는 다큐멘터리 영화를 통해 알려진 바와 같이 일본 사회의 여러 가지 보이는 혹은 보이지 않는 차별 속에서 민족의 문화를 지키고 있는 조선학교를 돕는, 주변에서 이를 멍하니 지켜보고 있는 한국 출신 연구자들을 쑥스럽게 만드는, 참으로 소중한 실천이다. 이러한 활동에 중요한 고비가 된 것이 과격한 '혐한' 데모로 한국에도 잘 알려진 '재일(한국·조선인) 특권을 허락하지 않는 시민 모임在日特權を許さない市民の會' 일명 '재특회'가, 2009년 12월에 '교토조선초급학교'에 몰려가 교포 초등학생들을 앞에 두고 벌인 시위였다. 이타가키 씨는 이 사건을 둘러싼 재판 투쟁에도 깊게 관여하여, 2013년 2월에는 교토지방재판소 제2민사부에 '의견서'를 제출하기에 이른다.

서른 페이지가 넘은 의견서에서는 먼저 조선학교 및 일본과 북한의 교과과정, 조선학교 교과서의 역사적 변천, 조선학교의 조직체계 등을 설명한 뒤, 일본에서

의 민족교육사를 되짚으면서 민족교육권이라는 개념이 탄압과 저항의 역사 속에서 태어났음을 논했다. 다음으로 학부형이 아이들의 언어 학습과 자존감의 확립을 바라면서 조선학교를 선택하고 있는 점, 수동적이 아니라 자신들의 학교로서 인식하면서 아이들을 보내고 있는 점을 지적했다. 이를 바탕으로 이 사건이 다른 나라와 비교해 볼 때도 전형적인 레이시즘 즉 민족차별 사건에 다름 아님을 논증하고 있다(「朝鮮學校への嫌がらせ裁判に對する意見書」,『評論·社會科學』105, 同志社大學社會學會, 2013. 5 참조).

여기서 역자는, 요절한 일본의 한국 근대사 연구자 가지무라 히데키梶村秀樹 씨가 재일조선인에 대한 지문 날인 문제를 둘러싼 재판과 관련하여 1984년 11월에 고베지방재판소에 제출한 '의견서'를 떠올리게 된다(「朝鮮人に對する同化政策の歷史と現狀」,『梶村秀樹著作集 第6卷 在日朝鮮人論』, 明石書店, 1993). 일본 사회를 향한 이타가키 씨의 주장은, 조선인에게 가해지는 '동화同化의 고통'을 고발하고 '조선인으로서 일본에서 살아가기' 위한 길을 막지 말 것을 호소했던 가지무라 히데키의 외침과 통하고 있다. 이처럼 한국에서 강 건너 불처럼 논의되는 일본 사회의 '우경화' 흐름에 대해 그 한복판에서 몸을 던져 싸우고 있는 이타가키 류타 씨는, 현재 교토京都 대학, 리츠메이칸立命館 대학, 붓쿄佛敎 대학, 도시샤 대학 등 교토 지역 4개 대학의 한국학 연구자들이 모여 결성한 '교토코리아학컨소시엄'을, 학문을 궁구하고 현실을 고민하는 장으로서 키워 가는데도 열과 성을 다하고 있다.

이제 이 책의 제목과 부제를 음미함으로써 책 전체를 관통하는 문제의식을 짚어보기로 하자. 먼저 제목의 '역사민족지'라는 개념이 눈에 띈다. 도쿄대학 문화인류학연구실 출신인 저자는 문화인류학의 전통적인 흐름이라고도 할 비역사성을 가정한 민족지ethnography가 아니라 역사성을 놓치지 않는 역사민족 지historical ethnography를 지향한다. 한국어판 서문 중에 보이는 '문화인류학에서 식민지연구로'라는 소제목에도 바로 그러한 저자의 문제의식이 담겨 있는 셈이다. 역자는 최근 미국의 일본 연구자 해리 하루투니언Harry Harootunian이 쓴 '지역연구' 비판의 글을 접한 바 있다(ハリー·ハルトゥーニアン著, 樹本健譯,

「공룡의 뒤를 쫓아恐龍のあとを追って ― ‘글로벌리즘’ 시대의 지역연구「グローバリズム」の時代の地域研究 ― 」, 『역사의 불온歷史の不穩』, こぶし書房, 2011). 문화인류학이라는 분과학문은 제국주의 시대의 식민학, 그리고 식민지 이후의 지역연구와 불가분의 관계를 맺고 있는 것이 사실이다. 하루투니언은 루스 베네딕트의 『국화와 칼』로 대표되는 ‘역사의 장기적 지속성은커녕 역사적 구체성까지도 배제해 버리는 지역연구’(하루투니언, 위의 글, 72쪽)를 비판하고 있다. ‘구조기능주의’에 입각한 문화인류학 혹은 지역연구를 ‘몰역사적’, ‘정태적’이라고 비판하는 저자의 문제의식이 서 있는 지점을 미루어 헤아릴 수 있다(이 책 「서장」 참조).

그렇지만 저자는 ‘한국 근대의 역사’가 아니라 ‘한국 근대의 역사민족지’를 제목으로 삼았다. 아이덴티티 혹은 문화의 차이를 불변의 본질로서 상정하는 것에는 반대하지만 그 존재를 결코 경시하지는 않겠다는 뜻으로 읽힌다. 본질은 아니더라도 엄연히 존재하는 무언가에 대한 관심은 자연스레 ‘장기 지속’이라는 문제의식으로 이어진다. 저자는 「서장」에서 미야지마 히로시宮嶋博史 씨의 ‘초기 근대’(‘전통’이라고 불리게 되는 여러 특징들이 형성된 시대로서), 요시다 미쓰오吉田光男 씨의 ‘근세’(‘근현대 한국 사회의 기반이 된 사회구조·의식구조’가 성립된 시대로서) 개념을 원용하면서, 공시적 개념으로서의 ‘근세’·‘근대’와 구별되는 사회 문화적인 특징을 가리키는 개념으로서 ‘<근세>’·‘<근대>’를 고안해 냈다. 그리고 식민지기 지역사회의 양상을 <근세>와 <근대>의 ‘절합節合’이라는 틀에서 분석하는 데 성공한다. ‘역사민족지’라는 타이틀에는 바로 이와 같이 역사성을 의식하면서도 ‘전체론적holistic’ 기술을 포기하지 않으려는 태도가 담겨 있다고 할 수 있다.

‘경북 상주의 식민지 경험’이라는 부제는 어떠한가. 구종주국 일본인 연구자가 구식민지 한국의 다름 아닌 식민지 경험을 그려낸다고 하는, 너무나도 전형적이어서 위태롭기까지 한 구도에서, 저자가 강조하는 ‘지방사’라는 자기 규정은 일단 성공을 거둔 것으로 보인다(「한국어판에 부쳐 ― <지방사>라는 물음 ― 」 참조). 의식적으로 상주라는 ‘지방’에 초점을 맞춤으로써, 한국인 독자와 일본인 저자가 서로 마주보는 것이 아니라 나란히 서서 상주를 들여다보는 효과를 발휘하고 있는 것이다. 그에 더해 저자가 촘촘히 그려 넣은 도시/농촌, 지식인/민중, 남/여 등의 수많은 보조선은 단순히 민족으로 수렴될 수 없는 다양한 아이덴티티의 존재를 보여준다. 물론 동시에 이 모든 것이 녹아들어 있는 총체로서 식민지라는 시공간이 눈앞에 떠오를 수 있도록 하는 것도 잊지 않는다.

'지역연구'에 대한 얘기가 길어진 것은 역자의 지금의 처지와도 관련이 있다. 한국인으로서 한국에서 태어나고 자라 심지어 대학의 '국사학과'를 졸업한 역자는 아이덴티티 따위는 그다지 신경 쓰지 않을 운명이었는지 모른다. 그러던 것이 어찌하다 일본으로 건너오게 되었고 게다가 지금은 '지역연구'를 표방하고 있는 '글로벌지역문화학부'라는 곳에 소속되어 '일본' 학생들에게 '한국'을 가르치고 있다. 더욱이 이러한 나의 구체적인 존재 조건은 나로 하여금 역사학자라는 초월적인 위치에서 한국을 대상화하고자 하는 욕망과 나 자신 또한 한국인으로서 '민족지'의 대상일 수밖에 없다는 불안감 사이에서 동요하게 만든다. 하루가 멀다고 '무엇이 한국인가'라는 질문과 맞닥뜨리며 살고 있는 역자의 처지에 비추어 볼 때, 역사와 민족의 문제를 '민족사'라는 형태로 처리하기보다 '역사민족지'라는 방식으로 그 긴장 관계를 남겨두고자 하는 시도로부터는 많은 시사를 받을 수 있었다. 나아가 그것이 '지知와 권력의 관계성에 민감하고 식민지화의 경험에 의식적'(하루투니언, 위의 글, 75쪽)이라고 할 때, 기존의 지역연구는 물론 역사학의 흐름마저 탈구축할 수 있는 가능성을 그 안에 담고 있다고 할 수 있을 것이다.

이 책에 대해서는 마쓰다 도시히코松田利彦 씨의 서평이 나와 있다(『韓國朝鮮の文化と社會』8, 2009). 그 내용을 잠시 소개하자면, 먼저 마쓰다 씨는 이타가키 씨의 연구가 '세부에 대한 집착과 커다란 문제의식이라는 두 가지 과제를 훌륭하게 양립'시켰다고 평가하고, 그 의의를 다음의 세 가지 점에서 찾고 있다. 첫째, 식민지기의 <근대>를 <근세>의 지속과 변용이라는 새로운 시각에서 그려내고 있다는 점에서 '식민지근대'를 둘러싼 일련의 연구사에 있어서 중요한 도달점으로서의 위치를 점하고 있다. 둘째, 고찰 대상을 '읍'(조선 시대의

'군', 현재의 '시')에 맞춤으로써, 예컨대 서당－사설학술강습회－공립보통학교의 '공간적 구조' 등을 비롯하여 한국 전체라는 규모에서 고찰할 경우 좀처럼 그려내기 어려운 문제를 밝히고 있다. 셋째, S씨의 일기를 비롯해 한문사료, 학적부, 일기 등 방대한 사료를 발굴해 냈다는 점 등이다. 한국의 독자들 또한 이 책을 읽어나가는 과정에서 마쓰다 씨의 높은 평가에 대해 충분히 공감할 수 있으리라 믿어 의심치 않는다.

번역 이야기가 처음 나온 것은 아마도 2010년이었던 것으로 기억한다. 금방 번역에 착수하기는 했지만 익숙지 않은 개념과 내용이 많은지라 작업은 지지부진함을 면치 못했다. 번역이 본 궤도에 오른 것은 2011년에서 2012년에 걸쳐 2년 동안 교토대학 인문과학연구소를 '외국인 공동연구자' 자격으로 방문한 이대화李大和 씨를 공역자로 받아들이면서부터였다. '민속학'을 전공한 이대화 씨의 박사논문은 「20세기 金泉지역 延安李氏 宗中의 지속과 변화」이다. 상주와 이웃한 김천을 필드로 하여 근세적 전통의 '지속과 변화'를 다룬 학위논문을 제출하고, 수요역사연구회의 『제국 일본의 하늘과 방공, 동원 1－방공정책과 식민지 조선－』(선인, 2012)이라는 공동연구에 참가하는 등 '역사학자'로서 활약 중인 이대화 씨는, 이 책의 내용은 물론 이타가키 씨의 연구의 궤적 자체에 대한 가장 좋은 이해자라고 할 수 있을 것이다. 번역 과정에서는 '역사민족지'라는 큰 틀에 대한 이해는 물론 근세 사료를 다루는 방식을 비롯하여 절대적인 역할을 해 주었다. 이대화 씨가 한국으로 돌아간 이후에는 서로의 아이패드에 페이스타임facetime을 켜놓고 말 그대로 얼굴을 마주보면서 문장을 다듬는 시간을 몇 번이고 가졌다. 이 책이 이타가키 씨, 이대화 씨와의 소중한 인연의 정표情表가 되기를 바란다.

2014년 2월
교토에서 홍종욱 씀

농회 146, 171, 367, 374, 402, 425

■ ㄷ

단밀丹密 66, 69, 78, 95, 98
달성 서씨 106, 108, 118, 232
당안 87, 206
대건학원 307, 318, 319, 320
대동보 102, 104
대성강습회(소) 211, 233, 307, 313, 319, 320
대전통/소전통 42
대한광복단 223
대한광복회 222, 223
도미노쓰루富の鶴 184, 186
도시(화)[도회] 30, 48, 55, 125, 161, 175, 192, 199, 254, 267, 361, 363, 388, 389, 396, 405, 415
도조 365
독선생 293, 353, 413
동계 79, 80, 136
동래 63
동리 133, 134, 176, 198, 225, 226, 293, 372, 398
　구 동리 135
　행정동리 134, 135, 375
동몽선습 116, 294, 295
동사 137, 367, 373, 399, 401
동시대성 31, 32, 41
동아시아 32, 33, 40, 51
동아일보 140, 211, 212, 229, 251, 257, 259, 315, 376
동약洞約 86
동양척식주식회사[동척] 149, 150
동양학 39, 40
동창회 189, 332, 418
동학 66, 118, 136, 227, 411
두레 176

■ ㄹ

러일전쟁 128, 133, 180
레코드 379
리듬 33, 385, 391

■ ㅁ

마을 36, 87, 139, 140, 163, 164, 202, 222, 225, 283, 293, 308, 327, 336, 374, 399, 401, 404, 406, 415, 421, 425
만보산사건 256
만산(리) 110, 257
만주 207, 222, 256, 351, 352, 419
매호리 290, 319
면
　면사무소 132, 137, 138, 150, 226, 334, 373, 398
　면의 통폐합 134
　면협의회 139, 188, 215, 255
면업 166
면제 20, 134, 135, 226
모동(면) 66, 67, 78, 82, 88, 135, 150, 168, 229, 237, 321, 324, 328, 336
모서(면) 66, 67, 135, 327
목사 71, 76, 81, 108, 111
묘사 95, 190
무격 40, 42
무속 38, 41, 43
무학당 154, 213
문경 62, 64, 69, 87, 89, 130, 224, 245
문묘 210
문중 36, 43, 53, 75, 89, 95, 96, 102, 103, 106, 205, 206, 208, 212, 214, 225, 283, 287, 292, 293, 302, 304, 320, 421, 423
문중서원 89
문집 52, 95, 102, 113, 205
문화변용 41, 42, 128
문화정치 228, 273, 274, 304, 427
민족 46, 48, 55, 142, 227, 241, 252, 271, 282, 363, 390, 392, 395, 417
민족모순 50, 250, 252, 414, 415, 417
민족주의[내셔널리즘] 45, 49, 200, 241, 249, 272, 359, 393
민족지ethnography 17, 37, 38
민촌 318, 364
밀양 손씨 106

■ ㅂ

발전단계론 30, 33, 51
방앗간 174
별건곤 376, 378
보(洑) 62
보각 104
보각답 104
보각절목 105
보광강습소 232, 233, 307, 312, 319
보광강습회 233, 310
보명학원 218, 230, 233, 235, 250, 307, 309, 311, 319, 320, 417
보은 64, 152, 316
보통학교 281, 305, 326
보호국 29, 126, 128, 133
복자 370
본관 36, 67, 92, 224
본원적 축적 31, 50
부락 133, 135, 139, 192, 375, 398, 417, 425
　지도부락 139, 330, 332, 334, 336, 418
부산 61, 63, 163, 167, 287
부업 162, 169, 173, 175, 269, 411
부인회 140, 332, 336, 418
분재기[문기] 97, 98, 99
분향록 90, 205
불천위 95

본서는 2005년도에 東京大學 大學院 總合文化硏究科 超域文化科學專攻 文化人類學 코스에 제출한 박사학위논문 「朝鮮の地域社會における植民地經驗：慶北尙州の歷 史民族誌」를 가필 수정한 것이다. 본서와 박사논문은 장절 구성에 큰 차이는 없지만 요소요소에 수정을 가했다. 박사논문은 아래의 논문을 기초로 하여 작성되 었다.

① 「植民地下の普通學校と地域社會：慶北尙州の一學校を中心に」(『朝鮮史硏究會論文集』 40, 2002年, pp.247～275).
② 「植民地期朝鮮の地域社會における「有志」の動向：慶北尙州の支配構造の変容と持 續」(『東アジア近代史』 6, 2003年, pp.8～27).
③ 「新旧の間で：日記からみた1930年代農村靑年の消費行動と社會認識」(『韓國朝鮮の文化 と社會』 2, 2003年, pp.113～142).
④ 「〈植民地近代〉をめぐって：朝鮮史研究における現狀と課題」(『歷史評論』 654, 2004年, pp.35～45).
⑤ 「植民地の憂鬱：一農村靑年の再び見出された世界」(李成市 외 編, 『植民地近代の視座』, 岩波書店, 2004年, pp.143～163).
⑥ 「「五狂」小伝」(『韓國朝鮮の文化と社會』 3, 2004年, pp.237～242).

개별 논문은 그 자체로 완결된 내용으로 되어 있으므로 그것들을 하나의 저작으로 모으는 과정에서 일관된 시점에서 전체를 대폭 수정하고 많은 부분을 보완했다. 본서의 서론은 '식민지근대'론에 관해서는 ④를 기초로 했지만 나머지 부분은 새로 썼다. 1장은 전부 새로 썼다. 2장 및 3장은 ②를 토대로 했지만 원형이 남아 있지 않을 정도로 대폭 가필했다. 4장은 ①을 바탕으로 하면서 서당 등의 자료를 보완하여 정리했다. 5장은 ③과 ⑤를 하나로 모은 것이다. 결론부의 여석훈에 대한 기술은 ⑥에서 에세이로 쓴 것이다.
한편 2장 및 5장 일부에 등장하는 주조 및 '密造酒'에 관해서는 박사논문 탈고 후 板垣[2006, 2007a]로 발표한 바 있다.

근대 한국학 총서를 내면서

새 천년이 시작된 지도 벌써 몇 해가 지났다. 식민지와 분단국가로 지낸 20세기 한국 역사의 와중에서 근대 민족국가 수립과 민족문화 정립에 애써 온 우리 한국학계는 세계사 속의 근대 한국을 학술적으로 미처 정립하지 못한 채, 세계화와 지방화라는 또 다른 과제를 안게 되었다. 국가보다 개인, 지방, 동아시아가 새로운 한국학의 주요 연구대상이 된 작금의 현실에서 우리가 겪어온 근대성을 다시 한 번 정리하고 21세기에 맞는 새로운 모습으로 탈바꿈시키는 것은 어느 과제보다 앞서 우리 학계가 정리해야 할 숙제이다. 20세기 초 전근대 한국학을 재구성하지 못한 채 맞은 지난 세기 조선학·한국학이 겪은 어려움을 상기해 보면, 새로운 세기를 맞아 한국 역사의 근대성을 정리하는 일의 시급성은 아무리 강조해도 지나치지 않다.

우리 '근대한국학연구소'는 오랜 전통이 있는 연세대학교 조선학·한국학 연구 전통을 원주에서 창조적으로 계승하고자 하는 목표에서 설립되었다. 1928년 위당·동암·용재가 조선 유학과 마르크스주의, 그리고 서학이라는 상이한 학문적 기반에도 불구하고 조선학·한국학 정립을 목표로 힘을 합친 전통은 매우 중요한 경험이었다. 이에 외솔과 한결이 힘을 더함으로써 그 내포가 풍부해졌음은 두말할 나위가 없다. 연세대학교 원주캠퍼스에서 20년의 역사를 지닌 '매지학술연구소'를 모체로 삼아, 여러 학자들이 힘을 합쳐 근대한국학연구소를 탄생시킨 것은 이러한 선배학자들의 노력을 교훈으로 삼은 것이다.

이에 우리 연구소는 한국의 근대성을 밝히는 것을 주 과제로 삼고자 한다. 문학 부문에서는 개항을 전후로 한 근대 계몽기 문학의 특성을 밝히는 데 주력할 것이다. 역사부분에서는 새로운 사회경제사를 재확립하고 지역학 활성화를 위한 원주학 연구에 경진할 것이다. 철학 부문에서는 근대 학문의 체계화를 이끌고 사회과학 분야에서는 학제간 연구를 활성화시키며 근대성 연구에 역량을 축적해 온 국내외 학자들과 학술교류를 추진할 것이다. 이러한 연구들은 일방성보다는 상호 이해와 소통을 중시하는 통합적인 결과물의 산출로 이어질 것이다.

근대한국학총서는 이런 연구 결과물을 집약적으로 정리하기 위해 마련하였다. 여러 한국학 연구 분야 가운데 우리 연구소가 맡아야 할 특성화된 분야의 기초 자료를 수집·출판하고 연구 성과를 기획·발간할 수 있다면, 우리 시대 연구자들뿐만 아니라 학문 후속세대들에게도 편리함과 유용함을 줄 수 있을 것이다. 새롭게 시작한 근대 한국학 총서가 맡은 바 역할을 충분히 할 수 있도록 주변의 관심과 협조를 기대하는 바이다.

연세대학교 원주캠퍼스 근대한국학연구소

저자ㅣ 이타가키 류타 板垣竜太

도시샤(同志社)대학 사회학부 교수. 전공은 한국근현대사회사. 1972년 일본 니가타(新潟)현의 사도(佐渡)라는 섬에서 태어남. 도쿄(東京)대학에서 문화인류학을 배우고 2006년에 이 책의 바탕이 된 논문으로 박사학위를 취득. 한국에서 발간된 공편저로서 『동아시아 기억의 장』(2015), 『식민지라는 물음』(2014), 『일기를 통해 본 전통과 근대, 식민지와 국가』(2013), 『한국과 일본의 새로운 시작』(2007) 등이 있음.

역자ㅣ 홍 종 욱 洪宗郁

도시샤(同志社)대학 글로벌지역문화학부 준교수. 서울대학교 국사학과를 졸업하고, 도쿄(東京)대학 인문사회계연구과에서 박사학위를 취득. 주일한국대사관 전문조사원을 거쳐 현직. 주요 논저로 『戰時期朝鮮の轉向者たち-帝國/植民地の統合と龜裂-』(有志舍, 2011), 『가지무라 히데키의 내재적 발전론을 다시 읽는다』(공저, 아연출판부, 2014) 등이 있음.

역자ㅣ 이 대 화 李大和

중앙대학교 교양학부 강사. 중앙대학교 역사학과를 졸업하고, 한국학중앙연구원 한국학대학원에서 박사학위를 취득. 교토(京都)대학 인문과학연구소에 외국인공동연구자로 머물면서 본서 번역에 참가. 주요 논저로 「20세기 초반 지방제도 개편의 목적과 추진과정」(『崇實史學』 23, 2009), 『제국 일본의 하늘과 방공, 동원 1-방공정책과 식민지 조선』(공저, 선인, 2012) 등이 있음.

연세근대한국학총서 103 (H-020)

한국 근대의 역사민족지
경북 상주의 식민지 경험

이타가키 류타 저ㅣ홍종욱·이대화 역

초판 1쇄 발행 2015년 7월 30일

펴낸이 오일주
펴낸곳 도서출판 혜안

등록번호 제22-471호
등록일자 1993년 7월 30일

주소 ⑨ 121-836 서울시 마포구 서교동 326-26번지 102호
전화 3141-3711~2
팩스 3141-3710
이메일 hyeanpub@hanmail.net

ISBN 978-89-8494-523-4 93910
값 34,000 원